Christoph Butterwegge

Die zerrissene Republik

Christoph Butterwegge

Die zerrissene Republik

BELTZ JUVENTA

Der Autor

Prof. Dr. Christoph Butterwegge war bis zu seiner Pensionierung im Jahr 2016 Professor für Politikwissenschaft an der Universität zu Köln und 2017 Kandidat der Linkspartei bei der Bundespräsidentenwahl.

Für Caro, Sina und Miko

FSC
www.fsc.org
MIX
Papier aus verantwortungsvollen Quellen
FSC® C089473

Dieses Buch ist erhältlich als:
ISBN 978-3-7799-6114-7 Print
ISBN 978-3-7799-5414-9 E-Book (PDF)

1. Auflage 2020

in der Verlagsgruppe Beltz · Weinheim Basel
Werderstraße 10, 69469 Weinheim

Herstellung und Satz: Ulrike Poppel
Druck und Bindung: Beltz Grafische Betriebe, Bad Langensalza
Printed in Germany

Weitere Informationen zu unseren Autor_innen und Titeln finden Sie unter: www.beltz.de

Inhalt

Einleitung

Seit geraumer Zeit ist die wachsende sozioökonomische Ungleichheit das Kardinalproblem unserer Gesellschaft, wenn nicht der gesamten Menschheit. Ungleichheit, von den meisten Deutschen hauptsächlich in Ländern wie den USA, Brasilien oder Südafrika verortet, breitet sich verstärkt auch in der Bundesrepublik aus. Sie ist bereits im Kindergarten spürbar, prägt das Erwerbsleben der Gesellschaftsmitglieder genauso wie ihre Bildung und Ausbildung, endet aber nicht mit ihrem Tod, macht vielmehr selbst vor dem Begräbnis und der Grabstätte nicht halt. Die zunehmende Ungleichheit beschränkt sich auch nicht auf die asymmetrische Verteilung von Einkommen und Vermögen, erstreckt sich vielmehr auf unterschiedliche Lebensbereiche wie Bildung, Gesundheit, Wohnen, Freizeit und Mobilität.

Welche gesellschaftliche Stellung jemand einnimmt, hängt nicht vom Geld allein ab, das jemand verdient oder besitzt, sondern wird stark beeinflusst von seinem Geschlecht, seiner ethnischen Herkunft, seiner Staatsangehörigkeit und seinem religiösen Bekenntnis. Darüber hinaus spielen regionale Disparitäten (zwischen Ost- und Westdeutschland, Nord- und Süddeutschland sowie Stadt und Land) eine wichtige Rolle im Hinblick auf die Ungleichheit. Dennoch ist im Folgenden primär von Armut und Reichtum die Rede, weil die Stellung im gesellschaftlichen Produktions- und Reproduktionsprozess bzw. die hieraus resultierende (Fehl-)Ausstattung mit materiellen bzw. monetären Ressourcen heute fast überall auf der Welt die Hauptdeterminante der Ungleichheit bildet: Wer arm ist, wohnt eher in einer Wellblechhütte im Slum oder im Hochhaus am Stadtrand, und wer reich ist, eher in einer Villa oder im Loft eines angesagten Luxusquartiers. Weder das (weibliche) Geschlecht noch die (schwarze) Hautfarbe oder die (nichtchristliche) Religion wirken zudem sozial diskriminierend, wenn eine Person sehr vermögend ist.

Ebenso brennend wie die sozioökonomische Ungleichheit selbst interessiert uns die Frage, ob bzw. wie sie hierzulande in der Nachkriegszeit wahrgenommen und von den politisch Verantwortlichen, in den Massenmedien und von den Gesellschaftsmitgliedern bewertet wurde. Thematisiert wird also nicht bloß, wie sich die Ungleichheit herausgebildet und warum sie besonders in jüngster Zeit deutlich zugenommen hat, sondern auch, weshalb Staat, Wirtschaft und Gesellschaft darauf bislang nur halbherzig reagiert oder die Spaltung sogar forciert haben, und was getan werden muss, um ihr erfolgreich zu begegnen.

Das vorliegende Buch gliedert sich wie folgt: Zuerst werden Definitionen der Schlüsselbegriffe „Ungleichheit“, „Armut“ und „Reichtum“, anschließend die wichtigsten Theorien und Theoretiker der sozioökonomischen Ungleichheit im deutschsprachigen Raum vorgestellt. Das zweite Kapitel behandelt Aussagen zur Sozialstruktur in (West-)Deutschland, die sich zwischen Empirie und Ideologie bewegen. Das dritte Kapitel rekonstruiert wichtige Ungleichheitsdiskurse und beleuchtet, wie über Armut und Reichtum nach dem Zweiten Weltkrieg geredet bzw. geschrieben wurde. Im vierten Kapitel geht es um verschiedene Ausprägungen der Ungleichheit, wobei neben der Einkommens- und Vermögensverteilung vor allem das Bildungs- und Gesundheitssystem in den Blick genommen werden. Das fünfte Kapitel dreht sich um die Entstehungsursachen der sozioökonomischen Ungleichheit, wobei die Globalisierung bzw. die neoliberale Modernisierung sowie Fehlentscheidungen und falsche Weichenstellungen der politisch Verantwortlichen eine Schlüsselrolle spielen. Auswirkungen und Folgen der sozialen Ungleichheit thematisiert das sechste Kapitel, in dem es um die zunehmende Polarisierung der Gesellschaft, die Prekarisierung der Lohnarbeit und die Pauperisierung eines wachsenden Teils der Bevölkerung, aber auch um die politische Spaltung als nicht minder problematisches Resultat der soziolökonomischen Spaltung geht. Außerdem werden Gegenstrategien diskutiert und Lösungsmöglichkeiten eruiert. Die nach inhaltlichen Kriterien gegliederte Literaturauswahl am Ende des Buches eröffnet seinen Leser(inne)n die Möglichkeit, einzelne Aspekte des Themas zu vertiefen.

Köln, im Frühherbst 2019 — Christoph Butterwegge

1 Definitionen, Dimensionen und Diskussionen über Grundlagen der gesellschaftlichen Ungleichheit

„Armut“ und „Reichtum“ sind ebenso wie „soziale“ bzw. „wirtschaftliche Ungleichheit“ heftig umstrittene, ja sogar stark umkämpfte, aber keine Kampfbegriffe, obwohl das Kritiker dieser Termini gern behaupten, denen jede Diskussion darüber als „Neiddebatte“ erscheint. Sie dienen vielmehr der notwendigen Beschreibung ebenso wie der analytischen Beurteilung von Eigentums-, Vermögens- und Einkommensverhältnissen in einer Gesellschaft. Um ihre Aussagekraft zu erhöhen, muss ein möglichst hohes Maß an Klarheit darüber herrschen, was unter den einzelnen Termini zu verstehen ist. Deshalb soll eine Arbeitsdefinition entwickelt werden, auf deren Grundlage die nachfolgenden Ausführungen besser verständlich sind. In einem zweiten Schritt werden prominente Theoretiker und wichtige Theorien der Ungleichheit vorgestellt, die jene Sozialstrukturanalysen befruchtet haben, von denen anschließend die Rede ist.

1.1 Wirtschaftliche, soziale und politische Ungleichheit als Dimensionen der gesellschaftlichen Ungleichheit

Die momentan in Deutschland lebenden Menschen sind weder biologisch noch sozial gleich, unterscheiden sich vielmehr im Alter, im Geschlecht, in der Größe, im Gewicht, im Körperbau, in der Haut-, Haar- und Augenfarbe sowie der Physiognomie – um nur einige phänotypische bzw. somatische Erkennungsmerkmale zu nennen –, aber auch im Hinblick auf ihre genetischen Dispositionen, Fähigkeiten und Fertigkeiten sowie in Bezug darauf voneinander, wo sie wohnen (in der Stadt oder auf dem Land), in welchem Haushaltstyp und in welcher Familienform sie leben, welchen Beruf sie ausüben, ob sie Hobbys haben (und wenn ja, welche/s), ob sie regelmäßig Sport treiben (und wenn ja, welchen), usw. Die zuletzt genannten Eigenschaften der Individuen beruhen meistenteils auf persönlichen Entscheidungen, die sie mehr oder weniger freiwillig getroffen haben. Es handelt sich hierbei um spezifische Formen der Ungleichheit, die nicht schicksalhaft vorbestimmt oder von der Natur bedingt, vielmehr individuell und selbstgewählt sind.

Jene weit verbreitete Ungleichheit, von der im Folgenden gesprochen wird, ist hingegen systemisch begründet, ökonomisch determiniert und in Gestalt von großen Bevölkerungsgruppen, Schichten oder Klassen sozial strukturiert; sie liegt also weder im eigenen Ermessen, noch ist sie einer natürlichen Ungleichheit der von ihr betroffenen Personen geschuldet. Vielmehr geht es um eine Form der Ungleichheit, die politisch organisiert, legitimiert und perpetuiert, im Fall eines grundlegenden Systemwandels bzw. -wechsels aber restrukturiert oder destruiert wird. Es handelt sich um *gesellschaftliche* Ungleichheit, die meistenteils in der Pluralform auftritt, weshalb eigentlich von Ungleichheit*en* die Rede sein müsste.

Schaut man genauer hin, gibt es mehrere Dimensionen der gesellschaftlichen Ungleichheit. Dabei sind drei von zentraler Bedeutung: die ökonomische, die soziale und die politische. Wirtschaftliche, soziale und politische Ungleichheit hängen eng miteinander zusammen, gehen meistenteils sogar Hand in Hand. Um *wirtschaftliche* Ungleichheit handelt es sich dann, wenn die ökonomischen (Macht-)Strukturen eine Verteilungsschieflage beim Einkommen und/oder Vermögen hervorbringen, die bestimmte Personengruppen hinsichtlich der ihnen zur Verfügung stehenden materiellen Ressourcen privilegiert und andere diskriminiert. Von *sozialer* Ungleichheit sprechen wir dann, wenn gesellschaftliche Normen, Strukturen und/oder Institutionen bestimmte Personengruppen im Hinblick auf die Stellung oder den Status ohne sachlichen Grund benachteiligen, andere hingegen ohne sachlichen Grund bevorzugen. Von *politischer* Ungleichheit schließlich ist dann die Rede, wenn nicht alle Bürger/innen eines (demokratisch verfassten) Landes über dieselben Möglichkeiten der Einflussnahme auf staatliche Entscheidungsprozesse und Personalentscheidungen verfügen oder aufgrund fehlender materieller Ressourcen, struktureller Barrieren bzw. mentaler Restriktionen darauf verzichten, sie wahrzunehmen.

Während der sozialen Differenzierung die gesellschaftliche Arbeitsteilung zugrunde liegt, geht es bei der Ungleichheit um Rangunterschiede bzw. Statusdifferenzen, die auf privatwirtschaftlichen Eigentums-, Macht- und Herrschaftsverhältnissen beruhen. Eine gewisse Schwierigkeit, die zur Unklarheit hinsichtlich der Begrifflichkeit führen kann, herrscht bezüglich der Abgrenzung zwischen wirtschaftlicher und sozialer Ungleichheit. Obwohl der Mannheimer Soziologe Johannes Berger *wirtschaftliche* Ungleichheit im Kern als Ungleichverteilung von Einkommen *und Vermögen* definiert, von der man auch als distributiver Ungleichheit spricht, kapriziert er sich in seinen Vorlesungen zum Thema auf die Einkommensungleichheit.[1] Die hieraus resultierende Kluft zwischen Arm und Reich wird normalerweise als *soziale* Ungleichheit bezeichnet, was der Doppelbedeutung des Begriffs „sozial" geschuldet sein mag. Dieser meint im weiteren Sinne „gesellschaftlich" und im engeren Sinne das Gegenteil von „unsozial", deckt in diesem Fall also nur einen Teilbereich von Politik,

---

1 Vgl. Johannes Berger, Wirtschaftliche Ungleichheit. Zwölf Vorlesungen, Wiesbaden 2019, S. 30 und 43 ff.

Staat und Gesellschaft ab. Will man den engen Kausalzusammenhang zwischen beiden Ungleichheitsformen zum Ausdruck bringen, kann man sich für die terminologische Kombination „sozial-“ bzw. „sozioökonomische Ungleichheit“ entscheiden, was im Folgenden geschieht, sofern nicht ein spezieller Aspekt der Ungleichheit gemeint ist.

Die soziale Wertschätzung bzw. das Sozialprestige, welches bestimmte (Berufs-)Gruppen und ihre Mitglieder genießen, ist kein genuiner Quell der gesellschaftlichen Ungleichheit, wie der Soziologe Reinhard Kreckel bemerkt hat: „Es bezieht sich stets auf die ökonomischen Ressourcen und die sozialen Beziehungen, über die die Betroffenen verfügen können – ebenso aber auch auf deren hierarchische Stellung und auf das ihnen verfügbare Wissen.“[2] Drückt man es mit Begriffen der Systemtheorie aus, determiniert das ökonomische Subsystem in gewisser Weise die übrigen Subsysteme der Gesellschaft. Wenn man zusammen mit Pierre Bourdieu neben dem „ökonomischen Kapital“ noch das „soziale“ und das „kulturelle Kapital“ (sowie als übergeordnete Kategorie das „symbolische Kapital“) unterscheidet, um zwischen gesellschaftlichen Großgruppen bestehende Differenzen innerhalb eines mehrdimensionalen Raumes erfassen zu können, geht der genannte Bedingungszusammenhang leicht verloren, obwohl der französische Soziologe selbst das ökonomische Kapital gegenüber den anderen Kapitalformen priorisiert, d. h. als „dominierende Kapitalform“ bezeichnet hat.[3]

Man kann davon ausgehen, dass die ökonomische Ungleichheit der Schlüssel zur Erklärung gesellschaftlicher Verwerfungen unterschiedlicher Art ist. Denn sie strahlt auf die übrigen Gesellschaftsbereiche aus. Es gibt unterschiedliche Erscheinungsformen der Ungleichheit, die letztlich im wirtschaftlichen Bereich wurzeln. Bei der Ungleichheit handelt es sich allerdings nie um ein rein ökonomisches Problem. Vielmehr existieren mannigfache Wechselwirkungen zwischen den verschiedenen Lebensbereichen. Die wirtschaftliche Ungleichheit manifestiert sich hauptsächlich in sozialer Ungleichheit. Da beide nur schwer voneinander zu trennen sind, bietet sich der Begriff „sozioökonomische Ungleichheit“ als die gesellschaftliche Realität präziser erfassende Alternative geradezu an. Ökonomische und soziale Ungleichheit führen zwangsläufig auch zu politischer Ungleichheit, selbst dann, wenn es sich nicht – wie bei den USA, wo großer politischer Einfluss und hohe Staatsämter mittlerweile hauptsächlich extrem reichen Menschen vorbehalten bleiben – um eine Plutokratie oder eine Präsidialdemokratie mit plutokratischen Zügen handelt.

Verteilungskonflikte sind grundlegender Art, Beziehungs-, Anerkennungs-

2 Reinhard Kreckel, Politische Soziologie der sozialen Ungleichheit, 3. Aufl. Frankfurt am Main/New York 2004, S. 66

3 Siehe Pierre Bourdieu, Ökonomisches Kapital, kulturelles Kapital, soziales Kapital, in: Reinhard Kreckel (Hrsg.), Soziale Ungleichheiten, Göttingen 1983 (Soziale Welt, Sonderband 2), S. 189

und Wertschätzungskonflikte bleiben ihnen nachgeordnet. In der Hierarchie der verschiedenen Ungleichheitsdimensionen steht die Ökonomie zwar aufgrund der Tatsache, dass sie mit den materiellen Ressourcen die Basis für sämtliche menschliche Aktivitäten schafft, prinzipiell über dem Sozialen und der Politik, allerdings nicht in einer so mechanischen Weise, wie das der Marxismus behauptet, wenn man ausgerechnet seinen ärgsten Widersachern glaubt. Vielmehr haben Karl Marx, Friedrich Engels und ihre seriösen Anhänger immer die relative Autonomie, die funktionale Eigengesetzlichkeit und die Handlungsalternativen des „geistig-politischen Überbaus" hervorgehoben.

Ökonomistisch wäre es hingegen, allen Ernstes anzunehmen, dass man soziales Ansehen, aber auch weltanschauliche Überzeugungen, politische Orientierungen und religiöse Glaubensbekenntnisse eines Menschen unmittelbar aus den materiellen Lebensbedingungen von Klassen und/oder Schichten ableiten kann. Selbst wenn überhaupt kein Zusammenhang zwischen Ersteren und Letzteren bestünde, wäre es jedoch sinnvoll, durch eine Gesellschaftsanalyse sowohl jene Personengruppen zu ermitteln, die aufgrund ihrer gemeinsamen Lebensgrundlage und weitgehend übereinstimmender Existenzbedingungen die gleichen Interessen haben, wie auch jene Personengruppen, deren Interessen nicht harmonieren, sich entgegenstehen oder gar prinzipiell miteinander unvereinbar sind.

Intersektionalitätstheorien, die auf Erkenntnissen der US-amerikanischen Rechtswissenschaftlerin Kimberlé W. Crenshaw basieren, gehen davon aus, dass Klasse, Ethnie und Geschlecht zusammenhängende Quellen der Ungleichheit bzw. auf derselben Ebene zu analysierende Diskriminierungskategorien darstellen.[4] Zweifellos kumulieren Rassismus, „Klassismus" und Sexismus in der Wirkung auf die davon Betroffenen, grundlegend ist und bleibt aber die Eigentumsstruktur einer Gesellschaft. Dafür spricht jedenfalls, dass man dem saudischen Kronprinzen seine Hautfarbe und seine Religion ebenso wenig wie der Großunternehmerin ihr Geschlecht vorwirft. Umgekehrt wird ein weißer Mann, der nichts besitzt und womöglich Sozialleistungen des Staates bezieht, durchaus verachtet, was der nicht sehr glücklich gewählte Begriff „Klassismus" zum Ausdruck bringt.[5] Die sozioökonomische Ungleichheit als Hauptursache von Benachteiligungen in anderen Lebensbereichen wird relativiert, wenn man so tut, als erwüchsen Praktiken der Diskriminierung wegen des Geschlechts, der sexuellen Orientierung oder der ethnischen Herkunft einer bestimmten Personengruppe nicht letzten Endes aus eben dieser Gesellschaftsstruktur. Ras-

---

4 Vgl. z. B. Gabriele Winker/Nina Degele, Intersektionalität. Zur Analyse sozialer Ungleichheiten, 2. Aufl. Bielefeld 2010; Helma Lutz/María Teresa Herrera Vivar/Linda Supik (Hrsg.), Fokus Intersektionalität. Bewegungen und Verortungen eines vielschichtigen Konzeptes, 2. Aufl. Wiesbaden 2013; Katrin Meyer, Theorien der Intersektionalität zur Einführung, Hamburg 2017

5 Vgl. dazu: Andreas Kemper/Heike Weinbach, Klassismus. Eine Einführung, 2. Aufl. Münster 2009

sismus und Sexismus wurzeln aber im Kapitalismus, Kolonialismus und Imperialismus. Man kann sie politisch nur gemeinsam erfolgreich bekämpfen, sollte Ursache und Wirkung jedoch nicht miteinander verwechseln.

Wie gesagt, ist die sozioökonomische Ungleichheit nicht mit der Ungleichartigkeit von Individuen zu verwechseln. Gleichrangigkeit, Gleichwertigkeit bzw. Gleichwürdigkeit der Menschen ist ein humanistisches Grundprinzip, das im demokratischen Verfassungsrecht als Fundamentalnorm gilt, verhindert aber mitnichten sozioökonomische Ungleichheit. Diese hat viele Gesichter, ihr harter materieller Kern ist aber zumindest seit Beendigung des paradiesischen Idealzustandes der absoluten Gleichverteilung die Verteilungsschieflage beim (Produktiv-)Vermögen, während das Einkommen in diesem Zusammenhang eine nachgeordnete Rolle spielt, weil es zumindest teilweise daraus erwächst.

Der wirtschaftlichen, sozialen und politischen Ungleichheit liegen asymmetrische Machtbeziehungen zwischen meist im beschränkten Eigeninteresse handelnden (Kollektiven von) Menschen zugrunde. Produziert und reproduziert wird sie durch eine nichtegalitäre Verteilung der für das individuelle Wohlergehen, den materiellen Lebensstandard und den gesellschaftlichen Status einer Person entscheidenden Ressourcen, etwa Geld, Macht oder Wissen, an privilegierte bzw. unterprivilegierte Gruppen. Verantwortlich für diese Ungleichverteilung können einflussreiche Personen, Strukturen und Institutionen sein.

Heike Solga, Peter A. Berger und Justin Powell definieren *soziale Ungleichheit* im Unterschied zur *Verschiedenartigkeit* oder *Diversität* über die Verteilung (zu) knapper gesellschaftlicher Ressourcen auf Gruppen, deren Mitglieder dadurch entweder besser- oder schlechtergestellt werden: „Wir sprechen immer dann von sozialer Ungleichheit, wenn Menschen (immer verstanden als Zugehörige sozialer Kategorien) einen ungleichen Zugang zu sozialen Positionen haben und diese sozialen Positionen systematisch mit vorteilhaften oder nachteiligen Handlungs- und Lebensbedingungen verbunden sind.“[6] Die soziale Ungleichheit kann demnach Ungerechtigkeit bedeuten, muss aber nicht mit Letzterer verbunden sein. Vielmehr gibt es auch Formen *legitimer* sozialer Ungleichheit, beispielsweise im Hinblick auf Berufe, die ein unterschiedliches Maß an Talent, Engagement und praktischer Routine erfordern, was sich in der Prestige- und Einkommenshierarchie niederschlagen darf. Kontrovers wird die Frage diskutiert, welche Form der sozialen Ungleichheit man als gerecht oder legitim und welche man als ungerecht oder illegitim ansehen kann.[7]

---

6 Heike Solga/Peter A. Berger/Justin Powell, Soziale Ungleichheit – kein Schnee von gestern!, Eine Einführung, in: dies. (Hrsg.), Soziale Ungleichheit. Klassische Texte zur Sozialstrukturanalyse, Frankfurt am Main/New York 2009, S. 15

7 Vgl. dazu: Wilfried Hinsch, Gerechtfertigte Ungleichheiten. Grundsätze sozialer Gerechtigkeit, Berlin/New York 2002; Heinz-Jürgen Dahme/Norbert Wohlfahrt, Ungleich gerecht? – Kritik

Als moderne Legitimationsbasis der sozioökonomischen Ungleichheit fungiert die Ungleichheit der Leistungen, welche die einzelnen Gesellschaftsmitglieder erbringen. Der in diesem Zusammenhang zentrale Begriff „Meritokratie" stammt von dem britischen Soziologen und Labour-Politiker Michael Dunlop Young, dessen 1958 erschienene Dystopie *The Rise of the Meritocracy 1870-2033* ihn satirisch verwendete,[8] während ihn die spätere Rezeption seiner Partei zum Positiven wendete. Heike Solga, Direktorin der Abteilung „Ausbildung und Arbeitsmarkt" am Wissenschaftszentrum Berlin für Sozialforschung (WZB), hat fünf Wesenszüge der „meritokratischen Leitfigur sozialer Ungleichheit" herausgearbeitet: „(1) die ‚natürliche' Fundierung sozialer Ungleichheit, (2) die Darstellung von Ungleichheit als gesellschaftliches Funktionserfordernis, (3) die Notwendigkeit organisierter Bildungsprozesse, (4) die individuelle statt kategoriale Ungleichheitsdefinition sowie (5) die Entpersonifizierung der Definition von Leistung."[9] Reinhard Kreckel hat die Leistungsideologie als wichtigstes Mittel zur Legitimation von sozialer Ungleichheit in fortgeschrittenen westlichen (ebenso wie in östlichen) Staatsgesellschaften bezeichnet und die „meritokratische Triade" von Bildungsabschluss, beruflichem Rang und Geldeinkommen – in der genannten Reihenfolge – problematisiert: „Die Qualifikation eines Individuums *soll* in eine entsprechende berufliche Position konvertierbar sein, die berufliche Position *soll* mit einem ihr angemessenen Einkommen ausgestattet sein – so will es die Leistungsideologie."[10]

Wenn die bestehende Wirtschaftsordnung statt sozialer Gerechtigkeit vermehrt Armut wie auch immer größeren Reichtum schafft, muss sie diese Ungleichverteilung der gesellschaftlichen Ressourcen und der Lebenschancen nachvollziehbar machen, um ihre Akzeptanz in der Bevölkerung nicht zu verlieren. Häufig werden Armut und Reichtum gerechtfertigt, indem man sie als Sachzwang und gesellschaftliches Ordnungsprinzip darstellt. Beispielsweise hielt die Wirtschaftsjournalistin Inge Kloepfer nichts von allgemeinen Klagen über steigende Armut, die es schon lange gebe, denn Chancen und Risiken, wie sie eine moderne Leistungsgesellschaft nun einmal mit sich bringe, müssten akzeptiert werden: „Armut oder, besser gesagt, relative Armut ist wahrscheinlich die notwendige Begleiterscheinung einer von ihrer Ausrichtung her meritokratischen Gesellschaft, in der sich ein jeder nach seiner Leistung einen Platz

moderner Gerechtigkeitsdiskurse und ihrer theoretischen Grundlagen, Hamburg 2012; Steffen Mau/Nadine M. Schöneck (Hrsg.), (Un-)Gerechte (Un-)Gleichheiten, Berlin 2015

8 Vgl. Michael Young, Es lebe die Ungleichheit. Auf dem Weg zur Meritokratie, Düsseldorf 1961

9 Heike Solga, Meritokratie – die moderne Legitimation ungleicher Bildungschancen, in: Peter A. Berger/Heike Kahlert (Hrsg.), Institutionalisierte Ungleichheiten. Wie das Bildungswesen Chancen blockiert, 3. Aufl. Weinheim/Basel 2013, S. 23

10 Reinhard Kreckel, Politische Soziologie der sozialen Ungleichheit, a.a.O., S. 97 (Hervorh. im Original)

erobert."[11] Zwar ist Armut für die Aufrechterhaltung der bestehenden Macht- und Herrschaftsverhältnisse erforderlich, diszipliniert sie doch unmittelbar Betroffene, Erwerbslose und Arbeitnehmer/innen gleichermaßen.

Strittig ist die Funktionalität der sozioökonomischen Ungleichheit, des Reichtums und der Armut für das bestehende Wirtschafts- und Gesellschaftssystem. Ungleichheit ist ein konstitutives Merkmal jeder kapitalistischen Gesellschaft, aber für diese auch insofern nützlich, als die Armut wie eine Drohkulisse, ein Druckmittel und ein Disziplinierungsinstrument wirkt, während der Reichtum umgekehrt als Leistungsanreiz, Lockmittel und Belohnung für aufstiegsorientierte Gruppen der Bevölkerung erscheint. Der britische Soziologe Thomas Humphrey Marshall charakterisierte diese Wechselbeziehung folgendermaßen: „Je mehr man Wohlstand als schlüssigen Beweis von Leistung sieht, desto mehr neigt man dazu, Armut als Zeichen des Versagens zu betrachten – wobei die Strafe für das Versagen größer zu sein scheint, als es der Verstoß verlangt."[12]

Vor allem in einem Land, das unter dem geistig-politischen Einfluss des Neoliberalismus steht und daher stark auf Leistung und ökonomischen Erfolg setzt, bedeutet Armut nicht bloß, dass ein Mangel an prestigeträchtigen Konsumgütern besteht, sondern auch, dass hiermit ein Makel verbunden ist, der das Selbstwertgefühl davon Betroffener erschüttert. Dies bedeutet jedoch weder, dass sozioökonomische Ungleichheit von jedem einzelnen politisch Verantwortlichen gewollt, noch gar, dass sie für das bestehende Wirtschafts- und Gesellschaftssystem ungefährlich wäre. Armut und Reichtum wirken zusammen in dem Moment ausgesprochen kontraproduktiv, wo sie ein höheres Maß an sozialen Verwerfungen, (Gewalt-)Kriminalität und Drogenmissbrauch erzeugen.

1.2 Armut und Reichtum als Inbegriff der sozioökonomischen Ungleichheit

Für die meisten Bewohner/innen der Bundesrepublik drückt sich wirtschaftliche bzw. soziale Ungleichheit hauptsächlich im Gegensatz von materieller Armut und privatem Reichtum aus. Hierzulande ist das Verhältnis zwischen Armut und Reichtum, soweit es um deren Ursachen und genaue Dimensionen geht, dennoch – im Unterschied etwa zu den angelsächsischen und den skandinavischen Staaten – geradezu mit einem Tabu belegt.[13] Dass die Reichen nicht

11 Inge Kloepfer, Aufstand der Unterschicht. Was auf uns zukommt, Hamburg 2008, S. 281

12 Thomas H. Marshall, Staatsbürgerrechte und soziale Klassen, in: ders., Bürgerrechte und soziale Klassen. Zur Soziologie des Wohlfahrtsstaates, Frankfurt am Main/New York 1992, S. 56

13 Vgl. Werner Rügemer, Arm und reich, Bielefeld 2002, S. 6

gern über Armut sprechen, liegt nahe und ist verständlich; dass aber in großen Teilen der politischen und medialen Öffentlichkeit über die sozioökonomische Ungleichheit der Mantel des Schweigens gedeckt wird, leuchtet weniger ein. Auf die Frage, weshalb Ungleichheit schon in der „alten" Bundesrepublik ein Tabuthema war, gab der bekannte Soziologe und liberale Politiker Ralf Dahrendorf folgende Antwort: „Wenn man zugibt, daß die eigene Gesellschaft in sich Ungleichheiten und aus diesen erwachsende Spannungen kennt, akzeptiert man damit die Wahrscheinlichkeit ihres Wandels in eine noch ungewisse, offene, jedenfalls andere Zukunft. Soziale Ungleichheit und traditionale Verhaftung als solche benennen heißt sie in Frage stellen und zu ihrem Aufbruch den Anfang setzen."[14] Besonders der Begriff „Armut" ist zwar ein heftig umkämpfter, aber kein Kampfbegriff, wie Neoliberale, Konservative und Rechtspopulisten gern unterstellen.[15]

Ebenso wie Reichtum lässt sich Armut nur unter großen Schwierigkeiten von ähnlichen Lebenslagen abgrenzen und zahlenmäßig auch bloß schwer erfassen. Um die unterschiedlichen gesellschaftlichen Rahmenbedingungen berücksichtigen zu können, differenziert man in der Fachliteratur zwischen absoluter, extremer bzw. existenzieller Armut einerseits sowie relativer Armut andererseits. *Absolut* arm ist, wer seine Grundbedürfnisse nicht zu befriedigen vermag, also hungert, über kein sicheres Trinkwasser verfügt, keine den klimatischen Bedingungen angemessene Kleidung trägt, keine Wohnung bzw. kein Obdach hat und eine medizinische Grundversorgung entbehrt; *relativ* arm ist, wer zwar seine Grundbedürfnisse befriedigen, aber sich nicht am sozialen, kulturellen und politischen Leben beteiligen kann.

Armut und Reichtum bilden in einer kapitalistischen, „marktwirtschaftlich" organisierten und politisch stark am Neoliberalismus orientierten, d. h. von Ökonomisierungs-, Kommerzialisierungs- und Privatisierungsbestrebungen gekennzeichneten Gesellschaft wie der unseren die zentrale Achse der soziökonomischen Ungleichheit, welche sich in fast allen Lebensbereichen mit ähnlicher Wucht niederschlägt. Als politisch-normative Begriffe, die sich nur schwer und nicht ein für alle Mal definieren lassen, weil kein Grundkonsens der Gesellschaftsmitglieder darüber existiert, was sie bedeuten, rufen „Armut" und „Reichtum" je nach sozioökonomischer bzw. Klassenlage, politischer Überzeugung, Weltanschauung und Religion ganz unterschiedliche, ja gegensätzliche Assoziationen hervor. Beide sind relational, ergeben als Termini mithin bloß im Verhältnis zum Wohlstand jener Gesellschaft einen Sinn, in der ein davon Betroffener lebt.

In einem wohlhabenden Land wie der Bundesrepublik sind Armut und Reichtum extreme, wenn nicht die extremsten Ausprägungen der sozioökono-

---

14 Ralf Dahrendorf, Gesellschaft und Demokratie in Deutschland, München 1965, S. 155

15 Vgl. dazu: Ulrich Schneider (Hrsg.), Kampf um die Armut. Von echten Nöten und neoliberalen Mythen, Frankfurt am Main 2015

mischen Ungleichheit. Der Erfurter Soziologe Ronald Lutz sieht in der Armut ein „Resultat der Ungleichverteilung von Ressourcen“ bzw. in sozialstruktureller Hinsicht das „Resultat einer extremen und sich verfestigenden sozialen Ungleichheit“ und definiert sie in Anlehnung an einen EG-Ministerratsbeschluss von 1984 als eine Situation bzw. eine Lage, in der Einzelpersonen, Familien und Gruppen über so geringe (materielle, kulturelle und soziale) Mittel verfügen, dass sie von der Lebensweise ausgeschlossen sind, die ihre Gesellschaft als Existenzminimum begreift und sich in der jeweiligen Sozialgesetzgebung wiederfindet.[16] Deshalb ist für Lutz auch nicht Armut, sondern Ungleichheit das eigentliche Problem.

Joachim Rock hält es hingegen für eine Verkürzung und Verharmlosung, wenn die Debatte über Armut und Reichtum als Diskussion über „soziale Ungleichheit“ geführt wird, weil es sich dabei nicht bloß um ein Mehr oder Weniger an Gleichheit handle: „Es geht um materielle Not, um psychischen Stress und physische Notlagen, es geht um individuelle und kollektive Herabsetzung und soziale Ausgrenzung, und um die Frage, warum man sich damit nicht abfinden darf.“[17] Hier liegt offenbar ein Missverständnis, wenn nicht ein Scheingegensatz vor, denn Armut kann sowohl Ausdruck wirtschaftlicher und sozialer Ungleichheit als auch ein schwer erträgliches Schicksal sein. Der Bremer Soziologe Olaf Groh-Samberg wies jedenfalls zu Recht darauf hin, „dass Armut und soziale Exklusion gleichermaßen Ausdruck sind für die Problematik sich verschärfender Klassenungleichheiten.“[18]

Armut und Reichtum gehören ebenso fest zusammen wie Schwarz und Weiß, wie Licht und Schatten oder wie Tag und Nacht. Das eine kann es ohne das andere gar nicht geben, und beide bilden nicht nur einen begrifflichen Gegensatz, sondern auch eine strukturelle Einheit. Armut und Reichtum stehen zueinander in einem dialektischen Wechselverhältnis, was sich am Funktionieren einer kapitalistischen „Marktwirtschaft“ zeigt. „Reichtum produziert unter diesen Umständen Armut: Die Lohnkürzung des einen ist die Dividende des anderen.“[19]

Arm zu sein bedeutet mehr, als wenig Geld zu haben. In einem wohlhabenden Land wie der Bundesrepublik ist Armut ein *mehr*dimensionales Problem, das ökonomische (monetäre), soziale und kulturelle Aspekte umfasst. Neben weitgehender Mittellosigkeit oder gravierenden monetären Defiziten (sprich:

16 Siehe Ronald Lutz, Soziale Erschöpfung. Kulturelle Kontexte sozialer Ungleichheit, Weinheim/Basel 2014, S. 30 f.

17 Joachim Rock, Störfaktor Armut. Ausgrenzung und Ungleichheit im „neuen Sozialstaat“, Mit einem Geleitwort von Ulrich Schneider, Hamburg 2017, S. 52

18 Siehe Olaf Groh-Samberg, Armut, soziale Ausgrenzung und Klassenstruktur. Zur Integration multidimensionaler und längsschnittlicher Perspektiven, Wiesbaden 2009, S. 213

19 Dierk Hirschel, Armut und Reichtum, in: Gabriele Gillen/Walter van Rossum (Hrsg.), Schwarzbuch Deutschland. Das Handbuch der vermissten Informationen, Reinbek bei Hamburg 2009, S. 55

miserablen Einkommens- und Vermögensverhältnissen); einem länger dauernden Mangel an lebensnotwendigen bzw. allgemein für unverzichtbar gehaltenen Gütern und Dienstleistungen, welcher einen gravierenden Ansehensverlust bei anderen Gesellschaftsmitgliedern bedingt; der Notwendigkeit, staatliche Unterstützung in Anspruch zu nehmen, auf vergleichbare Formen der „Fremdalimentierung" zurückzugreifen oder den eigenen Lebensunterhalt durch Bettelei, evtl. auch durch illegale Formen des Broterwerbs bestreiten zu müssen, also keinerlei längerfristige Lebensplanung betreiben zu können; gravierenden Mängeln im Bereich der Wohnung, des Wohnumfeldes, der Haushaltsführung, Ernährung, Gesundheit, Bildung, Freizeit und Kultur, die fast zwangsläufig zum Ausschluss der betroffenen Personen von einer Beteiligung am gesellschaftlichen Leben führen; einem hohen Maß an Immobilität sowie einer allgemeinen Missbilligung der Lebensweise davon Betroffener, die marginalisiert, negativ etikettiert und stigmatisiert, d. h. ausgegrenzt und selbst für ihr Schicksal verantwortlich gemacht werden; ist die Macht- bzw. Einflusslosigkeit der betroffenen Personen in allen gesellschaftlichen Schlüsselbereichen (Wirtschaft, Politik, staatlicher Verwaltung, Wissenschaft und Massenmedien) für relative Armut kennzeichnend.

Bei der Messung relativer Armut unterscheidet man zwischen Ressourcen- und Lebenslagenansätzen. Während sich Ressourcenansätze meist auf die *finanzielle* Situation eines Haushaltes konzentrieren, berücksichtigen Lebenslagenansätze auch die Versorgung seiner Mitglieder im Bereich der Erwerbstätigkeit, des Wohnens, der Gesundheit, der Bildung, der Kultur, der Freizeitgestaltung und des Sports. Was als großer Vorteil erscheint, schrumpft wegen der Operationalisierungsprobleme, die multidimensionale Armutsansätze aufweisen, jedoch zusammen. Nicht ignoriert werden sollte zudem die Gefahr, dass unter Berufung auf sie die überragende Bedeutung monetärer Aspekte für die einzelnen Lebenslagedimensionen relativiert wird. In einer Gesellschaft, in der das Geld so wichtig, aber auch so ungleich verteilt ist wie noch nie, bleiben Einkommen und Vermögen die zentralen Messgrößen für Armut und Reichtum. Ulrich Schneider hält das von der Europäischen Union seit den 1980er-Jahren verfolgte Konzept der relativen Einkommensarmut für den am ehesten zur Erfassung von Armutslagen in einem reichen Land wie der Bundesrepublik geeigneten Ansatz: „Selbst wenn darauf verwiesen wird, dass Arbeitslosigkeit doch das eigentliche Armutsproblem sei oder mangelhafte Bildung, wird nie bestritten, dass es am Ende doch wieder um das Einkommen geht. Denn genau dazu sollen Arbeit und Bildung verhelfen."[20]

Laut einer EU-Konvention aus dem Jahr 1984 gelten Menschen in einem

20 Ulrich Schneider, Armut kann man nicht skandalisieren, Armut ist der Skandal! – Vom Kampf um die Deutungshoheit über den Armutsbegriff, in: ders. (Hrsg.), Kampf um die Armut, a.a.O., S. 27

Mitgliedsland als armutsgefährdet oder -bedroht, die weniger als 60 Prozent des mittleren Nettoäquivalenzeinkommens (Armutsrisikoschwelle) zur Verfügung haben. Treffender wäre die Bezeichnung einkommensarm, denn von weniger als 999 Euro – da lag die Armutsgefährdungsgrenze im Jahr 2017 für Alleinstehende – musste auch die Wohnungsmiete bezahlt werden, was in Groß- und Universitätsstädten der Bundesrepublik aufgrund des hohen Mietniveaus bedeutete, dass sehr wenig Geld übrigblieb. Von den Niedrigeinkommensbezieher(inne)n dürften nämlich die wenigsten Wohneigentum besessen haben.

Um die Unterschiedlichkeit der Haushaltsgrößen zu berücksichtigen, benutzt man sog. Äquivalenzskalen und berechnet damit ein *bedarfsgewichtetes* Einkommen. Aus dem Nettoeinkommen jenes Haushalts, dem eine Person angehört, wird auf diese Weise mittels einer von der Organisation für wirtschaftliche Zusammenarbeit und Entwicklung (Organisation for Economic Cooperation and Development, OECD) entwickelten und später zulasten von Mehrpersonenhaushalten und solchen mit Kleinkindern modifizierten Äquivalenzskala, die Einsparungen durch das gemeinsame Wirtschaften sowie die unterschiedlichen Bedarfe von Erwachsenen und Kindern berücksichtigt, das sog. Nettoäquivalenzeinkommen ermittelt.

Dass die relative Einkommensarmut im *Haushalts*kontext erhoben wird, rief Kritik seitens feministischer Armutsforscherinnen hervor. Karin Heitzmann wies die Hypothese, dass die in einem Haushalt vorhandenen Ressourcen gleich verteilt würden und somit alle seine Mitglieder entweder armutsgefährdet seien oder nicht, als Unterstellung zurück: „Armutsgefährdet sind Personen und nicht Haushalte."[21] Gleichwohl muss der Familienstand bzw. der Haushaltskontext berücksichtigt werden, in dem Menschen leben, soll kein falsches Bild ihrer Lebenssituation entstehen.

Je nachdem, welche der vier gängigsten Datenquellen, sei es die Einkommens- und Verbrauchsstichprobe des Statistischen Bundesamtes (EVS), der Mikrozensus, das Sozio-oekonomische Panel (SOEP) oder die Europäische Gemeinschaftsstatistik über Einkommen und Lebensbedingungen (EU-SILC) man zugrunde legt, ergeben sich ganz unterschiedliche Armuts(risiko)grenzen und -quoten. Dass die Tücken der Armutsstatistik zum „Lügen mit Zahlen" verleiten,[22] lassen je nach Datenbasis und Erhebungsmethode stark voneinander abweichende Resultate erkennen. Entscheidend ist aber keineswegs, wo die Armutsgrenze liegt oder welche Armutsquote sich ergibt, sondern ob diese unter Verwendung derselben Datenquelle im Zeitverlauf sinkt oder steigt.[23]

---

21 Karin Heitzmann, Armut ist weiblich! – Ist Armut weiblich?, Gedanken zur sozio-ökonomischen Armutsforschung aus feministischer Sicht, in: dies./Angelika Schmidt (Hrsg.), Frauenarmut. Hintergründe, Facetten, Perspektiven, Frankfurt am Main 2001, S. 129

22 Siehe Gerd Bosbach/Jens Jürgen Korff, Lügen mit Zahlen. Wie wir mit Statistiken manipuliert werden, München 2011, S. 207 ff.

23 Vgl. Gerhard Willke, Armut – was ist das?, Eine Grundsatzanalyse, Hamburg 2011, S. 60

Die genannte Berechnungsweise, bei welcher nicht mehr der Durchschnitt aller Einkommen, sondern das Einkommen der mittleren Person in einer nach der Höhe ihres Einkommens geordneten Reihe aller Gesellschaftsmitglieder zugrunde gelegt wird, soll verhindern, dass Extremausschläge nach oben (Einkommen im mehrstelligen Millionenbereich) die Ergebnisse verzerren. Gleichwohl zog Olaf Groh-Samberg das arithmetische Mittel dem Zentralwert (Median) vor, was er wie folgt begründete: „Die Sensitivität des arithmetischen Mittelwerts gegenüber hohen Einkommen ist im Kontext des Konzepts relativer Armut theoretisch als Vorteil zu betrachten, weil auf diese Weise auch Veränderungen im oberen Einkommensbereich in die ‚Referenzgruppe' einbezogen werden."[24] Dagegen werde bei Verwendung des Medians implizit angenommen, dass sich die Gruppe der Armen nur am Wohlstand in der unteren Einkommenshälfte orientiere, weil er selbst dann unverändert bleibe, wenn sich das Einkommensvolumen des reicheren Bevölkerungsteils verdoppeln würde.

Armuts(risiko)schwellen, die sich auf relative Einkommensarmut beziehen, haftet immer etwas Willkürliches an. Groh-Samberg bemängelte denn auch, dass die Verwendung einkommensbasierter Armutsmaße in der deutschen Sozialberichterstattung klar vorherrscht. „Das Konzept der relativen Einkommensarmut kann weder das Ziel einer möglichst validen Messung von Armut erreichen, geschweige denn als ungleichheitssoziologisch durchdachtes Konzept von Armut gelten. Es ist ein statistischer, weitgehend bürokratischer Indikator der Ungleichverteilung von Einkommen im unteren Bereich, mit vielen Messfehlern behaftet und mit noch mehr ‚Ermessensspielräumen' ausgestattet, die mit einer gewissen inneren Zwangsläufigkeit den statistischen Ämtern die Deutungshoheit (welche Äquivalenzskala? Median oder Mean? Welche Schwelle?) überlassen."[25]

Noch größere Probleme gibt es bei der quantitativen Erfassung von *absoluter* Armut, wo die üblichen empirischen Methoden versagen: „Extreme Formen von Armut wie etwa bei Wohnungslosen, illegalisierten MigrantInnen, Suchtkranken und sehr stark deprivierten oder verschämten Gruppen sind der empirischen Analyse nur schwer zugänglich und können bestenfalls durch aufwendige qualitative Fallstudien erforscht werden."[26] Obwohl die Existenz absoluter Armut in Deutschland unter Hinweis auf das Recht zum Bezug staatlicher Grundsicherungsleistungen fast durchgängig geleugnet wird, kam der Kölner Ökonom Werner Schönig bereits kurz nach der Jahrtausendwende im Rahmen des Lebenslagenansatzes auf 200.000 bis 800.000 Personen.[27]

---

24 Olaf Groh-Samberg, Armut, soziale Ausgrenzung und Klassenstruktur, a.a.O., S. 43

25 Ebd., S. 272

26 Ebd., S. 124

27 Vgl. Werner Schönig, Gibt es in Deutschland absolute Armut?, in: Lothar F. Neumann/Hajo Romahn (Hrsg.), Wirtschaftspolitik in offenen Demokratien. Festschrift für Uwe Jens, Marburg 2005, S. 217 ff.

Um das Ausmaß der sozioökonomischen Ungleichheit in einer Gesellschaft zu erfassen, muss man Armut und Reichtum gleichermaßen berücksichtigen, weil sonst ein verzerrtes, zumindest jedoch ein unvollständiges Bild der Verteilungsrelationen entstehen würde. Die relative Armut ist nur im Kontext ihres terminologischen Pendants, des Reichtums, zu verstehen. Daher kann man, Max Horkheimers Sentenz über den Zusammenhang von Kapitalismus und Faschismus abwandelnd, verlangen: Wer vom Reichtum nicht sprechen will, sollte auch von der Armut schweigen! Anders gesagt: Gäbe es keine großen Lohn-, Einkommens- und Vermögensunterschiede zwischen den Menschen, würde man – zumindest in einem so wohlhabenden, wenn nicht reichen Land wie der Bundesrepublik – auch niemanden arm nennen können.

Eher noch schwieriger ist Reichtum zu definieren, schon weil er im Unterschied zur Armut weder eine starre Mindest- noch eine absolute Höchstgrenze kennt. Dorothee Spannagel hat in ihrer Dissertation überzeugend dargelegt, dass für eine Reichtumsdefinition der Ressourcenansatz herangezogen werden muss. „Reichtum beschreibt gesicherte überdurchschnittlich große Handlungsspielräume aufgrund einer entsprechend überdurchschnittlichen Ressourcenausstattung."[28] Wer reich ist, hat keine materiellen Probleme, muss nicht (mehr) erwerbstätig sein und kann auch ohne die Erschließung anderer Einkommensquellen bis ans Ende seiner Tage komfortabel leben. Um reich zu sein, muss man also über so viele liquide Mittel verfügen, dass man von den Zinsen des Kapitalstocks ohne finanzielle Sorgen sein Leben bestreiten kann. Der exakte Geldbetrag ist schwer zu beziffern, wegen der Niedrigzinspolitik der Europäischen Zentralbank (EZB) allerdings zu vermuten, dass er gegenwärtig eher zehn als fünf Millionen Euro betragen muss.

Reichtum ist nicht in dem Sinne mit der Ausübung von Macht gleichzusetzen, dass jeder Reiche genauso viel politischen Einfluss wie Geld hat. Der Darmstädter Soziologe Michael Hartmann spricht in diesem Zusammenhang von Eliten, d. h. Personen, die qua Amt oder großem (Kapital-)Vermögen in der Lage sind, gesellschaftliche Entwicklungen maßgeblich zu beeinflussen: „Der zentrale Maßstab für die Zugehörigkeit zu einer Elite ist daher die Macht, über die eine Person verfügt."[29] Macht resultiert aus einer hervorgehobenen Stellung in einem Wirtschaftsverband, einer Partei bzw. einer mitgliederstarken Organisation oder aus (Kapital-)Reichtum. „Entweder steht man an der Spitze großer, einflussreicher Organisationen und/oder man verfügt über viel Kapital. Kapital – und nicht einfach Geld – ist in dieser Beziehung wichtig; denn Kapital verleiht Macht, Geld allein nicht."[30]

---

28 Dorothee Spannagel, Reichtum in Deutschland. Empirische Analysen, Wiesbaden 2013, S. 60

29 Michael Hartmann, Die Abgehobenen. Wie die Eliten die Demokratie gefährden, Frankfurt am Main/New York 2018, S. 33

30 Ebd., S. 35

Kapital ist die komplexeste und konzentrierteste, für seine Eigentümer den Profit erzeugende und am stärksten auf Machtentfaltung orientierte Erscheinungsform des Reichtums, Geld sein originäres Medium. Zumindest wer sehr reich ist, ist auch politisch einflussreich, sofern er sich darum bemüht. „Für den Reichen mag es zwar schwer sein, ins Himmelreich zu kommen, aber zu den höheren Ausschüssen einer politischen Partei oder zu einer Regierungspartei wird er relativ leicht Zugang finden. Er kann das politische Leben außerdem noch auf andere Weise beeinflussen: durch die Kontrolle von Kommunikationsmitteln, durch Anknüpfung von Beziehungen zu höheren politischen Kreisen, durch maßgebliche Beteiligung an pressure groups und beratenden Körperschaften dieser oder jener Art."[31] Erst recht befähigt ein riesiger (Kapital-) Reichtum seine Nutznießer, wirtschaftlich und politisch Macht auszuüben, wie Armut für die Betroffenen umgekehrt bedeutet, im Alltagsleben politische und soziale Ohnmacht zu erfahren. „Der Arme genießt keinen dieser Vorteile: er hat keine Verbindungen zu einflußreichen Leuten, er kann der politischen Aktivität nur wenig Zeit oder Energie widmen und hat kaum Gelegenheit, sich eine gründliche Kenntnis politischer Ideen oder Fakten anzueignen."[32] Wieder geht es nicht bloß um (mangelndes) Geld, obwohl dieses das Fundament des privaten Reichtums bildet und zur Kapitalbildung erforderlich ist. Kapitaleigentum ist diejenige Erscheinungsform des Reichtums, mit der sich besonders viel Macht über andere Menschen und gesellschaftlicher Einfluss verbinden lässt.

Für den Dortmunder Philosophen Christian Neuhäuser ist der Reichtum „ein moralisches Problem von großer gesellschaftspolitischer Bedeutung", das ein Zusammenleben der Menschen in Würde bisher verhindert hat.[33] Deshalb würde er den überbordenden Reichtum am liebsten ganz verbieten: „Eine gerechte Gesellschaft ist eine Gesellschaft, die allen Menschen ein Leben in Würde und Selbstachtung ermöglicht. In solch einer gerechten Gesellschaft gibt es nicht nur nach unten, sondern auch nach oben hin eine klare Grenze für erlaubte sozioökonomische Ungleichheit." Wenn der Reichtum allerdings ein strukturelles Problem ist, wie Neuhäuser bestätigt, nützt ein Verbot, das nicht bloß den unmittelbar Betroffenen willkürlich erscheinen würde, ziemlich wenig. Vielmehr müssten die gesellschaftlichen Strukturen verändert werden, um zu verhindern, dass zu großer Reichtum entsteht, und durch (steuer)politische Maßnahmen dessen Verringerung und die Umverteilung von oben nach unten vorangetrieben werden.

Hingegen plädierte der Düsseldorfer Soziologe Thomas Druyen dafür, Reichtum und Vermögen terminologisch im Sinne von Quantität und Qualität strikt

31 T. B. Bottomore, Elite und Gesellschaft. Eine Übersicht über die Entwicklung des Eliteproblems, München 1966, S. 126

32 Ebd., S. 126 f.

33 Siehe Christian Neuhäuser, Reichtum als moralisches Problem, 2. Aufl. Berlin 2018, S. 28

voneinander zu trennen. Alles, was mit zählbaren materiellen Aspekten zusammenhängt wie Geld, Besitz oder Einkommen, wollte Druyen als Reichtum bezeichnet wissen; was der Einzelne damit anfängt, sollte hingegen seiner Meinung nach unter den Begriff des Vermögens bzw. der Vermögenskultur fallen: „In diesem Bereich geht es um ethische Entscheidungen und subjektive Weichenstellungen, um Begriffe wie Lebensstil, Glück, Lebensqualität, Verantwortung, Autonomie."[34] Während der Reiche nur an den Gewinn für sich selbst denke, nutze der Vermögende seine vielfältigen Möglichkeiten, um Verantwortung für die Gesellschaft zu übernehmen und sie zukunftsfähig zu machen: „Reichtum steht in einer vergleichbaren Relation zum Vermögen wie Wissen zur Weisheit."[35] Dieser „erweiterte" Vermögensbegriff, der laut Wolfgang Lauterbach und Miriam Ströing „gesellschaftliche Verantwortungsübernahme, Kompetenzausübung und die praktische Umsetzung" einschließt,[36] ist jedoch missverständlich, wenn nicht ideologisch. Denn natürlich ist und bleibt jedes (Geld-)Vermögen zumindest im Alltagssprachgebrauch ein Vermögen, ganz unabhängig davon, wie sein Besitzer es im Einzelfall verwendet und von welchen Maximen er sich dabei leiten lässt.

Falls man zwischen Einkommens- und Vermögensreichtum unterscheidet, sollte Klarheit darüber herrschen, dass nur Letzterer reichtumsfördernd und -erhaltend zugleich wirkt, während Ersterer schlagartig entfallen kann, wenn die Einkommensquelle (z. B. durch eine Insolvenz oder eine fristlose Kündigung) plötzlich versiegt. Dies dürfte auch der Grund sein, weshalb sich das US-Wirtschaftsmagazin *Forbes* in seiner jährlich aktualisierten Liste *The World's Billionaires* auf Personen konzentriert, deren Privat*vermögen* mehr als eine Milliarde US-Dollar beträgt. Der ebenfalls jährlich erscheinende *World Wealth Report* der französischen Unternehmensberatung Capgemini und der US-Investmentbank Merrill Lynch unterscheidet zwischen „High Net Worth Indivuals" (HNWIs) und „Ultra-High Net Worth Individuals" (U-HNWIs), die über ein Netto(finanz)vermögen von mindestens einer Million US-Dollar bzw. von mindestens 30 Millionen US-Dollar verfügen. Dementsprechend kann man unterscheiden zwischen Wohlhabenden, Hochvermögenden und *Hyper*reichen – wohlgemerkt: nicht *Super*reichen; dieser erheblich geläufigere Begriff enthält nämlich eine positive Konnotation, die angesichts der Vermögenskonzentration in wenigen Händen nicht gerechtfertigt erscheint.

---

34 Thomas Druyen, Goldkinder. Die Welt des Vermögens, Hamburg 2007, S. 38

35 Ders., Vermögen ist mehr als Geld, in: Thomas Druyen (Hrsg.), Vermögenskultur. Verantwortung im 21. Jahrhundert, Wiesbaden 2011, S. 16

36 Siehe Wolfgang Lauterbach/Miriam Ströing, Wohlhabend, reich und vermögend – Was heißt das eigentlich?, in: Thomas Druyen/Wolfgang Lauterbach/ Matthias Grundmann (Hrsg.), Reichtum und Vermögen. Zur gesellschaftlichen Bedeutung der Reichtums- und Vermögensforschung, Wiesbaden 2009, S. 14

Heute gilt die Soziologie der sozialen Ungleichheit als relativ gut entwickelt, wenngleich Reinhard Kreckel, einer ihrer führenden Vertreter, die Vernachlässigung des *globalen* Kontextes beklagt.[37] Die deutsche *Armuts*forschung erfuhr unmittelbar nach der Jahrtausendwende einen kräftigen Aufschwung, während die *Reichtums*forschung trotz der Armuts- *und* Reichtumsberichterstattung des Bundes, die seit 2001 in regelmäßigen Abständen erfolgt,[38] weiter vor sich hindümpelt. Wie hohe und höchste Einkommen bzw. Vermögen entstehen, liegt aufgrund fehlenden Quellen- und Datenmaterials noch weitgehend im Dunkeln.[39] Die empirische Ursachenforschung ist trotz vereinzelter, von der Bundesregierung bzw. dem federführenden Arbeits- und Sozialministerium in Auftrag gegebener Studien nach wie vor defizitär zu nennen.

Die extrem Reichen – Kapitalmagnaten, Großunternehmer, Finanzinvestoren und andere Hochvermögende – pochen üblicherweise auf Diskretion, und ihr Reichtum ist auch deshalb schwer zu erfassen, weil er sich möglichst gut versteckt bzw. tarnt, vor allem dann, wenn sich kritische Wissenschaftler/innen um die Offenlegung seiner genauen Höhe bemühen. Der Bochumer Hochschullehrer und Ungleichheitsforscher Ernst-Ulrich Huster hat daher festgestellt: „Reichtum gleicht einem scheuen Wild, die Sozialstatistik und die öffentliche Forschungsförderung tragen dem in hohem Maße Rechnung."[40] Weil alle verfügbaren Datengrundlagen die höchsten Einkommen entweder – wie die alle fünf Jahre erhobene EVS – aufgrund einer „Abschneidegrenze" gar nicht erfassen oder gerade im obersten Bereich wegen Verschleierungstaktiken der Spitzenverdiener besonders ungenau sind, verkennt man die Konzentration des Reichtums für gewöhnlich. Mitarbeiter des Deutschen Instituts für Wirtschaftsforschung (DIW) haben beispielsweise herausgefunden, dass auch Studien zu den Verteilungsrelationen auf der Basis von Bevölkerungserhebungen die Vermögensungleichheit in Deutschland tendenziell unterschätzen.[41]

Die exakte Anzahl der Reichen zu bestimmen fällt kaum leichter als die der Armen. In dem Bestreben, das Ausmaß des Reichtums empirisch zu erfassen, suchte Huster nach einer operationalisierbaren Definition. Dabei orientierte er

37 Vgl. Reinhard Kreckel, Soziologie der sozialen Ungleichheit im globalen Kontext, in: Michael Bayer u.a. (Hrsg.), Transnationale Ungleichheitsforschung. Eine neue Herausforderung für die Soziologie, Frankfurt am Main/ New York 2008, S. 23

38 Vgl. hierzu: Christoph Butterwegge, Armut in einem reichen Land. Wie das Problem verharmlost und verdrängt wird, 4. Aufl. Frankfurt am Main/New York 2016, S. 58 ff.; ders., Armut, 4. Aufl. Köln 2019, S. 33 ff.

39 Vgl. Dierk Hirschel, Einkommensreichtum und seine Ursachen. Die Bestimmungsfaktoren hoher Arbeitseinkommen, 2. Aufl. Marburg 2006, S. 23

40 Ernst-Ulrich Huster, Reichtum in einer reichen Gesellschaft, in: ders. (Hrsg.), Reichtum in Deutschland. Der diskrete Charme der sozialen Distanz, Frankfurt am Main/New York 1993, S. 12

41 Vgl. Christian Westermeier/Markus M. Grabka, Große statistische Unsicherheit beim Anteil der Top-Vermögenden in Deutschland, in: DIW-Wochenbericht 7/2015, S. 123 ff.

sich an einem relativen Armutsbegriff und bestimmte eine Reichtums- in Analogie zu der seinerzeit im EG-Rahmen allgemein anerkannten Armutsschwelle von 50 Prozent des Nettoäquivalenzeinkommens: „Wenn ein Leben unterhalb der Hälfte dessen, was – im gewichteten Durchschnitt – einem Haushalt zur Verfügung steht, die Grenze zur Armut markiert, so bedeutet das Überschreiten des doppelten durchschnittlichen gewichteten Haushaltseinkommens ebenfalls einen besonderen Einschnitt, der [...] als Reichtumsgrenze gefaßt werden soll."[42] Darüber hinaus sei der Nachweis einer besonderen Qualität beim Verbrauch in diesen Haushalten relevant. Auf dieser Grundlage gelangte Huster damals zu der prägnanten Anzahl von einer Million reichen Haushalten im vereinten Deutschland, die man getrost anzweifeln darf, denn wenn jemand die genannte Einkommensschwelle überschritt, gehörte er sicher zu den Besserverdienenden, aber nicht unbedingt zu den Reichen. Der in der Wissenschaft, aber auch der Armuts- und Reichtumsberichterstattung des Bundes mittlerweile gebräuchliche Schwellenwert von 200 Prozent des mittleren bedarfsgewichteten Nettoeinkommens markiert eher eine *Wohlstands*grenze, weil Reichtum mehr ist, als ein doppelt so hohes Nettoäquivalenzeinkommen (gegenwärtig ca. 3.400 Euro pro Monat) wie der Bevölkerungsdurchschnitt zu haben.

Dorothee Spannagel bemerkte zwar, dass eine umfassende Definition des Reichtums auch das Vermögen mit einschließen muss, konzentrierte sich aber in ihrer empirischen Untersuchung auf den *Einkommens*reichtum, wobei sie der üblichen Praxis folgte, Personen oder Haushalte als reich zu bezeichnen, die über mehr als das Doppelte des mittleren Einkommens verfügen: „Liegt das Einkommen zwischen dem 1,5- und dem 2-Fachen, werden sie als wohlhabend bezeichnet. Ab dem 3-Fachen des Medians fängt großer Reichtum an."[43] Von einem knapp oberhalb des Medianeinkommens angesiedelten Einkommen auf Wohlstand, von einem etwas größeren Einkommen auf Reichtum und von einem immer noch keineswegs sehr hohen Einkommen auf großen Reichtum zu schließen, hat etwas Absurdes. Großaktionäre, die dreistellige Millionenbeträge als Dividende beziehen, würden sich totlachen, wenn sie wüssten, dass ein Oberstudienrat wegen seines Gehalts bei Fachwissenschaftler(inne)n und der Bundesregierung als reich oder womöglich gar als sehr reich gilt. Auch ist das arithmetische Mittel beim Reichtum eindeutig aussagekräftiger als der Median.

Dierk Hirschel, Bereichsleiter Wirtschaftspolitik, Europa und Internationales beim ver.di.-Bundesvorstand, hat in seiner Doktorarbeit nachgewiesen, dass die Entstehung hoher *Arbeits*einkommen, auf die sich seine empirische Untersuchung konzentriert, mit der „individuellen Leistung", d. h. entsprechenden Arbeitszeiten, Bildungsqualifikationen oder Berufserfahrung allein nicht zu erklären ist: „Die Sozialstruktur der Gesellschaft, arbeitsplatzgebundene Ursa-

42 Ernst-Ulrich Huster, Reichtum in einer reichen Gesellschaft, a.a.O., S. 11
43 Dorothee Spannagel, Reichtum in Deutschland, a.a.O., S. 60

chen sowie Institutionen haben einen stärkeren Einfluss auf die Entstehung hoher Einkommen als persönliche Charakteristika."[44] Zwar korrelieren individuelle Leistungskomponenten positiv mit der Höhe des Arbeitseinkommens, diese hängt aber stärker von der sozialen Lage und von der sozialen Herkunft ab, wie Hirschels deskriptive und multivariate Analyse bestätigte: „Die Klassen- oder Schichtenlage der Erwerbstätigen prägt ihre Einkommenserzielungschancen." Einen statistisch siknifikanten Zusammenhang ermittelte Hirschel auch beim Geschlecht: „Einkommensreichtum ist ein männliches Phänomen, das nicht auf unterschiedliche geschlechtsspezifische Qualifikationsniveaus zurückgeführt werden kann."[45] Außerdem variiert die Wahrscheinlichkeit hoher Einkommen nach den Untersuchungsergebnissen Hirschels mit dem Wirtschaftszweig und dem Wohnort der Beschäftigten. Unterschiedliche makroökonomische Rahmenbedingungen bewirken, „dass in Regionen mit einer überdurchschnittlichen konjunkturellen Entwicklung oder großen Agglomerationsvorteilen eine hohe Reichtumspopulation anzutreffen ist. Hohe Arbeitseinkommen werden in erster Linie in Wirtschaftszweigen realisiert, die über einen hohen Konzentrationsgrad, große Betriebsgrößen, hohe Profite, ein hohes Arbeitsproduktivitäts- und Wirtschaftswachstum etc. verfügen."

Armut und Reichtum bilden die äußersten Positionen auf einer Skala der gesellschaftlichen Ressourcenverteilung. Sie grenzen jedoch nicht aneinander, sind vielmehr durch eine Reihe materieller Zwischen- oder Mittellagen voneinander getrennt. Merkwürdigerweise gibt es im Deutschen keinen Begriff für eine Soziallage, die weder arm noch reich genannt werden kann. Am besten für eine solche Differenzierung eignet sich noch der Begriff „Wohlstand", welcher allerdings mehr zur Seite des Reichtums neigt. Darunter ist eine Soziallage zu verstehen, die als gesichert gelten kann, ohne dass materieller Überfluss oder die geringsten Ansätze zum Luxus herrschen.

Der Frankfurter Armutsforscher Werner Hübinger führte um die Mitte der 1990er-Jahre den Terminus „prekärer Wohlstand" in die deutsche Fachdebatte ein. Hübinger war die starke Häufung von Personen knapp oberhalb der damals mit 50 Prozent des durchschnittlichen gewichteten Haushaltsnettoeinkommens angesetzten Armutsschwelle aufgefallen, die sowohl von der Armuts- wie auch von der Sozialstrukturforschung vernachlässigt werde: „Schaut die Ungleichheitsforschung zu einseitig auf die sozialen ‚Mittellagen', so verengt sich der Blick der Armutsforschung auf das unterste Bevölkerungssegment und verkürzt auf diese Weise das Spektrum sozialer Ungleichheit."[46] Entsprechend seiner Unterleilung der Einkommenshierarchie in Armut sowie „prekären" und

44 Dierk Hirschel, Einkommensreichtum und seine Ursachen, a.a.O., S. 370

45 Ebd., S. 371

46 Werner Hübinger, Prekärer Wohlstand. Neue Befunde zu Armut und sozialer Ungleichheit, Freiburg im Breisgau 1996, S. 18

„gesicherten Wohlstand" schätzte Hübinger den Umfang dieser Segmente auf etwa 10 Prozent (Armut), zwischen 25 und 35 Prozent (prekärer Wohlstand) sowie zwischen 55 und 65 Prozent (gesicherter Wohlstand) der Bevölkerung,[47] was allerdings kein ausreichend differenziertes Bild ergab und die Nuancierung zwischen absoluter und relativer Armut ebenso ausblendete wie den Reichtum und großen Reichtum. Unter prekärem Wohlstand versteht man hierzulande seither die Soziallage von Menschen, die nahe der Armutsgrenze leben und jederzeit (wieder) darunter gelangen können.

1.3 Theoretiker und Theorien der sozioökonomischen Ungleichheit

Der US-amerikanische Soziologe Richard Sennett hat kurz nach der Jahrtausendwende von einem „Zeitalter der Ungleichheit" gesprochen.[48] Die soziale Ungleichheit bildet denn auch eine gesellschaftstheoretische Schlüsselfrage, wie Reinhard Kreckel bemerkte. Er bezeichnete sie als „eine von Menschen gemachte und somit auch von Menschen veränderbare Grundtatsache heutigen gesellschaftlichen Lebens", der seine *Politische Soziologie der sozialen Ungleichheit* gewidmet war.[49] Man braucht auch kein Prophet sein, um voraussagen zu können, „dass soziale Ungleichheit das gesellschaftliche Megathema der nächsten dreißig Jahre sein wird. Die großen Trends, die unsere Lebensweise auf dem Globus verändern, wie der klimatische, der demographische sowie der digitale Wandel werden von der weltweit sich verändernden gesellschaftlichen Ungleichheit gebrochen. Schließlich hängt es von unserer Ausstattung mit Geld, Macht und Wissen ab, wie uns der Klimawandel trifft, wie sich unser Lebensalter vor, mit und vor allem nach der Erwerbsarbeit gestaltet und welchen Nutzen wir aus den Angeboten digitaler Lebensassistenz ziehen können."[50] Ob sich die soziale Ungleichheit verschärft, ob sie gleichbleibt oder ob sie abnimmt, hängt allerdings davon ab, wie sich die Gesellschaft, ihre Führungsgruppen und politisch Verantwortlichen zu dem Problem verhalten. Umso wichtiger ist es, sich Klarheit darüber zu verschaffen, welche theoretischen Zugänge als Grundvoraussetzung sowohl der empirischen Ana-lyse wie auch der Erfolg versprechenden Gegenstrategie es gibt.

Theorien versuchen ein Phänomen oder einen Prozess zu erklären, d. h. deren Ursachen zu entschlüsseln und darzulegen, wann und unter welchen Umständen sie entstehen. Wenn ein Konzept der sozialen Ungleichheit deskriptiv

47 Vgl. ebd., S. 216

48 Siehe Richard Sennett, Respekt im Zeitalter der Ungleichheit, Berlin 2004

49 Siehe Reinhard Kreckel, Politische Soziologie der sozialen Ungleichheit, a.a.O., S. 13

50 Heinz Bude/Philipp Staab, Einleitung: Kapitalismus und Ungleichheit – neue Antworten auf alte Fragen, in: dies. (Hrsg.), Kapitalismus und Ungleichheit. Die neuen Verwerfungen, Frankfurt am Main/New York 2016, S. 7

bleibt, das Problem also nur beschreibt, statt es zu erklären, kann von einer Theorie nicht die Rede sein. In der Geschichte der sozioökonomischen Ungleichheit gab es nur wenige Theoretiker/innen, die entscheidende, bis heute richtungweisende Beiträge zum Verständnis des Phänomens geleistet haben. Von ihnen sollen die wichtigsten Repräsentanten vorgestellt, ihre Verdienste um die Sozialstrukturanalyse moderner Gesellschaften gewürdigt und ihre Ansätze erläutert werden.

1.3.1 Karl Marx, Friedrich Engels und die Klassenanalyse

Jahrhundertelang wurde die wirtschaftliche, soziale und politische Ungleichheit entweder als naturgegeben oder als gottgewollt angesehen. Die großen Philosophen der griechischen Antike, selbst meistenteils reichen Familien entstammend, behandelten die Ungleichheit in ihren Schriften entweder überhaupt nicht oder begriffen sie als tragende Säule der Gesellschaft, die als anthropologische Konstante zu hinterfragen an Blasphemie grenze. Sklavenhalter, Feudalherren und absolutistische Herrscher hatten natürlich kein Interesse an einer Diskussion über die Hintergründe ihrer privilegierten Stellung, während es den Leidtragenden der Ungleichverteilung von ökonomischen Ressourcen, Macht und Rechten an Möglichkeiten fehlte, ihre Kritik daran öffentlich zu artikulieren.

Erst seit der europäischen Aufklärung, den bürgerlichen Revolutionen und dem Sturz vieler Monarchien bedarf Ungleichheit der politischen Legitimation, sofern sie weder natürlich noch sachlich bzw. fachlich, etwa durch Ausbildungs-, Wissens- und Kompetenzunterschiede zwischen bestimmten (Gruppen von) Personen, begründet ist. Vorher wurden Ungleichheitsstrukturen auch von den negativ Betroffenen im Wesentlichen ohne kollektiven Protest und Widerstand akzeptiert. Nur besonders gebildete Minderheiten begaben sich auch schon zu jener Zeit auf die Suche nach den Ursachen der ökonomischen, sozialen und politischen Ungleichheit, die weit verbreitet und zudem extrem stark ausgeprägt war.

Der französische Literat und Philosoph Jean-Jacques Rousseau beteiligte sich 1754 an einer Ausschreibung der Académie des Dijon, deren aus zwei Teilen bestehende Preisfrage lautete, welchen Ursprungs die Ungleichheit unter den Menschen und ob diese durch das Naturrecht autorisiert sei. Ohne damit die ausgelobte Goldmedaille im Wert von 30 Pistolen zu gewinnen, gab Rousseau darauf die folgende, mittlerweile klassisch zu nennende Antwort: „Der erste, der ein Stück Land eingezäunt hatte und es sich einfallen ließ zu sagen: *dies ist mein* und der Leute fand, die einfältig genug waren, ihm zu glauben, war der wahre Gründer der bürgerlichen Gesellschaft. Wie viele Verbrechen, Kriege, Morde, wie viel Not und Elend und wie viele Schrecken hätte derjenige dem Menschengeschlecht erspart, der die Pfähle herausgerissen oder den Graben zugeschüttet und seinen Mitmenschen zugerufen hätte: ‚Hütet euch, auf diesen Betrüger zu hören; ihr seid verloren, wenn ihr vergeßt, daß die Früchte allen gehören und die Erde niemandem.'"[51]

Niemand hat die negative Wirkung des Privateigentums (an Grund und Boden), ausgehend von einem Naturzustand der sozialen Gleichheit aller Menschen, jemals prägnanter charakterisiert als Rousseau mit diesen Worten. Johannes Berger kritisierte gleichwohl 250 Jahre später, dass Rousseaus Erklärung für die soziale Ungleichheit als pauschale Verdammung des Privateigentums fehlinterpretiert werde. Berger deutete Rousseaus Erklärung für die Existenz sozioökonomischer Ungleichheit in seinem Sinne um, wonach im Privateigentum zwar eine notwendige, aber keine hinreichende Bedingung für die Entstehung sozialer Ungleichheit zu sehen ist. Rousseau habe durch die Problematisierung der Landnahme sein Hauptaugenmerk darüber hinaus auf die *marktmäßige Beschränktheit* des Bodens gerichtet, der (im Unterschied zum Kapital) nicht vermehrt werden kann. Demnach hätte Rousseau erkannt, dass Ungleichheit auf Einhegungen, also auf Zugangsbeschränkungen, beruhe: „Daher wäre es verfehlt, das genaue Gegenteil von Zugangsbeschränkungen, die freie Konkurrenz, für die Entstehung, den Fortbestand und die Zunahme ökonomischer Ungleichheiten verantwortlich zu machen, so populär diese Auffassung heute auch sein mag."[52]

Interessanter als die Tatsache, dass Berger einen der geistigen Väter der Großen Französischen Revolution für seine wirtschaftsliberale Position zu vereinnahmen suchte, ist der Umstand, dass Rousseau sämtliche Ausprägungen der Ungleichheit, die er in seiner berühmten Abhandlung nannte: Adel bzw. Rang, Macht, persönliches Verdienst und Reichtum, auf Letzteren als erste Stufe bzw. Urform der Ungleichheit zurückführte.[53] Offenbar hielt Rousseau die Einkommens- und Vermögensverteilung für das zentrale Kriterium zur Beurteilung des Maßes der sozialen Egalität in einem Land und den Gegensatz zwischen Arm und Reich für die ausschlaggebende Scheidelinie in jeder auf privatem Eigentum basierenden Gesellschaft. Wenn man überdies bedenkt, dass Rousseau im Ancien Regime lebte, also nicht in einer entwickelten kapitalistischen Industriegesellschaft, war seine Konzentration auf die Landnahme und den privaten Grundbesitz als Quellen der sozioökonomischen Ungleichheit mehr als verständlich. Marxens Kritik der politischen Ökonomie knüpfte unge-

51 Jean-Jacques Rousseau, Diskurs über die Ungleichheit/Discours sur l'inégalité. Kritische Ausgabe des integralen Textes, 7. Aufl. Paderborn 2019, S. 173 (Hervorh. im Original)

52 Johannes Berger, „Über den Ursprung der Ungleichheit unter den Menschen". Zur Vergangenheit und Gegenwart einer soziologischen Schlüsselfrage, in: Zeitschrift für Soziologie 5/2004, S. 356

53 Vgl. Jean-Jacques Rousseau, Diskurs über die Ungleichheit/Discours sur l'inégalité, a.a.O., S. 255; Johannes Berger, „Über den Ursprung der Ungleichheit unter den Menschen", a.a.O., S. 358

fähr 100 Jahre später daran bruchlos an, indem sie die gesellschaftliche Arbeitsteilung, das Privateigentum an Produktionsmitteln und die Aneignung des Mehrprodukts durch eine privilegierte Minderheit für die Klassenspaltung verantwortlich machte.

Georg Friedrich Wilhelm Hegel hielt die soziale Ungleichheit bereits für ein Schlüsselthema der Gesellschaftstheorie. In seiner 1820 erschienenen *Rechtsphilosophie* behandelte er Armut und Reichtum nicht als Strukturgegensätze, sondern als zusammengehörige, die bürgerliche Gesellschaft verbindende Pole. Auch benutzte Hegel mit Blick auf die Arbeiterschaft schon damals den Klassenbegriff, um sie als das negative Ergebnis der Ungleichheit verkörpernde Bevölkerungsgruppe zu kennzeichnen. Hegel beklagte die Konzentration des Reichtums in wenigen Händen: „Durch die *Verallgemeinerung* des Zusammenhangs der Menschen durch ihre Bedürfnisse und der Weisen, die Mittel für diese zu bereiten und herbeizubringen, vermehrt sich die *Anhäufung der Reichtümer* – denn aus dieser gedoppelten Allgemeinheit wird der größte Gewinn gezogen – auf der einen Seite, wie auf der andern Seite die *Vereinzelung* und *Beschränktheit* der besonderen Arbeit und damit die *Abhängigkeit* und *Not* der an diese Arbeit gebundenen Klasse, womit die Unfähigkeit der Empfindung und des Genusses der weiteren Freiheiten und besonders der geistigen Vorteile der bürgerlichen Gesellschaft zusammenhängt."[54]

Etymologisch geht der Klassenbegriff übrigens auf die Steuerklassen im Alten Rom zurück, deren sich die Zensoren bedienten, um die Bürger der Stadt nach ihrem Einkommen zu veranlagen. Für den Berliner Philosophen als führenden Denker seiner Zeit wurden Arme erst durch die innere Empörung gegenüber den Reichen, der Gesellschaft und der Regierung zum „Pöbel", wie er auch ihre Arbeitsscheu und ihren Drang kritisierte, die Subsistenz als Recht geltend zu machen: „Gegen die Natur kann kein Mensch ein Recht behaupten, aber im Zustande der Gesellschaft gewinnt der Mangel sogleich die Form eines Unrechts, was dieser oder jener Klasse angetan wird. Die wichtige Frage, wie der Armut abzuhelfen sei, ist eine vorzüglich die modernen Gesellschaften bewegende und quälende."[55] Weiter stellte Hegel an gleicher Stelle fest, „daß bei dem Übermaße des Reichtums die bürgerliche Gesellschaft nicht reich genug ist, d. h. an dem ihr eigentümlichen Vermögen nicht genug besitzt, dem Übermaße der Armut und der Erzeugung des Pöbels zu steuern."

Der Hannoveraner Soziologe Oskar Negt hat unter Berufung auf Hegel den sich zuspitzenden Widerspruch thematisiert, dass der Kapitalismus ein Übermaß an Ressourcen hervorbringt, ohne die soziale Ungleichheit beseitigen zu können, und in diesem Zusammenhang gegenwartsbezogen konstatiert: „Wenn

---

54 Siehe Georg Friedrich Wilhelm Hegel, Grundlinien der Philosophie des Rechts, in: ders., Werke, Bd. 7, Frankfurt am Main 1970, S. 389 (Hervorh. im Original)

55 Ebd., S. 390

eine Arbeits- und Erwerbsgesellschaft, die in beschleunigtem Tempo Reichtum produziert, mit dem Armutsproblem nicht fertig werden kann, dann ist das ein Zeichen, daß eine historisch entstandene Verteilungsordnung überholt ist."[56] Die Erlanger Politikwissenschaftlerin Ina Schildbach bescheinigte Hegel in ihrer Dissertation zwar „Hellsichtigkeit hinsichtlich der Brisanz der Armutsfrage", bemängelte aber, dass er sie „in ihrer politischen Dimension" unterschätzt habe.[57] Hegel habe die Armut als eines der zentralen Probleme moderner Gesellschaften erkannt, jedoch übersehen, „dass sich ein moderner Staat nicht darauf beschränken kann, Menschen als Eigentümer zu definieren und erst im Nachhinein bei eingetretenen Schäden durch die ökonomische Konkurrenz einzugreifen."[58]

Zusammen mit einem Gleichgesinnten, seinem Freund und politischen Kampfgefährten Friedrich Engels, griff Karl Marx in mehreren Schriften den Grundgedanken Rousseaus zur sozioökonomischen Ungleichheit, aber auch Hegels Reflexionen zum Thema „Armut und Reichtum" auf. Armut und Reichtum betrachtete Marx, insoweit Hegel folgend, als sich ergänzende, zueinander in einem dialektischen Wechselverhältnis stehende Kontrapunkte eines Grundproblems, das die bestehende Gesellschaft nicht zu lösen vermag, weil sie eben darauf basiert. Er wies im *Elend der Philosophie*, seiner 1847 erschienenen Replik auf Pierre-Joseph Proudhons *System der ökonomischen Widersprüche oder Philosophie des Elends*, darauf hin, „daß die Produktionsverhältnisse, in denen sich die Bourgeoisie bewegt, nicht einen einheitlichen, einfachen Charakter haben, sondern einen zwieschlächtigen; daß in denselben Verhältnissen, in denen der Reichtum produziert wird, auch das Elend produziert wird; daß in denselben Verhältnissen, in denen die Entwicklung der Produktivkräfte vor sich geht, sich eine Repressionskraft entwickelt; daß diese Verhältnisse den bürgerlichen Reichtum, d. h. den Reichtum der Bourgeoisklasse, nur erzeugen unter fortgesetzter Vernichtung des Reichtums einzelner Glieder dieser Klasse und unter Schaffung eines stets wachsenden Proletariats."[59]

Für Marx verkörperten Klassen die Produktions-, Eigentums- und Herrschaftsverhältnisse einer Gesellschaft, erklärten aber zugleich, wohin sich diese entwickelt. Demnach bilden sie nicht bloß deren Sozialstruktur ab, bestimmen vielmehr auch die Richtung und das Tempo des sozialen Wandels. Die soziale Ungleichheit beruht auf der ökonomischen Ungleichheit, die sich in der Klassenspaltung manifestiert und im politischen Machtgefüge reproduziert. Marx

56 Oskar Negt, Arbeit und menschliche Würde, Göttingen 2001, S. 240

57 Siehe Ina Schildbach, Armut als Unrecht. Zur Aktualität von Hegels Perspektive auf Selbstverwirklichung, Armut und Sozialstaat, Bielefeld 2018, S. 353

58 Siehe ebd., S. 351

59 Siehe Karl Marx, Das Elend der Philosophie. Antwort auf Proudhons „Philosophie des Elends", in: ders./Friedrich Engels, Werke (MEW), Bd. 4, Berlin (DDR) 1959, S. 141

hielt die bestehende, aus der Kapitalreproduktion resultierende Klassenherrschaft des (Groß-)Bürgertums für total, wenn nicht totalitär.

Die herrschende Klasse spielte für Marx eine Schlüsselrolle im handlungs- wie im strukturtheoretischen Sinne. Für den zeitgenössischen Staatsrechtslehrer, Nationalökonomen und Sozialreformer Lorenz von Stein basierte die Klassenherrschaft auf dem Besitz. Um die Mitte des 19. Jahrhunderts unterschied von Stein drei große Besitzklassen – den Grundbesitz, den Geldbesitz und den industriellen Besitz, auch Besitz an sog. stehendem oder festem Kapital genannt. Laut von Stein bestand ein Grundwiderspruch darin, dass zwar jedes Gesellschaftsmitglied dem Staat gegenüber als gleich und frei galt, die Gesamtheit der Bürger aber nicht gleich war: „Wir sehen vielmehr in der Gesellschaft stets als ihr allgemeinstes und unabänderliches Verhältnis eine *herrschende* und eine *abhängige* Klasse.“[60] Weil der seiner Idee nach Gleichheit erstrebende Staat die Existenz der Letzten jedoch aufheben müsse, bemächtige sich die herrschende Gesellschaftsklasse der Staatsgewalt.[61]

Für den US-amerikanischen Soziologen Charles Wright Mills war der Terminus „herrschende Klasse“ hingegen nicht stimmig, weil im ersten Teil politischer und im zweiten Teil ökonomischer Natur. In seinem 1956 erschienenen Hauptwerk *The Power Elite* unterschied Mills stattdessen zwischen einer „Funktions-“ und einer „Machtelite“, die seinem Buch den Titel gab. Letztere rekrutiert sich aus den Inhabern von Schlüsselpositionen in Wirtschaft, Politik und Militär: „Sie leiten die großen Wirtschaftsunternehmen. Sie sitzen an den Schalthebeln des Staatsapparates und beanspruchen für sich alle Vorrechte, die sich daraus ergeben. Sie befehligen die Streitkräfte. Sie nehmen in unserer Gesellschaftsstruktur die strategisch wichtigen Kommandostellen ein und verfügen damit auch über alle Mittel, von der Macht, dem Reichtum und der Berühmtheit, deren sie sich erfreuen, wirksam Gebrauch zu machen.“[62]

Der britische Soziologe Tom B. Bottomore hob in seinem 1964 erschienenen Buch *Elites and Society* hervor, dass der Elitegedanke ursprünglich im Gegensatz zur Idee der sozialen Klassen stand.[63] Von dem italienischen Rechts- und Sozialwissenschaftler Gaetano Mosca übernahm Bottomore den Begriff „politische Klasse“ zur Kennzeichnung jener Gruppen in der Gesellschaft, die politische Macht oder politischen Einfluss ausüben und sich am Kampf um die Führung der Regierungsgeschäfte beteiligen; innerhalb der politischen Klasse

---

60 Lorenz von Stein, Der Begriff der Gesellschaft und die Gesetze ihrer Bewegung, in: ders., Geschichte der sozialen Bewegung in Frankreich von 1789 bis auf unsere Tage, Bd. 1: Der Begriff der Gesellschaft und die soziale Geschichte der Französischen Revolution bis zum Jahre 1830, Darmstadt 1959, S. 47 (Hervorh. im Original)

61 Vgl. ebd., S. 49 f.

62 C. Wright Mills, Die Machtelite. Das Standardwerk der kritischen Elitenforschung, Frankfurt am Main 2019, S. 48

63 Vgl. dazu und zum Folgenden: T.B. Bottomore, Elite und Gesellschaft, a.a.O., S. 14 f.

unterschied Bottomore noch einmal die politische Elite als eine kleinere Gruppe, deren Mitglieder faktisch die politische Macht in Händen halten. Sie umfasst Regierungsmitglieder und die höchsten Verwaltungsbeamten, Militärbefehlshaber, teilweise auch politisch bedeutsame Familien aus den nobelsten Kreisen und Leiter mächtiger Wirtschaftsunternehmen. Die politische Klasse wiederum besteht aus mehreren Gruppen, die kooperieren, miteinander um die Macht konkurrieren oder einander bekämpfen. Sinn macht der Elitebegriff nur, wenn er im Plural verwendet und nicht gegen Marxens Terminus der herrschenden Klasse ausgespielt wird.

Vermittelt über den Staat als Instrument der jeweils herrschenden Klasse, legitimiert der ideologische Überbau für Marx und Engels die Machtkonstellation an der ökonomischen Basis. Das von ihnen 1845/46 verfasste, unter dem Titel *Die deutsche Ideologie* bekanntgewordene Manuskript illustrierte den zugrunde liegenden Mechanismus an folgendem Beispiel: „Die Gedanken der herrschenden Klasse sind in jeder Epoche die herrschenden Gedanken, d. h. die Klasse, welche die herrschende *materielle* Macht der Gesellschaft ist, ist zugleich ihre herrschende *geistige* Macht. Die Klasse, die die Mittel zur materiellen Produktion zu ihrer Verfügung hat, disponiert damit zugleich über die Mittel zur geistigen Produktion, so daß ihr damit im Durchschnitt die Gedanken derer, denen die Mittel zur geistigen Produktion abgehen, unterworfen sind."[64] Indizien dafür finden sich bis heute in der Alltagssprache: Paradoxerweise heißt „Arbeitnehmer", wer seine Arbeitskraft verkauft, also weggibt; „Arbeitgeber" wird jedoch genannt, wer die Arbeitskraft anderer gegen Lohn kauft, also nimmt. Dieser lässt sein Geld oder sein Kapital „arbeiten", obwohl noch nie jemand einen Euro-Schein bei der Arbeit gesehen hat und das Arbeiten häufig gerade jene Menschen tun, die wenig Geld haben. Während der Begriff „Unternehmer" im positiven Sinne das wagemutige und risikofreudige Handeln der betreffenden Person ausdrückt, spricht niemand von den Unternommenen, die als bloße „Mitarbeiter" und als Käufer der von diesen hergestellten Produkte für den Gewinn des Kapitaleigentümers sorgen.

Marx und Engels hatten erkannt, dass soziale Ungleichheit in einer Klassengesellschaft wie der bürgerlich-kapitalistischen nicht bloß möglich, für diese vielmehr notwendig und konstitutiv ist. Dies bedeutet aber nicht, dass sie durch den ökonomischen Produktions- und Reproduktionsprozess automatisch erzeugt und ohne Mitwirkung des politischen, kulturellen und ideologischen Überbaus der Gesellschaft perpetuiert wird. In dem politischen Manifest, das Marx zusammen mit Engels im Dezember 1847/Januar 1848 für den Bund der

64 Karl Marx/Friedrich Engels, Die deutsche Ideologie. Kritik der neuesten deutschen Philosophie in ihren Repräsentanten Feuerbach, B. Bauer und Stirner, und des deutschen Sozialismus in seinen verschiedenen Propheten, in: MEW, Bd. 3, Berlin (DDR) 1958, S. 46 (Hervorh. im Original)

Kommunisten verfasste, fungierten die Klassen nicht bloß als sozialstrukturelle Basiskategorie, sondern auch als historische Subjekte, die in blutige Schlachten gegeneinander ziehen. Jede ihnen bekannte Gesellschaft bestand Marx und Engels zufolge aus unterdrückenden und unterdrückten Klassen, weshalb sie die (schriftlich überlieferte) Geschichte aller bisherigen Gesellschaften zu Beginn des ersten Kapitels prägnant als „Geschichte von Klassenkämpfen" bezeichneten.[65] Waren es früher Freier und Sklave, Patrizier und Plebejer, Baron und Leibeigener, Zunftbürger und Geselle, die sich unversöhnlich gegenüberstanden, so hatten sich die Klassengegensätze im bürgerlichen Zeitalter laut Marx und Engels weiter vereinfacht: „Die ganze Gesellschaft spaltet sich mehr und mehr in zwei große feindliche Lager, in zwei große, einander direkt gegenüberstehende Klassen: Bourgeoisie und Proletariat."[66] Sozialstrukturell erwarteten Marx und Engels im Zuge der weiteren Konzentration des Kapitals also eine fortschreitende Polarisierung, der schließlich auch das in Deutschland besonders wichtige Kleinbürgertum zum Opfer hätte fallen müssen.[67]

Das Proletariat bezeichneten die Verfasser des *Kommunistischen Manifests* als „unterste Schicht" der kapitalistischen Gesellschaft, während die herrschenden Schichten ihren „Überbau" bildeten.[68] Schaut man genauer hin, besteht aber weder ein Subordinationsverhältnis noch eine Hierarchie zwischen den Klassen, sowenig beide mit Armut und (in klingender Münze auszurechnendem) Reichtum deckungsgleich sind. Auch scheint es so, als gebrauchten Marx und Engels die Begriffe „Klasse" und „Schicht" als Synonyme. Vermieter, Einzelhändler, Pfandleiher und ähnliche Berufsgruppen, die den Lohn der Proletarier vereinnahmten, zählten sie zur Bourgeoisie, deren Kern die Industriellen bildeten. Kleinunternehmer, Mittelständler, Kaufleute, Rentiers, Handwerker und Bauern sanken der Tendenz nach zur Arbeiterklasse herab, die gewissermaßen als Sammelbecken aller Deklassierten fungierte: „So rekrutiert sich das Proletariat aus allen Klassen der Bevölkerung."[69]

Zu den Proletariern gehörten für Marx und Engels aber auch Beschäftigte höherer Gehaltsstufen, die man heutzutage vermutlich der Mittelschicht zurechnen würde, wie folgendes Zitat aus dem *Manifest* zeigt: „Die Bourgeoisie hat alle bisher ehrwürdigen und mit frommer Scheu betrachteten Tätigkeiten ihres Heiligenscheins entkleidet. Sie hat den Arzt, den Juristen, den Pfaffen, den Poeten, den Mann der Wissenschaft in ihre bezahlten Lohnarbeiter verwandelt."[70] Offenbar erwarteten Marx und Engels am Vorabend der französischen

65 Siehe Karl Marx/Friedrich Engels, Manifest der Kommunistischen Partei, in: MEW, Bd. 4, a.a.O., S. 462
66 Ebd., S. 463
67 Vgl. ebd., S. 484
68 Siehe ebd., S. 472 f.
69 Ebd., S. 469
70 Ebd., S. 465

Februar- und der deutschen Märzrevolution 1848 eine weitere Verarmung der Proletarier, denn sie prognostizierten: „Der moderne Arbeiter [...] sinkt immer tiefer unter die Bedingungen seiner eigenen Klasse herab. Der Arbeiter wird zum Pauper, und der Pauperismus entwickelt sich noch schneller als Bevölkerung und Reichtum. Es tritt hiermit offen hervor, daß die Bourgeoisie unfähig ist, ihrem Sklaven die Existenz selbst innerhalb seiner Sklaverei zu sichern, weil sie gezwungen ist, ihn in eine Lage herabsinken zu lassen, wo sie ihn ernähren muß, statt von ihm ernährt zu werden."[71]

Zwar berücksichtigte die Klassenanalyse von Marx und Engels nicht alle Verästelungen der Sozialstruktur, erhellte jedoch die historischen Entstehungszusammenhänge, ökonomischen Herrschaftsverhältnisse und politischen Machtstrukturen der bürgerlichen Gesellschaft. Marx und Engels zufolge entstehen Klassengesellschaften, wenn sich eine Personengruppe aufgrund ihrer privilegierten Stellung im Prozess der materiellen Produktion das gesellschaftliche Mehrprodukt anzueignen vermag. Zwar kam es weder zu einer allgemeinen Pauperisierung des Proletariats – sieht man von von den total verelendeten Arbeitern in der sog. Dritten und Vierten Welt ab – noch zu einer Proletarisierung der Mittelschichten. Dagegen hat sich Marxens These einer fortschreitenden sozioökonomischen Polarisierung zwischen den beiden Grundklassen – die Grundeigentümer gingen wie prognostiziert in der Bourgeoisie auf – im weiteren Verlauf der Geschichte des metropolitanen Kapitalismus als zutreffend erwiesen.

Wiewohl er zusammen mit Engels die historisch-materialistische Klassenanalyse begründet hat, nahm Marx keineswegs das Verdienst für sich in Anspruch, die Existenz von Gesellschaftsklassen aufgedeckt oder deren Kämpfe gegeneinander als entscheidende Triebkraft der Geschichte herausgearbeitet zu haben, wie er in einem Brief an den nach der Märzrevolution in die USA emigrierten deutschen Kommunisten Joseph Weydemeyer ausführte.[72] Vielmehr hat Marx laut seinem eigenen Bekunden gezeigt, dass 1. die Klassenstruktur der Gesellschaft aus dem Charakter der materiellen Produktion ableitbar ist, dass 2. die Klassenherrschaft der Bourgeoisie auf revolutionärem Weg durch die Klassenherrschaft („Diktatur") des Proletariats abgelöst wird und dass 3. hieraus eine klassenlose Gesellschaft hervorgeht, die er als Kommunismus bezeichnete.

Marxens kaum zu bestreitende Pionierleistung auf dem Gebiet der Sozialstrukturanalyse bestand darin, die Schlüsselkategorie „Klasse" nicht mehr bloß deskriptiv, sondern als einen Strukturbegriff zu verwenden, der sowohl mit den grundlegenden Machtkonstellationen wie mit den ökonomischen Bewegungsgesetzen der jeweiligen Gesellschaftsformation in einem Kausalzusammenhang

---

71 Ebd., S. 473

72 Vgl. Marx an Joseph Weydemeyer in New York, 5. März 1852, in: MEW, Bd. 28, Berlin (DDR) 1970, S. 507 f.

steht. Nur bei Marx und Engels findet man eine konsistente, in sich stringente Theorie, die soziale Ungleichheit aus den Entwicklungsgesetzen der kapitalistischen Produktionsweise ableitet und darzulegen vermag, warum eine kleine Bevölkerungsgruppe die große Mehrheit in der bürgerlichen Gesellschaft ökonomisch ausbeutet und politisch-ideologisch beherrscht.

Der dritte und letzte Band von Marxens Hauptwerk *Das Kapital*, den Engels 1894 herausgab, endete mit einem unvollendet gebliebenen 52. Kapitel, das den Titel *Die Klassen* trägt und bereits im ersten Absatz von Lohnarbeitern, Kapitalisten und Grundeigentümern als den „drei großen Klassen der modernen, auf der kapitalistischen Produktionsweise beruhenden Gesellschaft" spricht.[73] Anschließend wies Marx darauf hin, dass sich diese Klassengliederung selbst in England, dem damals entwickeltsten Industriestaat überhaupt, (noch) nicht voll herausgebildet habe und dass es „Mittel- und Übergangsstufen" zwischen den Hauptklassen gebe.

An die Stelle der Gliederung in Stände, wie es sie im Feudalismus gab, war die Einteilung der Gesellschaft in unterschiedliche Klassen getreten. Bourgeoisie und Proletariat personifizierten für Marx den kapitalistischen Grundwiderspruch zwischen dem gesellschaftlichen Charakter der Produktion und der privaten Aneignung. Neben den, aber auch und innerhalb der drei genannten Hauptklassen der bürgerlichen Gesellschaft gab es Rand-, Übergangs- und Zwischenschichten, die jeweils spezifische und voneinander abweichende Interessen hatten. Die herrschende Bourgeoisie zerfiel in mehrere Kapitalfraktionen, etwa das Handels-, Manufaktur-, Industrie- und Bankkapital sowie die Finanzoligarchie, wie es eine selbstständige und eine lohnabhängige Mittelschicht und neben der Arbeiterklasse das Sub- bzw. „Lumpenproletariat" der Obdachlosen, Bettler und Vagabunden gab.

Michael Mauke lieferte zu Beginn der 1970er-Jahre eine Begriffsdefinition, die er aus den einschlägigen Schriften von Marx und Engels extrapolierte: „Klassen sind Großgruppen von Menschen, die nicht primär durch bewußten Zusammenschluß, sondern durch ein kollektives Verhältnis des Eigentums bzw. Nichteigentums an den sachlichen Produktionsbedingungen naturwüchsig konstituiert werden."[74] Je nachdem, um welche Produktionsweise es sich handelt – antike, asiatische, feudale, kapitalistische oder sozialistische – ändern sich die Klassenverhältnisse sowie die bestehenden Gesellschaftsklassen und ihre Beziehungen zueinander.

„Klassen" bezeichneten für Marx viel mehr als Großgruppen von Menschen, die gemeinsame Wirtschaftsinteressen haben, leitete er doch sowohl die Entstehungsbedingungen von wie auch die Beziehungen zwischen den Klassen

---

73 Siehe Karl Marx, Das Kapital. Kritik der politischen Ökonomie, Bd. 3, in: MEW, Bd. 25, Berlin (DDR) 1964, S. 892

74 Michael Mauke, Die Klassentheorie von Marx und Engels, Frankfurt am Main 1970, S. 16

aus der spezifischen Produktionsweise einer Gesellschaft ab. Insofern bildeten Klassen als kollektive Akteure im Geschichtsprozess für ihn das bis dahin fehlende Bindeglied zwischen der Strukturanalyse des Kapitalismus und einer politischen Handlungstheorie, die erklären sollte, wie diese Gesellschaftsformation funktioniert und warum sie überhaupt existiert, aber auch, durch welches historische Subjekt sie in einem revolutionären Akt der Machtergreifung und der grundlegenden Transformation überwunden werden kann.

Natürlich stellte Marx die Frage, was eine Klasse ausmache bzw. wodurch Lohnarbeiter, Kapitalisten und Grundeigentümer zu den Mitgliedern der drei großen Hauptklassen würden. Nur auf den ersten Blick sei das die Übereinstimmung in Bezug auf ihre Revenuen und Revenuequellen: „Es sind drei große gesellschaftliche Gruppen, deren Komponenten, die sie bildenden Individuen, resp. von Arbeitslohn, Profit und Grundrente, von der Verwertung ihrer Arbeitskraft, ihres Kapitals und ihres Grundeigentums leben."[75] Marx gab jedoch zu bedenken, dass unter diesen Voraussetzungen z. B. Ärzte und Beamte zwei weitere Klassen bilden würden, weil sie unterschiedlichen Bevölkerungsgruppen angehören, bei denen die Revenuen ihrer Mitglieder aus derselben Quelle fließen. „Dasselbe gälte für die unendliche Zersplitterung der Interessen und Stellungen, worin die Teilung der gesellschaftlichen Arbeit die Arbeiter wie die Kapitalisten und Grundeigentümer – letztre z. B. in Weinbergsbesitzer, Äckerbesitzer, Waldbesitzer, Bergwerksbesitzer, Fischereibesitzer – spaltet." An dieser zentralen Textstelle brach das Marx'sche Manuskript ab.

Für puren Schein hielt es Marx, dass Menschen aufgrund desselben Berufs, desselben Prestiges, der gleichen Einkommensquelle bzw. -höhe oder desselben Bildungsstandes eine gemeinsame Klasse bilden. Nötig war und ist dafür hingegen, dass sie die gleiche Stellung im ökonomischen Produktions- und Reproduktionsprozess einnehmen und gemeinsam für dessen Aufrechterhaltung sorgen. „Nicht die formale ‚Dieselbigkeit' von Einkommen und Einkommensquelle determiniert die Existenz einer Klasse, sondern die Relation des Verhältnisses zur gesellschaftlichen Arbeitsteilung, zu den gesellschaftlichen Produktionsbedingungen und damit zum gesellschaftlichen Mehrprodukt."[76]

Die sozioökonomische Ungleichheit hatte für Marx in den Klassengesellschaften systemischen Charakter. Wenn der Strukturzusammenhang von privatkapitalistischer Produktion und klassenspezifischer Distribution, also die Kausalität ungleicher Eigentums- und ungerechter Verteilungsverhältnisse, begriffen wird, erschließt sich auch die Wechselbeziehung zwischen Armut und Reichtum im bestehenden Gesellschaftssystem. Standen beide vorher für sich und getrennt nebeneinander, verband Marx beide durch seine Kritik der politischen Ökonomie miteinander und stellte sie in den gesetzmäßigen Kontext der

75 Karl Marx, Das Kapital. Kritik der politischen Ökonomie, Bd. 3, a.a.O., S. 893
76 Michael Mauke, Die Klassentheorie von Marx und Engels, a.a.O., S. 72

Kapitalakkumulation. Demnach entsteht Armut durch Reichtum ebenso wie Reichtum durch Armut,[77] weil und insofern die sozioökonomische Ungleichheit in den kapitalistischen Produktionsverhältnissen wurzelt. Marx plädierte für die Abschaffung des Kapitaleigentums, weil es, wie er im April/Mai 1871 anlässlich der Pariser Kommune schrieb, „die Arbeit der vielen in den Reichtum der wenigen verwandelt."[78]

Mit seiner Kritik der politischen Ökonomie als Fundament einer historisch-materialistischen Klassenanalyse ist Marx bis heute der wichtigste Theoretiker der sozialen Ungleichheit geblieben. Zusammen mit Engels, dem wir eine materialreiche Untersuchung zur damaligen Lage der Arbeiterklasse in England verdanken, hat er die Analyse der Sozialstruktur theoretisch fundiert und empirisch befruchtet. Engels leistete nicht bloß einen richtungweisenden Beitrag zur Industrie-, sondern auch zur Stadtsoziologie, als er die sozialräumliche Segregation der Großstädte des Vereinigten Königreiches mit der Klassenspaltung in Verbindung brachte: „Jede große Stadt hat ein oder mehrere ‚schlechte Viertel', in denen sich die arbeitende Klasse zusammendrängt. Oft freilich wohnt die Armut in versteckten Gäßchen dicht neben den Palästen der Reichen; aber im allgemeinen hat man ihr ein apartes Gebiet angewiesen, wo sie, aus den Augen der glücklicheren Klassen verbannt, sich mit sich selbst durchschlagen mag, so gut es geht."[79]

Eine soziale Klasse besteht zwar aus einer unterschiedlich großen Anzahl von Personen, basiert jedoch auf spezifischen Funktionen im ökonomischen Produktions- und Reproduktionsprozess, weshalb sich ihre personelle Zusammensetzung permanent verändert. Der österreichische Nationalökonom Joseph A. Schumpeter hat die Sozialstrukturtheorie in einem am 19. November 1926 unter dem Titel „Führerschaft und Klassenbildung" gehaltenen Vortrag an der Universität Heidelberg durch eine prägnante Metapher ergänzt, die verdeutlicht, dass es sich beim Klassenbegriff um eine Strukturkategorie handelt, die Zusammensetzung der damit bezeichneten Personengruppen aber fortwährend wechselt: „Jede Klasse gleicht während der Dauer ihres Kollektivlebens oder der Zeit, während welcher ihre Identität angenommen werden kann, einem Hotel oder einem Omnibus, die zwar immer besetzt sind, aber von immer andern Leuten."[80]

---

77 Vgl. Günther Salz, Armut durch Reichtum. Soziale Brennpunkte als Erbe der Sozialen Frage: praktische Erfahrungen und theoretische Einsichten, Freiburg im Breisgau 1991, S. 40 ff.

78 Siehe Karl Marx, Der Bürgerkrieg in Frankreich. Adresse des Generalrats der Internationalen Arbeiterassoziation, in: MEW, Bd. 17, Berlin (DDR) 1962, S. 342

79 Friedrich Engels, Die Lage der arbeitenden Klasse in England. Nach eigner Anschauung und authentischen Quellen, in: MEW, Bd. 2, Berlin (DDR) 1957, S. 259

80 Joseph A. Schumpeter, Die sozialen Klassen im ethnisch homogenen Milieu, in: ders., Aufsätze zur Soziologie, Tübingen 1953, S. 171

Der US-amerikanische Ökonom Paul M. Sweezy griff Schumpeters Hotel-Metapher auf, um das Ausmaß der sozialen Mobilität zu illustrieren, und konstatierte in einem zu Beginn der 1950er-Jahre entstandenen Manuskript, dass Klassengesellschaften keine geschlossene Kastengesellschaften seien: „Man kann eine soziale Klasse mit einem Hotel vergleichen, das immer Gäste hat, von denen die einen ständig dort wohnen und die anderen auf der Durchreise sind. [...] Das Hotel ist immer besetzt, aber immer mit neuen Leuten, die eben angekommen sind und, mit wenigen Ausnahmen, bald wieder abreisen werden.“[81] Sweezy unterschied zwischen „ökonomischen“ und „sozialen Klassen“, wobei er Letztere mit den Familien als eigentlichem Kern des Klassensystems in Verbindung brachte und an der Bereitschaft zur Eheschließung mit Angehörigen derselben Klasse festmachte: „Ob zwei Familien derselben Klasse angehören oder nicht, läßt sich ablesen an der Freizügigkeit, mit der sie untereinander heiraten (in Wirklichkeit oder potentiell).“[82]

Ulrich Beck, ein damals noch in Bamberg und später in München lehrender Soziologe, wendete Schumpeters berühmtes Omnibus-Bild in seinem Buch *Risikogesellschaft* auf die sich während der 1980er-Jahre verfestigende Massenarbeitslosigkeit an: „Der Bus der Massenarbeitslosigkeit ist mit einer Gruppe von Stammarbeitslosen besetzt, die sich durch Sitzenbleiben herauskristallisiert. Ansonsten herrscht aber ein allgemeines Kommen und Gehen. Es steigen immer wieder neue Personen zu und andere aus.“[83] Ob sich unter Rekurs auf die berühmte Bus-Metapher eine Temporalisierung des Phänomens der Arbeitslosigkeit und der sozialen Polarisierung begründen lässt, wie Peter A. Berger mit seinem Begriff der „Ungleichheitsphasen“ suggerierte,[84] erscheint allerdings zweifelhaft.

Klassen sind ein Konstrukt, das es Forscher(inne)n erlaubt, die Sozialstruktur einer Gesellschaft zu entschlüsseln, ihre ökonomischen Entstehungszusammenhänge zu begreifen und auf objektive Entwicklungsgesetze zurückzuführen. Zugleich sind Klassen insofern real, als sie unterschiedliche, in der materiellen Produktion wurzelnde Lebenslagen und Beziehungen großer Bevölkerungsgruppen zueinander verkörpern. Zwar sind mitnichten alle Sozialstrukturanalytiker/innen, die den Klassenbegriff verwenden, Marxist(inn)en. Aber sämtliche von Marx und Engels beeinflusste Sozialstrukturanalytiker/innen verzichten nicht auf ihn. Kein anderer Terminus ist ähnlich symbolträch-

81 Paul M. Sweezy, Zum Begriff der herrschenden Klasse, in: ders., Die Zukunft des Kapitalismus und andere Aufsätze zur politischen Ökonomie, Frankfurt am Main 1970, S. 74

82 Ebd., S. 72

83 Ulrich Beck, Risikogesellschaft. Auf dem Weg in eine andere Moderne, Frankfurt am Main 1986, S. 146 f.

84 Siehe Peter A. Berger, Ungleichheitsphasen. Stabilität und Instabilität als Aspekte ungleicher Lebenslagen, in: ders./Stefan Hradil (Hrsg.), Lebenslagen, Lebensläufe, Lebensstile (Soziale Welt, Sonderband 7), Göttingen 1990, S. 319 ff.

tig und prägnant wie jener, wenn es darum geht, die ökonomische Architektur und die soziale Struktur einer Gesellschaft zu analysieren. Für die Marxist(inn)en ist „Klasse" eine Basiskategorie, mit deren Hilfe sich die soziale Ungleichheit begrifflich fassen und historisch-materialistisch erklären lässt. Von dem genannten Schlüsselbegriff aus erschließt sich denn auch die weitere Einteilung bzw. Untergliederung der Gesellschaft in Schichten. Für andere Sozialstrukturanalytiker/innen gilt dies nicht; zum Teil verhält es sich sogar umgekehrt, denn sie verwenden „Schicht" als Oberbegriff, wohingegen „Klasse" höchstens einen Spezialfall der Schichtung bildet.[85]

In der bürgerlichen Gesellschaft sah Marx eine weitere soziale Polarisierung strukturell angelegt, denn er bemerkte, dass die Akkumulation von Kapital mit einer Akkumulation von Not und Elend verbunden sei. Im ersten, 1867 erschienenen Band des *Kapitals* heißt es dazu: „Die Akkumulation von Reichtum auf dem einen Pol ist also zugleich Akkumulation von Elend, Arbeitsqual, Sklaverei, Unwissenheit, Brutalisierung und moralischer Degradation auf dem Gegenpol, d. h. aufseiten der Klasse, die ihr eignes Produkt als Kapital produziert."[86] Zwar sind die katastrophalen Arbeitsbedingungen und sozialen Verwerfungen, unter denen die Proletarier des frühen Industriezeitalters litten, nicht zuletzt aufgrund harter Kämpfe der Arbeiter- und Gewerkschaftsbewegung heute zumindest hierzulande in den allermeisten Branchen und Betrieben überwunden, Ausbeutung und Unterdrückung von Lohnarbeiter(inne)n gibt es jedoch nach wie vor zuhauf.

Der Mainzer Soziologe Stefan Hradil attestierte dem Verfasser des *Kapitals* in seinem eigenen Standardwerk zur Sozialstrukturanalyse, „einen geschlossenen Begründungszusammenhang der Entstehung sozialer Ungleichheit" hervorgebracht zu haben, sei es ihm doch gelungen, „maßgebliche Ungleichheiten der beginnenden kapitalistischen Industriegesellschaft" zu entschlüsseln und diese als Klassengesellschaft zu identifizieren.[87] Mit der Marx'schen Theorie lassen sich nach Hradils Meinung auch bestimmte Ungleichheiten in fortgeschrittenen Industriegesellschaften erklären und als Klassenstrukturen erkennen, wenngleich diese Gesellschaften im Ganzen nicht mehr als Klassengesellschaften gelten könnten.

Warum diese Charakterisierung des Gegenwartskapitalismus unzutreffend sein soll, obwohl viele Kapitaleigentümer so reich wie nie sind und die Beschäftigten in den Schlachthöfen, im Reinigungsgewerbe, in der Gastronomie, im

---

85 Vgl. Sebastian Herkommer, Soziologie der Sozialstruktur. Historisch-materialistische Kritikpunkte zu „Klasse" und „Schicht", in: Hans Jürgen Krysmanski/Peter Marwedel (Hrsg.), Die Krise in der Soziologie. Ein kritischer Reader zum 17. Deutschen Soziologentag, Köln 1975, S. 129

86 Karl Marx, Das Kapital. Kritik der politischen Ökonomie, Bd. 1, in: MEW, Bd. 23, 11. Aufl. Berlin (DDR) 1962, S. 675

87 Siehe Stefan Hradil, Soziale Ungleichheit in Deutschland, 8. Aufl. Opladen 2001, S. 56

Einzelhandel oder in den Callcentern teilweise für Hungerlöhne schuften müssen, um als „Erwerbsaufstocker/innen" nur mit sozialstaatlicher Unterstützung (Bezug des im Volksmund „Hartz IV" genannten Arbeitslosengeldes II) über die Runden zu kommen und am Ende ihres Berufslebens in Würde leben zu können, erläuterte Hradil jedoch nicht. Dies gilt auch für manchen anderen Kritiker der marxistischen Klassentheorie, welcher entweder die universelle Gültigkeit des Klassenbegriffs bestreitet oder diesen stark modifiziert. Genannt sei nur Reinhard Kreckel, dem zufolge angesichts von Aktiengesellschaften, bestellten Managern und segmentierten Arbeitsmärkten kein Sozialwissenschaftler mehr im Ernst vom „lohnabhängigen Proletariat" und „den Kapitalisten" als konkreten sozialen Klassen sprechen kann, obwohl er das in der strukturtheoretischen Vorstellung eines ungleichheitsbegründenden Klassengegensatzes von Kapital und Arbeit steckende kritische Potenzial nicht aufgeben wollte.[88]

Gegen die marxistische Kernthese, wonach das Privateigentum (an Produktionsmitteln) den Ursprung der sozialen Ungleichheit bildet, wurden im Wesentlichen zwei Einwände vorgebracht. Den ersten formulierte Johannes Berger, der das Privateigentum mit dem Argument nur für eine notwendige, aber nicht hinreichende Bedingung der Ungleichheit hält, dass es ja gleichverteilt sein könnte.[89] Dies ist jedoch illusorisch, weil das Privateigentum unter dieser Voraussetzung kaum existieren würde, und beim Privateigentum an Produktionsmitteln heute schon deshalb nicht der Fall, weil es unter den Bedingungen der kapitalistischen Großindustrie nach wie vor zahlreicher Beschäftigter ohne nennenswertes Vermögen und andere Einkommensquellen bedarf, um die Produktion in Gang zu halten. Schließlich ist es die Mehrwertproduktion von Lohnarbeiter(inne)n für die Kapitaleigentümer, wodurch sich die soziale Ungleichheit reproduziert. Auch der zweite Einwand wirkt nur auf den ersten Blick überzeugend: René König, späterer Begründer der „Kölner Schule" und Nestor der westdeutschen Nachkriegssoziologie, hielt die marxistische Erklärung schon gegen Ende der 1940er-Jahre für widerlegt, weil die soziale Ungleichheit in der Sowjetunion trotz Aufhebung des Privateigentums an Produktionsmitteln selbst drei Jahrzehnte nach der Oktoberrevolution nicht verschwunden sei: „Zweifellos bringt die Sozialisierung der Produktionsmittel gewisse Formen des Klassenkampfes zum Verschwinden (was man nebenbei gesagt genau so gut durch das Mittel der ‚kalten Sozialisierung' auf dem Wege der Sozialpolitik erreichen kann). Aber die Erfahrung zeigt auf den ersten Blick, dass die Aufhebung des Privateigentums an den Produktionsmitteln die Ausbeutung nicht nur nicht aufhebt, sondern in neuen und viel fürchterlicheren

88 Vgl Reinhard Kreckel, Politische Soziologie der sozialen Ungleichheit, a.a.O., S. 148 f.

89 Vgl. Johannes Berger, „Über den Ursprung der Ungleichheit unter den Menschen", a.a.O., S. 355

Formen sich entwickeln lässt, wie sie nicht einmal der Frühkapitalismus in seiner schlimmsten Periode kannte."[90]

Obwohl es weiterhin bürgerliche, proletarische und proletaroide Klassenlagen gibt, behauptet heute sicher niemand mehr, dass es bloß zwei personell klar voneinander getrennte Gesellschaftsklassen – Bourgoisie und Proletariat – ohne diverse Übergangs-, Zwischen- und Randschichten gebe, oder gar, dass eine von ihnen politisch zur Entscheidungsschlacht um die Klassenherrschaft rüste. Zumindest was die theoretischen Grundlagen seiner Analyse der Klassengesellschaft betrifft, ist Marx weder inhaltlich oder methodisch widerlegt, noch muss sie durch einen alternativen Erklärungsansatz überwunden werden. Erforderlich sind vielmehr eine reflektierte Rückbesinnung auf sein Werk, eine zeitgemäße Anwendung, Weiterentwicklung und Ergänzung der Marx'schen Schlüsselkategorien, eine Untersuchung der aktuellen sozioökonomischen Spaltungslinien und eine stärkere Berücksichtigung der hieraus für das politische System wie für die politische Kultur der Bundesrepublik resultierenden Konsequenzen.

Zwar haben Marx und Engels ihre Klassentheorie nie systematisch ausgearbeitet, aber in zahlreichen Veröffentlichungen dargelegt, was die Gesellschaftsklassen voneinander unterscheidet, welche Formen die bürgerliche Klassenherrschaft annehmen kann und wie sich daraus erwachsende Interessengegensätze, Konflikte und Strategien historisch entfalten. Insbesondere die sog. Frankreich-Schriften, also *Die Klassenkämpfe in Frankreich 1848 bis 1850, Der achtzehnte Brumaire des Louis Bonaparte* und *Der Bürgerkrieg in Frankreich*, sind eine wahre Fundgrube, wenn man erfahren möchte, wie Marx über die Herrschaftsverhältnisse, die historische Entstehung und Entwicklung der Gesellschaftsklassen und den Verlauf der Klassenkämpfe seiner Zeit dachte.[91] Eine adäquate Klassenanalyse, die ein Forschungsdesiderat der Sozialwissenschaften ist und sicher vorerst bleibt, darf sich jedoch nicht auf reine Marx-Exegese beschränken, sondern muss die seither erfolgten tiefgreifenden Veränderungen der ökonomischen Basis, der wichtigsten Produktivkräfte, der Eigentumsverhältnisse und der Ungleichheitsstrukturen im digitalen Finanzmarktkapitalismus berücksichtigen.

Gleiches gilt auch für den Klimawandel und die Gefahren einer Neuauflage des nuklearen Wettrüstens. Einerseits hoben Marx und Engels im *Kommunistischen Manifest* die wissenschaftlich-technischen Erfolge des Bürgertums in der Geschichte hervor, andererseits nahmen sie die damit verbundenen Gefahren vorweg, als sie betonten: „Die bürgerlichen Produktions- und Verkehrsverhältnisse, die bürgerlichen Eigentumsverhältnisse, die moderne bürgerliche Gesell-

90 Vgl. René König, Soziologie heute, Zürich 1949, S. 83

91 Vgl. Karl Marx, Die Klassenkämpfe in Frankreich 1848 bis 1850, in: MEW, Bd. 7, Berlin (DDR) 1960, S. 9 ff.; ders., Der achtzehnte Brumaire des Louis Bonaparte, in: MEW, Bd. 8, Berlin (DDR) 1960, S. 111 ff.; ders., Der Bürgerkrieg in Frankreich, a.a.O., S. 313 ff.

schaft, die so gewaltige Produktions- und Verkehrsmittel hervorgezaubert hat, gleicht dem Hexenmeister, der die unterirdischen Gewalten nicht mehr zu beherrschen vermag, die er heraufbeschwor."[92]

Auch im Hinblick auf die Zukunft der Klassen wie der Klassengesellschaft insgesamt haben Marx und Engels im *Manifest* prägnante Voraussagen getroffen, die sich aber nur zum Teil bewahrheitet haben. So waren sie der Meinung, dass die Produktivkräfte im Übergang zu der von ihnen als Kommunismus bezeichneten Gesellschaftsordnung derart weit entwickelt sein würden, dass die Klassen und mit ihr die Klassenherrschaft nach einer Machtübernahme der Arbeiterklasse, einer Vergesellschaftung der Produktionsmittel und einer revolutionären Umgestaltung der Gesellschaft während einer sozialistischen Übergangsperiode von allein verschwänden: „Wenn das Proletariat im Kampfe gegen die Bourgeoisie sich notwendig zur Klasse vereint, durch eine Revolution sich zur herrschenden Klasse macht und als herrschende Klasse gewaltsam die alten Produktionsverhältnisse aufhebt, so hebt es mit diesen Produktionsverhältnissen die Existenzbedingungen des Klassengegensatzes, die Klassen überhaupt, und damit seine eigene Herrschaft als Klasse auf. An die Stelle der alten bürgerlichen Gesellschaft mit ihren Klassen und Klassengegensätzen tritt eine Assoziation, worin die freie Entwicklung eines jeden die Bedingung für die freie Entwicklung aller ist."[93]

Aufgrund der Tatsache, dass die Oktoberrevolution 1917 nicht in einem entwickelten Industrieland, sondern in dem überwiegend agrarisch bzw. halbfeudal strukturierten Russland stattfand und dass die Sowjetunion nach schrecklichen Verlusten an Menschen und Material in dem von Nazi-Deutschland angezettelten Vernichtungskrieg, dem Stalin'schen Terror sowie einem ihr von den USA im Kalten Krieg aufgezwungenen Wettrüsten zusammenbrach, verlief die Weltgeschichte ganz anders, als sich das Marx und Engels vorgestellt hatten. Was die beiden Theoretiker der internationalen Arbeiterbewegung seinerzeit als „Diktatur des Proletariats" bezeichnet hatten, ohne hierin einen Gegensatz zur Demokratie zu sehen,[94] endete in einem Desaster von welthistorischer Dimension, das dem kapitalistischen Wirtschafts- und Gesellschaftssystem eine nie gekannte Legitimation bescherte.

Mit dem Untergang des real (zumindest heute nicht mehr) existierenden Sozialismus in Ost- und Ostmitteleuropa verlor der Marxismus gegen Ende der 1980er-/Anfang der 1990er-Jahre auch in Bezug auf seine Reputation als Gesellschaftstheorie und Erklärungsansatz zur Analyse sozialstruktureller Entwicklungsprozesse drastisch an Bedeutung. Nachdem die Berliner Mauer im No-

92 Karl Marx/Friedrich Engels, Manifest der Kommunistischen Partei, a.a.O., S. 467

93 Ebd., S. 482

94 Vgl. hierzu, wenn auch mit einigen inzwischen revidierten Wertungen: Christoph Butterwegge, Probleme der marxistischen Staatsdiskussion, Köln 1975, S. 17 ff.

vember 1989 gefallen, der Warschauer Vertrag im Frühsommer 1991 aufgelöst und die Sowjetunion im Dezember 1991 untergegangen war, galt die marxistische Klassenanalyse zumindest in den hoch entwickelten Staaten Westeuropas, Nordamerikas und Südostasiens als nicht mehr zeitgemäß.

Erst im Gefolge der globalen Banken-, Finanz-, Weltwirtschafts- und europäischen Währungskrise 2007/08 ff. wurden Stimmen laut, die mit überzeugenden Argumenten dafür plädierten, zumindest Marxens Krisentheorie und Klassenanalyse von dem totalen Ideologieverdikt, das den Marxismus-Leninismus getroffen hatte, auszunehmen. Eine ressentimentfreie Rückbesinnung auf Grunderkenntnisse der marxistischen Gesellschaftstheorie und Klassenanalyse war schon deshalb nötig, weil in Gesellschaften wie der Bundesrepublik kaum mehr übersehbare Tendenzen einer sozialen Polarisierung und einer Prekarisierung der Lohnarbeit bei kritischen Zeitgenoss(inn)en historische Reminiszenzen an die Pauperisierung der Arbeiterklasse und die Klassengesellschaft des frühen Industriekapitalismus weckten. Was vielen Beobachter(inne)n als Wiederkehr vermeintlich längst überholter Gesellschaftsstrukturen erschien, ließ allerdings nur deutlicher hervortreten, dass sich diese nie grundlegend gewandelt hatten. Olaf Groh-Samberg stellte daher zu Recht fest: „Nach wie vor ist die soziale Klassenzugehörigkeit eine der prägendsten Determinanten der sozialen Ungleichheit von Lebenschancen."[95]

1.3.2 Max Webers Typologie der Klassen und Stände

Niemand hat die politischen und Fachdebatten zur sozialen Ungleichheit während der vergangenen zwei Jahrhunderte in Deutschland und weiten Teilen der Welt stärker beeinflusst als Karl Marx. Fast alle zeitgleich mit ihm oder später wirkenden Philosophen, Ökonomen und Soziologen beriefen sich entweder auf seine Überlegungen zur Klassenstruktur der bürgerlichen Gesellschaft oder widersprachen ihnen vehement. Gleichgültig nahm sie jedenfalls kaum ein Kommentator zur Kenntnis – zu explosiv wirkten Marxens Gedanken über den Klassenantagonismus, die zudem sehr plakativ und ausgesprochen provokativ formuliert waren.

Einer der profiliertesten Marx-Kritiker seiner Zeit war der Heidelberger Jurist, Historiker, Nationalökonom und Soziologe Max Weber. Während jener die geistig-moralische, politische und Staatsentwicklung im Rahmen des Basis-Überbau-Paradigmas primär auf die herrschende Produktionsweise und die Entwicklung der Produktivkräfte als grundlegende ökonomische Determinanten zurückgeführt hatte, erklärte Weber in seiner 1905 veröffentlichten Abhandlung *Die protestantische Ethik und der Geist des Kapitalismus* den Entste-

95 Olaf Groh-Samberg, Armut, soziale Ausgrenzung und Klassenstruktur, a.a.O., S. 203

hungshintergrund dieses Wirtschaftssystems umgekehrt aus dem religiösen, soziokulturellen und politischen Bewusstsein einer bürgerlich-feudalen Gesellschaft im Umbruch sowie einer davon geprägten Unternehmergeneration. Weber brachte die christlichen Konfessionen mit der sozialen Schichtung in Verbindung, bescheinigte einem Großteil der Protestanten eine gegenüber den Katholiken größere Affinität zum „ökonomischen Rationalismus“ und leitete daraus die Möglichkeit zur Herausbildung des bestehenden Wirtschaftssystems ab, ohne allerdings Wechselwirkungen zu bestreiten, die Marx und Engels gleichfalls konstatiert hatten.

Wenn er noch am Leben gewesen wäre, hätte Marx vermutlich bemängelt, dass Weber seine Theorie damit ein halbes Jahrhundert später von den Füßen auf den Kopf stellte, also den historisch-materialistischen Grundsatz, wonach das gesellschaftliche Sein der Menschen ihr Bewusstsein determiniert, ins Gegenteil verkehrte. Tatsächlich bestritt Weber, dass sich die materiellen Verhältnisse im geistig-moralischen Überbau widerspiegeln und dass dieser Vorgang die Entstehung und Entwicklung der bestehenden Wirtschaftsordnung zu erklären vermag – wie die Marxisten seiner Meinung nach glauben –, argumentierte vielmehr, dass der Kapitalismus umgekehrt aus den religiösen Überzeugungen seiner Gründungsväter erwachsen sei. Bedeutsam erscheint in dieser Hinsicht die unterschiedliche wirtschaftliche Grundorientierung nicht bloß der Religionen und der christlichen Konfessionen, sondern auch der Glaubensrichtungen innerhalb des Protestantismus.

Die geistigen Wurzeln des modernen, okzidentalen Kapitalismus lagen für Weber nicht zuletzt in der Berufsethik des asketischen Protestantismus. Als wichtigste Triebkraft der kapitalistischen Idee, wohlgemerkt: nicht des kapitalistischen Wirtschafts- und Gesellschaftssystems selbst, nannte Weber den Calvinismus, den Pietismus, den Methodismus und puritanische Sekten, die bei Kleinbürgern und Farmern den nötigen Spirit geweckt hätten: Baptisten, Mennoniten und Quäker. „Soweit die Macht puritanischer Lebensauffassung reichte, kam sie unter allen Umständen – und dies ist natürlich weit wichtiger als die bloße Begünstigung der Kapitalbildung – der Tendenz zu bürgerlicher, ökonomisch *rationaler* Lebensführung zugute; sie war ihr wesentlichster und vor allem: ihr einzig konsequenter Träger.“[96] Die protestantische Askese hat im 17./18. Jahrhundert laut Weber nicht bloß den Idealtyp des bürgerlichen Unternehmers, der voller Tatendrang war und ausschließlich seinen Profitinteressen folgte, ohne sich jedoch moralisch anstößig, sittenwidrig und verschwenderisch zu verhalten, sondern auch den Idealtyp des fleißigen, gewissenhaften und

96 Max Weber, Die protestantische Ethik und der Geist des Kapitalismus, in: ders., Die protestantische Ethik. Eine Aufsatzsammlung, Bd. 1, 2. Aufl. München/Hamburg 1969, S. 181 f. (Hervorh. im Original)

gottesfürchtigen Lohnarbeiters hervorgebracht, der das hierzu komplementäre Berufsethos hatte.

Hatten Marx und Engels das Bürgertum für seine technische Fortschrittlichkeit in höchsten Tönen gelobt, jedoch die Befürchtung geäußert, dass es wie der Zauberling die von ihm selbst gerufenen Geister am Ende nicht mehr beherrschen könne, so beschwor Weber die Wirkmächtigkeit des frühen Protestantantismus und seiner (Arbeits-)Ethik auf die Nachgeborenen, wies aber gleichfalls auf die Endlichkeit der materiellen Ressourcen und damit die immanenten Grenzen kapitalistischen Wirtschaftens hin: „Der Puritaner *wollte* Berufsmensch sein – wir *müssen* es sein. Denn indem die Askese aus den Mönchszellen heraus in das Berufsleben übertragen wurde und die innerweltliche Sittlichkeit zu beherrschen begann, half sie an ihrem Teile mit daran, jenen mächtigen Kosmos der modernen, an die technischen und ökonomischen Voraussetzungen mechanisch-maschineller Produktion gebundenen Wirtschaftsordnung zu erbauen, der heute den Lebensstil aller Einzelnen, die in dieses Triebwerk hineingeboren werden – *nicht* nur der direkt ökonomisch Erwerbstätigen –, mit überwältigendem Zwange bestimmt und vielleicht bestimmen wird, bis der letzte Zentner fossilen Brennstoffs verglüht ist.“[97]

Was Marx seit der Mitte des 19. Jahrhunderts für die Kommunist(inn)en in aller Welt war, wurde Weber für die meisten Konservativen und Liberalen im 20. Jahrhundert – eine unangefochtene Autorität auf dem Gebiet der Wirtschafts- und Gesellschaftstheorie. Das erst zwei Jahre nach seinem frühen Tod im Juni 1920 erschienene, als III. Abteilung des *Grundrisses der Sozialökonomik* konzipierte und von seiner Witwe Marianne Weber edierte Hauptwerk *Wirtschaft und Gesellschaft* gilt bis heute als „das“ bürgerliche Pendant zur marxistischen Analyse kapitalistischer Gesellschaften.

In seiner mehrdimensionalen Gesellschaftsanalyse unterschied Weber zwischen der Wirtschaftsordnung, welche die „Klassen“ beherbergt, der sozialen Ordnung, wo es um die Verteilung der „Ehre“ geht und die „Stände“ beheimatet sind, sowie einer Sphäre der Macht, wo die nach Einfluss auf das Gemeinschaftshandeln strebenden „Parteien“ – gemeint waren damit jedoch nicht bloß politische Vereinigungen und Interessenverbände, sondern auch gesellige Zusammenschlüsse wie Vereine und private Klubs – zu Hause sind. „Klasse“ nannte Weber eine Personengruppe, deren Mitglieder sich in einer gemeinsamen Klassenlage befinden. Darunter verstand er die typische Chance der Güterversorgung, der äußeren Lebensstellung bzw. des inneren Lebensschicksals, welche aus Maß und Art der Verfügungsgewalt (oder des Fehlens einer solchen) über Güter oder Leistungsqualifikationen und aus der gegebenen Art ihrer Verwertbarkeit für die Erzielung von Einkommen oder Einkünften inner-

97 Ebd., S. 188 (Hervorh. im Original)

halb einer gegebenen Wirtschaftsordnung folgt.[98] „Wir wollen da von einer ‚Klasse' reden", schrieb Weber erläuternd, „wo 1. einer Mehrzahl von Menschen eine spezifische ursächliche Komponente ihrer Lebenschancen gemeinsam ist, soweit 2. diese Komponente lediglich durch ökonomische Güterbesitz- und Erwerbsinteressen und zwar 3. unter den Bedingungen des (Güter- oder Arbeits-)Markts dargestellt wird (‚Klassenlage')."[99]

Weber differenzierte zwischen „Erwerbsklassen", bei denen die Klassenlage in erster Linie durch die Chancen der Marktverwertung von Gütern oder Leistungen bestimmt wird, und „Besitzklassen", bei denen hauptsächlich Besitzunterschiede die Klassenlage bestimmen. Letztere unterteilte er noch einmal in „positiv privilegierte Besitzklassen", z. B. Rentiers im weitesten Sinne (Sklaven-, Boden- und Bergwerksbesitzer, Aktionäre und Gläubiger), sowie in „negativ privilegierte Besitzklassen", z. B. Leibeigene, Deklassierte, Verschuldete und Arme.[100]

Natürlich ist Besitz nicht gleich Besitz. Weber äußerte sich jedoch weder zur Art noch zur Höhe des Besitzes, der die Klassenlage bestimmt. Es dürfte für die Klassenzugehörigkeit aber von erheblicher Bedeutung sein, ob jemand hochwertige Konsumartikel wie einen Tablet-PC, das neueste iPhone und ein Trekkingbike, luxuriöse Statussymbole wie ein Privatflugzeug, einen Sportwagen oder eine Motoryacht, eine (selbstgenutzte bzw. vermietete) Immobilie oder einen Konzern besitzt. Selbst wenn man von der Größe des Besitzes als einem wichtigen Kriterium absieht, ist es nicht gleichgültig, ob es sich um Geldvermögen (z. B. Staatsanleihen und Kommunalobligationen), um Grundvermögen (z. B. Ackerland) oder um Kapitalvermögen (Unternehmen bzw. Unternehmensanteile) handelt. Kapitaleigentümer entscheiden nämlich über das Wohl und Wehe der Beschäftigten wie ihrer Familien, aber letzten Endes auch über die Entwicklung von Wirtschaft und Gesellschaft – selbst dann, wenn sie auf deren Geschicke nicht aktiv politisch Einfluss zu nehmen suchen. Auch dürfte die Abgrenzung zwischen „Besitz-" und „Erwerbsklassen" heute schwerer fallen als zu Webers Lebzeiten, weil hohe Erwerbseinkommen in Teilen der Mittelschicht häufiger mit Kapitaleigentum in einem gewissen Umfang einhergehen. Unterbelichtet blieb bei Weber die Binnengliederung der einzelnen Klassen ebenso wie deren Stellung zueinander.

„Besitz" und „Erwerb" bildeten für Weber die beiden Pole des Klassenspektrums und wichtige Determinanten der Sozialstruktur. „Dazwischen stehen die ‚Mittelstandsklassen', welche die mit Besitz oder Erziehungsqualitäten ausgestatteten, daraus ihren Erwerb ziehenden Schichten aller Art umfassen. Einige

98 Max Weber, Wirtschaft und Gesellschaft (Grundriß der Sozialökonomik, III. Abteilung), Tübingen 1922, S. 177

99 Ebd., S. 632

100 Siehe ebd., S. 177 f.

von ihnen *können* ‚Erwerbsklassen' sein (Unternehmer mit wesentlich positiver, Proletarier mit negativer Privilegierung). Aber nicht alle (Bauern, Handwerker, Beamte) sind es."[101] Ein revolutionäres Potenzial erwuchs für Weber allerdings nicht aus dem Gegensatz zwischen Besitz- und Erwerbsklassen, sondern aus dem „Besitzklassengegensatz" zwischen den positiv und den negativ privilegierten Schichten (z. B. Gläubigern und Schuldnern oder Bodenrentnern und Deklassierten). Wenn es zu „Besitzklassenrevolutionen" von Deklassierten komme, bezweckten diese laut Weber nicht zwangsläufig eine Änderung der Wirtschaftsverfassung, sondern primär eine Änderung der Besitzausstattung und -verteilung.

Als grundlegend für die Sozialstruktur erachtete Weber die Verteilung der Verfügungsgewalt über sächlichen Besitz innerhalb einer sich auf dem Finanz-, Güter- oder Arbeitsmarkt zum Zweck des Tausches begegnenden und miteinander konkurrierenden Menschengruppe. „Besitz" und „Besitzlosigkeit" bildeten für ihn die Extrempositionen sämtlicher Klassenlagen, sei es, dass diese im Preis- oder sei es, dass sie im Konkurrenzkampf wirksam würden. Da die Art der Chance auf dem Markt das Schicksal der Angehörigen einer Klasse determiniere, sei die Klassenlage letztlich identisch mit der Marktlage, meinte Weber. Weil der Markt für ihn die „Schlüsselinstitution der Klassenbildung" darstellte, müssten Marktwirtschaften eigentlich per definitionem Klassengesellschaften sein, während Sklavenhalter- und Feudalgesellschaften keine solchen sein könnten, merkte der Frankfurter Soziologe Jürgen Ritsert später dazu kritisch an.[102]

Webers marktfixierte Klassentypologie ignorierte nicht bloß die Stellung der einzelnen Personen in der materiellen Produktion, sondern auch die qualitativen Unterschiede zwischen den einzelnen Märkten: Dass sich jemand als „Arbeitskraftbesitzer" auf einem schwierigen regionalen Arbeitsmarkt behaupten und um seinen Lebensunterhalt fürchten muss, weil er gesundheitliche oder psychische Beeinträchtigungen aufweist, ist nicht damit vergleichbar, dass jemand als Unternehmer, der hochwertige Gebrauchsgüter auf einem Warenmarkt anbietet, Absatzschwierigkeiten wegen einer Konsumflaute hat. Auf diese Weise verwischte Webers Klassenbegriff die sozialen Grenzen zwischen dem Bürgertum und der Arbeiterklasse. Denn lohnabhängig Beschäftigte bilden für ihn genauso eine Erwerbsklasse wie aktive Unternehmer, obwohl Welten sie trennen. Nur die Angehörigen der Besitzklassen unterteilte Weber noch mal in positiv und negativ Privilegierte.

Über ein halbes Jahrhundert später ergänzte der Mannheimer Soziologe M. Rainer Lepsius die Weber'sche Klassentypologie von „Besitz-" und „Erwerbsklassen" durch den Terminus „Versorgungsklasse" als Bezeichnung für eine

---

101 Max Weber, Wirtschaft und Gesellschaft, a.a.O., S. 178 (Hervorh. im Original)
102 Siehe Jürgen Ritsert, Soziale Klassen, Münster 1998, S. 80

Personengruppe, deren Klassenlage (Güterversorgung, äußere Lebensstellung und inneres Lebensschicksal) von „Unterschiede(n) in sozialpolitischen Transfereinkommen“ einerseits sowie „Unterschiede(n) in der Zugänglichkeit zu öffentlichen Gütern und Dienstleistungen“ andererseits bestimmt wird: „Versorgungsklassen ergeben sich stets dann, wenn der Zugang zum sozialpolitischen Versicherungssystem unterschiedlich ist oder eine Disparität zwischen den erbrachten Aufwendungen und den erhaltenen Leistungen typisch gleichartige Bevölkerungsgruppen betrifft.“[103] Mit seiner Begriffsbildung würdigte Lepsius die starke Beeinflussung der Lebenslagen eines wachsenden Bevölkerungsteils durch den modernen Wohlfahrtsstaat, ohne dass dieser jedoch irgendetwas an der im Kapitalismus bestehenden Klassenstruktur geändert hätte. Denn natürlich gehört ein Lohnarbeiter, der seine Arbeit verliert und auf staatliche Transferleistungen zurückgreifen muss, zumindest im Marx'schen Sinne ebenso weiterhin der Arbeiterklasse an wie ein Rentner, der sein Leben lang sozialversicherungspflichtig beschäftigt war und nunmehr den Ruhestand genießt.

Als „soziale Klasse“ bezeichnete Weber die Gesamtheit derjenigen Klassenlagen, zwischen denen ein Wechsel entweder persönlich oder in der Generationenfolge leicht möglich ist und typischerweise stattfindet.[104] Weber verknüpfte diese Kategorie eng mit der sozialen Mobilität, also der Möglichkeit des individuellen Auf- und Abstiegs innerhalb der gesellschaftlichen Hierarchie. Warum er den Begriff „soziale Klasse“ derart eng gefasst hat, statt ihn – wie Marx und Engels – als strukturanalytischen Oberbegriff zu verwenden, ist auch nach der Lektüre seiner Schriften nicht recht ersichtlich.

Obwohl er den Klassenbegriff nicht preisgab, sondern diesen nur umdeutete, hat Weber mit seinen Ausführungen in *Wirtschaft und Gesellschaft* den Grundstein für alle später entwickelten reinen Schichtungsmodelle gelegt, was Sebastian Herkommer auf drei Faktoren zurückführte: 1. die Trennung der soziologischen von der ökonomischen Erklärungsebene mit dem Ergebnis eines mehrdimensionalen Klassenbegriffs; 2. die Konzentration der Sozialstrukturanalyse auf die Verteilungs- statt auf die Produktionsverhältnisse, 3. die Auflösung des strukturellen Zusammenhangs zwischen Produktionsweise und Sozialstruktur.[105]

In der Weber'schen Terminologie sind es an die Existenz eines funktionsfähigen Marktes gebundene ökonomische Interessen, die eine Klasse konstituieren. Aus diesen „Klasseninteressen“ erwächst laut Weber aber keineswegs automatisch ein allen Angehörigen der betreffenden Gesellschaftsklasse gemein-

103 Vgl. M. Rainer Lepsius, Soziale Ungleichheit und Klassenstrukturen in der Bundesrepublik Deutschland. Lebenslagen, Interessenvermittlung und Wertorientierungen, in: Hans-Ulrich Wehler (Hrsg.), Klassen in der europäischen Sozialgeschichte, Göttingen 1979, S. 179

104 Vgl. Max Weber, Wirtschaft und Gesellschaft, a.a.O., S. 177

105 Vgl. Sebastian Herkommer, Soziologie der Sozialstruktur, a.a.O., S. 125

sames Klassenbewusstsein: „Bei gleicher Klassenlage und auch sonst gleichen Umständen kann nämlich die Richtung, in welcher etwa der einzelne Arbeiter seine Interessen mit Wahrscheinlichkeit verfolgen wird, höchst verschieden sein, je nachdem er z. B. für die betreffende Leistung nach seiner Veranlagung hoch, durchschnittlich oder schlecht qualifiziert ist."[106] Weber verwies damit stärker als Marx und Engels auf den subjektiven Faktor, der es jedem Individuum ermöglicht, seine eigene, vielleicht auch sehr eigenwillige Deutung der ökonomischen, politischen und Klassenlage sowie der historischen, aktuellen und künftigen Gesellschaftsentwicklung auszubilden, wobei die jeweilige Weltanschauung, Religion und (partei)politische Überzeugung des Betreffenden eine Schlüsselrolle spielen.

Geht es den Mitgliedern einer Klasse laut Weber primär um die Verwertung der Macht ihres Besitzes auf dem Markt, so wirkten (Berufs-)Stände für ihn als Hemmschuh einer lupenreinen Durchsetzung des Marktprinzips, weil sie sich nicht nach den Beziehungen ihrer Mitglieder zur Produktion und zum Gütererwerb, vielmehr nach den Prinzipien ihres Güterkonsums hinsichtlich einer spezifischen Art der Lebensführung gliedern.[107] Unter einem Stand, dem Mitglieder unterschiedlicher Klassen, also Besitzende wie Besitzlose, angehören können, versteht Weber im Unterschied zur Klasse eine Gemeinschaft, die jedoch oft amorpher Art sei: „Im Gegensatz zur rein ökonomisch bestimmten ‚Klassenlage' wollen wir als ‚ständische Lage' bezeichnen jede typische Komponente des Lebensschicksals von Menschen, welche durch eine spezifische, positive oder negative, soziale Einschätzung der ‚Ehre' bedingt ist, die sich an irgendeine gemeinsame Eigenschaft vieler knüpft."[108] Stände waren für Weber im Unterschied zu Marx nicht bloß Überbleibsel früherer Gesellschaftsformationen, sondern ausgesprochen beständig, bilden sie doch als Pendant der Klassen nach seiner Überzeugung ein wichtiges Strukturelement jeder Gesellschaftsordnung. Kasten schließlich waren für Weber die extremste, auf totale Schließung bedachte Form des Standes. Eine gewisse Stabilität der Grundlagen von Gütererwerb und -verteilung begünstigt laut Weber die ständische Gliederung, welche besonders im Altertum und im Mittelalter eine zentrale Rolle spielte, als fast jede Art direkter Erwerbsbeteiligung für anrüchig gehalten wurde. In den Zeiten raschen technisch-ökonomischen Wandels rückt hingegen die Klassenlage in den Vordergrund.

Georg Simmel, der zusammen mit Weber und Ferdinand Tönnies die Deutsche Gesellschaft für Soziologie (DGS) begründet hat, sprach zu Beginn des 20. Jahrhunderts von einer „Klasse der Armen" bzw. einer „Schicht der Armen", nicht ohne anmerken, dass diese aufgrund des wachsenden Drucks, sich zu ver-

106 Max Weber, Wirtschaft und Gesellschaft, a.a.O., S. 633
107 Vgl. ebd., S. 634 und 639
108 Ebd., S. 635

stecken, von sich aus und in sich weniger „soziologisch vereinheitlichende Kräfte" entwickeln könnten. Arme bilden nach Simmel eine heterogen zusammengesetzte Gruppe, in der sich „Deklassierte aller Klassen" sammeln.[109] Im Vergleich damit war Webers ausgefeilte Typologie der Klassen und Stände zwar ein originelles, anspruchsvolles und anregendes Gedankengebäude, aber keine Theorie im eigentlichen Wortsinn, weil sie weder zu erklären vermag, wie die Schichtung der Gesellschaft entstanden ist, noch Aufschluss darüber gibt, welche Triebkräfte diese bestimmen. Was bei Weber bisweilen an Begriffshuberei grenzte, war sein Versuch, die Sozialstruktur der Gesellschaft, Idealtypen bildend, ganz abstrakt nach einem bestimmten Schema systematisch zu ordnen. Jürgen Ritsert hat gleichwohl auf inhaltliche Brüche und Widersprüche hingewiesen, die Webers Klassenbegriff besonders dann inhärent sind, wenn man seine Ausführungen an jenen beiden Textstellen von *Wirtschaft und Gesellschaft* miteinander vergleicht, welche die Thematik der Sozialstruktur und die für eine Gesellschaftsanalyse erforderlichen Schlüsselkategorien behandeln.[110]

Die sozioökonomische Ungleichheit war für Weber im Rahmen seines umfangreichen Gesamtwerkes kein eminent wichtiges Thema. Vielmehr wirkte sein Stratifikationsmodell affirmativ, weil es sich am Markt als rationalem Strukturprinzip orientierte, diesen also nicht problematisierte, wohingegen das Marx'sche Klassenmodell nach seiner Aufhebung etwa durch die revolutionäre Überwindung des Privateigentums an Produktionsmitteln verlangte. Wie sich die Ökonomie nicht auf die Marktbeziehungen kaprizieren, vom Privateigentum, von der Lohnarbeit und vom Profit jedoch abstrahieren darf, wenn sie ein umfassendes Bild der Volkswirtschaft gewinnen will, so leidet der Blick auf Klassen und Stände zwangsläufig unter dieser Beschränkung. Während die Klassenbildung von Marx und Engels im Bereich der materiellen Produktion wurzelte, konzentrierte sich Webers Sozialstrukturanalyse auf die Verhältnisse im Bereich der Distribution, der Zirkulation und der Konsumtion, was die Lebensstile der einzelnen Stände betrifft. Sowohl die Zirkulation wie auch Distribution und Konsumtion sind aber der Produktion als erster Phase des ökonomischen Reproduktionsprozesses nach- bzw. untergeordnet. Vielleicht liegt hier der Grund dafür, dass Marxens Klassenbegriff zwar weniger komplex, differenziert und kompliziert, bei näherer Betrachtung aber tiefgründiger und inhaltlich fundierter als der Webers erscheint.

---

109 Siehe Georg Simmel, Soziologie. Untersuchungen über die Formen der Vergesellschaftung, Frankfurt am Main 1992, S. 554 f.

110 Vgl. Jürgen Ritsert, Soziale Klassen, a.a.O., S. 77 ff.

1.3.3 Theodor Geiger als Begründer der Schichtungssoziologie

Als stark von Marx beeinflusster, nach der NS-Diktatur, Emigrationserfahrungen und dem Stalin'schen Terrorregime jedoch vom Marxismus schrittweise abgerückter Begründer der modernen Schichtungssoziologie gilt Theodor Geiger. Während eine marxistische Klassenanalyse die als Gesellschaftsklassen identifizierten Großgruppen der Bevölkerung eines Landes ihrer Stellung im ökonomischen Produktions- und Reproduktionsprozess entsprechend horizontal ordnet, konstruiert die Schichtungssoziologie eine Hierarchie der Ober- bzw. Unterordnung von Sozialschichten. Wegen ihrer analog gewählten Schlüsselkategorie geht die Schichtungssoziologie ähnlich vor wie die Geologie. Während diese Gesteinsformationen untersucht, analysiert jene Sozialstrukturen, wobei Geiger von der mit statistischen Daten erfassbaren „sozialen Lagerung" durch Anwendung soziographischer Methoden zur sozialen Schichtung gelangte, die neben objektiven Merkmalen auch subjektive Faktoren berücksichtigt.

Kurz vor der Ernennung Adolf Hitlers zum Reichskanzler und der Machtübernahme durch die Nationalsozialisten am 30. Januar 1933 veröffentlichte der Braunschweiger Hochschullehrer seine Studie *Die soziale Schichtung des deutschen Volkes*, in der er Berufsgruppen nach ihrer ökonomischen Lage einteilte und daraus ein Strukturmodell der Gesellschaft formte. Geigers „soziographischer Versuch auf statistischer Grundlage" wirkte nicht bloß empirisch fundiert, sondern auch theoretisch modern, weil er Termini wie „ökonomisch-soziale Lage", „Habitus", „Milieu" und „Lebensstil" einführte, die – anders jedenfalls als „soziale Klasse" – zum Fachjargon heutiger Soziolog(inn)en gehören, was im Hinblick auf die Anwendung der Geiger'schen Begriffe „Wirtschaftsstandort" und „standortgemäß" übrigens auch für den Fachjargon neoliberaler Ökonomen gilt.

Von einer Kritik verschiedener Begriffsdefinitionen ausgehend, verzichtete Geiger nicht etwa auf den Klassenbegriff, verwendete ihn aber nur dann für eine Schicht, wenn das charakteristische Merkmal des Bevölkerungsteils, der ihr als Rekrutierungsfeld entsprach, das spezifische Verhältnis dieser Menschen zu den Produktionsmitteln (Produktionsverhältnis) war. Geiger sprach von „ökonomisch-sozialen Schichten" und brachte sie mit „Mentalitäten" als den seines Erachtens die Entwicklung des Wirtschaftslebens bewegenden Kräften in Verbindung. Unter der schichttypischen Mentalität verstand Geiger eine „geistig-seelische Disposition", d. h. die unmittelbare Prägung der Menschen durch ihre soziale Lebenswelt und die davon beeinflussten Lebenserfahrungen.[111] Wer einer Bevölkerungsschicht zugerechnet wird, teilt die Lebenshaltung, Konsumgewohnheiten, die Art der sonstigen Lebensgestaltung, das Freizeitverhalten,

---

111 Siehe Theodor Geiger, Die soziale Schichtung des deutschen Volkes. Soziographischer Versuch auf statistischer Grundlage, Stuttgart 1932, S. 77

kulturelle Vorlieben (Lesegeschmack) sowie die Form des Zusammenlebens und der Geselligkeit mit den übrigen Schichtangehörigen.[112] Von den Mentalitäten, welche die einzelnen Schichten für ihn charakterisierten, obwohl sie empirisch schwer zu erfassen sind, unterschied Geiger diesen nicht wesenseigene, sondern ihnen von äußeren, suggestiven und verführerischen Mächten näher gebrachte Ideologien. Man könne sagen, meinte Geiger: „Der Mentalität entspricht die Schicht (oder Klasse), der Ideologie aber die Partei. Proletarisches Klassenbewußtsein ist Mentalität – kommunistisches Manifest und Parteiprogramme sind Ideologie."[113]

Auf der Datenbasis einer Berufszählung, die 1925 in der Weimarer Republik stattgefunden hatte, nahm Geiger eine „Rohgliederung" nach dem Produktionsverhältnis vor, wobei er drei „soziale Lagen" (eine „kapitalistische", eine „mittlere" und eine „proletarische") voneinander unterschied. Weil eine amtliche Berufsstatistik nur Erwerbspersonen, d. h. keine Haushalte, Familien und deren Mitglieder erfasst, war keine vollständige Einordnung der Bevölkerung möglich. Nicht berufstätige Frauen, Kinder und Jugendliche fielen entweder durch das Schichtungsraster oder tauchten nur auf, wenn sie als „mithelfende Familienangehörige" registriert waren. Damit gab Geiger den Anspruch der Sozialstruktur- bzw. Klassenanalyse auf, ein umfassendes Gesamtbild der Gesellschaft zu erstellen und gleichzeitig zu erklären, warum es zu einer sozialen Fragmentierung kommt.

Geiger ergänzte die Rohgliederung durch eine „Tiefengliederung", nach der kleinere und mittlere Unternehmer ebenso wie Lohn- bzw. Gehaltsbezieher höherer Qualifikation wegen ihrer „mittleren Lage" eine eigene Schicht bildeten, was aufgrund ihrer „proletarischen Lage" auch auf „Tagewerker für eigene Rechnung" und Lohn- bzw. Gehaltsbezieher minderer Qualifikation zutraf.[114] Jene Personen, die er in der damals üblichen Terminologie als „Tagewerker für eigene Rechnung" oder „Proletaroide" bezeichnete, würde man heute „Solo-", „abhängig Selbstständige" bzw. „Scheinselbstständige" nennen. Formalrechtlich selbstständig, zahlen sich die Betreffenden selbst einen oft kärglichen Lohn aus und unterscheiden sich ihrer gesellschaftlichen Stellung nach bloß unwesentlich von den abhängig Beschäftigten. Inhaber von Betrieben mit über 50 Beschäftigten, die Geiger (übrigens in Anführungszeichen gesetzt) als „Kapitalisten" bezeichnete, bildeten für ihn die Spitze der fünf Stufen umfassenden Schichtungshierarchie.

In der Weimarer Republik nannte man die besitzende Mittelschicht den „alten", die Lohnempfänger mit höherer Berufsqualifikation einen „neuen" Mittelstand, obwohl zum Mittelstand des Kaiserreiches auch höhere Staatsbeamte gehört hatten und nach der Novemberrevolution 1918/19 auch neue Selbst-

112 Vgl. ebd., S. 80
113 Ebd., S. 79
114 Vgl. ebd., S. 24

ständige dazugestoßen waren. Den Kern des von Geiger ebenfalls in Anführungszeichen gesetzten „Mittelstandes" bildeten für ihn die Inhaber von Betrieben mit höchstens zehn Beschäftigten. Geiger kritisierte den Mittelstandsbegriff, der seinerzeit leicht vom Nationalsozialismus instrumentalisiert werden konnte. Denn das aus dem Zeitalter der Ständegesellschaften überkommene Wort „Mittelstand" werde ungefähr seit 1860 für das Besitzbürgertum gebraucht, was insofern verständlich sei, als dieses ständische Überlieferungen in der sich entfaltenden modernen Klassengesellschaft bewahrt habe: „Freilich, streng genommen *ist* es nicht ‚ein Stand', sondern *in* ihm leben die alten Berufs*stände* fort; es wäre also wohl genauer gewesen, von Ständen der Mitte oder von einer ständischen Mittelschicht zu sprechen. *Mittel*-Stand hieß das alte Besitzbürgertum und Bauerntum um seiner ausgleichenden, den Klassenantagonismus dämpfenden Funktion willen."[115] Etwa seit der Wende vom 19. zum 20. Jahrhundert habe man die Gruppe der lohnabhängigen Geistesarbeiter und Büroangestellten, um die Kräfte des sozialen Ausgleichs fürchtend und sie als möglichen Ersatz für das unter dem wachsenden Einfluss der Großindustrie schwindende Besitzbürgertum und Bauerntum in dieselbe Rolle drängend, als „neuen Mittelstand" bezeichnet. Dass sich der Nationalsozialismus in Deutschland durchsetzte, verdankte er wahrscheinlich nicht zuletzt jener „Panik im Mittelstand" (Theodor Geiger), die aus ökonomischen Krisenerscheinungen und sozialen Abstiegsängsten von Angehörigen des Kleinbürgertums resultierte.

Die eindeutigen Schichtungsbilder drücken laut Geiger immer bloß eine Tendenz aus, weil sich bereits die künftigen entwickeln, während die Rudimente der früheren Sozialstruktur noch in der gegenwärtigen absterben.[116] Schon damals ging Geiger von einer Angleichung der Lebensverhältnisse zwischen den lohnabhängig Beschäftigten aus: „Die typischen Lebenshaltungsstile des Proletariats […] unterscheiden sich heute in nichts mehr von jener bürgerlichen Wohlanständigkeit, die dem Angestelltentum als typisch zugeschrieben wird. Wenn die Haushaltungsrechnungen von Angestellten und Arbeitern bei gleichem Einkommen Unterschiede aufweisen, beruhen sie im wesentlichen auf den durch die Tätigkeitsform bedingten höheren Aufwendungen der Angestellten für Kleidung."[117] Gleichwohl widersprach Geiger mit Blick auf das Proletariat damals noch der Verbürgerlichungsthese. Den in diesem Zusammenhang bemerkten „Einzug geordneter Budgetierung und Häuslichkeit" in Reihen der Arbeiterschaft hielt Geiger für ein Anzeichen der „Verbürgerung", die er von der „Verbürgerlichung" begrifflich säuberlich trennte.[118]

Nach dem Zweiten Weltkrieg galten Marx, Engels und der Marxismus durch

---

115 Ebd., S. 125 (Hervorh. im Original)
116 Vgl. ebd., S. 127
117 Ebd., S. 130
118 Siehe ebd., S. 130 (Fn. 24)

die Herausbildung des modernen Wohlfahrtsstaates als widerlegt, weil sich ihre Prognose einer zunehmenden Klassenspaltung scheinbar nicht erfüllt hatte. Geiger, der mittlerweile als erster Professor des Landes für Soziologie überhaupt im dänischen Århus lehrte, veröffentlichte 1949 sein Buch *Die Klassengesellschaft im Schmelztiegel*, durch das sich wie ein roter Faden die Auseinandersetzung mit Marx und dem Marxismus zog. Marxens Modell der industriellen Klassengesellschaft, das für die „Periode des Hochkapitalismus" nach seiner Überzeugung „nicht unangemessen" gewesen war,[119] hielt Geiger nunmehr für „hoffnungslos veraltet", zumal es nie Allgemeingültigkeit besessen habe und das zeitlich begrenzte Entwicklungsstadium der Gesellschaft, auf das dieses Gedankengebäude halbwegs zutraf, inzwischen vorbei sei: „Ein neues Zeitalter fordert, in anderer Linienführung und mit frischen Farben geschildert zu werden."[120]

Innerhalb der Arbeiterklasse nahm Geiger eine Fraktionierung bzw. eine „wachsende Differenzierung der Klassenlagen einzelner Kategorien der Arbeiterschaft" aufgrund des technischen Fortschritts wahr, die Marx ebenso wenig vorausgesehen habe.[121] Die vom Verkauf ihrer Arbeitskraft lebenden Lohnabhängigen unterschieden sich laut Geiger der Bildung bzw. Ausbildung, den Leistungsqualifikationen und den Weisungsbefugnissen im Betrieb nach. Geiger unterteilte sie daher in zwei Schichten, die durch eine bedeutsame Trennungslinie voneinander geschieden seien: „Auf der einen Seite stehen die jederzeit Auswechselbaren, auf der andern die Qualifizierten."[122] Letztere bildeten laut Geiger so etwas wie eine besondere Mittelschicht nach Art der kleinen, gewerblichen Selbstständigen.

Horst Kern und Michael Schumann, zwei Göttinger Industriesoziologen, traten dieser These jedoch selbst Jahrzehnte später noch entgegen. Aufgrund ihrer Untersuchung der qualifizierten Automationsarbeit kamen sie zu dem Schluss, dass Geiger die privilegierteren Arbeitergruppen im Produktionsprozess normalerweise zufallende Bedeutung ebenso überschätzt habe wie die für ihre Arbeit notwendigen Qualifikationen: „Gerade an automatisierten Großanlagen bleiben die Grundplanung des Prozeßablaufs und die Kalkulation von Einstellungsveränderungen weitgehend dem Management überlassen, so daß die Fahrweise der Anlagen den Arbeitern relativ verbindlich vorgegeben ist, werden den Arbeitern durch die automatische Absicherung des Produktionsprozesses Interventionschancen entzogen und damit Funktionen abgenommen, bei denen an älteren Anlagen noch Umsicht und Können bewiesen werden mußten; wird die Verantwortung auf die präventiven Arbeiten reduziert, die sicherstellen sollen, daß Störungen ausbleiben und die automatischen Absiche-

119 Siehe Theodor Geiger, Die Klassengesellschaft im Schmelztiegel, Köln/Hagen 1949, S. 156
120 Ebd., S. 139
121 Siehe ebd., S. 89
122 Ebd., S. 87

rungen erst gar nicht eingreifen müssen."[123] Somit bleibe die Ersetzbarkeit des Arbeiters als einem zentralen Merkmal der proletarischen Existenz selbst heute im Rahmen einer qualifizierten Automationsarbeit noch erhalten.

Für segmentiert hielt Geiger die Arbeiterschaft auch bezüglich der Einkommensverteilung, welche die frühere Klassengrenze durchbrochen habe, weil sie ihre Mitglieder „gruppenweise mit einzelnen Gruppen aus anderen Schichten" gleichstelle, wodurch das Klassenverhältnis viel von seiner trennenden Kraft verliere: „Die meisten Arbeiter sind nach Kaufkraft und Verbrauchsgewohnheiten kleinbürgerlich."[124] Offenbar überbewertete Geiger die Auswirkungen der Weiterentwicklung von Arbeits- und Lebensbedingungen im modernen Kapitalismus, während er die mit dem Lohnarbeitsverhältnis nach wie vor strukturell verbundenen Restriktionen unterschätzte.

Geiger sprach allerdings weiter vom Klassengegensatz bzw. -antagonismus und hielt den heute noch stärker als zu seinen Lebzeiten verbreiteten „Horror" vor dem Klassenkampfbegriff für kindisch, was er wie folgt begründete: „Welches Wort man auch gebrauchen mag, fest steht doch nun einmal, daß Interessengegensätze tatsächlich bestehen und daß innerhalb der Gesellschaft Machtkämpfe (meist unblutiger Art) sich abspielen. Das Produktionsverhältnis zwischen Kapitalist und Lohnarbeiter und der ihm entsprechende Klassenantagonismus geben, marxistisch gesprochen, der kapitalistisch-industriellen Gesellschaft das Gepräge und sind bestimmend für seine Zukunft."[125]

Marx sowohl gegen Einwände seiner bürgerlichen Kritiker wie vermeintlich besonders „volkstümlich" auftretender Vulgärmarxisten verteidigend, beharrte Geiger darauf, dass Marxens Benennung von Kapital und Arbeit als Hauptklassen nicht mit „Blindheit für andere Trennungslinien innerhalb der Gesellschaft seiner Zeit" einhergegangen sei.[126] Geiger machte in diesem Zusammenhang geltend, dass jede Gesellschaft in *mehrfacher* Hinsicht geschichtet sei. Nicht alle Schichtungen hätten jedoch dieselbe Bedeutung für die Sozialstruktur. Yvonne Schroth, die über Geigers Theorie promoviert hat, sieht in der Mehrdimensionalität seines Schichtungsmodells die Ursache für dessen Aktualität.[127] Die Dortmunder Hochschullehrerin Nicole Burzan kritisierte hingegen, dass Geiger kein Kriterium angegeben habe, mit dessen Hilfe man erkennen könnte, welche Schichtung momentan in einer Gesellschaft dominant ist.[128]

---

123 Horst Kern/Michael Schumann, Industriearbeit und Arbeiterbewußtsein. Eine empirische Untersuchung über den Einfluß der aktuellen technischen Entwicklung auf die industrielle Arbeit und das Arbeiterbewußtsein, Teil I, Frankfurt am Main 1970, S. 282

124 Theodor Geiger, Die Klassengesellschaft im Schmelztiegel, a.a.O., S. 176

125 Ebd., S. 41

126 Siehe ebd., S. 44 f.

127 Vgl. Yvonne Schroth, Dominante Kriterien der Sozialstruktur. Zur Aktualität der Schichtungstheorie von Theodor Geiger, Münster 1999, S. 6 ff.

128 Vgl. Nicole Burzan, Soziale Ungleichheit. Eine Einführung in die zentralen Theorien, 4. Aufl. Wiesbaden 2011, S. 29

Außerdem hob Geiger hervor, dass die Schichtung nicht unbedingt in den wirtschaftlichen Verhältnissen wurzeln müsse. Das wachsende Gewicht und die Sonderstellung der Staatsbediensteten könnten dafür als Beispiel dienen: „Die Beamten sind keine wirtschaftlich, sondern eine politisch bestimmte Schicht."[129] Ähnliches gelte für die Schicht der Intellektuellen, etwa Künstler, Schriftsteller, Schauspieler und sog. Freiberufler, welche sich nur mit Mühe in Marxens Zweiklassenmodell hineinzwängen ließen. Teils handle es sich dabei um Selbstständige, teils um Gehaltsempfänger: niedergelassene bzw. Krankenhausärzte, Anwälte bzw. verbeamtete Juristen, freie Schriftsteller bzw. Redakteure usw. „Die *Marx*sche Klassengrenze verläuft also quer durch diese Schicht hindurch, aber Selbständige und Lohnempfänger innerhalb dieser Schicht fühlen sich nichtsdestoweniger durch Ausbildungsform und Bildungsgrad, Daseinsstil und Lebensauffassung nahe verwandt. Sie sind eher ein Stand als eine Klasse und bilden als Standesgruppe eine Insel innerhalb der Klassengesellschaft."[130]

Deshalb musste Geiger zufolge das von Marx entwickelte Schichtungsschema zwar nicht gleich über Bord geworfen, aber dringend ergänzt werden: „Hängen Stellung und Schicksal einer Person in der Gesellschaft wirklich in erster Linie von der Verfügung über Produktionsmittel oder der Arbeitsleistung in fremdem Dienste ab, so ist doch innerhalb dieser letzten Kategorie der Qualifikationsrang der Leistung von nicht minder einschneidender Bedeutung."[131]

Marxens angebliche „Verelendungstheorie" wies Geiger mit dem Argument zurück, dass sich der Arbeiter „zusehends einem kleinbürgerlichen Lebensstandard" nähere, wozu die politische Demokratie maßgeblich beigetragen habe: „Wenn alle Staatsbürger gleiches Stimmrecht haben und die staatlichen Maßnahmen durch Mehrheitsbeschluß entschieden werden, haben die in wirtschaftlicher Enge lebenden, die stets in der Mehrzahl sein werden, die Möglichkeit, die politische Übermacht ihrer großen Zahl der wirtschaftlichen Übermacht der wenigen Begüterten gegenüberzustellen."[132] Als konkrete Beispiele dafür nannte Geiger sozialpolitische Maßnahmen zugunsten der Arbeiterschaft, einen gewissen Ausgleich der Realeinkommen durch progressive Steuersätze, eine entsprechende Lohnpolitik und die Verbesserung der Ausbildungsmöglichkeiten für alle.

Abweichend von der marxistischen Grundüberzeugung, dass die Produktionsverhältnisse jede Gesellschaftsformation prägen, erklärte Geiger es für möglich, dass die Ausprägung der Schichtung im Geschichtsverlauf wechselt. Wurde bei Marx die Herrschaft einer Gesellschaftsklasse auf revolutionärem Wege durch die Herrschaft einer anderen Gesellschaftsklasse abgelöst, so wechselte bei Geiger die Prädominanz einer Schichtung (in der Gegenwartsgesellschaft:

129 Theodor Geiger, Die Klassengesellschaft im Schmelztiegel, a.a.O., S. 80
130 Ebd., S. 81 (Hervorh. im Original)
131 Ebd., S. 83
132 Ebd., S. 72

die durch kapitalistische Produktionsverhältnisse bestimmte *Klassen*schichtung) auf evolutionärem Wege zur Prädominanz einer vorher subordinierten Schichtung. „Der Übergang der Gesellschaft von einer Schichtung zu einer anderen bedeutet, in diesen Hilfsbegriffen ausgedrückt, daß eine bisher nur subordiniert vorhandene Schichtung dominant wird, die bisher dominant gewesene aber in den Hintergrund tritt."[133]

Abschließend nannte Geiger fünf Entwicklungslinien, die künftig seiner Einschätzung nach bewirken würden, was man einen Schichtungswechsel in der Gesellschaftsentwicklung nennen könnte:

1. habe die Mittelstandsbewegung, im 20. Jahrhundert durch die „neue Mittelschicht" der Privatangestellten unterstützt, in einem „Zweifrontenkrieg" gegen das Großkapital, aber noch energischer gegen die Arbeiterbewegung gerichtet, nicht zuletzt in der „Spießbürgerrevolution des Faschismus und Hitlerismus" durch Übernahme der Volksgemeinschaftsideologie als Gegenentwurf zum Klassenkampfmodell viele Angehörige der unzufriedenen gewerblichen Mittelschicht und subalterne Angestellte mobilisiert. Geiger hielt es für einen „Witz der Weltgeschichte", dass Hitler in zwölf Jahren mehr zum Ruin der gewerblichen Mittelschicht beigetragen habe als der Kapitalismus während des ganzen vorangehenden Jahrhunderts: „Die kurze Rolle der Mittelschichten in der großen Politik ist ein Paradox der Gesellschaftsgeschichte: eine Klasse leugnet mit Entrüstung, Klasse zu sein, und führt einen erbitterten Klassenkampf gegen Wirklichkeit und Idee des Klassenkampfes."[134]
2. hätten Einkommenszuwächse, die breit gefächerte Verteilung und erhebliche Lohnunterschiede innerhalb der Arbeiterschaft die Klassengrenzen durchkreuzt. Wegen des Verblassens der ständischen Rangvorstellungen im Laufe des 19. Jahrhunderts sei der Konsum zu einem Kriterium des gesellschaftlichen Rangs avanciert: „Nicht mehr die Stellung bestimmt den (geziemenden) Verbrauch, sondern der (erschwingliche) Verbrauch bestimmt das soziale Ansehen."[135] Durch die wachsende Bedeutung des Konsums hätten das Eigentum an Produktionsmitteln als oberstes Kriterium der Klassenspaltung wie auch diese selbst an Relevanz eingebüßt, argumentierte Geiger. „Man kann die Bevölkerung [...] in Arme, Minderbemittelte, Wohlsituierte und Reiche einteilen, aber die Grenzen zwischen je zwei benachbarten Kategorien sind willkürlich gezogen und in Wirklichkeit fließend. Der letzte der Minderbemittelten steht dem obersten seiner Kategorie ferner als dem obersten der Armen."[136]

133 Ebd., S. 153
134 Ebd., S. 168
135 Ebd., S. 174
136 Ebd., S. 176

3. habe Marx die Agrarwirtschaft mit ihrer Sonderstruktur außerhalb und neben der urbanen Klassengesellschaft vernachlässigt, obwohl das Stadt-Land-Verhältnis spannungsgeladen sei und sogar den Klassenantagonismus vorübergehend in den Hintergrund drängen könne.[137] Hier bezog sich Geiger auf die innenpolitischen Machtkonstellationen des Agrarlandes Dänemark, wo eine starke Bauernpartei mit liberaler Tradition existierte.
4. konstatierte Geiger eine „Institutionalisierung des Klassenantagonismus", womit dem nach bestimmten Spielregeln sowie mit anerkannten Waffen, Methoden und Taktiken geführten Klassenkampf der schärfste Stachel genommen, ja in der städtisch-industriellen Gesellschaft sogar eine „Interessenverwandtschaft zwischen Kapital und Lohnarbeit" entstanden sei: „Die Leidtragenden sind jene Schichten der Gesellschaft, die man als Nur-Verbraucher bezeichnen kann, d. h. diejenigen, die keinen unmittelbaren Anteil an Herstellung und Umsatz materieller Güter haben. [...] Das Elend wächst mit der Entfernung des Einkommensbeziehers von der Güterproduktion."[138]
5. relativierte Geiger unter Berufung auf den US-amerikanischen Philosophen James Burnham, dessen 1941 erschienenes Buch *Managerial Revolution* sieben Jahre später auf Deutsch herausgekommen war,[139] die Machtposition der Kapitaleigentümer. Geiger hielt die Kapitalisten jedoch zumindest noch für die „herrschende Schicht", obwohl ihnen aufgrund der Tatsache, dass die Arbeiter durch ihre Gewerkschaften ein „kollektives Monopol auf die Lohnarbeit" organisiert hätten, ein Gegengewicht zu ihrem Monopol auf die sachlichen Produktionsmittel erwachsen sei: „Beide sind wirtschaftliche Machtblöcke, und ihre Gleichgewichtslage verschiebt sich mit den wirtschaftlichen Wechsellagen."[140] An dieser Stelle ähnelte Geigers Argumentation dem Konzept von Otto Bauer, einem führenden österreichischen Sozialdemokraten der Zwischenkriegszeit, der vom „Gleichgewicht der Klassenkräfte" als Übergangsstadium der Gesellschaftsentwicklung gesprochen hatte.[141] Geiger war ebenfalls davon überzeugt, dass die parlamentarische Demokratie den Schwerpunkt des Kräfteparallelogramms zugunsten der Arbeiterschaft verschiebe, welche die wirtschaftliche Vormacht des Kapitals dank ihrer großen Zahl schließlich auf politischem Wege aufzuheben vermöge. Hier lag offenbar auch ein Grund für Geiger, nunmehr von der Gegenwartsgesellschaft als „Spätkapitalismus" zu sprechen. Diesen sah Gei-

137 Vgl. ebd., S. 180

138 Ebd., S. 194

139 Vgl. James Burnham, Das Regime der Manager, Stuttgart 1948

140 Theodor Geiger, Die Klassengesellschaft im Schmelztiegel, a.a.O., S. 203

141 Vgl. hierzu: Christoph Butterwegge, Austromarxismus und Staat. Politiktheorie und Praxis der österreichischen Sozialdemokratie zwischen den beiden Weltkriegen, Mit einem Geleitwort von Bruno Kreisky, Marburg 1991, S. 253 ff. und 276 ff.

ger auf dem Weg zur Planwirtschaft, d. h. zur zentralstaatlich gelenkten Wirtschaftsplanung, womit er – Burnham folgend – die Herrschaft der „Wirtschaftsbeamten", der Bürokraten und Experten verband.[142] Zugleich fürchtete Geiger, dass die staatliche Bürokratie in einer „zentral gesteuerten Wirtschaftsgesellschaft" die Demokratie gefährde: „Mit dem Primat des Staates vor der Wirtschaft sind politische und wirtschaftliche Macht an einer Stelle vereint. Ausüberin dieser Doppelmacht ist die Bürokratie. Ihr gegenüber versagt die Kontrolle der Allgemeinheit über das Tun und Lassen der Organe. Die Demokratie im bisherigen Sinne hat den Boden unter den Füßen verloren."[143]

Ob die von Geiger skizzierten Trends, aus denen eine neue Schichtung resultieren sollte, in der Bundesrepublik tatsächlich zu finden waren und wenn ja, sich anschließend wieder verflüchtigt oder verfestigt haben, wird im Folgenden diskutiert. Unabhängig von den Ergebnissen, hat Geiger einige interessante Denkanstöße zur Analyse der Sozialstruktur moderner Gesellschaften geliefert, ohne dass ihm ein überzeugender Alternativentwurf zur Marx'schen Klassentheorie gelungen wäre. Eine an Marx und Engels orientierte Klassenanalyse bleibt vielmehr auch in Zukunft aktuell. Was sie vor sämtlichen Schichtungsmodellen auszeichnet, ist der Umstand, dass Gesellschaftsklassen für historische Materialist(inn)en nicht bloß bestimmte Herrschaftsverhältnisse widerspiegeln, sondern auch in bestimmten Produktionsverhältnissen wurzeln. Ob jemand einer bestimmten Klasse angehört, ist folglich kein Zufall, sondern liegt in der ökonomischen Grundstruktur jener Gesellschaft begründet, der er angehört. Produktions- und Eigentumsverhältnisse bringen aufgrund der mit ihnen verbundenen Klassenspaltung eine Macht- und Herrschaftskonstellation hervor. Sie prägen die einzelnen Gesellschaftsklassen, was übrigens auch dann gilt, wenn sich deren Mitglieder ihrer Klassenzugehörigkeit nicht bewusst sind. Aus der Klasse „an sich" muss nämlich gar nicht erst eine Klasse „für sich" werden, damit ihre Mitglieder eine gemeinsame Interessenlage verbindet. So lässt sich auch erklären, dass im Übergang zu einer neuen Gesellschaftsformation andere Klassenverhältnisse entstehen.

142 Vgl. Theodor Geiger, Die Klassengesellschaft im Schmelztiegel, a.a.O., S. 220
143 Ebd., S. 222

2 Untersuchungen zur (west)deutschen Sozialstruktur zwischen seriöser Empirie und purer Ideologie

Der von Hitlerdeutschland ausgehende Zweite Weltkrieg hatte aus vielen Großstädten ein wahres Trümmerfeld gemacht und hinterließ weite Teile des Reichsgebietes völlig zerstört. Auch die Sozialstruktur war in Westdeutschland und Berlin (West) von den Kampfgeschehnissen, Kriegswirren und Flüchtlingsbewegungen nicht unberührt, jedoch so weit intakt geblieben, dass die Gesellschaft nicht zuletzt aufgrund entsprechender Präferenzen der Besatzungsmächte USA, Großbritannien und Frankreich ihre ökonomische Grundstruktur behielt während in Ostdeutschland unter dem Einfluss der Sowjetunion und der aus den beiden Arbeiterparteien SPD und KPD hervorgegangenen SED tiefgreifende Strukturveränderungen der Wirtschaft (Sozialisierungsmaßnahmen, Verstaatlichung der Industrie und Kollektivierung der Landwirtschaft) stattfanden, die auch erhebliche Konsequenzen für die Sozialstruktur der DDR hatten.

Die wenigen Sozialwissenschaftler/innen an den Hochschulen der jungen Bundesrepublik und andere Zeitgenossen beschäftigte die Frage, ob der NS-Staat, die Kriegsereignisse und die Machtübernahme durch die Alliierten das Klassengefüge der bürgerlichen Gesellschaft erschüttert oder gar zerstört hatten. Da praktisch sämtliche Bevölkerungsschichten unter den massiven Zerstörungen, sozialen Verwerfungen und materiellen Entbehrungen litten, die das Alltagsleben vornehmlich im Nachkriegsjahrzehnt bestimmten, lag es nahe, weniger die gesellschaftlichen Interessengegensätze als die gemeinsamen Unsicherheiten und Zukunftsängste zu betonen. Extreme Armut, die sich in Massenelend, Wohnungslosigkeit und Hungersnot äußerte, wurde daher selten als Folge der Klassenspaltung, überkommener Herrschaftsverhältnisse oder ungleicher Verteilungsrelationen, sondern eher als von den Besatzern oktroyierte und von der Bundesregierung nicht unmittelbar zu beeinflussende Kriegslast betrachtet. Umgekehrt wurde die Frage nach der Kontinuität politisch belasteter Eliten, Klassen und Schichten, die von der NS-Diktatur profitiert hatten, im Wissenschaftsbetrieb selten gestellt. Im ausgesprochen konformistischen Klima des Kalten Krieges waren Spaltungslinien, die das „westliche Lager" gegenüber dem Kommunismus politisch-ideologisch hätten schwächen können, tabu. Man scheute davor zurück, einen derart verrufenen Terminus wie „Klasse" in der Öffentlichkeit zu benutzen.

2.1 Die historische Entwicklung der Sozialstruktur: Ungleichheit, Klassen und Schichten vor 1945

Schon in der Antike unterschieden sich die Gesellschaftsmitglieder in ökonomischer, sozialer und politischer Hinsicht erheblich voneinander. Während die Sklaven weder Eigentum besaßen, noch Ansehen genossen oder sich an staatlichen Entscheidungsprozessen beteiligen durften, waren die Sklavenhalter reich und beeinflussten zudem als hochangesehene Bürger maßgeblich das Schicksal ihres Gemeinwesens. Die spätmittelalterliche Ständegesellschaft, in der Adel und Klerus eine herausgehobene Position einnahmen, ist für ihre extreme Vermögenskonzentration einerseits und krasses Massenelend andererseits bekannt. Nur durch ihre religiöse und naturrechtliche Überhöhung ließ sich die sozioökonomische Ungleichheit im Feudalstaat legitimieren. Während dieser Geschichtsperiode galt die Spaltung in Arm und Reich als gottgewollt und naturgegeben, was den Leidtragenden dieser Verteilungsasymmetrie deshalb einleuchtete, weil Stände und Gilden streng hierarchisch strukturiert waren und die Feudalordnung aufgrund der bestehenden Machtverhältnisse unveränderlich erschien.

Da häuften Könige, aber auch ihre Abkömmlinge, Günstlinge und Geliebten ungeheure Reichtümer an, die sie demonstrativ zur Schau stellten, um mit dem Prunk ihre unbeschränkte Macht und ihre soziale Überlegenheit gegenüber den Untertanen zu beweisen. Baron Charles-Louis de Montesquieu begriff Luxus als zur monarchischen Lebensweise gehörig, wobei Verschwendung seiner Meinung nach auch den weniger Betuchten nützte: „Wenn die Reichen nicht viel Geld ausgeben, so müssen die Armen Hungers sterben."[1] Hiermit hat der französische Jurist, Literat und Staatstheoretiker in seinem 1748 erschienenen Hauptwerk *De l'esprit des loix* zum ersten Mal formuliert, was der schottische Moralphilosoph Adam Smith in seinem die Nationalökonomie als Wissenschaft begründenden Werk *An Inquiry into the Nature and Causes of the Wealth of Nations* knapp 30 Jahre danach mit der Arbeitsteilung erklärte, die in einem gut regierten Staat zu allgemeinem Wohlstand führe, welcher „selbst in den untersten Schichten der Bevölkerung" spürbar werde.[2] Bis heute bemühen neoliberale Ökonomen diesen „Trickle-down-Effekt" eines von oben nach unten durchsickernden Wohlstandes, welcher auch als „Pferdeäpfel-Theorie" bekannt ist, besagt er doch, dass sogar die Spatzen davon profitieren, wenn man die Vierbeiner mit dem besten Hafer füttert, weil sie dessen Körner aus dem Kot der Rösser von der Straße picken.

---

1 Montesquieu, Vom Geist der Gesetze, Bd. 1, Tübingen 1951, S. 140

2 Siehe Adam Smith, Der Wohlstand der Nationen. Eine Untersuchung seiner Natur und seiner Ursachen, München 2018, S. 44

Reichtum spielte bereits im Entstehungsprozess der bürgerlichen Gesellschaft eine Schlüsselrolle. Wie der Nationalökonom Werner Sombart kurz vor dem Ersten Weltkrieg herausgearbeitet hat, stand an der Wiege des Kapitalismus höfischer Luxus, der sich häufig aus illegitimer Liebe von Königen speiste und auf deren Kurtisanen und Mätressen zurückging. Dem feudalen Reichtum folgte der bürgerliche Reichtum, wobei die Geldmächte laut Sombart durch Heirat, aber auch durch die Verleihung des Titels, von Orden und Ämtern sowie Erwerb von Grundbesitz mit dem Adel verschmolzen: „Aus altem Adel und neuem Geldreichtum hat sich im Laufe namentlich der beiden Jahrhunderte zwischen 1600 und 1800 eine völlig neue Gesellschaftsschicht gebildet, deren Kern ein neuer Reichtum, deren Schale zunächst noch der feudale Lebensstil ist."[3] Eine wichtige Rolle spielte dabei die Herausbildung der europäischen Großstädte als Zentren für den Luxuskonsum im Frühstadium des Kapitalismus, ohne welche sich dieser nicht hätte entfalten können: „Die größten Städte sind darum so groß, weil sie Sitze der größten (und meisten) Konsumenten sind; die Ausbreitung der Stadtkörper ist also im wesentlichen einer Konzentration des Konsums in den städtischen Mittelpunkten des Landes geschuldet."[4] Während der Adel teilweise verarmte, lebten die reichen Emporkömmlinge aus dem Bürgertum in Saus und Braus. Sombart sprach von einer „Intensivierung des Luxus", der damals sowohl immer mehr „versachlicht" als auch „verfeinert" worden sei. „Was der Eßluxus erlebte: die Emporhebung durch Vervollkommnung der Kochtechnik, das erfuhr der Wohnluxus in der Großstadt ebenfalls: an Stelle riesiger, leerer Burgen traten kleinere, aber mit einer wachsenden Menge von Kostbarkeiten ausgefüllte Stadtwohnungen: der Palast wurde vom Palais abgelöst."[5] Sombart betonte die „marktbildende Kraft" des Luxus,[6] ohne die sich der Kapitalismus seiner Meinung nach gar nicht hätte entfalten können.

Mit der Kartellbildung und der zunehmenden Monopolisierung einerseits sowie dem Bedeutungszuwachs für das Finanzkapital andererseits veränderten sich auch der Kapitalismus bzw. seine wirtschaftliche, politische und Klassenstruktur, wie der austromarxistische Theoretiker und spätere SPD-Politiker Rudolf Hilferding frühzeitig erkannte. In dem *Das Finanzkapital und die Klassen* überschriebenen 23. Kapitel seines 1910 erschienenen Hauptwerkes diagnostizierte Hilferding eine Verbrüderung zwischen Großgrundbesitz und Großbanken, die er als „Solidarisierung der Besitzinteressen" kritisierte: „Der ‚Reichtum' ist nicht mehr differenziert nach seinen Einnahmequellen, nach seiner Entstehung aus Profit oder Rente, sondern er fließt jetzt aus der Anteil-

3 Werner Sombart, Liebe, Luxus und Kapitalismus, München 1967, S. 19
4 Ebd., S. 38
5 Ebd., S. 135
6 Siehe ebd., S. 151

nahme an allen Teilen, in die der von der Arbeiterklasse erzeugte Mehrwert zerfällt."[7]

Nach dem Ersten Weltkrieg gewannen die kaufmännischen, wissenschaftlichen-technischen und Verwaltungsangestellten mit den Berufsbildern von Managern, Prokuristen, Buchhaltern, Mechanikern, Ingenieuren usw. aufgrund der industriellen Entwicklung quantitativ wie qualitativ erheblich an Bedeutung. Siegfried Kracauer hat den sozialen Aufstieg der Angestellten während der Rationalisierungsperiode gegen Ende der 1920er-Jahre analysiert und ihn als Zeitzeuge treffend kommentiert: „Aus den ehemaligen ‚Unteroffizieren des Kapitals' ist ein stattliches Heer geworden, das in seinen Reihen mehr und mehr Gemeine zählt, die untereinander austauschbar sind."[8] Das in der Weimarer Republik bestehende Klassengefüge veränderte sich dadurch allerdings nur unwesentlich. Kracauer bezeichnete es als Illusion zu glauben, dass die Angestelltenschaft ein „neuer Mittelstand" sei, und wertete die zunehmende „Proletarisierung der Angestellten" stattdessen als einen Prozess, der sie – in der militärischen Bildsprache von Marx und Engels ausgedrückt – zu einer „industriellen Reservearmee" werden ließ.[9]

Tatsächlich bildeten Techniker, Ingenieure und Verwaltungsangestellte keine „Mittelklasse", wie das in der Manufaktur-Epoche noch für die alten Handwerksmeister galt, deren bescheidener Privatbesitz oder kleines Unternehmen ihnen ein gewisses Maß an Unabhängigkeit verschafft hatte, zumal sie meist in unmittelbarer Berührung mit dem Markt standen und selbst die Arbeitskraft anderer für sich einsetzten: „Darüber war ihre Produktionstätigkeit an die Produktionsmittel gebunden, die ihnen gehörten und die sie selber lenkten. Aus diesen Gründen nahmen sie innerhalb der Gesellschaft eine besondere Stellung ein – sie waren die Repräsentanten der kleinbürgerlichen Produktionsweise."[10] Wie der britische Ökonom Maurice Dobb in einem zuerst 1963 veröffentlichten Text feststellte, wurde die Konzentration des Eigentums sowie der ökonomischen und politischen Macht im Monopolkapitalismus der Zwischenkriegszeit durch die Weiterentwicklung des Aktiensystems begünstigt: „Der Kleinaktionär hat zwar gesetzliche Eigentumstitel an der Industrie und zieht daraus einen gewissen Profit; aber auf Entscheidungen der Industrie hat er keinerlei Einfluß, und oft distanziert er sich arglos von seinen verbrieften Rechten."[11]

7 Rudolf Hilferding, Das Finanzkapital, Bd. II, Frankfurt am Main/Köln 1968, S. 468

8 Siegfried Kracauer, Die Angestellten, Frankfurt am Main 1971, S. 12 f.

9 Siehe ebd., S. 13

10 Maurice Dobb, Der Kapitalismus zwischen den Kriegen, in: ders., Organisierter Kapitalismus. Fünf Beiträge zur politischen Ökonomie, 2. Aufl. Frankfurt am Main 1973, S. 112 f.

11 Ebd., S. 114

2.2 Helmut Schelskys „nivellierte Mittelstandsgesellschaft" – Abschied vom Klassenbegriff und Erschütterung des Schichtungsparadigmas

Anfangs rekurrierte kein westdeutscher Soziologe auf die Klassentheorie, nicht einmal auf Max Webers moderate Begriffsbildung, was Hans-Ulrich Wehler im 2008 erschienenen Fünften Band seiner *Deutschen Gesellschaftsgeschichte* darauf zurückführte, dass der Klassenbegriff wegen seiner marxistischen Konnotation in der politischen Semantik Deutschlands lange Zeit geradezu stigmatisiert blieb.[12] René König, der im Gründungsjahr der Bundesrepublik aus dem Schweizer Exil an die Universität zu Köln berufen wurde, verortete die Kardinalprobleme der Gegenwartsgesellschaft ebenfalls „jenseits der alten Klassenproblematik" und gab das Forschungsprogramm für die Analysen seiner damals noch sehr wenigen Fachkollegen vor, als er in seinem Buch *Soziologie heute* schrieb: „An die Stelle des alten Schemas der sozialen Klassen setzen wir das Bild einer in zahllose Kreise und Teilgruppen, sowohl in horizontaler wie in vertikaler Richtung, sich zergliedernden Gesellschaft; innerhalb jedes dieser einzelnen Kreise gibt es ebenfalls eine Ordnung nach höher und niedriger Stehenden, wobei das Ganze unter Umständen noch durch das Dazwischentreten regionaler Unterschiede kompliziert wird."[13]

Sich wie Geiger intensiv mit Marx und dessen Einschätzung der künftigen Gesellschaftsentwicklung auseinandersetzend, traf König die Feststellung, „dass sich der alte Mittelstand viel weniger rasch proletarisiert hat, als das Proletariat mittelständische Lebensformen anzunehmen beginnt."[14] In dem letzten Halbsatz dieser Bemerkung klang schon deutlich an, was Helmut Schelsky ein paar Jahre später zu der medienwirksamen These einer „nivellierten Mittelstandsgesellschaft" komprimierte. Schelsky, seinerzeit Professor für Soziologie an der Hamburger Akademie für Gemeinwirtschaft und wie König einer der angesehensten Vertreter des Fachs, machte 1953 mit dieser Legitimationsformel regelrecht Furore. Nivelliert seien nicht nur die Klassengegensätze, welche sich in ein „gesteigertes gleichförmiges Sozialbewußtsein" aufgelöst hätten, schrieb Schelsky damals, sondern auch die Realeinkommen, der Geschmack und der Lebensstil.[15]

Vor dem Hintergrund der gezielten Zerstörung des selbstständigen Mittelstandes durch Sozialisierungs- und Kollektivierungsmaßnahmen des verhassten SED-Regimes hielt Schelsky den wirtschaftlichen Erfolg und den gesellschaftli-

12 Vgl. Hans-Ulrich Wehler, Deutsche Gesellschaftsgeschichte, Bd. 5: Bundesrepublik und DDR 1949-1990, München 2008, S. 111

13 René König, Soziologie heute, Zürich 1949, S. 70

14 Siehe ebd., S. 55

15 Vgl. Helmut Schelsky, Wandlungen der deutschen Familie in der Gegenwart. Darstellung und Deutung einer empirisch-soziologischen Tatbestandsaufnahme, Dortmund 1953, S. 224 f.

chen Stellenwert von Bauern, Handwerkern, Einzelhändlern und sog. Freiberuflern wohl für derart bedeutsam, dass er diesen Bevölkerungsteil zur Charakterisierung der westdeutschen Gesamtgesellschaft benutzte. Offenbar wählte Schelsky bewusst den Terminus „Mittelstand" und nicht „Mittelschicht" als Schlüsselbegriff, erweckte jener doch gemäß der Standesideologie den Eindruck, als stünden die genannten Berufsgruppen außerhalb einer durch den Gegensatz von Kapital und Arbeit zerfurchten Klassengesellschaft.

Seit dem Kaiserreich, das eine politisch-ökonomische „Doppelherrschaft" von Aristokratie (in Staat, Militär und Verwaltung) und Bourgeoisie (in der Wirtschaft) etablierte, gilt das zumeist als „Mittelklasse", „-stand" oder „-schicht" bezeichnete, von Heinrich Mann in seinem *Untertan* amüsant persiflierte Kleinbürgertum in Deutschland als Rückgrat der Gesellschaft und als Garant ihrer Stabilität wie sozialer Mobilität, weil seine Angehörigen sowohl in „höhere Etagen" aufsteigen wie nach unten abrutschen können. Uwe Schimank, Steffen Mau und Olaf Groh-Samberg drückten die Situation der betreffenden Personen folgendermaßen aus: „Zu den Mittelschichten gehört, wer genug hat, um mehr daraus machen zu können – und zu wenig, um nichts tun zu müssen."[16]

Schelsky bestritt nicht, dass Deutschland im 19. Jahrhundert eine „industrielle Klassengesellschaft" gewesen sei und sich entsprechende Strukturelemente bis zur Gegenwart erhalten hätten. Durch einen kollektiven Aufstieg der Industriearbeiterschaft und eher individuell verlaufende Aufstiege von technischen, kaufmännischen und Verwaltungsangestellten in den neuen Mittelstand sowie Abstiegs- und Deklassierungsprozesse im Besitz- und Bildungsbürgertum habe sich die soziale Kluft aber weitgehend geschlossen. Für den Trend zur Nivellierung der Gesellschaftsstruktur nannte Schelsky zwei zusätzliche Ursachen, die im Verantwortungsbereich der Bundesregierung lagen: eine „umfassende und sich ständig ausdehnende Sozialpolitik" einerseits sowie eine „strenge, sich in den Einkommensstufen sehr schnell verschärfende Steuerpolitik" andererseits.[17] Augenscheinlich irrte Schelsky hier: Weder war die Sozialpolitik zu expansiv noch die Steuerpolitik zu progressiv. Da der Staat durch steuer- und sozialpolitische Maßnahmen auch nur die Sekundärverteilung beeinflusste, aber weder in die Vermögenssubstanz eingriff noch das Privateigentum an Produktionsmitteln aufhob – bis heute fand keine einzige Vergesellschaftungsmaßnahme oder Enteignung von Unternehmen nach Art. 15 GG statt –, blieb die Klassenstruktur der Bundesrepublik unangetastet.

---

16 Uwe Schimank/Steffen Mau/Olaf Groh-Samberg, Statusarbeit unter Druck? – Zur Lebensführung der Mittelschichten, Weinheim/Basel 2014, S. 27

17 Siehe Helmut Schelsky, Die Bedeutung des Schichtungsbegriffs für die Analyse der gegenwärtigen deutschen Gesellschaft (1953), in: ders., Auf der Suche nach Wirklichkeit. Gesammelte Aufsätze, Düsseldorf/Köln 1965, S. 332

Trotzdem erschien Schelsky die junge Bundesrepublik als das Land auf der Welt, wo die traditionelle Klassenstruktur der bürgerlichen Gesellschaft bereits am weitesten überwunden war. Angesichts des zunehmenden „Zivilisationskomforts" in Westdeutschland diagnostizierte Schelsky einen „Entschichtungsvorgang", durch den die Bedeutung von Bevölkerungsschichten generell schwinde, während die Masse der erzeugten Güter seiner Meinung nach für alle Bürger/innen zumindest subjektiv genügend Teilhabemöglichkeiten eröffneten: „Der universale Konsum der industriellen und publizistischen Massenproduktionen sorgt auf der materiellen und geistigen Ebene dafür, daß fast jedermann seinen Fähigkeiten angemessen das Gefühl [sic!] entwickeln kann, nicht mehr ganz ‚unten' zu sein, sondern an der Fülle und dem Luxus des Daseins schon teilhaben zu können."[18]

Schelskys Ausführungen waren keineswegs frei von Widersprüchen. So sprach er in einem Aufsatz von einer „hohe(n) soziale(n) Mobilität" bei gleichzeitiger „Nivellierung der sozialen Schichten", ja sogar vom „Überhandnehmen einer gesellschaftlichen Auf- und Abstiegsmobilität" in (West-)Deutschland,[19] stellte aber wenige Jahre später fest, dass die soziale Beweglichkeit des Menschen in der modernen Gesellschaft gar nicht zunahm. Nun hielt Schelsky, der von einer „mittelständisch-bürgerlichen Einheitsschicht" sprach, einen Aufstieg auf der „sozialen Leiter" für nahezu unmöglich, weil diese abgebaut oder doch stark verkürzt worden sei, wodurch die Unerfüllbarkeit sozialer Aufstiegsbedürfnisse zu einem typischen Kennzeichen und zu einem Konfliktherd der sich nivellierenden Gesellschaft werde.[20]

Empirisch hielt Schelskys Gesellschaftsdiagnose der Überprüfung ebenso wenig stand wie theoretisch. Durch die weitere Entwicklung der Bundesrepublik wurde sie insofern widerlegt, als die fortschreitende Konzentration des Kapitals, die Monopolbildung in den Schlüsselindustrien und der tendenzielle Rückgang des Anteils der wirtschaftlich Selbstständigen zu ganz anderen Deutungen führen mussten. Beispielsweise gelangten die (West-)Berliner Soziologen Dieter Claessens, Arno Klönne und Armin Tschoepe zu dem Ergebnis, dass sich die dem „Mittelstand" und seiner Förderung von allen Parteien geschenkte Aufmerksamkeit höchstens noch auf die steigende Zahl der Angestellten beziehen könne.[21]

Schelsky räumte denn auch zu Beginn der 1960er-Jahre in aller Offenheit ein, dass seine Formel nur vorläufiger Natur und die „Antithese zu einer vo-

18 Ebd., S. 332 f.

19 Siehe Helmut Schelsky, Gesellschaftlicher Wandel (1956/1961), in: ders., Auf der Suche nach Wirklichkeit, a.a.O., S. 345

20 Siehe Helmut Schelsky, Die Bedeutung des Schichtungsbegriffs für die Analyse der gegenwärtigen deutschen Gesellschaft (1953), a.a.O., S. 335

21 Vgl. Dieter Claessens/Arno Klönne/Armin Tschoepe, Sozialkunde der Bundesrepublik Deutschland, 2. Aufl. Düsseldorf/Köln 1968, S. 177

rausgesetzten Klassenstruktur der Gesellschaft“ war, die sich zudem „für eine intensive Analyse der gegenwärtigen Gesellschaftsstruktur auf die Dauer als zu grob und summarisch“ erweise.[22] Nunmehr vertrat Schelsky im Hinblick auf eine sich angeblich „kreuzende Sozialisierung des jeweiligen Klassenbewußtseins“ unterschiedlicher Bevölkerungsgruppen eine Konvergenztheorie, weil das Klassenbewusstsein der Nivellierung des sozialen Status nicht ohne Weiteres folge, vielmehr ein größeres Beharrungsvermögen besitze: „Die in der Industriearbeiterschaft primär entwickelten Haltungen zur Arbeitswelt und zur Öffentlichkeit greifen auf die ehemals bürgerlichen Schichten über, während die ‚bürgerlichen' Vorstellungen und Verhaltensweisen im Bereich des privaten und familiären Lebens, der Freizeit und des Konsums von der gesamten Bevölkerung mehr und mehr adoptiert werden.“[23]

Aus Schelskys verkürzter Analyse erwuchs für manchen Konservativen gleichwohl die Sorge, dass Angehörige der Mittelschicht alsbald die gesellschaftlichen Kommandohöhen erobern und die Macht übernehmen könnten. Besonders aufschlussreich in dieser Hinsicht war eine zeitkritische Studie, die Jürgen Eick, damals Leiter der FAZ-Wirtschaftsredaktion und später Mitherausgeber dieser Zeitung, erstmals zu Beginn der 1960er-Jahre unter dem Titel *Das Jahrhundert des kleinen Mannes* und sechs Jahre später aktualisiert und ergänzt als Taschenbuch veröffentlichte. Als „kleinen Mann“ bezeichnete Eick den Durchschnittsbürger in Westdeutschland, welcher aufgrund des wachsenden Wohlstandes für breite Bevölkerungsschichten und der zumindest für Menschen ohne Leitungsfunktionen drastisch verkürzten Arbeitszeit deutlich an Lebensqualität gewonnen habe, ohne reich sein zu müssen: „Reichtum war immer ‚schön', aber das Nichtreichsein hat viele seiner Schrecken verloren und mit der größeren Freizeit sogar eine höchst willkommene, begehrenswerte Beikost erhalten.“[24]

Die zentrale These des Verfassers lautete, der westdeutsche Durchschnittsbürger habe während der Nachkriegszeit immer größeren Einfluss gewonnen: „Der kleine Mann ist heute zur beherrschenden Figur in Staat und Wirtschaft geworden, an der die Politiker wie die Unternehmer sich orientieren müssen, ob sie wollen oder nicht; die Politiker, um an die Macht zu kommen oder an der Macht zu bleiben, die Unternehmer, um ihren Produkten Absatz zu schaffen.“[25] Eick zufolge hatte sich die soziale Position der Oberschicht in dem Maße verschlechtert, wie der „kleine Mann“ an wirtschaftlichem und politischem Einfluss gewann. Die „klassenkämpferischen Instinkte“ seien aufgrund des

22 Siehe Helmut Schelsky, Die Bedeutung des Klassenbegriffes für die Analyse unserer Gesellschaft (1961), in: ders., Auf der Suche nach Wirklichkeit, a.a.O., S. 355 und 356

23 Ebd., S. 355 f.

24 Jürgen Eick, Das Jahrhundert des kleinen Mannes. Eine zeitkritische Studie, Frankfurt am Main/Berlin (West) 1966, S. 145

25 Ebd., S. 9

allgemein zunehmenden Wohlstandes zwar „weithin geschwunden“, der Neid als Triebkraft der „latenten Antipathie gegenüber den Mächtigen“ aber noch immer vorhanden.[26]

Eick beklagte einen die Wirtschaftskraft der Landes bedrohenden Arbeitskräftemangel, der aus übermäßigen Verkürzungen der Wochenarbeitszeit resultiere, und eine regelrechte Anspruchsinflation der Konsumenten, die sich an der „Elite“ orientierten, was der Buchautor als „Nivellierung nach oben“ bezeichnete: „Die meisten Statussymbole haben ihren Wert verloren, weil sie inzwischen jedermann erreichbar sind: die Italienreise, das Auto, der Pelzmantel, der Kühlschrank, das Badezimmer, die höhere Schule für die Kinder.“[27] Denn die Lebensstile der sozialen Schichten würden einander immer ähnlicher, konstatierte Eick, und der Alltag des kleinen Mannes unterscheide sich inzwischen kaum noch von dem eines typischen Mitglieds der Oberschicht: „Beide sitzen allabendlich vor dem Bildschirm, beide besuchen die Fußballspiele, beide fahren Auto und erfreuen sich des Urlaubs.“[28]

Seit den Veröffentlichungen Schelskys zur sozialen Schichtung war „die Mitte“ in der Bundesrepublik das Maß aller Dinge, galten die Mittelschichten bzw. der Mittelstand als Synonym für die Mehrheitsbevölkerung: Sozial homogen oder nivelliert sollte die Gesellschaft sein; die beiden „Volksparteien“ CDU/CSU und SPD verkörperten den Drang zur *politischen* Mitte, in der die allermeisten Bürger/innen von den Demoskopen verortet und angeblich sämtliche Wahlen gewonnen wurden. Da sich die Konsum- und Lebensgewohnheiten der verschiedenen Bevölkerungsschichten angenähert hatten und die fortbestehenden Unterschiede nicht mehr grundsätzlicher, sondern eher gradueller Natur seien, treffe sich die Gesellschaft in der Mitte, meinte denn auch Eick: „Von Klassen zu reden, hat kaum noch Sinn, es sei denn, man bezeichnet alles als neue Mittelklasse, was nicht ausgesprochen Oberschicht ist. Aber wahrscheinlich ist es von der Sache her gesehen richtiger und von übergeordneten Gesichtspunkten wünschenswerter, den Ausdruck ‚Klasse‘, in dem immer das Trennende, Feindselige mitschwingt, ganz fallenzulassen. Dazu ist der Abstand zwischen oben und unten auch zu klein geworden. Im Grunde gibt es nur noch Mitte.“[29]

Während Schelsky eine Vereinheitlichung des Lebensstils der gesellschaftlichen Milieus und die weitere Einebnung der sozialen Unterschiede vorausgesagt hatte, vertrat sein Fachkollege Friedrich Fürstenberg die These, „daß die Klassengesellschaft der frühindustriellen Periode nicht durch einen Nivellierungs-, sondern durch einen Differenzierungstrend, durch eine Auffächerung

---

26 Siehe ebd., S. 135
27 Ebd., S. 127
28 Ebd., S. 130
29 Ebd., S. 148

sozialer Unterschiede, strukturell verändert worden ist. Das Schichtungsgefüge ist unübersichtlicher, und die sozialen Unterschiede sind allenfalls damit weniger spürbar geworden."[30] Der Marburger Hochschullehrer Wolfgang Abendroth sprach nach der Bundestagswahl im September 1957, bei der CDU und CSU die absolute Mehrheit gewonnen hatten, mit Blick auf die These einer klassenlosen „Mittelstands"-Gesellschaft gar von einer „Legende" und wies die Behauptung zurück, bezahlte Manager hätten in scheinbarer Legitimation durch den Kapitalbesitz das Kommando über die großen Firmen übernommen: „So richtig es ist, daß der Kleinaktionär seinem Manager hilflos ausgeliefert ist, so sehr bleibt das Finanzkapital Herr im Hause, auch gegenüber seinen Direktoren."[31] Der linke Politikwissenschaftler Abendroth, für den Gesellschaftsklassen im Marx'schen Denksystem eine objektive Strukturkategorie bildeten, blieb auch 1963 noch bei seiner Einschätzung, dass die Bundesrepublik eine Klassengesellschaft sei: „Die äußerliche Verdeckung dieses Tatbestandes durch Verschiebung und (höchst teilweise) Angleichung der Konsumgewohnheiten und Erweiterung der Konsummöglichkeiten kann diesen Tatbestand nicht aufheben, sondern bestenfalls in begrenztem Maße verhüllen."[32]

Publizisten der führenden Medien und Politiker der etablierten Parteien griffen Schelskys eingängige Formel umso lieber auf, als diese den Herrschaftsinteressen einer kleinen, zunehmend reicher werdenden Minderheit genauso vortrefflich entsprach, wie sie dem Wunschdenken, Aufstiegsstreben und Harmoniebedürfnis weiter Bevölkerungsteile gerecht wurde. Außerdem passte die Kernthese des konservativen Soziologen sowohl der Union als auch der SPD-Opposition ins parteitaktische Konzept. „Der CDU und der Regierung Adenauer entsprach das Theorem in der Stärkung ihres kleinbürgerlich-mittelständischen Eigentumsgedankens, der schon im Ahlener Programm vom Februar 1947 zu finden ist und in den Adenauer'schen Regierungserklärungen von 1953 und 1957 Schlüsselbedeutung erlangte. Der Sozialdemokratie kamen die vereinheitlichenden Tendenzen eines durch Auf- und Abstiegsprozesse zustande gekommenen mittelständischen Konsumtions- und Verhaltenstypus auf ihrem Wege von der Klassen- zur Volkspartei Godesberger Prägung sehr entgegen."[33]

Entgegen Schelskys populären Annahmen waren Klassen und Schichten aber weder durch die „Volksgemeinschaft" der Nationalsozialisten noch durch

---

30 Friedrich Fürstenberg, Die Sozialstruktur der Bundesrepublik Deutschland. Ein soziologischer Überblick, Köln/Opladen 1967, S. 124 f.

31 Wolfgang Abendroth, Die Chancen der deutschen Sozialdemokratie nach dem 15. September 1957, in: ders., Antagonistische Gesellschaft und politische Demokratie. Aufsätze zur politischen Soziologie, 2. Aufl. Neuwied/ Berlin 1972, S. 72

32 Wolfgang Abendroth, Die soziale Struktur der Bundesrepublik und ihre politischen Entwicklungstendenzen, in: ebd., S. 25

33 Gerhard Schäfer, Die nivellierte Mittelstandsgesellschaft. Strategien der Soziologie in den 50er-Jahren, in: Georg Bollenbeck/Gerhard Kaiser (Hrsg.), Die janusköpfigen 50er Jahre. Kulturelle Moderne und bildungsbürgerliche Semantik III, Opladen 2000, S. 123

das „Wirtschaftswunder" der Nachkriegszeit zum Verschwinden gebracht, die damit verbundenen Interessengegensätze und strukturell bedingten Konflikte vielmehr nur materiell überdeckt bzw. ideologisch verschleiert worden. Darüber nicht mehr zu sprechen hieß eben gerade nicht, sie für immer zu überwinden, sondern die fortbestehenden Antagonismen umgekehrt zu perpetuieren. Dasselbe gilt natürlich für die Armut, der Schelsky nicht zufällig genauso wenig Aufmerksamkeit schenkte wie dem nur scheinbar egalitären Vermögensverhältnissen gewichenen Reichtum, der sich hauptsächlich im Eigentum an Produktionsmitteln manifestierte und sich bald stärker in wenigen Händen konzentrierte als zur Zeit des Kaiserreichs, der Weimarer Republik und des NS-Regimes.[34]

Je mehr die westdeutsche Gesellschaft, statt ihre widersprüchliche Realität und sozial heterogene Zusammensetzung zu akzeptieren, ein unrealistisches (Zerr-)Bild von sich selbst entwickelte, in dem weder Raum für beklagenswerte Armut noch für kritikwürdigen Reichtum blieb, umso weniger war sie fähig, sozioökonomische Polarisierungstendenzen auch nur wahrzunehmen, von der Bereitschaft ihrer Eliten, dieser Entwicklung konsequent entgegenzusteuern, ganz zu schweigen. Spätestens seit Ende der 1950er-/Anfang der 1960er-Jahre wähnten sich die Meinungsführer der Bundesrepublik auf dem Weg zu immerwährendem Wohlstand. Das konjunkturelle Auf und Ab der Vergangenheit schien überwunden und einem ungebremsten Wirtschaftswachstum, das bloß noch einigermaßen gerecht verteilt werden musste, nichts mehr entgegenzustehen.

Einer „nivellierten Mittelstandsgesellschaft" anzugehören, die niemanden ausgrenzte und jedem gleiche Entwicklungschancen bot, entsprach vielfach der kollektiven Selbsteinschätzung und -täuschung relativ saturierter Wohlstandsbürger/innen, wie der Bielefelder Sozialhistoriker Hans-Ulrich Wehler bemerkte: „Als die Wogen des ‚Wirtschaftswunders' hochgingen, das Realeinkommen sich bereits verdoppelt hatte, bestand offensichtlich die ausgeprägte Neigung, sich einem breiten, dem Selbstbewusstsein angenehm erscheinenden Ensemble von Mittelschichten zuzuordnen."[35]

Jahrzehntelang bildete die Mittelschicht das gesellschaftliche und politisch ideologische Gravitationszentrum, weshalb die „nivellierte Mittelstandsgesellschaft" das Selbstbild der Bundesrepublik so stark prägte, dass es die politische, Fach- und Medienöffentlichkeit des Landes daran hinderte, sozialökonomische Polarisierungstendenzen zu erkennen und ihnen adäquat zu begegnen. Nur selten regte sich Protest gegen die Darstellung eines Wohlstandsidylls, das we-

34 Vgl. dazu: Kurt Pritzkoleit, Männer – Mächte – Monopole. Hinter den Türen der westdeutschen Wirtschaft, Düsseldorf 1953

35 Hans-Ulrich Wehler, Deutsche Gesellschaftsgeschichte, Bd. 5: Bundesrepublik und DDR 1949-1990, a.a.O., S. 111

der Klassenunterschiede noch die Schattenseiten des zum Teil exorbitanten Wirtschaftswachstums und der gleichfalls steigenden Exportüberschüsse zur Geltung kommen ließ. Dieter Claessens, Arno Klönne und Armin Tschoepe bescheinigten Schelsky in ihrer zuerst Mitte der 1960er-Jahre erschienenen *Sozialkunde der Bundesrepublik Deutschland* zwar, eines der am weitesten verbreiteten sozialwissenschaftlichen Schlagworte überhaupt kreiert zu haben, widersprachen ihm aber mit folgender Begründung: „Das Modell einer ‚nivellierten Mittelstandsgesellschaft' vernachlässigt grundsätzlich noch bestehende soziale Unterschiede, die in sicherlich verschiedenem Umfang noch in etlichen Teilbereichen der Gesellschaft nach wie vor auftreten und wirksam sind."[36] Dass in dem zitierten Satz gleich zwei Mal die Einschränkung „noch" vorkommt, verweist allerdings darauf, dass selbst kritische Soziologen wie Claessens, Klönne und Tschoepe auf dem Höhepunkt der lang anhaltenden westdeutschen Nachkriegskonjunktur die Möglichkeit einer Verschärfung der Klassengegensätze ausschlossen. Sie hielten es auch nur für „voreilig", von einer Nivellierung der sozialen Unterschiede zu sprechen. „Denn auch weiterhin zeigt die Schichtung der Haushaltseinkommen trotz einer deutlichen ‚Massierung' in den mittleren Bereichen eine sehr breite Streuung."[37]

Weder war der bundesdeutsche Nachkriegskapitalismus in seiner Aufbauphase durch eine soziale Nivellierung oder Homogenisierung gekennzeichnet, noch hatte der „Mittelstand", zu dem Handwerker, Bauern, Gewerbetreibende und „Freiberufler" gezählt wurden (auf diese Weise vermied man sowohl den Klassen- wie auch den Schichtbegriff), nennenswerten politischen Einfluss auf die Geschicke des Landes. In dieser Hinsicht dominierten vielmehr auch solche Großbankiers und Konzernchefs, die im NS-Regime gute Geschäfte gemacht hatten und nach 1948 zu den Hauptprofiteuren der Rekonstruktionskonjunktur des westdeutschen Kapitalismus gehörten. Wenige hyperreiche Familien, die sich häufig schon im Kaiserreich fest etabliert hatten, beherrschten das Wirtschaftsleben der jungen Bundesrepublik und übten Einfluss auf die politisch Verantwortlichen aus, wenn es galt, wichtige Entscheidungen so zu treffen, dass sie ihren Interessen entsprachen.[38]

Schelsky, der 1932 als Heranwachsender der SA und 1937 als junger Erwachsener der NSDAP beigetreten war, wurde im Alter zu einem prominenten Kronzeugen der sog. Neuen Rechten. Nach der Wiederwahl des ersten sozialdemokratischen Bundeskanzlers Willy Brandt im November 1972 entdeckte

---

36 Dieter Claessens/Arno Klönne/Armin Tschoepe, Sozialkunde der Bundesrepublik Deutschland, a.a.O., S. 301

37 Ebd., S. 251

38 Vgl. Kurt Pritzkoleit, Männer – Mächte – Monopole, a.a.O.; ders., Wem gehört Deutschland? – Eine Chronik von Besitz und Macht, Wien/München/ Basel 1957; Bernt Engelmann, Die Macht am Rhein. Meine Freunde – die Geldgiganten, 2 Bde., München 1968; ders., Das Reich zerfiel, die Reichen blieben, Hamburg 1972

Schelsky wegen dessen Politik der inneren Reformen eine „neue Klasse" linker „Sinn-Vermittler" und „Heilslehrer", die ihre „Priesterherrschaft" gegen die Klasseninteressen der „Produzenten von lebenswichtigen Gütern" errichtet hätten.[39] Intellektuelle der „68er-Generation", denen Schelsky die Rebellion der Studierenden wesentlich anlastete, waren sein bevorzugtes Feindbild. Wer das Wort „Klasse" im Mund führte, nahm laut Schelsky bereits am „Klassenkampf" (von ihm selbst in Anführungszeichen gesetzt) teil.[40] In dem Jahr, als der CDU-Vorsitzende Helmut Kohl seinen sozialdemokratischen Amtsvorgänger Helmut Schmidt nach einem Konstruktiven Misstrauensvotum als Bundeskanzler ablöste, veröffentlichte Schelsky ein Buch mit dem Titel *Funktionäre. Gefährden sie das Gemeinwohl?*, in dem er die führenden DGB-Gewerkschafter als „Kapitalisten neuen Stils" apostrophierte.[41]

Gleichwohl beeinflusst Schelskys Formel der „nivellierten Mittelstandsgesellschaft" den öffentlichen Diskurs über Deutschlands Sozialstruktur bis heute. Nach der Jahrtausendwende erlebte sie gar eine Renaissance, als der Berliner Historiker Paul Nolte die Bundesrepublik zur „Gesellschaft des breiten, mittleren Wohlstands ohne allzu große Ausschläge nach oben wie nach unten" erklärte.[42] Dass die populäre Chiffre ihren Charme selbst für sozialdemokratische Spitzenpolitiker keineswegs verloren hatte, zeigte die Tatsache, dass Olaf Scholz, seinerzeit Arbeits- und Sozialminister, sie noch während der globalen Finanzkrise bemühte, als er von einem „Gefühl tiefer Verunsicherung" bei vielen Bürger(inne)n sprach: „Und zwar nicht nur in den sozialen Brennpunkten an den ausfransenden Rändern unserer Großstädte – deren Existenz wir in unserer nivellierten Mittelstandsgesellschaft lange Zeit für undenkbar hielten –, sondern auch mitten im Herzen des deutschen Wohlstandsmodells: im Arbeitsleben."[43]

2.3 Ralf Dahrendorfs „industrielle Klassengesellschaft" – Entsorgung der Arbeiterklasse durch die Hintertür?

Zu den wenigen Fachkollegen, die Schelskys Nivellierungsthese in aller Öffentlichkeit energisch widersprachen, gehörte Ralf Dahrendorf. Dieser warf ihm vor, damit in moderater Form die deutsche Ideologie einer „Gemeinschaft des

39 Siehe Helmut Schelsky, Die Arbeit tun die anderen. Klassenkampf und Priesterherrschaft der Intellektuellen, Opladen 1975, S. 14

40 Siehe ebd., S. 168

41 Siehe ders., Funktionäre. Gefährden sie das Gemeinwohl?, Stuttgart-Degerloch 1982, S. 31 ff.

42 Siehe Paul Nolte, Riskante Moderne. Die Deutschen und der neue Kapitalismus, München 2006, S. 91

43 Olaf Scholz, Politik in unsicheren Zeiten. Die Herausforderungen moderner Arbeitsmärkte, in: Neue Gesellschaft/Frankfurter Hefte 1-2/2009, S. 25

ganzen Volkes“ zu vertreten, aber auch die soziale Auf- und Abstiegsmobilität der Bürger/innen zu überzeichnen. Dahrendorf fragte kritisch: „Kann man eine solche Behauptung ernstlich aufrechterhalten in einer Gesellschaft, in der allenfalls jedes zehnte Arbeiterkind die Chance des Aufstiegs hat und jedes zehnte Akademikerkind um ein paar Sprossen der Statusleiter absteigt?“[44]

Eine „verblüffende Verengung der Perspektive“ erblickte Dahrendorf in Schelskys Diagnose einer „klassenlosen Gegenwart“, der selbst gravierende Schichtunterschiede suspekt waren: „Die Behauptung, die Durchsetzung bürgerlicher Gleichheitsrechte und die Reduktion der Schichtdistanzen sei in Deutschland weiter avanciert als andernorts, steht in so evidentem Widerspruch zu allen Beobachtungen, daß sie nur als Beruhigungsideologie noch einen Sinn haben kann.“[45] Dahrendorf nannte für das Jahr 1960 zwei Zahlen, die eher von einer Polarisierung als von einer Nivellierung der Einkommensverhältnisse zeugten: Einerseits gab es 12.000 Einkommensmillionäre in der Bundesrepublik und andererseits hatten 90 Prozent der Bevölkerung weniger als 12.000 DM pro Jahr zur Verfügung, mussten also im Monat mit einem dreistelligen DM-Betrag auskommen.[46] Das anhaltende Gerede über die „nivellierte Mittelstandsgesellschaft“ hielt Dahrendorf daher für den Ausdruck einer hierzulande herrschenden „Ideologie der Gleichheit im Sinne der sozialen Gleichrangigkeit“, die es Mitgliedern der Oberschicht sogar dann verbiete, sich als höherstehend zu beschreiben, wenn dies zutreffe.[47]

Marxens Gesellschaftstheorie hielt Dahrendorf zwar für widerlegt, aber keineswegs schon für überwunden. Auch mit dem Marx’schen Klassenbegriff setzte Dahrendorf sich kritisch auseinander. Er reflektierte die Schlüsselkategorien der Sozialstrukturanalyse und wendete sie in der zweiten Hälfte des 20. Jahrhunderts auf die gesellschaftliche Realität der Bundesrepublik an. Der bedeutende Liberale hielt unter Berufung auf Max Weber zwar am Klassenbegriff fest, gab diesem im Rahmen seiner eigenen Modernisierungs-, Konflikt- und Rollentheorie aber eine andere Bedeutung. Dahrendorf ersetzte die Produktionsverhältnisse als Bestimmungsgrund der sozialen Klassen (bei Marx) durch Herrschaftsverhältnisse, deren Legitimität zwischen ihnen umstritten und umkämpft ist.

Den damals sehr geläufigen Terminus „Schicht“ benutzte Dahrendorf als einen deskriptiven Ordnungsbegriff. Er verstand darunter eine Gruppe von Personen, die eine nach bestimmten Merkmalen wie Einkommen, Prestige, Lebensstil usw. ungefähr gleiche Lage in der als hierarchisches Gebilde konstruierten Sozialstruktur einnimmt. „Der Begriff der ‚Klasse‘ dagegen ist eine analy-

44 Ralf Dahrendorf, Gesellschaft und Demokratie in Deutschland, München 1965, S. 148

45 Ebd., S. 150

46 Vgl. ebd., S. 147

47 Siehe Ralf Dahrendorf, Deutschland, in: Kurt Hoffman (Hrsg.), Die Macht-Eliten der Welt, München/Zürich 1965, S. 127

tische Kategorie, die nur im Zusammenhang einer Klassentheorie sinnvoll sein kann. ‚Klassen' sind aus bestimmten Strukturbedingungen hervorgehende Interessengruppierungen, die als solche in soziale Konflikte eingreifen und zum Wandel sozialer Strukturen beitragen."[48]

Klassenstruktur und Schichtungshierarchie sind in Dahrendorfs theoretischem Modell weder identisch, noch hängen sie miteinander zusammen, bilden vielmehr separate Gegenstandsbereiche der Analyse. Ein indirekter Zusammenhang besteht nur insofern, als Herrschaft sowohl der Bestimmungsgrund sozialer Klassen wie auch einer der Bestimmungsgründe sozialer Schichten ist.[49] Dabei unterschied Dahrendorf zwischen der „faktischen" und der „normativen Sozialstruktur" als zwei Ebenen der Gesellschaftsanalyse, auf denen sich die beiden grundlegenden Phänomene – der Herrschaft einerseits und des Klassenkonflikts andererseits – untersuchen ließen.[50] Sodann verknüpfte Dahrendorf den Klassenbegriff mit dem Terminus „Konflikt", einer Schlüsselkategorie seiner Gesellschaftstheorie, wodurch „Klasse" beinahe – wie dieser – zu einer anthropologischen Konstante wurde. Immer und überall, wenn bzw. wo ein sozialer Konflikt zwischen Herrschenden und Beherrschten existiert, sind laut Dahrendorf darin Klassen mit widerstreitenden Interessen verstrickt.

Die industriegesellschaftliche Existenz von Klassen führte Dahrendorf auf Machtstrukturen und Autoritätsverhältnisse zurück, die nichts mit den Produktionsverhältnissen, dem Privateigentum (an Produktionsmitteln) oder ökonomischen Prozessen zu tun haben (müssen). „Klassen sind weder an Privateigentum noch an die Industrie oder die Wirtschaft überhaupt gebunden, sondern als Strukturelement und strukturverändernder Faktor so allgemein wie ihr Bestimmungsgrund, die Herrschaft und ihre Verteilung selbst."[51] Eigentum sei zwar eine Form der Herrschaft, aber nicht die einzige und erst recht nicht die ausschlaggebende. „Wo immer es Eigentum gibt, gibt es auch Herrschaft, aber nicht jede Herrschaft impliziert Eigentum."[52]

Dahrendorfs Feststellung, dass soziale Klassen auf dem Anteil an legitimer Macht und Klassenkonflikte auf Herrschaftsverhältnissen – gleich welcher Art – basieren, war sehr allgemein gehalten und glich einer Tautologie. Über eine wenig präzise Begriffsdefinition gelangte Dahrendorf nicht hinaus: „Klassen sind konfligierende soziale Gruppierungen, deren Bestimmungsgrund (und damit differentia specifica) im Anteil an oder Ausschluß von Herrschaft innerhalb beliebiger Herrschaftsverbände liegt." Der zuletzt genannte Begriff hatte auch schon bei Max Weber eine Schlüsselrolle gespielt. Der nächste Defini-

48 Ralf Dahrendorf, Soziale Klassen und Klassenkonflikt in der industriellen Gesellschaft, Stuttgart 1957, S. IX

49 Vgl. ebd., S. 144

50 Vgl. ebd., S. 98 f.

51 Ebd., S. 138

52 Ebd., S. 139

tionsversuch von Dahrendorf führte nicht viel weiter: „Klassen sind Gruppierungen der Träger von Positionen gleicher Autorität in Herrschaftsverbänden."[53] Unter den Letzteren verstand Dahrendorf die Kirchen und den Industriebetrieb, aber auch den Staat und die Gesellschaft. Menschen gehören den Herrschaftsverbänden, die eine Organisation sozialer Rollen bilden, als deren Träger an: „Klassen sind Gruppierungen der Träger von Positionen gleicher Autorität in Herrschaftsverbänden. Sie verbinden die, die in einem solchen Verband Anteil an legitimer Macht haben, gegenüber denen, die von der Autorität auf Grund ihrer Positionen ausgeschlossen sind."

Wirtschaft und Staat, Ökonomie und Politik betrachtete Dahrendorf als voneinander unabhängige Sphären, deren Interdependenz er bestritt. Kurioserweise kann eine Klasse für ihn in dem einen Herrschaftsverband dominieren, in einem anderen jedoch zusammen mit einer von ihr in einem dritten Herrschaftsverbund beherrschten Klasse unterdrückt sein. Was man als hybride Klassenherrschaft bezeichnen könnte, beinhaltete die Koexistenz mehrerer in unterschiedlichen Teilbereichen der Gesellschaft herrschender und in anderen Teilbereichen der Gesellschaft unterdrückter Klassen. Klassenherrschaft bleibt laut Dahrendorf auf jeden einzelnen Herrschaftsverband beschränkt und manifestiert sich dort auf spezifische Weise.

Während sich das Werk von Marx und Engels durch einen ganzheitlichen Erklärungsansatz auszeichnete, der die ökonomisch herrschende Klasse auch als politisch dominante und kulturell wie ideologisch hegemoniale Klasse begriff, vertrat Dahrendorf einen partikularen Erklärungsansatz, der viel stärker die Autonomie der einzelnen Herrschaftsverbände betonte. Insoweit ähnelte dieser soziologischen Systemtheorien, etwa dem strukturfunktionalistischen Modell seines US-amerikanischen Fachkollegen Talcott Parsons, auf den sich Dahrendorf wiederholt bezog, nahm aber gewissermaßen auch die weitgehende Eigenständigkeit der Subsysteme in Niklas Luhmanns Theorie der funktionalen Differenzierung vorweg.[54] Was die Konzepte beider Systemtheoretiker miteinander verband, war die Grundüberlegung, dass Klassen- bzw. Schichtstrukturen funktional sind, sozioökonomische Ungleichheit also legitim, weil für jede Gesellschaft notwendig und sinnvoll ist. An dieser Stelle verallgemeinerten die Soziologen einen Wesenszug des Kapitalismus. Für diesen ist sozioökonomische Ungleichheit, ohne die er nicht denkbar und existenzfähig wäre, tatsächlich funktional.

In den Dahrendorf'schen Überlegungen zur Klassentheorie spielte die Ökonomie keine alles entscheidende Rolle. Sie blieb in seinen umfangreichen und

---

53 Ebd., S. 145

54 Vgl. Talcott Parsons, Ansatz zu einer analytischen Theorie der sozialen Schichtung (1940), in: ders., Beiträge zur soziologischen Theorie, 2. Aufl. Neuwied am Rhein/Berlin 1968, S. 180 ff.; ders., Soziale Klassen und Klassenkampf im Lichte der neueren soziologischen Theorie (1949), in: ebd., S. 206 ff.; Niklas Luhmann, Zum Begriff der sozialen Klasse, in: ders. (Hrsg.), Soziale Differenzierung. Zur Geschichte einer Idee, Opladen 1985, S. 119 ff.

wissenschaftlich anspruchsvollen Schriften vielmehr unterbelichtet. Dies mag ein Grund dafür sein, dass Dahrendorf den Klassenbegriff zu einer universellen Kategorie der Gesellschaftsanalyse erweiterte, was den Widerspruch von Eugen Kogon hervorrief. Für den linkskatholischen Publizisten, Politikwissenschaftler und Darmstädter Hochschullehrer war es problematisch, dass Dahrendorf den Marx'schen Terminus im Rahmen seiner Theorie der „industriellen Klassengesellschaft“ aus der Verklammerung mit dem Privateigentum (an Produktionsmitteln) herauslöste und „ihn als Kategorie der Herrschaft zur Analyse der Dynamik des sozialen Konflikts überhaupt“ nutzbar zu machen suchte.[55]

Die soziale Schichtung hielt Dahrendorf für einen komplexen Begriff, den er verallgemeinernd als „ungleiche Verteilung gewisser von der Gesellschaft und ihren einzelnen Mitgliedern als wertvoll erachteter Güter“ definierte, worunter z. B. Geldeinkommen und Prestige zu verstehen waren: „Eine sozial geschichtete Gesellschaft ist daher eine Gesellschaft, in der es 1. gewisse zu verteilende Güter gibt, die 2. von den Mitgliedern geschätzt, d. h. angestrebt werden und 3. auf ungleiche Weise unter die Mitglieder der Gesellschaft verteilt sind.“[56]

Sowohl die frühe als auch die entwickelte Industriegesellschaft der Gegenwart bezeichnete Dahrendorf als im Sinne der Existenz von Ungleichheit geschichtet. Die zunehmende „Verbreiterung der Sphäre faktischer Gleichheit“ widersprach laut Dahrendorf jedoch den Erwartungen von Marx und anderen Autoren seiner Zeit. „Entgegen solchen Annahmen hat die industrielle Gesellschaft im Laufe ihrer Entwicklung nicht die für ihren Anfang charakteristischen Ungleichheiten verschärft, sondern in einer Reihe von zweifellos wichtigen Bezirken des Soziallebens das Prinzip der Gleichheit von Rechten und wirklichen Lebensbedingungen in ihrem Wertsystem und in ihrer faktischen Struktur institutionalisiert.“[57] Dies gelte jedoch keineswegs für alle Lebensbereiche, in denen vor hundert Jahren Ungleichheit geherrscht habe, etwa nicht oder nur sehr eingeschränkt für die Einkommensverteilung. Vor allem drei Faktoren hätten mittlerweile eine gewisse Angleichung der Einkommen bewirkt: die Fixierung eines Mindesteinkommens, das Ansteigen der Realeinkommen schlechter bezahlter Schichten durch gewerkschaftliche Organisation sowie die starke Besteuerung der Spitzeneinkommen und der Vermögen (Erbschaftsteuer).

Die entwickelte Industriegesellschaft war laut Dahrendorf genauso eine Klassengesellschaft wie die frühe Industriegesellschaft: „Klassenbegriff und Klassentheorie sind auch heute noch anwendbar.“[58] Dahrendorf ging allerdings von einer

55 Siehe Eugen Kogon, Klassen und Revolution im Denken der „Neuen Linken“, in: Erwin K. Scheuch (Hrsg.), Die Wiedertäufer der Wohlstandsgesellschaft. Eine kritische Untersuchung der „neuen Linken“ und ihrer Dogmen, 2. Aufl. Köln 1968, S. 86

56 Ralf Dahrendorf, Soziale Klassen und Klassenkonflikt in der industriellen Gesellschaft, a.a.O., S. 74

57 Ebd., S. 69

58 Ebd., S. 213

„Milderung der Klassengegensätze" aus und widersprach gleichzeitig Marxens Vermutung einer zunehmenden Homogenisierung der Arbeiterklasse durch Nivellierung ihrer beruflichen Qualifikationen: „Weder im Hinblick auf ihre Qualifikationsstruktur noch in dem auf ihre Einkommens- und Prestige-Differenzierung ist die Arbeiterschaft in den letzten Jahrzehnten einheitlicher geworden; vielmehr lassen sich Tendenzen zu einer gegenläufigen Entwicklung aufzeigen."[59] Auch zitierte Dahrendorf mehrere Untersuchungen zur intra- wie zur intergenerationalen sozialen Mobilität, deren Resultate er dahingehend zusammenfasste, dass man von einer „schicksalhaften Gebundenheit" an eine Klasse nicht mehr sprechen könne und in allen westlichen Industrieländern umfassende Auf- und Abstiege zwischen den Generationen stattfänden.[60] Dies bestritt Dahrendorf allerdings in seiner Auseinandersetzung mit Schelskys Nivellierungsthese unter Hinweis auf die fehlenden Aufstiegschancen der Arbeiterkinder und die unbedeutenden Abstiegsrisiken der Akademikerkinder.

Obwohl die „Verbürgerlichung des Proletariats" und die Vermutung, dass sich der Klassenkampf damit erübrigt habe, seinerzeit in aller Munde war, erklärte Dahrendorf, dass der Lebensstandard von Trägern sozialer Konflikte für deren Entstehen prinzipiell gleichgültig sei, weil diese letztlich allein auf Herrschaftsverhältnissen beruhen, d. h. dem Anteil an oder dem Ausschluss von Herrschaft: „Selbst wenn also jeder Arbeiter ein Auto, ein Haus und allen sonstigen Zivilisationskomfort sein eigen nennt, ist damit die Wurzel des industriellen Klassenkonfliktes nicht nur nicht beseitigt, sondern kaum berührt."[61]

Marx hatte nie geleugnet, dass die Arbeiterbewegung materielle Verbesserungen für Proletarier/innen erkämpfen kann, war sich aber bewusst, dass ein Sklave ein Sklave bleibt, auch wenn er gut gefüttert wird. So bemerkte er, dass sich das Abhängigkeitsverhältnis der Lohnarbeiter vom Kapital unter günstigen Akkumulationsbedingungen erträglicher gestalte und ein größerer Teil des Mehrprodukts für sie übrig bleibe, wodurch es ihnen möglich sei, etwas Geld zu sparen und sich besser mit Kleidern, Möbeln usw. auszustatten: „So wenig aber bessere Kleidung, Nahrung, Behandlung und ein größeres Peculium das Abhängigkeitsverhältnis und die Exploitation des Sklaven aufheben, so wenig die des Lohnarbeiters."[62]

Der industrielle Klassenkonflikt enthielt laut Dahrendorf immer weniger gesamtgesellschaftlichen Zündstoff. Durch die zunehmende Angleichung der Lebensverhältnisse und vor allem durch die Kodifizierung des Rechts auf ein Mindesteinkommen hatten sich Dahrendorf zufolge die Inhalte des *industriellen* Klassenkonflikts von denen des *politischen* Klassenkonflikts abgelöst. „Sei-

59 Ebd., S. 91

60 Siehe ebd., S. 58 f.

61 Ebd., S. 221

62 Karl Marx, Das Kapital. Kritik der politischen Ökonomie, Bd. 1, in: MEW, Bd. 23, 11. Aufl. Berlin (DDR) 1962, S. 646

nem Gegenstand nach wird der industrielle Klassenkonflikt immer mehr zum *industriellen* Klassenkonflikt ohne Bezug auf gesamtgesellschaftliche Fragen."[63] Dadurch sei der Arbeiter bloß noch in seiner Berufsrolle tangiert und involviert, meinte Dahrendorf in einer von ihm selbst „überspitzt" genannten Formulierung: „Wie der Kegelbruder sich in seinem Kegelklub über bestimmte Fragen erhitzen kann, die sein Verhalten außerhalb des Kegelklubs weitgehend unberührt lassen, so werden die Gegenstände des industriellen Klassenkonfliktes für seine Beteiligten in wachsendem Maße gleichgültig außerhalb des industriellen Bereiches."

Die von ihm vertretene These, wonach industrielle und politische Herrschaft voneinander getrennt sind, suchte Dahrendorf durch ein Beispiel zu illustrieren, das sehr konstruiert wirkte: „Der Manager kann außerhalb des Betriebes bloßer Staatsbürger, der Arbeiter Abgeordneter sein – ihre betriebliche Klassenlage determiniert nicht ihre Autoritätsposition in der politischen Gesellschaft."[64]

Dahrendorf unterschied zwischen industriellen und politischen Klassen. Auf die Frage, welche Positionen in entwickelten Industriegesellschaften mit letzter Autoritätsbefugnis ausgestattet sind, gab Dahrendorf folgende Antwort: „Auf Grund ihrer Positionen bilden die Träger dreier Gruppen von Rollen, die Inhaber der Abgeordnetensitze der Regierungsparteien, der Ministerposten und der bürokratischen Ämter, die jeweils herrschende Klasse entwickelter Industriegesellschaften."[65]

Zwar erzeugen die Herrschaftsverbände der industriellen Produktion laut Dahrendorf permanent soziale bzw. Klassenkonflikte; im parlamentarisch-demokratisch verfassten Managerkapitalismus seiner Zeit waren nach dieser Konzeption aber wesentliche Veränderungen eingetreten: „Mit der Trennung von Eigentum und Kontrolle haben die konfligierenden Gruppen ihr Personal, mit der Verwirklichung der Gleichheit als Bürgerrecht und Strukturprinzip die Konflikte ihren Gegenstand, mit der Institutionalisierung des Klassengegensatzes und der sozialen Mobilität auch ihre Intensität gewandelt. Der Konflikt organisierter Interessengruppen ist vom Klassenkampf zum quasi-demokratischen Streitgespräch geworden."[66] Der auf diese Art domestizierte Klassenkonflikt bestünde demnach noch, würde sich jedoch durch das segensreiche Wirken pluralistischer bzw. korporatistischer Konfliktlösungsmechanismen mehr oder weniger in Wohlgefallen auflösen: „Auf dem Marktplatz der politischen Interessen besetzen die industriellen Interessengruppen nur einen Stand, oder besser: zwei Stände; in aussichtsreicher Position zwar und mit erheblichen

63 Ralf Dahrendorf, Soziale Klassen und Klassenkonflikt in der industriellen Gesellschaft, a.a.O., S. 241 (Hervorh. im Original)

64 Ebd., S. 243

65 Ebd., S. 252

66 Ebd., S. 257

Verkaufschancen, aber doch in Konkurrenz mit anderen Interessengruppen der Klasse, die an politischer Herrschaft keinen Anteil hat."

Immer noch für denkbar hielt es Dahrendorf, dass sich aus einer beherrschten Klasse eine revolutionäre Interessengruppe bilde, sah dafür in entwickelten Industriegesellschaften allerdings wenig Anhaltspunkte, weil sich andere Möglichkeiten zur Realisierung ihrer Ziele ergäben: „Die Durchsetzung des Leistungsprinzips, damit die Institutionalisierung der sozialen Mobilität, ermöglicht einen regelmäßigen Austausch des Personals der Klassen. Darüber hinaus bahnt der demokratische Prozeß der Ausübung politischer Herrschaft […] der beherrschten Klasse den Weg zu ständiger Einflußnahme auf den Verlauf sozialer Strukturwandlungen. Durch eine politische Partei, dadurch, daneben und zuweilen davor auch durch eine Vielzahl spezifischerer Interessengruppen, findet sie die Chance, das Personal der herrschenden Klasse zu verändern oder auch zeitweise ohne solche Veränderung ihre Interessen über die herrschende Klasse in die Wirklichkeit umzusetzen."

Auch die westdeutsche Industrie- und Betriebssoziologie verdankte Dahrendorf wichtige Anregungen. In seiner 1959 erschienenen Abhandlung über die Sozialstruktur des Betriebes, der ihm als Spiegelbild der Gesellschaft erschien, stellte Dahrendorf fest, dass sich durch die Trennung von Eigentum und Kontrolle, Leitung bzw. Aufsicht an dessen grundlegender Prädominanz in Betrieb und Gesellschaft nichts geändert, sondern nur ein Wandel in der Art und Weise stattgefunden habe, wie die unternehmerische Autorität zum Ausdruck gebracht werde. Er irrte allerdings, wenn er den „Wandel in der Legitimationsgrundlage der Herrschaft" auf die Konsensfindung zwischen Herrschenden und Beherrschten zurückführte: „Noch überlebenden rechtlichen Regelungen zum Trotz findet die Autorität des Management einer Kapitalgesellschaft ihre Legitimation heute nur noch in beschränktem Maße im Eigentum, also in der Unternehmung. An die Stelle des Eigentums tritt vielmehr immer stärker die stillschweigende oder ausdrückliche Zustimmung durch die Belegschaft der Betriebe."[67]

Die für eine kapitalistische Industriegesellschaft tatsächlich ungewöhnlichen, nicht zuletzt den Vorbehalten der alliierten Siegermächte gegenüber der Montanindustrie und deren geballter Konzernmacht geschuldeten Mitbestimmungsregelungen in Westdeutschland konnten jedoch ebenso wenig wie die in der Öffentlichkeit weit verbreitete Sozialpartnerschaftsideologie darüber hinwegtäuschen, dass sich an den grundlegenden Produktions-, Eigentums-, Klassen- und Herrschaftsverhältnissen seit der Niederlage des NS-Regimes im Zweiten Weltkrieg kaum etwas geändert hatte.

Um die Mitte der 1960er-Jahre legte Dahrendorf ein Buch mit dem Titel *Gesellschaft und Demokratie in Deutschland* vor, das den Anspruch einer umfassenden Sozialstrukturanalyse der Bundesrepublik erhob. Darin unterschied der libe-

---

67 Ralf Dahrendorf, Sozialstruktur des Betriebes – Betriebssoziologie, Wiesbaden 1959, S. 25

rale Soziologe zwei einander in gewisser Weise überschneidende Formen der sozialen Ungleichheit: Die *produktive* Ungleichheit war seiner Meinung nach als Keim der gesellschaftlichen Konflikte für die Wandlungsfähigkeit der Gesellschaft verantwortlich; die *distributive* Ungleichheit resultiert hingegen aus der ungleichen Verteilung jener Güter, mit denen eine Gesellschaft ihre Mitglieder zu belohnen vermag: Einkommen, Sozialprestige, Bildung und Macht: „Das gesellschaftliche System der distributiven Ungleichheit nennen wir soziale Schichtung."[68]

Von der Entstehung dieses Systems handelte Dahrendorfs am 8. Februar 1961 gehaltene Antrittsvorlesung an der Universität Tübingen, die den Titel *Über den Ursprung der Ungleichheit unter den Menschen* trug und anschließend von ihrem Autor wiederholt überarbeitet wurde, bis sie Aufnahme in seinen 1974 erschienenen Band *Pfade aus Utopia* fand. Dahrendorf sah die Ungleichheit in dem Umstand begründet, dass Menschen als Träger sozialer Rollen bestimmte gesellschaftliche Erwartungen erfüllen oder andernfalls Sanktionen fürchten müssen, durch die den zugrunde liegenden Normen Geltung verschafft wird. Auf diese Weise entstehen laut Dahrendorf nicht bloß Rangabstufungen zwischen einzelnen Individuen, sondern auch stabile Strukturen sozialer Positionen. „Der Ursprung der Ungleichheit unter den Menschen liegt also in der Existenz von mit Sanktionen versehenen Normen des Verhaltens in allen menschlichen Gesellschaften."[69]

Als notwendige und hinreichende Bedingung der gesellschaftlichen Ungleichheit galt Dahrendorf das Recht im weitesten Sinne: „Alle Menschen sind *vor* dem Gesetz gleich, aber sie sind es nicht mehr *nach* dem Gesetz, nachdem sie nämlich – wie wir sagen – ‚mit dem Gesetz in Berührung gekommen' sind. Solange Normen noch nicht bestehen bzw. insoweit sie noch nicht für die Menschen als Träger sozialer Rollen bestehen und auf diese wirken (‚vor dem Gesetz'), gibt es keine soziale Schichtung; gibt es aber Normen als unausweichliche Verhaltenszumutungen für die Menschen und wird damit das Rollenverhalten an diesen Normen gemessen (‚nach dem Gesetz'), dann entsteht auch eine Rangordnung des sozialen Status."[70] Die ausgesprochenen Sanktionen können dabei positiv und negativ sein, schließen also Belohnungen genauso ein wie Bestrafungen. „Neben ihrer Aufgabe, normgemäßes Verhalten zu garantieren, erzeugen Sanktionen gleichsam unbeabsichtigt und nebenher stets eine Rangordnung des distributiven Status, sei dieser nun in Begriffen der Ehre oder des Reichtums oder in beiden gemessen."[71]

---

68 Ralf Dahrendorf, Gesellschaft und Demokratie in Deutschland, a.a.O., S. 95

69 Ders., Über den Ursprung der Ungleichheit unter den Menschen, in: Ralf Dahrendorf, Pfade aus Utopia. Arbeiten zur Theorie und Methode der Soziologie, München 1974, S. 370

70 Ebd., S. 371 (Hervorh. im Original)

71 Ebd., S. 372

Dahrendorfs Reduktion des Problems der Stratifikation auf die Existenz von Sanktionen flankierter Sozialnormen erklärte weder die Funktion noch die Genese (historische Konstitution) der Ungleichheit, verschaffte dieser vielmehr nur eine größere Legitimation. An die Stelle des Privateigentums (an Produktionsmitteln) bzw. der Arbeitsteilung trat bei Dahrendorf die Vielfalt der Rollen als universelles Merkmal von Gesellschaften, das aus dem Zwang zur Sanktionierung sozialen Verhaltens gemäß normativer Erwartungen resultiert. „Weil es Normen gibt und Sanktionen nötig sind, um ihre Einhaltung zu erzwingen, muß es Ungleichheit des Ranges unter den Menschen geben."[72]

Bonuszahlungen in zweistelliger Millionenhöhe an Investmentbanker, die wegen der globalen Banken- und Finanzkrise 2007/08 Anstoß erregten, kannte Dahrendorf seinerzeit noch nicht. Ob er sie und andere die sozioökonomische Ungleichheit steigernde Tendenzen mit konformem Verhalten im Rahmen des Normensystems und der Sanktionspraxis einer „moralischen" Gesellschaft in Einklang gesehen hätte, erscheint jedoch mehr als fraglich. Möglicherweise war es diese Argumentationslücke, von der Dahrendorf veranlasst wurde, mit der Herrschaft unter Berufung auf Max Weber eine dritte Fundamentalkategorie der soziologischen Theorie neben der Norm und der Sanktion einzuführen: „Das System der Ungleichheit, das wir soziale Schichtung nennen, ist nur eine sekundäre Konsequenz der Herrschaftsstruktur von Gesellschaften."[73] Wie es zur Herrschaft kommt, wer sie ausübt und warum die herrschenden Gruppen welche Normen setzen und welche Sanktionen verhängen, ließ Dahrendorf offen. Umso größer war seine Gewissheit, dass es die ungleiche Verteilung von Herrschaft und Status immer gegeben habe, dass sie auch nicht mehr aus der Welt zu schaffen sei und dass jeder diesbezügliche Versuch im Totalitarismus enden müsse: „Die völlig egalitäre Gesellschaft ist nicht nur ein unrealistischer, sie ist auch ein schrecklicher Gedanke: denn in Utopia wohnt nicht die Freiheit, der stets unvollkommene Entwurf in das Unbestimmte, sondern die Perfektion entweder des Terrors oder der absoluten Langeweile."[74]

Mit diesen Schlussfolgerungen war Dahrendorf trotz seiner Rehabilitation des Klassenbegriffs wieder anschlussfähig an den gesellschaftlichen Mainstream der Bundesrepublik im Kalten Krieg. Klassenherrschaft aus Herrschaftsverhältnissen zu deduzieren war jedoch tautologisch. Dahrendorfs Ansatz krankte daran, dass er die Letzteren zu einer anthropologischen Konstante erklärte und zum Bestandteil seiner Konflikttheorie machte, sie aber nicht – wie Marx – auf die inneren Bewegungsgesetze der Gesellschaft, d. h. die Art ihrer ökonomischen Produktion und Reproduktion zurückführte. Der Hamburger Soziologe Ben Diettrich hielt Dahrendorfs Konzept daher für in letzter Konsequenz de-

72 Ebd., S. 373
73 Ebd., S. 375
74 Ebd., S. 379

skriptiv; die Durchsetzung von Herrschaft als institutionalisierte Macht sei nämlich „Ausdruck einer gesellschaftlichen Struktur, in der fremde Arbeit angeeignet wird. Herrschaft inner- oder außerhalb des ökonomischen Produktionsprozesses ist nur ein Mittel, um die Aneignung fremder Arbeit durchsetzen beziehungsweise aufrecht erhalten zu können."[75]

Das westdeutsche Schichtgefüge verglich Dahrendorf mit einem Gebäude, das aus mehreren Zimmern besteht, die wiederum Ecken und Nischen haben: „Auch die Wände zwischen den Zimmern sind nicht nur verstellbar, sondern zum Teil durchlässig; es gibt Gruppen mit gemeinsamer Mentalität, die sich kraft Position auf verschiedene Schichten verteilen: Akademiker auf die Eliten, die Dienstklasse und den Mittelstand, Handwerker auf den Mittelstand und die Arbeiterelite."[76] Den hier verwendeten Begriff „Dienstklasse" hatte Dahrendorf von dem österreichischen Sozialdemokraten Karl Renner entlehnt. Damit waren „bezahlte Helfer" der Kapitalisten gemeint, die Renner in drei Grundformen unterteilte: „economic service (Manager und so weiter), social service (Verteilungsorgane des Wohlfahrtswesens) und public service (öffentliche, behördliche Organe)."[77] Ob man noch von einer Arbeiterklasse sprechen könne, bezweifelte Dahrendorf, weil die kollektive Solidarität der Arbeiter nicht mehr so ausgeprägt sei wie in der Zwischenkriegszeit.[78] Auch hierin folgte Dahrendorf dem austromarxistischen Vorbild, hatte Renner doch an gleicher Stelle erklärt, dass „die Arbeiterklasse, so wie sie im System des ‚Kapitals' von Karl Marx erscheint (und wissenschaftlich erscheinen mußte)", mit Ausnahme „einer schmalen Schichte von Deklassierten", die den Kommunisten als Kanonenfutter diene, „einfach nicht mehr da" sei.[79]

Aus Dahrendorfs Sicht bildete eine Unterschicht, die fünf Prozent der Bevölkerung umfasste, den Boden. Darüber erhoben sich die Arbeiterschicht, der 45 Prozent der Bevölkerung zugerechnet wurden, und der Mittelstand, welcher 20 Prozent umfasste. Dem „falschen Mittelstand" wurden zwölf Prozent zugerechnet. Er war – ähnlich der gleich starken Dienstklasse – in Dahrendorfs Modell der westdeutschen Sozialstruktur gestrichelt eingezeichnet, was Durchlässigkeit zum Mittelstand und zur Arbeiterschicht bedeutete. Schließlich bildeten die Eliten mit einem Prozent die Spitze, und die auf fünf Prozent veranschlagte Arbeiterelite wies fließende Übergänge zur Arbeiterschicht und zum Mittelstand auf.

---

75 Siehe Ben Diettrich, Klassenfragmentierung im Postfordismus. Geschlechterarbeitrassismusmarginalisierung, Hamburg/Münster 1999, S. 31

76 Ralf Dahrendorf, Gesellschaft und Demokratie in Deutschland, a.a.O., S. 114

77 Siehe ebd., S. 106; ergänzend: Karl Renner, Arbeit und Kapital, in: ders., Wandlungen der modernen Gesellschaft. Zwei Abhandlungen über die Probleme der Nachkriegszeit, Wien 1953, S. 211 und 213

78 Vgl. Ralf Dahrendorf, Gesellschaft und Demokratie in Deutschland, a.a.O., S. 113

79 Siehe Karl Renner, Arbeit und Kapital, a.a.O., S. 214

Zeitweilig als FDP-Politiker tätig, hielt Dahrendorf soziale Gleichheit und Freiheit trotz seiner kritischen Sicht der Klassenspaltung für miteinander unvereinbar. Er verteidigte sogar die These, dass Gesellschaft ohne Ungleichheit nicht denkbar, diese vielmehr eine „produktive Kraft" der Gesellschaftsentwicklung sei, weil sie motivierend wirke und damit zu Veränderungen führe, wohingegen eine Gesellschaft der Gleichen erstarrt und zukunftslos sei, also nur dadurch am Leben erhalten werde, dass letztlich doch einige gleicher als andere wären.[80]

2.4 Theodor W. Adorno, Jürgen Habermas, Claus Offe und Herbert Marcuse: Latenz der Klassengegensätze, horizontale Disparitäten oder Ersatz der Arbeiterklasse durch Randgruppen?

Gesellschaftstheorien und Strukturanalysen spiegelten die bundesdeutsche Realität einer nach wie vor in Arm und Reich gespaltenen Konsumgesellschaft bis Mitte der 1960er-Jahre – wenn überhaupt – nur sehr verzerrt wider. Da man weder von der Bundesrepublik als Klassengesellschaft noch über die einzelnen Gesellschaftsklassen und deren Interessengegensätze sprechen wollte, schwieg man über die Existenz der Armut ebenso wie über die Zusammenballung des Reichtums. Stattdessen rekurrierten die Fachleute in aller Regel auf den Schichtbegriff, um das Sozialgefüge der Bundesrepublik zu analysieren. Normalerweise begnügte man sich mit der Grobeinteilung der Bevölkerung in drei Schichten (Ober-, Mittel- und Unterschicht), die wiederum jeweils noch einmal in ein oberes und ein unteres Segment zerfielen (obere und untere Oberschicht, obere und untere Mittelschicht sowie obere und untere Unterschicht). Seltener wählte man bei der weiteren Untergliederung gleichfalls eine Dreiteilung (obere, mittlere und untere Ober-, Mittel- und Unterschicht). Dadurch wirkte die Sozialstruktur „pluralistisch", aber sehr diffus, und ein deutlich konturiertes Bild der Macht- bzw. Herrschaftsverhältnisse im prosperierenden Nachkriegskapitalismus wollte sich nicht mehr recht einstellen.

Die namhaften Soziologen Karl Martin Bolte, Dieter Kappe und Friedhelm Neidhardt veröffentlichten 1966 ein Buch zur sozialen Schichtung der Bundesrepublik, das vor allem den „vielfältigen Differenzierungen im sozialen Höher und Tiefer unserer Gesellschaft" große Beachtung schenkte, ohne sie jedoch mit der Eigentumsfrage sowie den bestehenden Macht- und Herrschaftsverhältnissen in Verbindung zu bringen: „Unabhängig von der Frage, ob sich in der heutigen Gesellschaftsstruktur der BRD noch Elemente der früheren Klassengesellschaft nachweisen lassen, muß […] festgestellt werden, daß eine gesellschaftliche Gesamtdeutung, die die Existenz zweier feindlicher Blöcke mit unver-

80 Siehe Ralf Dahrendorf, Die Chancen der Krise. Über die Zukunft des Liberalismus, Stuttgart 1983, S. 132 f.

söhnlichen Interessengegensätzen und Bewußtseinsinhalten in allen Daseinsbereichen behauptet, die dominierenden Elemente unserer heutigen Sozialstruktur verfehlt."[81] Insofern sei die Klassengesellschaft überwunden, was aber nicht heiße, dass es keine wirtschaftlichen Interessengruppen mehr gebe, die sich harte Auseinandersetzungen lieferten. Bolte und seine beiden Koautoren wiesen auf „Nivellierungs- und Pluralisierungsprozesse" hin, die zu einer „starke(n) Differenzierung des Statusaufbaus" geführt hätten, weshalb auch von Schichten hierzulande bloß „in eingeschränktem Sinne" die Rede sein könne.[82] Bolte hielt die Bundesrepublik übrigens selbst in den 1980er-Jahren noch für eine „pluraldifferenzierte Wohlstandsgesellschaft", was undifferenziert erschien und aufgrund ihrer großen sozialen Probleme aufgrund der mittlerweile verfestigten Massenarbeitslosigkeit arg verharmlosend wirkte, selbst wenn sie Bolte als „von multidimensionalen Ungleichheiten durchzogen" kennzeichnete.[83]

Auch Friedrich Fürstenberg, Autor eines weiteren Standardwerkes zur Sozialstruktur der Bundesrepublik aus jener Zeit, das mehrfach neu aufgelegt und in der politischen Bildungsarbeit verwendet wurde, hob den „Pluralismus der Lebensräume und Daseinsformen", den „sozialen Pluralismus" und den „Pluralismus der Werthaltungen" stark hervor, denen man es verdanke, dass es gelungen sei, „die großen sozialen Antinomien in unserer Gesellschaft durch Ausgleichsmaßnahmen für die überwiegende Mehrheit der Beteiligten tragbar zu machen."[84] Fürstenberg widersprach sowohl dem marxistischen Deutungsmuster einer polarisierten Klassengesellschaft als auch dem Modell einer sozial homogenisierten Mittelstandsgesellschaft, die er beide als „eindimensional" ansah. Stattdessen mussten seines Erachtens mehrere Variablen berücksichtigt werden, wenn man die objektive und die subjektive Soziallage der Mitglieder einer Gesellschaft bestimmen wollte, um deren genaue Schichtung zu erfassen: „Die Stellung innerhalb der Gesellschaft bestimmt sich weitgehend nach der jeweiligen Funktion im Rahmen sozialer Zweckgebilde. Die notwendig werdende Mitgliedschaft in mehreren Zweckgebilden (Betrieb, Interessenverband, Partei, Verein) bringt es mit sich, daß das Individuum mehrere soziale Rollen zu erfüllen hat. So wird auch der gesamtgesellschaftliche Standort des einzelnen fungibel und zugleich abhängig von Veränderungen in und zwischen den organisierten Zweckgebilden."[85]

81 Karl Martin Bolte/Dieter Kappe/Friedhelm Neidhardt, Soziale Schichtung, 2. Aufl. Opladen 1968, S. 82

82 Siehe ebd., S. 85

83 Siehe Karl Martin Bolte, Strukturtypen sozialer Ungleichheit. Soziale Ungleichheit in der Bundesrepublik Deutschland im historischen Vergleich, in: Peter A. Berger/Stefan Hradil (Hrsg.), Lebenslagen, Lebensläufe, Lebensstile, Göttingen 1990 (Soziale Welt, Sonderband 7), S. 44

84 Siehe Friedrich Fürstenberg, Die Sozialstruktur der Bundesrepublik Deutschland, a.a.O., S. 136

85 Ebd., S. 127

Bolte, Kappe und Neidhardt sprachen von einer „ungeschichtete(n) breite(n) Mitte“, was sie wie folgt erklärten: „In unserer Gesellschaft gibt es vielfältige Statusdifferenzierungen, aber der Statusaufbau der Gesellschaft ist nicht in klar gegeneinander abgegrenzte Schichten unterteilt. Am stärksten sind Schichtungstendenzen oben und vor allem ganz unten im Statusaufbau. Zwischen diesen in ihren Grenzen unscharfen Ober- und Unterschichten gibt es einen weitgehend fließenden Übergang vom Höher zum Tiefer, in dem viele Gesellschaftsmitglieder nicht einmal einen präzise bestimmbaren gesellschaftlichen Status haben.“[86] Dass ihr erstmals 1966 erschienenes Buch zur sozialen Schichtung im Jahr 1974 unter dem Titel „Soziale Ungleichheit“ neu aufgelegt wurde,[87] verdankte sich wahrscheinlich den durch „Achtundsechzig“ bewirkten Bewusstseinsveränderungen unter Fachwissenschaftler(inne)n, führenden Intellektuellen und Studierenden.

Bei der sog. Bolte-Zwiebel war die Bevölkerung nach Bildung, Einkommen und Beruf in eine schmale Oberschicht, eine breite, aber mehrfach untergliederte Mitte, ein schmaleres Unten und eine kleine Gruppe der sozial Verachteten eingeteilt. Die wegen ihrer Zwiebelform wohl markanteste grafische Darstellung der Sozialstruktur im westlichen Nachkriegsdeutschland fand Aufnahme in zahlreiche Schulbücher und festigte so das Vertrauen in die Stabilität der Gesellschaft, die weder nach oben noch nach unten auszufransen drohte, und symbolisierte den ungebrochenen Glauben an die Fortexistenz jener sozial weitgehend homogenen Schichtungsstruktur, die Schelsky mit seiner Formel der „nivellierten Mittelstandsgesellschaft“ beschworen hatte.

Die zum Teil bis heute übliche Einteilung der Gesellschaft in drei Schichten und deren jeweilige Unterteilung in Unten, Oben und Mitte war deshalb wenig überzeugend, weil sie keinen logisch nachvollziehbaren Stratifikationskriterien entsprach und auch überhaupt nicht einleuchtete, warum sich jede Schicht nach demselben Gliederungsschema unterteilen lassen sollte. „Die Auffassung der Gesellschaft als eindimensionales, gestuftes Kontinuum ist nicht geeignet, die historisch begründeten Herrschaftsverhältnisse und Konflikte zu erfassen, denn die Variablen Beruf, Einkommen und Bildung erscheinen schon methodisch verformt, obgleich sie auf sozioökonomische Kategorien verweisen, die über die materiellen Lebenschancen von Individuen im Produktionsprozeß entscheiden. Im Begriff der Klasse hingegen ziehen sich Einsichten über die objektive Stellung und Funktion von Individuen und Gruppen im System gesellschaftlicher Arbeit und in den Herrschafts- und Eigentumsverhältnissen gleichermaßen zusammen; demgegenüber erscheinen die Prestigeskalen und Schichtstufungen, die sich an gesellschaftlich verbreiteten Wertschätzungen

86 Karl Martin Bolte/Dieter Kappe/Friedhelm Neidhardt, Soziale Schichtung, a.a.O., S. 81

87 Siehe dies., Soziale Ungleichheit, 3. Aufl., Opladen 1974

von Berufsrollen anschließen, als abgeleitete Momente."[88] Es war reine Willkür ohne empirische Evidenz, wenn Soziologen die Binnenstruktur der Schichten nach dem Vorbild der Gesamtgesellschaft (Oben – Mitte – Unten) modellierten.

Bürgerliche Sozialstrukturanalysen machten hauptsächlich den Beruf, den Bildungsstand und das Einkommen zur Grundlage ihres Schichtungsmodells. Der Berliner Soziologe Boike Rehbein und sein brasilianischer Fachkollege Jessé Souza kritisierten darüber hinaus, dass die Mehrheit der Bevölkerung durchs Raster dieser Forschungsrichtung fiel: „Der Fokus auf den männlichen Haushaltsvorstand bestimmte das abendländische Denken bis in die Gegenwart. Die Vernachlässigung von Frauen, Kindern, Studierenden, Rentnern und anderen großen Minderheiten der Gesellschaft kennzeichnet die Sozialstrukturanalyse. Ferner fehlen zumeist Migranten und Menschen ohne Staatsbürgerschaft."

Erst gegen Ende der 1960er-Jahre wurde die gesellschaftliche Ungleichheit im politischen Raum, in der Fachpublizistik und in den Sozialwissenschaften häufiger thematisiert. Allerdings richtete sich der Blick westdeutscher Forscher/innen, bedingt durch die Fixierung der kritischen Intelligenz auf den ihr am leichtesten zugänglichen *Reproduktions*bereich, nicht mehr so stark wie früher auf die (Klassen-)Spaltung der Gesellschaft, welche die traditionell auf den *Produktions*bereich konzentrierte Arbeiter- und Gewerkschaftsbewegung problematisiert hatte.

Für die Frankfurter Schule der Soziologie bzw. ihre Kritische Theorie, in deren Tradition nach den Mitbegründern Theodor W. Adorno, Max Horkheimer und Herbert Marcuse auch Jürgen Habermas und Claus Offe standen, bildeten die Marx'sche Kritik der politischen Ökonomie und die Klassenanalyse der bürgerlichen Gesellschaft anfänglich einen zentralen Bezugspunkt, von dem sie jedoch später – wie zu zeigen sein wird – teilweise Abstand nahmen.

Auf dem legendären Frankfurter Soziologentag, welcher im April 1968 unter der Fragestellung „Spätkapitalismus oder Industriegesellschaft?" stattfand, hielt Adorno, scheidender DGS-Vorsitzender und Leiter des Vorbereitungskomitees, den Einleitungsvortrag. Darin zog er inhaltliche Parallelen zum Streit darüber, ob der ältere Klassenbegriff mit seiner objektiven Positionierung von Gesellschaftsmitgliedern nach ihrer Stellung im Produktionsprozess oder der subjektive, sich nach Einkommen, Lebensstandard und Bildung richtende Schichtbegriff die wissenschaftliche Sozialstrukturanalyse besser anleite, was ihm wesentlich als eine Kontroverse der Deutung erschien, die theoretisch, also nicht allein mittels der Präsentation von Fakten, auszutragen sei.[89]

---

88 Jürgen Ritsert/Claus Rolshausen, Zur Sozialstruktur der Bundesrepublik Deutschland, in: Klaus Meschkat/Oskar Negt (Hrsg.), Gesellschaftsstrukturen, Frankfurt am Main 1973, S. 31

89 Vgl. Theodor W. Adorno, Einleitungsvortrag zum 16. Deutschen Soziologentag, in: ders. (Hrsg.), Spätkapitalismus oder Industriegesellschaft? – Verhandlungen des 16. Deutschen Soziologentages vom 8. bis 11. April 1968 in Frankfurt/M., Stuttgart 1969, S. 13

Adorno grenzte sich vom *Vulgär*marxismus, dem er das Schwadronieren über „den Imperialismus" oder „das Monopol" vorwarf, sowie vom Positivismus der bürgerlichen Mainstream-Soziologie gleichermaßen ab: „Daß von einem proletarischen Klassenbewußtsein in den maßgebenden kapitalistischen Ländern nicht kann gesprochen werden, widerlegt nicht an sich, im Gegensatz zur communis opinio, die Existenz von Klassen: Klasse war durch die Stellung zu den Produktionsmitteln bestimmt, nicht durchs Bewußtsein ihrer Angehörigen."[90] Als plausible Gründe für den Mangel an Klassenbewusstsein nannte Adorno den steigenden Lebensstandard der Arbeiter und ihre zunehmende Integration in die bürgerliche Gesellschaft, stellte aber auch fest, dass die Lehre vom Mehrwert als Kernstück der Marx'schen Theorie, welches das Klassenverhältnis und die Verschärfung des Klassenantagonismus erklären sollte, von dieser Entwicklung nicht unberührt bleibe. Sinke durch den technischen Fortschritt bzw. die Industrialisierung der Anteil der lebenden Arbeit, aus welcher nach Marx'scher Überzeugung der Mehrwert resultiere, bis zu einem Grenzwert, werde die Mehrwerttheorie dadurch affiziert, weil sich die Bildung von Klassen nur mit ihr begründen lasse.

In seiner Vorlesung zur Einführung in die Soziologie erklärte Adorno am 23. April 1968 die von ihm selbst zur Debatte gestellte Alternative „Klasse oder nicht?" sogar zu einer Schlüsselfrage für die Beurteilung der Gegenwartsgesellschaft.[91] Der von Marx erstmals „in aller Schärfe" formulierte Klassenbegriff müsse sich, sagte Adorno weiter, am Produktionsprozess und nicht bloß am Bewusstsein der einzelnen Individuen orientieren. Das von ihm als „etwas Sekundäres" gekennzeichnete Klassenbewusstsein nehme verglichen mit der Situation um die Mitte des 19. Jahrhunderts aber entgegen Marxens Prognose tendenziell ab. Wenn sich am Ende so gut wie kein von den Produktionsmitteln getrennter Mensch mehr als Proletarier fühle, bekomme die Verwendung des traditionellen Klassenbegriffs trotz unveränderter objektiver Gegebenheiten „sehr leicht ein dogmatisches und ein fetischistisches Element", weshalb dieser empirisch „mit der Realität auch des einzelmenschlichen Bewußtseins" zu konfrontieren sei.[92] Allerdings könne die Konsequenz daraus nicht sein, die Existenz der Klassen zu leugnen und bloß noch von sozialer Schichtung zu sprechen, die am subjektiven Lebensstandard gemessen würde; vielmehr müsse man das (Ver-)Schwinden des Klassenbewusstseins bzw. des Proletariats aus den objektiven Bewegungsgesetzen der Gesellschaft abzuleiten suchen.[93] Vor seinen Studierenden stellte Adorno der Soziologie daher die Aufgabe, „ebenso an gewissen Wesensbestimmungen wie der Klasse festzuhalten, die ja in einem entscheidenden

90 Ebd., S. 15 f.

91 Siehe Theodor W. Adorno, Vorlesung zur Einleitung in die Soziologie, Frankfurt am Main 1973, S. 23 f.

92 Siehe ebd., S. 24

93 Vgl. ebd., S. 25

Sinn, nämlich in dem der Abhängigkeit der meisten Menschen von anonymen und undurchsichtigen wirtschaftlichen Vorgängen fortbesteht, aber ebenso auch aus dieser Entwicklungstendenz selber die Modifikation abzuleiten oder wenigstens sie zu verstehen, die dazu führen, daß ein solcher Grundtatbestand wie jener der Klassen heute nicht mehr in dem traditionellen Sinn erscheint."[94]

Eine der wenigen Plenarsitzungen des Frankfurter Soziologentages fand zum Thema „Herrschaft, Klassenverhältnis und Schichtung" statt. Darüber sollten die ordentlichen Professoren Manfred Teschner und Ralf Dahrendorf referieren. Weil Teschner erkrankt war, sprang für ihn kurzfristig eine kleine Arbeitsgruppe von Nachwuchswissenschaftlern ein, in deren Namen Gerhard Brandt ein zusammen mit Joachim Bergmann, Klaus Körber, Ernst Theodor Mohl und Claus Offe verfasstes Manuskript vortrug, das nicht bloß in Fachkreisen einiges Aufsehen erregte.

Offe, damals wissenschaftlicher Assistent von Jürgen Habermas am Seminar für Soziologie der Johann Wolfgang Goethe-Universität in Frankfurt am Main, und seine vier Koautoren bezeichneten es als Ziel ihrer Untersuchung des Verhältnisses von Ökonomie und Politik, die jeweils existierende Sozial- und Wirtschaftsstruktur in die Analyse des politischen Herrschaftssystems wie der Politik selbst zu integrieren und damit im Anschluss an den Staats- und Verfassungsrechtler Otto Kirchheimer zu erfassen, inwiefern sie als restriktive Bedingung darauf zurückwirkt.[95] Zwar verfüge die Staatsgewalt im fortgeschrittenen Kapitalismus über einigen Handlungsspielraum, stellte Brandt fest, den sie während der vergangenen Jahrzehnte unter der Ägide sozialdemokratischer Regierungen durchaus zur Sicherung der wirtschaftlichen Stabilität und progressiver Reformen genutzt habe, als restriktive Bedingung erweise sich jedoch der Zwang zur Erhaltung der privaten Verfügungsmacht über die Produktionsmittel. Insofern bilde das Klassenverhältnis, welches sich auf den Zugang zur bzw. den Ausschluss von Verfügungsgewalt über die Produktionsmittel gründe, den Handlungsrahmen und eine Schranke der politischen Herrschaft zugleich.[96]

Brandt betonte, dass sich die Ungleichheit der primären Einkommensverteilung durch Steuern und Sozialabgaben nicht wesentlich verringere: „Notwendiges Resultat der ungleichen Einkommensverteilung ist die Konzentration der Vermögensbildung bei den Empfängern hoher Einkommen."[97] Die einseitige Struktur der Vermögensbildung wiederum sorge für einen ökonomischen Konzentrationsprozess. Aus den verfügbaren Daten zur Einkommens- und Vermögensverteilung ließen sich nach Ansicht der Autoren zwei Schlussfolgerungen ziehen, die beide auf private Verfügungsgewalt über Produktionsmittel als kon-

94 Siehe ebd., S. 26

95 Joachim Bergmann u. a., Herrschaft, Klassenverhältnis und Schichtung, in: Theodor W. Adorno (Hrsg.), Spätkapitalismus oder Industriegesellschaft?, a.a.O., S. 69

96 Vgl. ebd., S. 72 f.

97 Ebd., S. 78

stitutive Funktion in kapitalistischen Industriegesellschaften verwiesen. Erstens werde die Ungleichheit der Einkommen vom ökonomischen Prozess offensichtlich permanent reproduziert, und zweitens stünden dem Versuch, die Ungleichheit der Einkommensverteilung zu korrigieren, strukturelle Barrieren entgegen: „Die Möglichkeiten der Überwälzung von Steuern und Soziallasten, der Einschränkung der Investitionen und schließlich der Kapitalflucht markieren Schranken, die der staatlichen Wirtschafts- und Sozialpolitik von privaten Interessen gesetzt sind. Nach Art eines Rückkoppelungsprozesses sichert sich private Verfügungsgewalt mit der Perpetuierung der ungleichen Einkommensverteilung auch ihre Prärogativen."[98]

Da sich kein wissenschaftlicher Konsens darüber habe etablieren lassen, welche Parameter beim vertikalen Schema zur Sozialstrukturanalyse entscheidend seien – die Autoren nannten Einkommen, Vermögen, Beruf, Wohngebiet und Ausbildung als Beispiele für übliche Messvariablen – und wo sich auf der Statusleiter für die Schicht- oder Klassenbildung wichtige Einschnitte befänden, bedurfte es ihrer Meinung nach der Ergänzung durch ein Modell, das außerdem der Struktur des durch politische Interventionen regulierten Wirtschaftssystems angemessen Rechnung trage: „Im analytischen Bezugsrahmen der vertikalen Ungleichheit von sozialen Aggregaten (Klassen und Schichten) bleiben nämlich die politisch determinierten Bestimmungsgründe von Lebenschancen, die sich zwischen Produktionsprozeß und konkrete Lebensform schieben, vielfach unberücksichtigt."[99]

Ein auf die vertikale Ungleichheit konzentriertes Analysemodell betrachtete die Arbeitsgruppe wegen dessen Überschätzung der Bedeutung von Schichtungs- und Klassenstrukturen für eine Theorie der Gesellschaftsentwicklung als unzulänglich. Zwar räumten die Autoren ein, dass die Tatsache der gesellschaftlichen Ungleichheit z. B. im Hinblick auf die Einkommensverteilung evident und auch relativ konstant sei; verändert habe sich das Muster der Ungleichheit von Bevölkerungsgruppen aber nach seiner Entstehungsweise und in seinen Funktionen. Dafür nannten Offe und seine Koautoren drei Gründe: Erstens lasse sich das Ausmaß der Ungleichheit nicht mehr als bloßer Reflex der ökonomischen Herrschaftsverhältnisse interpretieren, weil staatliche Redistributionsmaßnahmen korrigierend oder verzerrend eingriffen. Zweitens verliere die Einkommensverteilung im kapitalistischen Wohlfahrts- und Interventionsstaat für die Verteilung der individuellen Lebenschancen dadurch an Bedeutung, dass Grundbedürfnisse wie Frieden, physische und soziale Sicherheit, aber auch wichtige Bedürfnisse hinsichtlich der Bildung, der Gesundheit, des Wohnens, des Verkehrs und der Arbeit nicht mehr oder höchstens noch für eine kleine Gruppe von Spitzenverdienern käuflich zu befriedigen seien, vielmehr haupt-

98 Ebd., S. 79

99 Ebd., S. 80

sächlich von politischen Entscheidungen determiniert würden. Drittens sei die weiterhin existente Ungleichheit nicht unmittelbar für das Ausmaß der persönlich erfahrenen Privilegierung oder Unterprivilegierung verantwortlich, weil diese von subkulturellen Normen und Aspirationen abhängig seien. Der britische Soziologe Walter G. Runciman hatte in diesem Zusammenhang von „relativer Deprivation" gesprochen.[100]

Ihre zentrale These, die Bergmann, Brandt, Körber, Mohl und Offe aus der Funktionsweise des politisch regulierten Kapitalismus ableiteten, bezog sich auf den gestiegenen Stellenwert horizontaler Disparitäten: „Die unter dem Gesichtspunkt des sozialen Wandels dominante Form der Ungleichheit ist weniger in der vertikalen Dimension der Ungleichheit von Schichten und Klassen zu suchen als in der horizontalen Dimension der Disparität von Lebensbereichen, d. h. der ungleichgewichtigen Befriedigung der verschiedenen Lebensbedürfnisse."[101]

Denkt man Offes Disparitätenthese konsequent zu Ende, gelangt man zu einer mehrdimensionalen Sozialstrukturanalyse, in der die kapitalistische Gesellschaft als Flickenteppich bzw. als mosaikartiges Ensemble zahlloser Ungleichheiten erscheint, ohne dass noch ein sie verbindender Strukturzusammenhang besteht. Völlig zu Recht hat der Mannheimer Soziologe Franz Rothenbacher in seiner Dissertation darauf hingewiesen, dass die Entdeckung immer „neuer" Ungleichheiten häufig auf einer „verkürzte(n) historische(n) Sichtweise" beruht: „So ist z. B. die ‚neue' Ungleichheit der Wohnbedingungen in historischer Betrachtung eher eine fundamentale ‚alte' Ungleichheit."[102] Möglicherweise traf dieser Einwand auch Offe und seine Koautoren, deren Disparitätenthese auf Ungleichheiten jenseits des Klassengegensatzes abstellte, die früher zwar auch schon vorhanden waren, aber erst in jüngster Zeit virulent geworden sind.

In seinem Beitrag für einen von Gisela Kress und Dieter Senghaas herausgegebenen Sammelband zur Politikwissenschaft ging Offe ebenfalls davon aus, dass die Herrschaft einer sozialen Klasse über eine (oder mehrere) andere im wohlfahrtsstaatlich regulierten Kapitalismus „weithin" durch die Prädominanz bestimmter gesellschaftlicher Funktionsbereiche gegenüber den übrigen abgelöst worden sei, was sich nicht mehr in einer den Klassenkämpfen ähnlichen Konfrontation zwischen verschiedenen Kollektiven manifestiere.[103] Die sozialen Klassen verkamen bei Offe, der bloß noch Restbestände einer marktvermittelten Ungleichheit wahrnahm, zu „Positionsgruppen", und das ihren antagonisti-

100 Siehe Walter G. Runciman, Relative Deprivation and Social Justice, Berkeley 1966

101 Joachim Bergmann u.a., Herrschaft, Klassenverhältnis und Schichtung, a.a.O., S. 82

102 Franz Rothenbacher, Soziale Ungleichheit im Modernisierungsprozeß des 19. und 20. Jahrhunderts, Frankfurt am Main/New York 1989, S. 57

103 Siehe Claus Offe, Politische Herrschaft und Klassenstrukturen. Zur Analyse spätkapitalistischer Gesellschaftssysteme, in: Gisela Kress/Dieter Senghaas (Hrsg.), Politikwissenschaft. Eine Einführung in ihre Probleme, Frankfurt am Main 1969, S. 178

schen Interessen geschuldete Konfliktpotenzial wurde von ihm durch eine Art personaler Internalisierung entschärft: „Der Bruch, der in den früheren Phasen der kapitalistischen Entwicklung *zwischen* den großen Positionsgruppen verlief, verlagert sich gleichsam in die Individuen hinein; sie sind mit Teilen ihrer Lebenstätigkeit in ‚privilegierte' Funktionsbereiche eingespannt, während andere Teile den unterprivilegierten Bereichen zugehören. Die verbleibenden Grenzen der Ungleichheit sind zudem so vieldimensional und unanschaulich, daß die in ihnen angelegten sozialen Konflikte teils durch flexible Korrektive im politischen Distributionssystem unterdrückt, teils durch das subjektive Wahrnehmungssystem der *relativen* Deprivation gedämpft werden können."[104]

Erneut vertrat Offe die These, dass nicht mehr der globale Konflikt zwischen Klassen das Zentrum sozialen Wandels darstelle, sondern eine ihn überlagernde Disparität von Lebensbereichen. Allerdings sei es wahrscheinlich, dass die in der „klassischen" Entwicklungsphase des Kapitalismus benachteiligten Gruppen und Schichten auch die Leidtragenden jener Systemdefekte würden, welche die gleichmäßige Entfaltung der Produktivkräfte und der Freiheitschancen in allen gesellschaftlichen Lebensbereichen unterbänden, räumte Offe ein.[105] Im unteren Einkommensbereich würde sich demnach ein Doppeleffekt durch Kumulation der Effekte distributiver Benachteiligung einerseits und horizontaler Disparität andererseits ergeben.

Hier deutete sich ein Paradigmenwechsel in der Sozialstrukturanalyse des modernen Kapitalismus durch die Vertreter einer kritischen Gesellschaftstheorie an. Allerdings war schon die Gleichsetzung von Klassen- und Schichtstrukturen als vertikale Gliederung der Gesellschaft zweifelhaft, denn soziale Klassen befinden sich nach historisch-materialistischer Lesart keineswegs übereinander, sondern nebeneinander auf der Abszisse (x-Achse), während Schichten in der bürgerlichen Sozialstrukturanalyse auf der Ordinate (y-Achse) angeordnet sind. Dies ist vermutlich auch der Grund dafür, dass Linke in aller Regel auf eine Visulisierung der von ihnen untersuchten Klassenstruktur verzichten. Allgemeiner ausgedrückt: Für die Marxist(inn)en ist der soziale Raum gar nicht hierarchisch strukturiert, für Schichttheoretiker/innen schon.

Um die Mitte der 1990er-Jahre sprach Offe von einer „Dreiteilung des Spektrums von Lebenschancen" und unterschied mit Blick auf soziale Marginalisierungsprozesse und die Ausgrenzung einer „neuen Unterklasse" zwischen Gewinnern, Verlierern und Nicht-Kompetenten, Nicht-Teilnahmeberechtigten bzw. „Untauglichen" oder „Überflüssigen" als einer dritten Kategorie: „Nicht die Verlierer sind marginalisiert (paradox könnte man sogar sagen: Wenn man bloß Verlierer ist – in institutionalisierten Verteilungskämpfen, in formalen Bildungs- und Gesundheitseinrichtungen, auf Märkten und in Wahlen –, dann

104 Ebd. (Hervorh. im Original)
105 Vgl. ebd., S. 185

hat man schon gewonnen, weil man über die Statusrechte eines legitimen Teilnehmers verfügt). Marginalisiert sind die von der Teilnahme Ausgeschlossenen: Nicht-Versicherte, Schulabbrecher, ‚the unemployable', Ausländer ohne Aufenthalts- und Arbeitserlaubnis (‚Illegale'), Kriminelle, physisch und psychisch Behinderte und chronisch Leistungsgeminderte, Drogenabhängige. Ihnen mangelt die Verkehrsberechtigung bzw. die basale Zahlungs- und Teilnahmefähigkeit für Teile oder die Gesamtheit des bürgerlichen Lebens."[106]

Der mit Claus Offe jahrzehntelang eng verbundene Sozialphilosoph Jürgen Habermas hielt in seiner Gesellschaftsanalyse ebenfalls an der Marx'schen Begrifflichkeit fest, als er von einer „Latenz der Klassengegensätze" sprach, die aber unter den veränderten Bedingungen des Spätkapitalismus mitnichten aufgehoben seien: „Immer noch bestehen die klassenspezifischen Unterschiede fort in Form subkultureller Überlieferungen und entsprechender Differenzen nicht nur des Lebensniveaus und der Lebensgewohnheiten, sondern auch der politischen Einstellungen. Zudem ergibt sich die sozialstrukturell bedingte Wahrscheinlichkeit, daß die Klasse der Lohnabhängigen von den gesellschaftlichen Disparitäten härter getroffen wird als andere Gruppen."[107] Nicht der Klassenantagonismus war allerdings latent geworden, sondern das Bewusstsein der Arbeiter hinsichtlich seiner Fortexistenz unter den Bedingungen des westdeutschen Nachkriegskapitalismus. Wolfgang Abendroth sprach daher von einer „sozialpsychologischen" Latenz des Klassenwiderspruchs, die aber gerade nicht real sei.[108]

Von den 1967/68 die Republik aus ihrer großkoalitionären Friedhofsruhe aufschreckenden Protestaktionen der Schüler/innen und Studierenden erhoffte sich Habermas eine „neue Sensibilität" für die Widersprüchlichkeit der kapitalistischen Gesellschaftsentwicklung. Das meritokratische Dogma, wonach in diesem System allen Gerechtigkeit widerfährt, hielt Habermas für eine brüchig werdende Leistungsideologie, die bald endgültig zerstört werden könnte: „Das Maß des gesellschaftlichen Reichtums, den ein industriell entfalteter Kapitalismus hervorbringt, und die technischen und organisatorischen Bedingungen, unter denen dieser Reichtum produziert wird, machen es immer schwieriger, die Statuszuweisung an den Mechanismus der Bewertung individueller Leistung auch nur subjektiv überzeugend zu binden."[109]

---

106 Claus Offe, Moderne „Barbarei": der Naturzustand im Kleinformat?, in: Max Miller/Hans-Georg Soeffner (Hrsg.), Modernität und Barbarei. Soziologische Zeitdiagnose am Ende des 20. Jahrhunderts, Frankfurt am Main 1996, S. 274 f.

107 Jürgen Habermas, Technik und Wissenschaft als „Ideologie". Für Herbert Marcuse zum 70. Geburtstag am 19. VII. 1968, in: ders., Technik und Wissenschaft als Ideologie, Frankfurt am Main 1968, S. 86

108 Siehe Wolfgang Abendroth, Demokratisch-liberale oder revolutionär-sozialistische Kritik?, Zum Konflikt zwischen den studentischen Oppositionen und Jürgen Habermas, in: ders. u.a., Die Linke antwortet Jürgen Habermas, Frankfurt am Main 1968, S. 138

109 Jürgen Habermas, Die Scheinrevolution und ihre Kinder. Sechs Thesen über Taktik, Ziele und Situationsanalysen der oppositionellen Jugend, in: ebd., S. 9

Habermas war zwar bewusst, dass aus Disparitäten der Gesellschaftsentwicklung nur „Randkonflikte" resultieren, bezweifelte aber, dass sich der fortexistierende Gegensatz sozioökonomischer Klassen noch zu einem politischen Konflikt entfachen lasse. Denn inzwischen falle Unterprivilegierung nicht mehr mit Ausbeutung zusammen, was Habermas ausgerechnet am Beispiel der Afroamerikaner/innen zu illustrieren suchte: „Die Neger können nicht mehr wie das Proletariat des späten 19. Jahrhunderts und die integrierte Arbeiterschaft in der Mitte des 20. Jahrhunderts durch angedrohten Kooperationsentzug zwingende Gewalt ausüben. Umgekehrt sind die Gruppen, die das heute noch können, nicht mehr in einem loyalitätsgefährdenden Maße unterprivilegiert."[110]

Wolfgang Abendroth widersprach Habermas, indem er auf die Gültigkeit der Marx'schen Arbeitswerttheorie hinwies und feststellte, dass die Aneignung des Mehrwerts gleichbedeutend mit Ausbeutung sei: „Die Kapitalakkumulation, die den Monopolen und Oligopolen die jeweilige Erweiterung ihres Produktionsapparates und seine Modernisierung ermöglicht, beruht [...] noch immer auf der Aneignung des Mehrwerts, der durch die Arbeit der Arbeitnehmer erzeugt wird, durch die Inhaber des Produktionsapparates, wie andererseits diese Arbeitnehmer in jeder Form unterprivilegiert, nämlich (wie ja auch Habermas stets wiederholt) von der Beherrschung des Produktionsapparates wie der öffentlichen Gewalt, von der Beteiligung an den Kommunikationsmitteln, vom Zugang zu zutreffenden Informationen ausgeschlossen bleiben, auch wenn sie gut bezahlt sind und erhebliche Freizeit (im Vergleich zu vergangenen Perioden) gewonnen haben."[111]

Herbert Lederer, damals Bundesvorstandsmitglied des Sozialistischen Deutschen Studentenbundes (SDS), sprach im selben Zusammenhang von Zynismus, warf Habermas vor, auf seiner Suche nach Belegen für die mangelnde Validität der marxistischen Klassenanalyse die Lage der Schwarzen in den Vereinigten Staaten zu beschönigen, und konfrontierte ihn mit einer Batterie kritischer Fragen: „Wo dokumentiert sich Ausbeutung profilierter als in den Ghettos der amerikanischen Großstädte? Für wen gilt der makabre, aber realistische Satz: ‚They are the last hired, the first fired.'? Wer ist das Opfer des Mietwuchers, für wen gibt es nur die Dreckberufe? Warum gibt es denn überhaupt eine Notwehrorganisation wie die der Black Power? Warum einen Marsch der Armut? Nur aus verletzter Eitelkeit?"[112]

Bezugnehmend auf das Buch *Power and Privilege* des US-amerikanischen Soziologen Gerhard E. Lenski sah Habermas ein zentrales Problem des Spätkapitalismus darin, die Verteilungsschieflage zwischen den Klassen zu rechtferti-

110 Ebd., S. 10

111 Wolfgang Abendroth, Demokratisch-liberale oder revolutionär-sozialistische Kritik?, a.a.O., S. 136

112 Herbert Lederer, Revolutionäre Strategie und liberales Maklertum, in: Wolfgang Abendroth u.a., Die Linke antwortet Jürgen Habermas, a.a.O., S. 126

gen, wobei er sich inhaltlich wie terminologisch an Ralf Dahrendorf orientierte und mit der „strukturellen Gewalt" einen Schlüsselbegriff des norwegischen Friedensforschers Johan Galtung übernahm: „Alle Klassengesellschaften müssen, weil ihre Reproduktion auf der privilegierten Aneignung des gesellschaftlich produzierten Reichtums beruht, das Problem lösen: das soziale Mehrprodukt ungleich und doch legitim zu verteilen. Sie lösen es durch strukturelle Gewalt, also dadurch, daß die asymmetrische Verteilung von legitimen Chancen der Bedürfnisbefriedigung in einem Normensystem festgeschrieben wird, welches Nachachtung findet. Die faktische Anerkennung eines solchen Normensystems beruht gewiß nicht allein auf dem Legitimitätsglauben der Betroffenen, sondern auch auf Furcht vor und Unterwerfung unter indirekt angedrohte Sanktionen sowie auf bloßer Duldung (compliance) angesichts der perzipierten eigenen Ohnmacht und fehlender Alternativen (d. h. gefesselter Phantasie)."[113] Die latente Klassenstruktur des Spätkapitalismus hielt Habermas in letzter Instanz für die Ursache des Legitimitätsdefizits, das der Staatsapparat zu bewältigen hat.

Ebenfalls zur Krisen- und Legitimationsproblematik äußerte sich Habermas in einem Vortrag, den er 1973 auf Einladung des Goethe-Instituts in Rom hielt. In den Jahrzehnten nach 1945 sei es den fortgeschrittensten kapitalistischen Ländern wie der Bundesrepublik gelungen, den Klassenkonflikt in seinen Kernbereichen latent zu halten, den Konjunkturzyklus zu strecken und die krisenhafte Form einer periodischen Kapitalentwertung in eine inflationäre Dauerkrise mit geringeren konjunkturellen Ausschlägen umzuwandeln, aber auch die problematischen Nebenfolgen der abgemilderten Krisen über unterschiedliche Bevölkerungsgruppen zu streuen, sagte Habermas: „Dadurch ist die soziale Identität der Klassen aufgelöst und das Klassenbewußtsein fragmentiert worden. Der in die Struktur des Spätkapitalismus aufgenommene Klassenkompromiß macht (fast) alle zu Beteiligten und zu Betroffenen in einer Person; bei der deutlichen und wachsenden Ungleichverteilung der Vermögenswerte und der Macht ist freilich gut zu unterscheiden, wer mehr zu den einen oder mehr zu den anderen gehört."[114]

In der *Theorie des kommunikativen Handelns*, einem seiner Hauptwerke, führte Habermas zu Beginn der 1980er-Jahre genauer aus, warum der Klassenkonflikt fortwirke, allerdings nach Institutionalisierung des Tarifkonflikts auf der Grundlage einer reformistischen Politik durch den modernen Wohlfahrtsstaat pazifiziert worden sei: „Kernstück ist eine arbeits- und sozialrechtliche Gesetzgebung, die für die Grundrisiken der Lohnarbeiterexistenz Vorkehrun-

113 Jürgen Habermas, Legitimationsprobleme im Spätkapitalismus, Frankfurt am Main 1973, S. 132; vgl. ergänzend: Gerhard E. Lenski, Power and Privilege. A Theory of Social Stratification, New York 1966

114 Jürgen Habermas, Was heißt heute Krise? – Legitimationsprobleme im Spätkapitalismus, in: ders., Zur Rekonstruktion des Historischen Materialismus, Frankfurt am Main1976, S. 310

gen trifft und Nachteile, die sich aus strukturell schwächeren Marktpositionen (der Arbeitnehmer, Mieter, Kunden usw.) ergeben, kompensiert. Die Sozialpolitik fängt extreme Benachteiligungen und Unsicherheiten auf, ohne freilich die strukturell ungleichen Eigentums-, Einkommens- und Abhängigkeitsverhältnisse zu berühren."[115] Die austromarxistische Deutung der Gesellschaftsentwicklung als Resultat eines Klassenkompromisses, wie sie namentlich Otto Bauer in der Zwischenkriegszeit vertreten hatte, lehnte Habermas dagegen ab: „Mit der Institutionalisierung des Klassenkonflikts verliert nämlich der soziale Gegensatz, der sich an der privaten Verfügungsgewalt über die Mittel der Produktion gesellschaftlichen Reichtums entzündet, immer mehr seine strukturbildende Kraft für die Lebenswelt sozialer Gruppen, obgleich er für die Struktur des Wirtschaftssystems selbst nach wie vor konstitutiv ist."[116] Habermas zufolge bildeten Sozialstaat, Massendemokratie und Staatsinterventionismus (Keynesianismus) einen geeigneten Hebel zur Befriedung der Klassengegensätze durch Neutralisierung des im Lohnarbeitsverhältnis angelegten Konfliktpotenzials: „Für Belastungen, die mit einem gepolsterten Status abhängiger Erwerbsarbeit immer noch verknüpft sind, wird der Bürger in seiner Rolle als Klient wohlfahrtsstaatlicher Bürokratien mit Rechtsansprüchen und in seiner Rolle als Konsument von Massengütern mit Kaufkraft entschädigt."[117]

Marxens Kritik der politischen Ökonomie und seiner für die Klassenanalyse der bürgerlichen Gesellschaft unverzichtbaren (Arbeits-)Werttheorie unterstellte Habermas, durch die Vernachlässigung sozialer Einflussfaktoren eine ökonomistische Fehlinterpretation entwickelter kapitalistischer Gesellschaften zu fördern.[118] Diese sind laut Habermas durch eine Doppelstruktur von System (Wirtschaft und Staat) einerseits sowie Lebenswelt (Privatsphäre und Öffentlichkeit) andererseits gekennzeichnet. Die „relative Entkoppelung von System und Lebenswelt", von der Habermas ausging, mache sich der Spätkapitalismus auf seine Weise zunutze: „Die aus der Lebenswelt ins System verschobene Klassenstruktur verliert ihre historisch greifbare Gestalt. Die ungleiche Verteilung sozialer Entschädigungen spiegelt ein Privilegienmuster, das sich nicht mehr umstandslos auf Klassenlagen zurückführen läßt. Die alten Quellen der Ungleichheit sind zwar keineswegs versiegt, aber mit ihnen interferieren nicht nur die wohlfahrtsstaatlichen Kompensationen, sondern Ungleichheiten eines anderen Musters."[119] Hierfür seien Disparitäten und „Randgruppenkonflikte" kennzeichnend. „Je besser

115 Jürgen Habermas, Theorie des kommunikativen Handelns, Bd. 2: Zur Kritik der funktionalistischen Vernunft, Frankfurt am Main 1981, S. 510 f.

116 Ebd., S. 512

117 Jürgen Habermas, Die Krise des Wohlfahrtsstaates und die Erschöpfung utopischer Energien, in: ders., Die Neue Unübersichtlichkeit. Kleine Politische Schriften V, Frankfurt am Main 1985, S. 147

118 Vgl. Jürgen Habermas, Theorie des kommunikativen Handelns, Bd. 2: Zur Kritik der funktionalistischen Vernunft, a.a.O., S. 504

119 Ebd., S. 512

der Klassenkonflikt, der mit der privatwirtschaftlichen Form der Akkumulation in die Gesellschaft eingebaut ist, eingedämmt und latent gehalten werden kann, um so mehr drängen Probleme in den Vordergrund, die nicht *unmittelbar* klassenspezifisch zurechenbare Interessenlagen verletzen."[120] Folgt man Habermas, hatten sich die Kompositionsregeln für das Muster der sozialen Ungleichheit im Übergang zum Spätkapitalismus verändert, ohne dass er an dieser Textstelle darlegte, wie bzw. auf welche Art das geschah.

Mit seiner nach eigenen Worten in Fortentwicklung von Max Webers Theorie der gesellschaftlichen Rationalisierung formulierten These einer „Kolonialisierung der Lebenswelt" spitzte Habermas frühere Überlegungen zur Latenz des Klassengegensatzes zu. Reinhard Kreckel machte geltend, dass diese These „einer „euro- (bzw. atlantiko)zentrischen Blickverengung" entspringe: „Noch auf lange Sicht [...] haben wir es mit den handgreiflichen Nachwirkungen der Kolonialisierung der Welt, nicht nur der ‚Lebenswelt', zu tun. Die damit verbundenen Konflikte entzünden sich eher mehr als weniger an (weltweiten) Verteilungsproblemen."[121]

Zwar waren laut Habermas im Spätkapitalismus der Gegenwart weder die Klassen noch deren Interessengegensätze und das hieraus resultierende Konfliktpotenzial verschwunden: „Die Tatsache, daß in den sozialstaatlichen Massendemokratien der Klassenkonflikt, der die kapitalistischen Gesellschaften in der Phase ihrer Entfaltung geprägt hat, institutionalisiert und damit stillgelegt worden ist, bedeutet nicht die Stillstellung von Protestpotentialen überhaupt."[122] Konflikte entstanden nun allerdings nicht mehr im Bereich der materiellen Produktion, sondern eher im Bereich der kulturellen Reproduktion, sozialen Integration und Sozialisation: „Es geht nicht primär um Entschädigungen, die der Sozialstaat gewähren kann, sondern um Verteidigung und Restituierung gefährdeter oder um die Durchsetzung reformierter Lebensweisen. Kurz, die neuen Konflikte entzünden sich nicht an *Verteilungsproblemen*, sondern an Fragen der *Grammatik von Lebensformen*."[123] Gemeint waren damit Forderungen nach Gleichberechtigung, Partizipation, Selbstverwirklichung, einer höheren Lebensqualität und Durchsetzung der Menschenrechte. Der gewandelten Konfliktdynamik im Spätkapitalismus sprach Habermas jede Klassenspezifik ab, wenn er als Unterstützer der „alten Politik" sowohl Unternehmer und Arbeiter wie auch den gewerbetreibenden Mittelstand ausmachte, während die „neue Politik" eher beim neuen Mittelstand, in der nachwachsenden Generation und bei Höherqualifizierten auf Resonanz stoße.

120 Ebd., S. 513 (Hervorh. im Original)

121 Reinhard Kreckel, Politische Soziologie der sozialen Ungleichheit, 3. Aufl. Frankfurt am Main 2004, S. 38

122 Jürgen Habermas, Theorie des kommunikativen Handelns, Bd. 2: Zur Kritik der funktionalistischen Vernunft, a.a.O., S. 576

123 Ebd. (Hervorh. im Original)

Angesichts krisenhafter Tendenzen der Ökonomie prognostizierte Habermas eine Überlagerung der „alten" (Klassen-)Konflikte durch neue, die er nicht mit dem sozialen Oben-unten-Gegensatz, sondern mit einer Innen-außen-Metaphorik verband: „Es entsteht eine Konfliktlinie zwischen dem Zentrum der am Produktionsprozeß *unmittelbar* beteiligten Schichten, die ein Interesse daran haben, das kapitalistische Wachstum als Grundlage des sozialstaatlichen Kompromisses zu verteidigen, und einer bunt zusammengewürfelten Peripherie auf der anderen Seite."[124] An dieser Stelle nannte Habermas mit Blick auf die damals an Einfluss gewinnenden Neuen Sozialen Bewegungen (Frauen, Frieden, Ökologie u. a.) solche Gruppen der Bevölkerung, die nicht am Produktionsprozess beteiligt, leistungsfeindlich und wachstumskritisch seien.

Ähnlich positiv hatten die Vertreter der Kritischen Theorie zunächst auch die antiautoritäre Protestbewegung gegen Ende der 1960er-Jahre gesehen, bis Jürgen Habermas mit seinem Vorwurf des „linken Faschismus" gegenüber Rudi Dutschke, den Liberale, Konservative und Rechtsextremisten dankend aufgriffen, das Verhältnis nachhaltig vergiftete. Während die SDS-Vertreter in Habermas, der sein böses Wort kurze Zeit später bedauernd zurücknahm, überwiegend einen pseudolinken Intellektuellen und einen Vertreter des Establishments sahen, das sie mit spektakulären Aktionen wie Go-ins (Institutsbesetzungen), Sit-ins oder Teach-ins bekämpften, fungierte Herbert Marcuse als Galionsfigur der Studentenrevolte und sein 1964 in den USA erschienenes Buch *One-Dimensional Man* als Standardwerk der mit dem symbolträchtigen Jahr 1968 verbundenen Protestbewegung, die international agierte, wenngleich sie letztlich auf die Universitätsstädte einiger hochentwickelter Gesellschaften des Westens beschränkt blieb. In seinem einflussreichsten Buch bezeichnete der 1898 in Berlin geborene und 1934 emigrierte Sozialwissenschaftler zwar Bourgeoisie und Proletariat weiterhin als Grundklassen der Gesellschaft, bemängelte jedoch, dass die kapitalistische Entwicklung dessen Struktur und Funktion so verändert habe, dass es heute nicht mehr als Träger der Veränderung erscheine.[125]

In der heutigen Überflussgesellschaft sei Konsum, von der Massenkommunikation erfolgreich propagiert, zum gemeinsamen Lebensstil unterschiedlicher Klassen avanciert, kritisierte Marcuse und wählte zur Verdeutlichung das folgende Beispiel: „Wenn der Arbeiter und sein Chef sich am selben Fernsehprogramm vergnügen und dieselben Erholungsorte besuchen, wenn die Stenotypistin ebenso attraktiv hergerichtet ist wie die Tochter ihres Arbeitgebers, wenn der Neger einen Cadillac besitzt, wenn sie alle dieselbe Zeitung lesen, dann deutet diese Angleichung nicht auf das Verschwinden der Klassen hin, sondern

124 Ebd., S. 577 (Hervorh. im Original)
125 Vgl. Herbert Marcuse, Der eindimensionale Mensch, Neuwied/Berlin 1967, S. 15

auf das Ausmaß, in dem die unterworfene Bevölkerung an den Bedürfnissen und Befriedigungen teil hat, die der Erhaltung des Bestehenden dienen."[126]

Marcuse nahm die Strukturveränderungen der Arbeiterklasse in den fortgeschrittenen kapitalistischen Ländern zwar wahr, bewertete sie aber insofern falsch, als er daraus vorschnell verallgemeinernd eine „konservative Funktion" ableitete, weil sie „gut bezahlt" und „gut integriert" sei: „Der abnehmende Anteil der ‚blue collar'-Arbeiterschaft und die zunehmende Zahl und Bedeutung der ‚white collar'-Angestellten, der Techniker, Ingenieure und Spezialisten entzweit die Klasse."[127] Marcuse überbewertete nicht bloß die positiven Auswirkungen des wachsenden Wohlstandes der westlichen Industriegesellschaften und der Entwicklung des Sozialstaates hinsichtlich der Reduktion von Armut und Arbeitselend, sondern unterschätzte offenbar auch die zunehmende Konzentration von Kapital, Reichtum und Macht bei wenigen Unternehmerfamilien, von der in seinen Texten so gut wie nie die Rede war.

Die „menschliche Basis der sozialen Pyramide" bildeten für Marcuse gesellschaftliche Außenseiter und Arme, Arbeitslose und Erwerbsunfähige, die schwarze Ghettobevölkerung sowie Insassen von Strafanstalten und psychiatrischen Kliniken,[128] während die übrigen subalternen Klassen und Schichten, von Vergnügungs- und Zerstreuungsmedien beherrscht, total verwaltet und vom Konsumzwang erdrückt, in seinen Schriften weitgehend im Dunkeln blieben. Marcuse war davon überzeugt, dass die traditionellen Mittel und Wege des Kampfes gegen das Establishment in der „eindimensionalen Gesellschaft" unwirksam, möglicherweise sogar kontraproduktiv seien. Denn sie beruhten seiner Meinung nach auf der Illusion der Volkssouveränität, die nur insofern ein Körnchen Wahrheit enthalte, als „das Volk" aus einem Ferment der gesellschaftlichen Veränderung zum Ferment des gesellschaftlichen Zusammenhalts geworden sei: „Eher hierin als in der Neuverteilung des Reichtums und der Gleichstellung der Klassen besteht die neue, für die fortgeschrittene Industriegesellschaft kennzeichnende Schichtung."[129]

Trotz solcher Randbemerkungen Marcuses zur Klassenstruktur im Spätkapitalismus blieb die Sozialstrukturanalyse der Kritischen Theorie und der „Neuen Linken" letzten Endes defizitär. Mit der Arbeiterklasse war dem Neomarxismus à la Marcuse das „revolutionäre Subjekt" verlorengegangen, weshalb dieser hoffte, dass es im Rahmen einer „Großen Weigerung" zu einem „Substrat der Geächteten und Außenseiter", d. h. dem Bündnis aller unterprivilegierten, diskriminierten und marginalisierten Minderheiten komme: „Sie existieren außerhalb des demokratischen Prozesses; ihr Leben bedarf am unmit-

126 Ebd., S. 28
127 Herbert Marcuse, Versuch über die Befreiung, Frankfurt am Main 1969, S. 84 f.
128 Siehe ders., Der eindimensionale Mensch, a.a.O., S. 73
129 Ebd., S. 267

telbarsten und realsten der Abschaffung unerträglicher Verhältnisse und Institutionen. Damit ist ihre Opposition revolutionär, wenn auch nicht ihr Bewußtsein. Ihre Opposition trifft das System von außen und wird deshalb nicht durch das System abgelenkt; sie ist eine elementare Kraft, die die Regeln des Spiels verletzt und es damit als ein aufgetakeltes Spiel enthüllt."[130]

Für die einflussreichsten Theoretiker der Frankfurter Schule war der wohlfahrtsstaatlich regulierte Kapitalismus längst keine aufgrund unüberbrückbarer Interessengegensätze seiner Hauptklassen vertikal gespaltene Gesellschaft mehr, sondern eine durch deren staatlicherseits als Korporatismus verbürgte und fest institutionalisierte Sozialpartnerschaft befriedete Gesellschaft. Da man sich auf Kritik an der westlichen Kulturindustrie bzw. am Konsumismus einerseits und am „Sowjetmarxismus" andererseits konzentrierte, kam die Sozialstrukturanalyse in den Schriften der für die '68er-Protestgeneration maßgeblichen Wissenschaftler zu kurz und geriet der fortbestehende Klassengegensatz schließlich fast ganz aus dem Blickfeld.

Wie die beiden Frankfurter Soziologen Jürgen Ritsert und Claus Rolshausen in einem Buch behaupteten, war der Kritischen Theorie ein „latenter Konservativismus" inhärent, wobei sie besonders an die Schriften von Habermas und Offe dachten, denen sie den Verzicht auf eine politökonomisch begründete Klassenanalyse vorwarfen, ohne dass der Antagonismus von Lohnarbeit und Kapital im Spätkapitalismus verschwunden sei.[131] Noch apodiktischer fiel Robert Steigerwalds Kritik an Marcuse aus, dem Rechtsopportunismus und Linksrevisionismus gleichermaßen vorgeworfen wurde. Der langjährige KP-Funktionär monierte in seiner Dissertation, dass Marcuses Klassenbegriff „unmarxistisch" sei, weil er von distributiven statt von produktiven Merkmalen abgeleitet werde.[132]

Entweder rückten die Repräsentanten der Frankfurter Schule horizontale Disparitäten statt vertikaler Schieflagen im Distributionsbereich (z. B. hinsichtlich der Einkommens- und Vermögensverteilung) in den Mittelpunkt wie Claus Offe, erklärten den Klassengegensatz von Kapital und Arbeit für bloß noch latent vorhanden und an der Peripherie beheimatet wie Jürgen Habermas oder ersetzten die ausgebeutete und politisch unterdrückte Arbeiterklasse als Träger des sozialen Emanzipationsprozesses durch gesellschaftliche Randgruppen einschließlich der kritischen Intelligenz und gebildeter junger Menschen in den Metropolen wie Herbert Marcuse. Einen konstruktiven Beitrag zur Weiterentwicklung der Klassenanalyse reifer kapitalistischer Industriegesellschaften leisteten sie damit nicht.

---

130 Ebd.

131 Siehe Jürgen Ritsert/Claus Rolshausen, Der Konservativismus der kritischen Theorie, Frankfurt am Main/Köln 1971, S. 9 f.

132 Siehe Robert Steigerwald, Herbert Marcuses dritter Weg, Köln 1969, S. 229

2.5 Ulrich Beck und die Fiktion eines „sozialen Fahrstuhl-Effekts" in der „Risikogesellschaft"

Während der 1980er- und 1990er-Jahre gewannen Modernisierungs- und Individualisierungstheoretiker, die marxistische Klassen- und Schichtungsanalysen für durch die neuere Gesellschaftsentwicklung überholt hielten, innerhalb der westdeutschen Sozialwissenschaften erheblich an Einfluss. Nun war fast überhaupt nicht mehr von sich ihren Lebensbedingungen und materiellen Interessen nach unterscheidenden Klassen oder Schichten die Rede, sondern bloß noch von sozialkulturellen Milieus und Institutionen kollektiver Normengebung, die tradierte Sicherungssysteme und überkommene Reproduktionsmuster zugunsten einer „Pluralisierung der Lebensstile" aufgelöst hätten. Dies hieß beispielsweise für den Mannheimer Soziologen Wolfgang Zapf: „Zunahme von gruppen-, milieu- und situationsspezifischen Ordnungsmustern zur Organisation von Lebenslage, Ressourcen und Lebensplanung."[133] Wenn man überhaupt noch von der Existenz einer Klassengesellschaft ausging, dann war diese „entstrukturiert" und hatte ihre ursprünglichen Konturen „im historischen Wandel" verloren.[134]

Der Mainzer Hochschullehrer Stefan Hradil formulierte im Untertitel seines Buches *Sozialstrukturanalyse in einer fortgeschrittenen Gesellschaft. Von Klassen und Schichten zu Lagen und Milieus* das Forschungsprogramm einer „postmodernen" Soziologie, für die soziale Antagonismen, gegensätzliche Klasseninteressen und Schichtunterschiede keine Rolle mehr spielten.[135] Nicht bloß der Marx'sche und der Weber'sche Klassenbegriff wurden zum alten Eisen geworfen, sondern auch gleich bürgerliche Sozialstruktur- bzw. Schichtungsanalysen in der Nachfolge Theodor Geigers für durch die jüngste Gesellschaftsentwicklung überholt erklärt.

Immer größere Faszination löste bei westdeutschen Soziologen der Milieubegriff aus, den das Heidelberger Marktforschungsinstitut SINUS in zahlreichen, seit 1979 durchgeführten Untersuchungen zur Lebensweltforschung populär gemacht hat. Herausgefiltert und auch quantitativ beziffert wurden ein gehobenes konservatives Milieu, ein technokratisch-liberales Milieu, ein alternatives Milieu, ein hedonistisches Milieu, ein aufstiegsorientiertes Milieu, ein kleinbürgerliches Milieu, ein traditionelles Arbeitermilieu, ein traditionsloses Arbeitermilieu und ein neues Arbeitnehmermilieu.

133 Wolfgang Zapf u.a., Individualisierung und Sicherheit. Untersuchungen zur Lebensqualität in der Bundesrepublik Deutschland, München 1987, S. 18

134 Siehe Peter A. Berger, Entstrukturierte Klassengesellschaft? Klassenbildung und Strukturen sozialer Ungleichheit im historischen Wandel, Opladen 1986

135 Siehe Stefan Hradil, Sozialstrukturanalyse in einer fortgeschrittenen Gesellschaft. Von Klassen und Schichten zu Lagen und Milieus, Opladen 1987

Anstelle der klassischen Sozialstrukturanalyse stand nunmehr die Lebensstilforschung im Fokus des Fachinteresses.[136] Hans-Ulrich Wehler sprach von einer „kulturalistische(n) Wende" in den deutschen Sozialwissenschaften sowie einem Paradigmenwechsel von Klasse oder Schicht zu Lebensstil und Milieu als sozialstrukturellen Manifestationen von Individualisierungs- und Pluralisierungstendenzen: „An die Stelle der Analyse vertikaler Ungleichheit trat eine bunte ‚Vielfaltsforschung'. Mit dem Wechsel der erkenntnisleitenden Interessen verband sich eine typisch postmoderne ‚normative Unverbindlichkeit', welche die Frage nach der sozialen Gerechtigkeit und Chancenverbesserung energisch beiseite schob oder stillschweigend überging."[137]

Kurz nach dem Regierungswechsel am 1. Oktober 1982 und passend zur „geistig-moralischen Wende", die Helmut Kohl nach seiner Wahl zum Bundeskanzler ausrief, gab der Soziologe Ulrich Beck zu bedenken, ob sich die Gesellschaftsmitglieder heute nicht „jenseits von Stand und Klasse" verorten ließen.[138] Hiermit signalisierte Beck, dass er die Schlüsselkategorien der Marx'schen wie der Weber'schen Sozialstrukturanalyse im Grunde für überholt bzw. für ungeeignet hielt, die spezifischen Ungleichheitserscheinungen der „Zweiten Moderne" – wie er die gegenwärtige Epoche nannte – zu erfassen.

Beck, der die Positionierung zur Existenz von Klassen und Schichten in der Bundesrepublik als „Gretchenfrage" bezeichnete,[139] strebte einen Paradigmenwechsel der zeitgenössischen Ungleichheitsforschung an, wies auf Parallelen seiner Position zu Offes Disparitätenthese hin und vertrat die These, in allen entwickelten Industrieländern des Westens, auch und besonders in der Bundesrepublik, habe sich im Rahmen der wohlfahrtsstaatlichen Nachkriegsentwicklung ein „*Individualisierungsschub* von bislang unerkannter Reichweite und Dynamik vollzogen, und zwar unter dem Deckmantel weitgehend konstanter Ungleichheitsrelationen."[140] Durch die Entwicklung des Wohlfahrtsstaates seien die Relationen zwischen verschiedenen Ungleichheitslagen ebenfalls nicht aufgehoben, die Risiken der Lohnarbeit jedoch abgemildert und zugleich verallgemeinert

---

136 Vgl. z. B. Hartmut Lüdtke, Expressive Ungleichheit. Zur Soziologie der Lebensstile, Opladen 1989; Dirk Konietzka, Lebensstile im sozialstrukturellen Kontext. Ein theoretischer und empirischer Beitrag zur Analyse soziokultureller Ungleichheiten, Opladen 1995; Gunnar Otte, Sozialstrukturanalysen mit Lebensstilen. Eine Studie zur theoretischen und methodischen Neuorientierung der Lebensstilforschung, 2. Aufl. Wiesbaden 2008

137 Hans-Ulrich Wehler, Deutsche Gesellschaftsgeschichte, Bd. 5: Bundesrepublik und DDR 1949-1990, a.a.O., S. 113

138 Siehe Ulrich Beck, Jenseits von Klasse und Stand? – Soziale Ungleichheiten, gesellschaftliche Individualisierungsprozesse und die Entstehung neuer sozialer Formationen und Identitäten, in: Reinhard Kreckel (Hrsg.), Soziale Ungleichheiten, Göttingen 1983 (Soziale Welt, Sonderband 2), S. 35 ff.

139 Siehe Ulrich Beck, Jenseits von Stand und Klasse?, in: ders./Elisabeth Beck-Gernsheim (Hrsg.), Riskante Freiheiten. Individualisierung in modernen Gesellschaften, Frankfurt am Main 1994, S. 43

140 Siehe ebd., S. 44 (Hervorh. im Original)

worden, weshalb eine „Homogenisierung von Lebenslagen bei konstanten Ungleichheitsrelationen“ stattgefunden habe: „Die Lebensbedingungen der Menschen werden in diesem Sinne durchgängig auf dem Hintergrund relativer materieller Sicherheit lohnabhängiger, konsumabhängiger, bildungsabhängiger, mobilitätsgeprägter, konkurrenzgeprägter, stärker geprägt durch Massenkultur, Urbanisierung und Individualisierung und dadurch einheitlich traditionsärmer oder sogar enttraditionalisiert.“[141]

Von der Individualisierungsdynamik erfasst bzw. individualisiert war bei Beck nahezu alles, seien es nun Lebenslagen und -läufe, individuelle Existenzformen und -lagen, soziale Risiken, die Klassen, das frühe Bürgertum, die Lohnabhängigen, der Arbeitsmarkt, die Ungleichheit oder die Gesellschaft insgesamt. Einschränkend brachten weniger bekannte Fachkollegen unter Hinweis auf entsprechende Untersuchungsresultate vor, Individualisierung sei „kein universeller Trend“, bleibe vielmehr auf sozial privilegierte Gruppen wie großstädtisch-akademische Milieus beschränkt,[142] was gleichzeitig erklärt hätte, dass es der Mittelschicht entstammende Intellektuelle waren, die sie zum dominierenden gesellschaftlichen Entwicklungsprozess emporstilisierten. Der Kölner Soziologe Jürgen Friedrichs gelangte denn auch zu dem Schluss, dass Individualisierungsprozesse ebenso gut im Rahmen anderer Theorien erklärt werden könnten, dass empirisch mehr gegen als für Becks These spreche und dass ihr sozialhistorischer Gehalt auf (West-)Deutschland nach 1945 beschränkt sei.[143]

Mit der Individualisierung verband Beck das Ende kollektiver Lebenslagen, wie sie in einer Klassengesellschaft existieren, was zumindest der Tendenz nach auf eine Singularisierung und Biografisierung kollektiver sozialer Probleme hinauslief. Durch die vermeintliche Auflösung der Klassenunterschiede würden die bestehenden Ungleichheiten nicht beseitigt, sondern nur umdefiniert und soziale Risiken individualisiert. Im selben Maße gewinne individuelles Leistungsdenken an Bedeutung, weshalb sich die Leistungsgesellschaft mitsamt ihren Möglichkeiten der (Schein-)Legitimierung sozialer Ungleichheiten künftig erst noch in ihrer ganzen Problematik entfalten werde.[144] An gleicher Stelle konstatierte Beck, dass Armut – ebenso wie Arbeitslosigkeit – immer weniger dauerhaft eine bestimmte Personengruppe treffe, sondern „lebensphasenspezifisch querverteilt“ werde: „Die Gegensätze sozialer Ungleichheit tauchen als

141 Ders., Jenseits von Klasse und Stand? – Soziale Ungleichheiten, gesellschaftliche Individualisierungsprozesse und die Entstehung neuer sozialer Formationen und Identitäten, a.a.O., S. 52

142 Siehe Günter Burkart, Individualisierung und Elternschaft – das Beispiel USA, in: Zeitschrift für Soziologie 3/1993, S. 173; vgl. ergänzend: ders., Individualisierung und Elternschaft. Eine empirische Überprüfung der Individualisierungsthese am Beispiel USA und ein Systematisierungsvorschlag, in: Jürgen Friedrichs (Hrsg.), Die Individualisierungs-These, Opladen 1998, S. 107 ff.

143 Vgl. Jürgen Friedrichs, Einleitung: „Im Flugsand der Individualisierung“?, in: ders. (Hrsg.), Die Individualisierungs-These, a.a.O., S. 11

144 Vgl. Ulrich Beck, Jenseits von Stand und Klasse?, a.a.O., S. 58

Gegensätze zwischen Lebensabschnitten innerhalb *einer* Biographie auf. Lebensverläufe werden bunter, brüchiger, heteronomer.“[145]

Ulrich Becks im Jahr der Tschernobyl-Katastrophe erschienenes Buch *Risikogesellschaft* griff das Thema in einem „Jenseits von Klasse und Schicht“ genannten Kapitel gleichfalls auf. Der bisherigen Sozialstrukturanalyse erteilte Beck mit der Begründung eine Absage, dass die Nachkriegsentwicklung in der Bundesrepublik eine Dynamik freigesetzt habe, die weder in Marxens Tradition der Klassenbildung noch in Webers Tradition der ständisch-marktvermittelten Vergemeinschaftung von sozialen Klassen hinreichend begriffen werden könne: „Das Denken und Forschen in traditionalen Großgruppen-Kategorien – in Ständen, Klassen oder Schichten – wird fragwürdig.“[146]

Mit der wohlfahrtsstaatlichen Modernisierung sei die Klassenbildung durch Verelendung oder ständische Vergemeinschaftung entfallen, argumentierte Beck; gleichzeitig habe sich eine Individualisierung vollzogen, die auch vor der sozialen Ungleichheit nicht haltmache. Heute würden die Menschen nicht mehr wie im 19. Jahrhundert unter dem Druck purer Not und der Entfremdung ihrer Arbeit in den proletarischen Elendsvierteln der Städte zu Großgruppen – sozialen, politisch handelnden „Klassen“ (von Beck in Anführungszeichen gesetzt) – zusammengeschmolzen, vielmehr umgekehrt vor dem Hintergrund inzwischen von der Arbeiter- und Gewerkschaftsbewegung erkämpfter sozialer und politischer Rechte aus lebensweltlichen Klassenzusammenhängen herausgelöst und zwecks Beschaffung ihres Lebensunterhalts stärker auf sich selbst verwiesen: „Wohlfahrtsstaatlich geregelt schlägt die Ausweitung der Lohnarbeit in eine *Individualisierung* sozialer Klassen um.“[147] Weder sei der Kapitalismus untergegangen, noch setze sich der Klassenkampf nach dem Marx'schen Geschichtsmodell bis zu dessen Untergang fort: „Die Dynamik des sozialstaatlich abgesicherten Arbeitsmarktes hat die sozialen Klassen *im* Kapitalismus ausgedünnt oder aufgelöst. Wir stehen – marxistisch gedacht – mehr und mehr dem (noch unbegriffenen) Phänomen eines Kapitalismus *ohne* Klassen gegenüber mit allen damit verbundenen Strukturen und Problemen sozialer Ungleichheit.“[148]

Beck negierte also nicht explizit die Fortexistenz der sozialen Ungleichheit, diagnostizierte jedoch einen grundlegenden Formwandel der Sozialstruktur in Westdeutschland. Einen klassenlosen Kapitalismus gibt es allerdings genauso wenig, wie es einen See ohne Wasser oder ein Meer ohne Salz gibt. Denn die Klassen verkörpern nur, was das Charakteristikum des Kapitalismus ausmacht: den Grundwiderspruch zwischen gesellschaftlicher Produktion und privater

145 Ebd., S. 60 (Fn. 2; Hervorh. im Original)

146 Ulrich Beck, Risikogesellschaft. Auf dem Weg in eine andere Moderne, Frankfurt am Main 1986, S. 139

147 Ebd., S. 131 (Hervorh. im Original)

148 Ebd., S. 117 (Hervorh. im Original)

Aneignung. Die von ihm entdeckte Tendenz zur „Klassenlosigkeit" der sozialen Ungleichheit setzte Beck daher selbst in Anführungszeichen. Dass mehr oder weniger vorübergehende Erwerbslosigkeit mit einer wachsenden Zahl von Dauerarbeitslosen und neuen Mischformen zwischen Erwerbslosigkeit und Beschäftigung zusammenfiel, verwunderte Beck ebenso wie die Tatsache, dass dem keine „klassenkulturellen Lebenszusammenhänge" entsprachen: „Verschärfung und Individualisierung sozialer Ungleichheiten greifen ineinander."[149]

Die Darmstädter Soziologin Cornelia Koppetsch empfand Becks Sozialstrukturanalyse „jenseits von Klasse und Schicht" als bloße Neuauflage von Helmut Schelskys „Mittelstandsgesellschaft", die sich jetzt nicht mehr als „nivelliert", sondern als „individualisiert" begriff.[150] Zwar hat sich das bestehende Wirtschafts- und Gesellschaftssystem seit der industriellen Revolution schon aufgrund des wissenschaftlich-technischen Fortschritts tiefgreifend verändert, sein Wesenskern – Kapitalverwertung und Profitmaximierung als entscheidende ökonomische Triebkraft – ist aber erhalten geblieben: Kapital kann sich jedoch nur verwerten, wenn es Kapitaleigentümer und eine Klasse gibt, deren Arbeitskraft ausgebeutet wird und Mehrwert schafft. Was von Beck paradoxerweise als „Kapitalismus ohne Klassen" bezeichnet wurde, war ein wohlfahrtsstaatlich abgefederter Kapitalismus ohne genügend Klassen*bewusstsein* bei denjenigen, welche die sozialen Risiken des bestehenden Wirtschaftssystems hauptsächlich zu tragen hatten: Arbeitnehmer/innen, Geringverdiener/innen, Leiharbeiter/innen, Auszubildende, Scheinselbstständige und Erwerbslose verstanden sich mehrheitlich zwar nicht als Mitglieder eines größeren Kollektivs, die von einer gemeinsamen Interessenlage zu solidarischem Handeln gedrängt werden, standen als (potenzielle) Verkäufer/innen ihrer Arbeitskraft objektiv dem Kapital aber nach wie vor als einer Klasse gegenüber, die sie ausbeutete und von der sie in existenzieller Hinsicht abhängig waren.

Statt der Klassenspaltung glaubte Beck einen „Riß zwischen den Generationen" wahrzunehmen, der seiner Meinung nach auf dem „Massenkonsum höherer Bildung" durch die jungen Menschen in der Bundesrepublik beruhte und erst allmählich in seiner ganzen Breiten- und Tiefenwirkung auf das Verhältnis zwischen den Geschlechtern, das Erziehungsverhalten und die politische Kultur (Entstehung neuer sozialer Bewegungen) sichtbar werde: „Auf diese Weise wurde ein Stück Abschied von den klassenkulturellen Bindungen und Vorgaben des Herkunftsmilieus vollzogen. Mit der Verlängerung schulischer Bildung werden traditionale Orientierungen, Denkweisen und Lebensstile durch univer-

149 Ebd. (Hervorh. im Original)

150 Siehe Cornelia Koppetsch, Die Wiederkehr der Konformität. Streifzüge durch die gefährdete Mitte, Frankfurt am Main/New York 2013, S. 177

salistische Lehr- und Lernbedingungen, Wissensinhalte und Sprachformen relativiert oder verdrängt."[151]

Aufgrund der Individualisierung und Diversifizierung von Lebenslagen und -stilen werde das „Hierarchiemodell" der Klassen- bzw. Schichtstruktur hinfällig, meinte Beck. Zwar seien die Ungleichheitsrelationen in der Nachkriegszeit konstant geblieben, die Lebensbedingungen der Bevölkerung hätten sich aber enorm verbessert, was Beck von einem sozialen „Fahrstuhl-Effekt" sprechen ließ, der alle Klassen und Schichten *„insgesamt* eine Etage höher gefahren" habe: „Es gibt – bei allen sich neu einpendelnden oder durchgehaltenen Ungleichheiten – ein *kollektives Mehr* an Einkommen, Bildung, Mobilität, Recht, Wissenschaft, Massenkonsum. In der Konsequenz werden subkulturelle Klassenidentitäten und -bindungen ausgedünnt oder aufgelöst. Gleichzeitig wird ein Prozeß der Individualisierung und Diversifizierung von Lebenslagen und Lebensstilen in Gang gesetzt, der das Hierarchiemodell sozialer Klassen und Schichten unterläuft und in seinem Wirklichkeitsgehalt in Frage stellt."[152]

Sowenig alle Gesellschaftsmitglieder, unabhängig von ihrer Klassen- und Schichtzugehörigkeit, „im selben Boot" sitzen, sowenig benutzen sie jedoch einen gemeinsamen Fahrstuhl. Denn ihre materiellen Interessen sind nicht gleichförmig, sondern unterschiedlich, zum Teil sogar gegensätzlich. Der investigative Kölner Schriftsteller Günter Wallraff hatte im Sommer 1973 zwei Monate lang als Pförtner und Bote für das von Hans Gerling selbstherrlich geleitete Versicherungsunternehmen gleichen Namens gearbeitet, damals ein „Assekuranz-Gigant" (Bernt Engelmann), und anschließend über das streng nach Rang und beruflicher Stellung gestaffelte Kantinenessen berichtet, welches ihm als „Ausdruck für die Klassenstruktur im Gerling-Konzern" erschien: Den „normalen" Beschäftigten blieb der „Jahrhundertsaal" vorbehalten, Bevollmächtigte und Prokuristen hatten ihre eigenen Speiseräume im Untergeschoss, und für Direktoren gab es ein feudales, in sich noch einmal unterschiedlich ausgestattetes Vorstandskasino. Gerling selbst wurde in einem gesonderten Speisezimmer, das antik eingerichtet war, vom Casinochef höchstpersönlich im Smoking bedient. Wer seinen Managern nicht zumutet, mit „gemeinen Beschäftigten" zu essen, wird kaum zulassen, dass alle denselben Aufzug benutzen. Und so war es auch: Wenn der Konzernchef selbst erschien und sein Büroimperium im 14. Stockwerk aufsuchte, was höchst selten vorkam, wurde der Fahrstuhl nach unten gestellt und für ihn freigehalten.[153] An diesem Beispiel aus dem wirklichen Arbeitsleben der „alten" Bundesrepublik kann man ermessen, wie unrealistisch Becks Vorstellung war, dass Kapitalmagnaten, Spitzenmanager, Versi-

151 Ulrich Beck, Risikogesellschaft, a.a.O., S. 128 f.

152 Ebd., S. 122 (Hervorh. im Original)

153 Siehe Günter Wallraff, Als Portier und Bote im Gerling-Konzern, in: Bernt Engelmann/Günter Wallraff, Ihr da oben – wir da unten, Reinbek bei Hamburg 1976, S. 249, 239 und 227

cherungsvertreter/innen, Verkäufer/innen, Hilfsarbeiter/innen und Sozialhilfeempfänger/innen im Rahmen der gesellschaftlichen Wohlstandsentwicklung zusammen nach oben fuhren, ohne dass sich die Unterschiede zwischen den Lebensbedingungen, Eigentumsverhältnissen, Einkommen und Vermögen dieser Berufs- oder Statusgruppen verschärften.

Ähnlich aufschlussreich wie der exklusive Umgang mit dem Aufzug im Hochhaus des Gerling-Konzerns war eine Äußerung von Hans-Olaf Henkel, ehemals Präsident des Bundesverbandes der Deutschen Industrie (BDI), welche die Wochenzeitung *Das Parlament* (v. 30.5.2005) veröffentlichte. Henkel erzählte im Streitgespräch mit dem damaligen IG-Metall-Vorsitzenden Berthold Huber von Erfahrungen, die er bei einer Fernostreise gemacht hatte, und ließ dabei durchblicken, welche Aufstiegsperspektiven er für hiesige Erwerbslose sah: „Um den Kunden zu dienen, stehen in Japan oft junge Leute vor den Hotelfahrstühlen und drücken für den Gast den Knopf. Absurd? Ich meine nicht, denn es ist möglicherweise der Beginn einer erfüllenden Karriere." Auch dieser führende Repräsentant des Großkapitals, der Dienstboten und Hotelpagen schätzte, die für ihn den Aufzug holten, dürfte Letzteren selbst dann kaum freiwillig mit Hartz-IV-Bezieher(inne)n geteilt haben, wenn sich diese Henkels Hotel hätten leisten können. Zu einer Jackpot-Gesellschaft wie dem „Kasinokapitalismus" (John Maynard Keynes) unserer Tage passte die Fahrstuhl-Metaphorik ganz einfach nicht. Sie verhüllte mehr von der Realität sozioökonomischer Ungleichheit, als dass sie die wesentlichen Aspekte der gesellschaftlichen Wirklichkeit auf den Punkt brachte.

Beck erweckte mit seinem irreführenden Fahrstuhl-Bild den Eindruck, die Abstände zwischen den sozialen Großgruppen seien während des „Wirtschaftswunders" in Westdeutschland unverändert geblieben, Klassen und Schichten hätten sich wegen des allgemeinen Wohlstandszuwachses sogar in Luft aufgelöst. Dabei deuteten alle verfügbaren Daten auf eine fortschreitende Polarisierung hin, die selbst den negativ davon Betroffenen nur deshalb nicht groß auffiel, weil es den meisten Bundesbürger(inne)n in und nach der fraglichen Zeit materiell tatsächlich besser als vorher ging. Das nachvollziehbare Gefühl der sozial Benachteiligten, auch „ein Stück des Kuchens" abbekommen zu haben und nicht zu den Verlierer(inne)n zu gehören, darf Sozialwissenschaftler/innen allerdings nicht davon abhalten, die wirklichen Verteilungsrelationen einer kapitalistischen Volkswirtschaft in den Blick zu nehmen.

Hans-Ulrich Wehler sah in Beck einen üblen Plagiator, der die anschauliche, schon von dem Soziologen Werner Sombart und dem in die USA emigrierten russischen Soziologen Pitirim A. Sorokin stammende Bezeichnung „Fahrstuhleffekt" als eigene Formulierung ausgegeben habe.[154] Wehler konzedierte

154 Vgl. Hans-Ulrich Wehler, Deutsche Gesellschaftsgeschichte, Bd. 5: Bundesrepublik und DDR 1949-1990, a.a.O., S. 119

eine spürbare Verbesserung der Lebenssituation von Abermillionen Bundesbürger(inne)n, fügte jedoch einschränkend hinzu: „Fraglos wurde die alte wie die neue Plutokratie mit einem Schnellgang nach oben befördert, während in den benachteiligten Unterklassen allzu viele gar nicht erst den Zugang zum Aufzug erreichten."

Ohnehin beinhaltet soziale Mobilität selten eine gemeinsame, für alle Gesellschaftsmitglieder gleiche Transporterfahrung in dieselbe Richtung. Treffender ließe sich denn auch von einem sozialen Paternoster-Effekt sprechen: Während die einen nach oben fahren, fahren andere nach unten, wodurch die Reichen reicher und die Armen zahlreicher werden. (Auch dieser Vergleich hinkt jedoch, weil der Paternoster mit seinen Passagieren nach dem Wendemanöver im Keller die Richtung ändert und sie nach oben befördert, während Armen der Wiederaufstieg selten gelingt, und weil die Fahrt nach oben die Paternoster-Benutzer/innen keine Mühe kostet, was für die Armen ebenfalls nicht gilt.) Gerade die Aufbruchstimmung, die Goldgräbermentalität und der Konsumrausch der „Wirtschaftswunder"-Periode verdeckten untergründige Spannungen der Klassenstruktur und latente Konflikte, wie Wehler bemerkte: „Jedenfalls machten der steigende Lebensstandard und Massenwohlstand die weiterhin erfahrbare Ungleichheit weniger provozierend, obwohl sich hinter der glänzenden Fassade vertraute Ungleichheitsmuster hielten oder neu ausbildeten."

Beck hielt diese offenbar für weniger bedeutsam, erkannte aber, dass sich nach der Weltwirtschaftskrise 1974/75 neben der ökonomischen Lage des Landes auch die soziale Situation der Menschen geändert hatte. Während am Beginn der Bundesrepublik ein „kollektiver Aufstieg" gestanden habe, seien die 1980er-Jahre wegen der sich verfestigenden Massenarbeitslosigkeit von einem „kollektiven Abstieg", einem „‚Fahrstuhl-Effekt' *nach unten*" gekennzeichnet: „Dieselben Bildungspatente (Abitur, Diplom, betriebliche Ausbildung), die noch bis in die siebziger Jahre hinein sichere Arbeitsmarktchancen eröffnet haben, bieten keine Gewähr mehr dafür, überhaupt einen existenzsichernden Arbeitsplatz zu ergattern."[155]

Armut und Reichtum sind im Kapitalismus der Gegenwart strukturell so miteinander verzahnt, dass beide tendenziell zunehmen. Die zum Teil skandalös niedrigen (Dumping-)Löhne für Millionen prekär Beschäftigte bedeuten nämlich hohe Gewinne, Dividenden und Renditen für Unternehmer, Kapitalanleger und Börsianer. Neben der „nivellierten Mittelstandsgesellschaft" von Helmut Schelsky ist Ulrich Becks „Fahrstuhl-Effekt" jedoch trotz seines ebenso dürftigen Realitätsgehalts das bis heute einflussreichste Narrativ zur (west) deutschen Sozialstruktur, dem man in der Fachpublizistik noch häufiger begegnet als in der Tagespresse und Politikerreden.

Zwar kritisierte Beck die bis heute wachsende Bedeutung „ungeschützter"

155 Ulrich Beck, Risikogesellschaft, a.a.O., S. 139

Beschäftigungsverhältnisse – von der legalen und illegalen Leiharbeit über die geringfügige Beschäftigung, Saisonarbeit und „kapazitätsorientierte variable Arbeitszeit" (Kapovaz) bis zu Werkverträgen, „freier Mitarbeit" und Schwarzarbeit –, ja er prognostizierte sogar: „*Ohne* Ausbau des sozialen Sicherungssystems droht eine Zukunft der Armut. *Mit* der Schaffung eines rechtlich abgesicherten Mindesteinkommens für alle könnte der Entwicklung ein Stück Freiheit abgewonnen werden."[156] Zweifelhaft war aber Becks Idee, „Bürgerarbeit" oder ein Grundeinkommen würden zu einem Ausbau des Wohlfahrtsstaates und zu mehr Freiheit führen, wären sie doch eher ein strategischer Hebel, um das soziale Sicherungssystem zu beseitigen.[157]

Beck lag allerdings nicht bloß im Hinblick auf seine politische Strategie zur Reduzierung der sozialen Ungleichheit schief, sondern auch in Bezug auf seine Gesellschaftsanalyse. Umso verständlicher war die Kritik des Hannoveraner Soziologen Oskar Negt an Becks Schlüsselbegriff, der zwangsläufig die Frage nach sich zog, wer in unserer Gesellschaft letztlich die Risiken trägt und wer davon verschont bleibt: „Welche Risiken tragen die wirklich Reichen in dieser Gesellschaft, die Großaktionäre, die Topmanager, die Medienstars? Ist die sogenannte Risikogesellschaft vielleicht doch eine modifizierte Klassengesellschaft? Die Arbeiterin oder der Arbeiter im Bochumer Opel-Werk oder bei Conti in Hannover, die Überstunden machen und ihre Arbeitskraft bis zum äußersten anspannen, um ihren Arbeitsplatz zu erhalten, und die plötzlich erfahren, daß ihnen das alles wenig genützt hat – sind das nicht die eigentlichen Risikomenschen in dieser Gesellschaft?"[158] Sehr viel treffender war da jedenfalls der Begriff „Risikokapitalismus" für die Gegenwartsgesellschaft, mit dem Klaus Dörre seine Kritik an Ulrich Becks „Weg in eine andere Moderne" würzte.[159]

Kurz nach der Jahrtausendwende, als die rot-grüne Koalition unter Bundeskanzler Gerhard Schröder das Land mit ihren „Agenda"-Reformen tiefgreifend veränderte, sah Beck die Bundesrepublik, obwohl sie vorher noch nie so reich wie damals gewesen war, als eine „Gesellschaft des Weniger" auf der sozioökonomischen Talfahrt: „Jetzt, am Beginn des 21. Jahrhunderts, lauern überall Gefahren – und der Fahrstuhl bewegt sich nach unten."[160] Dabei übersah der Münchner Soziologe allerdings erneut, dass sich (Klassen-)Gesellschaften nicht im Gleichschritt aller ihrer Mitglieder entwickeln. Mehr denn je existierte im

---

156 Ebd., S. 236 (Hervorh. im Original)

157 Vgl. hierzu: Christoph Butterwegge, Weder gerecht noch sozial. Das bedingungslose Grundeinkommen schafft mehr Probleme, als es löst, in: ders./Kuno Rinke (Hrsg.), Grundeinkommen kontrovers. Plädoyers für und gegen ein neues Sozialmodell, Weinheim/Basel 2018, S. 199 ff.

158 Oskar Negt, Arbeit und menschliche Würde, Göttingen 2001, S. 603

159 Vgl. Klaus Dörre, Risikokapitalismus. Zur Kritik von Ulrich Becks „Weg in eine andere Moderne", Marburg 1987; ergänzend: Werner Seppmann, Risiko-Kapitalismus. Krisenprozesse, Widerspruchserfahrungen und Widerstandsperspektiven, Köln 2011

160 Ulrich Beck, Was zur Wahl steht, Frankfurt am Main 2005, S. 47

Zeichen der Globalisierung bzw. der neoliberalen Modernisierung, wie sie genauer zu charakterisieren wäre, ein soziales Auf und Ab, das Unsicherheit und Existenzangst für eine wachsende Zahl von Menschen mit sich brachte. Innerhalb aller westlichen Gesellschaften tat sich eine „wachsende Wohlstandskluft" auf: „Während jener Bevölkerungsteil, der seinen Lebensunterhalt vom Arbeitslohn bestreitet, die Globalisierung als potentielle Bedrohung der eigenen Existenz empfinden muss, verkehrt sich diese Wahrnehmung dann ins Gegenteil, wenn man in erster Linie von Finanzgeschäften bzw. Kapitalrendite lebt."[161]

Beck sprach nun zwar von einer „Weltrisikogesellschaft", veröffentlichte mehrere Bücher zur Globalisierung und sah ein „kosmopolitisches Zeitalter" heraufziehen,[162] hielt aber trotz deutlicherer Polarisierungstendenzen an seiner Grundposition fest, dass der Kapitalismus hier wie anderswo seine antagonistische Sozialstruktur als durch den Gegensatz von Kapital und Arbeit geprägte Klassengesellschaft verloren habe. Gleichzeitig kritisierte Beck die Fokussierung seiner Fachkollegen auf die Klassen- und Schichtstrukturen im eigenen Land als „methodologischen Nationalismus" und vertrat demgegenüber die Auffassung, dass soziale Ungleichheit nicht mehr im nationalstaatlichen Rahmen begriffen werden könne.[163] So plausibel dieser Einwurf vor dem Hintergrund des Kolonialismus, des Imperialismus und des globalisierten Kapitalismus erscheinen mag – umgekehrt kann ein methodologischer Globalismus mit seinem Blick auf Ungleichheitsrisiken in der großen weiten Welt auch von den „vor Ort" bestehenden Ausbeutungs-, Macht- und Herrschaftsverhältnissen ablenken, die im Wesentlichen „hausgemacht" sind und ihrerseits wegen der starken Stellung Deutschlands auf supranationaler Ebene die Situation in ärmeren Staaten des globalen Südens wie Europas massiv beeinflussen.

2.6 Gerhard Schulze und Peter Gross: Milieuvielfalt in der „Erlebnis-" und der „Multioptionsgesellschaft"

Als modischer Stichwortgeber und Trendsetter, der die Milieutheorie gedanklich auf die Spitze trieb, fungierte nach Ulrich Beck vor allem Gerhard Schulze. In seinem 1992 erschienenen Hauptwerk *Die Erlebnisgesellschaft* knüpfte der

161 Peter E. Fäßler, Globalisierung. Ein historisches Kompendium, Köln/Weimar/Wien 2007, S. 218

162 Vgl. z. B. Ulrich Beck, World Risk Society, Cambridge/Oxford 1999; ders., Macht und Gegenmacht im globalen Zeitalter. Neue weltpolitische Ökonomie, Frankfurt am Main 2002; ders., Weltrisikogesellschaft. Auf der Suche nach der verlorenen Sicherheit, Frankfurt am Main 2008; ders./Angelika Poferl (Hrsg.), Große Armut, großer Reichtum. Zur Transnationalisierung sozialer Ungleichheit, Frankfurt am Main 2010

163 Vgl. Ulrich Beck, Die Neuvermessung der Ungleichheit unter den Menschen: Soziologische Aufklärung im 21. Jahrhundert. Eröffnungsvortrag zum Soziologentag „Unsichere Zeiten" am 6. Oktober 2008 in Jena, Frankfurt am Main 2008, S. 16 ff.

Bamberger Soziologe an Helmut Schelskys fragwürdige Gesellschaftsdiagnose an. Schulze behauptete, Schelsky nicht rehabilitieren zu wollen, bestätigte jedoch dessen Kernaussage, indem er feststellte, „daß sich bereits Anfang der fünfziger Jahre ein gesellschaftlicher Zustand abgezeichnet hat, der Anfang der achtziger Jahre unübersehbar geworden ist und die soziologische Diskussion zu einer strukturtheoretischen Neubesinnung zwingt."[164] Letztlich sei es gleichgültig, ob man wie Schelsky von einer „nivellierten Mittelstandsgesellschaft", wie Beck von einer Gesellschaft „jenseits von Stand und Klasse" oder wie Hans Martin Bolte von einer „pluraldifferenzierten Wohlstandsgesellschaft" spreche: „Alles läuft auf die Diagnose einer Gesellschaft hinaus, die man nicht mehr als ‚geschichtete' Gesellschaft bezeichnen kann."[165]

Schelsky hatte von „Entschichtung" gesprochen und die Fortexistenz von Klassen in der frühen Bundesrepublik bestritten; Schulze nahm keineswegs bloß Abschied vom Schichtungsparadigma, sondern fragte darüber hinaus, ob es überhaupt noch soziale Großgruppen gebe, seien diese nun vertikal oder horizontal organisiert. Er hielt am Großgruppenmodell nur insoweit fest, als es Milieustrukturen betraf. „Wäre es nicht sinnvoll", fragte Schulze, „den Schichtbegriff in einer allgemeineren Kategorie aufzuheben, mag sie nun Großgruppe heißen, soziokulturelles Segment, Subkultur oder Milieu? Erst von der Beobachtungsstation eines übergeordneten Begriffes aus besteht die Chance, auch in der Gesellschaft der Gegenwart einen historischen Spezialfall der Großgruppengliederung zu erkennen."[166]

Aufgrund seiner eigenen Untersuchung, die eine mündliche und eine schriftliche Befragung von über 1.000 Proband(inn)en einer großstädtischen Repräsentativstichprobe umfasste, sowie der Resultate weiterer empirischer Untersuchungen unterschied Schulze fünf soziale Hauptmilieus, die er als „Niveau-", „Harmonie-", „Integrations-", „Selbstverwirklichungs-" und „Unterhaltungsmilieu" bezeichnete. Während die beiden zuerst genannten dem früheren (bildungs)bürgerlichen und dem früheren Arbeitermilieu frappierend ähnelten, war für das „Integrationsmilieu" Schulze zufolge eine „gediegene Mittellage" kennzeichnend: „Es dominieren die Angestellten und Beamten der unteren und mittleren Ebene."[167] Die beiden zuletzt genannten Milieus verkörperten für Schulze eher Modernität, Weltoffenheit und Zukunftsfähigkeit, was sich in der „Empfänglichkeit für neue Zeichen", der Skepsis „gegenüber Autoritäten und hierarchischen Strukturen" bzw. „Antikonventionalismus" und „Spontaneität" ausdrückte.[168]

Schulze vertrat die These vom Ende bzw. von der notwendigen Revision ver-

---

164 Siehe Gerhard Schulze, Die Erlebnisgesellschaft. Kultursoziologie der Gegenwart, Frankfurt am Main/New York 1992, S. 17

165 Ebd.

166 Ebd., S. 21

167 Ebd., S. 301

168 Siehe ebd., S. 312, 319 und 326

tikaler Gesellschaftsmodelle und führte mehrere Argumente ins Feld, um sie zu untermauern: Erstens sprach er von einer „gespaltenen Vertikalität", weil zwar eine völlige „Entvertikalisierung" des Verhältnisses der sozialen Großgruppen zueinander stattgefunden habe,[169] die objektive Struktur der sozialen Milieus aber vertikale Momente aufweise: „Vor allem berufliche Stellung, Arbeitsbedingungen, Wohnsituation, Einkommen und Eigentum sind klar milieuspezifisch verteilt."[170] Jedes Milieu enthalte eine Mehrzahl sozialer Lagen, wie bestimmte soziale Lagen auch in verschiedenen Milieus aufträten; darüber hinaus existierten milieuübergreifende Abstufungen: „Eindeutig überlagert eine moderne, fast ausschließlich erlebnisorientierte Altersschichtung die traditionelle ressourcenorientierte Bildungs- und Berufsschichtung, deren soziale Interpretation als hierarchische Ungleichheit dadurch immer mehr verdrängt wird. In der Struktur gespaltener Vertikalität existieren Milieus als deutlich abgegrenzte Großgruppen nebeneinander, die sich nicht in eine klare Rangordnung nach dem Kriterienbündel sozialer Ungleichheit bringen lassen."[171]

Zweitens verblassten laut Schulze hierarchisch interpretierbare Zeichen, weil die Attribute des Lebensstandards zwar das Kriterium der Evidenz, aber kaum noch jenes der Signifikanz erfüllten: „Man weiß beispielsweise nicht, wer reicher ist: der Autobesitzer oder der Radfahrer."[172] Drittens ergäben sich milieuinterne Differenzierungen der sozialen Lage: „Es wird immer schwieriger, innerhalb sozialer Milieus eine einheitliche Interpretation der unterschiedlichen Lagen zu entwickeln und diese Interpretation dann in ein milieuübergreifendes Modell der sozialen Wirklichkeit einzubauen." Viertens sei die soziale Ungleichheit aufgrund eines gehobenen Wohlstandsniveaus weniger deutlich spürbar: „Deprivationen tun weniger weh, Privilegien haben geringere subjektive Bedeutungen." Fünftens verändere sich die normale existenzielle Problemdefinition dadurch, dass es nicht mehr um Probleme des Überlebens (Ernährung, Wohnen, Gesundheit, Schutz in Notlagen oder Risikovorsorge) gehe und Eigentum, Einkommen, Arbeitsplatzsicherheit und Mitbestimmungsmöglichkeiten als damit zusammenhängende Komponenten der sozialen Lage keine Schlüsselrolle in der vergleichenden Wahrnehmung mehr spielten: „Je stärker Außenorientierung durch Innenorientierung verdrängt wird, desto unwichtiger werden die traditionellen Dimensionen sozialer Ungleichheit."[173]

Während in der „Knappheitsgesellschaft" die „ökonomische Semantik" dominiert habe, sah Schulze in der wohlständigen Erlebnisgesellschaft unserer Tage eine „moderne psychophysische Semantik" am Werk.[174] Durch die Entfal-

169 Siehe ebd., S. 167
170 Ebd., S. 400
171 Ebd., S. 401
172 Ebd., S. 402
173 Ebd.
174 Siehe ebd., S. 23

tung des Erlebnisdrangs waren Schulze zufolge die Möglichkeitsräume der Individuen signifikant gewachsen. Die persönlichen Handlungsräume beschränkende Restriktionen z. B. durch Geldmangel gab es seiner Meinung nach beispielsweise kaum mehr.[175] Schulze betrachtete die Bundesrepublik als eine „Wohlstands- und Freizeitgesellschaft", die zwar neue Formen der Knappheit kenne, welche aber so unauffällig seien, dass sie erst mit empirischen Methoden aufgespürt werden müssten.[176]

In der „Erlebnisgesellschaft", behauptete Schulze, gebe es signifikant mehr und bessere Möglichkeiten, sich als Person selbst zu verwirklichen, allerdings praktisch keine Armut mehr: „Im Vergleich zur Distanz, die uns von der Armutsgesellschaft trennt, sind Unterschiede der sozialen Lage in der Gegenwart nahezu unbedeutend."[177] An dieser Stelle hätte Schulze zwischen absoluter und relativer Armut unterscheiden müssen. Letztere, die in einem reichen Land wie der Bundesrepublik dominiert, aber im öffentlichen Diskurs meistens beschönigt, verharmlost und verdrängt wird,[178] kann für die davon Betroffenen entwürdigender, erniedrigender und demütigender sein als Erstere: Wenn ein Jugendlicher von seinen Klassenkamerad(inn)en ausgelacht wird, weil er bei Minusgraden in Sommerkleidung und Sandalen zur Schule kommt, leidet er darunter wahrscheinlich mehr als unter der Kälte, die ihm ebenfalls zu schaffen macht. Generell ist Armut in einem reichen Land mit sozialer Ausgrenzung davon Betroffener verbunden, denen man die Schuld für ihre Misere in die Schuhe schiebt. Dagegen muss sich kein Slum-Bewohner in einer Metropole des globalen Südens dafür rechtfertigen, nicht auf Rosen gebettet zu sein.

Gleichwohl sorgte bei Schulze ein „Wandel der Distinktion" dafür, dass Abgrenzung nach unten weiterhin stattfindet, jedoch nicht mehr in der früher üblichen Form einer Hierarchisierung, die das Großbürgertum auf die Kleinbürger und diese wiederum auf die Unterschichten herabblicken ließ: „Statt auf einer gemeinsamen Leiter stehen die sozialen Gruppen auf einem Podest, jede für sich, und jede stellt sich auf die Zehenspitzen, um auf die anderen herabschauen zu können."[179] Schulze sah die (bundes)deutsche Gesellschaft während der jahrzehntelangen Nachkriegsprosperität auf dem Weg von einer Pauperismus- zu einer Sinnkrise, welcher sich auch als Entwicklung von der Überlebens- zur Erlebnisorientierung beschreiben lasse. Hans-Ulrich Wehler kommentierte Schulzes „schwammige(s) Konzept" sarkastisch: „Vom sicheren Hort einer materiell und psychisch zufriedenstellenden Professur, die sozialstrukturelle Bedingungen nicht so hart empfinden ließ, dazu ausgestattet mit viel Sympathie für die bunte Welt

175 Vgl. ebd., S. 19

176 Siehe ebd., S. 16

177 Ebd., S. 55

178 Vgl. hierzu: Christoph Butterwegge, Armut in einem reichen Land. Wie das Problem verharmlost und verdrängt wird, 4. Aufl. Frankfurt am Main/New York 2016

179 Gerhard Schulze, Die Erlebnisgesellschaft, a.a.O., S. 167

der alternativen, postmaterialistischen Bewegungen, konnte der vermeintliche Aufbruch zu neuen Ufern leicht überschätzt werden."[180]

Weder beruhten die von Schulze beschriebenen Milieus auf objektiven Kriterien der Gesellschaftsanalyse, noch waren ihre Konturen trennscharf. Vielmehr verschwammen die Außengrenzen zwischen den Milieus in seinem Buch ebenso wie deren Binnenstrukturen, sodass im Hinblick auf das zugrunde liegende soziokulturelle Konstrukt von bloßem Voluntarismus gesprochen werden kann. Milieus gründen auf subjektiven Eindrücken der Menschen, die einen ähnlichen Lebensstil praktizieren, was zu einem hohen Maß an Unschärfe, Vagheit, Beliebigkeit und Willkür führt. Mentalitätsbestände, über die man streiten kann, ersetzen aber weder Besitzstände noch die objektive Stellung im gesellschaftlichen Produktions- und Reproduktionsprozess. Der Berliner Soziologe Max Koch hielt den Abgesang auf die Klassengesellschaft für verfehlt, wies demgegenüber auf die ungeheure Konstanz und Stabilität der Ungleichheitsrelationen kapitalistischer Gesellschaften hin und gab auf der Grundlage seiner empirischen Untersuchungsergebnisse zu bedenken, dass in Deutschland kein anderer Faktor das Alltagsleben der Menschen so stark und umfassend präge wie die Klassenlage.[181]

Dass die idealisierende Gesellschaftssicht nach Schulzes durchschlagendem Erfolg schon der modischen Begriffsbildung wegen beibehalten wurde, unterstrich das Beispiel des Schweizer Soziologen Peter Gross, der den Menschen in seinem 1994 erschienenen Buch *Die Multioptionsgesellschaft* als Folge der Modernisierung, Individualisierung und „Optionalisierung" eine Vervielfältigung der Wahlmöglichkeiten bescheinigte. Gross sprach von einem „vertikale(n) Niemandsland", in dem Klassen und Schichten keine Bedeutung mehr zukam: „Heute fährt nicht nur jedermann Auto, sondern jedermann kann sich, unter bestimmten Bedingungen, die nicht mit Schicht, sondern nur mit den gegenwärtigen Lebensbedingungen zu tun haben, einen Jaguar leisten."[182] Durch die Verallgemeinerung der Lebensstile hatten sich die Klassenunterschiede laut Gross weitgehend verflüchtigt, obwohl er implizit eine geringe soziale intergenerationale Aufstiegsmobilität durchaus zugestand: „Es mag sein, daß die Kinder der Eltern, die sich vor dreißig Jahren in dem unteren Drittel der Einkommens-, Macht-, Bildungs- und Prestigehierarchie befanden, sich auch heute noch in der überwiegenden Mehrzahl der Fälle in dem unteren Drittel der Einkommens-, Macht-, Bildungs- und Prestigehierarchie befinden – aber mit dem gleichen Fernseher, dem gleichen Auto (die größten Autos stehen in den Slums

180 Hans-Ulrich Wehler, Deutsche Gesellschaftsgeschichte, Bd. 5: Bundesrepublik und DDR 1949-1990, a.a.O., S. 117

181 Vgl. Max Koch, Vom Strukturwandel einer Klassengesellschaft. Theoretische Diskussion und empirische Analyse, Münster 1994, S. 193

182 Peter Gross, Die Multioptionsgesellschaft, Frankfurt am Main 1994, S. 82 f.

herum!), dem gleichen Fotoapparat und dem gleichen gefüllten Kühlschrank, dem gleichen Whisky und dem gleichen Kaffee am Morgen."[183]

Gross war der Meinung, dass die Unterschiede zwischen den Schichten in Teilbereichen des Lebens zwar fortbestanden, ideologisch jedoch aufgehoben seien: „Der Klassenkampf und die Auseinandersetzung zwischen Schichten ist entschärft und gleichzeitig verschärft. Er wird nicht mehr von Kollektiven ausgetragen, die apokalyptischen Visionen eines Kampfes auf Leben und Tod zwischen einer siegreichen und einer zum Untergang verdammten Klasse sind mit den realsozialistischen Diktaturen untergegangen. Der Kampf ist ein individueller geworden, die Unzufriedenheit ist in tausend Formen in den einzelnen *hineingesenkt* – und es gibt tausend Möglichkeiten, ihrer Herr zu werden."[184]

Nur an wenigen Stellen seines umfangreichen Werkes ließ Gross durchblicken, dass nicht alle Menschen von der seiner Meinung nach für die westlichen Marktgesellschaften charakteristischen Optionsvielfalt gleichermaßen Gebrauch machen können, blendete die strukturellen Zusammenhänge der Klassengesellschaft und die im Gegenwartskapitalismus bestehenden Handlungsrestriktionen für marginalisierte Personengruppen aber weitgehend aus. Millionen atypisch Beschäftigte, seien es Personen mit einem befristeten Arbeitsverhältnis, Leiharbeiter/-innen, auf Abruf tätige, Gelegenheits- und Saisonarbeiter/innen oder Scheinselbstständige, hielt Gross im Grunde an, diese Formen moderner Sklaverei und Tagelöhnerei nicht als Demütigung, Erniedrigung und Verletzung ihrer Arbeitswürde, sondern als Chance zu begreifen. Für die Armen gibt es jedoch wenig Möglichkeiten, sich und ihre Talente zu entfalten.

Mitglieder einer „Erlebnis-" oder „Multioptionsgesellschaft" sind höchstens Menschen, die über entsprechende materielle Ressourcen verfügen. Eine kapitalistische Gesellschaft bietet nur jenen Menschen viele Optionen und aufregende Erlebnisse, die keine materiellen Sorgen haben, nicht diskriminiert werden und ein unbeschwertes Leben führen können. Die vermehrten (Konsum-) Möglichkeiten vermag bloß zu nutzen, wer die Mittel dazu hat und über die Fähigkeit verfügt, sie optimal einzusetzen. Frei nach Marx könnte man denn auch formulieren: Menschen pflegen ihren eigenen Lebensstil, lieben tolle Events und fühlen sich möglicherweise auch zu einem bestimmten soziokulturellen Milieu hingezogen, aber sie tun das alles nicht unter selbstgewählten, sondern unter vorgefundenen, wesentlich durch die materielle Produktion, die gesellschaftlichen Eigentumsverhältnisse und die bestehenden Ungleichheitsstrukturen bestimmten Umständen. Ihre soziokulturellen Optionen sind also eingeschränkt und begrenzt durch sozioökonomische Determinanten, denen sie unterliegen – nicht umgekehrt.

Hatte Marx die Produktions-, Eigentums- und Klassenverhältnisse als zent-

183 Ebd., S. 83
184 Ebd., S. 173 (Hervorh. im Original)

rales Strukturmoment der bürgerlichen Gesellschaft erkannt, Max Weber die Märkte, d. h. die Zirkulations- und Distributionssphäre als Ungleichheitsquelle in den Fokus seiner Analyse gerückt und Theodor Geiger im Rahmen seiner Schichtungstheorie zum Schluss bloß noch die Verteilungsverhältnisse im Blick, so abstrahierten die Theorien zeitgenössischer Soziologen selbst davon und verengten sich immer mehr auf die Konsumtionssphäre und deren sensationelle Angebotsfülle. Letztlich stellten die von Gerhard Schulze und Peter Gross entwickelten Gesellschaftsdiagnosen der „Erlebnis-“ bzw. der „Multioptionsgesellschaft“ nur eine modernisierte Neuauflage von Helmut Schelskys auf der „industriellen Massenproduktion von Konsum-, Komfort- und Unterhaltungsgütern“ basierender „Freizeit- und Verbrauchergesellschaft“ dar, über die sich Ralf Dahrendorf seinerzeit zu Recht mokiert hatte.[185] Tatsächlich darf man das Kauf-, Konsum- und Freizeitverhalten der Menschen nicht in den Mittelpunkt einer Gesellschaftsanalyse stellen, wenn sie wissenschaftlich gehaltvoll und tragfähig sein soll.

Trotzdem regte sich gegen die Verengung der Sozialstrukturanalyse auf Milieustudien erst relativ spät öffentlich vernehmbarer Protest seitens renommierter Fachkolleg(inn)en. So monierte der Siegener Hochschullehrer Rainer Geißler um die Mitte der 1990er-Jahre, dass der gesellschaftskritische Geist aus der neueren Sozialstrukturanalyse entwichen sei: „Aus der kritischen Analyse ungleicher Lebenschancen ist eine unverbindliche Analyse vielfältiger Lebensstile geworden; *sozialkritische Ungleichheitsforschung* hat sich unter der Hand in *‚postmoderne‘, unverbindliche Vielfaltsforschung* mit einer stark kultursoziologischen Orientierung verwandelt.“[186] Geißlers Haupteinwand gegen die zeitgenössische Soziologie gilt im Grundsatz bis heute, hat seine Fachdisziplin doch nie mehr zur früheren Tiefenschärfe der Sozialstrukturanalyse zurückgefunden: „Mit der unkritischen Fokussierung auf die dynamische Vielfalt der Lagen, Milieus und Lebensstile wird der kritische Blick für weiterhin bestehende vertikale Ungleichheitsstrukturen getrübt. Es besteht die Tendenz, daß vertikale Strukturen wegdifferenziert, wegpluralisiert, wegindividualisiert und wegdynamisiert werden. Sie werden mit einem Schleier von Prozessen der Individualisierung, Pluralisierung, Differenzierung und Dynamisierung verhüllt und unkenntlich gemacht.“

Da die Soziologie eine am gesellschaftlichen Mainstream orientierte, für Moden anfällige und medienaffine Wissenschaft ist, spielte die Schicht- bzw. Klassenstruktur in Forschung und Lehre bald überhaupt keine Rolle mehr. „Allgemein gab es in der deutschen Soziologie, ganz anders als in der angel-

185 Vgl. Siehe Helmut Schelsky, Gesellschaftlicher Wandel (1956/1961), a.a.O., S. 341; Ralf Dahrendorf, Gesellschaft und Demokratie in Deutschland, a.a.O., S. 147

186 Rainer Geißler, Kein Abschied von Klasse und Schicht. Ideologische Gefahren der deutschen Sozialstrukturanalyse, in: Kölner Zeitschrift für Soziologie und Sozialpsychologie 2/1996, S. 323 (Hervorh. im Original)

sächsischen, im 20. Jahrhundert einen ausgeprägten Hang, soziologische Totenreden auf die Klassengesellschaft zu halten – als ob Klassen verschwinden würden, wenn man sich von diesem Begriff verabschiedete."[187]

Fragen der Identität, der Geschlechterbeziehungen, der ethnischen Unterschiede, der religiösen Diskriminierung und später der Technikentwicklung erschienen den meisten Forscher(inne)n relevanter zu sein als die zunehmende Spaltung der Bundesrepublik in Arm und Reich. Sogar ein selbst stark vom Zeitgeist beeinflusster Politikwissenschaftler wie Wolfgang Merkel kritisierte vor einiger Zeit die Kolleg(inn)en seiner Nachbardisziplin: „Der *cultural turn* im Ungleichheitsdenken, die Achsenverschiebung von sozioökonomischer Umverteilung zu Anerkennungs- und Identitätsfragen hat den Anstieg ökonomischer Ungleichheit in den Halbschatten des Sekundären verdrängt. Nicht zuletzt die progressiven, aber auch die neoliberal-libertären Debatten haben über Anerkennungsdiskurse und Loblieder auf die Zivilgesellschaft das Aufkommen einer neuen Klassengesellschaft aus dem Blickfeld geraten lassen."[188]

Repräsentanten der „postmodernen" Soziologie verkannten, dass soziokulturelle Prägungen nichts an den bestehenden Macht- und Herrschaftsverhältnissen ändern, die nach wie vor im kapitalistischen Wirtschafts- und Gesellschaftssystem wurzeln. Der Gelsenkirchener Publizist Werner Seppmann wies denn auch zu Recht darauf hin, „dass sich neue Lebensstilmilieus eng an traditionelle Ungleichheitskulturen anschmiegen und weitgehend die hergebrachten *Relationen* sozialer Differenzierung reproduzieren. Die Machtkoordinaten bleiben unberührt, die sozialen Ungleichheiten werden nicht nivelliert."[189]

Ein lockerer Lebensstil, den Personen eines bestimmten Milieus praktizieren, lässt die bestehenden Produktions-, Eigentums- und Herrschaftsverhältnisse unberührt. An einem konkreten Beispiel zeigte Seppmann, dass Klassengrenzen in der sozialen Realität viel relevanter sind als die Mitgliedern unterschiedlicher Bevölkerungsschichten möglicherweise gemeinsamen Lebensstilmuster: „Ein lohnabhängig Beschäftigter mag sich in seiner Freizeit vielleicht der Einbildung hingeben, daß er als Mercedes-Besitzer (und somit durch die werbestrategisch intendierte ‚Simulierung fremder Lebensstile') seinem (ebenfalls Mercedes-fahrenden) Chef gleichgestellt ist – eine konfrontative Begegnung mit diesem im Betrieb wird ihn aber schnell wieder auf den Boden der Tatsachen zurückholen!"

Stilfragen wie diese haben seither noch mehr an Bedeutung verloren. Ob der

---

187 Oliver Nachtwey, Die Abstiegsgesellschaft. Über das Aufbegehren in der regressiven Moderne, Berlin 2016, S. 33

188 Wolfgang Merkel, Ungleichheit als Krankheit der Demokratie, in: Steffen Mau/Nadine M. Schöneck (Hrsg.), (Un-)Gerechte (Un-)Gleichheiten, Berlin 2015, S. 186 (Hervorh. im Original)

189 Werner Seppmann, Das Ende der Gesellschaftskritik? – Die „Postmoderne" als Ideologie und Realität, Köln 2000, S. 141 (Hervorh. im Original)

Vorstandsvorsitzende eines großen Konzerns heute statt eines Maßanzuges mit dazu farblich passender Krawatte ein Sakko, Jeans und Turnschuhe trägt, wirkt sich weder auf seine Autorität im Unternehmen oder seine Bezahlung noch auf seinen gesellschaftlichen Einfluss oder sein Sozialprestige aus. Gerade wenn die Menschen in der „postindustriellen Spätmoderne" nach „Singularität" streben, wie der Kultursoziologe Andreas Reckwitz behauptet,[190] kann der Lebensstil schlechterdings weder für ein Kollektiv identitätsstiftend sein noch das traditionelle Klassenschema ersetzen.

Um zu verdeutlichen, dass „simplifizierende bzw. ökonomisch enggeführte Debatten" zu undifferenziert seien, um soziale Ungleichheiten in ihrer ganzen Komplexität zu erfassen, führten Nicole Burzan und Ronald Hitzler, die das Konzept der Lebensführung favorisierten, in einer jüngeren Veröffentlichung folgende Überlegung an: „Ob man z. B. einen SUV [sport utility vehicle = sportliches Nutzfahrzeug; *Ch.B.*] mit starkem Motor fährt, ist keineswegs nur eine Frage der monetären Ressourcen, sondern auch eine Frage davon, ob das jeweilige soziale Umfeld mit Anerkennung auf eine solche Anschaffung reagiert oder ob das Fahrzeug als ‚Spritschleuder' oder ‚Rentnerjeep' abgelehnt wird."[191] Das ist zweifellos richtig, zeigt aber – entgegen den Absichten der Verfasserin und des Verfassers – in aller Klarheit die fortbestehende Dominanz der materiellen Rahmenbedingungen für das Leben des „postmodernen" Menschen: Ist dieser reich, kann er sich nämlich frei entscheiden, einen Geländewagen, eine Limousine, ein Sportcoupé oder ein E-Auto zu fahren (und dabei Modetrends bzw. kulturellen Einflüssen seines Milieus zu folgen oder auch nicht); ist er arm, fehlt ihm eben diese Wahlmöglichkeit.

Wenn die Milieutheorie überhaupt einen sinnvollen Beitrag zur Analyse der heutigen Klassengesellschaft leistete, dann im Rahmen eines Forschungsprojektes zum Wandel der Sozialstruktur und zur Entstehung neuer gesellschaftlich-politischer Milieus in Westdeutschland, das der Hannoveraner Politikwissenschaftler Michael Vester zusammen mit Peter von Oertzen und Bärbel Clemens geleitet hatte. Vester und seine Koautor(inn)en gingen nicht von einer Auflösung, sondern von einer „Metamorphose der Klassengesellschaft" aus,[192] weshalb sie auch ständische, meritokratische, geschlechts- und lebensphasentypische, regionale und ethnische Strukturelemente der Sozialstruktur berücksichtigen wollten. Die fünf über das Projektende hinaus tätigen Forscher/innen begründeten ihre Präferenz für die Milieus als Schlüsselkategorie damit, „daß in

190 Vgl. Andreas Reckwitz, Die Gesellschaft der Singularitäten. Zum Strukturwandel der Moderne, Berlin 2017, S. 9 und passim

191 Nicole Burzan/Ronald Hitzler, Mindset „Juvenilität". Hängen individuelle Lebensführung und soziale Ungleichheit zusammen?, in: Anja Röcke/Maria Keil/Erika Alleweldt (Hrsg.), Soziale Ungleichheit der Lebensführung, Weinheim/Basel 2019, S. 153

192 Siehe Michael Vester u.a., Soziale Milieus im gesellschaftlichen Strukturwandel. Zwischen Integration und Ausgrenzung, Köln 1993, S. 107

Situationen raschen und kontroversen gesellschaftlichen Strukturwandels ein relativ offenes und lineare Schlüsse vermeidendes Instrumentarium der Analyse weiter führt als die an strukturtheoretische und an spezifische historische Gesellschaftsformationen gebundenen Begriffe wie Klasse, Schicht und Stand."[193]

Vester und seine Koautor(inn)en relativierten den Klassencharakter der Gesellschaft, negierten ihn aber nicht: „Die Gesellschaft ist zwar noch vertikal gestuft, aber ohne extreme Polarisierungen. Außerdem hat sie sich horizontal pluralisiert, und zwar auf eine Weise, daß die Potentiale der gegenseitigen Toleranz und Integration verschiedener Lebensweisen zugenommen haben."[194] Auch wenn die Einschränkung folgte, dass die durch den Individualisierungsprozess erfolgte „dreifache Horizonterweiterung", nämlich ein Zugewinn an Kompetenz und Bildung, mehr Selbstbestimmung und -verwirklichung sowie der Wunsch nach demokratischer Mitbestimmung, nicht „idealisiert" werden dürfe, musste diese Einschätzung der Gesellschaftsentwicklung überraschen. Denn nur ein Jahr war seit den pogromartigen Ausschreitungen in Rostock-Lichtenhagen und weniger als ein halbes Jahr seit dem rassistischen Brandanschlag in Solingen vergangen, bei dem fünf Mädchen und Frauen türkischer Abstammung den Tod gefunden hatten.

2.7 Heinz Bude, die soziale Exklusion und das Prekariat: Arme als „Ausgeschlossene", „Überflüssige" und „Entbehrliche"

Vor allem in Frankreich werden Armut und soziale Ungleichheit seit Längerem mit gesellschaftlichem Ausschluss (exclusion) in Verbindung gebracht. Damit trugen die dortigen Sozialwissenschaftler/innen der Tatsache Rechnung, dass sich Armut selten in Unterversorgungslagen erschöpft, sondern darüber hinaus meistenteils durch Ausgrenzungspraktiken gekennzeichnet ist, unter denen die Betroffenen häufig noch stärker zu leiden haben als unter materiellen Entbehrungen. Marginalisierung, Stigmatisierung und Kriminalisierung gehörten immer schon zu den eng mit Pauperisierung verbundenen Prozessen. Selbst der französische Soziologe Robert Castel, einer seiner Hauptprotagonisten, beklagte jedoch alsbald die Inflationierung des Exklusionsbegriffs, der zu einem „Allzweckwort" degeneriert sei.[195]

Hierzulande hat sich der Berliner Soziologe Martin Kronauer besonders intensiv mit dem Exklusionsbegriff auseinandergesetzt und das so bezeichnete Konzept für die Analyse der Gesellschaftsentwicklung nutzbar gemacht.

193 Siehe ebd., S. 126
194 Ebd., S. 17
195 Siehe Robert Castel, Die Fallstricke des Exklusionsbegriffs, in: Heinz Bude/ Andreas Willisch (Hrsg.), Exklusion. Die Debatte über die „Überflüssigen", Frankfurt am Main 2008, S. 69

Kronauer hob besonders hervor, „dass anhaltende Arbeitslosigkeit, Unterbeschäftigung und Armut eine neue gesellschaftliche Spaltung hervorbringen, und dass sich diese Spaltung im Ausschluss von wesentlichen Teilhabemöglichkeiten an der Gesellschaft niederschlägt."[196] Den soziologischen Exklusionsbegriff hielt Kronauer für missverständlich und mehrdeutig, weshalb er seinem „mystifizierenden Gebrauch" entgegentrat und ihn für bestimmte Fälle reservierte: „Exklusion führt dann in eine eigenständige soziale Lage hinein, wenn die Abhängigkeit von öffentlicher Fürsorge anhält, weil die Betroffenen an der ökonomischen Produktion und Reproduktion der Gesellschaft nicht teilnehmen, im ökonomischen Sinne ‚überflüssig' geworden sind, aber auch sonst – und diese weitere Bedingung ist wichtig – keinen positiv definierten Platz in der Gesellschaft (Rentner, Vorruheständler etc.) einnehmen können."[197]

Martin Kronauer und Berthold Vogel konstatierten bereits während der 1990er-Jahre, dass sich – unabhängig von den Strukturbrüchen zwischen Ost und West – erstmals nach 1945 eine Spaltungslinie der sozialökonomischen Inbzw. Exklusion quer durch ganz Deutschland ziehe: „Sie trennt diejenigen, die zum Erwerbssystem gehören oder zumindest in bestimmten Abstufungen noch Zugang zu ihm haben, von den anderen, die am Arbeitsmarkt *dauerhaft* und gegen ihren Willen von diesem Zugang ausgeschlossen werden."[198]

Arme sind zwar von materiellen, sozialen und kulturellen Ressourcen bzw. Beteiligungsmöglichkeiten ausgeschlossen, stehen aber nicht außerhalb der Gesellschaft und ihrer für das menschliche Leben unverzichtbaren institutionellen Arrangements: „Gerade die Personengruppen, die auf Unterstützung bei der Bewältigung ihrer prekären Lebenslage angewiesen sind, können sich den bürokratisierten Abläufen und rechtlichen Regelungen des Wohlfahrtsstaates nicht entziehen."[199] Da der Ausschluss aus der Gesellschaft als solcher gar nicht möglich ist, hielt der Münchner Soziologe Armin Nassehi den Exklusionsbegriff aus soziologischer Sicht für theoretisch untauglich und zur Beschreibung von Armut, unterprivilegierten Lebenslagen oder begrenzten Partizipationsmöglichkeiten für wenig sinnvoll.[200] An einem Beispiel verdeutlichte Nassehi, dass auch ein graduel-

196 Siehe Martin Kronauer, Exklusion. Die Gefährdung des Sozialen im hoch entwickelten Kapitalismus, Frankfurt am Main/New York 2002, S. 11

197 Ders., Die Innen-Außen-Spaltung der Gesellschaft. Eine Verteidigung des Exklusionsbegriffs gegen seinen mystifizierenden Gebrauch, in: Sebastian Herkommer (Hrsg.), Soziale Ausgrenzungen. Gesichter des neuen Kapitalismus, Hamburg 1999, S. 69 f.

198 Martin Kronauer/Berthold Vogel, Spaltet Arbeitslosigkeit die Gesellschaft?, in: Peter A. Berger/Michael Vester (Hrsg.), Alte Ungleichheiten – neue Spaltungen, Opladen 1998, S. 340 (Hervorh. im Original)

199 Hildegard Mogge-Grotjahn, Gesellschaftliche Ein- und Ausgrenzung. Der soziologische Diskurs, in: Ernst-Ulrich Huster/Jürgen Boeckh/Hildegard Mogge-Grotjahn (Hrsg.), Handbuch Armut und Soziale Ausgrenzung, Wiesbaden 2008, S. 51

200 Vgl. Armin Nassehi, Exklusion als soziologischer oder sozialpolitischer Begriff?, in: Heinz Bude/Andreas Willisch (Hrsg.), Exklusion, a.a.O., S. 122

ler In- bzw. Exklusionsbegriff der sozialen Lage von Marginalisierten nicht gerecht wird: „Ein von Armut Betroffener ist keineswegs weniger in das Wirtschaftssystem inkludiert als jemand mit hohem Geldvermögen.“[201] Wer hohe Schulden hat oder zahlungsunfähig ist, wird sogar zwangsweise an das Finanzsystem gekettet und daran gehindert, sich einfach auszuklinken. Nassehi plädierte deshalb auch dafür, Abschied von der „Container-Metapher“ zu nehmen, die soziale Zusammenhänge nicht treffend charakterisiere: „Eine Gesellschaft ist kein Behälter, in dem man drin ist oder aus dem man herausfallen kann.“[202]

Frank Hillebrandt argumentierte, dass Niklas Luhmann, dem sich das Begriffspaar „Inklusion – Exklusion“ verdankt, im Rahmen seiner Theorie der funktionalen Differenzierung das Grundproblem der sozialen Ungleichheit nicht adäquat erfassen könne. Er hielt die Übertragung des Luhmann'schen Begriffsapparates auf das Problem der sozialen Ungleichheit für ein Missverständnis, dem der Bielefelder Soziologe allerdings selbst Vorschub geleistet habe, weil seine Systemtheorie suggeriere, dass Personen, die aus allen Funktionssystemen der Gesellschaft herausfallen, einer sozialen Exklusion unterlägen, die aber gleichzeitig durch die Ubiquität von Inklusion relativiert werde. Das von Systemtheoretikern wie Luhmann präferierte Begriffspaar „Inklusion – Exklusion“ diene einer funktionalistischen Interpretation des Verhältnisses von Individuum und Gesellschaft, weshalb es sich nur sehr bedingt zur Analyse der sozial strukturierten Ungleichheit eigne und Luhmanns Konzeption eine „ungleichheitstheoretische Lücke“ aufweise: „Das Phänomen ‚soziale Ungleichheit‘ kann nicht zum zentralen Thema der soziologischen Systemtheorie erhoben werden, weil es sich nicht in ihre äquivalenzfunktionalistische Theorieanlage einpassen lässt. Dadurch geraten wichtige Strukturbildungen der Sozialität wie die ungleiche Verteilung von Lebenschancen, die mit einem analytischen Begriff der sozialen Klasse untersucht werden können, aus dem Blick.“[203]

„Überzählige“, die nutzlos sind, gibt es schon deshalb nicht, weil sie Mitglieder der Arbeitsgesellschaft bleiben, was Ariadne Sondermann, Wolfgang Ludwig-Mayerhofer und Olaf Behrend mit ihrem empirischen Befund untermauerten, „dass auch ALG-II-Empfänger, die schon länger und häufig nicht zum ersten Mal arbeitslos sind, die Normen der Arbeitsgesellschaft teilen und an dem nach wie vor wirkungsmächtigen Deutungsmuster partizipieren, Lohnarbeit sei zentrale Voraussetzung für eine vollwertige gesellschaftliche Teilhabe.“[204] Heute arm zu sein bedeutet zwar, von der *Mehrheits*gesellschaft ausge-

---

201 Ebd., S. 125

202 Ebd., S. 127

203 Frank Hillebrandt, Soziale Ungleichheit oder Exklusion? – Zur funktionalistischen Verkennung eines soziologischen Grundproblems, in: Roland Merten/Albert Scherr (Hrsg.), Inklusion und Exklusion in der Sozialen Arbeit, Wiesbaden 2004, S. 125

204 Siehe Ariadne Sondermann/Wolfgang Ludwig-Mayerhofer/Olaf Behrend, Die Überzähligen – Teil der Arbeitsgesellschaft, in: Robert Castel/Klaus Dörre (Hrsg.), Prekarität, Abstieg, Aus-

grenzt zu werden, aber nicht, ganz aus dem gesellschaftlichen Bedingungsgefüge ausgeschlossen zu sein. Eine solche Innen-außen-Spaltung entspricht laut Berthold Vogel kaum der Realität einer sich ständig wandelnden und eines sich neu formierenden Wohlfahrtsstaates: „In Bereiche sozialer Sicherheit und stabiler Beschäftigung sickert Prekarität ein. Zugleich werden diese Bereiche sozialer und beruflicher Prekarität arbeitsrechtlich und arbeitsmarktpolitisch neu ‚eingehegt' und auf Dauer gestellt."[205]

Neu an heutigen Formen der Armut erschien manchen Sozialwissenschaftlern gleichwohl, dass die Armen keinen unmittelbaren Nutzen mehr hätten: „Die Reichen, die zufällig die Akteure mit den meisten Ressourcen und der größten Macht auf der politischen Bühne sind, brauchen die Armen weder zur Rettung ihrer Seelen (die sie nicht zu haben glauben und die sie ohnehin nicht der Fürsorge für wert halten würden) noch um reich zu bleiben oder reicher zu werden (was ihrer Meinung nach einfacher wäre, gäbe es nicht die Forderung, einen Teil ihres Reichtums mit den Armen zu teilen)."[206] Heinz Bude, damals Leiter des Arbeitsbereichs „Die Gesellschaft der Bundesrepublik" am Hamburger Institut für Sozialforschung, behauptete sogar, dass die Armut „niemandem mehr" nütze: „Sie belastet im Gegenteil das soziale Sicherungssystem, das im Prinzip von allen finanziert wird."[207] Dies war jedoch seit dem Entstehen der mittelalterlichen Armenpflege immer der Fall. Sozial ausgegrenzte Minderheiten nützen sowohl den Herrschenden als auch dem bestehenden Wirtschafts- und Gesellschaftssystem heute wie vor über 100 Jahren, denn sie führen den Nichtarmen genau wie damals plastisch vor Augen, was ihnen bei einer grundlegenden Veränderung ihrer Lebensweise oder bei einer Loyalitätsverweigerung droht. Ohne den im Verweigerungsfalle zu erwartenden sozialen Abstieg, dem die abhängig Beschäftigten entgehen möchten, weil sie in der Nachbarschaft sehen, welche Entwürdigungen damit verbunden sind, entfiele für sie das zentrale Motiv, sich tagtäglich dem Lohnarbeitszwang und dem Direktionsrecht eines Unternehmers bzw. Managers zu unterwerfen.

Bude differenzierte wenig später in ähnlicher Form zwischen Arbeitslosen, Armen und „Entbehrlichen" bzw. „Überflüssigen". Arbeitslosigkeit war für ihn eine Bedingung von „Überflüssigkeit", aber keine notwendige und erst recht keine hinreichende: „Für die Feststellung von Überflüssigkeit ist am Ende ein

---

grenzung. Die soziale Frage am Beginn des 21. Jahrhunderts, Frankfurt am Main/New York 2009, S. 159

205 Berthold Vogel, Sicher – prekär, in: Stephan Lessenich/Frank Nullmeier (Hrsg.), Deutschland – eine gespaltene Gesellschaft, Frankfurt am Main/New York 2006, S. 89

206 Zygmunt Bauman, Schwache Staaten. Globalisierung und die Spaltung der Weltgesellschaft, in: Ulrich Beck (Hrsg.), Kinder der Freiheit, 2. Aufl. Frankfurt am Main 1997, S. 331

207 Heinz Bude, Die Überflüssigen als transversale Kategorie, in: Peter A. Berger/ Michael Vester (Hrsg.), Alte Ungleichheiten – neue Spaltungen, a.a.O., S. 372

bestimmter phänomenologischer Befund entscheidend, der etwas mit einem Körperausdruck von Müdigkeit, Abgestumpftheit und Apathie zu tun hat."[208]

Klassen und Schichten hatten sich bei Bude zwar keineswegs unter der Hand aufgelöst, die sozialen Trennlinien verliefen für ihn aber wie in den Theoriemodellen von Claus Offe (Disparitätenlehre), von Ulrich Beck (Konzeption der „Risikogesellschaft") oder von „postmodernen" Milieutheoretikern wie Gerhard Schulze eher horizontal: „Bei den ‚neuen Armen' haben wir es mit einer *fluiden Masse* zu tun, die sich der Festlegung auf eine Gruppendefinition erst einmal entzieht. Die ‚akzidentielle Ungleichheit' stellt eine Verwerfung dar, die sich *quer* durch alle Schichten und Klassen zieht."[209] Damit erweckte Bude den Eindruck, als sei die Klassenzugehörigkeit eines Menschen für dessen soziales Schicksal und Armutsrisiko unwichtig oder nebensächlich.

Unter Berufung auf Pierre Bourdieu ordnete Bude den sozialen Raum entlang zweier Dimensionen: der vertikalen Dimension einer sozialen Stufenleiter und der horizontalen Dimension einer Fühlung mit dem sozialen Wandel. Die soziale Stufenleiter sei, meinte Bude, in letzter Zeit „glitschiger geworden. Der Absturz scheint von überall möglich."[210] Selbst wenn dies so wäre, was nicht der Fall ist, sondern eine illusionäre Risikogleichheit aller Gesellschaftsmitglieder unterstellt, dürfte nicht übersehen bzw. verschwiegen werden, dass alle, die von ganz oben herunterstürzen, weich fallen, wohingegen die sozialstaatlichen Sicherungsmechanismen für Arbeitslose, Alleinerziehende und Alte in den vergangenen Jahrzehnten durch zahlreiche Eingriffe des Gesetzgebers gelockert bzw. durchlöchert worden sind. Denn genau hier liegt ein Schlüssel zum Verständnis der jüngsten Gesellschaftsentwicklung einschließlich des sozioökonomischen Polarisierungsprozesses, der die bestehende Klassengesellschaft verstärkt in Arm und Reich spaltet.

Bude bediente sich medizinischer Fachtermini zur Kennzeichnung der „Überflüssigen" als einer „klinische(n)" und zugleich „transversale(n) Kategorie", die er folgendermaßen begründete: „*Klinisch*, weil dem nüchternen Verweis auf die Zwänge neuer Wettbewerbsstrukturen mit dem Bestehen auf kollektiv erkämpften und individuell erworbenen Anrechten nur schwer zu begegnen ist. *Transversal*, weil es sich um *gestreute Effekte* handelt, die nach einem topologischen Verständnis gesellschaftlicher Privilegierungen nicht zu erfassen sind. [...] Es scheint weder ein theoretisches noch ein moralisches Privileg der Steuerung und des Ausgleichs zu geben. Deshalb bilden die ‚neuen Armen' ein sozialstrukturelles Phänomen, das an die Grundfeste unserer Gesellschaftsverfassung rührt."[211]

Trotz dieser These waren Armut und Reichtum, aufgrund ihres wechselsei-

208 Ebd., S. 377
209 Ebd., S. 373 (Hervorh. im Original)
210 Heinz Bude, Die Ausgeschlossenen. Das Ende vom Traum einer gerechten Gesellschaft, München 2008, S. 33
211 Ders., Die Überflüssigen als transversale Kategorie, a.a.O. (Hervorh. im Original)

tig bedingten Wachstums *das* sozialstrukturelle Problem unserer Zeit, für Bude und seine Gesellschaftsanalyse keine zentralen Kategorien. Exklusionstheoretiker wie Bude verabsolutieren das „Drinnen“ bzw. „Draußen“, berücksichtigen aber weder jene Zwischenstufen, die wichtig sind, um ein differenzierteres Bild zu zeichnen und überzeugende Antworten auf Fragen nach den Soziallagen der Betroffenen zu geben, noch ein „Oben“ und ein „Unten“ genügend, obwohl Letztere über das materielle Sein der Gesellschaftsmitglieder entscheiden. Überhaupt keine Rede war vom Verhältnis zwischen Kapital und Arbeit bzw. den Klassen und Schichten im digitalen Finanzmarktkapitalismus.

Stattdessen rückte Bude die „Überflüssigen“, „Entbehrlichen“ und „Ausgeschlossenen“ in den Mittelpunkt all seiner Überlegungen zum Armutsproblem. Entbehrlich oder überflüssig könnten Personen in mehrerer Hinsicht sein: aus ihrer eigenen, subjektiven Sicht; für ihre Familie, Freunde und Bekannte; für das Wirtschafts- bzw. Gesellschaftssystem als solches und/oder für die Herrschenden. Dass von Armut betroffene oder bedrohte Menschen ein weniger ausgeprägtes Selbstwertgefühl als wohlhabende Mitbürger/innen besitzen, wundert niemanden. Aber völlig Verelendete, die sich selbst für „unnütz“ hielten oder von ihren Mitmenschen dafür gehalten wurden, hat es immer gegeben. Auch besteht kein Grund, diese (Selbst-)Abwertung als Bezeichnung für eine ganze Gruppe zu übernehmen, weil sie zutiefst verletzend wirken muss und Hoffnungslosigkeit verbreitet, wo Bestätigung und Ermutigung nötig wären. Für die Gesellschaft ist niemand entbehrlich oder überflüssig, weil jedes ihrer Mitglieder nützliche Funktionen außerhalb der Erwerbsarbeit wahrnimmt oder künftig übernehmen kann. Vergleichbares gilt für die Volkswirtschaft eines jeden Landes, denn Arme treten – wenn auch nur in begrenztem Umfang – als Konsument(inn)en in Erscheinung, und darüber hinaus wirkt ihr Schicksal abschreckend auf die übrigen Gesellschaftsmitglieder, deren Verhalten dadurch „positiv“ im Sinne größerer Systemkonformität beeinflusst werden dürfte. Aus demselben Grund haben die Herrschenden, Reichen und Einflussreichen ein Interesse an der Armut als Drohkulisse, Druckmittel bzw. Disziplinierungsinstrument, das nur funktioniert, wenn es genügend davon Betroffene gibt.

Folglich ist kein Mensch überflüssig oder entbehrlich, es sei denn in den Augen von Zynikern und gefühllosen Zeitgenossen, deren Sichtweise die Sozialforscher/innen aber nicht übernehmen und damit legitimieren dürfen. Genau dies tat Bude, indem er Ressentiments gegenüber den Armen bediente und schrieb, dass sich die Exkludierten in ihre eigenen vier Wände zurückzögen: „Der Nachbar, der vom vielen Weißbrot, der fettigen Wurst und den gezuckerten Getränken außer Fasson gerät, weil er die meiste Zeit des Tages vor dem Fernsehgerät verbringt, ist die Figur des ‚Überflüssigen‘, an welcher der deutschen Gesellschaft das andere ihrer selbst vor Augen tritt.“[212] Die Berliner So-

212 Heinz Bude, Das Phänomen der Exklusion. Der Widerstreit zwischen gesellschaftlicher Erfah-

ziologin Sabine Hark kritisierte die herablassende bzw. -würdigende Art, wie manche ihrer Fachkollegen von den „Überflüssigen" sprachen. Sie monierte „Budes menetekelhafte Beschreibung" jenes sozial Ausgeschlossenen, denn diese sei „imprägniert von dem gleichsam heiligen Schauder derjenigen, die sich (noch) dazugehörig fühlen" dürften.[213]

Das sozialwissenschaftliche Paradigma der „Überflüssigen" dramatisiert die Folgen der Armut für die Betroffenen nicht bloß unnötig, sondern führt – meist sicher ungewollt – auch dazu, diese noch mehr zu diskreditieren. Wer die Armen zu „Überflüssigen" bzw. „Entbehrlichen" erklärt, wie das Bude tat, verkennt nicht bloß ihre Systemrelevanz als postindustrielle Reservearmee, Druckmittel gegenüber den Gewerkschaften und menschliches Drohpotenzial gegenüber den abhängig Beschäftigten, macht sie vielmehr auch wehrloser im Kampf gegen ihre fortschreitende Entrechtung, Entpersönlichung und Entwürdigung. Statt einen sozialen Innen-außen-Gegensatz zu konstruieren und damit Arme selbst auszuschließen, müssten Sozialwissenschaftler/innen stärker den Oben-unten-Gegensatz (zwischen Arm und Reich) sowie den Klassengegensatz (zwischen Kapital und Arbeit) akzentuieren.

Vereinzelung und Vereinsamung gehören laut Bude zu den konstitutiven Merkmalen der „Überflüssigkeit", die deshalb soziokulturell nicht zuletzt daran festzumachen sei, dass sich Arme durch seichte Programme der privaten Fernsehsender zerstreuten. „Für die Überflüssigen von heute ist charakteristisch, daß sie bis zu einem gewissen Grade wohlfahrtsstaatlich versorgt, aber vor allem, daß sie rund um die Uhr unterhalten werden."[214] Als sei dies etwas Neues und nicht bloß die Wiederkehr des Projekts „Brot und Spiele!", womit man sozial Benachteiligte schon in der römischen Antike ruhig stellte. Zu fragen wäre an dieser Stelle, wem das Ganze nützt und welche Alternativen es gibt, wie man diesen zur Realisierung verhelfen kann und wer die Träger einer schlagkräftigen Gegenoffensive sein könnten.

Bude propagierte einen Exklusionsbegriff, der sich weder auf soziale Benachteiligung noch auf relative Armut beschränkte. Es ging ihm vielmehr um die Feststellung, dass den Betroffenen ein Platz im Gesamtgefüge der Gesellschaft verweigert wurde: „Für die Exkludierten gilt der meritokratische Grundsatz ‚Leistung gegen Teilhabe' nicht mehr. Was sie können, braucht keiner, was sie denken, schätzt keiner, und was sie fühlen, kümmert keinen."[215] Dabei lohn-

---

rung und soziologischer Rekonstruktion, in: Mittelweg 36. Zeitschrift des Hamburger Instituts für Sozialforschung 4/2004, S. 15

213 Siehe Sabine Hark, „Überflüssig": Negative Klassifikationen – Elemente symbolischer Delegitimierung im soziologischen Diskurs?, in: Cornelia Klinger/Gudrun-Axeli Knapp/Birgit Sauer, Achsen der Ungleichheit. Zum Verhältnis von Klasse, Geschlecht und Ethnizität, Frankfurt am Main/New York 2007, S. 158

214 Heinz Bude, Die Überflüssigen als transversale Kategorie, a.a.O., S. 378

215 Ders., Die Ausgeschlossenen, a.a.O., S. 14 f.

te sich Leistung längst auch für Millionen Menschen nicht mehr, die keineswegs exkludiert, sondern integraler Bestandteil der Arbeitsgesellschaft waren.

Kritik übte Bude am Fortschrittsglauben in unserer Gesellschaft, die sich primär gegen den Wohlfahrtsstaat und dessen Transferleistungen richtete, die allein keine gesellschaftliche Teilhabe ermöglichten: „Die Überzeugung, soziale Benachteiligungen durch individuell zuerkannte und verabreichte Zahlungen auszugleichen, hat zur Züchtung einer Kultur der Abhängigkeit geführt, die die Leute zu Klienten einer Anstalt statt zu Herren über ihr eigenes Leben gemacht hat."[216] Das ursprüngliche Prinzip des Sozialstaates, Hilfe zur Selbsthilfe zu gewähren, habe sich zuletzt in sein Gegenteil, die „Verfestigung von Wohlfahrtsabhängigkeit", verkehrt. Wer so formuliert, war selbst noch nie auf Transferleistungen angewiesen und kann sich auch nicht in die Lage derjenigen hineinversetzen, auf die das zutrifft. Es wundert denn auch nicht mehr, dass der Kasseler Soziologe 2014 ein Buch mit dem reißerischen Titel *Gesellschaft der Angst* veröffentlicht hat,[217] in dem das Wort „Hartz IV" – seinerzeit für Millionen Menschen in Deutschland als Gesetzeswerk das Synonym für Angst vor dem sozialen Abstieg schlechthin – gar nicht vorkommt.

2.8 Oliver Nachtwey und sein „Rolltreppen-Effekt" in der „Abstiegsgesellschaft"

Die Bremer Soziologen Olaf Groh-Samberg und Florian F. Hertel stellten kurz nach dem 10. Jahrestag des Inkrafttretens von Hartz IV in einem Zeitschriftenartikel die Frage, ob das Ende der „Aufstiegsgesellschaft" gekommen sei. Sie glaubten, in Deutschland ein Nachlassen der intergenerationalen Aufstiegsmobilität zu erkennen, und schlossen nicht aus, dass die Legitimationsfähigkeit des Kapitalismus hierunter leide, weil diese auf der Erwartung zunehmender Lebenschancen und der Existenz individueller Karrieremöglichkeiten basiere: „Solange es allen immer besser geht und solange jeder die Chance hat, sozial aufzusteigen, solange gelten soziale Ungleichheiten auch dann als akzeptabel, wenn sie zunehmen."[218]

Mit der soziologischen Mobilitätsforschung differenzierten Groh-Samberg und Hertel zwischen absoluter und relativer bzw. struktureller und zirkulärer oder auch individueller und kollektiver Mobilität, deren Unterschied sie am Bild einer Rolltreppe erklärten: Absolute Mobilität beschreibe das Tempo, mit dem alle Personen auf einer Rolltreppe nach oben bzw. in Krisen nach unten

216 Ebd., S. 16

217 Siehe Heinz Bude, Gesellschaft der Angst, Hamburg 2014

218 Olaf Groh-Samberg/Florian F. Hertel, Ende der Aufstiegsgesellschaft?, in: Aus Politik und Zeitgeschichte. Beilage zur Wochenzeitung *Das Parlament* 10/2015, S. 26

führen, ohne sich dabei selbst zu bewegen und ihre relativen Abstände zueinander zu verändern. Geschwindigkeit und Steigung der Rolltreppe würden dabei durch den technischen Fortschritt, das Wirtschaftswachstum, die Bildungsexpansion und den berufsstrukturellen Wandel bestimmt. Relative Mobilität beschreibe dagegen die Bewegungen von Menschen auf der Rolltreppe selbst: Während einige Personen nach vorn drängten oder drängelten, machten andere ein paar Schritte nach hinten. Wie viel Bewegung auf der Rolltreppe herrsche, wie viele Personen ihre Position wechselten und wie weit sie dabei nach oben kämen oder nach unten rutschten, kennzeichne die Offenheit bzw. Fluidität der Gesellschaft. Bei der „Zirkulationsmobilität", die ein Nullsummenspiel sei, weil man nur gewinnen könne, indem andere verlören, werde die Rolltreppen-Metapher jedoch unzureichend, weil Menschen in jeweils unterschiedlichen Positionen durch Mortalität, Fertilität und Migration aus- oder einstiegen, aber auch die Länge der Rolltreppe und damit das Ausmaß der Distanz zwischen oben und unten Veränderungen unterliege.

Abschließend wiesen Groh-Samberg und Hertel darauf hin, dass eine Politik zur Erhöhung von Aufstiegschancen, die allein auf Wachstumsimpulse oder bildungspolitische Maßnahmen setze, ihr Ziel mit großer Sicherheit verfehlen werde: „Eine gezielte Förderung von Aufstiegsmobilität ist ohne eine Reduktion ökonomischer Verteilungsungleichheiten aller Voraussicht nach nicht zu haben. Darum laufen Beschwörungen von Chancengleichheit, die nicht zugleich die Reduktion von Verteilungsungleichheiten thematisieren, systematisch ins Leere."[219]

In der jüngsten Vergangenheit fand das Thema der wachsenden Ungleichheit in Deutschland besonders durch Oliver Nachtweys Buch *Die Abstiegsgesellschaft* wieder ein hohes Maß an öffentlicher Aufmerksamkeit. Sich mehrende Deklassierungserfahrungen und die Angst vieler Angehöriger der Mittelschicht vor dem sozialen Abstieg müssen aus ökonomischen Krisenerscheinungen und/oder gesellschaftlichen Umbrüchen erklärt werden, was Nachtwey versucht hat. Seine umstrittene Kernthese besagt, dass die Bundesrepublik in der „regressiven Moderne" aus einer „Gesellschaft des Aufstiegs und der sozialen Integration" zu einer „Gesellschaft des sozialen Abstiegs, der Prekarität und Polarisierung" geworden sei.[220] Den gesellschaftlichen Niedergang belegte Nachtwey allerdings nur partiell, etwa durch den Hinweis auf den wachsenden Niedriglohnsektor. Letztlich argumentierte er aber zu undifferenziert, um das eigentliche Paradoxon der jüngsten Gesellschaftsentwicklung voll erfassen zu können: Während die deutsche Volkswirtschaft zuletzt nicht weniger als zehn Jahre lang boomte und der allgemeine Wohlstand enorm wuchs, änderten sich die Verteilungsrelationen zugunsten weniger Gewinner, was deshalb kaum verwundert,

219 Ebd., S. 32
220 Siehe Oliver Nachtwey, Die Abstiegsgesellschaft, a.a.O., S. 8

weil der gesellschaftliche Reichtum in einer Klassengesellschaft den verschiedenen Bevölkerungsschichten nicht gleichermaßen zugutekommt. Der nach wie vor bestehenden sozioökonomischen und politischen Machtasymmetrie entsprechend gingen vielmehr gerade seine unmittelbaren Produzent(inn)en, die abhängig Beschäftigten, weitgehend leer aus. Dies ließ sich an einer sinkenden Lohnquote und ausgerechnet in den unteren Lohnsegmenten stagnierenden, teilweise sogar sinkenden Reallöhne erkennen.

Wie viele andere Soziologen vor ihm rückte Nachtwey den Wandel von der interventionsstaatlichen Wohlstandsperiode im Frühstadium der Bundesrepublik („Wirtschaftswunder") zur gegenwärtigen Entwicklungsetappe des Kapitalismus ins Zentrum seiner Analyse. Dabei orientierte er sich an der Kritischen Theorie, besonders jedoch an Jürgen Habermas und Claus Offe. Außerdem bezog sich Nachtwey auf Ulrich Beck, dessen Theorie der reflexiven Modernisierung er noch 40 Jahre später als „hochaktuell und äußerst nützlich" bezeichnete, bestritt jedoch, dass der transformative Wandel in der von Beck konstatierten Radikalität stattgefunden habe, zumal nicht der prognostizierte Bedeutungsverlust der Erwerbsarbeit, sondern das Gegenteil eingetreten sei: „Das vollständige Verschwinden der Klassengesellschaft zugunsten von individuellen Ungleichheiten war eine Chimäre. Klassenstrukturen hat es immer gegeben, in der Epoche der sozialen Moderne wurden sie lediglich latent gehalten."[221] Nachtwey stand in der Tradition der Kritischen Theorie, knüpfte dabei an die Habermas'sche Hypothese einer Latenz der Klassengegensätze an und konstatierte, Offes Disparitätenlehre folgend: „Während die soziale Moderne die mit vertikalen Ungleichheiten (zwischen den Klassen) einhergehenden Konflikte und Risiken abmilderte, reproduzierte sie neue Ungleichheiten auf der horizontalen Ebene – vor allem zu Lasten von Frauen und Migranten."[222]

Um die Situation zur Zeit des als „glorreiche Dreißig" (trente glorieuses) bezeichneten, von 1945 bis 1975 dauernden „Wirtschaftswunders" in Frankreich zu kennzeichnen, während der sich die Einkommensunterschiede zwischen Arbeitern und Führungskräften kaum verändert hatten, verwendete Robert Castel in seinem 2003 erschienenen Buch *L'insécurité sociale. Qu'est-ce qu'être protegé?* das folgende Bild: „Auf einer Rolltreppe fahren alle nach oben, während die Distanz zwischen den Stufen, auf denen sich die Personen, d. h. die verschiedenen sozialen Gruppen befinden, gleichbleibt."[223] Laut dem Arbeitssoziologen Stephan Voswinkel wird die vertikale Differenzierung sozialer Positionen auf diese Weise anschaulicher: „Sozialer Aufstieg im eigentlichen Sinne liegt dann vor, wenn die Reihenfolge der Einzelnen auf der Rolltreppe sich

221 Ebd., S. 74

222 Ebd., S. 40

223 Robert Castel, Die Stärkung des Sozialen. Leben im neuen Wohlfahrtsstaat, Hamburg 2005, S. 45 (Fn. 13)

verändert. Durch das Hinaufrollen der Rolltreppe können aber Verbesserungen im Lebensstandard oder in anderen Dimensionen stattfinden, ohne dass die Reihenfolge der Einzelnen auf den Rolltreppenstufen sich ändert, ohne dass also soziale Aufstiege im engeren Sinne stattfinden. Natürlich kann es Kombinationen geben, etwa Überholende auf einer fahrenden Rolltreppe."[224] Die entsprechende Metapher illustriere, dass wirtschaftliches Wachstum die Mühsal bzw. die Konfliktträchtigkeit des sozialen Aufstiegs verringern kann. Wenn die Rolltreppe nach oben fahre, könnten alle, die ihre relative Position gegenüber den übrigen Rolltreppenbenutzern nicht verbessern, das Überholtwerden leichter akzeptieren, weil sich ihre Lebensbedingungen gleichfalls – wenn auch in schwächerem Maße – verbesserten. Der soziale Aufstieg auf einer Rolltreppe ermögliche drei Entwicklungen zur selben Zeit: eine Verbesserung des Lebensstandards für alle; die konfliktschwächere Möglichkeit für Einzelne, ihre individuelle Position in der Statushierarchie zu verbessern; schließlich könne die soziale Aufstiegsmöglichkeit von der Verbesserung der Arbeits- und Lebensbedingungen auf der jeweiligen Position umlenken auf diejenige durch den Wechsel der Position.

Oliver Nachtwey sah Ulrich Becks „Fahrstuhleffekt" bis in die 1980er-Jahre hinein als zutreffend an, hielt jedoch Castels Metapher für „besser geeignet und anschaulicher", weil soziale Auf- und Abstiege nicht im kollektiven Gleichschritt erfolgten, wie das bei einem Fahrstuhl geschieht, sondern individuell ganz unterschiedlich vonstatten gingen: „In Becks Fahrstuhl fahren alle gemeinsam nach oben, auf der Rolltreppe hingegen können sich auch die Abstände zwischen den einzelnen Individuen verändern, wenn sie auf der fahrenden Rolltreppe nach unten oder oben steigen."[225] Was er unter dem „Rolltreppeneffekt" verstand, beschrieb Nachtwey so: „In der Abstiegsgesellschaft sehen sich viele Menschen *dauerhaft* auf einer nach unten fahrenden Rolltreppe. Sie müssen nach oben laufen, um ihre Position überhaupt halten zu können."[226]

Bei der sozioökonomischen Polarisierung im Finanzmarktkapitalismus handelt sich jedoch weder um einen „Fahrstuhleffekt", den – wie erwähnt – Ulrich Beck zu erkennen glaubte, weil alle Bevölkerungsschichten im „Wirtschaftswunder" der Nachkriegszeit gemeinsam nach oben und im Zuge der Massenarbeitslosigkeit nach der Weltwirtschaftskrise 1974/75 nach unten führen, noch um einen „Rolltreppeneffekt", den Oliver Nachtwey beobachten zu können glaubte, weil Auf- und Abstiege eine kollektive und eine individuelle Dimension hätten. Treffender kann man – wie gesagt – von einem sozialen Paternostereffekt sprechen: Während die einen nach oben fahren, fahren ande-

224 Stephan Voswinkel, Was wird aus dem „Fahrstuhleffekt"? – Postwachstum und sozialer Aufstieg. Working Paper der DFG-KollegforscherInnengruppe Postwachstumsgesellschaften 8, Friedrich-Schiller-Universität Jena 2013, S. 6

225 Oliver Nachtwey, Die Abstiegsgesellschaft, a.a.O., S. 127

226 Ebd., S. 165

re nach unten, weil Armut und Reichtum strukturell miteinander verzahnt sind.[227]

Jahrzehntelang war in der politischen, Fach- und Medienöffentlichkeit ausschließlich vom Fahrstuhl die Rede, obwohl damit Illusionen hinsichtlich gleicher Interessenlagen von Armen und Reichen verbreitet wurden. Erst in jüngster Zeit benutzten die Soziologen Klaus Dörre, Andreas Reckwitz und Wilhelm Heitmeyer ebenfalls die Paternoster-Metapher, allerdings nur der Letztere unter Bezugnahme auf den Verfasser.[228] Nach wie vor steigen bestimmte Teile der Bevölkerung (z. B. Mittelschichtangehörige durch berufliche Qualifizierung, neue Geschäftsideen oder größere Erbschaften) auf, fahren also sozioökonomisch und finanziell gesehen nach oben, während andere (z. B. prekär Wohlständige) absteigen, also nach unten fahren. Armut und Reichtum sind aufgrund des Übergangs zum digitalen Plattform- und Finanzmarktkapitalismus noch enger miteinander verzahnt, weshalb beide ihrem Ausmaß nach tendenziell zunehmen. Dadurch werden die Reichen in Zukunft womöglich noch reicher und die Armen zahlreicher, aber nicht unbedingt – wie Nachtwey in Anlehnung an eine beliebte Redensart schrieb – ärmer. Wer schon alles verloren hat und mehr oder weniger von der Hand in den Mund lebt, kann schließlich kaum noch tiefer fallen.

Nachtwey stellte fest, dass die Ungleichheit zwischen Armen und Reichen während der vergangenen 20 Jahre – also von 1996 bis zum Erscheinungsdatum des Buches – „erheblich zugenommen" habe, was „ein zentrales Merkmal der Abstiegsgesellschaft" sei.[229] Nur eine Seite weiter übernahm er jedoch die von Wirtschaftslobbyisten, Neoliberalen und Konservativen breit gestreute These, dass sich die Ungleichheit in Deutschland „seit etwa 2005 nicht weiter vergrößert" habe.[230] Beispielhaft sei mit Judith Niehues die Leiterin der Forschungsgruppe Mikrodaten und Methodenentwicklung am Institut der Deutschen Wirtschaft (IW) genannt, die in einem Buchbeitrag zwar einräumte, dass die soziale Ungleichheit höher war als in den 1990er-Jahren, allerdings behauptete, dass sie nur „bis etwa 2005" gestiegen sei, während „seit etwa 2005" alle Bevölkerungsschichten „relativ in etwa gleichem Maße von der guten wirtschaftlichen Entwicklung" profitiert hätten.[231] Am 1. Januar des mehrfach genannten

227 Siehe zuerst: Christoph Butterwegge, Wohlfahrtsstaat im Wandel. Probleme und Perspektiven der Sozialpolitik, Opladen 1999, S. 124

228 Siehe Klaus Dörre, Über Ulrich Beck hinaus. Öffentliche Soziologie und die Suche nach der besseren Gesellschaft, in: Blätter für deutsche und internationale Politik 7/2015, S. 93; Andreas Reckwitz, Die Gesellschaft der Singularitäten, a.a.O., S. 282; Wilhelm Heitmeyer, Autoritäre Versuchungen. Signaturen der Bedrohung I, Berlin 2018, S. 81 f.

229 Siehe Oliver Nachtwey, Die Abstiegsgesellschaft, a.a.O., S. 133 f.

230 Siehe ebd., S. 135

231 Siehe Judith Niehues, Entwicklung der sozialen Ungleichheit in Deutschland – Fakten und subjektive Wahrnehmungen, in: Martin Dabrowski/Judith Wolf (Hrsg.), Armut und soziale Gerechtigkeit in Deutschland, Paderborn 2018, S. 39, 33 und 38

Jahres ist das im Volksmund „Hartz IV“ genannte Gesetzespaket der rot-grünen Bundesregierung in Kraft getreten und am 22. November 2005 übernahmen CDU und CSU in der ersten Großen Koalition unter Angela Merkel wieder die Regierungsführung – ein Schelm, wer Böses dabei denkt, dass sich die Kluft zwischen Arm und Reich ausgerechnet von nun an nicht mehr vertieft haben soll!

Zu ganz anderen Resultaten als das IW gelangte übrigens das Deutsche Institut für Wirtschaftsforschung, das zwischen 2005 und 2009 aufgrund seiner Daten sogar einen leichten Rückgang der Einkommensungleichheit festgestellt hatte. Nach dem Ende der Finanzkrise habe sich das Blatt aber wieder gewendet, schrieben die DIW-Mitarbeiter Markus M. Grabka, Jan Goebel und Stefan Liebig: „So zeigt sich seit 2010 ein erneuter signifikanter Anstieg der Einkommensungleichheit in Deutschland, der für das Jahr 2016 seinen bisherigen Höchststand seit der Wiedervereinigung erreicht.“[232] 2016 war das letzte Jahr, für welches SOEP-Daten zur Verfügung standen.

Winston Churchill soll gesagt haben, dass er nur der Statistik glaube, die er selbst gefälscht habe. Natürlich darf man keine Statistik fälschen, braucht es mit Blick auf die sozioökonomische Ungleichheit aber auch gar nicht zu tun, weil es – wie der oben geschilderte Fall beweist – durchaus reicht, sich die „richtige“, zur eigenen Position passende Statistik herauszusuchen. Denn wie unschwer zu erkennen ist, weichen die Daten der zwei genannten Institute gravierend voneinander ab, obwohl sich ihre Namen nur durch einen Buchstaben – das vorangestellte D beim DIW – voneinander unterscheiden. Möglicherweise veranschlagt das IW die Ungleichheit, Armut und Reichtum eher als gering, weil dies mit den Interessen seiner Finanziers aus dem Bereich der Wirtschaft, ihrer Verbände und Großunternehmen harmoniert, möglicherweise auch, weil Michael Hüther, Direktor des Kölner Instituts, bloß eine „gefühlte“ Ungerechtigkeit zu erkennen vermochte und seiner Überzeugung verliehen hat, dass wir Ungleichheit aushalten müssten, wenn wir Freiheit wollten.[233] Ebenso wenig, wie man Donald Trumps interessengeleiteten Tweets zum Klimawandel glauben darf, kann man IW-Pressemitteilungen zur sozioökonomischen Ungleichheit in Deutschland trauen!

Vor dem Hintergrund des „Postwachstumskapitalismus“, so argumentierte Nachtwey, sei es wahrscheinlich, dass die Ungleichheit in den kommenden Jahren erneut steigen werde, falls „die Politik“ keine wirksamen Umverteilungsmaßnahmen ergreife. Wieder ein paar Zeilen weiter erklärte Nachtwey: „Seit der Jahrtausendwende ist die Armut nicht nur angewachsen, sie hat sich

232 Markus M. Grabka/Jan Goebel/Stefan Liebig, Wiederanstieg der Einkommensungleichheit – aber auch deutlich steigende Realeinkommen, in: DIW-Wochenbericht 19/2019, S. 349

233 Siehe Michael Hüther/Thomas Straubhaar, Die gefühlte Ungerechtigkeit. Warum wir Ungleichheit aushalten müssen, wenn wir Freiheit wollen, Berlin 2009

darüber hinaus verfestigt."[234] Man fragt sich natürlich, wie die Armut in nur fünf Jahren – von der Jahrtausendwende bis 2005 – so rasant zugenommen und sich gleichzeitig verfestigt haben kann, dass die Einkommensungleichheit in den 20 Jahren vor 2016 zwar „erheblich", seit 2005 aber gar nicht mehr zugenommen hat. Für diese abstruse Behauptung gibt es weder einen Beleg noch eine wie auch immer geartete Erklärung.

Verursacht sei das Ansteigen der Armut, diagnostizierte Nachtwey, „weniger durch eine starke Zunahme sozialer Abstiege" als durch eine sinkende Aufstiegsmobilität. Nimmt man diese Worte Nachtweys ernst, handelt es sich bei der Bundesrepublik gar nicht um eine „Abstiegsgesellschaft", sondern um ein Land ohne genügend Aufstiegschancen. Dies macht einen bedeutenden Unterschied und zeigt, wie verfehlt der von Nachtwey mit großem Medienecho propagierte Begriff im Grunde war. Er ist nämlich viel zu pauschal, um die widersprüchliche Situation in Deutschland zu kennzeichnen, der sozioökonomischen Zerrissenheit gerecht zu werden und die komplizierten Klassenverhältnisse im digitalen Finanzmarktkapitalismus auf den Begriff zu bringen.

Nachtwey bestritt nicht, dass der soziale Aufstieg weiterhin möglich ist, hob aber hervor, dass sich dieser heute immer schwieriger gestalte. Zwar hat die soziale Aufstiegsmobilität zuletzt spürbar nachgelassen, von einem Abstieg sind jedoch hauptsächlich Menschen betroffen, die zu den Leidtragenden der neoliberalen Modernisierung gehören. Durch den von Nachtwey geprägten Terminus „Abstiegsgesellschaft" wurde die Struktur der sozioökonomischen Ungleichheit im Finanzmarktkapitalismus auf Pauperisierung und/oder Prekarisierung verkürzt, die Polarisierung jedoch ebenso vernebelt wie die duale Arbeitsmarktstruktur und die Widersprüchlichkeit der Kapitalakkumulation, von Bertolt Brecht in dem berühmten Vierzeiler seines 1934 erschienenen Kindergedichts „Alfabet" folgendermaßen ausgedrückt: „Armer Mann und reicher Mann / standen da und sah'n sich an. / Und der Arme sagte bleich: / Wär' ich nicht arm, wärst du nicht reich."

Das für die junge Bundesrepublik konstitutive Versprechen, dass mit einem sozialen Aufstieg und materiellem Wohlstand bis an sein Lebensende belohnt wird, wer sich anstrengt, fleißig ist und etwas leistet, gilt zwar längst nicht mehr, wenn es überhaupt je eingelöst wurde. Obwohl der soziale Abstieg im Finanzmarktkapitalismus häufiger und der Aufstieg von ganz unten schwerer geworden ist, fällt Letzterer aber häufig steiler als früher aus, wenn man z. B. an erfolgreiche Start-up-Unternehmer in der digitalen Plattformökonomie denkt. „Abstiegsgesellschaften" sind höchstens Burkina Faso, Bangladesch und Burundi, nicht aber die Bundesrepublik Deutschland. Denn sie fallen als ganze Volkswirtschaften immer weiter hinter solch hoch entwickelte Staaten des globalen Nordens zurück.

---

234 Oliver Nachtwey, Die Abstiegsgesellschaft, a.a.O., S. 135

Problematisch war neben der irreführenden Begrifflichkeit und der Widersprüchlichkeit von Nachtweys Argumentation besonders, dass er in seinem Buch weder Alternativen entwickelte noch einen Ausweg wies, weshalb es sehr resignativ endete: „Ein Zurück in die soziale Moderne wird es schlicht nicht geben."[235] Warum eigentlich nicht, fragt man sich als Leser/in unwillkürlich, ohne dass Nachtwey auch nur den Versuch unternähme, darauf eine Antwort zu geben. Statt einer stichhaltigen Begründung für seine pessimistische Prognose lieferte Nachtwey unter Hinweis auf die seinerzeit gleichermaßen erstarkende und sich radikalisierende Alternative für Deutschland (AfD) nur vage Spekulationen darüber, dass „regressive Modernisierung" und „postdemokratische Politik" in eine „autoritäre Strömung" münden könnten, der aber eine „solidarische Moderne" folgen soll, wenn es nach ihm ginge. Was den Unterschied zwischen „sozialer" und „solidarischer Moderne" ausmacht, blieb leider ebenfalls unklar.

2.9 Die neue Klassenstruktur in Andreas Reckwitz' „Gesellschaft der Singularitäten"

Assoziierte man den eindimensionalen, undialektischen und viel zu undifferenzierten Begriff „Abstiegsgesellschaft" wenigstens noch mit wachsenden sozialen Problemen, so steigt in der Soziologie momentan das Risiko eines ideologischen Rollbacks, wie der Rückfall des Kultursoziologen Andreas Reckwitz auf den „Kenntnisstand" der frühen 1950er-Jahre beweist. In seinem nicht bloß von Deutschlands Bohème begeistert aufgenommenen Buch *Die Gesellschaft der Singularitäten* nannte Reckwitz die Legitimationsformel, mit der Helmut Schelsky die Klassengegensätze des beginnenden „Wirtschaftswunders" ideologisch ummäntelt hatte, für die industrielle Moderne „treffend auf den Begriff gebracht" und verwendete sie anschließend gleich mehrfach völlig unkritisch: „Die nivellierte Mittelstandsgesellschaft bildete das Korrelat der Industriegesellschaft und zugleich der Massenkultur (mit ihren Massenmedien und ihrem Massenkonsum) sowie des politischen ‚sozialdemokratischen Konsenses'. Vor dem Hintergrund unserer Unterscheidung zwischen einer sozialen Logik des Allgemeinen und einer des Besonderen kann man feststellen: Nicht nur der Rationalismus der Industriegesellschaft, sondern zugleich die nivellierte Mittelstandsgesellschaft war durch und durch von einer Logik des Allgemeinen, einer Logik der Standardisierung der Ressourcen und der *Normalisierung der Lebensformen* geprägt."[236]

Während sich die industrielle Moderne zuletzt „in Richtung einer weitge-

235 Ebd., S. 232
236 Andreas Reckwitz, Die Gesellschaft der Singularitäten, a.a.O., S. 276 f. (Hervorh. im Original)

hend klassenlosen Gesellschaft" entwickelt habe, markiere die „Kulturalisierung und Singularisierung des Sozialen in der Spätmoderne" den Beginn einer „neuen Klassengesellschaft", die sich laut Reckwitz jedoch anders zusammensetzt als die vergangene. Als „sozial-kulturelle Klasse" bezeichnete Reckwitz eine Gruppe, die aufgrund der Ausstattung mit sozial relevanten Ressourcen (Kapital) bzw. einer bestimmten Form der Arbeit eine gemeinsame soziale Position mit einem kulturellen Muster der gemeinsamen Lebensführung verbindet. Kern der „neuen Mittelklasse", die Reckwitz auch „akademische Mittelklasse" oder „Akademikerklasse" nennt, sind nach seiner Erkenntnis jene Menschen, die in der sog. Kreativwirtschaft (Computerindustrie, Internet, Medien, Kunst, Design, Marketing usw.) arbeiten: „Es ist die akademische Mittelklasse – besonders angestoßen vom kreativen Milieu –, die in der Spätmoderne in grundsätzlicher und tonangebender Manier an der Singularisierung und Kulturalisierung ihres Lebensstils arbeitet, in dem ein bestimmtes Verhältnis zur ‚Kultur' sowie der Wert und das Erleben des Einzigartigen leitend wirken. Authentizität, Selbstverwirklichung, kulturelle Offenheit und Diversität, Lebensqualität und Kreativität sind die Parameter dieses Lebensstils, der auch über die Grenzen ihrer primären Trägergruppe hinaus Strahlkraft erlangt und zu einer Hegemonie geworden ist."[237]

Seit mehreren Jahrzehnten glauben manche Sozialforscher, dass die Akademiker eine neue, besonders innovative, einflussreiche und wirkmächtige Gesellschaftsklasse bilden. Auch der britische Ökonom Paul Collier sah in den hochqualifizierten Akademiker(inne)n eine urbane Elite, die er als „neue Führungsklasse" bezeichnete.[238] Begründet wurde diese These ursprünglich mit dem Übergang zur „postindustriellen Gesellschaft", zur „modernen Dienstleistungsgesellschaft" oder zur „postmodernen Wissensgesellschaft", deren Sozialstrukturen sich dadurch grundlegend gewandelt hätten. Genannt seien in diesem Zusammenhang prominente Buchautoren wie Jean Fourastié, Peter F. Drucker, Alain Touraine, Daniel Bell sowie György Konrád und Iván Szelényi, die den Trend zur Tertiarisierung rechtzeitig erkannten, sich allerdings zum Teil von ihren Adepten missverstanden fühlten.[239] Dass ähnliche Interpretationen der Sozialstrukturentwicklung im Zeichen der Globalisierung und Digitalisierung erneut an Resonanz gewannen, ist nachvollziehbar; weniger verständlich erscheint aber, dass die negativen Auswirkungen des digitalen Finanz-

237 Ebd., S. 275

238 Siehe Paul Collier, Sozialer Kapitalismus! – Mein Manifest gegen den Zerfall unserer Gesellschaft, München 2019, S. 16

239 Vgl. Jean Fourastié, Die große Hoffnung des zwanzigsten Jahrhunderts, Köln 1954; Peter F. Drucker, Das Fundament für morgen. Die neuen Wirklichkeiten in Wirtschaft, Wissenschaft und Politik, Düsseldorf 1958; Alain Touraine, Die postindustrielle Gesellschaft, Frankfurt am Main 1972; Daniel Bell, Die nachindustrielle Gesellschaft, Frankfurt am Main/New York 1975; György Konrád/Iván Szelényi, Die Intelligenz auf dem Weg zur Klassenmacht, Frankfurt am Main 1978

marktkapitalismus kaum Beachtung fanden. Bernd Riexinger, Parteivorsitzender der LINKEN, kritisierte diese Verweigerungshaltung mit folgenden Worten: „Das gehobene Bildungsniveau sagt etwas über die veränderten Anforderungen der gegenwärtigen Produktionsweise aus, aber nicht notwendigerweise etwas über die Klassenlage.“[240]

Mit der realen Arbeitswelt, die von A wie Amazon bis Z wie Zalando reicht, und der Lebenswirklichkeit von Geringverdiener(inne)n unserer Tage – etwa Pickern, die als Saisonarbeiter beim weltgrößten Online-Versandhändler beschäftigt sind – hat das von Reckwitz entworfene Gesellschaftsidyll der Singularitäten ebenso wenig zu tun wie mit der polarisierten Sozialstruktur in Deutschland. Wieso eine Hochschulbildung, deren „Marktwert“ seit geraumer Zeit tendenziell sinkt, eine gesellschaftliche Privilegierung ihrer Träger und deren Etablierung als eigene Klasse begründen soll, erschließt sich nicht. Da mittlerweile auch hierzulande ein Großteil der Heranwachsenden das Abitur macht und studiert, garantiert ein Hochschuldiplom heute nämlich gerade keine gesicherte Berufsposition von Akademiker(inne)n mehr. Dies gilt erst recht nach der Bologna-Reform, die das Hochschulwesen (uni)formiert und die akademische Bildung entwertet hat, für den Bachelor in einem Kurzstudiengang. Keiner der beiden genannten Abschlüsse schafft für die Mitglieder einer sozioökonomisch inzwischen extrem heterogen zusammengesetzten Gruppe eine gemeinsame Klassenlage. Was hat beispielsweise der steinreiche Eigentümer oder auch der hervorragend bezahlte Manager eines profitablen Dotcom-Unternehmens mit einem miserabel entlohnten Scriptgirl beim Film oder mit einer prekär beschäftigten Bühnenbildnerin am Stadttheater in der Provinz zu tun, die ebenfalls Akademiker/innen sind? Anders gefragt: Sichern nicht gerade die bescheidenen Honorare für Freiberufler/innen im künstlerisch-kreativen Bereich, von denen man kaum leben kann, die horrenden Profite der großen Medienkonzerne?

Dass der Klassenbegriff bei „spät-“ oder „postmodernen“ Sozialstrukturanalytikern trotz ihrer geringen Sensibilität für Prekarisierungstendenzen, Ausbeutungspraktiken und Unterdrückungsmechanismen fröhliche Urständ feierte, lag einerseits an der kaum mehr zu übersehenden Polarisierung von Einkommen und Vermögen, die nach begrifflicher Klarheit verlangte. Andererseits wirken mögliche Alternativkategorien, etwa Schicht, Milieu oder Lebensstil, gegenüber dem Klassenbegriff eher bieder, blass und blutleer, weil er nicht wie sie von Macht und Herrschaft abstrahiert, sondern die Verwurzelung der Gesellschaftsstruktur in den ökonomischen, Produktions- und Eigentumsverhältnissen zum Ausdruck bringt.

Reckwitz kulturalisierte den Klassenbegriff jedoch und benutzte ihn zugleich auf eine Weise, die an Beliebigkeit kaum noch zu überbieten war: Da gab

240 Bernd Riexinger, Neue Klassenpolitik. Solidarität der Vielen statt Herrschaft der Wenigen, 3. Aufl. Hamburg 2019, S. 65

es die „alte Mittelklasse“ ebenso wie die „neue Unterklasse“, die „neue Akademikerklasse“ und die „Dienstleistungsklasse“, während Arbeiter/innen und Kapitalisten offenbar gar nicht mehr existierten oder unbemerkt in einem der „neuen“ Klassentypen aufgegangen waren. Auch die Inflationierung des Kapitalbegriffs, die mit seiner fortschreitenden Sinnentleerung und einer Verschleierung bestehender Herrschaftsverhältnisse einherging, trieb Reckwitz weiter voran. Begonnen hatte dieser Prozess, als neoliberale Ökonomen ihre Theorie des „Humankapitals“ entwickelten.[241] Dieser nicht bloß bei Humanist(inn)en pejorativ besetzte Terminus wurde 2004 in Deutschland sogar zum „Unwort des Jahres“ gewählt.

Mit seiner Unterscheidung zwischen dem „ökonomischen“, dem „kulturellen“ und dem „sozialen Kapital“ verfolgte Pierre Bourdieu eine gesellschafts*kritische* Intention, die sein Vorwurf gegenüber der Wirtschaftswissenschaft erkennen ließ, sich nur mit den Marktbeziehungen, aber nicht mit dem Privateigentum, dem Profit, der Lohnarbeit usw. als den Grundlagen ihres eigentlichen Gegenstandsbereichs zu befassen.[242] Bourdieus eigener Klassenbegriff blieb allerdings verschwommen, definierte er eine soziale Klasse doch ausdrücklich weder durch ein Merkmal noch durch eine Summe von Merkmalen wie Alter, Geschlecht oder soziale und ethnische Herkunft, aber auch nicht durch eine ganze Kette von Merkmalen, die von einem Hauptindikator wie der Stellung in der materiellen Produktion kausal abzuleiten wären: „Eine soziale Klasse ist vielmehr definiert durch die *Struktur der Beziehungen zwischen allen relevanten Merkmalen*, die jeder derselben wie den Wirkungen, welche sie auf die Praxisformen ausübt, ihren spezifischen Wert verleiht.“[243]

Möglicherweise durch Probleme der Übersetzung bedingt, wirkte diese Definition doch ziemlich verquast. Max Koch sah den entscheidenden Mangel von Bourdieus Theorie aber darin, dass sie die Begriffe des Kapitals und der Klasse lediglich rein verteilungstheoretisch, d. h. im Sinne der Verfügungsgewalt über gesellschaftliche Ressourcen fasse, mit denen jedes Individuum in unterschiedlichem Maße ausgestattet sei.[244] Somit mache Bourdieu alle Menschen kurzerhand zu Kapitalisten, ohne im Rahmen seiner Kapitaltheorie ihre ökonomischen Praktiken befriedigend erklären zu können: „Denn mit der Produktion fällt eine Seite des Stoffwechsels aus der Analyse heraus. Bourdieu verbleibt auf der Ebene der Zirkulation, auf der des Marktes, ohne die Aneignung und die Verteilung des gesellschaftlichen Reichtums als zwei Seiten ein und derselben

241 Siehe Gary S. Becker, Human Capital. A Theoretical and Empirical Analysis With Special Reference to Education, New York 1964

242 Siehe Pierre Bourdieu, Ökonomisches Kapital, kulturelles Kapital, soziales Kapital, a.a.O., S. 184

243 Ders., Die feinen Unterschiede. Kritik der gesellschaftlichen Urteilskraft, 7. Aufl. Frankfurt am Main 1994, S. 182 (Hervorh. im Original)

244 Vgl. Max Koch, Vom Strukturwandel einer Klassengesellschaft, a.a.O., S. 109

Medaille zu erkennen. Da bei ihm wie in der Humankapitaltheorie so unterschiedliche Begriffe wie Marktteilnehmer und Kapitalist zusammenfallen, kann er das Klassenverhältnis nicht mehr als ein *soziales Verhältnis* erfassen, das auf der ökonomischen Ausbeutung fremder Arbeit beruht."[245]

In der Tradition von Bourdieu könnte ein findiger, nach Reputation strebender und auf mediale Resonanz bedachter Wissenschaftler mühelos weitere „Kapitalsorten" erfinden. Zu denken wäre beispielsweise an das akademische, analytische, intellektuelle, kognitive, emotionale, wissenschaftliche, theoretische, praktische, systematische, sprachliche, journalistische, publizistische, poetische, literarische, belletristische, lyrische, fiktive, virtuelle, kulinarische, pädagogische, philosophische, zivilisatorische, biologische, demografische, geografische, touristische, meditative, religiöse, karitative, philanthropische, moralische, ethische, kriminelle, ethnische, artifizielle, ästhetische, kreative, künstlerische, medizinische, sportliche, artistische, athletische, militärische, physische, psychische, somatische, haptische, körperliche, sexuelle, pornografische und erotische Kapital. Den zuletzt genannten Begriff hat die britische Soziologin Catherine Hakim jedoch bereits mit ihrem Buch *Honey Money. The Power of Erotic Capital* salonfähig gemacht.[246]

Dass der menschlichen Fantasie im Hinblick auf die weitere Zerfaserung und Zersplitterung des Kapitalbegriffs offenbar keine Grenzen gesetzt sind, bewies Reckwitz, als er den genannten, größtenteils willkürlich konstruierten und immer weiter vermehrten Kapitalformen das „Aufmerksamkeits-", das „Reputations-" und das „Singularitätskapital" hinzufügte. Letzteres soll eine Kombination der beiden Ersteren und „das kulturelle Kapital des als einzigartig Geltenden" sein: „Der Kulturkapitalismus ist ein *Singularitätskapitalismus*, indem die Singularität eines Gutes zu dessen Kapital wird."[247]

Nur jenes Kapital, dem Marx sein Hauptwerk widmete und das sich mit ihm in Agrar-, Handels-, Manufaktur-, Industrie-, Boden-, Immobilien- und Finanzkapital, aber auch in Geld-, produktives und Warenkapital sowie in fixes, konstantes und variables Kapital unterteilen lässt, spielte so gut wie keine Rolle mehr, entfaltet jedoch im Gegensatz zu den übrigen Kapitalsorten seit Jahrhunderten wirkliche Macht und liegt als Klassen- und Herrschaftsverhältnis einer fast in der ganzen Welt dominierenden Gesellschaftsformation zugrunde – dem Kapitalismus. Dieser begründet auch in Deutschland noch immer die sozioökonomische Ungleichheit.

In den Wirtschafts- und Sozialwissenschaften nehmen die systemapologetischen Tendenzen gegenwärtig eher zu. Wenn sich ökonomische, soziale, ökolo-

---

245 Ebd., S. 105 (Hervorh. im Original)

246 Vgl. Catherine Hakim, Erotisches Kapital. Das Geheimnis erfolgreicher Menschen, Frankfurt am Main/New York 2011

247 Andreas Reckwitz, Die Gesellschaft der Singularitäten, a.a.O., S. 172 (Hervorh. im Original)

gische und/oder politische Probleme mehren, wächst in jeder Gesellschaft das Verlangen, die Augen davor zu verschließen, die mit ihnen verbundenen Gefahren zu verdrängen und sich das Debakel schönzureden. Ausgerechnet im Vorfeld schwerer ökonomischer oder ökologischer Krisen und in gesellschaftlichen Umbruchsituationen hat eine Beschönigungs- und Beschwichtigungsliteratur regelrecht Hochkonjunktur. Momentan greift sie den Klimawandel genauso wie den Themenkreis „Rechtsextremismus und Gewalt“ oder das Problemfeld „Armut und sozioökonomische Ungleichheit“ auf. Der Marburger Soziologe Martin Schröder etwa behauptete, „fast ausnahmslos“ werde die Ungleichheit in Deutschland „weitaus höher eingeschätzt, als sie tatsächlich ist.“[248] Die sozioökonomische Ungleichheit an den unterschiedlich hohen Einkommen von Armen und Reichen festzumachen, wie es Schröder tat, basierte jedoch auf einem Trugschluss und glich einem statistischem Taschenspielertrick. Denn man kann zwar Armut mit einem geringen Einkommen gleichsetzen, darf Reichtum aber nicht auf ein hohes Einkommen reduzieren. Vielmehr gehört zum Reichtum immer auch und sogar in allererster Linie ein großes (Kapital-)Vermögen.

Auch gehört erhebliche Chuzpe dazu, Karl Marx und Oswald Spengler, dessen *Untergang des Abendlandes* bis heute Rassisten und Rechtsextremisten wie die Protagonisten von PEGIDA (Patriotische Europäer gegen die Islamisierung des Abendlandes) inspiriert, eine „kulturpessimistische Sichtweise“ vorzuwerfen, weil Ersterer im *Kommunistischen Manifest* eine Verarmung des Proletariats vorausgesagt habe.[249] Wenn man sieht, unter welchen Arbeitsbedingungen und zu welchen Löhnen transnationale Konzerne die Bewohner/innen von Ländern der sog. Dritten und Vierten Welt billige Massenware für die Konsumtempel des globalen Nordens produzieren lassen, ist genau das eingetreten, was Marx und Engels befürchtet hatten: die zu ihrer Zeit in dem Maße noch kaum vorstellbare Bereicherung einer kleinen Schicht von Kapitaleigentümern bzw. Großaktionären durch brutale Ausbeutung und Verelendung einer riesigen Schar wehrloser Industriearbeiter/innen. Dass jahrzehntelange Kämpfe der Arbeiter- und Gewerkschaftsbewegung nötig waren, um ähnliche Verhältnisse, wie sie bis heute in Ländern des globalen Südens existieren, im westlichen Nachkriegskapitalismus zu verhindern, verschwieg Schröder, obwohl die Arbeits- und Lebensbedingungen von Millionen Beschäftigten des modernen Prekariats, von Paketboten, Fahrradkurieren und Mitarbeiter(inne)n in deutschen Schlachtbetrieben, hieran durchaus erinnern.

Der frühere Caritas-Generalsekretär Georg Cremer beklagte den angeblichen „Niedergangsdiskurs“ und konstatierte demgegenüber, dass Deutschland ge-

---

248 Siehe Martin Schröder, Warum die Gesellschaftswissenschaften keinen realitätsgetreuen Blick auf die Welt vermitteln, in: Gesellschaft – Wirtschaft – Politik 2/2019, S. 237

249 Vgl. ebd.; ergänzend: Martin Schröder, Warum es uns noch nie so gut ging und wir trotzdem ständig von Krisen reden, Salzburg/München 2018, S. 14 und 16

rechter sei, als wir meinen. Er führte zur Begründung seines Buchtitels hauptsächlich die „seit 2005 alles in allem erfolgreiche Arbeitsmarktpolitik" und die gestiegenen Sozialausgaben an.[250] Letztere sind in den fünf Jahren vor und in den ersten beiden Jahren nach der Wirtschafts- und Finanzkrise 2009/10 *in Relation zur Entwicklung des Bruttoinlandsprodukts* jedoch sogar gesunken und könnten angesichts ihres Rekordstandes während des Konjunktureinbruchs ebenso gut als Indiz für wachsende soziale Probleme gewertet werden. „Viel Geld für Sozialpolitik – das ist in erster Linie ein Armutszeugnis."[251] Übrigens gaben mehrere EU-Staaten (Frankreich, Dänemark, Österreich, Italien und Schweden) mehr für Soziales aus.

Deutschland ist aus mindestens zwei Gründen sogar ungerechter, als Cremer mit seiner Buchveröffentlichung glauben machen wollte und die meisten Bürger/innen annehmen dürften: *Erstens* ist die Dunkelziffer oder Nichtinanspruchnahmequote, also der Anteil jener Personen, die aufgrund ihrer Armutslage staatliche Transferleistungen beantragen könnten, es aber nicht tun, sehr hoch. Sie beträgt bei der Grundsicherung für Arbeitsuchende (Hartz IV) ca. 50 Prozent und bei der Grundsicherung im Alter bis zu 68 Prozent.[252] Von zwei möglichen Bezieher(inne)n des Arbeitslosengeldes II stellt also eine/r keinen Antrag und von drei armen Senior(inn)en verzichten zwei auf die ihnen zuständigen Transferleistungen. „Die gesellschaftliche Diskriminierung von Armut und der bürokratische Umgang damit bewirken, dass viele Benachteiligte auf soziale Rechte verzichten."[253] Betroffene wissen oft auch schlicht nicht, dass es diese Sozialtransfers gibt oder dass sie einen Anspruch darauf hätten. Manche sind auch zu stolz, schämen sich oder scheuen den Papierkrieg mit einer Behörde. Wieder andere fürchten deren Unterhaltsrückgriff auf ihre Verwandten.

Zweitens wird die Reichtumskonzentration in Deutschland wegen genereller Probleme mit Vermögensdaten und besonders ungenügender Informationen zum oberen Randbereich systematisch unterschätzt.[254] Das hat mit Helmut Schelskys Charakterisierung der „alten" Bundesrepublik als „nivellierter Mittelstandsgesellschaft" ebenso zu tun wie mit Ludwig Erhards Leitbild der „Sozia-

250 Siehe Georg Cremer, Deutschland ist gerechter, als wir meinen. Eine Bestandsaufnahme, München 2018, S. 118

251 Renate Dillmann/Arian Schiffer-Nasserie, Der soziale Staat. Über nützliche Armut und ihre Verwaltung, Hamburg 2018, S. 250

252 Vgl. Irene Becker, Finanzielle Mindestsicherung und Bedürftigkeit im Alter, in: Zeitschrift für Sozialreform 2/2012, S. 123; Jana Friedrichsen/Renke Schmacker, Die Angst vor Stigmatisierung hindert Menschen daran, Transferleistungen in Anspruch zu nehmen, in: DIW-Wochenbericht 26/2019, S. 456

253 Joachim Bischoff/Bernhard Müller, Berliner Republik: eine Klassengesellschaft. Soziale Spaltungen, Wut auf das Establishment und rechte Ressentiments, Hamburg 2019, S. 58

254 Vgl. Andrea Heise/Bernd Hamm, Soziale Ungleichheit, in: Bernd Hamm (Hrsg.), Die soziale Struktur der Globalisierung. Ökologie, Ökonomie, Gesellschaft, Berlin 2006, S. 172

len Marktwirtschaft" – Euphemismen für den (west)deutschen Kapitalismus, die heute noch das Alltagsbewusstseins prägen. Auch erfassen die verfügbaren Datenquellen die höchsten Einkommen entweder – wie die EVS – aufgrund einer „Abschneidegrenze" gar nicht oder sind gerade im obersten Bereich wegen Verschleierungstaktiken der Spitzenverdiener ziemlich ungenau. DIW-Mitarbeiter haben herausgefunden, dass auch Studien zu den Verteilungsrelationen auf der Basis von Bevölkerungserhebungen die Vermögensungleichheit in Deutschland tendenziell unterschätzen.[255] Schließlich kann man auch nicht auf offizielle Zahlen des Staates zur Verteilung der Privatvermögen zurückgreifen, weil dieser selbst über keine Daten mehr verfügt, seitdem er die Erhebung der Vermögensteuer zum 1. Januar 1997 beendet und die Kapitalertragsteuer zum 1. Januar 2009 in eine pauschale Abgeltungsteuer in Höhe von 25 Prozent umgewandelt hat, die von den (Depot-)Banken erhoben und ohne persönliche Veranlagung der Steuerpflichtigen an die Finanzverwaltung weitergeleitet wird.

Wissenschaftler/innen, die sich wie die Duisburger Soziologin Anja Weiß, Expertin auf dem Feld der globalen Ungleichheit, einen skeptischen Blick auf die Gesellschaftsentwicklung hier und in anderen Teilen der Welt bewahrt haben, kritisieren häufig ihr Fach, weil es ratlos und davon abgekommen sei, politische Einstellungen vor dem Hintergrund von Klasseninteressen zu deuten.[256] Je konformistischer die Soziologie und je marktfixierter die Ökonomie in Deutschland wird, umso weniger sind diese beiden für das Problem der Ungleichheit „zuständigen" Wissenschaften fähig, die Gesellschaft und deren Klassenstruktur zu entschlüsseln. Ihre genuine Funktion als nur der Wahrheit verpflichtete Fachdisziplinen ist aber nicht die Ideologieproduktion, sondern die Entmystifikation der bestehenden Verteilungs-, Macht- und Herrschaftsverhältnisse. Nur an der erscheinenden Oberfläche sind die Bürger/innen demokratischer Staaten gleich, sei es bezüglich ihrer Rechte und politischen Einflussmöglichkeiten oder bezüglich ihrer Bildungs- und sozialen Aufstiegschancen. Schaut man genauer hin, entdeckt man krasse Formen der Ungleichheit, die sich nach wie vor in Klassen und Schichten materialisiert, wenngleich die Sozialstruktur heute differenzierter, komplexer und komplizierter zu durchschauen ist.

255 Vgl. Christian Westermeier/Markus M. Grabka, Große statistische Unsicherheit beim Anteil der Top-Vermögenden in Deutschland, in: DIW-Wochenbericht 7/2015, S. 123 ff.

256 Vgl. Anja Weiß, Soziologie globaler Ungleichheiten, Berlin 2017, S. 11 f.

3 Sozialstrukturentwicklung und Diskurskonjunkturen der Ungleichheit

Wie gezeigt, war die Geschichte der westdeutschen Nachkriegssoziologie nicht zuletzt die Geschichte zahlloser Versuche, die als marxistische Signalbegriffe verpönten Termini „Klasse" bzw. „Klassengesellschaft" durch weniger brisante Kategorien zu ersetzen, ihren Wortsinn zu entschärfen oder sie auf andere Weise ideologisch zu entsorgen. Parallelen dazu finden sich bei den politischen und Mediendiskursen zur sozioökonomischen Ungleichheit. Sofort fallen regelrechte Konjunkturen des Themas ins Auge. Perioden seiner Tabuisierung, Leugnung und Verharmlosung wechselten mit – allerdings viel selteneren – Phasen einer Problematisierung ab. Die primär als „Schere" zwischen Arm und Reich verstandene Ungleichheit hat nach 1945 in der Öffentlichkeit jedoch nie die ihr gebührende Aufmerksamkeit gefunden, sondern ist keineswegs zufällig immer wieder aus dem Blickfeld verschwunden, teilweise auch daraus verbannt worden. Grund dafür war nicht das schiefe Bild der sich weiter öffnenden Schere, sondern das Interesse (einfluss)reicher Gruppen an der Leugnung sie begünstigender Verteilungsschieflagen.

Zu keinem Zeitpunkt hat sich die Öffentlichkeit hierzulande ernsthaft mit dem Problem der sozioökonomischen Ungleichheit auseinandergesetzt und Möglichkeiten zu seiner Lösung eruiert, das Phänomen vielmehr zum Teil sogar negiert.[1] Nur wenige Journalist(inn)en, Redakteure und Publizist(inn)en traten mit Veröffentlichungen hervor, in denen die sich tendenziell vertiefende Kluft zwischen Arm und Reich skandalisiert wurde.[2] In den maßgeblichen, das Alltagsbewusstsein prägenden Medien wird der Reichtum jedoch eher verschleiert und die Armut verharmlost. Dasselbe gilt für die etablierten Parteien und Politiker, deren ganzes Bestreben darauf gerichtet ist, die bestehenden Verteilungsverhältnisse und ihre eigene Mitverantwortung dafür zu rechtfertigen.

---

1 Vgl. dazu: Dorothee Beck/Hartmut Meine, Wasserprediger und Weintrinker. Wie Reichtum vertuscht und Armut verdrängt wird, 4. Aufl. Göttingen 1998; Christoph Butterwegge, Armut in einem reichen Land. Wie das Problem verharmlost und verdrängt wird, 4. Aufl. Frankfurt am Main/New York 2016; Eva Maria Gajek/Christoph Lorke (Hrsg.), Soziale Ungleichheit im Visier. Wahrnehmung und Deutung von Armut und Reichtum seit 1945, Frankfurt am Main/New York 2016

2 Vgl. z. B. Alexander Hagelüken, Das gespaltene Land. Wie Ungleichheit unsere Gesellschaft zerstört – und was die Politik ändern muss, München 2017; Jakob Augstein/Nikolaus Blome, Oben und Unten. Abstieg, Armut, Ausländer – was Deutschland spaltet, München 2019

3.1 Währungsreform, Westintegration und „Wirtschaftswunder“

Nach der Kapitulation am 7./8. Mai 1945 befand sich die (west)deutsche Gesellschaft in einem tiefgreifenden Umbruch. Während der unmittelbaren Nachkriegszeit herrschte vor allem in vielen Großstädten nackte Existenzangst, weil Millionen Deutsche im Bombenhagel der Alliierten ihr ganzes Hab und Gut verloren hatten. Hungerkrisen bestimmten den Alltag, denn die Versorgungslage der Bevölkerung war unmittelbar nach dem Zusammenbruch des NS-Regimes und seiner verheerenden militärischen wie moralischen Niederlage noch schlechter als im Krieg, zumal mehrere Millionen Flüchtlinge und Heimatvertriebene aus den Ostgebieten des sog. Dritten bzw. Großdeutschen Reiches nach Westen strömten und mit ernährt werden mussten. Lebensmittelkriminalität, Ernährungsstreiks, Teuerungskrawalle und Hungerdemonstrationen bestimmten nicht bloß den Alltag vieler entwurzelter Menschen, sondern stellten auch ein großes Konfliktpotenzial für die labile Nachkriegsordnung dar.[3]

Dass die westdeutsche Klassenstruktur trotz der historischen Zäsur des Weltkrieges ein hohes Maß an Kontinuität aufwies, legten die populärwissenschaftlichen Buchveröffentlichungen von Kurt Pritzkoleit mit so einprägsamen Titeln wie *Männer – Mächte – Monopole* oder *Gott erhält die Mächtigen* nahe.[4] Sie gaben über die tiefen sozioökonomischen Gräben in der frühen Bundesrepublik beredt Auskunft. Trotz ihrer detailreichen Darstellung und ihrer relativ hohen Auflagen wurden sie allerdings in (partei)politischen Zusammenhängen ebenso wie in Fachkreisen weitgehend ignoriert. Ähnliches gilt für die ebenso zahlreichen Publikationen des Schriftstellers Bernt Engelmann, der sich in Büchern wie *Das Reich zerfiel, die Reichen blieben* oder *Die Macht am Rhein. Meine Freunde – die Geldgiganten* gleichfalls immer wieder mit den alten und neuen deutschen Machteliten sowie den Finanzmagnaten, Spitzenmanagern großer Konzerne und Börsenspekulanten beschäftigte.[5] Engelmanns Leserschaft wurde darin nicht zuletzt mit Anekdoten über die auch politisch einflussreichen Großbankiers Hermann Josef Abs, Baron Friedrich Carl von Oppenheim sowie Robert Pferdmenges unterhalten, erhielt aber auch wichtige Informationen über die damals reichsten Männer der Bundesrepublik, etwa den Konzernchef

---

3 Vgl. dazu: Günter J. Trittel, Hungerkrise und kollektiver Protest in Westdeutschland (1945-1949), in: Manfred Gailus/Heinrich Volkmann (Hrsg.), Der Kampf um das tägliche Brot. Nahrungsmangel, Versorgungspolitik und Protest 1770-1990, Opladen 1994, S. 377 ff.; Paul Erker, Hunger und sozialer Konflikt in der Nachkriegszeit, in: ebd., S. 392 ff.

4 Vgl. Kurt Pritzkoleit, Männer – Mächte – Monopole. Hinter den Türen der westdeutschen Wirtschaft, Düsseldorf 1953; ders., Wem gehört Deutschland? – Eine Chronik von Besitz und Macht, Wien/München/Basel 1957

5 Vgl. Bernt Engelmann, Die Macht am Rhein. Meine Freunde – die Geldgiganten, 2 Bde., München 1968; ders., Das Reich zerfiel, die Reichen blieben, Hamburg 1972

Friedrich Flick oder den Münchner Bankier und Großgrundbesitzer August von Finck senior.

Für den französischen Historiker Pierre Rosanvallon markierte das Kriegsende 1945 weltweit einen Gipfelpunkt in der gesellschaftlichen Akzeptanz redistributiver Gleichheit.[6] Da traf es sich gut, dass mit der Währungsreform drei Jahre später der Gründungsmythos einer größeren Egalität der westdeutschen Nachkriegsgesellschaft entstand. Schließlich wurde sämtlichen Besitzer(inne)n einer gültigen Lebensmittelkarte am selben Stichtag für 40 Reichsmark eine gleich hohe „Kopfquote" in neuer Währung ausgehändigt, nachdem die westlichen Siegermächte die dafür benötigten Banknoten jenseits des Atlantiks gedruckt, heimlich nach Bremen verschifft und auf ihre Besatzungszonen verteilt hatten. Der illusionäre Eindruck einer politisch hergestellten Eigentums-, Einkommens- und Vermögensgleichheit verstärkte sich aufgrund der Tatsache, dass die Bundesrepublik Deutschland eine Währung erhielt, noch bevor sie als Staat auf die politische Weltbühne trat. „Am Abend des 20. Juni 1948 schien es, als seien mit einem Schlage alle Westdeutschen gleich arm oder gleich reich geworden, denn jeder hatte nur 40 DM gültiges Bargeld. Später wurde daraus die Legende, durch die Währungsreform habe jeder die gleiche Chance zu einem wirtschaftlichen Neubeginn erhalten."[7]

Da es durchaus Menschen gab, die nicht genug Reichsmark zum Umtauschen besaßen, weil sie zu arm waren, und Arbeitgeber zusätzlich 60 DM pro Beschäftigten erhielten, von dem meist sehr viel größeren Vermögen – Sachwerte wie Gebäude, Autos und Maschinen blieben ja unangetastet – abgesehen, das ihnen erhalten blieb und sich jetzt relativ leicht vergrößern ließ, vertiefte sich die Kluft zwischen Kapital und Arbeit. Gleichwohl sah es so aus, als begünstige die Geldumstellung gerade sozial Benachteiligte, denn alle Bankguthaben wurden – ebenso wie Schulden – im Verhältnis 10 (bzw. 6,5) zu 1 abgewertet. Vor allem Arbeiter, kleine Angestellte und Beamte verloren jedoch oftmals ihre ganzen Ersparnisse bis auf einen kümmerlichen Rest. „Mit 40 DM ‚Kopfgeld', sehr knappem Einkommen und dem traurigen Wissen, daß alles Ersparte bis auf einen Notgroschen vernichtet worden war, profitierten die breite Unterschicht und der untere Mittelstand sehr wenig von den geradezu sensationellen Veränderungen, die in der Nacht vom 20. zum 21. Juni 1948 vor sich gingen."[8] Der Marburger Politikwissenschaftler Georg Fülberth sprach daher von der Währungsreform später als einem „Umverteilungsakt zugunsten der Eigentümer von Produktionsmitteln und von Grund und Boden."[9]

6 Vgl. Pierre Rosanvallon, Die Gesellschaft der Gleichen, Hamburg 2013, S. 236

7 Bernt Engelmann, Wie wir wurden, was wir sind. Von der bedingungslosen Kapitulation bis zur unbedingten Wiederbewaffnung, München 1982, S. 170

8 Ebd., S. 172

9 Siehe Georg Fülberth, Geschichte der Bundesrepublik Deutschland, 3. Aufl. Köln 2018, S. 21

Die westdeutsche Währungsreform festigte im Bewusstsein vieler Zeitgenoss(inn)en den falschen Eindruck, die Allerärmsten seien bessergestellt als zuvor, erhielten sie ihre Kleinstrenten oder Beihilfen doch seit dem 1. Juli 1948 in alter Höhe, nur fortan in D-Mark. „Aber davon hatten die Rentner und Unterstützungsempfänger kaum Vorteile; die Höhe ihrer Mieten, die Kosten für Strom und Heizung und auch die Preise der auf Marken erhältlichen Lebensmittel blieben ja zunächst gleich."[10] Bernt Engelmann hat diese Feststellung um den wichtigen Hinweis ergänzt, dass schon bald alles, was sie kaufen mussten, um leben zu können, teurer wurde, weshalb sich ausgerechnet die Allerärmsten letzten Endes sogar schlechter gestanden hätten als vorher.

Bereits kurz nach der Währungsumstellung sowie der Preis- und Bewirtschaftungsfreigabe durch Ludwig Erhard, seinerzeit Direktor der Verwaltung für Wirtschaft in den westlichen Besatzungszonen, gemäß dem *Leitsätzegesetz* (Gesetz über Leitsätze für die Bewirtschaftung und Preispolitik nach der Geldreform) lagen die Schaufenster und Regale vieler Läden, in denen zuvor gähnende Leere geherrscht hatte, voller Waren, von denen mancher Verbraucher geglaubt hatte, es gäbe sie überhaupt nicht mehr. Dieser Umstand ließ die Währungsreform in den Augen von Millionen Menschen als Geburtshelferin des sich bald darauf abzeichnenden neuen Wohlstandes erscheinen. Diskursiv verband er sich mit der „Sozialen Marktwirtschaft", wie das Wirtschaftssystem der Bundesrepublik unter Rekurs auf einen Leonhard Miksch (Ordoliberaler, SPD-Mitglied und Berater Erhards) sowie Alfred Müller-Armack (Nationalökonom, Hochschullehrer und später Leiter der Grundsatzabteilung des Bundeswirtschaftsministeriums) zugeschriebenen Begriff genannt wurde.

Je mehr sich diese Bezeichnung als „Kosename für den Kapitalismus" (Dieter Lattmann) durchsetzte, umso positiver gestaltete sich das Image der westdeutschen Nachkriegsgesellschaft. Armut wurde, wenn man sie überhaupt noch wahrnahm und nicht wie den Reichtum ignorierte, als Kriegsfolge und Nachwirkung der Besatzungszeit betrachtet, die laut Bundesregierung im Zuge des erfolgreichen Wiederaufbaus von selbst verschwinden werde. „In einer Gesellschaft, in der es verpönt war, von sozialen Klassen zu sprechen, man statt dessen Begriffe wie Schichten, Gruppen und schließlich den der nivellierten Mittelstandsgesellschaft einführte, durfte es die Armut als Klassenproblem nicht geben, sondern nur als pathologische Erscheinungsformen bestimmter Gruppen."[11]

Vor dem Hintergrund des während der frühen 1950er-Jahre einsetzenden „Wirtschaftswunders", der politischen Westintegration und der Wiederbewaffnung vollzog sich nicht bloß die Rekonstruktion des Kapitalismus, sondern auch eine Restauration seiner durch extreme Gegensätze der materiellen Res-

---

10 Bernt Engelmann, Wie wir wurden, was wir sind, a.a.O., S. 171

11 Jürgen Roth, Absturz. Das Ende unseres Wohlstands, München/Zürich 1997, S. 33

sourcenausstattung gekennzeichneten Sozialstruktur. Kein anderes historisches Ereignis hat für die Legitimation der fortdauernden Ungleichheit nach dem Zweiten Weltkrieg und für die Verankerung der Leistungsideologie bzw. des meritokratischen Mythos im Alltagsbewusstsein der Westdeutschen jedoch eine so große Bedeutung wie die Währungsreform gehabt, denn nur durch sie konnte es für Teile der Bevölkerung scheinen, als hätten Reiche ihr Vermögen durch eigene Verdienste erworben und nach den Kriegszerstörungen arm Gebliebene sich den Mangel an Finanzmitteln selbst zuzuschreiben, weil alle Bundesbürger/innen vermeintlich mit demselben Geldbetrag gestartet waren.

Außerdem erweckte der Lastenausgleich bei vielen Bundesbürger(inne)n den Eindruck, dass sich die politisch Verantwortlichen redlich bemühten, die wirtschaftliche und soziale Ungleichheit in Westdeutschland zu verringern. Zu Beginn der Zweiten Lesung des Entwurfs für das *Lastenausgleichsgesetz* am 6. Mai 1952 äußerte der damalige Vizekanzler und FDP-Vorsitzende Franz Blücher als Vertreter des erkrankten Bundeskanzlers Konrad Adenauer die Hoffnung, „daß durch dieses Gesetz und durch die zusätzlichen Bemühungen aller Beteiligten das Ziel des Gesetzgebungswerkes erreicht wird: zu seinem Teil zur inneren Befriedung unseres Volkes und zur Festigung seines gesellschaftlichen Gefüges beizutragen."[12] Dagegen kritisierte der sozialdemokratische Oppositionsführer Erich Ollenhauer im Rahmen der Dritten Lesung des Gesetzentwurfs die „Bevorzugung des großen Privatbesitzes" durch die von der Union geführte Regierungskoalition: „Das Resultat dieser Politik ist, daß es heute in keinem der kriegführenden Länder in Westeuropa einen so aufreizenden Gegensatz zwischen größtem Luxus und erbarmungswürdiger Armut gibt wie hier in der Bundesrepublik."[13]

Da die kapitalistische Marktwirtschaft eine Zeitlang weitgehend krisenfrei funktionierte und ein weiterentwickelter Wohlfahrtsstaat soziale Notlagen zumindest erträglicher machte, galten die Begriffe „soziale Klasse" und „Klassengesellschaft" als Relikte aus der ideologischen Mottenkiste des Marxismus. Dass es zur selben Zeit in den westlichen Wohlfahrtsstaaten, vor allem jedoch in der Bundesrepublik Deutschland, überhaupt sozioökonomische und -kulturelle Nivellierungstendenzen gab, hing mit streikbereiten und kampfstarken Gewerkschaften einerseits sowie der Systemkonkurrenz zwischen Kapitalismus und Staatssozialismus andererseits zusammen. Die damalige Ost-West-Konfrontation war nicht zuletzt eine Konkurrenz zwischen dem US-amerikanischen und dem sowjetischen Konzept sozialer Gleichheit, wie der Berliner Historiker Hartmut Kaelble in seinem Buch *Mehr Reichtum, mehr*

12 Franz Blücher, in: Deutscher Bundestag, Plenarprotokoll der 207. Sitzung, Dienstag, den 6. Mai 1952, S. 8968

13 Erich Ollenhauer, in: Deutscher Bundestag, Plenarprotokoll der 211. Sitzung, Mittwoch, den 14. Mai 1952, S. 9263

Armut. Soziale Ungleichheit in Europa vom 20. Jahrhundert bis zur Gegenwart bemerkte.[14] Das sowjetische Modell zielte auf eine Verbesserung der sozialen Lage von Arbeiter(inne)n und übte damit erheblichen Druck aus. „Diese internationale Konkurrenz um soziale Gleichheit motivierte auch die westeuropäischen Regierungen zu einer Politik des Abbaus der sozialen Ungleichheit, zur Ausweitung der Bildungschancen, zum Bau von preiswerten Wohnungen, zu hohen Steuern für Einkommen und Vermögen und zu einem leistungsfähigen Gesundheitssystem für alle Bürger."[15]

Zwar blieb die Nivellierung der sozialen Gegensätze während des Kalten Krieges eng begrenzt, laut Hartmut Kaelble zeigte sie jedoch, „dass wirtschaftliches Wachstum nicht zwingend mit einer Verschärfung sozialer Ungleichheit verbunden sein muss und dass auch im Kapitalismus soziale Ungleichheit abgemildert werden kann."[16] Kaelble hat allerdings zu Recht darauf hingewiesen, „dass nach dem Ende des Kalten Krieges der Druck nachließ, die soziale Ungleichheit zwischen den sozialen Klassen abzubauen."[17] In der Folgezeit rückten die Unterschiede zwischen anderen Personengruppen (Männern und Frauen, Indigenen und Zuwanderern, Christen, Juden und Muslimen sowie Hetero- und Homosexuellen) und deren Benachteiligungen ins Rampenlicht: „Unterschiede der materiellen Lage verschwanden nicht vom Bildschirm, aber bei sozialer Ungleichheit wurde doch viel mehr als zuvor auch an Unterschiede der Chancengleichheit und der Teilhabe an der Gesellschaft gedacht."

Obwohl sich die Bundesrepublik nicht als Einwanderungsland verstand, veränderte sich ihre demografische und Sozialstruktur auch durch einige größere Migrationsbewegungen der Nachkriegszeit. Die relativ hohe Anzahl der Spätheimkehrer, Flüchtlinge und Heimatvertriebenen erhöhte die sozioökonomische Ungleichheit aufgrund des fehlenden Firmen- und Immobilienbesitzes sowie des geringen Vermögens der Betroffenen bzw. ihres erhöhten Armutsrisikos. Leistungen des Lastenausgleichs konnten ihre Vermögensverluste ebenso wenig kompensieren, wie die von wohlhabenden Westdeutschen an das Finanzamt zu entrichtende Lastenausgleichsabgabe (Vermögens-, Hypothekengewinn- und Kreditgewinnabgabe) für eine wirksame Umverteilung von oben nach unten sorgte.

Nach dem ersten, aufgrund des angespannten Arbeitsmarktes der Bundesrepublik im Dezember 1955 mit Italien geschlossenen Anwerbevertrag, dem weitere bilaterale Abkommen mit Spanien, Griechenland, der Türkei, Marokko, Portugal, Tunesien und Jugoslawien folgten, kamen sog. Gastarbeiter nach Westdeutschland, deren Zahl im September 1964 die Millionengrenze über-

14 Siehe Hartmut Kaelble, Mehr Reichtum, mehr Armut. Soziale Ungleichheit in Europa vom 20. Jahrhundert bis zur Gegenwart, Frankfurt am Main/New York 2017, S. 162

15 Ebd., S. 162 f.

16 Siehe ebd., S. 100

17 Siehe ebd., S. 162

schritt. „Man erwartete, dass sie wieder in ihr Herkunftsland zurückgehen würden, wenn ihre Verträge ausliefen, und so stellte der Staat sicher, dass sie sich sozial, politisch und wirtschaftlich nicht integrierten; ihnen wurde ein spezieller Status als gesellschaftliche Außenseiter_innen zuteil."[18] Die ausländischen Arbeitskräfte waren meist im Niedriglohnsektor beschäftigt und hatten praktisch keine sozialen Aufstiegsmöglichkeiten.

Je mehr Bevölkerungsgruppen im Laufe des relativ stetigen Wirtschaftsaufschwungs – wenn auch zum Teil unterdurchschnittlich – am gesellschaftlichen Wohlstand beteiligt wurden, umso weniger Aufmerksamkeit fand die soziale Benachteiligung der übrigen. Der liberale Soziologe Ralf Dahrendorf berichtete seinerzeit von Menschen, die ihre Wohnung mit einer Außenantenne schmückten, damit ihre Nachbarn den Eindruck gewannen, sie könnten sich einen Fernsehapparat leisten. Zwar gebe es nicht mehr das Privilegiensystem einer Kasten- oder Ständegesellschaft, schrieb Dahrendorf, die Bundesrepublik sei aber – ganz abgesehen von gröberen Abstufungen des Besitzes, des Einkommens, des Prestiges und der Macht – durch eine Vielfalt ebenso subtiler wie tiefgreifender Rangunterschiede gekennzeichnet, weshalb die These eines Ausgleichs der sozialen Unterschiede nur erstaunen könne: „Es ist nicht mehr üblich, die Angst, das Leid und das Unglück zu untersuchen, das die Ungleichheit unter die Menschen bringt – doch gibt es Selbstmorde auf Grund schlechter Examensresultate, Ehescheidungen wegen ‚gesellschaftlicher' Unvereinbarkeit, Verbrechen aus dem Gefühl sozialer Zurücksetzung, und überall ist es die Ungleichheit in der Gesellschaft, die Menschen gegen Menschen setzt."[19]

Wer die fortbestehende Verteilungsschieflage zu Beginn der 1960er-Jahre, mithin auf dem Höhepunkt des Kalten Krieges, in der BRD kritisierte, war schnell als Kommunist verschrien und wurde aufgefordert, gefälligst „nach drüben" zu gehen, d. h. in die DDR überzusiedeln. Als der Schriftsteller Rolf Hochhuth die sozioökonomischen Verhältnisse der Bundesrepublik im *Spiegel* (v. 26.5.1965) unter dem Titel „Der Klassenkampf ist nicht zu Ende" geißelte, wurde er heftig angefeindet. Von den Repräsentanten des westdeutschen Separatstaates wollte niemand hören, „daß Besitzlose in der Bundesrepublik nicht eine Minderheit sind, sondern bei weitem die Mehrheit des Volkes, nämlich mit geringen Ausnahmen alle Lohn- und Gehaltsempfänger, die nichts besitzen als ihre Gesundheit, ihren Arbeitsplatz und vielleicht noch ein Sparkonto, das günstigenfalls für einen Ferienaufenthalt der Familie ausreicht, aber schon nicht mehr dann, wenn eine Zahnbehandlung oder die Anschaffung einer Waschmaschine nötig sind."

18 Guy Standing, Prekariat. Die neue explosive Klasse, Münster 2015, S. 148

19 Ralf Dahrendorf, Über den Ursprung der Ungleichheit unter den Menschen, in: ders., Pfade aus Utopia. Arbeiten zur Theorie und Methode der Soziologie, München 1974, S. 353

Der katholische Publizist, Politikwissenschaftler und Darmstädter Hochschullehrer Eugen Kogon sprach von einer „westlichen" Generalthese, die besage, dass es weder soziale Klassen im ursprünglichen Wortsinne noch Herrschaft im Sinne der Unterlegenheit einer Bevölkerungsschicht gebe: „Die Klassengesellschaft von einst, wenn es sie je in einem unmißverständlichen Sinne gegeben habe, sei einer Gesellschaft gewichen, in der sich organisierte, miteinander konkurrierende Interessengruppen innerhalb rechtsstaatlicher Regelungen, ohne daß Gewalt angewendet werde, auseinandersetzen."[20] Eine (noch dazu undemokratische) Klassenherrschaft existierte angeblich nur östlich bzw. südöstlich der Elbe, wo sich die kommunistische Nomenklatura als korrupte Funktionärsclique entlarvt habe. Der jugoslawische Dissident Milovan Djilas, dessen Buch *Die neue Klasse* eine politische Abrechnung mit dem Tito-Regime enthielt,[21] diente dafür als idealer Kronzeuge. In dem System der pluralistischen Demokratie, so hieß es, würde dagegen zwar hart um einen für angemessen gehaltenen Anteil am Sozialprodukt gerungen, die gesellschaftlichen Interessenorganisationen, Unternehmerverbände und Gewerkschaften handelten jedoch notwendige ökonomische Kompromisse im Allgemeininteresse fair aus, während sie der Staat durch seine Gesetzgebung besiegele.

Dass um die Mitte der 1960er-Jahre, kurz vor der Rezession 1966/67, mehr als 750.000 Personen laufende Hilfe zum Lebensunterhalt bezogen, führten Claessens, Klönne und Tschoepe als Beleg für die erschreckend große Zahl der in materielle Not geratenen Personen an. „Es gibt also noch ‚Arme' in unserer Gesellschaft, allerdings nicht mehr im Sinne einer besonderen Schicht oder Gruppe, die abgesondert von den übrigen existiert. Die heute von den Einrichtungen der Sozialhilfe gesicherten Menschen sind nicht mehr jene, um die sich noch die ‚Armenpflege' und ‚Fürsorge' vergangener Jahrhunderte kümmerten, es sind vielmehr jene, die aus den verschiedensten Gründen, mehr oder weniger zufällig, von den Leistungen der Sozialversicherung oder Versorgung nicht oder nur teilweise erfaßt wurden."[22] Armut galt nunmehr als Randgruppenphänomen und damit als Randproblem; vom Reichtum war im Unterschied zum erstrebenswerten Wohlstand überhaupt nicht mehr die Rede.

Wie der Journalist Michael Jungblut bemerkte, war den meisten Bundesbürger(inne)n gar nicht bewusst, dass sich ein „Geldadel", wie er die Hyperreichen nannte, herausgebildet hatte, verbunden mit einer „ungeheure(n) Vermögenskonzentration", vornehmlich bei den Großkonzernen als dem industriellen Kernbereich des westdeutschen Nachkriegskapitalismus: „Während die große

20 Eugen Kogon, Klassen und Revolution im Denken der „Neuen Linken", in: Erwin K. Scheuch (Hrsg.), Die Wiedertäufer der Wohlstandsgesellschaft. Eine kritische Untersuchung der „neuen Linken" und ihrer Dogmen, 2. Aufl. Köln 1968, S. 83

21 Vgl. Milovan Djilas, Die neue Klasse. Eine Analyse des kommunistischen Systems, München 1958

22 Ebd., S. 315

Masse der Arbeitnehmer bescheidene Summen auf ihren Sparkonten ansammelte, die vor allem dazu dienten, die etwas kostspieligeren Statussymbole wie Auto, Fernsehgerät und Waschmaschine anzusparen, teilten einige wenige Reiche die deutsche Wirtschaft unter sich auf."[23] In seinem Buch *Die Reichen und die Superreichen in Deutschland* nannte Jungblut die Namen von Friedrich Flick, Helmut Horten, Rudolf August Oetker und Herbert Quandt, die damals mit Hilfe des Staates und seiner Steuerpolitik riesige Firmenimperien errichteten. Zu den ganz Reichen im Land gehörte auch der *Bild*-Verleger Axel Caesar Springer, dessen Jahreseinkommen über 100 Millionen DM betrug, wie der *Spiegel* am 2. September 1968 berichtete.[24] Demnach besaß der Gründer und Inhaber des mächtigsten Pressekonzerns der Bundesrepublik privat eine Reihe hochwertiger Immobilien, darunter drei Villen am Elbufer in Hamburg-Blankenese, zwei Sommerhäuser auf Sylt, einen Feriensitz im schweizerischen Alpenort Gstaad, eine viergeschossige Residenz im Londoner Westend, einen Herrensitz im Berliner Nobelstadtteil Dahlem, einen Bungalow auf der Havel-Insel Schwanenwerder und ein Schloss in Schleswig-Holstein, dessen Seen, Wiesen, Wälder und Felder mit 500 Hektar eine mehr als dreimal größere Fläche als Monaco einnahm.

Wenn jemand Karriere im Wissenschaftsbetrieb machen wollte, war dafür kaum ein Thema weniger tauglich als die sozioökonomische Ungleichheit, deren Fortexistenz und Verschärfung nicht zuletzt deshalb weitgehend im Dunkeln blieben. „Ungleichheit" hatte sich aus einem *Reiz*wort im Kalten Krieg während der hierzulande besonders stark ausgeprägten Prosperitätsperiode mehr und mehr zu einem politischen *Un*wort gewandelt. Auch wusste die westdeutsche Industriesoziologie seinerzeit kaum etwas über die Arbeiter sowie ihre materielle und Bewusstseinslage. Vermutet wurde überwiegend, dass die Arbeiterklasse in Auflösung begriffen oder jedenfalls nicht mehr klassenbewusst sei. Umso intensiver ging man der Frage nach, was an ihre Stelle getreten war. Aus einer der Tendenz nach revolutionären Klasse, hieß es allenthalben, sei längst eine Schicht von braven Mittelständlern und biederen Arbeitsbürgern geworden, die sich für schmucke Konsumgüter, aber nicht für das Problem der sozialen Ungleichheit, die Verwirklichung von mehr Gerechtigkeit oder die Überwindung des Kapitalismus interessierten.

Heinrich Popitz, Hans Paul Bahrdt, Ernst August Jüres und Hanno Kesting stießen bei ihrer Untersuchung zum Gesellschaftsbild der Beschäftigen in einem Hüttenwerk des Ruhrgebietes 1953/54 auf ein „dichotomisches" Arbeiterbewusstsein, das sie folgendermaßen charakterisierten: „Alle Arbeiter, mit de-

---

23 Michael Jungblut, Die Reichen und die Superreichen in Deutschland, Hamburg 1971, S. 21 (Der Verfasser übernahm nicht bloß den Buchtitel, sondern auch den methodischen Ansatz von dem US-Amerikaner Ferdinand Lundberg, Die Reichen und die Superreichen. Macht und Allmacht des Geldes, Hamburg 1969)

24 Vgl. dazu und zum Folgenden SPRINGER-SCHLOSS: Großes S, in: Der Spiegel 36/1968, S. 34

nen wir gesprochen haben und die überhaupt ein Gesellschaftsbild in dem von uns definierten Sinne entwickeln, sehen die Gesellschaft als – unabwendbare oder abwendbare, unüberbrückbare oder ‚partnerschaftlich' zu vermittelnde – *Dichotomie*, und sie beantworten die Frage nach ihrem eigenen gesellschaftlichen Ort durch ein Arbeiterbewusstsein, das es ihnen ermöglicht, sich innerhalb der Gesamtgesellschaft als Teil der Arbeiterschaft zu verstehen."[25] Während die von den Mitarbeiter(inne)n der Dortmunder Sozialforschungsstelle an der Universität Münster befragten Industriearbeiter die Gesellschaft, deren Mitglieder sie waren, gewissermaßen aus der sozialen Froschperspektive („von unten") betrachteten, galt dies laut Popitz und seinen drei Kollegen für den typischen Angestellten nicht, weil er ein Oben, das sich über ihm, und ein Unten kenne, das sich unter ihm befinde: „Er sieht sich selbst in der Mitte und entwickelt eine ausgesprochen scharfe Unterscheidungsfähigkeit und Sensibilität für soziale Abstufungen. Man kann daher annehmen, daß er die Gesellschaft nicht dichotomisch wie der Industriearbeiter, sondern *hierarchisch* sieht."[26]

Die in der Öffentlichkeit zu Beginn der 1960er-Jahre diskutierte Frage, ob es im westdeutschen „Wirtschaftswunderland" noch ein Proletariat gab, wurde regelmäßig mit der Begründung verneint, dass es den Arbeitern mittlerweile an Klassenbewusstsein fehle. So leitete Marianne Feuersenger, damals Redakteurin des Bayerischen Rundfunks, den aus einer Sendereihe hervorgegangenen und von ihr herausgegebenen Sammelband *Gibt es noch ein Proletariat?* u. a. mit folgender Bemerkung ein: „Der überwiegende Teil unserer Bevölkerung, nämlich dreiviertel, besteht aus Arbeitnehmern und ihren Angehörigen, aus Menschen also, die in abhängiger Stellung tätig sind. Sie bilden allerdings keine geschlossene Klasse wie die Arbeiterschaft früher; denn ob die Arbeiter sich heute noch als solche empfinden, darüber gehen die Meinungen unter ihnen selbst auseinander."[27]

Alle sechs an dem genannten Buch mit eigenen Aufsätzen beteiligten Soziologen machten sich ihre Antwort nicht leicht. So stellte der Statistiker und christliche Sozialwissenschaftler Paul Jostock fest, dass der Pauperismus und das Elendsproletariat des frühen Industriezeitalters zwar verschwunden seien, die Besitzlosigkeit als Kern des Proletarierdaseins aber trotz eines höheren Lohnniveaus, der verbesserten Rechtsstellung des Arbeiters und der Abmilderung von Existenzrisiken durch die voll ausgebaute Sozialversicherung ebenso fortexistiere wie die Klassengesellschaft: „Wie man vom Schwinden der Klassenunterschiede sprechen kann, solange sich der Boden und die übrigen Produktionsmittel im Privateigentum einer Minderheit befinden, während die

25 Heinrich Popitz u.a., Das Gesellschaftsbild des Arbeiters. Soziologische Untersuchungen in der Hüttenindustrie, Tübingen 1967, S. 237 (Hervorh. im Original)

26 Ebd., S. 242 (Hervorh. im Original)

27 Marianne Feuersenger, Einleitung, in: dies. (Hrsg.), Gibt es noch ein Proletariat?, Frankfurt am Main 1962, S. 6

Mehrheit des Volkes besitzlos dasteht, ist unerfindlich."[28] Der bekannte Publizist Walter Dirks betonte gleichfalls, dass wesentliche Kennzeichen der Proletarität nicht als überwunden gelten könnten: „Viele Arbeitnehmer leben als besitzlose Menschen am Rand des Existenzminimums, und die Sicherheit, die sie gewonnen haben, hat sie in neue Formen der Abhängigkeit von übermächtigen Apparaturen verstrickt."[29] Auch wies der Göttinger Soziologe Hans Paul Bahrdt in seinem Beitrag darauf hin, dass keineswegs alle sozialen Probleme, mit denen die Industriearbeiterschaft früher konfrontiert war, gelöst seien. Beispielsweise müsse eine Arbeiterfamilie auf viele Annehmlichkeiten des Lebens verzichten, solange die Kinder noch klein seien und die Frau deshalb nicht erwerbstätig sein könne: „Es ergibt sich außerdem der Zwang zur Mehrarbeit über den 7- oder 8-Stunden-Tag hinaus, wenn nicht die nackte Armut das Familienleben bestimmen soll."[30]

Wiewohl es damals für oberflächliche Beobachter scheinen konnte, als hätte sich das Proletariat aufgelöst, änderte dieses auch in der Folgezeit nur seine Gestalt und seine personelle Zusammensetzung. Dass man sich vom Proletariat verabschieden müsse, wurde – auch von linken Theoretikern wie dem französischen Sozialphilosophen André Gorz – später immer wieder behauptet, aber genauso häufig bestritten.[31] Die sozialstrukturelle Metamorphose einer mehr oder weniger mysteriösen Verflüchtigung der Arbeiterklasse scheint die Fantasie ungezählter Wissenschaftler, Publizisten und Politiker beschäftigt zu haben. Der Berliner Sozialwissenschaftler und Journalist Sebastian Friedrich kommentierte dies mit ironischem Unterton folgendermaßen: „Als immer weniger rußverschmierte Männer auf der Straße zu sehen waren, verbreitete sich das Gerücht, die Arbeiterklasse sei irgendwie verschwunden. Obdachlose, Reinigungskräfte, Krankenpfleger_innen und Paketzusteller_innen waren freilich immer mehr zu sehen, doch sie passten nicht so richtig ins Bild."[32] Nur wenn man die Sozialstruktur des Kaiserreiches vor Augen und einen verengten Klassenbegriff im Kopf hat, kann man auf die Idee kommen, es gäbe mittlerweile keine vom Kapital ausgebeutete Gesellschaftsklasse mehr. Selbst für den Fall, dass die sozialstatistische Gruppe der Arbeiter endgültig verschwände, würden jedoch noch Millionen Lohnabhängige zur arbeitenden Klasse im weiteren Sinne gehören. Der zuletzt genannte, schon von Engels in seiner Monografie über die Lage der englischen Proletarier benutzte Terminus ist heute deshalb vorzuziehen, weil

28 Paul Jostock, Gibt es noch ein Proletariat?, in: ebd., S. 13

29 Walter Dirks, Blick in die Zukunft, in: ebd., S. 91

30 Hans Paul Bahrdt, Die Industriearbeiter, in: ebd., S. 26

31 Vgl. z. B. André Gorz, Abschied vom Proletariat. Jenseits des Sozialismus, Frankfurt am Main 1980; Peter Fleissner/Frank Deppe (Hrsg.), Arbeiterklasse – gibt's die noch?, Wien 1985

32 Sebastian Friedrich, Neue Klassenpolitik. Eine Perspektive gegen die neoliberale und die rechte Erzählung, in: ders./Redaktion analyse & kritik (Hrsg.), Neue Klassenpolitik. Linke Strategien gegen Rechtsruck und Neoliberalismus, Berlin 2018, S. 15

der verwandte Begriff „Arbeiterklasse" weder gendergerecht ist noch Menschen erfasst, die abhängig beschäftigt sind, ohne Arbeiterin oder Arbeiter zu sein.

Dass sich die Arbeitswelt der Bundesrepublik im Umbruch befand, spürten nicht bloß die Industriearbeiter/innen, sondern auch die Angestellten. Urs Jaeggi und Herbert Wiedemann, die zu Beginn der 1960er-Jahre eine empirische Untersuchung zur (Teil-)Automatisierung und Computerisierung im Büro sowie zu den Reaktionen der davon Betroffenen durchführten, gelangten zu dem Ergebnis, dass die Angestelltenschaft weder ein klares schichtspezifisches Kollektivbewusstsein habe noch eine homogene, in sich geschlossene Schicht sei: „Der Angestellte, der auf den ersten Blick gleichsam der Musterknabe der nivellierten Massengesellschaft zu sein scheint und sich gesellschaftskonform bis zu einem Maße erweist, daß er bereit ist, seine eigenen Interessen aufzugeben, ist in Wirklichkeit Mitglied einer mehrfach differenzierten und damit auch stark gegliederten Gruppe."[33] Während sich die herkömmlichen Angestellten, deren Arbeitsplätze durch Automatisierungsprozesse bedroht waren, umso deutlicher von den Arbeitern abgrenzten, besäßen die zu den „neuen Angestellten" zählenden Programmierer, Operatoren und Organisatoren ein realistischeres Bild von der gesellschaftlichen Schichtung.

Horst Kern und Michael Schumann, deren 1963 begonnenes und 1968 abgeschlossenes Forschungsprojekt zum Thema „Industriearbeit und Arbeiterbewußtsein" in Fachkreisen auf große Resonanz stieß, sahen in der Marx'schen Klassentheorie den Versuch, die objektive Interessen- und Herrschaftskonstellation der kapitalistischen Gesellschaft zu erklären, gingen jedoch davon aus, dass eine Reihe intervenierender Faktoren es den Arbeitern erschwert hätten, den Herrschaftscharakter der Gesellschaft zu durchschauen, wodurch Zweifel aufkämen, ob die Arbeiterschaft noch immer als historisches Subjekt des gesellschaftlichen Wandels fungieren könne.[34] Allerdings bestätigten Kern und Schumann, dass die Industriearbeiter am Arbeitsplatz und auch im Freizeitbereich trotz erheblicher Differenzierungstendenzen nach wie vor einheitlichen Beschränkungen des Lohnarbeitsverhältnisses unterlagen: „Die Beteiligung an Einkommen und Vermögen, die Chancen für Bildung, Gesundheit und Wohnen tragen trotz partieller Verbesserungen weiter den Stempel der Klassenlage und sind gekennzeichnet durch deutliche Unterprivilegierung."[35]

---

33 Urs Jaeggi/Herbert Wiedemann, Der Angestellte in der Industriegesellschaft, Stuttgart 1966, S. 154 f.

34 Vgl. Horst Kern/Michael Schumann, Industriearbeit und Arbeiterbewußtsein. Eine empirische Untersuchung über den Einfluß der aktuellen technischen Entwicklung auf die industrielle Arbeit und das Arbeiterbewußtsein, Teil I, Frankfurt am Main 1970, S. 23

35 Ebd., S. 25

3.2 Ludwig Erhards „Wohlstand für alle" und die gesellschaftliche Wirklichkeit

Das unvorstellbare Nachkriegselend mit Wohnungsnotstand, Kältetoten sowie Hunger- und Versorgungskrisen wich im Laufe der 1950er-Jahre, durch äußerst günstige weltpolitische und -wirtschaftliche Rahmenbedingungen gefördert, einem meist allerdings recht bescheiden anmutenden Wohlstand für immer größere Bevölkerungsteile. Vor diesem Hintergrund versprach der spätere Bundeskanzler Ludwig Erhard in seinem Anfang 1957 erschienenen Buch *Wohlstand für Alle*, das Auf und Ab der Konjunkturzyklen zu überwinden, Vollbeschäftigung zu gewährleisten und den privaten Reichtum durch Verstetigung des Wachstums zu maximieren, ohne dass eine Umverteilung stattfinden müsse: „Ich werde […] nie müde werden, dafür zu sorgen, daß die Frucht des wirtschaftlichen Fortschritts immer breiteren und am Ende möglichst allen Schichten des Volkes zugute kommt."[36] Gleichzeitig betonte Erhard die „sehr enge Interdependenz" zwischen Wirtschafts- und Sozialpolitik, welche für ihn ein Spannungsverhältnis implizierte, das er auflöste, indem Ersterer kurzerhand der Primat zugesprochen und Letztere mit einer subalternen Rolle bedacht wurde: „Die volkswirtschaftlich *neutrale und autonome Sozialpolitik* gehört […] der *Vergangenheit* an; sie muß vielmehr einer Sozialpolitik Platz machen, die mit der Wirtschaftspolitik aufs engste abgestimmt ist. Die Sozialpolitik darf der volkswirtschaftlichen Produktivität nicht indirekt Abbruch tun und den Grundprinzipien der marktwirtschaftlichen Ordnung nicht widerstreben wollen."[37]

Erhard gilt heute selbst manchen Linken als „Vater der Sozialen Marktwirtschaft", was allerdings eine von ihm selbst mit begründete Legende bildet.[38] Schließlich war Erhard kein „Herz-Jesu-Sozialist", wie der CDU-Politiker Norbert Blüm oft bezeichnet wurde, sondern ein Wirtschaftsliberaler reinsten Wassers. Erst fast ein Dreivierteljahr nach der Währungsreform und nicht zuletzt aufgrund des Generalstreiks im November 1948 übernahm Erhard, der kein Parteimitglied war und bis dahin nur von „Marktwirtschaft" oder „Freier", aber nicht von „Sozialer Marktwirtschaft" gesprochen hatte, diesen Schlüsselbegriff des sich anschließenden ersten Bundestagswahlkampfes der CDU. Die von Konrad Adenauer vorangetriebene Große Rentenreform (Einführung des Umlageverfahrens und der dynamischen Altersrente), der CDU und CSU ihren triumphalen Wahlsieg bei der Bundestagswahl im September 1957 verdankten, bekämpfte Erhard als Kabinettsmitglied mit allen Kräften. Zauberformeln wie

36 Vgl. Ludwig Erhard, Wohlstand für Alle, Düsseldorf/Wien 1957, S. 232 (Hervorh. im Original)

37 Ebd., S. 258 (Hervorh. im Original)

38 Vgl. dazu: Uwe Fuhrmann, Die Entstehung der „Sozialen Marktwirtschaft" 1948/49. Eine historische Dispositivanalyse, Konstanz/München 2017

„private Initiative", „Eigenverantwortung" und „Selbstvorsorge" beherrschten Erhards Gedankenwelt, während er den „Versicherungszwang" von Arbeitnehmer(inne)n im Bismarck'schen Sozialstaat als Widerspruch zur ökonomischen Freiheit begriff. Im wirtschaftsliberalen Jargon der Eigenverantwortlichkeit warnte Erhard denn auch vor einem „Versorgungs- und Wohlfahrtsstaat", der seiner Meinung nach „‚Armseligkeit' für alle" bedeuten musste, weil die Volkswirtschaft durch ein System kollektiver sozialer Sicherheit zerstört würde: „Die soziale Marktwirtschaft kann nicht gedeihen, wenn die ihr zugrunde liegende geistige Haltung, d. h. also die Bereitschaft, für das eigene Schicksal Verantwortung zu tragen und aus dem Streben nach Leistungssteigerung an einem ehrlichen freien Wettbewerb teilzunehmen, durch vermeintliche soziale Maßnahmen auf benachbarten Gebieten zum Absterben verurteilt wird."[39]

Erik Nölting, seinerzeit wirtschaftspolitischer Sprecher der SPD-Bundestagsfraktion, hielt Ludwig Erhard bereits 1951 in einem Streitgespräch entgegen: „Die Bundesrepublik ist ein Paradies für die Reichen und eine Hölle für die Armen geworden." Den weiteren Gang der Ereignisse kommentierte Michael Jungblut, der diesen Satz überliefert hat, 20 Jahre später folgendermaßen: „Die Fahrt ging zwar nicht in die Hölle der Armen, wohl aber in ein Paradies für die Reichen, die dort allein die Früchte vom Baum der Vermögensbildung ernten konnten, während die große Masse der Arbeitnehmer nur vom Fallobst der Sparförderung naschen durfte."[40]

Tatsächlich waren die vermögenspolitischen Maßnahmen der Bundesregierung nicht geeignet, die in Westdeutschland und Berlin (West) bestehende Verteilungsschieflage zu beheben, sondern erfüllten nur eine Alibifunktion gegenüber der lohnabhängigen Bevölkerungsmehrheit, die kaum am Zuwachs des Produktivvermögens beteiligt wurde. Da die Förderungsvorteile beim steuer-, aber auch beim prämienbegünstigten Sparen mit der Höhe des Einkommens wuchsen, statt durch eine degressive Staffelung der Prämien das Konsumopfer umso stärker zu belohnen, je höher es war, wurde das erklärte Ziel der Vermögensbildung für breite Bevölkerungsschichten nicht im Mindesten erreicht.[41] Auch die Emission der sog. Volksaktien privatisierter Staatsunternehmen erwies sich als wenig verteilungswirksam: „Auf die Arbeitnehmer wurde ein massiver Anreiz ausgeübt, ihre Ersparnisse in der risikoreichsten Form anzulegen, was insbesondere im Hinblick auf die Vielzahl derjenigen bedenklich ist, die noch über keinen nennenswerten ‚Vermögenssockel' in risikoärmeren Anlageformen verfügen."[42] Ein schlechtes Zeugnis stellte Wilfried Höhnen in seiner Dissertation der Teilprivatisierung des VEBA-Konzerns aus, die mit

39 Ludwig Erhard, Wohlstand für Alle, a.a.O., S. 258, 264 und 256
40 Michael Jungblut, Die Reichen und die Superreichen in Deutschland, a.a.O., S. 182
41 Vgl. Wilfried Höhnen, Die vermögenspolitischen Gesetze und Maßnahmen in der Bundesrepublik Deutschland. Entwicklung, Ergebnisse und kritische Beurteilung, Köln 1968, S. 171 f.
42 Ebd., S. 175

erheblichen Vermögenseinbußen der „Volksaktionäre" einherging. Vergleichbares wiederholte sich übrigens für Kleinanleger aufgrund drastischer Kurseinbrüche nach den politisch wie medial umjubelten Börsengängen der Deutschen Telekom AG im November 1996, im Juni 1999 und im Juni 2000 mit der als „neue Volksaktie" gepriesenen T-Aktie.

Nach dem Zweiten Weltkrieg und der Befreiung vom Nationalsozialismus setzte sich die Tendenz zur Konzentration und Zentralisation des Kapitals bzw. zur Monopolisierung und Managerisierung des Kapitalismus in der Bundesrepublik beschleunigt fort. Was die in sozialstruktureller Hinsicht mehr als einseitige Rekrutierung der Eliten betrifft, änderte sich in den ersten Jahrzehnten des Bestehens der Bundesrepublik nicht viel. Helge Pross, damals Professorin für Soziologie an der Universität Gießen, und Karl W. Boetticher, der seinerzeit das Büro für Wirtschafts- und Sozialforschung in Gießen betrieb, bezeichneten es in dem zu Beginn der 1970er-Jahre erschienenen Buch *Manager des Kapitalismus* als gesichertes Ergebnis der Sozialforschung, dass die Kinder von Unterschichteltern in den Führungsetagen von Wirtschaft, Politik, Verwaltung, Justiz, Militär und Wissenschaft kaum vertreten waren: „Bis auf wenige Ausnahmen stammen die Führungsgruppen der westdeutschen Gesellschaft aus der Mittel- oder der Oberschicht. Diejenigen, die nach den einfachen Klassifikationen der Schichtungssoziologie selber der Oberen Mittelschicht oder der Oberschicht angehören, wurden überwiegend auch schon in diesen ‚Höhenlagen' geboren."[43]

Wie die zitierte Untersuchung von Pross und Boetticher über leitende Angestellte in Großunternehmen zeigte, hatte eigener Kapitalbesitz zu jener Zeit seine Schlüsselbedeutung für den Zugang zu den wirtschaftlichen Machtzentren der Bundesrepublik zwar weitgehend verloren, die Relevanz der sozialen Herkunft war aber mitnichten geschwunden: „Um in Spitzenstellungen zu gelangen, muß man schon in ihrer sozialen Nähe geboren sein."[44] Nach wie vor entscheide die Familie, in der jemand geboren wurde, ob er am Wettbewerb um Führungspositionen teilnehmen könne. Nur die Söhne von Ober- und Mittelschichtangehörigen erhielten laut Pross und Boetticher überhaupt Zugang zum Kampf um die attraktivsten Stellen im Unternehmen. Dies lasse erkennen, „daß Deutschland ein Aufstiegsland für das Kleinbürgertum ist, aber den Grundschichten den Eintritt in die Konkurrenz um die begehrtesten Positionen verwehrt."[45] Obwohl die Bundesrepublik nach offizieller Lesart ein Land war, in dem Chancengleichheit oder Chancengerechtigkeit herrschte, kamen die empirischen Studien des Darmstädter Soziologen Michael Hartmann zur sozialen

---

43 Helge Pross/Karl W. Boetticher, Manager des Kapitalismus. Untersuchung über leitende Angestellte in Großunternehmen, Frankfurt am Main 1971, S. 31

44 Ebd., S. 49

45 Siehe ebd., S. 44

Herkunft der (west)deutschen Eliten auch noch Jahrzehnte später zu ganz ähnlichen Ergebnissen.[46] Demnach rekrutieren die Besitz-, Macht- und Wissenseliten der Bundesrepublik den Nachwuchs in geradezu inzestuöser Weise aus ihren eigenen illustren Kreisen.

Manager waren (und sind) keine autonom handelnden, selbstständig entscheidenden und frei disponierenden Angestellten, sondern finanziell und weisungsabhängige Dienstleister des Großkapitals, deren Tätigkeitsschwerpunkt seinerzeit in den Konzernzentralen der westdeutschen Schlüsselindustrien – Automobilbau, Chemie und Pharma, Elektrotechnik und Maschinenbau – sowie der Banken und Versicherungen lag. Nicht zuletzt durch James Burnhams Welterfolg *Managerial Revolution* beeinflusst, wurde die Rolle der Manager nunmehr stark überschätzt und als Revolution hinsichtlich der Sozialstruktur des Kapitalismus fehlinterpretiert. Der britische Soziologe Tom B. Bottomore wies demgegenüber darauf hin, dass die Manager, insbesondere die Spitzenmanager, zwar eine wichtige funktionelle Gruppe der modernen Industriegesellschaft und eine Elite in dem Sinne seien, dass sie ein hohes Prestige genössen und wichtige Unternehmensentscheidungen träfen, dass sie aber von den Großaktionären als „Oberschicht der Vermögenden" abhängig blieben und sich auch nicht, wie einige seiner Fachkollegen damals meinten, zur herrschenden Klasse mauserten.[47]

Karl Renner, 1918 bis 1920 österreichischer Staatskanzler und 1945 bis 1950 erster Bundespräsident des Landes, hatte aufgrund der „fortschreitende(n) Differenzierung der Kapitalfunktionen" von den Mitgliedern der Großbourgeoisie als „Kapitalisten ohne Kapital" gesprochen und behauptet: „Die wirkliche ökonomische Herrschaft geht auf Funktionäre und Manager über, eine zur Zeit wenigstens noch politisch anonyme Schichte."[48] Das im November 1959 von einem Sonderparteitag der SPD beschlossene Godesberger Programm übernahm die Vorstellung, dass mit den Managern eine „neue Klasse" oder eine „neue Schicht" das Kapital als ökonomisch wie politisch dominante Kraft abgelöst und die Macht an sich gerissen hätte. In dem *Eigentum und Macht* überschriebenen Kapitel wurde zwar der sich verstärkende Konzentrationsprozess als „wesentliches Kennzeichen der modernen Wirtschaft" erkannt und zu Recht festgestellt, dass die Großunternehmen nicht bloß die Entwicklung des Lebensstandards maßgeblich bestimmten, sondern auch die Wirtschafts- und Gesellschaftsstruktur verändert hatten: „Wer in den Großorganisationen der Wirtschaft die Verfügung über Millionen-

---

46 Vgl. Michael Hartmann, Topmanager. Die Rekrutierung einer Elite, Frankfurt am Main/New York 1996; ders., Der Mythos von den Leistungseliten. Spitzenkarrieren und soziale Herkunft in Wirtschaft, Politik, Justiz und Wissenschaft, Frankfurt am Main/New York 2002

47 Vgl. T.B. Bottomore, Elite und Gesellschaft. Eine Übersicht über die Entwicklung des Eliteproblems, München 1966, S. 83

48 Karl Renner, Arbeit und Kapital, in: ders., Wandlungen der modernen Gesellschaft. Zwei Abhandlungen über die Probleme der Nachkriegszeit, Wien 1953, S. 215

werte und über Zehntausende von Arbeitnehmern hat, der wirtschaftet nicht nur, er übt Herrschaftsmacht über Menschen aus; die Abhängigkeit der Arbeiter und Angestellten geht weit über das Ökonomisch-Materielle hinaus."[49] Deshalb warnte das sozialdemokratische Grundsatzprogramm auch vor einer Vereinnahmung der Politik durch die Ökonomie: „Mit ihrer durch Kartelle und Verbände noch gesteigerten Macht gewinnen die führenden Männer der Großwirtschaft einen Einfluß auf Staat und Politik, der mit demokratischen Grundsätzen nicht vereinbar ist. Sie usurpieren Staatsgewalt. Wirtschaftliche Macht wird zu politischer Macht." Statt daraus jedoch den Schluss zu ziehen, dass die gewachsene Macht der Konzerne im Mittelpunkt einer politischen Gegenstrategie stehen, zurückgedrängt oder gebrochen werden musste, entließ der Programmtext die Kapitaleigentümer aus ihrer gesellschaftlichen Verantwortung, überschätzte die Machtfülle der Manager und raunte etwas von mysteriösen Kräften, die im Hintergrund die Fäden zögen: „In der Großwirtschaft ist die Verfügungsgewalt überwiegend Managern zugefallen, die ihrerseits anonymen Mächten dienen. Damit hat das Privateigentum an Produktionsmitteln hier weitgehend seine Verfügungsgewalt verloren."[50]

Auch die Sozialstatistik der Bundesrepublik wies gravierende Mängel auf und verschleierte dadurch entscheidende Zusammenhänge eher, als dass sie Aufschluss über die Klassen- oder Schichtstruktur der Nachkriegsgesellschaft gab. Jürgen Ritsert und Claus Rolshausen übten denn auch dringend notwendige Methodenkritik, als sie feststellten, dass die amtlichen Daten auf einer fragwürdigen Kategorienbildung fußten. „Die offizielle Statistik faßt im Begriff ‚Selbständige' Groß- und Kleinkapitalisten zusammen und schlägt die Manager den Angestellten zu. Will man die Sozialstruktur der BRD als Klassenstruktur und die tatsächlichen Besitzverhältnisse begreifen, muß man außerdem beachten, daß die Bauern einen wesentlichen Bestandteil der ‚Selbständigen' ausmachen."[51] Richard F. Hamilton legte in einer Sekundäranalyse mehrerer sozialwissenschaftlicher Erhebungen eine andere Schwachstelle der westdeutschen Sozialstatistik offen, die darin bestand, dass sie nur Haushaltseinkommen erfasste. Denn wie seine Auswertung ergab, verfügte die große Mehrheit der Arbeiterfamilien mit hohen Einkommen nicht über Haushaltsvorstände mit hohen Einnahmen, sondern über eine große Anzahl von Familienmitgliedern, die arbeiteten.[52]

---

49 Vorstand der SPD (Hrsg.), Grundsatzprogramm der Sozialdemokratischen Partei Deutschlands. Beschlossen vom Außerordentlichen Parteitag der Sozialdemokratischen Partei Deutschlands in Bad Godesberg vom 13. bis 15. November 1959, Bonn 1959, S. 14

50 Ebd., S. 15

51 Jürgen Ritsert/Claus Rolshausen, Zur Sozialstruktur der Bundesrepublik Deutschland, in: Klaus Meschkat/Oskar Negt (Hrsg.), Gesellschaftsstrukturen, Frankfurt am Main 1973, S. 21

52 Vgl. Richard F. Hamilton, Einkommen und Klassenstruktur. Der Fall der Bundesrepublik, in: Karl H. Hörning (Hrsg.), Der „neue" Arbeiter. Zum Wandel sozialer Schichtstrukturen, Frankfurt am Main 1971, S. 70

Ebenfalls während der frühen 1970er-Jahre widersprachen Margarete Tjaden-Steinhauer und Karl Hermann Tjaden der These, dass im „Wirtschaftswunder" eine Angleichung der Soziallagen beider Hauptklassen des westdeutschen Nachkriegskapitalismus stattgefunden habe: „Die Aufteilung des gesellschaftlichen Nettoprodukts auf die Lohnabhängigen einerseits, die Kapitalisten und den kapitalistischen Staat andererseits sowie auf die sonstigen Gruppen und Schichten bezeugt bereits nach dem Modell der nichtmarxistischen Sozialproduktsberechnung eine relative Verschlechterung der materiellen Lage der durchschnittlichen Lohn- und Gehaltsempfänger im Vergleich zum Gesamt der restlichen Einkommensverteilungskategorien."[53] Das Kasseler Forscherehepaar sah den Grund für die zunehmende Polarisierung von Lohnarbeit und Kapital allerdings nicht in Verschiebungen der Einkommensrelationen, sondern in der weiteren Entfaltung des diesen zugrunde liegenden Herrschaftsverhältnisses der vergegenständlichten über die tote Arbeit, durch welche sich die Macht der Kapitalisten erhöht und die Abhängigkeit der Lohnempfänger/innen verstärkt habe.[54]

Während des ersten Jahrzehnts nach Gründung der Bundesrepublik entfielen rund 75 Prozent des gesamten Vermögenszuwachses auf die Haushalte von Selbstständigen. Diese machten aber nur 17 Prozent aller Haushalte aus, unter denen sich auch viele bäuerliche Kleinstbetriebe und Haushalte von Soloselbstständigen befanden, deren Vermögensbildung kaum zu Buche geschlagen haben dürfte. In einem für das Bundeswirtschaftsministerium angefertigten Gutachten bewertete Carl Föhl, damals Hochschullehrer an der FU Berlin, die Vermögenskonzentration während der 1950er-Jahre äußerst kritisch. Aus der bestehenden Wirtschaftsordnung resultierten für die Vermögensbildung seiner Meinung nach generell folgende Tendenzen: „Da die kleinen Einkommen fast vollständig zu Verbrauchsausgaben verwendet werden, während ein sehr erheblicher Teil der großen Einkommen gespart wird, da andererseits die hohen Einkommen vorwiegend aus Gewinn und Zinseinkommen bestehen, also Besitzeinkommen sind, fällt zwangsläufig der weitaus größte Teil des jeweils neu geschaffenen Volksvermögens denjenigen zu, welche bereits besitzen. *Wer hat, dem wird gegeben!*"[55]

Mit diesem Satz aus dem Evangelium des Matthäus (Mt 25,29) charakterisierte Föhl treffend, wie sich die Vermögensverteilung in Westdeutschland über

53 Margarete Tjaden-Steinhauer/Karl-Hermann Tjaden, Klassenverhältnisse im Spätkapitalismus. Beitrag zur Analyse der Sozialstruktur unter besonderer Berücksichtigung der BRD, Stuttgart 1973, S. 132

54 Vgl. ebd., S. 134

55 Kreislaufanalytische Untersuchung der Vermögensbildung in der Bundesrepublik und der Beeinflußbarkeit ihrer Verteilung. Gutachten, erstellt im Auftrage des Bundeswirtschaftsministeriums von Carl Föhl unter Mitarbeit von Manfred Wegner und Leo Kowalski, Tübingen 1964, S. 40 (Hervorh. im Original)

Jahrzehnte hinweg gestaltete. Der neokeynesianisch ausgerichtete Ökonom argumentierte, dass die ohnehin vorhandene „einseitige Verteilung der Vermögensbildung" in Westdeutschland durch die besondere wirtschaftliche Situation der Nachkriegszeit verschärft worden sei: „In den ersten Jahren nach dem Kriegsende erzeugte die durch die Notwendigkeit des Wiederaufbaus bedingte hohe Investitionsquote bei geringer Ersparnisbildung der Unselbständigen hohe, über dem Gleichgewichtsmaß liegende Unternehmergewinne, die aber, da die Kapazitäten noch nicht zum vollen Einsatz der angebotenen Arbeitsleistung ausreichten, nicht zu einem übermäßig starken Lohnauftrieb führten."

Wie das sog. Krelle-Gutachten über Möglichkeiten und Ziele der Ertragsbeteiligung von Arbeitnehmern bestätigte, welches das Bundesministerium für Arbeit und Sozialordnung etwas später in Auftrag gegeben hatte, war die Kluft im Hinblick auf die Verteilung der (Betriebs-)Vermögen eklatant: 1,7 Prozent der Bevölkerung besaßen 1960 nicht weniger als 70 Prozent des Produktivvermögens.[56] Norbert Blüm, damals Hauptgeschäftsführer der CDU-Sozialausschüsse, kommentierte sarkastisch: „Diese Zahl zerriß den Schleier der Wohlstandsnivellierung und beförderte das alte unvermindert steile Vermögensgefälle ans Tageslicht."[57]

Oberflächlich betrachtet schien Erhard, der am 16. Oktober 1963 nach Adenauers von der FDP erzwungenem Rücktritt als Bundeskanzler zu dessen Nachfolger gewählt wurde, sein bereits als Wirtschaftsminister gegebenes Versprechen halten zu können: Mittlerweile hatte der private Wohlstand aufgrund der annähernden Vollbeschäftigung, wachsenden Arbeitskräftemangels und steigender Reallöhne breite Schichten erfasst. Obwohl die Wachstumsraten der Bundesrepublik beeindruckend ausfielen – das Bruttosozialprodukt verdreifachte sich zwischen 1950 und 1970 –, verteilte sich der wachsende gesellschaftliche Reichtum allerdings sehr ungleich. Anstelle der Nivellierung, die Helmut Schelsky prognostiziert hatte, zeichnete sich eine weitere Ausdifferenzierung bzw. Polarisierung der Sozialstruktur ab.

Während seiner Kanzlerschaft vertrat Erhard das Konzept der „formierten", nicht mehr in Klassen und Gruppen gespaltene Gesellschaft, in der alle Mitglieder kooperativ dem Gemeinwohl dienen sollten. Weder das Versprechen, perspektivisch Wohlstand für alle Bevölkerungsschichten zu schaffen, noch der Anspruch, jedem (Wohn-)Eigentum zu ermöglichen, ließ sich jedoch mit einer Regierungspolitik einlösen, die primär darauf gerichtet war, gute Verwertungsbedingungen für das (Groß-)Kapital zu schaffen und die Gewinnerwartungen

56 Vgl. Überbetriebliche Ertragsbeteiligung der Arbeitnehmer. Mit einer Untersuchung über die Vermögensstruktur der Bundesrepublik Deutschland, Als Forschungsauftrag des Bundesministeriums für Arbeit und Sozialordnung bearbeitet von Wilhelm Krelle, Johann Schunck und Jürgen Siebke, Bd. 2, Tübingen 1968, S. 381

57 Norbert Blüm, Reaktion oder Reform? – Wohin geht die CDU?, Reinbek bei Hamburg 1972, S. 87

der Unternehmen zu befriedigen. Während die Arbeitnehmer/innen mit niedrig verzinsten Sparbüchern, „Volksaktien“ und Bausparverträgen abgespeist wurden, auf die es staatliche Prämien in bescheidener Höhe gab, wuchsen die Vermögen in Unternehmerhand aufgrund der wirtschaftsfreundlichen Steuerpolitik exponentiell.

Je mehr die westdeutsche Gesellschaft, statt ihre widersprüchliche ökonomische Entwicklung und ihre sozial heterogene Zusammensetzung zu akzeptieren, ein unrealistisches (Zerr-)Bild von sich selbst internalisierte, das weder Raum für nennenswerte Armut noch für großen Reichtum ließ, umso weniger war sie fähig, solche Polarisierungstendenzen auch nur wahrzunehmen, von der Bereitschaft ihrer wirtschaftlichen und politischen Eliten, diesen konsequent entgegenzusteuern, ganz zu schweigen. Die wichtigsten Meinungsführer der Bundesrepublik verbreiteten beinahe grenzenlosen Zukunftsoptimismus, verdrängten aber die sozialen Schattenseiten der Rekonstruktion, Stabilisierung und Konsolidierung des Kapitalismus. Sie übersahen sogar geflissentlich, dass bereits dunklen Rezessionswolken am Himmel der länger anhaltenden Hochkonjunktur aufzogen.

3.3 Rezession 1966/67, „Ölkrise“ 1973 und Weltwirtschaftskrise 1974/75: Massenarbeitslosigkeit und „neue Armut“ in der „Zweidrittelgesellschaft“

Während der Rezession 1966/67 stieg die Zahl der offiziell registrierten Arbeitslosen in Westdeutschland und Berlin (West) nach Jahrzehnten des Rückgangs wieder auf über eine halbe Million, was die dem Vollbeschäftigungsideal verpflichtete Politik der Bundesrepublik tief erschütterte und zum ersten wirklichen Regierungswechsel führte. Kurt-Georg Kiesinger (CDU), dessen frühere NSDAP-Mitgliedschaft öffentliche Proteste hervorrief, löste am 1. Dezember 1966 den glücklosen Ludwig Erhard als Bundeskanzler ab und bildete mit der SPD die erste Große Koalition nach dem Zweiten Weltkrieg. Mittels der Einbindung von Unternehmerverbänden und Gewerkschaften in die von dem sozialdemokratischen Wirtschaftsminister Karl Schiller initiierte und moderierte „Konzertierte Aktion“ gelang es der Bundesregierung, die eingebrochene Konjunktur zu stabilisieren. In den tripartistischen Verhandlungsrunden war zwar häufig von „sozialer Symmetrie“ als Leitlinie der Lohn- und Einkommenspolitik die Rede, von der anschließenden Hochkonjunktur profitierten aber hauptsächlich Unternehmer, Aktionäre und Manager, während die „normalen“ Beschäftigten das Nachsehen hatten, zumal ihre Gewerkschaften – wie staatlicherseits vorgegeben – weitgehende Lohnzurückhaltung geübt hatten.

Ein kräftiger Aufschwung führte 1968/69 in der Bundesrepublik zu höheren Unternehmensgewinnen, hinter denen die vereinbarten Tariflöhne weit zurückblieben. Daran entzündeten sich die sog. Septemberstreiks, mit denen die Beschäftigten der am meisten betroffenen Branchen (Stahlindustrie, Bergbau und metallverarbeitende Industrie) ihrem Anspruch auf Lohnsteigerungen im Herbst 1969 massiv Ausdruck verliehen.[58] Die spontanen Arbeitsniederlegungen führten zu einer Politisierung in den Betrieben, während ein Großteil der akademischen Protestjugend den „Marsch durch die Institutionen" (Rudi Dutschke) an- und in die etablierten Parteien – vorrangig die SPD, in der sich die Jungsozialisten zunehmend radikalisierten,[59] am Marxismus orientierten und an Einfluss gewannen – eintrat. Obwohl die Unionsparteien deutlich mehr Zweitstimmen errangen als die SPD, bildete Letztere nach der Bundestagswahl am 28. September 1969 zusammen mit der FDP eine Regierung unter ihrem Parteivorsitzenden Willy Brandt als Kanzler.

Das größte Verdienst der Schüler- und Studierendenbewegung sowie der Außerparlamentarischen Opposition (APO) bestand 1967/68 darin, weit über die Schar linker Demonstrant(inn)en und aufbegehrender Jugendlicher hinaus ein kritisches Bewusstsein in Bezug auf die westdeutsche „Wirtschaftswunder-Wohlstandsgesellschaft" erzeugt oder überhaupt wieder ermöglicht zu haben. Eine inhaltliche Schwach- bzw. Leerstelle der antiautoritären Protestbewegung, die wesentlich zur Begrenzung des Erfolges ihrer Mobilisierungsaktionen auf den geistig-moralischen, kulturellen und Bildungsbereich beitrug, war das verschwommene Bild, welches selbst die meisten Aktivist(inn)en von den Eigentums-, Klassen- und Herrschaftsverhältnissen im „Spätkapitalismus" hatten.

Zu jener Zeit erschienen zahlreiche systemkritische Buchpublikationen, die eine für heutige Verhältnisse sensationell hohe Auflage erreichten. Dazu gehörte das von Jörg Huffschmid verfasste Suhrkamp-Bändchen *Die Politik des Kapitals*, in dem der später lange an der Universität Bremen lehrende und im Dezember 2009 verstorbene Ökonom die These einer „Kontinuität des kapitalistischen Klassensystems bei umfassender Änderung seiner Steuerungsmechanismen" vertrat,[60] ohne sich als bekennender Marxist und Mitglied der Deutschen Kommunistischen Partei (DKP) damit in seiner Zunft durchsetzen zu können. Die zunehmende Konzentration in der Wirtschaft hebe den Wettbewerb auf, führe zu vermachteten Märkten und ziehe auch eine Vermachtung innerhalb riesiger Unternehmenskomplexe nach sich, schrieb Huffschmid: „Großaktionäre, Banken oder das Management monopolisieren mehr und mehr die Geschäftsführungsbefugnisse des Unternehmens und reduzieren die Funktion der Aktionäre auf die von geduldeten, aber rechtlosen Finanzquellen. Das Geld des Kleinaktionärs arbeitet so im Unternehmen für die Interessen des

58 Vgl. dazu: Michael Schumann u.a., Am Beispiel der Septemberstreiks – Anfang der Rekonstruktionsperiode der Arbeiterklasse?, Eine empirische Untersuchung, Hamburg 1971

59 Vgl. hierzu: Christoph Butterwegge, Jungsozialisten und SPD, Hamburg 1975, S. 40 ff.

60 Siehe Jörg Huffschmid, Die Politik des Kapitals. Konzentration und Wirtschaftspolitik in der Bundesrepublik, Frankfurt am Main 1969, S. 9

Kapitals, repräsentiert durch Management oder Großaktionäre, die für Kritik und Opposition nur Verachtung übrig haben.“[61]

Sehr wenig hielt Huffschmid von der Vermögensbildung in Arbeitnehmerhand, wie sie die Bundesregierung und auch einzelne DGB-Gewerkschaften damals propagierten: „Akkumulation von Privateigentum und Vermögen ist die Grundlage gesellschaftlicher Herrschaft im Kapitalismus; aber die Politik der Vermögensstreuung bedeutet in der gegenwärtigen historischen Epoche nicht eine Streuung von Dispositions-, Kontroll- und Herrschaftsbefugnissen, sondern die Atomisierung der vermögenslosen Masse der Arbeitnehmer, deren kollektives Merkmal der Zwang zum Verkauf ihrer Arbeitskraft ist, in eine diffuse Masse individueller Vermögensbesitzer.“[62] Auf diese Weise gelangen laut Huffschmid nur die Integration der Arbeitnehmerschaft in das bestehende Eigentumssystem und eine Festigung der Herrschaft des Kapitals, das immer stärker monopolisiert sei: „Gegen die konzentrierte Macht des Kapitals könnten nur Organisation und kollektiver Widerstand helfen, und gerade dieser wird durch die Partikularisierung der Lohnabhängigen in Privateigentümer hintertrieben.“[63]

Gegen Ende der 1960er-/Anfang der 1970er-Jahre avancierte die Soziologie an den westdeutschen und (West-)Berliner Universitäten zu einer regelrechten Modedisziplin. Berufen wurden fortan auch mehr Wissenschaftler/innen, deren kritische Sicht auf die Gesellschaftsentwicklung sie in Opposition zum Mainstream ihres Fachs stehen ließ. Zu den wichtigsten Schriften jener von der Aufbruchstimmung linker Intellektueller beeinflussten Geschichtsperiode gehörte das im September 1969 erschienene Fischer-Taschenbuch *Macht und Herrschaft in der Bundesrepublik* des seinerzeit an der Ruhr-Universität Bochum lehrenden Schweizer Soziologen Urs Jaeggi, das im Januar 1973 unter dem stärker an die Marx'sche Terminologie angelehnten Titel *Kapital und Arbeit in der Bundesrepublik* erweitert wie aktualisiert neu aufgelegt wurde.[64]

An mehreren Stellen seines Bestsellers hob Jaeggi die ungleiche Verteilung der wirtschaftlichen Macht hervor und warf im Anschluss die Frage auf, ob die Bundesrepublik eine Klassengesellschaft sei. Jaeggi betonte die Kontinuität zwischen dem Deutschen Reich und der Bundesrepublik hinsichtlich der sozioökonomischen Grundlagen ihres Gesellschaftssystems: „Nach wie vor haben wir es in der BRD mit einer kapitalistischen Gesellschaftsformation zu tun, gekennzeichnet durch Privateigentum an Produktionsmitteln und eine daraus

61 Ebd., S. 93

62 Ebd., S. 92

63 Ebd., S. 93

64 Vgl. Urs Jaeggi, Macht und Herrschaft in der Bundesrepublik, Frankfurt am Main 1969; ders., Kapital und Arbeit in der Bundesrepublik. Elemente einer gesamtgesellschaftlichen Analyse, Frankfurt am Main 1973

resultierende Produktionsweise, sowie der entsprechenden Klassenstruktur."[65] In diesem Zusammenhang kritisierte Jaeggi die Vertreter der bürgerlichen Soziologie, denen er vorwarf, zwischen einer völligen Ideologisierung und extremem Empirismus schwankend mit dem rein formalen Begriff „Industriegesellschaft" von der Weiterexistenz des Kapitalismus und seiner Grundmerkmale – Privateigentum an Produktionsmitteln, Kapitalverwertung, Ausbeutung der Arbeitskraft – abzulenken.

Jaeggi hielt jedoch nicht bloß am Marx'schen Klassenbegriff als einem Schlüsselelement der Sozialstrukturanalyse moderner Gesellschaften fest, erwähnte vielmehr auch im Kapitalverhältnis der Tendenz nach angelegte Polarisierungstendenzen, die sich in der Schichtung eines Landes wie der Bundesrepublik unübersehbar niederschlügen. Während die jüngste Erweiterung der Konsummöglichkeiten auch für abhängig Beschäftigte und die begrenzte Angleichung von Konsumgewohnheiten laut Jaeggi einen falschen Eindruck vermittelten, gab die Einkommens- und Vermögensverteilung seiner Meinung nach besser Aufschluss über die soziale Gleichheit bzw. Ungleichheit. „Und hier finden sich klare Gegensätze, auch wenn die Schulsoziologie mithilft, Mißverständnisse und Unklarheiten zu erhalten."[66]

Die statistisch erfasste Einkommensungleichheit zeige, dass von einer „Demokratisierung" des Konsums im Sinne einer Gleichverteilung der Ausgaben dafür nicht gesprochen werden könne: „Komfort und vornehme Zurückgezogenheit, Prestige und Ausschöpfung der möglichen Bedürfnisse bleiben ein Privileg; während die Selbständigen nur rund ein Drittel ihres Einkommens für den Konsum verbrauchen, konsumieren die Lohnabhängigen über drei Viertel ihres Bruttoeinkommens und keineswegs für den ‚Luxuskonsum', sondern für lebens- bzw. kulturell notwendige Güter."[67] Wegen der geringen Sparfähigkeit von Arbeitnehmerhaushalten sei ihnen auch eine nennenswerte Vermögensbildung verwehrt.

Zustimmend zitierte Jaeggi den US-amerikanischen Historiker Gabriel Kolko, der die Vereinigten Staaten in seinem 1962 erschienenen Buch *Wealth and Power in America* als Klassensystem mit einer sich in einer „Ungleichheit des Konsums" widerspiegelnden „groben Ungleichheit in der Einkommensverteilung" gekennzeichnet hatte, und dessen weitere Feststellungen seines Erachtens auch für die Bundesrepublik galten: „Die Reichen leben länger; ihr Geld bewahrt sie vor bestimmten Krankheiten und ermöglicht ihnen im allgemeinen eine bessere Behandlung. Schließlich garantiert die Ausbildung, die den Begüterten möglich ist, auch den nachfolgenden Generationen die Überlegenheit des Reichtums, während bei den Armen riesige Reserven an Begabung und schöp-

65 Urs Jaeggi, Kapital und Arbeit in der Bundesrepublik, a.a.O., S. 56
66 Ebd., S. 63
67 Ebd., S. 67

ferischer Kraft ungenutzt bleiben."[68] Rückblickend erscheint die Kritik an der unterschiedlichen Ernährung von armen und reichen Nordamerikanern wegen der Tendenz zur US-Amerikanisierung der Essgewohnheiten besonders interessant, schrieb Kolko doch: „Steaks sind für die oberen Einkommensgruppen Normalkost; *hamburgers* – die jetzt ein Viertel des Rindfleischverbrauchs ausmachen (im Gegensatz zu einem Zehntel vor dem Zweiten Weltkrieg) sind ein Grundnahrungsmittel für die Bessergestellten in den unteren Einkommensgruppen."[69]

Selbst kritische Geister wie Helge Pross widersprachen Jaeggi damals jedoch energisch. Bei seiner These vom dominanten Einfluss ökonomischer Machtgruppen unterschätze ihr Fachkollege nicht bloß den Einfluss, der für die Mehrheit aus dem gleichen Stimmrecht in der Demokratie erwachse, sondern verkenne auch, dass die Wirtschaftselitelite eine zu geringe Homogenität aufweise, um auf der Grundlage einer gemeinsamen Interessenlage und einheitlichen Interessendeutung eine geschlossene Interessenvertretung zu realisieren, meinte Pross: „Verbände der Großunternehmen ziehen politisch nicht durchweg an demselben Strang wie mittelständische Organisationen, und alle zusammen sind in sich stärker gespalten als etwa der Deutsche Gewerkschaftsbund."[70] Außerdem bildeten jene Menschen, die weder Produktionsmittel besäßen noch an der Verfügung über diese partizipierten, keine ausgebeutete oder beherrschte Klasse: „Die fraglos vorhandenen und großen Unterschiede der Lebenschancen und Lebensweisen bestehen bekanntlich zwischen der Masse der Mittelschichten und der Masse der Grundschichten, vorab der Arbeiterschaft, also zwischen der numerisch größeren und der kleineren Hälfte der Bevölkerung und innerhalb des Personenkreises, der nicht über die Produktionsinstrumente disponiert. Gegenüber diesen für das Leben der Einzelnen und für die politische Entwicklung des Gemeinwesens entscheidenden Differenzen ist der Begriff der Klasse zu abstrakt. Er unterstellt eine Interessenidentität, die nicht existiert."

Zu den wenigen Sozialwissenschaftler(inne)n, die versuchten, die Schlüsselkategorien der marxistischen Klassenanalyse empirisch fruchtbar zu machen, gehörten Margarete Tjaden-Steinhauer und Karl Hermann Tjaden. In ihrem Buch *Klassenverhältnisse im Spätkapitalismus* gelangten sie auf Basis der Volks- und Berufszählung vom 27. Mai 1970 zu dem Ergebnis, dass etwa 83,3 Prozent der erwerbstätigen Gesellschaftsmitglieder zur Arbeiterklasse, 1,8 Prozent zur Kapitalistenklasse und 14,9 Prozent zu den „nicht- oder halbkapitalistischen

68 Gabriel Kolko, Besitz und Macht. Sozialstruktur und Einkommensverteilung in den USA, Frankfurt am Main 1967, S. 135

69 Ebd. (Hervorh. im Original)

70 Helge Pross, Kapitalismus und Demokratie. Studien über westdeutsche Sozialstrukturen, Frankfurt am Main 1972, S. 115

Sondergruppen und -schichten" zählten.[71] Bei ihrer ein Vierteljahrhundert später vorgelegten Klassenanalyse der westeuropäischen Gesellschaften ließen sich Tjaden-Steinhauer und Tjaden von der Grundannahme leiten, dass die sozioökonomische Ungleichheit auf einer Ungleichverteilung von gesellschaftlicher Macht basiert, die in verschiedenen Lebensbereichen wurzelt und aus einer unterschiedlichen Verfügungsgewalt über Menschen, Vermögen und Güter besteht.[72] Macht wurde von dem Forscherehepaar nicht wie von Max Weber und seinen Nachfolgern lediglich als Verhältnis innerhalb einer gegenseitiges Einvernehmen oder Eingestelltsein aufeinander voraussetzenden Beziehung zwischen Menschen verstanden. Vielmehr bestehe immer auch die Möglichkeit des einseitigen Verfügens durch den Machtausübenden. Abstufungen von Macht gebe es in den drei Dimensionen der gesellschaftlichen Reproduktion als Subsistenz, Familie und Politik. Wenn sie in entfremdeter Form auftreten, sprachen Tjaden-Steinhauer und ihr Mann von ökonomisierter Subsistenz, patriarchaler Familie und staatlicher Politik.[73]

Jenseits des Hochschulbereichs nutzten linke Theoriezirkel sowie den meisten Beobachter(inne)n sektiererisch erscheinende Parteien und Organisationen die Gunst der Stunde für umfangreiche und aufwendige Untersuchungen zur Sozialstruktur des (Spät-)Kapitalismus. Genannt seien hier nur das Westberliner „Projekt Klassenanalyse" und die beim Verlag für das Studium der Arbeiterbewegung (VSA) in Hamburg angesiedelten „Sozialistischen Studiengruppen" (SOST) sowie das DKP-nahe Institut für Marxistische Studien und Forschungen (IMSF) in Frankfurt am Main, deren Publikationen sich auf einem hohen theoretischen und empirischen Niveau bewegten,[74] außerhalb ihrer eigenen Sympathisantenszene allerdings kaum Beachtung fanden. Während das Projekt Klassenanalyse mit seinem Konzept nah an den Schriften der marxistischen Klassiker blieb, womit es sich den Vorwurf des Ökonomismus einhandelte, hob das IMSF unter Rekurs auf die Theorie des staatsmonopolitischen Kapitalismus (SMK) die Rolle der „nichtmonopolistischen Zwischenschichten", zu denen es auch Teile der Bourgeoisie zählte, als mögliche Bündnispartnerinnen der Arbeiterklasse besonders hervor.

Um die Mitte der 1970er-Jahre verebbte der allgemeine Wachstumsschub, und die Zahl der offiziell registrierten Arbeitslosen überstieg erstmals seit Jahrzehnten die Millionengrenze, wodurch das Problem der Armut und sozioöko-

71 Siehe Margarete Tjaden-Steinhauer/Karl-Hermann Tjaden, Klassenverhältnisse im Spätkapitalismus, a.a.O., S. 200

72 Vgl. dies., Gesellschaft von Rom bis Ffm. Ungleichheitsverhältnisse in West-Europa und die iberischen Eigenwege, Kassel 2001, S. 13

73 Vgl. ebd., S. 14

74 Vgl. Institut für Marxistische Studien und Forschungen (IMSF) (Hrsg.), Klassen- und Sozialstruktur der BRD 1950-1970, 2 Bde., Frankfurt am Main 1972/73; Projekt Klassenanalyse, Materialien zur Klassenstruktur der BRD, 2 Bde, Berlin (West) 1973/74

nomischen Ungleichheit auch wieder in den Fokus einer breiteren Öffentlichkeit rückte. Die durch eine drastische Erhöhung des Rohölpreises („Ölschock") ausgelöste Weltwirtschaftskrise 1974/75 bildete eine historische Zäsur, sowohl im Hinblick auf die Entwicklung des Sozialsystems der Bundesrepublik als auch in Bezug auf die Wohlstandsentwicklung.

Gegen Ende der 1970er-/Anfang der 1980er-Jahre trat der Neoliberalismus seinen bis heute dauernden Siegeszug an. Damals regierten in den USA unter dem Präsidenten Ronald Reagan ebenso wie in Großbritannien unter der Premierministerin Margaret Thatcher liberalkonservative Kräfte, die den auch hierzulande seit Jahrzehnten dominierenden Keynesianismus durch eine sog. Angebotsökonomie (supply-side economics), verbunden mit einer Schwerpunktverlagerung von der Fiskal- zur Geldmengenpolitik (Monetarismus) und restriktiver Budgetpolitik (Austeritätskurs) des Staates, ersetzten.

Trotz der Wirtschaftskrise von 1980 bis 1982, die es CDU und CSU ermöglichten, die SPD als führende Regierungspartei abzulösen, gehörten die Unternehmen und die Bezieher von Kapitaleinkünften während der ganzen Dekade zu den Gewinnern im gesellschaftlichen Verteilungskampf, wohingegen die Arbeitnehmerhaushalte schon in der ersten Hälfte dieses Jahrzehnts einen Teil ihrer Kaufkraft einbüßten, weil die bescheidenen Lohnzuwächse ihre höheren Belastungen durch Steuern, Sozialabgaben und Geldentwertung nicht ausglichen.[75]

Kurz nach der Bundestagswahl am 6. März 1983, die Helmut Kohl als Kanzler bestätigte, erschien ein Buch, in dem Meinhard Miegel, Leiter des CDU-nahen Instituts für Wirtschaft und Gesellschaft Bonn, den Versuch unternahm, die Einkommens- und Vermögenssituation der privaten Haushalte zu analysieren, ihre weitere Entwicklung zu prognostizieren und der Bundesregierung auf dieser Grundlage wissenschaftliche Ratschläge für ihre Sozial-, Arbeitsmarkt- und Rentenpolitik zu geben. Miegel kam zu dem Ergebnis, dass es unter einer beachtlichen Schicht relativen Reichtums eine breite Schicht großer Wohlhabenheit gebe, der etwa ein Fünftel der Bevölkerung angehöre, und dass zwei weitere Drittel der Bevölkerung über ganz ansehnliche Einkommen und mehrheitlich über recht stattliche Vermögen verfügten. Nur ungefähr ein Siebtel der Bevölkerung falle wirtschaftlich etwas ab, ohne jedoch mehrheitlich arm zu sein: „Arm ist in der Bundesrepublik Deutschland nur eine kleine Minderheit von allenfalls 3 v.H. bis 4 v.H. der Bevölkerung. Allerdings ist selbst ihre Armut nur eine relative Armut vor dem Hintergrund einer äußerst wohlhabenden Gesellschaft."[76] Bezogen auf den Wohlstand der (Gesamt-)Bevölkerung nannte Miegel zwei Möglichkeiten des Vergleichs: mit der eigenen Geschichte und mit

75 Vgl. Ernst-Ulrich Huster, Neuer Reichtum und alte Armut, Düsseldorf 1993, S. 22 und S. 23 f.
76 Meinhard Miegel, Die verkannte Revolution (1). Einkommen und Vermögen der privaten Haushalte, Mit einem Vorwort von Kurt H. Biedenkopf, Stuttgart 1983, S. 129

anderen Ländern, also den internationalen Vergleich. In beiden Fällen sei das Resultat für die Haushalte in der Bundesrepublik überwältigend. Hierbei sparte Miegel eine dritte Möglichkeit des Vergleichs jedoch weitgehend aus: zwischen den westdeutschen Haushalten. Sonst hätte sich ergeben, dass die positive Einkommens- und Vermögensentwicklung der zurückliegenden 30 Jahre, die Miegel für eine (häufig verkannte) Revolution hielt, sehr ungleich ausgefallen und die Kluft zwischen Arm und Reich als negative Folge einer Politik zugunsten materiell privilegierter Bevölkerungsteile in dem erfassten Zeitraum trotz vorübergehender Nivellierungstendenzen während der 1970er-Jahre noch größer geworden war.

Nunmehr vollzog sich in der „alten" Bundesrepublik, die während der 1980er-Jahre wie nie zuvor seit ihrer Gründungsphase immer neue Rekordstände der Massenarbeitslosigkeit erlebte, eine tiefe soziale Spaltung zwischen Beschäftigten und Erwerbslosen, deren materielle Schlechterstellung durch Vorenthaltung oder Entzug von Arbeitslosenunterstützung zuerst im Gewerkschaftsbereich registriert, der nach Ablösung von Helmut Schmidt durch Helmut Kohl als Bundeskanzler gebildeten CDU/ CSU/FDP-Koalition angelastet, mit ähnlichen Entwicklungen am Ende der Weimarer Republik verglichen und von dem DGB nahestehenden Journalisten als „neue Armut" etikettiert wurde.[77]

Mochten noch so viele Experten, Publizisten und Politiker die angebliche „Klassenlosigkeit" des westdeutschen Separatstaates beschwören, die Verteilungsschieflage in Bezug auf Einkommen, Vermögen und Macht blieb gleichwohl bestehen. „Soziale Ungleichheit ist und war in der bundesdeutschen Gesellschaft eine bleibende Konstante, auch wenn sich das Niveau von Einkommen und Vermögen fortwährend wandelte."[78] Armut und Reichtum waren ebenso wenig verschwunden wie die Klassen und Schichten, mit denen sie das Alltagsbewusstsein der meisten Bürger/innen verband. Sich entsprechend der jeweiligen materiellen Lage als bedürftig oder als verschwenderisch zu outen, war allerdings verpönt wie nie. Weder das Elend noch der Luxus wagten es, sich in aller Öffentlichkeit zu zeigen, weil „die Mitte" noch immer das Maß aller Dinge bildete, an dem sich auch die sozialen Extrempositionen notgedrungen orientieren mussten.

Ungefähr zur selben Zeit, als sich die westdeutschen Mainstream-Soziologen vom Paradigma der geschichteten, d. h. in sich hierarchisch gegliederten Großgruppengesellschaft verabschiedeten und mehrheitlich zur Individualisierungsthese tendierten, prägte Peter Glotz, damals Bundesgeschäftsführer und

77 Vgl. Werner Balsen u.a., Die neue Armut. Ausgrenzung von Arbeitslosen aus der Arbeitslosenunterstützung, Köln 1984

78 Eva Maria Gajek/Christoph Lorke, (An-)Ordnungen des Sozialen. „Armut" und „Reichtum" in Konstruktion und Imagination seit 1945, in: dies. (Hrsg.), Soziale Ungleichheit im Visier, a.a.O., S. 7

renommierter Parteitheoretiker der SPD, eine Alternativformel. In seinem 1984 erschienenen Buch *Die Arbeit der Zuspitzung* sprach er, die soziale Spaltung thematisierend, von einer „Zweidrittelgesellschaft“, ohne dazu jedoch nähere Ausführungen zu machen.[79] Dieser etwas rätselhaft wirkende Begriff ließ genug Möglichkeiten für unterschiedliche Interpretationen, war aber vielleicht gerade deshalb in der politischen Öffentlichkeit ausgesprochen wirkmächtig und wurde seinerzeit oft verwendet, um die Sozialstruktur der Bundesrepublik zu charakterisieren.

Auf relativ geringe Akzeptanz stieß der Begriff „Zweidrittelgesellschaft“ im Wissenschaftsbereich. Heftig wandte sich beispielsweise der Soziologe Lutz Leisering gegen diesen Terminus, der das Armutsproblem seiner Meinung nach unterschätzte: „Armut ist heute sozial entgrenzt, d. h., sie betrifft nicht nur traditionelle Randgruppen, und sie betrifft insgesamt mehr Leute als in den üblichen Messungen des Ausmaßes der Armut angegeben.“[80] Leiserings Kritik an dem Glotz'schen Terminus konnte allerdings schon deshalb nicht überzeugen, weil er selbst zustimmend Längsschnittmessungen zitierte, wonach „fast das ganze untere Bevölkerungsdrittel [sic!] zeitweise von Armut betroffen ist (31 %).“[81] Etwas anderes hatte weder Peter Glotz behauptet, noch dürften die meisten Rezipient(inn)en des Begriffs „Zweidrittelgesellschaft“ etwas anderes darunter verstanden haben. Michael Vester und sein Forschungsteam gelangten zu folgendem Ergebnis: „Die These der *Zwei-Drittel-Gesellschaft* schätzt den quantitativen Anteil der sozial ‚Deklassierten‘ nicht unrealistisch ein.“[82]

Nie war der Begriff im Sinne einer strikten Trennung von zwei in sich relativ stabilen und homogenen Gruppen verwendet worden, wie es seine Kritiker/innen behaupteten.[83] Die irrationalen Bedenken gegenüber der Glotz'schen Terminologie resultierten offenbar aus der Furcht, damit eine weitgehend stigmatisierte Gesellschaftsanalyse und eine antiquierte Strategie zu übernehmen. Jedenfalls äußerten der Bremer Soziologe Stephan Leibfried und Leisering den Verdacht, dass man mit dem Bild einer Zweidrittelgesellschaft „den alten Klassenkampf auf heutige Armut“ übertrage.[84] Indes wies der seinerzeit in Hamburg lehrende Soziologe Jens S. Dangschat darauf hin, dass der politische Kampfbegriff „Zweidrit-

---

79 Siehe Peter Glotz, Die Arbeit der Zuspitzung. Über die Organisation einer regierungsfähigen Linken, Berlin (West) 1984, S. 109

80 Lutz Leisering, Zweidrittelgesellschaft oder Risikogesellschaft? – Zur gesellschaftlichen Verortung der „neuen Armut“ in der Bundesrepublik Deutschland, in: Karl-Jürgen Bieback/Helga Milz (Hrsg.), Neue Armut, Frankfurt am Main/New York 1995, S. 73

81 Siehe ebd., S. 72

82 Michael Vester u.a., Soziale Milieus im gesellschaftlichen Strukturwandel. Zwischen Integration und Ausgrenzung, Köln 1993, S. 27 (Hervorh. im Original)

83 Vgl. Andreas Schaarschuch, Spaltung der Gesellschaft und soziale Bürgerrechte, in: Widersprüche 54 (1995), S. 48

84 Siehe Stephan Leibfried/Lutz Leisering, Die vielen Gesichter der Armut, in: Neue Praxis 3/1995, S. 305

telgesellschaft“ eine Warnung, keine Beschreibung der Realität enthielt, die man hätte überprüfen (und damit verifizieren oder widerlegen) können.[85]

Peter Sopp, damals Mitarbeiter des von Ulrich Beck geleiteten Forschungsprojekts „Die Verzeitlichung sozialer Ungleichheit“, bezeichnete die Chiffre der Zweidrittelgesellschaft als „politisches und etwas plakatives Kürzel für eine am Horizont aufscheinende, negative Entwicklungsalternative“ zur BRD-Gesellschaft, das „eine große zeitliche Konstanz in der Zuordnung von Individuen zu unterscheidbaren sozialen (Problem-)Lagen“ unterstelle.[86] (West-)Deutschland sei aber nicht in zwei sich deutlich voneinander unterscheidende Großgruppen gespalten, sondern laut wissenschaftlichen Längsschnittanalysen weniger statisch strukturiert. Eine dynamische Betrachtungsweise lege vielmehr nahe, dass Arme nach relativ kurzer Verweildauer aufsteigen und scheinbar abgesicherte Personen zumindest kurzfristig von Armut betroffen sein könnten. Empirisch lasse die Entwicklung der Einkommen weniger Stabilität erkennen, als die These der Zweidrittelgesellschaft unterstelle. „Denn trotz gewisser Beharrungstendenzen – vor allem im obersten und im untersten Sextil der Einkommenshierarchie – kann aus einer Makroperspektive kaum von einer stabilen Segmentierung der Gesellschaft in dauerhaft voneinander abgeschottete Einkommensklassen die Rede sein. Im Gegenteil: Die Segmente erweisen sich als *ziemlich durchlässig*, die Zugehörigkeit zu ihnen – und damit die personelle Ungleichheit – als *wenig dauerhaft*.“[87]

In seiner Dissertation ging Sopp der Frage nach, ob sich vorher benachteiligte Bevölkerungskreise während der 1980er- und 1990er-Jahre abgekoppelt (Abspaltungsthese) hatten oder Teile der Mittelschicht ihre Position nicht mehr halten konnten und abfielen, während sich die soziale Lage oben und unten nicht wesentlich veränderte (Polarisierungsthese). Er fand keine markanten Hinweise auf Polarisierung oder Abspaltung im Untersuchungszeitraum, glaubte jedoch eine leichte Tendenz zur Schließung der einzelnen gesellschaftlichen Segmente (Abschottung der verschiedenen Einkommensbereiche und geringer Austausch zwischen ihnen) zu erkennen.[88]

Ähnlich wie Glotz befürchteten die Sozialwissenschaftler Stephan Leibfried und Florian Tennstedt damals schon eine Zuspitzung der Tendenz zur gesellschaftlichen Spaltung. Sie prognostizierten um die Mitte der 1980er-Jahre, dass ein gewichtiger Teil der westdeutschen Bevölkerung in den 1990er-Jahren von einem Prozess der „sozialen Schließung“ betroffen sein könnte: „In einer sol-

85 Vgl. Jens S. Dangschat, Soziale Ungleichheit und die Armut der Soziologie, in: Blätter für deutsche und internationale Politik 7/1994, S. 879

86 Siehe Peter Sopp, Das Ende der Zwei-Drittel-Gesellschaft? – Zur Einkommensmobilität in Westdeutschland, in: Michael M. Zwick (Hrsg.), Einmal arm, immer arm? – Neue Befunde zur Armut in Deutschland, Frankfurt am Main/New York 1994, S. 48 f.

87 Ebd., S. 62 (Hervorh. im Original)

88 Vgl. Peter M. Sopp, Abspaltung oder Polarisierung? – Einkommensungleichheit und Einkommensmobilität in Deutschland 1984-2000, Berlin 2005, S. 52, 89 und 254

chen Spaltung koexistiert ‚Reichtum' von etwa drei Vierteln der Gesellschaft mit der Verarmung eines Viertels."[89] Negativ betroffen sein werde eher der Norden als der Süden der Bundesrepublik, weil er als Standort der traditionellen Industrien ein größeres Potenzial für ökonomische und soziale Krisen berge. Die Ausgrenzung verlaufe entlang der „Demarkationslinien zwischen Arbeits- und Armenbevölkerung", welche die Sozialpolitik im Rahmen ihrer Polarisierung ziehe. Leibfried und Tennstedt befürchteten eine Zersetzung der sozialen Grundmoral mit Auswirkungen auf das gesamte gesellschaftliche Gefüge und knüpften daran die bange Frage: „Befinden wir uns als Folge der sozialen Krise auf dem Wege in eine andere Republik?"[90]

3.4 Mehr Gleichheit auf einem niedrigeren Wohlstandsniveau: Staatssozialismus à la DDR

Während in der Bundesrepublik Deutschland die Einkommen stiegen und die (Kapital-)Vermögen wuchsen, aber auch immer stärker auseinanderdrifteten, blieb die Deutsche Demokratische Republik in der Wirtschafts- und Wohlstandsentwicklung dahinter weit zurück. Rainer Geißler hat sich dagegen verwahrt, die Ursachen für das Wohlstandsgefälle von West nach Ost ausschließlich in den Funktionsschwächen des realsozialistischen Wirtschaftsmodells zu suchen.[91] Zu den Systemmängeln kamen für ihn drei weitere Ursachenkomplexe hinzu: die ungleichen Startbedingungen zwischen Ost- und Westdeutschland in der Nachkriegszeit, ungünstige außenwirtschaftliche Verflechtungen und demografische Engpässe der DDR-Gesellschaft.

Auf einem deutlich niedrigeren Wohlstands- und Konsumtionsniveau war die DDR eine sehr viel egalitärer strukturierte Gesellschaft als die Bundesrepublik. Günter Manz, zu DDR-Zeiten als Professor für Konsumtion und Lebensstandard an der Hochschule für Ökonomie Berlin tätig, hat in einem historischen Rückblick betont, „daß es niemanden gab, der am Existenzminimum lebte. Es gab keine Obdachlosigkeit, weil von staatlicher Seite jeder, auch Alkoholiker und straffällig gewordene Bürger, Wohnraum und Arbeit zugewiesen bekamen."[92] Unabhängig von der Frage, ob sich die DDR auf dem Weg in eine klassenlose Gesellschaft befand oder nicht,[93] bemühten sich die großen Kombi-

89 Stephan Leibfried/Florian Tennstedt, Die Spaltung des Sozialstaats und die Politik der Armut, in: dies. (Hrsg.), Politik der Armut und die Spaltung des Sozialstaats, Frankfurt am Main 1985, S. 15 f.

90 Ebd., S. 16

91 Vgl. Rainer Geißler, Die Sozialstruktur Deutschlands. Mit einem Beitrag von Thomas Meyer, 7. Aufl. Wiesbaden 2014, S. 67

92 Günter Manz, Armut in der „DDR"-Bevölkerung. Lebensstandard und Konsumtionsniveau vor und nach der Wende, Mit einem Vorwort von Wolfgang Voges, Augsburg 1992, S. 35

93 Vgl. Heike Solga, Auf dem Weg in eine klassenlose Gesellschaft? – Klassenlagen und Mobilität zwischen Generationen in der DDR, Berlin 1995

nate, die Volkseigenen Betriebe (VEB) und die Landwirtschaftlichen Produktionsgenossenschaften (LPG), soziale Desintegrationstendenzen in Grenzen zu halten. Auch der Staat und die Verwaltung wirkten durch eine umfassende Subventionierung von Konsumgütern und Dienstleistungen sozial ausgleichend. „Subventionspolitik kann relative Armut nicht verhindern. Sie sicherte jedoch eine Existenz unter annehmbaren Bedingungen, d. h. jenseits von Hunger, Obdachlosigkeit, Ausschluß aus dem gesellschaftlichen Leben. Sie glich soziale Differenzierungen vor allem durch unentgeltliche Leistungen, die jedem Bürger zur Verfügung standen, in bestimmter Hinsicht aus."[94]

Sieht man von den niedrigen Renten vieler Ruheständler/innen ab, beschränkte sich Armut in der DDR weitgehend auf gesellschaftliche Außenseiter bzw. sog. Randgruppen. Dass sie ebenso wenig zum öffentlichen Thema wie in der Bundesrepublik wurde, hatte jedoch andere Gründe. Über soziale Probleme, Armut und Versorgungsengpässe zu diskutieren, hätte nämlich dem herrschenden Verständnis sozialer Sicherheit widersprochen und die Regierungspolitik der Sozialistischen Einheitspartei Deutschlands (SED), die als Staatspartei programmatisch dem Kommunismus und der Klassenlosigkeit verpflichtet war, zutiefst diskreditiert.[95]

Wenn man so will, war die ostdeutsche Gesellschaft, was die westdeutsche unbedingt sein wollte oder sogar bereits zu sein glaubte, nämlich sozioökonomisch weitgehend nivelliert. Daran änderten auch großzügige Funktionärsprivilegien, die soziale Vererbung wichtiger Posten im Staatsapparat, erhebliche Statusunterschiede zwischen einzelnen Bevölkerungs- und Berufsgruppen sowie der hohe Stellenwert von „Vitamin B" (= persönlichen Beziehungen) im Hinblick auf die Verteilung knapper Konsumgüter und begehrter Dienstleistungen wenig. Selbst der hohe Stellenwert von Westdevisen, die zeitweilige Existenz einer Parallelwährung in Gestalt der D-Mark und die Möglichkeit privilegierter Minderheiten, begehrte Konsumgüter in Exquitgeschäften und Intershops zu erwerben, konnten nicht darüber hinwegtäuschen, dass die realsozialistische Wirtschafts- und Gesellschaftsordnung ihrerseits keine neuen strukturbestimmenden Klassengegensätze nach Art des Kapitalismus hervorbrachte. Ein (relativ) geringes Ausmaß sozioökonomischer Ungleichheit bedeutet jedoch nicht zwangsläufig die Verwirklichung eines Maximums an sozialer Gerechtigkeit, Demokratie und staatsbürgerlicher Freiheit, was sich an Westreiseverboten, monströsen Grenzschutzmaßnahmen, tödlichen Schüssen auf „Republikflüchtlinge", rigiden Überwachungspraktiken der Staatssicherheit (Stasi) und massiven Repressalien gegenüber Dissident(inn)en zeigte.

Deutlich wird auch, dass der ostdeutsche „Arbeiter- und Bauernstaat" jenseits eigener Zielvorgaben eine Vielzahl sozialer Differenzierungen und Dis-

94 Günter Manz, Armut in der „DDR"-Bevölkerung, a.a.O., S. 22
95 Vgl. ebd., S. 1

kriminierungen bestimmter Bevölkerungsgruppen kannte, deren Ordnung in einem mehrdimensionalen Raum Jens Gieseke von „staatssozialistischer Intersektionalität“ sprechen ließ: „Während die Nähe zu (physischer) Produktionsarbeit, Leitungstätigkeit, technischer Expertise oder Aufgaben der Machtsicherung, männliches Geschlecht, junges und mittleres Alter (unterhalb der Rentengrenze) sowie politische und ethnisch-kulturelle Konformität honoriert wurden, wirkten umgekehrt geringe erwerbs- und körperliche Leistungsfähigkeit, weibliches Geschlecht, hohes Alter sowie politische oder ethnisch-kulturelle Abweichung der Position innerhalb der staatssozialistischen Sozialhierarchie abträglich.“[96]

Während es in der Bundesrepublik aufgrund der Diskussion über sog. Randgruppen zu Beginn der 1970er-Jahre politisch-moralische Entspannungs- und „Entdiskriminierungsprozesse“ ihnen gegenüber gab,[97] wurden von Armut betroffene Menschen in der DDR seit den 1960er-Jahren verstärkt mit dem Negativprädikat „asozial“ belegt. Es stammte aus dem ideologischen Repertoire des NS-Regimes und war geeignet, sie zu stigmatisieren oder gar zu kriminalisieren, ohne dass aus dieser terminologischen Parallelität eine inhaltliche Gleichsetzung von Kommunismus bzw. Staatssozialismus und Nationalsozialismus bzw. Faschismus resultieren darf.[98] Neben dem historisch belasteten Etikett der „Asozialität“ trat der Topos „dissozialer Milieus“ zur Kennzeichnung von Bevölkerungsgruppen, die nicht dem Ideal der sozialistischen Arbeitsdisziplin entsprachen: „Insbesondere die damit in enger Verbindung stehenden Begriffe wie ‚(Un-)Sauberkeit‘ und ‚(Un-)Hygiene‘ vor allem kinderreicher Familien verweisen darauf, wie stark derartige Einschätzungen von teils überkommenen, normativen Standards bürgerlicher Lebensführung geprägt waren und auf zentrale Elemente psychischer und sozialer Devianz rekurrierten.“[99]

Obwohl die DDR-Bürger/innen den westdeutschen Kapitalismus kaum als ein Gesellschaftssystem wahrnahmen, das sich gegenüber dem Realsozialismus durch mehr sozioökonomische Gleichheit auszeichnete, schätzten sie ihn überwiegend aufgrund seiner größeren Wirtschaftskraft, seiner enormen Konsummöglichkeiten und der Reisefreiheit für seine Bewohner/innen. Die enge Kopplung sozialer Aufstiegsmöglichkeiten an das Kriterium der politischen Loyalität gegenüber der eigenen Partei- und Staatsführung dürfte den meisten DDR-Bürger(inne)n hingegen als eine „illegitime Form der Ungleichheit“ und damit

96 Jens Gieseke, Die egalitäre DDR? – Staatssozialistische Intersektionalität und der lange Schatten des Intershops, in: Eva Maria Gajek/Christoph Lorke (Hrsg.), Soziale Ungleichheit im Visier, a.a.O., S. 166

97 Siehe Christoph Lorke, Armut im geteilten Deutschland. Die Wahrnehmung sozialer Randlagen in der Bundesrepublik und der DDR, Frankfurt am Main/New York 2015, S. 183

98 Vgl. Matthias Zeng, „Asoziale“ in der DDR. Transformationen einer moralischen Kategorie, Münster/Hamburg/London 2000, S. 116

99 Christoph Lorke, Armut im geteilten Deutschland, a.a.O., S. 211

als eklatanter Mangel an sozialer Gerechtigkeit erschienen sein.[100] Als sich in der DDR während der 1980er-Jahre ein „wachsendes Wohlstandsdefizit" abzeichnete,[101] förderte diese Entwicklung eine Abkehr vieler Menschen vom realsozialistischen Wirtschafts- und Gesellschaftssystem.

Martin Kronauer, Berthold Vogel und Frank Gerlach haben kurz vor der DDR-„Wende" 1989/90 die sozialstrukturellen Folgen einer länger anhaltenden Massenarbeitslosigkeit untersucht. Dabei rekurrierten sie auf den Schichtbegriff Theodor Geigers, was ihrer Meinung nach erklärungsbedürftig war, weil Arbeitslosigkeit zwar Abstiegsprozesse innerhalb des Erwerbssystems einleiten oder verfestigen könne, aber in der Regel kein Merkmal bilde, das die materiellen Lebensbedingungen oder das gesellschaftliche Bewusstsein der Betroffenen determiniere: „Solange die Arbeitslosigkeit eine Phase des Erwerbslebens darstellt, die zwar möglicherweise öfter wiederkehrt, aber immer wieder in Beschäftigungsverhältnisse einmündet, ist es die Stellung im Erwerbssystem, die den wesentlichen Einfluß auf die Positionierung der Individuen im Gesamtgefüge der gesellschaftlichen Gliederung ausübt, nicht die Arbeitslosigkeit."[102] Kronauer und seine beiden Koautoren sahen in den Langzeit- bzw. Dauererwerbslosen sozial Deklassierte, deren im vereinten Deutschland tendenziell wachsende Zahl den politischen Repräsentanten der „Arbeitsgesellschaft" riesige Probleme bereiten werde: „Die Existenz der sozialen Schicht der Dauerarbeitslosen stellt die Legitimität einer Gesellschaftsordnung in Frage, in der die Teilhabe am materiellen Wohlstand und an sozialer Anerkennung noch immer in einem entscheidenden Maße an die Voraussetzung gebunden ist, Erwerbsarbeit zu leisten."[103]

Nach der Vereinigung am 3. Oktober 1990 glichen sich die Sozialstrukturen der beiden früheren Separatstaaten keineswegs – wie von den meisten Ostdeutschen erhofft – schnell und reibungslos an. Vielmehr blieben wichtige Unterscheidungsmerkmale in den Erwerbsbiografien, der sozialen Absicherung und der Lebensgestaltung bestehen. Der ostdeutschen Bevölkerung wurde das Wirtschafts- und Gesellschaftssystem der „alten" Bundesrepublik übergestülpt, ohne dass sie über den Vorgang selbst, die Modalitäten oder den Zeitplan entscheiden konnte, wie es demokratischen Grundprinzipien und politischen Gepflogenheiten entsprochen hätte. Die Berliner Politikwissenschaftler Wolfgang Dümcke und Fritz Vilmar sprachen von einer „Kolonialisierung der DDR", worunter sie weder einen Truppeneinmarsch noch ein Massaker an „Eingeborenen" oder deren Versklavung, sondern im Kern „die Zerstörung der ‚einheimischen' Wirtschaftsstruktur, die Ausbeutung der vorhandenen ökonomischen Ressourcen, die soziale Liquidation nicht nur der politischen Elite, sondern auch der Intelligenz eines

100 Siehe Jens Gieseke, Die egalitäre DDR?, a.a.O., S. 180

101 Siehe Rainer Geißler, Die Sozialstruktur Deutschlands, a.a.O., S. 67 f.

102 Martin Kronauer/Berthold Vogel/Frank Gerlach, Im Schatten der Arbeitsgesellschaft. Arbeitslose und die Dynamik sozialer Ausgrenzung, Frankfurt am Main/New York 1993, S. 231

103 Ebd., S. 236

Landes sowie die Zerstörung der gewachsenen – wie auch immer problematischen – Identität einer Bevölkerung“ verstanden, was für die neuen Bundesländer mit Blick auf den Vereinigungsprozess zu konstatieren sei.[104]

Durch die Restrukturierung der DDR-Ökonomie, die Privatisierung von Unternehmen und die Deindustrialisierung weiter Teile Ostdeutschlands veränderten sich die gesellschaftlichen Verhältnisse im „Beitrittsgebiet“ grundlegend. Mit der ostdeutschen Wirtschaft brach auch die bisherige Sozialstruktur zusammen. Man kann auch sagen, dass sie nach Art einer Zangenbewegung von oben wie von unten zerstört wurde: einerseits durch den Elitenimport aus Westdeutschland sowie den Austausch des Leitungspersonals in Wirtschaft, Politik, Medien und Wissenschaft, andererseits durch die Abwicklung jahrzehntelang gewachsener Erwerbsbiografien, ohne dass man Rücksicht auf die Lebensleistung der betroffenen Menschen und die Folgen für sie und ihre Familien genommen hätte.

Dass die DDR-Eliten umfassender ausgetauscht wurden als die NS-Eliten in Westdeutschland nach 1945, verletzte das Ehrgefühl politisch engagierter Neubürger/innen der Bundesrepublik genauso wie die Besetzung mancher Führungspositionen mit abgehalfterten Politikern von CDU/CSU und SPD, was Rainer Geißler als „partielle westdeutsche Überschichtung Ostdeutschlands“ bezeichnet hat.[105] Besonders hart traf es Angehörige des Staatsapparates, die Führungskräfte des Militärs und andere Stützen des SED-Regimes. Da fand ein früherer NVA-Offizier auch schon mal in einer nunmehr von „Westimporten“ dominierten Hochschule eine ihn zutiefst demütigende Verwendung als Pförtner, wenn er nicht wie Millionen ausgemusterte DDR-Bürger/innen im vorzeitigen Ruhestand landete. Hans Mittelbach, früher Forschungsgruppenleiter am Institut für Wirtschaftswissenschaften der DDR-Akademie der Wissenschaften, vertrat denn auch die These, dass die Vereinigung ein „Anschluss“ gewesen und das Beitrittsgebiet aufgrund des radikalen Elitenwechsels sowie der einseitigen, „missionarischen“ Ausrichtung der Westeliten fremdgesteuert worden sei: „Eine ‚Mischung der Eliten‘ hätte viel zu einer kreativen Erneuerung nicht nur der ostdeutschen, sondern auch der westdeutschen Sozialstruktur beitragen können.“[106]

Während in manchen asiatischen Schwellenländern und in den mittel- bzw. osteuropäischen Transformationsgesellschaften neureiche Emporkömmlinge, halbseidene Glücksritter und Parvenues den Ton angaben, bestimmte im vereinten Deutschland eher der alte Geldadel das Bild. Durch den Beitritt weiteten Unternehmerfamilien und Kapitalgesellschaften ihr Einflussgebiet nach Ostdeutschland aus, während es manchen Alteigentümern, darunter Aristokraten

---

104 Siehe Wolfgang Dümcke/Fritz Vilmar, Was heißt hier Kolonialisierung? – Eine theoretische Vorklärung, in: dies. (Hrsg.), Kolonialisierung der DDR. Kritische Analysen und Alternativen des Einigungsprozesses, Münster 1995, S. 13

105 Siehe Rainer Geißler, Die Sozialstruktur Deutschlands, a.a.O., S. 148

106 Hans Mittelbach, Lohn- und Kapitaleinkommen in Deutschland 1990 bis 2010. Zur Kritik neoklassischer und neoliberaler Modelle, Köln 2013, S. 437

und Großgrundbesitzern aus Westdeutschland, nur zum Teil gelang, ihre früheren Unternehmen, Schlösser und Ländereien bzw. den Besitz ihrer enteigneten Vorfahren durch erfolgreich abgeschlossene Restitutionsverfahren zurückzubekommen oder im Sinne der „Regelung offener Vermögensfragen" hohe Entschädigungszahlungen zu erhalten. Auch die Tatsache, dass Ostdeutschland zum Billiglohngebiet und die frühere DDR-Wirtschaft zur „verlängerten Werkbank" westdeutscher Konzerne wurde, trug zur sozioökonomischen Polarisierung wie zur Vertiefung der mentalen Ost-West-Spaltung bei.

Dabei verhinderte die expansive Arbeitsmarkt- und Sozialpolitik der Bundesregierung im Transformationsprozess noch Schlimmeres. Durch eine massive Erhöhung der Sozialleistungsquote und eine aktive Arbeitsmarktpolitik wurden die von Massenentlassungen betroffenen Werktätigen der DDR-Kombinate wohlfahrtsstaatlich aufgefangen. Vorübergehend alimentierte der Bund eine Reservearmee von Transferleistungsbezieher(inne)n, ohne die brisante Lage dadurch wirklich zu befrieden. Auf den Trümmern des realsozialistischen Wirtschafts- und Sozialsystems wurde mit Steuergeldern, staatlichen Förderprogrammen sowie Unterstützung der Treuhandanstalt ein Kapitalismus ohne (eigene) Kapitalisten etabliert, der keine genuine Machtbasis besaß und daher vorerst eine Dependance von Konzernen mit Sitz, Management und Eigentümern im Altbundesgebiet bleiben musste. Bei westlichen Investoren herrschte damals Goldgräberstimmung, während das Gebiet östlich der Elbe ein deutscher Mezzogiorno zu werden drohte. Ein neues Bildungs- und Besitzbürgertum hat sich bislang nur in Ansätzen entwickelt, während die Dominanz der „Wessis", die sich zum Teil wie Kolonialherren aufführten, zumindest in den Leitungsfunktionen von Wirtschaft, Verwaltung und Wissenschaft auch 30 Jahre nach der Vereinigung ungebrochen ist.

Die in den ostdeutschen Bundesländern neu aufbrechenden Klassengegensätze wirkten vor dem Hintergrund einer ehemals halbwegs nivellierten Sozialstruktur umso schroffer. Das übernommene, teilweise auch bloß übergestülpte kapitalistische Wirtschafts- und Gesellschaftssystem vertiefte die zu DDR-Zeiten eher subtilen Strukturbrüche und Widersprüche. Michael Vester und seine Koautor(inn)en diagnostizierten alsbald eine „Potenzierung sozialer Ungleichheiten" im Beitrittsgebiet, die zwar durch regionale Besonderheiten, (sozial)staatliche Maßnahmen und Versuche der Selbsthilfe abgefedert würden, aber nicht ausschließlich Spätfolgen des kollabierten Staatssozialismus seien: „Die sozialen Ungleichheiten in Ostdeutschland sind mithin auch ‚exportierte' soziale Disparitäten der westdeutschen Gesellschaft."[107]

107 Michael Vester u. a., Soziale Milieus im gesellschaftlichen Strukturwandel. Zwischen Integration und Ausgrenzung, Köln 1993, S. 67

3.5 Die „neue Unterschicht“ und das „abgehängte Prekariat“ als Bodensatz der Gesellschaft?

Mit dem am 17. Dezember 2003 in der *Zeit* erschienenen Artikel *Das große Fressen. Nicht Armut ist das Hauptproblem der Unterschicht. Sondern der massenhafte Konsum von Fast Food und TV* eröffnete Paul Nolte eine als „deutsche Unterschichtendebatte“ bekannte Diskussion, in der es um die Verantwortung der Betroffenen für ihre soziale Misere ging. Glaubt man dem Berliner Historiker, waren nicht etwa materielle Entbehrungen und gekürzte Sozialleistungen die Problemursache, sondern der Verlust kultureller Werte und Normen, welcher im Rahmen einer „fürsorgliche(n) Vernachlässigung“ erfolgt sei: „Einer vergleichsweise hohen materiellen Fürsorge der Unterschicht steht eine Vernachlässigung in sozialer und kultureller Hinsicht gegenüber.“ Als sei das „Unterschichtenfernsehen“ (Harald Schmidt), dessen übermäßiger Konsum sie angeblich davon abhält, ihren sozialen Aufstieg zu organisieren, das Problem der Dauerarbeitslosen, die nach Zerstreuung suchen, aber weder das Problem der Medienkonzerne, die es vornehmlich aus Profitgier betreiben, noch der liberal-konservativen Regierungsparteien, die es nach dem Amtsantritt von Helmut Kohl ermöglichten, um eine Veränderung der politischen Kultur des Landes zu erreichen, die ihnen nützen sollte!

In dasselbe Horn wie Nolte stieß der *stern*-Redakteur Walter Wüllenweber am 16. Dezember 2004, als er unter dem Titel *Das wahre Elend* von der heutigen Unterschicht behauptete, sie leide keine Not: „Das Elend ist keine Armut im Portemonnaie, sondern die Armut im Geiste. Der Unterschicht fehlt es nicht an Geld, sondern an Bildung.“ Sowenig ein ökonomistisch verkürzter Armutsbegriff das Phänomen in seiner ganzen Komplexität erfasst, sowenig Sinn macht ein kulturalistisch verkürzter Armutsbegriff. Ohne die Berücksichtigung der Schlüsselrolle materieller Güter für die Existenz, das Ansehen und die Wertschätzung eines Menschen im Gegenwartskapitalismus kann das Problem nicht verstanden werden. Geradezu paradox erscheint, dass die überragende Bedeutung des Geldes sowie seiner halbwegs gleichmäßigen und gerechten Verteilung auf die unterschiedlichen Bevölkerungsgruppen ausgerechnet zu einer Zeit immer häufiger angezweifelt wurde, in der es aufgrund einer fortschreitenden Ökonomisierung, Privatisierung und Kommerzialisierung in fast allen Gesellschaftsbereichen ständig an Relevanz für die Versorgung und den Status von Individuen gewann.

Wüllenweber erklärte das Monatseinkommen zum falschen Maßstab, um die Situation von Menschen zu beurteilen, was sich bei den etwa 800.000 jüngeren zeige, die sich in Ausbildung und Studium befänden, denn sie hätten wenig Geld, aber gute Chancen. Reiche und Arme würden gleichermaßen reicher. „Dennoch ist Deutschland ein gespaltenes Land. Aber die Spaltung verläuft nicht entlang der wirtschaftlichen Linien. Es ist eine kulturelle Spaltung.“ Armut mache nicht krank, der schlechte Gesundheitszustand der Unterschicht sei vielmehr auf Disziplinlosigkeit zurückzuführen. Bisher hätten Politik, Gesellschaft und Sozialwissenschaften geglaubt, die Lebensformen der Unterschicht seien eine Folge der Armut. Richtig sei jedoch das Gegenteil: „Die Armut ist eine Folge ihrer Verhaltensweise, eine Folge der Unterschichtskultur." Hier wurden Ursache und Wirkung miteinander verwechselt oder bewusst vertauscht. Denn wie die Menschheit im welthistorischen Maßstab zuerst genügend materiellen Reichtum schaffen musste, damit Kunst und Kultur erblühen konnten, genauso verhält es sich im persönlichen Nahbereich: Die finanzielle Lage, der sozioökonomische Status bzw. das gesellschaftliche Sein bestimmt das Bewusstsein, den Bildungsdrang sowie die kulturelle, religiöse und weltanschauliche Prägung der Menschen – nicht umgekehrt.

Der heutige Arme wird häufig auf seine (angeblichen) Bildungs- und Kulturdefizite reduziert, die ihn vermeintlich daran hindern, sozial aufzusteigen: „Er besitzt keine Bildung, aber er strebt ihr auch nicht entgegen. Anders als der Prolet des beginnenden Industriezeitalters, der sich in Arbeitervereinen organisierte, die zugleich oft Arbeiterbildungsvereine waren, scheint es, als habe das neuzeitliche Mitglied der Unterschicht sich selbst abgeschrieben. Selbst für seine Kinder unternimmt er keine allzu großen Anstrengungen, die Tür in Richtung Zukunft aufzustoßen."[108] Gabor Steingarts historischer Vergleich hinkte allerdings gewaltig, denn der frühe Industriekapitalismus bot dem aufstrebenden Proletariat ganz andere Möglichkeiten, sich als kollektiver Machtfaktor zu entfalten, als der moderne Finanzmarktkapitalismus, in dem etwa das „neue Prekariat" mehr oder weniger ohnmächtig ist.

Eine zweite Phase der Unterschichtendebatte begann im Juli 2006, als die Zwischenergebnisse einer Studie *Gesellschaft im Reformprozess* veröffentlicht wurden, die TNS Infratest Sozialforschung Berlin im Auftrag der Friedrich-Ebert-Stiftung durchgeführt hatte. Darin kam der Terminus „abgehängtes Prekariat" vor, ohne dass die Schichtstruktur der Bundesrepublik genauer untersucht wurde, ging es doch um das sozialdemokratische Wählerpotenzial.[109] Fabian Kessl, Christian Reutlinger und Holger Ziegler, die zu Recht bemerkten, dass eine „Unterschicht" genannte Gruppe fester Bestandteil fast aller Versuche war, die Sozialstruktur der Bundesrepublik zu analysieren,[110] weshalb die öffentliche Erregung über den Terminus kaum verständlich wird, datierten Beginn und Verlauf dieser Debatte nur unwesentlich anders.

108 Gabor Steingart, Weltkrieg um Wohlstand. Wie Macht und Reichtum neu verteilt werden, 5. Aufl. München/Zürich 2006, S. 257

109 Siehe Rita Müller-Hilmer, Gesellschaft im Reformprozess, Friedrich-Ebert-Stiftung/TNS Infratest Sozialforschung, Juli 2006; https://www.nachdenkseiten.de/upload/pdf/080625%20Hinweise%20PDF%20Datei%20zur%20Infratest%20Studie.pdf (9.5.2019)

110 Fabian Kessl/Christian Reutlinger/Holger Ziegler, Erziehung zur Armut?, Soziale Arbeit und die „neue Unterschicht" – eine Einführung, in: dies. (Hrsg.), Erziehung zur Armut? – Soziale Arbeit und die „neue Unterschicht", Wiesbaden 2007, S. 8

In einem Interview, das die *Frankfurter Allgemeine Sonntagszeitung* am 8. Oktober 2006 veröffentlichte, sprach der damalige SPD-Vorsitzende Kurt Beck eher beiläufig von einer „Unterschicht", deren Angehörigen er vorwarf, „kein Interesse mehr am Aufstieg durch Bildung" zu haben. Da den Langzeitarbeitslosen heute in aller Regel berufliche und soziale Perspektiven fehlen, bleiben ihnen tatsächlich oftmals nur politische Resignation, der Rückzug ins Private und Apathie. Beck verlangte am 12. Dezember 2006 von Henrico Frank, einem Erwerbslosen, der ihn bei einem Wahlkampftermin auf dem Wiesbadener Weihnachtsmarkt ansprach und um Hilfe bei der Stellensuche bat: „Waschen und rasieren Sie sich erst mal … dann finden Sie auch Arbeit!" Mit Deutschlands „frechstem Arbeitslosen" (*Bild*-Zeitung) erhielt das Mitglied jener „Unterschicht", von der Beck kurz vorher gesprochen hatte, obwohl er sich diesen Begriff gar nicht zu eigen machte, ein fassbares Gesicht, das für die Boulevardpresse zur Projektionsfläche aller Ressentiments wurde, die man Armen hierzulande entgegenbringt und im Medienbetrieb transportiert bzw. multipliziert. Der evangelische Theologe und Menschenrechtler Thomas Schirrmacher sprach von einer „emotional und populistisch geführte(n) Diskussion, die zudem stark parteipolitisch und ideologisch geprägt" sei.[111] Erwerbslosigkeit wurde so zu einem Resultat individuell-unangepasster Verhaltensweisen umformatiert und der Umgang mit den Konsequenzen einer darauf basierenden Armut in die Eigenverantwortung der jeweiligen Person verwiesen.[112]

Welche politischen Folgen es hat, wenn man eine Psychologisierung, Kulturalisierung und Pädagogisierung der sozioökonomischen Ungleichheit betreibt, zeigte Wüllenwebers Kolumne *Spiel nicht mit den Schmuddelkindern!* im *stern* (v. 19.10. 2006), wo allen Forderungen nach einer Umverteilung des gesellschaftlichen Reichtums durch höhere Transferleistungen an die Armen energisch widersprochen wurde: „Mit mehr Sozialknete kann man die Benachteiligung nicht wirksam bekämpfen. Bekäme jede arme Familie 200 oder 300 Euro mehr Stütze im Monat, würden sich dadurch ihre Aussichten auf einen Job, auf ein selbstbestimmtes Leben, auf bessere Aufstiegschancen ihrer Kinder keinen Millimeter verbessern. Die Erfahrung zeigt: Das würde nur den Umsatz bei McDonald's erhöhen."

Ein weiterer, *Die neue Klassengesellschaft* genannter Artikel Wüllenwebers im *stern* (v. 23.8.2007) beschrieb, wie Angehörige der Mittelschicht etwa aus Neukölln oder Kreuzberg wegzogen, weil sie den dortigen Dreck, Müllberge, Drogenexzesse und Gewalt direkt vor der Haustür nicht mehr ertragen könnten. Schuld sei nicht die Armut, sondern die Erkenntnis der „intakten Familien" mit und ohne Migrationshintergrund, dass man den eigenen Kindern die schlechten

---

111 Siehe Thomas Schirrmacher, Die neue Unterschicht. Armut in Deutschland?, Holzgerlingen 2007, S. 12

112 Vgl. Fabian Kessl, Die Wiederkehr der sozialen Frage – ein Postscriptum zur jüngsten Debatte um die „neue Unterschicht", in: ders./Christian Reutlinger/Holger Ziegler (Hrsg.), Erziehung zur Armut?, a.a.O., S. 138

Schulen der genannten Berliner Stadtteile nicht zumuten dürfe. Die gesellschaftliche Trennlinie verlaufe zwischen der Mittel- und der Unterschicht, was die „Massenflucht aus den Problemvierteln“ auslöse. Beständigkeit, Disziplin, Pflichtbewusstsein und Zuverlässigkeit seien jene Sekundärtugenden, die den Unterschichtangehörigen fehlten. „Einkommensunterschiede sind die bequeme Universalerklärung für alle Probleme der Gesellschaft, insbesondere für deren Spaltung.“ Dabei zerfalle die Gesellschaft gar nicht in Arm und Reich, sondern in Menschen unterschiedlicher ethnischer Herkunft, die sich benehmen könnten, und solche, die keinerlei Rücksicht auf andere nähmen: „Anstand ist nicht abhängig vom Kontostand.“ Wüllenweber mutmaßte, Deutschland sei auf dem Weg zurück zur Klassengesellschaft, betonte jedoch gleichzeitig, die Klassenzugehörigkeit sei heutzutage „keine Geldfrage mehr“, sondern eine kulturelle.

Kulturelle und Bildungsdefizite begründen entgegen solcher Behauptungen, wie sie die oben zitierten Autoren verbreiten, keine Armutskultur, sondern sind primär Folge materieller Entbehrungen. Ob man seine Freizeit zunächst auf dem Bolzplatz oder in der Bibliothek und später in der Kneipe oder im Konzertsaal verbringt, hängt primär von der sozialen Herkunft und der eigenen Platzierung im bestehenden Wirtschafts- und Gesellschaftssystem ab – nicht umgekehrt. Trotzdem erfolgt die ideologische Entsorgung des Ungleichheitsproblems häufig mittels seiner Kulturalisierung, Psychologisierung und Pädagogisierung.

Michael Hartmann brachte den Diskurs mit der herrschenden Leistungsideologie in Verbindung und wies auf seine Funktion zur Rechtfertigung der polarisierten Sozialstruktur hin: „Wenn die Unterschichten an ihrem Los letztlich selbst schuld sind, weil sie sich keine Bildung aneignen und einen undisziplinierten Lebenswandel führen, und die Eliten ihre Position ausschließlich ihrer individuellen Leistung verdanken, dann sind die Macht- und Einkommensverhältnisse in der Gesellschaft nur eine zwingende Folge der jeweils unterschiedlichen Anstrengungen der einzelnen Bürger und damit legitim.“[113] Der Frankfurter Erziehungswissenschaftler Micha Brumlik schließlich bemerkte, dass diese Form der Analyse auch die Therapie determiniere: „Dort, wo es nicht um weitere Umverteilung von Geld, sondern um die mittel- und langfristige Änderung einer Kultur, also von Haltungen, Einstellungen und symbolisch artikulierten Lebensentwürfen geht, hat die Politik ihr Recht verloren und die Pädagogik als Praxis der Veränderung von Bildungs- und Aneignungsprozessen an Boden gewonnen.“[114]

Gegen die von Paul Nolte und seinen liberalkonservativen Gesinnungsfreunden (re)produzierten Klischees und Stereotype gewandt, konstatierte der

---

113 Michael Hartmann, Elite – Masse, in: Stephan Lessenich/Frank Nullmeier (Hrsg.), Deutschland – eine gespaltene Gesellschaft, Frankfurt am Main/New York 2006, S. 207

114 Micha Brumlik, Soll ich je zum Augenblicke sagen ... Das Glück: beseligender Augenblick oder erfülltes Leben?, in: Fabian Kessl/Christian Reutlinger/Holger Ziegler (Hrsg.), Erziehung zur Armut?, a.a.O., S. 82

Soziologe Sighard Neckel: „Die ‚neuen Unterschichten' wurden gewissermaßen als inneres Ausland der deutschen Marktgesellschaft präsentiert, mit zugleich befremdlichen wie nur allzu bekannten Eigenschaften, an deren Vulgarität sich das gerade erst wieder neu aufkeimende bürgerliche Selbstbewusstsein aufrichten konnte."[115] Protagonisten einer „neuen Bürgerlichkeit" wie Nolte taten so, als wäre die Armut kulturell bedingt, weil sie dann nicht mehr strukturell bedingt sein und kein Mensch außer den davon Betroffenen selbst etwas dagegen tun könnte (bzw. müsste). Der Jenaer Hochschullehrer Karl August Chassé sah hierin einen „Wechsel der Semantik von der Sozialreform zur Re-Moralisierung von Ungleichheit", die von (berechtigten) Ängsten der Mittelschichten vor dem sozialen Abstieg bzw. Statusverlust gespeist werde und in eine Aufkündigung der Solidarität mit den unteren, benachteiligten Gruppen münde.[116]

Politiker der etablierten Parteien, neoliberale Publizisten und Wirtschaftslobbyisten pflegen gemeinsam den Mythos, wonach hierzulande „jeder seines Glückes Schmied" ist. So behauptete der frühere IBM-Manager Hans-Olaf Henkel allen Ernstes: „Jeder kann Unternehmer werden, und ebenso kann jeder Unternehmer, wenn er schlecht wirtschaftet, im Handumdrehen zum Hartz-IV-Empfänger werden."[117] Welches kuriose Gesellschaftsbild führende Repräsentanten des Neoliberalismus in der Bundesrepublik hatten und wie ihre Aufstiegsperspektive für bisher Erwerbslose konkret aussah, zeigte eine weitere Äußerung Henkels aus dem im *Parlament* (v. 30.5.2005) abdruckten Streitgespräch. Dabei lobte Henkel den Automationsvorsprung japanischer gegenüber US-amerikanischen wie europäischen Firmen, um dann fortzufahren: „Aber in Japan werden eben auch noch die Schuhe im Hotel von Hand geputzt, und die Schuhputzer können sich im Hotelfach nach oben arbeiten. Bei uns stehen Automaten in den Hotels, die potentiell Beschäftigten sitzen als Arbeitslose den ganzen Tag vor der Glotze oder streichen um die Häuserblocks." Prägnanter lassen sich die gängigen Stereotype, dass Erwerbslose faul sind und man sich mit dem nötigen Geschick bis heute vom Tellerwäscher oder Kleinaktionär zum Millionär „hocharbeiten" kann, nicht formulieren.

Henkel führte gegen Kurt Beck ins Feld, das Wort „Unterschicht" lenke nur von der verdrängten Wirklichkeit ab: „Die vermeintliche Ausbeuterklasse ist längst zur ausgebeuteten Klasse geworden. Denn viele von denen, die sich nicht mehr nach oben orientieren, richten sich bequem im Unten ein, weil es ihnen

---

115 Sighard Neckel, Die gefühlte Unterschicht. Vom Wandel der sozialen Selbsteinschätzung, in: Rolf Lindner/Lutz Musner (Hrsg.), Unterschicht. Kulturwissenschaftliche Erkundigungen der „Armen" in Geschichte und Gegenwart, Freiburg im Breisgau/Berlin/Wien 2008, S. 23

116 Siehe Karl August Chassé, Unterschichten in Deutschland. Materialien zu einer kritischen Debatte, Wiesbaden 2010, S. 37

117 Hans-Olaf Henkel, Der Kampf um die Mitte. Mein Bekenntnis zum Bürgertum, München 2007, S. 174

vom Bürgertum finanziert wird.“[118] Als ein Beispiel dafür erschien Henkel die Tatsache, dass sich Langzeitarbeitslose, die als Erntehelfer verpflichtet werden sollten, lieber krankschreiben ließen, als Spargel zu stechen. Je mehr die SPD den Staat aus wahltaktischen Gründen zum „sorgenden Vormund“ der Unterschicht mache, umso abhängiger werde diese von seinen Wohltaten: „Die Unterschicht wächst nicht etwa, weil der Staat zu wenig alimentiert, sondern umgekehrt: Weil die Mittel so reichlich fließen, weil Wohnung und Heizkosten, neuer Laminatfußboden und Kühlschrank aus dem staatlichen Wunderhorn kommen, wächst die Unterschicht.“[119]

Becks Parteigenosse, Bundessozialminister und Vizekanzler Franz Müntefering wiederum leugnete schlicht eine Klassenspaltung und jede Schichtung, als er sich gegen eine solche „Einteilung der Gesellschaft“ verwahrte und laut *Focus Online* (v. 16.10. 2006) zur Begründung sagte: „Es gibt keine Schichten in Deutschland. Es gibt Menschen, die es schwerer haben, die schwächer sind.“ Statt sich dem Ungleichheitsproblem zu stellen, setzte Müntefering als zuständiger Fachminister die jahrzehntelange Ignoranz führender Politiker ihm gegenüber fort und erklärte die „Unterschicht“ kurzerhand zur Erfindung weltfremder Soziologen. Damit erreichte die Unterschichtendebatte zweifellos ihren geistigen Tiefpunkt, der nur verständlich war vor dem Hintergrund einer fehlenden Tradition fundierter Klassen- und Sozialstrukturanalysen, eines verbreiteten Antiintellektualismus sowie eines kaum noch zu unterschreitenden Niveaus sozialdemokratischer Theoriediskussionen in der Bundesrepublik.

Der Journalist Cordt Schnibben wies im *Spiegel* (v. 23.10. 2006) darauf hin, dass eine Unterschicht seit 200 Jahren zum bestehenden Wirtschaftssystem gehört: „Wenn der Arbeitsmarkt entscheidet, wer Arbeit bekommt und wer nicht und wer wie viel Geld dafür bekommt, dann wird es Hunderttausende und Millionen Menschen geben, die keine Arbeit haben oder so wenig Geld dafür bekommen, dass sie in Armut leben.“ Da mit der Unterschicht jene amorphe Masse gemeint war, die man früher als „Lazarusschicht“ oder „Lumpenproletariat“ (Karl Marx) bezeichnet und nicht aufgrund ihres revolutionären Elans, sondern wegen der mentalen Ansteckungsgefahr, die sie für die „fleißigen Arbeiter“ darstellte, als „gefährliche Klasse“ eingestuft hatte, gab es Anklänge an vergleichbare Diskurse im deutschen Kaiserreich. Der Berliner Kultursoziologe Rolf Lindner deutete manche Äußerung im Rekurs auf ein dem 19. Jahrhundert entstammendes Gesellschaftsbild: „In der Tat wird auch heute das Verhältnis der leistungsunwilligen, sich auf Unterstützung verlassenden Angehörigen der ‚underclass‘ zu den ‚working poor‘ als das zentrale sozialpolitische Problem angesehen, und zwar deshalb, weil der underclass die Rolle

118 Ebd., S. 246
119 Ebd., S. 247

eines Herdes der Ansteckung (mit dem Infekt des Müßiggangs) zugewiesen wird."[120]

Münteferings negative Reaktion auf den Begriff „Unterschicht" sei nur aus der sozialdemokratischen Moralpolitik verständlich, die den respektablen Arbeiter vor dem Einfluss des „prolligen" Milieus zu bewahren trachte. Für die strikte Ablehnung der Kategorie „Unterschicht" machte Lindner zwei Ursachen aus: Einerseits klinge in dem Begriff immer noch die von den Sozialdemokraten längst ad acta gelegte Klassengesellschaft an: „Wer von ‚Unterschicht' spricht, muss auch von ‚Oberschicht' sprechen und damit von Herrschaft, Macht und struktureller Ungleichheit."[121] Andererseits müsse die strukturell bedingte Ungleichheit politisch bekämpft werden, während man bei „sozial Schwachen" nur das Muster der Lebensführung zu verändern brauche. „Mit der Verdrängung der Kategorie der Unterschicht werden die letzten Verbindungsleinen zur Sozialstruktur gekappt; der ‚sozial Schwache' ist ein hilfloser Mensch, der möglicherweise sein Schicksal aufgrund seines Lebensstils selbst zu verantworten hat. Ihm zu helfen ist daher eine an die Erfüllung gewisser Voraussetzungen geknüpfte Gnade, kein sozialpolitisches Gebot."[122]

Statt eines Paradigmen- bzw. Politikwechsels löste die Debatte über „neue Unterschichten" und das „abgehängte Prekariat" ideologisch motivierte Abwehrreflexe aus: Da wurde die missliche Situation der Betroffenen etwa durch unsinnige Vergleiche schöngeredet. Der frühere Bundeskanzler Helmut Schmidt meinte am 10. Dezember 2006 im Berliner *Tagesspiegel am Sonntag*, wer von Arbeitslosengeld II (damals 345 Euro plus Unterkunfts- und Heizkosten im Falle einer „angemessenen" Wohnung) lebe, habe meist einen höheren Lebensstandard als in seiner Jugend ein Facharbeiter mit Frau und Kindern. Als ein Beispiel für die angebliche Dramatisierung des Problems nannte Schmidt eine 18-jährige Alleinerziehende, der die „Sozialfürsorge" – sie gibt es übrigens bereits seit Inkrafttreten des *Bundessozialhilfegesetzes* (BSHG) am 1. Juni 1962 gar nicht mehr – eine Wohnung und ein Fernsehgerät finanziere: „Dieses Mädchen gilt als arm und abgehängt, doch in Wirklichkeit geht es ihr unendlich viel besser, als es uns in ihrem Alter gegangen ist." Niemand vergleicht seine eigene Lebenslage indes mit jener früherer Generationen, sondern alle interessiert nur die von eigenen Zeitgenoss(inn)en, Nachbar(inne)n, Kolleg(inn)en, Spielkamerad(inn)en, Verwandten, Freunden und Bekannten.

Ein besonders makabres Beispiel für die Bagatellisierung des Ausmaßes der sozialen Ungleichheit durch eine Gegenüberstellung der Lebensbedingungen in unterschiedlichen Ländern bot Wolfgang Schäuble in einem Interview, das die

---

120 Rolf Lindner, „Unterschicht". Eine Gespensterdebatte, in: ders./Lutz Musner (Hrsg.), Unterschicht, a.a.O., S. 12

121 Ebd., S. 15

122 Ebd., S. 16

Zeit (v. 17.7.2008) unter dem Titel *Große Koalition? Bitte nicht noch einmal* veröffentlichte. Gefragt nach der Bedeutung des Themas „soziale Gerechtigkeit", antwortete der damalige Bundesinnenminister, durch härteren Wettbewerb würden die Unterschiede hierzulande größer, wohingegen die globalen Unterschiede abnähmen: „Natürlich ist die Spanne zwischen denen, die bei uns nicht ruhig schlafen können, weil sie für ihr ererbtes Millionenvermögen Steuern zahlen müssen, und denen, die mit Hartz IV auskommen sollen, gewaltig. Aber wenn wir uns anschauen, wie die Lebenschancen für Chinesen, für Inder oder für Südamerikaner sind, relativiert sich das." Hier irrte Schäuble allerdings gewaltig, denn das Privatvermögen von Karl und Theo Albrecht, den Gründern der Lebensmitteldiscounter Aldi-Nord und Aldi-Süd als seinerzeit reichsten Deutschen, war ungefähr 100 Millionen Mal so groß wie das monatliche Transfereinkommen von Arbeitslosengeld-II-Bezieher(inne)n, die auch nur ein geringes „Schonvermögen" besitzen durften und häufig gar keins hatten. Dagegen fielen die Einkommens- bzw. Vermögensunterschiede zwischen einem deutschen und einem Durchschnittsverdiener in der sog. Dritten Welt oder Vierten Welt sehr viel geringer aus.

Die deutschen Armen leben hier und heute, wo sie auch ihren Lebensunterhalt bestreiten müssen, weshalb es ihnen überhaupt nichts nützt, dass Menschen zu anderen Zeiten und in anderen Ländern noch schlechter dastanden bzw. -stehen. Man muss die Armut vielmehr daran messen, wie viel besser die Lage der sozial Benachteiligten sein könnte, wenn die Gesellschaft ihre hehren moralischen Ansprüche einlösen und den gesellschaftlichen Reichtum gleichmäßiger bzw. gerechter verteilen würde.

Klaus Schweinsberg, damals *Capital*-Chefredakteur, schrieb für die Ausgabe 23/2006 seines Wirtschaftsmagazins einen Kommentar *Das Kapital der Unterschicht*, in dem er Sozialleistungsbezieher/innen allen Ernstes mit „millionenschweren Privatiers" verglich, weil beide Geld kassierten, ohne dafür arbeiten zu müssen: „Bei Lichte besehen stellen die Hartz-IV-Empfänger die größte Gruppe der Kapitalisten in Deutschland. Das zeigt ein Blick auf eine Familie mit zwei Kindern, die von Arbeitslosengeld II lebt und damit pro Jahr durchschnittlich 21.600 Euro bezieht. Wer dieses Einkommen (vor Steuern) auf dem Finanzmarkt erzielen möchte, braucht mindestens 540.000 Euro Kapital, wenn man eine realistische Rendite von vier Prozent zugrunde legt."

3.6 Existenz-, Verlust- und Zukunftsängste des Durchschnittsbürgers: Erosion der Mittelschicht?

Eine breite, in ungefährdetem Wohlstand und sozialer Sicherheit lebende Mittelschicht war lange das Markenzeichen der westdeutschen Sozialstruktur. Joachim Bischoff und Bernhard Müller haben die zweieinhalb Jahrzehnte zwischen 1950 und 1975 als „goldene(s) Zeitalter der Mittelschicht" bezeichnet, das sich einer beschleunigten Kapitalakkumulation während dieser Epoche verdankte und entgegen dem herrschenden „Wirtschaftswunder"-Glauben nicht dauerhaft war, sondern von einer Epoche der permanenten Unsicherheit in weiten Bevölkerungskreisen abgelöst wurde: „Während es früher fließende Übergänge zwischen den unteren Schichten und der Mittelschicht gab, tut sich heute ein Graben oder Riss auf."[123]

Zwar finanzierte die lohnabhängige Mittelschicht zu einem wesentlichen Teil den Auf- und Ausbau des Wohlfahrtsstaates nach dem Zweiten Weltkrieg, weil seine Beschränkung auf sozialversicherungspflichtig Beschäftigte, Beitragsbemessungs- und Krankenversicherungspflicht- bzw. -fluchtgrenzen zusammen mit einer Steuerverschonung sehr großer Einkommen und (Kapital-) Vermögen die Bessergestellten weitgehend von finanziellen Verpflichtungen freistellte, sie kam aber auch am ehesten in den Genuss seiner Geld-, Dienst- und Sachleistungen. Wie die Berliner Historikerin Dagmar Hilpert in ihrer Doktorarbeit nachwies, profitierten die Angehörigen der Mittelschicht besonders in den späten 1950er-, den 1960er- und den frühen 1970er-Jahren vom Ausbau der Leistungen und Fördermaßnahmen des Wohlfahrtsstaates in der Arbeitsmarkt-, Familien-, Renten- und Wohnungspolitik: „Die sozialen Transfers trugen zur Verbesserung der wirtschaftlichen Lage und damit der Lebensverhältnisse der mittleren Schichten bei; insofern können die Mittelschichten auch als ‚Profiteure' der wohlfahrtsstaatlichen Expansion bezeichnet werden."[124] Zugleich begünstigten die Erweiterung der wohlfahrtsstaatlich induzierten Beschäftigung und die Professionalisierung der Sozialen Arbeit den beruflichen Aufstieg von Mittelschichtangehörigen.

Umso stärker wurde die Mittelschicht vom „Um-" bzw. Abbau des Sozialstaates getroffen, als Finanz- und Wirtschaftskrisen die Bundesrepublik erfassten. Am 5. März 2008 legte das DIW eine Studie vor, nach der die Mittelschicht zerbröckelte und viele Durchschnittsverdiener/innen nach unten abrutschten. Markus M. Grabka und Joachim R. Frick hatten auf der Grundlage des SOEP festgestellt, dass die „Schicht der Bezieher/innen mittlerer Einkommen", d. h. jener Bevölkerungsgruppe, deren bedarfsgewichtetes Haushaltsnettoeinkommen zwischen 70 und 150 Prozent des Medians betrug, im Zeitraum zwischen 2000 und 2006 von 62 Prozent auf 54 Prozent geschrumpft war. „Dabei überwiegen Bewegungen nach unten, was unter anderem durch zunehmende Risiken und längere Dauer von Arbeitslosigkeit sowie die niedrigeren Lohnersatzleistungen beim Bezug von Arbeitslosengeld II erklärt werden kann. Ein anderer Faktor ist die Flexibilisierung des Arbeitsmarktes, die sich unter anderem

123 Joachim Bischoff/Bernhard Müller, Berliner Republik: eine Klassengesellschaft. Soziale Spaltungen, Wut auf das Establishment und rechte Ressentiments, Hamburg 2019, S. 75

124 Dagmar Hilpert, Wohlfahrtsstaat der Mittelschichten?, Göttingen 2012, S. 299

in einer abnehmenden Bedeutung des ,klassischen' Normalarbeitsverhältnisses (im Sinne einer unbefristeten Vollzeitstelle) ausdrückt."[125] Aufgrund einer ausgeprägten Tendenz zur Einkommensspreizung hätten die Ränder der Einkommensverteilung an Bedeutung gewonnen, während die verfügbaren Realeinkommen seit der Wiedervereinigung nur mäßig gestiegen und im Zeitraum von 2003 bis 2006 sogar deutlich zurückgegangen seien.

Erneut beschäftigte sich die Medienöffentlichkeit mit Verteilungsfragen und der zunehmenden sozioökonomischen Ungleichheit. Im *Spiegel* (v. 3.3.2008), der über die Ergebnisse unter dem Titel *Wo ist die Mitte? – Jahrzehntelang prägte sie das Land. Nun zeigen neueste Zahlen: Die deutsche Mittelschicht leidet an akuter Auszehrung* vorab berichtete, charakterisierten Michael Sauga und Benjamin Triebe die DIW-Studie als „erschreckende Zustandsbeschreibung der deutschen Gesellschaft". Sehr viel dramatischer, alarmistischer und schriller als sonst üblich, wenn es „nur" um die Armut des unteren Randes ging, klang die soziale Diagnose jetzt: „Zunächst langsam und dann immer schneller hat die ökonomische und soziale Spaltung mittlerweile das Zentrum der bundesdeutschen Gesellschaft erfasst." Die für den sozialen Zusammenhalt unersetzliche Mittelschicht erodiere, und zwar in einem rasanten Tempo, vor allem jedoch ohne Hoffnung, dass sich dieser Prozess aufhalten oder umkehren lasse. In den vergangenen Jahren sei die Anzahl der sozialen Absteiger um mehr als ein Drittel gestiegen, schrieben Sauga und Triebe weiter: „Jeder vierte Deutsche gehört [...] mittlerweile zu den sogenannten armutsgefährdeten Schichten – mehr als je zuvor." Es sei ein düsteres Bild, das die beiden Verteilungsforscher des DIW von der sozialen Verfassung unseres Landes zeichneten, meinten die *Spiegel*-Redakteure: „Einer prosperierenden Oberschicht steht eine wachsende Unterklasse der Absteiger und Ausgestoßenen gegenüber, während in der Mittelschicht die begründete Sorge wächst, bald selbst zu den Verlierern zu gehören."

Angesichts der Tatsache, dass die Internationale Arbeitsorganisation (ILO) den Niedriglohn bei weniger als zwei Dritteln des mittleren Bruttostundenlohns ansetzt, war es methodisch umstritten, dass Grabka und Frick die „Mittelschicht" unter Ausblendung der Klassenlage, der sozioökonomischen Position, des Berufs, der Schulbildung usw. im Bereich zwischen 70 und 150 Prozent des Nettoeinkommens (Medianwert) lokalisierten. Auch war sie hierzulande immer und ist heute noch mehr als eine bloße Einkommensklasse, nämlich zumindest auch eine sozialstrukturelle Kategorie und eine zugeschriebene, „gefühlte" Realität.[126] Martin Kronauer wies zudem darauf hin, dass auf der politischen Ebene keine ernsthafte Auseinandersetzung mit der wachsenden sozialen Ungleich-

125 Markus Grabka/Joachim Frick, Schrumpfende Mittelschicht – Anzeichen einer dauerhaften Polarisierung der verfügbaren Einkommen?, in: DIW-Wochenbericht 10/2008, S. 107

126 Vgl. Martin Kronauer, Verunsicherte Mitte, gespaltene Gesellschaft?, in: WSI-Mitteilungen 7/2008, S. 373

heit, ihren subjektiven Verarbeitungsformen und gesellschaftspolitischen Implikationen stattfinde. Ungleichheitsthemen tauchten zwar in den Medien und der politischen Diskussion regelmäßig auf, wenn eine Studie wieder einmal entsprechende Zahlen vorlege. Sie erregten dann für kurze Zeit die Gemüter, verschwänden aber schon bald wieder von der Bildfläche einer auf Kaufkraft und Wählerstimmen fixierten „Öffentlichkeit", wie sich in der „Unterschichtendebatte" des Herbstes 2006, bei jeder Veröffentlichung eines Armuts- und Reichtumsberichts sowie im Rahmen der Diskussion um die Zukunft der „gesellschaftlichen Mitte" zeige.

Als im Frühsommer 2008 über den Dritten Armuts- und Reichtumsbericht der Bundesregierung diskutiert wurde, nutzte Hans-Werner Sinn, damals Präsident des ifo Instituts für Wirtschaftsforschung an der Universität München, die Gelegenheit, um in der *Wirtschaftswoche* (v. 26.5.2008) unter dem Titel *Bedarfsgewichteter Käse* sein Urteil über die soziale Ungleichheit und die Entwicklung der Mittelschicht zu erläutern. Die wachsende Ungleichheit der Markteinkommen führte der Münchner Ökonom auf exogene Faktoren, genauer: die Niedriglohnkonkurrenz seitens der früher kommunistischen Länder zurück. Sinn kritisierte, dass der Berichtsentwurf die „Arbeitsmarkterfolge" der vorangegangenen Jahre nicht berücksichtige und schon veraltet sei, bevor er überhaupt veröffentlicht werde. Da dieser bedarfsgewichtete und nicht Pro-Kopf-Einkommen zugrunde lege, führe eine Verringerung der Haushaltsgröße, wie sie in Deutschland zuletzt stattgefunden habe (Erosion der Familien, Zunahme der Singles und ökonomisch motiviertes Auseinanderziehen von Hartz-IV-Bedarfsgemeinschaften), rechnerisch zur Verringerung des Einkommens und damit zu einem höheren Anteil armutsgefährdeter und aus der Mittelschicht fallender Personen. Die deutsche Öffentlichkeit rege sich über die vermeintliche Ungerechtigkeit der Marktwirtschaft auf, sei jedoch nur einem statistischen Artefakt aufgesessen.

Einen Tag, nachdem die Bundesregierung den dickleibigen Bericht verabschiedet hatte, kommentierte Dorothea Siems diesen Kabinettsbeschluss unter der Überschrift *Wir brauchen Ungleichheit* in der *Welt* (v. 26.6.2008). Ungleichheit werde hierzulande *fälschlicherweise* gern mit Ungerechtigkeit gleichgesetzt, denn dass, wer mehr lerne und mehr leiste, besser verdiene als ein „bequemer Kollege", sei nicht bloß fair, sondern notwendig. Menschen würden durch unterschiedliche Einkommen zur Leistung animiert, wohingegen eine auf Gleichmacherei gerichtete Politik den Fleißigen bestrafe und damit falsche Anreize setze. „Der deutsche Wohlfahrtsstaat ist mitverantwortlich dafür, dass in Teilen der Gesellschaft der Aufstiegswille erlahmt ist. Wenn Hauptschüler als Berufswunsch ‚Hartz IV' angeben, wenn Migranten in der dritten Generation nicht fließend Deutsch sprechen, wenn Langzeitarbeitslose überzogene Gehaltsvorstellungen haben, dann läuft etwas schief in diesem Land." Das zentrale Problem sei nicht die soziale Ungleichheit, sondern mangelnde Mobilität, die der Staat durch mehr Druck auf die genannten Gruppen („konsequentes Fordern“) fördern müsse.

Unter dem Titel *Die Mär vom sozialen Abstieg der Mitte* widersprach Dorothea Siems in der *Welt* (v. 7.8.2008) erneut dem vom DIW ausgemachten Trend und suchte die Gemüter zu beruhigen: „Zwar wächst die Kluft zwischen Arm und Reich – wie in allen Industrieländern. Denn die gut Qualifizierten profitieren von der Globalisierung, während die ungelernten Arbeiter zunehmend unter Druck geraten. Die Mitte aber erweist sich als relativ stabil.“ In einem daneben platzierten Interview von Siems mit Paul Nolte bemängelte der Historiker, dass die Debatte „mittlerweile über das Ziel hinaus“ schieße, und wies das „Gerede vom Abrutschen der Mitte“ zurück: „Zwar ist für die Mittelschicht die Zeit stetigen Zuwachses vorbei. Wir haben eine Phase der Stagnation erreicht, was in der Bevölkerung Krisengefühle geweckt hat. Tatsächlich aber ist die Mittelschicht relativ stabil. Und sie hat sich bislang immer als erstaunlich kreativ und erneuerungsfähig erwiesen.“ Vor allem für Frauen und Migrant(inn)en verbessere der sich abzeichnende Fachkräftemangel die Chancen für einen sozialen Aufstieg.

Judith Niehues vom Institut der deutschen Wirtschaft, das gleichfalls beschwichtigend auf den öffentlichen Krisendiskurs über die Mittelschicht einzuwirken suchte, plädierte dafür, die Sozialstruktur der Bundesrepublik optimistischer einzuschätzen, als dies in medialen Debatten geschehe. „Unabhängig davon, ob man Schichten nach dem Einkommen, der Bildung oder der subjektiven Selbsteinordnung abgrenzt: Deutschland ist eine Mittelschichtsgesellschaft, mit den meisten Menschen in der Mitte der Bevölkerung.“[127]

Redakteure fast aller großen Tages- und Wochenzeitungen des Landes machten sich nunmehr Gedanken über den drohenden Zerfall der Mittelschicht sowie die sich vertiefende Kluft zwischen Arm und Reich. Ulrike Hermann wies in der *taz* (v. 22.1.2009) unter dem zweideutigen Titel *Vom Vermögen der Mittelschicht* darauf hin, dass sich die soziale Spaltung durch die Finanz- und Wirtschaftskrise verschärfe. Damit starte die Bundesrepublik in ein sozioökonomisches Experiment ohne historisches Vorbild: „Die Exportnation Deutschland muss lernen, sich von Exporten unabhängiger zu machen. Und die vermeintliche Mittelstandsgesellschaft muss sich der Realität stellen, dass sie sich wieder zu einer Klassengesellschaft entwickelt.“ Elisabeth Niejahr und Kolja Rudzio hoben in der *Zeit* (v. 22.1.2009) unter dem Titel *Die andere soziale Kluft* vor allem die wachsenden Vermögensunterschiede zwischen Ost- und Westdeutschen hervor. Sie zitierten einen „Verteilungsexperten“ des Zentrums für Europäische Wirtschaftsforschung in Mannheim, der von der Krise eine Nivellierung der Vermögensun-

127 Judith Niehues, Entwicklung der sozialen Ungleichheit in Deutschland – Fakten und subjektive Wahrnehmungen, in: Martin Dabrowski/Judith Wolf (Hrsg.), Armut und soziale Gerechtigkeit in Deutschland, Paderborn 2018, S. 36

terschiede erwartete, ließen allerdings nicht unerwähnt, dass ganze Konzerne und Villen seit Jahresbeginn steuerfrei vererbt werden konnten.

Je mehr die gesellschaftliche Mitte unter ökonomischen Druck geriet oder gar erodierte, umso energischer weigerten sich manche ihrer Repräsentant(inn)en, Armut und Prekarität als traurige Realität des Gegenwartskapitalismus zu akzeptieren. „Die Umdeutung der sozialen Frage in ein bloßes Mentalitätenproblem passiver Leistungsempfänger bedient sich der – immer schon problematischen – Negativklassifikationen einer Gesellschaft, die so nicht mehr existiert. Sie verfehlt die spezifische Dynamik von Prekarisierungsprozessen, welche zunehmend auch zuvor saturierte Schichten in gesellschaftliche Nachbarschaft zu deklassierten Gruppen bringen."[128]

Über einen Zeitraum von zehn Jahren rissen jene Kassandrarufe nicht ab, die eine Krise, die „Auflösung" oder gar das „Ende der Mittelschicht" verkündeten. Auch das DIW legte eine weitere Studie zu diesem Thema vor. Darin bestätigten Jan Goebel, Martin Gornig und Hartmut Häußermann den Trend einer zunehmenden Polarisierung der Einkommen. Während die Ärmeren nicht bloß mehr, sondern im Durchschnitt auch immer ärmer geworden seien, würden die Reichen sowohl mehr als auch reicher.[129] Die genannten Autoren warnten vor negativen Konsequenzen der Entwicklung für den gesellschaftlichen Zusammenhalt: „Eine starke Polarisierung der Einkommen kann die soziale Kohäsion gefährden, da die stabilisierende Wirkung einer breiten Mittelschicht nachlässt, wenn die Lebens- und Konsumchancen und damit die Erfahrungswelten in der Bevölkerung sich stärker auseinanderentwickeln."[130]

Markus M. Grabka, Jan Goebel, Carsten Schröder und Jürgen Schupp verglichen die Entwicklung in Deutschland mit jener in den USA, wobei sich einige interessante Parallelen ergaben. Ähnlich wie dort war die mittlere Einkommensschicht (von 67 Prozent bis unter 200 Prozent des Medians) von 1983, als sie noch 69 Prozent der Einkommensbezieher/innen umfasste, über 64 Prozent im Jahr 2001 auf 61 Prozent im Jahr 2013 geschrumpft.[131] In den Vereinigten Staaten lauteten die noch dramatischeren Vergleichszahlen: 60 Prozent im Jahr 1980, 54 Prozent im Jahr 1990 und 43 Prozent im Jahr 2014. „Die Polarisierung ist in Deutschland geringer ausgeprägt als in den USA, nahm aber ebenfalls zu."[132] Für bemerkenswert hielten es die DIW-Autoren, dass der seit 2006 feststellbare Beschäftigungsaufbau in der Bundesrepublik sich nicht in einer Zu-

---

128 Klaus Dörre, Armut, Abstieg, Unsicherheit: Die soziale Frage am Beginn des 21. Jahrhunderts, in: Aus Politik und Zeitgeschichte. Beilage zur Wochenzeitung *Das Parlament* 33-34/2008, S. 6

129 Vgl. Jan Goebel/Martin Gornig/Hartmut Häußermann, Polarisierung der Einkommen: Die Mittelschicht verliert, in: DIW-Wochenbericht 24/2010, S. 5

130 Ebd., S. 3

131 Vgl. Markus M. Grabka u.a., Schrumpfender Anteil an BezieherInnen mittlerer Einkommen in den USA und Deutschland, in: DIW-Wochenbericht 18/2016 (korrigierte Fassung), S. 394

132 Ebd., S. 397

nahme oder wenigstens einer Stabilisierung des Anteils der Bezieher/innen mittlerer Einkommen niedergeschlagen habe.

Teilweise wurde die Mittelschicht als vom Steuerstaat ausgeplündertes Opfer der Gesellschaftsentwicklung betrachtet.[133] Dagegen warnten die Dortmunder Soziologinnen Nicole Burzan, Silke Kohrs und Ivonne Küsters auf der Grundlage einer qualitativen und quantitativen Untersuchung vor unnötiger Hysterie und wiesen darauf hin, dass erwerbstätige Mittelschichtangehörige trotz anderslautender Befunde sicherer als erwartet seien: „Die Mittelschicht ist durch den gesellschaftlichen Wandel nicht grundsätzlich verunsichert. Ihre Angehörigen wollen durchaus Leistungen für ihren beruflichen Erfolg erbringen (was nicht neu ist) oder verzichten je nach Bedingungskonstellation auf eine weitreichende Karriere zugunsten von Sicherheit, sofern sie ihren Lebensstandard dennoch absichern können."[134] Wie sich herausstellte, machten sich Mittelschichtangehörige mehr Sorgen, wenn sie in Ostdeutschland wohnten, keinen Partner bzw. keine Partnerin hatten und/oder wenn sie mit Kindern im Haushalt lebten, während das Alter und das Geschlecht ohne nennenswerten Einfluss blieben.

Der Berliner Soziologe Ulf Kadritzke vermisste sowohl eine Klärung der Frage, wer die „Mitte" denn überhaupt sei, wie auch einen „Gesamtblick auf den Strukturwandel der Klassengesellschaft", und bemängelte, dass die zuletzt genannten Forscherinnen das gesellschaftliche Trugbild der Mittelschicht als Realität ausgäben.[135] Kadritzke trat einer „begriffslosen Soziologie der Mitte" entgegen, in der „die herbeigeforschte Mentalitätskluft zwischen Antriebsschwachen und Leistungsstarken" das Klassenverhältnis von Kapital und Arbeit ersetze: „Die breite Mittelschicht beglaubigt die motivierende Kraft der Ungleichheit, weil die *Erziehung der Marktgefühle* geglückt erscheint. Gerade deshalb prägt die Sorge, dass diese Karte für die Mitte nicht mehr wie gewohnt sticht, die gegenwärtige Debatte weit stärker als die übergreifende Sorge um die wachsende Ungleichheit und deren Ursachen."[136]

Cornelia Koppetsch bemühte einmal mehr das Fahrstuhl-Bild, welches die Entwicklung der 1960er-und 1970er-Jahre ihres Erachtens zutreffend beschrieb. Damals seien alle sozialen Gruppen bei zwischen ihnen fortbestehenden Abständen kollektiv aufgestiegen: „Heute hingegen polarisieren sich Chancen und Ressourcen: Die Oberschicht und die obere Mittelschicht rücken stärker zusammen und fahren weiter hoch, die unteren Schichten steigen weiter ab und

133 Vgl. Michael Sauga, Wer arbeitet, ist der Dumme. Die Ausbeutung der Mittelschicht, München 2007; Hartwig Barthold, Stirbt die Demokratie? – Die Auflösung der Mittelschicht und ihre Konsequenzen, Frankfurt am Main 2009; Marc Beise, Die Ausplünderung der Mittelschicht. Alternativen zur aktuellen Politik, München 2009

134 Nicole Burzan/Silke Kohr/Ivonne Küsters, Die Mitte der Gesellschaft: sicherer als erwartet?, Weinheim/Basel 2014, S. 183

135 Siehe Ulf Kadritzke, Mythos „Mitte". Oder: Die Entsorgung der Klassenfrage, Berlin 2017, S. 65 f.

136 Ebd., S. 80 (Hervorh. im Original)

die Geringqualifizierten sind als Verlierer anzusehen, viele von ihnen müssen ganz aussteigen."[137] Anschließend zitierte Koppetsch den Berliner Politikwissenschaftler Herfried Münkler, der gezeigt habe, dass sich die Mittelschicht nach unten abschließe, wobei er auch nicht ganz ohne die Aufzug-Metapher ausgekommen war: „Als erstes wird der Fahrstuhl des sozialen Aufstiegs durch Strickleitern ersetzt, also das Maß der für den Aufstieg erforderlichen Eigenanstrengung erhöht, dann werden die Strickleitern hochgezogen, und diejenigen, die diesen Aufstieg als letztes geschafft haben, werden als Wächter eingesetzt, die ein weiteres Nachrücken verhindern sollen."[138]

Uwe Schimank, Steffen Mau und Olaf Groh-Samberg, die Marxens klassentheoretische Prognosen durch die zwischenzeitliche Expansion der Mittelschichten widerlegt glaubten, sahen in den Letzteren kein Auslaufmodell, sondern nach wie vor das „tragende Zentrum" heutiger Gesellschaften, hielten ihren Angehörigen jedoch vor, durch ein Fondsinvestment als Kleinanleger ebenso wie durch eine Unterstützung des Sozialabbaus an dem Ast zu sägen, auf dem sie selbst saßen.[139]

Dass eine schleichende „Erosion der gesellschaftlichen Mitte" stattfindet, wie Bernhard Müller konstatierte, war allerdings kaum zu bestreiten, wenngleich sie nur entfernt an die Verarmung großer Teile der *middle class* in den USA erinnerte: „Die Menschen in prekären Lebensverhältnissen haben immer geringere Chancen, in die ‚Mitte' aufzusteigen, während die Besserverdienenden und Vermögenden es immer besser schaffen, ihre Einkommensposition zu halten bzw. auszubauen."[140] Ihr stark auf die Mittelschicht fixierter Blick hinderte die deutsche Öffentlichkeit jedoch an der Erkenntnis, dass sich die wesentlichen Veränderungen der Sozialstruktur nicht im Zentrum, vielmehr an den Rändern unserer Gesellschaft abspielten: An dem einen Pol gewannen die Klassenherrschaft des Großkapitals und der mit ihr verbundene Reichtum einer kleinen Minderheit dadurch eine neue Qualität, dass sich im beginnenden Digitalzeitalter riesige Vermögenskomplexe sowie Finanz- und Machtkonglomerate herausbildeten; an dem anderen Pol sanken manche Arbeitnehmer/innen, bedingt durch massenhaftes Lohndumping der Unternehmen und die Prekarisierung der Lohnarbeit, aber auch durch die Stigmatisierung, Marginalisierung und sozialräumliche Segregation von Geringverdiener(inne)n mit und ohne Migrationshintergrund, auf das ökonomische Niveau eines Subproletariats des Industriezeitalters herab.

137 Cornelia Koppetsch, Die Wiederkehr der Konformität. Streifzüge durch die gefährdete Mitte, Frankfurt am Main/New York 2013, S. 176

138 Herfried Münkler, Mitte und Maß. Der Kampf um die richtige Ordnung, Berlin 2010, S. 70; zit. nach: ebd.

139 Siehe Uwe Schimank/Steffen Mau/Olaf Groh-Samberg, Statusarbeit unter Druck? – Zur Lebensführung der Mittelschichten, Weinheim/Basel 2014, S. 57, 7 und 83

140 Bernhard Müller, Erosion der gesellschaftlichen Mitte. Mythen über die Mittelschicht, Zerklüftung der Lohnarbeit, Prekarisierung und Armut, Abstiegsängste, Hamburg 2013, S. 50

3.7 Refeudalisierung der Sozialstruktur und/oder Rückkehr der Klassengesellschaft?

In einem gegen Mitte der 1990er-Jahre von Ulrich Beck und dessen Frau Elisabeth Beck-Gernsheim herausgegebenen Sammelband stellte sein früherer Mitarbeiter Ditmar Brock die Frage, ob eine „Rückkehr der Klassengesellschaft" zu konstatieren sei. Brock konzedierte, Schelskys berühmte Gesellschaftsformel fortschreibend, dass es während der 1960er- und 1970er-Jahre soziale Nivellierungsprozesse in der Bundesrepublik gegeben habe, reklamierte für die Zeit danach aber stärkere Polarisierungstendenzen, die er in den „globalen ökologischen Gefährdungen", dem Zusammenbruch des Realsozialismus, dem Durchbruch der Elektronik und dem sozialpolitischen Paradigmenwechsel von einer „Stärkung der Schwachen" und einer „Angleichung der Lebensverhältnisse" zur steuerlichen Entlastung und staatlichen Unterstützung der wirtschaftlich Starken bedingt sah: „Wenn sich die Bevölkerung in den fortgeschrittenen westlichen Industriegesellschaften wieder in zwei Teile aufspaltet, von denen der eine hohe Risiken einer marktabhängigen Existenz mit einer Lebensweise verkoppelt, die nicht mehr den selektiven Zugang zu den wesentlichen Elementen der materiellen Kultur mit einschließt, dann treten Grundmerkmale einer Klassengesellschaft zutage."[141] Zwar verwendete Brock ganz bewusst den Klassenbegriff und orientierte sich an dessen traditioneller Bedeutung im Liberalismus und im Marxismus, machte jedoch auf eine „neue gesellschaftliche Trennlinie" aufmerksam, die daraus resultiere, dass die materielle Kultur nicht mehr allen Bevölkerungsschichten zur Verfügung stehe: „Immer mehr Menschen können sich immer mehr von dem nicht leisten, was zu den von allen vollwertigen Gesellschaftsmitgliedern erwarteten Standards gehört."[142]

Das in der bundesrepublikanischen Öffentlichkeit damals noch immer vorherrschende Bild einer „pluralen und mittelschichtsdominanten Wohlstandsgesellschaft" erschien dem Soziologen Andreas Klocke gegen Ende der 1990er-Jahre korrekturbedürftig: „Unterhalb der säkularen Tendenz der Individualisierung und der Pluralisierung der Lebensformen ist die ungebrochene Kraft *ökonomischer* Ungleichheit heute wieder deutlicher zu ‚spüren'. Der Zugang zum oder der Ausschluß vom Arbeitsmarkt sowie deutliche Einkommensdifferenzen steuern nachhaltiger die soziale Lebenslage der Individuen und der Familien, als noch vor wenigen Jahren in der Ungleichheitsforschung allgemein angenommen."[143] *Indi-*

---

141 Dietmar Brock, Rückkehr der Klassengesellschaft? – Die neuen sozialen Gräben in einer materiellen Kultur, in: Ulrich Beck/Elisabeth Beck-Gernsheim (Hrsg.), Riskante Freiheiten. Individualisierung in modernen Gesellschaften, Frankfurt am Main 1994, S. 66

142 Ebd., S. 69

143 Andreas Klocke, Reproduktion sozialer Ungleichheit in der Generationenfolge, in: Peter A. Berger/Michael Vester (Hrsg.), Alte Ungleichheiten – neue Spaltungen, Opladen 1998, S. 215 f. (Hervorh. im Original)

viduelle Armutsursachen wurden demnach von *ökonomischen* und *sozialen* Entstehungszusammenhängen überlagert, die in den Forschungsbereich der Soziologie gehörten, ohne dass die Fachöffentlichkeit davon jedoch Notiz nahm. Oskar Negt sprach unmittelbar nach der Jahrtausendwende von einer „Tendenz zur Zweiteilung der Gesellschaft", die sich in zwei „Ausgliederungsformen" manifestiere: „Die eine geht nach innen, die andere bekommt Schutzwälle gegen außen. Bestimmte soziale Regionen (Arbeitslosigkeit, Armut, Behinderung) werden abgekoppelt von der guten und geordneten Gesellschaft, und der Fremde wird zum bevorzugten Ersatzschuldigen für die Misere."[144]

Paul Nolte scheute sich zwar nicht, die Bundesrepublik kurz nach der Jahrtausendwende in einem Gastbeitrag für die *Zeit* als „neu-alte Klassengesellschaft" zu bezeichnen, deren Grundlage noch immer „Bildung und Besitz" seien.[145] Damit spielte Nolte auf die Spaltung in „bildungsnahe" und „bildungsferne" Bevölkerungsschichten an, während er die ökonomischen, Produktions- und Eigentumsverhältnisse vernachlässigte. Die neuen Mechanismen der Klassengesellschaft finde man aber nicht mehr so sehr in der Produktionssphäre und in der Arbeitswelt, sondern im Alltag und im Konsum, behauptete Nolte an gleicher Stelle: „Die Vervielfachung des Angebots hat oftmals den Blick dafür verstellt, dass der theoretische Zuwachs an Optionen in Wirklichkeit sehr klassenspezifisch genutzt wird; mehr noch: der Demonstration und auch der Verfestigung von Klassenunterschieden dient."[146] Als besonders markantes Beispiel nannte Nolte den Fernsehkonsum – hier die Nutzung des Angebots von Kulturprogrammen der öffentlich-rechtlichen Sendeanstalten durch die „gehobenen Schichten" und dort das „Unterschichtfernsehen" der Privatsender. Eine kulturalistische Verkürzung des Klassenbegriffs, die Nolte vornahm, wurde der gesellschaftlichen Realität allerdings ebenso wenig gerecht wie seine ökonomistische Verkürzung. Der Jenaer Hochschullehrer Karl August Chassé warf Nolte denn auch eine „Moralisierung" und „Ontologisierung" der sozialen Ungleichheit vor, weil diese zu einer nicht hinterfragbaren Tatsache erklärt und gleichzeitig die von Armut betroffene Personengruppe selbst für ihre Misere verantwortlich gemacht werde.[147]

Die meisten Sozialwissenschaftler leugneten beharrlich, dass sie es im vereinten Deutschland mit einer Klassengesellschaft zu tun hatten. Das galt lange selbst für solche Fachvertreter, die sich als kritische Intellektuelle verstehen. Stephan Lessenich, seinerzeit Hochschullehrer für Soziologie an der Friedrich-Schiller-Universität Jena, und Frank Nullmeier, Hochschullehrer für Politikwissenschaft an der Universität Bremen, sprachen beispielsweise noch im Jahr

144 Oskar Negt, Arbeit und menschliche Würde, Göttingen 2001, S. 240

145 Siehe Paul Nolte, Unsere Klassengesellschaft, in: ders., Generation Reform. Jenseits der blockierten Republik, München 2004, S. 35

146 Ebd., S. 41

147 Siehe Karl August Chassé, Unterschichten in Deutschland, a.a.O., S. 48

2006 von einer „Vervielfältigung der Konfliktlinien und Spaltungen“, die mit einer „Vereinheitlichung der Konfliktsichten und -muster“ korrespondierten: „Die vielfachen Spaltungen sind Kennzeichen einer in Konkurrenzgruppen und -grüppchen zerfallenden und sich entlang ökonomischer Kalküle immer wieder neu gruppierenden Gesellschaft. Deutschland erlebt die Zersplitterung einer von Konkurrenzen durchzogenen Gesellschaft, in der jede Lage, jede Gruppe ihr Heil und Wohl in kompetitiver Entgegensetzung zu anderen Lagen und Gruppen sucht und suchen muss.“[148] Erschien diese Schlussfolgerung schon ausgesprochen deterministisch, wenn nicht gar defätistisch, so wurde die Existenz von Klassen in Abrede gestellt: „Die Gesellschaft zerfällt in Markt- und Sozialstaatslagen, die jedoch im Einzelnen bereits als so instabil erlebt werden, dass keine dauerhafte Identifikation mit einer Rolle und Gruppe mehr gelingt. Statt stabiler sozialer Klassen mit relativ klar geschnittenen Klasseninteressen gibt es nunmehr eine Fülle potenziell wechselnder Markt- und Sozialstaatslagen mit hochgradig situativen Konkurrenzinteressen.“[149] Deutschland sei heute „auf dem Weg [sic!] zu einer Konkurrenzgesellschaft“, konzedierten Lessenich und Nullmeier zwar, relativierten ihre Aussage jedoch sofort wieder, wenn sie das Bezeichnende der gegenwärtigen Situation nicht in der Perpetuierung von antagonistischen Klassenpositionen sahen: „Konkurrenz schafft eine Vielzahl von Zwischenlagen und situativen Kontexten, zieht aber gerade nicht eine klare und feste Grenze zwischen ‚Gewinnern‘ und ‚Verlierern‘ des Konkurrenzspiels.“[150] Dass sich die sozioökonomischen Ungleichheiten, Gegensätze und Spaltungen zu einander feindlich gegenüberstehenden „politischen Lagern“ formieren und verfestigen, ist allerdings für Klassengesellschaften keineswegs typisch, sondern historisch eher die Ausnahme gewesen.

Joachim Bischoff und Bernhard Müller sprachen zwar auch von der „Renaissance einer Klassengesellschaft“, sahen darin jedoch primär ein Wahrnehmungsproblem, weil sich ihres Erachtens an den zutiefst ungerechten Eigentumsverhältnissen nie etwas geändert hatte: „Der unter der Oberfläche stets vorhandene, aber verdeckte Klassencharakter wird wieder sichtbar.“[151] Was manchen deutschen Soziologen als „Wiederkehr der Klassengesellschaft“ erschien, war nämlich bloß ihre Wiederentdeckung nach einer längeren Phase völliger Ignoranz gegenüber den gesellschaftlichen Polarisierungstendenzen. Hierzulande wagten es jahrzehntelang fast nur Außenseiter der Wissenschaftsgemeinde, die spezifischen Formen jener Spaltung der Gesellschaft in Arm und Reich, welche heute kaum mehr zu übersehen ist, auf den Interessengegensatz von Kapital und Arbeit zurückzuführen.

---

148 Stephan Lessenich/Frank Nullmeier, Einleitung: Deutschland zwischen Einheit und Spaltung, in: dies. (Hrsg.), Deutschland – eine gespaltene Gesellschaft, a.a.O., S. 17

149 Ebd., S. 18

150 Ebd., S. 19

151 Joachim Bischoff/Bernhard Müller, Berliner Republik: eine Klassengesellschaft, a.a.O., S. 70

Jens S. Dangschat gehörte zu den wenigen Fachwissenschaftler(inne)n, die frühzeitig erkannt haben, dass es strukturell bedingt Profiteure der sozioökonomischen Ungleichheit gibt: „Arbeitslosigkeit, eingeschränkte Sozialstaatlichkeit, Armut und sozial(räumlich)e Ausgrenzung sind […] kein Mißgeschick und kein Unfall – sie sind Folge und Voraussetzung einer ‚Freien Marktwirtschaft' und als solche Bestandteil einer neoliberalen Gesellschaftsordnung, wie sie bereits durch Thatcher in Großbritannien und Reagan in den USA durchgesetzt wurde."[152] Das kapitalistische Wirtschaftssystem setze auf einen Staat, der nicht mehr in erster Linie sozial sein will und immer weniger Geldmittel zur Erfüllung dieser Aufgabe zur Verfügung hat: „Insofern ist die Öffnung der sozialen Schere gewollt, wird zumindest so lange billigend in Kauf genommen, wie die Auswirkungen gesellschaftlicher Spaltungen erträglich bleiben."[153] Armut sei damit geeignet, Prozesse der Flexibilisierung und Deregulierung zu unterstützen und Arbeitnehmer/innen zu disziplinieren.

Erst seit der globalen Banken-, Finanz- und Weltwirtschaftskrise 2008/09 ff. erfuhr die Kapitalismuskritik hierzulande wieder eine begrenzte Renaissance, was der frühere Bremer Hochschullehrer Lothar Peter mit den wachsenden gesellschaftlichen Problemen, aufbrechenden Interessengegensätzen und sich verschärfenden Konflikten im heutigen Finanzmarktkapitalismus erklärte: „Die Wirklichkeit hat mit Umweltkrise, Massenarbeitslosigkeit, Prekarität, sozialem Ausschluss und nicht zu bagatellisierenden Formen von Anomie, aber auch mit der hemmungslosen symbolischen Indienstnahme und Pervertierung sozialer Bedürfnisse für die Imperative der Kapitalverwertung und des Marktes in einer so massiven Weise auf die Gesellschaft zugegriffen, dass die Leugnung des Kapitalismusproblems zunehmend auf Misstrauen und Widerstand stößt."[154] Soziolog(inn)en seien in dieser Situation herausgefordert, durch ihre wissenschaftlichen Expertisen mehr Klarheit über strukturelle Zusammenhänge und Hintergründe zu schaffen. Peter nannte in diesem Kontext seine ausländischen Fachkollegen Richard Sennett, Zygmunt Bauman, Luc Boltanski, Ève Chiapello, Robert Castel und Steven Lukes, denen das Verdienst einer Erneuerung der kritischen Gesellschaftsanalyse zukomme, auch wenn viele Fragen offen geblieben seien, nicht alle Befunde überzeugen könnten und methodische Defizite die Erkenntnismöglichkeiten begrenzt hätten.

Mit ihrem Slogan „Wir sind die 99 Prozent!" suchte die internationale, kurz nach der globalen Finanzkrise in den USA entstandene Occupy-Bewegung in der Mehrheitsbevölkerung ein Bewusstsein für die extreme Konzentration der

---

152 Jens S. Dangschat, Armut durch Wohlstand, in: ders. (Hrsg.), Modernisierte Stadt – gespaltene Gesellschaft. Ursachen von Armut und sozialer Ausgrenzung, Opladen 1999, S. 14

153 Ebd., S. 34

154 Lothar Peter, Kapitalismuskritik in der neueren Soziologie, in: Werner Goldschmidt/Bettina Lösch/Jörg Reitzig (Hrsg.), Freiheit, Gleichheit, Solidarität. Beiträge zur Dialektik der Demokratie, Frankfurt am Main 2009, S. 55

(Kapital-)Vermögen im 21. Jahrhundert zu schaffen. Der damit angesprochene Monopolisierungsprozess machte jedoch beim reichsten Prozent der Bevölkerung keineswegs halt, sondern setzte sich verschärft bis ganz nach oben fort: „Die Superreichen des 0,1 Prozents haben die ‚bloß' Vermögenden, die die anderen 0,9 Prozent an der Spitze der Einkommenspyramide ausmachen, weit abgehängt. Es ist eine gleichermaßen kulturelle wie ökonomische Spaltung – und wenn sie politisch werden sollte, könnte sie die nationale Debatte verändern."[155] Die US-amerikanische Journalistin Chrystia Freeland, von der diese Einschätzung stammt, hob an gleicher Stelle hervor, dass die Kenntnis der Ränge des Reichtums innerhalb dieser Geldelite genauso stark ausgeprägt sei wie das Kastengespür eines indischen Heiratsvermittlers.

In seiner Antrittsvorlesung am Fachbereich Gesellschaftswissenschaften der Frankfurter Goethe-Universität griff Sighard Neckel am 12. Dezember 2011 den von Jürgen Habermas eingeführten Begriff „Refeudalisierung" auf, um ihn auf die Organisation der wirtschaftlichen Macht im Finanzmarktkapitalismus, die ständische Verfestigung sozialer Ungleichheit, den Wandel ihrer Rechtfertigung in Bezug auf das Leistungsprinzip (Meritokratie) sowie die mit dem Bedeutungszuwachs von Spenden und Stiftungen verbundene Tendenz einer Privatisierung der Sozialpolitik anzuwenden.[156]

Die von Habermas 1961 bei Wolfgang Abendroth an der Universität Marburg eingereichte Habilitationsschrift zum „Strukturwandel der Öffentlichkeit" hatte die Refeudalisierung in dieser und in der ganzen Gesellschaft verortet, weil die Angebotsträger der bürgerlichen Öffentlichkeit einen repräsentativen Aufwand vor folgebereiten Kunden entfalteten, die Privatunternehmen diesen bei ihren Konsumentscheidungen ein Staatsbürgerbewusstsein suggerierten und der Staat seine Bürger/innen daher auch wie Kunden ansprechen müsse.[157] Mit der Verschränkung von öffentlichem und privatem Bereich übernähmen nicht bloß politische Instanzen gewisse Funktionen in der ökonomischen Sphäre (des Warenverkehrs und der gesellschaftlichen Arbeit), sondern auch gesellschaftliche Mächte, etwa Wirtschaftsverbände und Massenorganisationen wie die Gewerkschaften, politische Funktionen. Oskar Negt, der Habermas 1962 als wissenschaftlicher Assistent an die Universität Heidelberg gefolgt war, sprach in seinem Buch *Arbeit und menschliche Würde* von einer „Refeudalisierung" sozialer Lebenschancen, denn in unserer Gesellschaft hätten sich Schichtungen nach kollektiven Merkmalen herausgebildet, deren Fassaden einem Wandel unterlägen und die wechselnde Bevölkerungsgruppen beherbergten, aber doch

155 Chrystia Freeland, Die Superreichen. Aufstieg und Herrschaft einer neuen globalen Geldelite, 2. Aufl. Frankfurt am Main 2013, S. 100

156 Vgl. Sighard Neckel, „Refeudalisierung" – Systematik und Aktualität eines Begriffs der Habermas'schen Gesellschaftsanalyse, in: Leviathan 1/2013, S. 39 ff.

157 Vgl. Jürgen Habermas, Strukturwandel der Öffentlichkeit. Untersuchungen zu einer Kategorie der bürgerlichen Gesellschaft, 5. Aufl. Neuwied/Berlin (West) 1971, S. 233 und 273 f.

aus betonharten Mauern bestünden, die einer Ständegliederung vergleichbar seien.[158]

Neckel erblickte im heutigen Finanzmarktkapitalismus einen Trend zum „Neofeudalismus", verbunden mit Prozessen der Refeudalisierung, die seiner Meinung nach in vier Dimensionen der heutigen Sozialordnung eine „paradoxe Modernisierung" bewirkten:

1. lasse sich hinsichtlich der Sozialstruktur eine „Polarisierung unvergleichbarer Soziallagen" ebenso wie eine „ständische Verfestigung von Herkunft" beobachten;
2. gebe es Vergleichbares in Bezug auf die Organisation wirtschaftlicher Prozesse und den Status der Führungsgruppen auf den Finanzmärkten;
3. könne man von einer „Refeudalisierung der Werte" sprechen, wodurch die Rechtfertigung des Finanzmarktkapitalismus gelinge;
4. sorge eine „Refeudalisierung des Wohlfahrtsstaates" dafür, dass sich sozialstaatliche Anrechte in die Abhängigkeit von privater Mildtätigkeit verflüssigten und Sozialpolitik zunehmend privatisiert, also durch Stiftungen und Spenden organisiert werde.[159]

Man könnte dieser Auflistung mühelos weitere Refeudalisierungstrends hinzufügen, die sich zum Teil bereits lange vor der Jahrtausendwende abzeichneten,[160] etwa die später nach massiven Protesten zurückgenommene Wiedereinführung von dem ehrwürdigen Hörergeld vergleichbaren Studiengebühren an den Hochschulen, die Erhebung von an fürstliche Wegezölle erinnernden Straßenbenutzungsgebühren (Autobahn-Maut), die Wiederkehr der „Dienstbotengesellschaft", die zuletzt wieder enorm gewachsene Bedeutung von Grundeigentum (besonders in großstädtischen und anderen begehrten Lagen) oder die steuerrechtliche Privilegierung von Hyperreichen durch den Staat (typisches Beispiel: die Reform der Erbschaftsteuer für Firmenerben).

158 Vgl. Oskar Negt, Arbeit und menschliche Würde, a.a.O., S. 228

159 Siehe Sighard Neckel, Ein Neofeudalismus der Reichen? – Gesellschaftliche Folgen der Finanzmarktökonomie, in: Karlheinz Sonntag (Hrsg.), Arm und Reich, Heidelberg 2014, S. 100

160 Damals sprach der Verfasser bereits von einer „Refeudalisierung der Arbeits-, Lebens- und Sozialbeziehungen", die von der Bundesregierung z. B. durch eine Verbesserung der steuerlichen Absetzbarkeit von Haushaltshilfen gefördert würde. Vgl. Christoph Butterwegge, Wohlfahrtsstaat im Wandel. Probleme und Perspektiven der Sozialpolitik, Opladen 1999, S. 116

3.8 Papst Franziskus und Thomas Piketty: Ungleichheit im Visier der Medienöffentlichkeit

Der im März 2013 als Nachfolger von Joseph Ratzinger (Papst Benedikt XVI.) zum Papst gewählte Jorge Mario Bergoglio und Thomas Piketty, dessen Weltbestseller *Le capital au XXIe siècle* im August desselben Jahres erschien,[161] schlugen mit ihren prägnanten Formulierungen ein neues Kapitel in der öffentlichen Problematisierung der sozialen Ungleichheit auf. In seinem ersten Lehrschreiben *Evangelii Gaudium* vom 24. November 2013 erklärte Papst Franziskus die immer klarer erkennbare soziale Ungleichheit zu einer großen Herausforderung für die Welt: „Man muss kämpfen, um zu leben – und oft wenig würdevoll zu leben. Dieser epochale Wandel ist verursacht worden durch die enormen Sprünge, die in Bezug auf Qualität, Quantität, Schnelligkeit und Häufung im wissenschaftlichen Fortschritt sowie in den technologischen Neuerungen und ihren prompten Anwendungen in verschiedenen Bereichen der Natur und des Lebens zu verzeichnen sind. Wir befinden uns im Zeitalter des Wissens und der Information, einer Quelle neuer Formen einer sehr oft anonymen Macht."[162] Wenngleich er damit nicht bis zu den eigentlichen Ursachen der sozioökonomischen Ungleichheit vorstieß, übte der Papst in seiner apostolischen Botschaft scharfe Kritik an einer „Wirtschaft der Ausschließung und der Disparität der Einkommen", die töte: „Es ist unglaublich, dass es kein Aufsehen erregt, wenn ein alter Mann, der gezwungen ist, auf der Straße zu leben, erfriert, während eine Baisse um zwei Punkte in der Börse Schlagzeilen macht."[163] Franziskus hielt es nicht für tolerabel, dass Nahrungsmittel weggeworfen würden, während es Menschen gebe, die Hunger litten: „Das ist soziale Ungleichheit. Heute spielt sich alles nach den Kriterien der Konkurrenzfähigkeit und nach dem Gesetz des Stärkeren ab, wo der Mächtigere den Schwächeren zunichte macht." Es gehe nicht mehr einfach um das Phänomen der Ausbeutung und der Unterdrückung, sondern handle sich um etwas Neues, wenn Menschen zu Abfall, zu Müll würden: „Mit der Ausschließung ist die Zugehörigkeit zu der Gesellschaft, in der man lebt, an ihrer Wurzel getroffen, denn durch sie befindet man sich nicht in der Unterschicht, am Rande oder gehört zu den Machtlosen, sondern man steht draußen."

In aller Klarheit distanzierte sich Franziskus auch vom „Trickle-down"-Theorem neoliberaler Ökonomen, wonach ein vom freien Markt begünstigtes Wirtschaftswachstum mehr Gleichheit und soziale Inklusion schafft: „Diese Ansicht, die nie von den Fakten bestätigt wurde, drückt ein undifferenziertes,

---

161 Vgl. Thomas Piketty, Das Kapital im 21. Jahrhundert, München 2014

162 Apostolisches Schreiben Evangelii Gaudium des Heiligen Vaters Papst Franziskus an die Bischöfe, an die Priester und Diakone, an die Personen geweihten Lebens und an die christgläubigen Laien über die Verkündigung des Evangeliums in der Welt von heute, Rom o.J., S. 51

163 Ebd., S. 52

naives Vertrauen auf die Güte derer aus, die die wirtschaftliche Macht in Händen halten, wie auch auf die sakralisierten Mechanismen des herrschenden Wirtschaftssystems."[164] Franziskus sprach von einer „Globalisierung der Gleichgültigkeit", einer „Vergötterung des Geldes" sowie der „Diktatur einer Wirtschaft ohne Gesicht und ohne ein wirklich menschliches Ziel", die zum jüngsten Krisenfiasko beigetragen hätten: „Die weltweite Krise, die das Finanzwesen und die Wirtschaft erfasst, macht ihre Unausgeglichenheiten und vor allem den schweren Mangel an einer anthropologischen Orientierung deutlich – ein Mangel, der den Menschen auf nur eines seiner Bedürfnisse reduziert: auf den Konsum."[165] Während die Einkommen einiger Privilegierter exponentiell stiegen, entfernten sich die der Mehrheit immer weiter vom Wohlstand dieser glücklichen Minderheit: „Dieses Ungleichgewicht geht auf Ideologien zurück, die die absolute Autonomie der Märkte und die Finanzspekulation verteidigen." Bestritten werde das Kontrollrecht der Staaten, die über den Schutz des Gemeinwohls zu wachen hätten, wodurch eine neue, unsichtbare, manchmal virtuelle Tyrannei entstehe. Finanzexperten und Regierende rief Franziskus auf, den wachsenden Güterreichtum mit den Armen zu teilen: „Der Papst liebt alle, Reiche und Arme, doch im Namen Christi hat er die Pflicht daran zu erinnern, dass die Reichen den Armen helfen, sie achten und fördern müssen. Ich ermahne euch zur uneigennützigen Solidarität und zu einer Rückkehr von Wirtschaft und Finanzleben zu einer Ethik zugunsten des Menschen."[166]

Gewalt werde sich so lange nicht ausmerzen lassen, bemerkte Franziskus, wie Ausgrenzung und soziale Ungleichheit innerhalb der Gesellschaften und zwischen den verschiedenen Völkern existierten. Franziskus sah den Grund für die verschiedenen Formen der Aggression und des Krieges in einem Wirtschafts- und Gesellschaftssystem, das „an der Wurzel ungerecht" sei, und er sagte „Nein zur sozialen Ungleichheit", die Gewalt hervorbringe.[167] Die Mechanismen der augenblicklichen Wirtschaft förderten seiner Meinung nach einen „zügellose(n) Konsumismus", der das soziale Gefüge zusammen mit der Ungleichheit doppelt schädige: „Auf diese Weise erzeugt die soziale Ungleichheit früher oder später eine Gewalt, die der Rüstungswettlauf nicht löst, noch jemals lösen wird. Er dient nur dem Versuch, diejenigen zu täuschen, die größere Sicherheit fordern, als wüssten wir nicht, dass Waffen und gewaltsame Unterdrückung, anstatt Lösungen herbeizuführen, neue und schlimmere Konflikte schaffen."[168]

Bei den Wohlhabenden, Reichen und Hyperreichen stießen die moralischen Appelle des Oberhauptes der katholischen Kirche weitgehend auf taube Ohren, wurden in dieser Deutlichkeit von Papst Franziskus allerdings auch nicht mehr

---

164 Ebd., S. 53
165 Ebd., S. 54
166 Ebd., S. 56
167 Siehe ebd., S. 56 f.
168 Ebd., S. 58

wiederholt. Selbst die im Juni 2010 von den US-amerikanischen Multimilliardären Bill Gates und Warren Buffett unter dem Namen *The Giving Pledge* initiierte Kampagne, mit der sehr reiche Personen motiviert werden sollten, spätestens testamentarisch die Hälfte ihres Vermögens (oder mehr) für wohltätige Zwecke zu spenden, blieb hierzulande – im Unterschied zu der Resonanz in den Vereinigten Staaten – ohne großes Echo. *The Giving Pledge* basierte auf dem Gedanken, dass man der Gesellschaft als Hochvermögender viel verdankt und ihr deshalb auf dem beschriebenen Weg etwas von seinem Ultrareichtum „zurückgeben" muss. Besser und sinnvoller wäre es allerdings zweifellos gewesen, ihr und den Menschen, die unter Geldmangel, niedrigen Löhnen und hohen Mieten litten, erst gar nichts genommen zu haben. Der im Juni 2016 verstorbene Münsteraner Soziologe Hans Jürgen Krysmanski bezeichnete die Kampagne als „Piratenstück erster Ordnung", weil die Reichsten der Welt damit nicht unbedingt ihr Vermögen, aber ihren gesellschaftlichen Einfluss mehrten: „Philanthropie ist die private Steuerung öffentlicher Mittel – also ein Baustein des privaten Imperiums der Milliardäre."[169] Stiftungsgelder waren Krysmanskis Meinung nach hinsichtlich ihren Nutzens für die Bedürftigen viel weniger effektiv als direkte Hilfe, von Strukturveränderungen ganz zu schweigen.

Der US-amerikanische Ökonom Simon Kuznets hatte um die Mitte der 1950er-Jahre weltweit Aufsehen mit seiner größtenteils auf Spekulation beruhenden These erregt, dass die sozioökonomische Ungleichheit während der Entwicklung eines Landes zunächst ansteigt und danach wieder sinkt.[170] Die berühmte Kuznets-Kurve verläuft denn auch in einem schwungvollen Bogen von unten nach oben und wieder zurück, beschreibt sie doch, was der Harvard-Professor osteuropäischer Herkunft aufgrund seiner akribischen Längsschnittuntersuchung von Einkommensteuererklärungen und seiner Schätzung des jeweiligen Nationaleinkommens entdeckt zu haben glaubte.

Mittlerweile ist die von Kuznets umgekehrtem und abgeflachtem „U" jahrzehntelang ausgehende Faszination ebenso verblasst wie die Hoffnung auf eine Reduzierung der Einkommensungleichheit in den reichen Ländern des globalen Nordens. Beispielsweise stellte der serbisch-US-amerikanische Ökonom Branko Milanović in seinem 2016 erschienenen Buch *Global Inequality* fest: „Die unbestreitbare Zunahme der Ungleichheit in den Vereinigten Staaten, Großbritannien und sogar in einigen einigermaßen egalitären Ländern wie Schweden und Deutschland ist mit der Kuznets-Hypothese schlicht nicht vereinbar."[171]

---

169 Hans Jürgen Krysmanski, 0,1 Prozent. Das Imperium der Milliardäre, Frankfurt am Main 2015, S.139

170 Vgl. Simon Kuznets, Economic Growth and Income Inequality, in: The American Economic Review 1/1955, S. 1 ff.

171 Branko Milanović, Die ungleiche Welt. Migration, das Eine Prozent und die Zukunft der Mittelschicht, Berlin 2016, S. 56

Auf sehr viel mehr statistisches Datenmaterial zur Einkommens- und Vermögensverteilung als Kuznets, der gleichwohl weiterhin als Pionier auf wirtschaftshistorischem Gebiet gilt, und die Möglichkeiten der elektronischen Datenverarbeitung konnte sich Thomas Piketty stützen, als er über ein halbes Jahrhundert später im Hinblick auf die berühmte Glockenkurve seines Fachkollegen von einem „Produkt des Kalten Krieges" sprach, das er aufgrund seiner eigenen Forschungsergebnisse als „Märchen" bezeichnete.[172] Piketty wies auf periodische Auf- und Abschwünge der Ungleichverteilung von Einkommen und Vermögen hin, was beinhaltet, dass regelrechte Konjunkturzyklen der Ungleichheit existieren. „Die Kuznets-Kurve ist alles andere als das Ende der Geschichte, sie ist das Resultat einer ganz bestimmten – und umkehrbaren – historischen Entwicklung."[173] Piketty hob besonders hervor, dass die Lohnspreizung wesentlich zur Spaltung der Gesellschaft beigetragen habe. Die seit den 1970er-Jahren zu beobachtende Umkehrung der Kuznets-Kurve verdanke sich größtenteils einer wachsenden Drift der Lohneinkommen: „Die Ungleichheit, die es heute gibt, und die Umverteilung, die es geben könnte, wird man erst verstehen können, wenn man sich von der Vorstellung einer Welt verabschiedet, in der die Arbeitseinkommen relativ homogen sind und Ungleichheit vor allem zwischen Kapital und Arbeit besteht."[174]

Unstrittig ist, dass die Ungleichheit in der Zeit unmittelbar nach dem Zweiten Weltkrieg abgenommen hat, wie von Kuznets grafisch dargestellt. Offenbar war dies jedoch ein vorübergehender Trend, der einer historischen Ausnahmesituation entsprang. Piketty erklärte die Wiederzunahme der sozioökonomischen Ungleichheit in den meisten Industriestaaten seit den 1980er-Jahren damit, dass die Kapitalrendite (r) die Wachstumsrate von Wirtschaft und Einkommen (g) für längere Zeit überstieg. Mit seiner Formel $r > g$ hat Piketty zwar kein allgemein gültiges Verteilungsgesetz entdeckt, aber eine wichtige Tendenzaussage getroffen. Hieraus resultiert laut Piketty eine starke Triebkraft des modernen Kapitalismus zur wachsenden Ungleichheit, die ihn zu folgender Prognose unter gleichen politischen Rahmenbedingungen veranlasste: „Wenn die Kapitalrendite dauerhaft höher ist als die Wachstumsrate von Produktion und Einkommen, was bis zum 19. Jahrhundert der Fall war und im 21. Jahrhundert wieder zur Regel zu werden droht, erzeugt der Kapitalismus automatisch inakzeptable und willkürliche Ungleichheiten, die das Leistungsprinzip, auf dem unsere demokratischen Gesellschaften basieren, radikal infrage stellen."[175]

Der Duisburger Sozialökonom Till van Treeck wies auf zwei wichtige Implikationen der von Piketty aufgestellten Ungleichung hin, die in der Diskussion

172 Siehe Thomas Piketty, Das Kapital im 21. Jahrhundert, 6. Aufl. München 2015, S. 30
173 Ders., Ökonomie der Ungleichheit. Eine Einführung, 2. Aufl. München 2016, S. 25
174 Ebd., S. 76
175 Ebd., S. 13 f.

häufig unbeachtet blieben. Eine im Durchschnitt über der durchschnittlichen Wachstumsrate der Einkommen liegende Vermögensrendite führe nicht automatisch zu einer weiter steigenden Ungleichheit von Einkommen und Vermögen, sondern nur dann, wenn die oberen Einkommensgruppen einen deutlich höheren Anteil ihrer Einkommen sparen würden als untere Einkommensgruppen, was ihnen wegen der besseren Ausstattung mit finanziellen Ressourcen eigentlich leichtfallen müsste.[176] Außerdem müssten sie höhere Renditen erzielen, was ihnen aufgrund besserer Möglichkeiten zur Diversifikation ihres Portfolios und zum Eingehen von größeren Anlagerisiken ebenfalls gelingen dürfte. Nur wenn diese beiden Rahmenbedingungen erfüllt seien, treffe Pikettys zentrale Formel r > g zu.

Hagen Krämer warf Piketty vor, seine Erklärung für die wachsende Ungleichheit unter Bezugnahme auf die neoklassische Produktions-, Wachstums- und Verteilungstheorie entwickelt zu haben, in der wesentliche Einflussfaktoren wie gesellschaftliche Herrschafts-, politische Macht- und parlamentarische Kräfteverhältnisse unberücksichtigt blieben, woraus der Karlsruher Ökonom folgerte, „dass zur Verringerung der Ungleichheit der Einkommens- und Vermögensverteilung neben den von Piketty fast ausschließlich empfohlenen Eingriffen in die Sekundärverteilung grundsätzlich auch Maßnahmen, die auf der Ebene der Primärverteilung ansetzen, sinnvolle Ergänzungen sein können."[177]

Julian Bank hat die publizistische und die fachwissenschaftliche Piketty-Rezeption in der Bundesrepublik untersucht, wobei er festgestellte, dass im Unterschied zu der Euphorie, mit welcher das umfangreiche Werk besonders in den USA aufgenommen wurde, hierzulande überaus große Zurückhaltung herrschte. Die Heftigkeit der Verrisse in den Fachzeitschriften und der bürgerlichen Presse verrieten seiner Meinung nach mehr über die deutsche Ökonomenzunft und den deutschen Wirtschaftsjournalismus als über Piketty und dessen Arbeit: „Der Umgang mit Pikettys Buch offenbart, dass es in diesen Kreisen bislang keine Bereitschaft gibt, dem Thema der wachsenden Ungleichheit den Ernst entgegenzubringen, der angemessen wäre."[178]

Die neoliberalen Ökonomen sind entgegen Pikettys Überzeugung der Auffassung, dass Märkte zum Gleichgewicht neigen, wenn der Staat sie nicht reg lementiert. So glaubte Johannes Berger, den Ursprung der sozialen Ungleichheit in Wettbewerbsbeschränkungen und Handelsrestriktionen erkennen zu können, anders formuliert: in unvollständiger Konkurrenz und Marktunvollkommenheiten. Wenn man Berger folgt, würde es bei einem freien Zugang zu

176 Vgl. Till van Treeck, Zur Bedeutung von r > g in Pikettys „Kapital im 21. Jahrhundert", in: Peter Bofinger u.a. (Hrsg.), Thomas Piketty und die Verteilungsfrage. Analysen, Bewertungen und wirtschaftspolitische Implikationen für Deutschland, Berlin 2015, S. 78

177 Siehe Hagen Krämer, Make No Mistake, Thomas! – Verteilungstheorie und Ungleichheitsdynamik bei Piketty, in: ebd., S. 40

178 Julian Bank, Die Piketty-Rezeption in Deutschland, in: ebd., S. 31

allen Märkten keine bemerkenswerten Einkommens- und Vermögensunterschiede zwischen den Marktteilnehmer(inne)n geben. „Auf einem Markt mit vollständiger Konkurrenz ist es ohne Bedeutung, wer wen beschäftigt, also ob Kapital Arbeit oder ob Arbeit Kapital mietet. In einer solchen Umgebung kann es keine Klassen geben."[179] Unter den Bedingungen der freien Konkurrenz würden die Ideen, Konzepte und Patentrezepte erfolgreicher Unternehmer vielmehr sofort von anderen kopiert, wodurch deren Vorsprung in Bezug auf hohe Einkommen und Vermögen wegfielen. „Der Ursprung der Ungleichheit liegt insofern nicht im Wettbewerb, sondern in der (natürlichen) Existenz und willentlichen Errichtung von Schutzmauern gegen sein Wirken."[180] Bergers neoliberale Kernbotschaft lautete, die Ungleichheit beruhe in Marktwirtschaften auf Renten, d. h. künstlich überhöhten Zahlungen, die es bei vollständiger Konkurrenz nicht gäbe: „Nicht die Zirkulation, sondern die Einschränkung der Zirkulation, also der Sachverhalt, daß bestimmte Güter dem Markt entzogen werden, begründet und verfestigt die Ungleichheit."

Da jeder Akteur zu jeder Position den gleichen Zugang habe, könnten Arbeiter problemlos in die Rolle von Kapitalisten schlüpfen, meinte Berger. Märkte sind allerdings nicht bloß Motoren des ökonomischen Wachstums, sondern auch soziale Institutionen, auf denen Menschen nach ethischen Maximen handeln können. Hingegen kennen die Märkte selbst überhaupt keine Moral. Berger verwechselte seine abstrakte Modellwelt einer paradiesischen Gleichheit, die durch Marktbeziehungen entsteht, mit der rauen Lebenswirklichkeit. Lehrbuchweisheiten der Nationalökonomie über einen Idealmarkt, auf dem alle Marktteilnehmer/innen über dieselben Freiräume und Handlungsmöglichkeiten verfügen, weil vollständige Konkurrenz herrscht, Machtungleichgewichte aber keine Rolle spielen, haben mit der Realität nichts, aber auch gar nichts gemein. Gerade dann, wenn Märkte nicht durch Eingriffe, Begrenzungen und Regularien des Staates gezügelt werden, vergrößert ihr Wirken die bestehende Verteilungsschieflage und schafft mehr Armut auf der einen und mehr Reichtum auf der anderen Seite. Christian Neuhäuser wies noch auf ein weiteres Problem der Märkte hin, das darin besteht, „dass sich viele gesellschaftlich wertvolle Tätigkeiten rein marktförmig nicht gut organisieren lassen, weil sie entgegen klassisch ökonomischen Annahmen keinen besonderen privaten Profit ermöglichen, der die entsprechenden Investitionen rechtfertigen würde."[181]

---

179 Johannes Berger, „Über den Ursprung der Ungleichheit unter den Menschen". Zur Vergangenheit und Gegenwart einer soziologischen Schlüsselfrage, in: Zeitschrift für Soziologie 5/2004, S. 368

180 Ebd., S. 356

181 Siehe Christian Neuhäuser, Reichtum als moralisches Problem, 2. Aufl. Berlin 2018, S. 25 (Fn. 20)

Die beiden Historiker Eva Maria Gajek und Christoph Lorke sprachen mit Blick auf die sich an den öffentlichkeitswirksamen Wortmeldungen von Papst Franziskus und Thomas Piketty entzündenden Diskurse von einer „markante(n) Perspektiverweiterung“ zum Thema der Verteilung und äußerten die Vermutung, dass es sich um den Beginn einer fünften Phase der Wahrnehmung sozialer Disparitäten handle, nachdem Hans-Ulrich Wehler in seiner *Deutschen Gesellschaftsgeschichte* vier Phasen unterschieden hatte: Verzicht auf eine umfassende Analyse des Gegenstandes in der ersten Periode unmittelbar nach Kriegsende; Versuche einer neomarxistischen Strömung, die Klassenanalyse in dogmatischer Form zwischen Mitte der 1960er- und Mitte der 1970er-Jahre als zweiter Phase wieder aufleben zu lassen; Rückkehr zur „politisch nicht anstößigen“ Schichtungstheorie zwischen Mitte 1970er- und Mitte der 1980er-Jahre als dritter Periode; Übergang zur „postmodernen“ Lebensstilanalyse ab Mitte der 1980er-Jahre als vierte Phase.[182] In ganz ähnlicher Weise hatte Jürgen Ritsert den soziologischen Fachdiskurs der Nachkriegszeit schon 20 Jahre vorher aus einer marxistischen Position periodisiert und dabei „fünf große Anläufe“ herausgestellt, die seiner Meinung nach das Ziel, „die Klassen durch Theorie zum Verschwinden zu bringen“, verfolgten.[183]

Bei den staatlichen Behörden, den etablierten Parteien und den wichtigsten Massenmedien hierzulande dominierte trotz des Hypes um Thomas Piketty weiterhin die Haltung der Ignoranz gegenüber sozioökonomischen Spaltungstendenzen – ganz ähnlich wie gegenüber dem die Menschheit bedrohenden Klimawandel. Die politisch Verantwortlichen neigen bis heute zur Verschleierung des Reichtums und zur Verharmlosung der Armut. Für die zuerst genannte Tendenz sei der Fünfte Armuts- und Reichtumsbericht genannt, dessen Entwurf im Oktober 2016 vorlag, die Ressortabstimmung aber nicht schadlos überstand. Vielmehr wurden zentrale Aussagen gestrichen oder abgeschwächt. Das betraf die theoretischen Überlegungen zum Verhältnis von Armut, Reichtum und (repräsentativer) Demokratie ebenso wie das „Einfluss von Interessensvertretungen und Lobbyarbeit“ überschriebene Unterkapitel und das Ergebnis einer Untersuchung, wonach die Wahrscheinlichkeit für eine Politikänderung wesentlich höher ist, wenn diese von vielen Befragten mit höherem Einkommen unterstützt wird. Weder teilten das Kanzleramt und das Finanzministerium, die beide CDU-geführt waren, explizit die Einschätzung, dass sich die Interessen materiell Bessergestellter eher durchsetzen als die weniger Betuchter, noch wollten sie ausführlich dargestellt haben, dass sich Arme immer weniger an Wahlen beteiligen und man deshalb von einer Krise der politischen

182 Vgl. Eva Maria Gajek/Christoph Lorke, (An-)Ordnungen des Sozialen. „Armut“ und „Reichtum“ in Konstruktion und Imagination seit 1945, a.a.O., S. 8; Hans-Ulrich Wehler, Deutsche Gesellschaftsgeschichte, Bd. 5: Bundesrepublik und DDR 1949-1990, München 2008, S. 110 ff.

183 Siehe Jürgen Ritsert, Soziale Klassen, Münster 1998, S. 88

Repräsentation sprechen kann. Auch der Hinweis, dass extreme soziale Ungleichheit das Wirtschaftswachstum und damit den Wohlstand einer Gesellschaft beeinträchtigt, wurde im Rahmen der ersten Ressortabstimmung aus dem Ursprungsentwurf des seinerzeit von Andrea Nahles (SPD) geleiteten Arbeits- und Sozialministeriums gestrichen.

Der erst am 12. April 2017 mit anderthalbjähriger Verspätung vom Bundeskabinett verabschiedete Fünfte Armuts- und Reichtumsbericht fiel mit seinem Umfang von über 650 Seiten zwar noch dicker als seine Vorgänger aus. Ausgesprochen dünn war die Datenlage jedoch weiterhin im Kernbereich der absoluten, extremen bzw. existenziellen Armut, also dort, wo es um Wohnungs- bzw. Obdachlosigkeit geht. Wenn bundesweit amtliche Statistiken zum Problem der Wohnungslosigkeit existieren würden, könnte man die zuständigen Behörden und die politisch Verantwortlichen leichter bewegen, es mit der erforderlichen Konsequenz anzugehen. Bis dahin stützt sich die Bundesregierung auf Schätzungen der BAG Wohnungslosenhilfe, wonach es 2014 in Deutschland wieder mehr als 335.000 Wohnungslose gab. 39.000 Menschen lebten seinerzeit laut dem Dachverband der Wohnungsloseninitiativen auf der Straße. In beiden Fällen war die Tendenz stark steigend.

Noch dürftiger waren der Erkenntnisstand und die Datenlage zur (Ungleich-)Verteilung des privaten Reichtums in Deutschland. An der Tatsache, dass der Reichtum in den Regierungsberichten ein Nischendasein fristete, hatte sich wenig geändert. Entgegen den Absichtsbekundungen von Nahles blieb er letztlich ein Randphänomen der statistischen Datenerfassung und -analyse. Großbanken, transnationale Konzerne, Hedge-Fonds, Private-Equity-Gesellschaften und weltweit agierende Vermögensverwalter wie BlackRock, die Unsummen anlegen und dadurch bedingt auch großen politischen Einfluss haben, kamen im Fünften Armuts- und Reichtumsbericht überhaupt nicht vor.

Man hatte zwar einen Forschungsauftrag zum Reichtum vergeben, diesen jedoch so diffus definiert, dass die soziale Ungleichheit im Berichtszeitraum kaum gestiegen war. „Einkommens*reich*" ist nach der zugrunde gelegten Definition, wer über mehr als das Doppelte bzw. Dreifache des mittleren Nettoäquivalenzeinkommens der Gesamtbevölkerung verfügt – das waren 3.452 bzw. 5.178 Euro pro Monat (2013: SOEP).[184] Wer einen alleinstehenden Studienrat nach dieser Lesart nur aufgrund seines Gehalts für (einkommens)reich erklärt, verliert den wirklichen Reichtum allerdings zwangsläufig aus dem Blick.

Während das subjektive Empfinden (Schmach, Demütigung, Erniedrigung und soziale Ausgrenzung) sowie die Meinung der Armen nur in einem Workshop mit 30 Teilnehmer(inne)n zur Debatte standen, wurden für den damaligen Regierungsbericht 130 „*Hoch*vermögende", deren Gesamtvermögen sich im

184 Vgl. Bundesministerium für Arbeit und Soziales (Hrsg.), Lebenslagen in Deutschland. Der Fünfte Armuts- und Reichtumsbericht der Bundesregierung, Bericht, Bonn, April 2017, S. 577

Schnitt gerade einmal auf 5,3 Millionen Euro belief, ausführlich interviewt.[185] Bei einem individuellen Nettovermögen von über 500.000 Euro, d. h. schon dann, wenn jemand in einer begehrten Groß- oder Universitätsstadt der Bundesrepublik eine Eigentumswohnung mittlerer Größe besaß, galt man als *vermögens*reich. Obwohl der Bericht auch ein paar relativierende Bemerkungen zu diesem Reichtumsverständnis enthielt, konnte er nicht überzeugen.

Werden „normale" Mittelschichtangehörige, die im gesicherten Wohlstand leben, wie selbstverständlich zu den Reichen gezählt, lässt sich die Tatsache, dass sich der Reichtum in wenigen Händen konzentriert, leichter verschleiern. Ganz offenbar ging es der Bundesregierung als Berichterstatterin weniger darum, die bestehenden Eigentums-, Vermögens- und Einkommensverhältnisse möglichst präzise zu erfassen, als darum, sie durch ein riesiges Zahlenwerk zu rechtfertigen. Um eine große nationale Debatte über die Kluft zwischen Arm und Reich in Gang setzen und politische Gegenmaßnahmen durchsetzen zu können, hätte der Regierungsbericht einräumen müssen, dass die sozioökonomische Spaltung aus den Gesellschaftsstrukturen, den bestehenden Machtverhältnissen und den Fehlentscheidungen der regierenden Parteien resultierte.

3.9 Jens Spahns „Tafel"-Interview, Kevin Kühnerts Sozialisierungsforderung und die Antwort der CDU auf Rezos Video

Für die Tendenz einer Leugnung der absoluten und einer Beschönigung der relativen Armut steht Jens Spahn, der im Kampf um Angela Merkels Nachfolge als CDU-Vorsitzende der früheren saarländischen Ministerpräsidentin Annegret Kramp-Karrenbauer und dem ehemaligen Vorsitzenden der Unionsfraktion im Bundestag Friedrich Merz unterlag. Kurz bevor er am 14. März 2018 als Bundesgesundheitsminister vereidigt wurde, hatte die Essener Tafel durch ihren Beschluss für Aufmerksamkeit und Empörung gesorgt, bis zum Jahresende keine ausländischen „Kunden" mehr aufzunehmen. Spahn versicherte in einem Zeitungsinterview, das er der Funke Mediengruppe gab, dass niemand in Deutschland hungern müsse, wenn es die Lebensmitteltafeln nicht gäbe. Denn die Grundsicherung für Arbeitsuchende sei „aktive Armutsbekämpfung", weil „mit großem Aufwand genau bemessen" und aufgrund ihrer regelmäßigen Anpassung jederzeit bedarfsdeckend: „Hartz IV bedeutet nicht Armut", sagte Spahn weiter, „sondern ist die Antwort unserer Solidargemeinschaft auf Armut. […] Damit hat jeder das, was er zum Leben braucht. Mehr wäre immer besser, aber wir dürfen nicht vergessen, dass andere über ihre Steuern diese Leistungen

185 Vgl. ebd., S. 136 ff.

bezahlen."[186] Seine zitierten Äußerungen, die wenig Einsicht in die harte Lebenswirklichkeit von Armen, besonders von kranken Armen in Deutschland erkennen ließen, disqualifizierten Spahn eigentlich für sein Ministeramt. Ihm war der Unterschied zwischen absoluter und relativer Armut offenbar nicht geläufig.

Wenn ein schwerreicher PR-Unternehmer, Immobilienmakler und Investor die in Deutschland angeblich besonders ausgeprägten Vorurteile gegenüber Reichen untersucht, verwundert das sie bestätigende Ergebnis genauso wenig wie dessen skandalisierende Bewertung, denn beide sind durch die eigene Interessenlage bestimmt. Dies hielt auflagenstarke Medien jedoch mitnichten davon ab, unverhohlen Werbung für die Publikation solcher Lobbyaussagen zu machen. So veröffentlichte der *Spiegel* am 9. Februar 2019, unmittelbar vor dem Erscheinungstermin, einen mehrseitigen Artikel über das Buch *Die Gesellschaft und ihre Reichen* von Rainer Zitelmann,[187] der in den 1990er-Jahren übrigens ein führender Kopf der sog. Neuen Rechten war und später – durchaus folgerichtig – häufiger Artikel für die AfD-nahe Zeitschrift *Tichys Einblick* schrieb.

Reiche und Hyperreiche führen die Forderung nach weniger sozioökonomischer Ungleichheit oder mehr Verteilungsgerechtigkeit häufig auf „Neid" zurück. Auch in einem Interview, das zwei Journalisten des *manager magazins* mit Susanne Klatten und Stefan Quandt, dem aufgrund ihres Privatvermögens von 37,5 Milliarden Euro reichsten Geschwisterpaar Deutschlands, geführt haben, fiel dieses Stichwort. Die Tochter des BMW-Sanierers Herbert Quandt verband damit die Behauptung, dass Neid auf Reiche „ein gerade in Deutschland weitverbreiteter Wesenszug" sei. Was oft als Neid denunziert wird, sind in Wirklichkeit „verletzte Gerechtigkeitsgefühle", meinte hingegen Christian Neuhäuser, der mithilfe des Begriffs „Selbstachtung" unterschied, was es heißt, reich bzw. *zu* reich zu sein: „Ein Akteur ist demnach zu reich, wenn er über so viel Geld verfügt, dass er es auch nach dem Erfüllen seiner anständigen Ansprüche absichtlich oder unabsichtlich für die Verletzung oder Missachtung der Selbstachtung anderer Akteure einsetzen kann."[188]

Während es nicht bloß verständlich, sondern auch gerechtfertigt ist, dass sozial Benachteiligte jenen Lebensstandard anstreben, den gut situierte Mitbürger/innen schon lange erreicht haben, überrascht viel eher, was man als einen in unserer Gesellschaft ziemlich weit verbreiteten Sozialneid nach unten bezeichnen kann: Bessersituierte gönnen Arbeitslosengeld-II- bzw. Sozialhilfeempfänger(inne)n nicht einmal deren recht kümmerliche Transferleistungen, werfen ihnen vielmehr häufig vor, „Schnorrer" und „Schmarotzer" zu sein, die es sich

186 „Hartz IV bedeutet nicht Armut". Der künftige Gesundheitsminister Jens Spahn über die Arbeit der Regierung – und die Essener Tafel, in: WAZ v. 10.3.2018

187 Vgl. Rainer Zitelmann, Die Gesellschaft und ihre Reichen. Vorurteile über eine beneidete Minderheit, München 2019; Markus Dettmer, Neid und Vorurteil, in: Der Spiegel 7/2019, S. 58 ff.

188 Christian Neuhäuser, Reichtum als moralisches Problem, a.a.O., S. 107

in der „Hängematte des Sozialstaates" bequem machten, obwohl sie selbst weder jemals in einer ähnlichen Situation waren noch sie jemals meistern würden. Ein berühmt-berüchtigtes Beispiel für diese Form der Hetzpropaganda bildete eine vom damaligen Wirtschafts- und Arbeitsminister Wolfgang Clement (heute Mitglied des Wirtschaftsforums der FDP) verantwortete Broschüre, die missbräuchlich Transferleistungen beziehende Personen mit Schmarotzern verglich: „Biologen verwenden für ‚Organismen, die zeitweise oder dauerhaft zur Befriedigung ihrer Nahrungsbedingungen auf Kosten anderer Lebewesen – ihren Wirten – leben', übereinstimmend die Bezeichnung ‚Parasiten'. Natürlich ist es völlig unstatthaft, Begriffe aus dem Tierreich auf Menschen zu übertragen. Schließlich ist Sozialbetrug nicht durch die Natur bestimmt, sondern vom Willen des Einzelnen gesteuert."[189]

Unternehmer, die man wohl nie ähnlich respektlos charakterisieren würde, begegneten im gesellschaftlichen Raum einem hohen Maß an Misstrauen, lamentierte Klatten, obwohl sie jeden Tag für ihren Besitz hart arbeiteten, während Umverteilung noch nie funktioniert habe: „Mein Bruder hat das mal in einem Interview sehr treffend zugespitzt und gefragt: Wer würde denn mit uns tauschen wollen?"[190] Dieses Zitat, das *Bild* am 22. Juni 2019 für seinen Aufmacher *Deutschlands reichste Geschwister sprechen über ihre Milliarden* benutzte, veranlasste Politik-Ressortleiter und Chefredakteur-Stellvertreter Christian Stenzel in einem ironisch *Der Milliardär hat's schwer* überschriebenen Kommentar zu der Gegenfrage: „Was machen die beiden eigentlich, wenn sich heute 80 Millionen Deutsche melden und rufen: ‚Ich!'?"

In dem längeren Doppelinterview des *manager magazins* kam auch die Forderung des Juso-Bundesvorsitzenden Kevin Kühnert zur Sprache, BMW zu kollektivieren. Geradezu hysterische Reaktionen hatten in der Öffentlichkeit zwei am 1. Mai 2019 verbreitete Interviewäußerungen des SPD-Linken ausgelöst. Nach wiederholtem Nachhaken seiner Interviewer, des *Zeit*-Redakteurs Jochen Bittner und seiner Kollegin Tina Hildebrandt, ob er BMW verstaatlichen oder vergesellschaften wolle, bemerkte Kühnert: „Mir ist weniger wichtig, ob am Ende auf dem Klingelschild von BMW ‚staatlicher Automobilbetrieb' steht oder ‚genossenschaftlicher Automobilbetrieb' oder ob das Kollektiv entscheidet, dass es BMW in dieser Form nicht mehr braucht. Die Verteilung der Profite muss demokratisch kontrolliert werden. Das schließt aus, dass es einen kapitalistischen Eigentümer dieses Betriebs gibt. Ohne Kollektivierung ist eine

189 Bundesministerium für Wirtschaft und Arbeit (Hrsg.), Vorrang für die Anständigen – gegen Missbrauch, „Abzocke" und Selbstbedienung im Sozialstaat. Ein Report vom Arbeitsmarkt im Sommer 2005, Berlin, August 2005, S. 10

190 Susanne Klatten, „Wer würde denn mit uns tauschen wollen?", in: manager magazin 7/2019, S. 33

Überwindung des Kapitalismus nicht denkbar."[191] Außerdem griff Kühnert erneut Gedanken der Berliner Initiative „Deutsche Wohnen & Co. enteignen!" auf, als er feststellte, dass die starken, Marktmechanismen geschuldeten Mietsteigerungen das Recht auf Wohnen für immer mehr Menschen infrage stellten: „Ich finde nicht, dass es ein legitimes Geschäftsmodell ist, mit dem Wohnraum anderer Menschen seinen Lebensunterhalt zu bestreiten. Konsequent zu Ende gedacht, sollte jeder maximal den Wohnraum besitzen, in dem er selbst wohnt."

Zum ersten Mal seit Jahrzehnten wurde in der politischen und Medienöffentlichkeit des Landes wieder die Systemfrage gestellt, also darüber diskutiert, ob das kapitalistische Wirtschafts- und Gesellschaftssystem den Bedürfnissen der Bevölkerungsmehrheit noch gerecht wird und es nicht durch Aufhebung des Privateigentums an Produktionsmitteln und vermieteten Immobilien überwunden werden muss. Manches blieb in dem *Zeit*-Interview vage und verschwommen, aber dass ein bekannter Nachwuchspolitiker wie Kühnert solche Grundsatzfragen überhaupt anschnitt, war enorm wichtig für weitere Diskussionen über Möglichkeiten zur Beseitigung der sozioökonomischen Ungleichheit.

Kurz vor der Europawahl am 26. Mai 2019 erregte das knapp 55 Minuten lange Video *Die Zerstörung der CDU* des YouTubers Rezo noch mehr Aufsehen, in dem dieser Union und SPD gleich zu Beginn vorwarf, entgegen ihrem Selbstverständnis als Volksparteien keine Politik für alle Bevölkerungsschichten zu machen, sondern die Interessen der Reichen zu vertreten sowie den Graben zwischen diesen Gewinnern und den Losern vertieft zu haben.[192] Zuerst wollte die CDU-Bundesgeschäftsstelle mit einem Video ihres jungen Bundestagsabgeordneten Philipp Amthor antworten, verzichtete dann aber auf seine Veröffentlichung und veröffentlichte stattdessen ein elfseitiges Papier, das Rezo bzw. seine durch Quellen belegten Aussagen inhaltlich widerlegen sollte. Aus dieser „Offenen Antwort" der CDU an Rezo wird im Folgenden ausführlich zitiert, weil sie wie kaum ein anderes Dokument deutlich machte, wie wenig Sachkenntnis, Problembewusstsein und Sensibilität etablierte Parteien hinsichtlich der sozioökonomischen Ungleichheit, ihrer Entstehungsursachen und der eigenen Verantwortung dafür an den Tag legen.

Als „grundsätzliche Bewertung der Messung von Arm und Reich in Deutschland" wollte die CDU-Bundesgeschäftsstelle ihre Feststellung verstanden wissen, dass die Armutsgefährdungsquote irreführend, weil „kein Indikator für Armut" sei, sondern „nur die unterschiedliche Einkommensverteilung"

---

191 Was heißt Sozialismus für Sie, Kevin Kühnert? – Zum Beispiel die Kollektivierung von Firmen wie BMW, sagt der Chef der Jusos. In der Wirtschaftsordnung, die er sich vorstellt, gäbe es auch kein Eigentum an Wohnraum mehr. Ein Gespräch über eine radikale Alternative, in: Die Zeit v. 2.5.2019

192 Vgl. Rezo, Die Zerstörung der CDU (https://www.youtube.com/watch?v= 4Y1l ZQsyuSQ; Zahl der Aufrufe am 20.8.2019 um 0.00 Uhr: 15.777.582 Aufrufe)

ausdrücke: „Nach Logik dieser Quote würde die Armut nur dann verschwinden, wenn jeder nahezu das gleiche Einkommen hätte – dann befänden wir uns im Sozialismus."[193] Außerdem hätte es 1948 nach der besagten Logik noch keine Armut gegeben, weil es „allen gleichmäßig schlecht" gegangen sei. „Diese Betrachtungsweise führt auch dazu, dass es auf einen Schlag mehr Armutsgefährdete in Deutschland gäbe, wenn z. B. Jeff Bezos nach Deutschland ziehen würde. Im Vergleich zu ihm und seinem Vermögen gäbe es dann nämlich einige mehr von Armut gefährdete Personen."

Fangen wir mit der letzten Behauptung an, die schlicht falsch ist: Außer dem o. g. Gründer des Online-Versandhandelsunternehmens Amazon.com könnten ruhig Bill Gates, Mark Zuckerberg, Warren Buffett, George Soros und alle übrigen US-amerikanischen Multimilliardäre nach Deutschland ziehen, ohne dass sich dadurch an der hiesigen Armutsrisikoschwelle oder -quote irgendetwas ändern würde. Offenbar kannten die anonymen Verfasser/innen des CDU-Papiers den Unterschied zwischen dem Median und dem arithmetischen Mittel nicht. Hätten sie im Mathematikunterricht aufgepasst, wäre ihnen nämlich klargewesen, dass der Zentralwert im Unterschied zum Durchschnitt, dem arithmetischen Mittel, nicht beeinflusst wird, wenn in der Reihe vieler Millionen hierzulande in einem Haushalt lebender Menschen, die nach ihrer Einkommenshöhe geordnet sind, ein paar Leute am äußersten Rand dazutreten. Denn das Einkommen der mittleren Person in dieser Reihe bildet den Median, und armutsgefährdet nennt man einen Menschen, der weniger als 60 Prozent des mittleren Einkommens (das waren 2017 bei einem Alleinstehenden 999 Euro pro Monat) zur Verfügung hat.

Kommen wir zur nächsten Feststellung: 1948 ging es keineswegs „allen gleichmäßig schlecht", wie die CDU-Bundesgeschäftsstelle behauptete. Es gab damals zwar viele Hungernde und Frierende, also ein vergleichsweise hohes Maß *absoluter* Armut, aber auch Menschen, denen funktionsfähige Fabriken, große Ländereien und zahlreiche nicht zerstörte Immobilien gehörten. Ein politischer Garant für den Schutz dieser Vermögen war und blieb die Union. Sie wehrte alle Sozialisierungsforderungen, die es damals noch bis weit hinein in ihre eigenen Reihen gab,[194] entschlossen ab und sorgte in der Folgezeit als

193 CDU-Bundesgeschäftsstelle (Hrsg.), Offene Antwort an Rezo: Wie wir die Sache sehen, Berlin o.J., S. 4

194 So begann das Ahlener Programm der CDU mit folgendem Bekenntnis: „Das kapitalistische Wirtschaftssystem ist den staatlichen und sozialen Lebensinteressen des deutschen Volkes nicht gerecht geworden. Nach dem furchtbaren politischen, wirtschaftlichen und sozialen Zusammenbruch als Folge einer verbrecherischen Machtpolitik kann nur eine Neuordnung von Grund aus erfolgen. Inhalt und Ziel dieser sozialen und wirtschaftlichen Neuordnung kann nicht mehr das kapitalistische Gewinn- und Machtstreben, sondern nur das Wohlergehen unseres Volkes sein. Durch eine gemeinwirtschaftliche Ordnung soll das deutsche Volk eine Wirtschafts- und Sozialverfassung erhalten, die dem Recht und der Würde des Menschen entspricht, dem geistigen und materiellen Aufbau unseres Volkes dient und den inneren und äu-

führende Regierungspartei durch ihre Wirtschafts-, Finanz- und Steuerpolitik dafür, dass die ohnehin Reichen noch reicher wurden.

Damit die *relative* Armut nach der gültigen EU-Konvention verschwindet, muss auch nicht „jeder nahezu das gleiche Einkommen" haben, was nach Marx übrigens keineswegs für den Sozialismus, sondern höchstens für den Kommunismus kennzeichnend wäre. Schließlich drückt die Armutsgefährdungsquote auch nicht die unterschiedliche Einkommensverteilung aus, wie die CDU glaubt, sondern gibt nur an, wie weit die unteren Einkommensgruppen von der Mitte (genauer: dem Medianeinkommen) entfernt sind. Dadurch wird bloß eine spezifische Form von Ungleichheit markiert, nämlich jene, die in einer signifikanten Abkopplung bestimmter Personengruppen vom „normalen" gesellschaftlichen Wohlstandsniveau besteht. Die relative Armut wächst zwar mit der sozioökonomischen Ungleichheit, die Armuts(risiko)quote der EU bildet aber insofern mehr als bloß ein Ungleichheitsmaß, als sie jenen Anteil an der Gesamtbevölkerung benennt, der sich vieles von dem nicht leisten kann, was für die große Mehrheit als normal gilt, und deshalb sozial ausgegrenzt, diskriminiert und teilweise gedemütigt wird.

Auch sind entgegen der CDU-Meinung durchaus Erfolge im Kampf gegen die relative Armut möglich: „Wenn die Einkommensverteilung so gestaltet ist bzw. wird, daß niemand zu weit nach unten vom Durchschnitt abweicht, kann relative (Einkommens-)Armut ohne weiteres verschwinden."[195] Es dürfte nur keine Personen in Deutschland mehr geben, deren Haushaltsnettoeinkommen unter 999 Euro im Monat läge, wenn sie allein leben. Da es – wie oben erläutert – um das Medianeinkommen geht, könnten Großaktionäre aber weiterhin ein Monatseinkommen von 100 Millionen Euro beziehen – von Sozialismus oder Kommunismus also keine Spur!

Trotzdem betrachten wir nun, genau wie von der CDU-Zentrale verlangt, die Armutsgefährdungsquote als Maß für die Ungleichheit der Einkommen und konfrontieren das Ergebnis mit der Eingangsbehauptung des Anti-Rezo-Papiers: „Die *Einkommensungleichheit*, d. h. die unterschiedliche *Verteilung der Einkommen in Deutschland*, ist zwar bis 2005 gestiegen, seitdem aber nicht mehr."[196] Nach Angaben des Statistischen Bundesamtes, das sich auf den Mikrozensus – die aussagekräftigste Sozialstatistik überhaupt – stützt, welche als Datenquelle wohl über alle Zweifel erhaben ist, hat sich die Armutsrisikoquote folgendermaßen entwickelt: von 14,7 Prozent (2005) über 14,0 Prozent (2006),

ßeren Frieden sichert." (Ahlener Programm. Zonenausschuß der CDU für die britische Zone, Ahlen/Westfalen, 3. Februar 1947, in: Peter Hintze [Hrsg.], Die CDU-Parteiprogramme. Eine Dokumentation der Ziele und Aufgaben, Bonn 1995, S. 15)

195 Wolfgang Ludwig-Mayerhofer/Eva Barlösius, Die Armut der Gesellschaft, in: Eva Barlösius/Wolfgang Ludwig-Mayerhofer (Hrsg.), Die Armut der Gesellschaft, Opladen 2001, S. 27

196 CDU-Bundesgeschäftsstelle (Hrsg.), Offene Antwort an Rezo, a.a.O., S. 3 (Hervorh. im Original)

14,3 Prozent (2007), 14,4 Prozent (2008), 14,6 Prozent (2009), 14,5 Prozent (2010), 15,0 Prozent (2011), 15,0 Prozent (2012), 15,5 Prozent (2013), 15,4 Prozent (2014), 15,7 Prozent (2015) und 15,7 Prozent (2016) auf 15,8 Prozent im letzten verfügbaren Jahr (2017).[197] Folglich gab es seit 2005 nach der CDU-Lesart einen nicht unerheblichen, wenn auch nicht gerade explosionsartigen Anstieg der Einkommensungleichheit um 1,1 Prozentpunkte, den die Bundesgeschäftsstelle der Partei aber negierte. Es wäre auch verwunderlich, wenn die jahrzehntelang wirksame Tendenz zur Einkommenspolarisierung in Deutschland gerade nach Abwahl der rot-grünen Bundesregierung und dem erneuten Regierungseintritt der CDU (Bildung der ersten Großen Koalition unter Angela Merkel) ihr Ende gefunden hätte.

An dieser Stelle machte die CDU geltend, dass ihre Regierungspolitik einen weiteren Anstieg der Armutsgefährdungsquote verhindert habe, wegen der Zuwanderung nach Deutschland aber nicht habe erfolgreicher sein können: „Ein wichtiger Grund, *warum Einkommensungleichheit nicht abnimmt, ist die Zuwanderung.* Zuwanderer sind häufig gering qualifiziert, was ein niedriges Einkommen zur Folge hat. Das ist eine statistische Folge der Aufnahme der Flüchtlinge in den letzten Jahren." Betrachtet man die Entwicklung der Armutsrisikoquote in den vergangenen Jahren, erscheint diese Interpretation der Daten aber mehr als fragwürdig. Denn in die Berechnung der Armutsrisikoquote gehen nur Einkommen der Mitglieder von Privathaushalten ein; Einkommen der Flüchtlinge in Gemeinschaftsunterkünften bleiben ebenso außen vor wie jene der Obdachlosen, Heimbewohner/innen und Gefängnisinsassen. Dass die Flüchtlinge nur einen minimalen Einfluss auf das Ansteigen der Armutsgefährdungsquote haben, ergibt auch folgende Überlegung: Unter den Geflüchteten waren keine Rentner/innen, weil sie meist jung sind und weil hierzulande erst Rentenansprüche in einem langen Arbeitsleben (mit sozialversicherungspflichtiger Beschäftigung) erworben werden müssten. Trotzdem ist die Armutsrisikoquote der Rentner/innen von 14,0 Prozent (2007) über 15,0 Prozent (2008), 15,1 Prozent (2009), 15,6 Prozent (2010), 17,0 Prozent (2011), 17,5 Prozent (2012), 18,8 Prozent (2013), 19,2 (2014), 19,6 Prozent (2015) und 19,5 Prozent (2016) auf 19,5 Prozent (2017) gestiegen.

Außerdem kritisierte die Bundesgeschäftsstelle, dass Rezo die Kluft zwischen Arm und Reich an der ungleichen Vermögensverteilung festgemacht habe, obwohl bei dieser Betrachtung die Altersversorgungsansprüche (im Anti-Rezo-Dokument der CDU fälschlicherweise „Altersvorsorgungsansprüche" genannt) nicht mit einbezogen werden. Würde man sie berücksichtigen, sänke die

197 Vgl. Statistisches Bundesamt, Armutsgefährdungsquote gemessen am Bundesmedian in Prozent im Zeitvergleich (https://www.destatis.de/DE/Themen/Gesellschaft-Umwelt/Soziales/Sozialberichterstattung/Tabellen/liste-armutsgefaehrungsquote-bundeslaender.html;jsessionid=1938773EC77C239 D253531F993B72F3C.internet711; 24.6.2019)

Ungleichheit deutlich, meinte die Parteizentrale. Hierbei handelte es sich um eine reine Schutzbehauptung und einen statistischen Taschenspielertrick. Denn die Rentenanwartschaften von Arbeitnehmer(inne)n und die Pensionsansprüche von Beamt(inn)en kann man weder ausgeben noch beleihen, verpfänden, verschenken oder vererben, wie das bei wirklichem Vermögen der Fall ist. Es handelt sich lediglich um eine Versicherung für das Alter, weshalb es auch nach Ansicht von DIW-Präsident Marcel Fratzscher richtig war, Rentenanwartschaften und Pensionsansprüche bei einer Berechnung der Vermögensverteilung unberücksichtigt zu lassen.[198]

Sodann beanspruchte die CDU-Bundesgeschäftsstelle stolz die Zunahme der Jobs um 5,5 Millionen als eigene Leistung, ebenso die Halbierung der Jugendarbeitslosigkeit seit 2005 und die Anzahl jener 2,6 Millionen Menschen, die weniger arbeitslos waren als damals. Sie verglich den niedrigen Beschäftigungsstand auf dem Gipfelpunkt einer Wirtschaftskrise mit dem rekordverdächtigen Beschäftigungsstand nach einem fast zehn Jahre lang anhaltenden Boom, was nicht gerade seriös wirkte. Auch der Hinweis auf die Vielzahl der Sozialleistungen und die Rekordausgaben dafür in Höhe von einer Billion Euro pro Jahr durfte selbstverständlich nicht fehlen, die aber vermutlich nicht zuletzt mit dem Anstieg der sozialen Probleme zu tun hat.

Schließlich bemerkte die CDU-Bundesgeschäftsstelle, dass starke Schultern in Deutschland weitaus mehr als schwache trügen: „Die *oberen 10 Prozent der Einkommensteuerpflichtigen zahlen rund 55 Prozent der Einkommensteuer.* Die unteren 50 Prozent der Einkommensteuerpflichtigen zahlen nur 6,4 Prozent der gesamten Einkommensteuer.“[199] Abgesehen davon, dass man zumindest auch das Aufkommen der Mehrwertsteuer und die unterschiedlich starke Belastung der einzelnen Bevölkerungsschichten durch sie betrachten müsste, will man ein halbwegs realistisches Bild der Verhältnisse zeichnen, war eine Bilanz, wie sie die CDU-Bundesgeschäftsstelle zog, nach Überzeugung der Ökonomen Heiner Flassbeck und Paul Steinhardt irreführend und zur Manipulation der öffentlichen Meinung geeignet: „Man vergleicht einen Anteil von Personen mit einem Anteil am Steueraufkommen, also mit einer Geldsumme, was natürlich unzulässig ist. Da die Steuern aus dem Einkommen der Personen gezahlt werden, muss man deren Einkommen insgesamt mit deren Anteil am Steueraufkommen vergleichen. Nur dann weiß man, ob sie wenig oder stark belastet sind.“[200] Die von der CDU-Bundesgeschäftsstelle genannten Zahlen zur Verteilung des Einkommensteueraufkommens auf unterschiedliche Bevölkerungsschichten zeigten in

---

198 Vgl. Marcel Fratzscher, Verteilungskampf. Warum Deutschland immer ungleicher wird, München 2016, S. 41 f.

199 CDU-Bundesgeschäftsstelle (Hrsg.), Offene Antwort an Rezo: Wie wir die Sache sehen, a.a.O., S. 4 (Hervorh. im Original)

200 Heiner Flassbeck/Paul Steinhardt, Gescheiterte Globalisierung. Ungleichheit, Geld und die Renaissance des Staates, 2. Aufl. Berlin 2018, S. 201 f.

erster Linie, wie ungerecht die Einkommen in Deutschland verteilt waren. Denn dass ein bedeutender Teil der Einkommensteuerpflichtigen überhaupt nicht zur Steuerzahlung herangezogen wird, liegt schlicht darin begründet, dass keine Einkommen erzielt worden sind, die über den Grundfreibetrag und die übrigen Freibeträge hinausreichen. Von den großen Vermögen, auf die keine Steuern mehr anfallen, nachdem die unionsgeführte Kohl-Regierung vor über zwei Jahrzehnten die Vermögensteuer ausgesetzt hat, schwieg die CDU-Zentrale lieber ganz.

Aussagekräftiger als die Entwicklung der Armutsgefährdungsquote im Zeitverlauf zur Bewertung der Entwicklung unseres Landes erschienen der CDU-Bundesgeschäftsstelle andere Faktoren. Sie nannte die Frage, was man sich leisten könne, und rechnete vor wie lange man heute (als Durchschnittsverdiener) arbeiten muss, um einen Fernsehapparat, einen Kühlschrank oder ein Kleid kaufen zu können, und welche Arbeitszeit dafür 1960 nötig war. Ihr Fazit: „Heute können sich […] sowohl der Hartz-IV-Empfänger als auch der Facharbeiter mehr leisten." Dies hat mit der Verteilungs- und Steuerpolitik von CDU, CSU und SPD, die Rezo kritisiert hatte, weil sie nicht die Armen, sondern die Reichen begünstige, jedoch nichts zu tun, sondern mit der Entwicklung von Wissenschaft und Technik, dem enormen Anstieg der Arbeitsproduktivität und den Tarifabschlüssen zwischen Arbeitgeberverbänden und Gewerkschaften, die vor allem während der 1960er- und 1970er-Jahre teilweise sehr hoch ausfielen und neben dem Inflationsausgleich und der Produktivitäts- auch eine Umverteilungskomponente zugunsten der Beschäftigten enthielten.

Will man den Lebensstandard eines Menschen bestimmen, muss er grundsätzlich in Beziehung zum Wohlstand des Landes gesetzt werden, und zwar natürlich jeweils zur selben Zeit. Denn wer hier und heute mehr oder weniger arm ist, vergleicht sich völlig zu Recht weder mit einem Durchschnittsverdiener, der in Tschechien, in Polen oder in der Türkei lebt,[201] noch mit einem Deutschen, der vor Jahrzehnten auf einem gleichfalls geringen oder sogar niedrigeren Wohlstandsniveau lebte, sondern mit jenen Zeitgenoss(inn)en, die teilweise viel mehr haben als er selbst. Hartz-IV-Bezieher/innen gab es 1960 noch gar nicht; die damalige Sozialhilfe umfasste neben dem Regelsatz der Geldleistung auch noch wiederkehrende einmalige Leistungen, also Beihilfen für defekte Waschmaschinen oder Kühlschränke und den Kindern nicht mehr passende Wintermäntel; vergleicht man die heutige Geldleistung bei Hartz-IV-Empfänger(inne)n mit der Geldleistung bei früheren Sozialhilfebe-

201 Diesen geografischen Vergleich zog seinerzeit Thilo Sarrazin, Deutschland schafft sich ab. Wie wir unser Land aufs Spiel setzen, München 2010, S. 148: „Deutsche Transferempfänger leben wie der durchschnittliche Tscheche, aber deutlich besser als der durchschnittliche Pole und weitaus besser als der durchschnittliche Türke."

zieher(inne)n, stellt man fest, dass sie real weniger wert ist, also den inzwischen erfolgten Preisanstieg gar *nicht* auffängt.

Statt die von ihr zu verantwortende niedrige Erbschaftsteuer besonders für Firmenerben zu rechtfertigen, wies die CDU-Bundesgeschäftsstelle nur auf die Zunahme von größeren Erbschaften aufgrund des Todes von Erblassern aus der „Wirtschaftswunder"-Periode hin. Anstelle der von Rezo beklagten „Zerstörung" sah die CDU weitere positive Entwicklungen wie steigende Renten. Dass auch die Preise gestiegen sind, das Rentenniveau (im Vergleich zur Entwicklung der Löhne) jedoch seit der Jahrtausendwende gesunken ist, verschwieg die CDU-Bundesgeschäftsstelle lieber. Für den Fall, dass Rezo die Zerstörung – ein anderes Wort der Netzgemeinde für Entlarvung – der CDU mit seinem Video nicht gelungen war, hat es die Partei mit ihrer schriftlichen Antwort geschafft. Denn über die Armutsgefährdungsquote ist wahrscheinlich nie irgendwo so viel geballter Unsinn verbreitet worden wie mit diesem Text. Rezos zentrale These, dass die CDU-Politik den Reichen nützt und sich gegen die Armen richtet, wurde damit jedenfalls nicht im Mindesten entkräftet.

4 Erscheinungsformen der wirtschaftlichen und sozialen Ungleichheit

Die sozioökonomische Ungleichheit wirkt sich in allen Lebensbereichen aus. Sie hat für davon (positiv bzw. negativ) Betroffene nicht bloß die Konsequenz, über unterschiedlich viel oder gar kein Geld zu verfügen. Damit verbunden sind auch bessere oder schlechtere Bildungschancen, geringere oder höhere Gesundheitsrisiken, der Besitz einer besser oder schlechter ausgestatteten – im Extremfall sogar: keiner – Wohnung, aber auch die Privilegierung oder Benachteiligung in der Freizeitgestaltung, bei Spiel und Sport sowie im Kulturbereich. Ungleichheit hat also sehr viele Gesichter.

Zentral für die Ungleichheit sind drei ökonomische Parameter: das private Eigentum (an Produktionsmitteln), das Einkommen und das Vermögen; davon mehr oder weniger abhängig jene Lebensbereiche, die menschliche Soziallagen bestimmen: Arbeit, (Aus-)Bildung, Gesundheit, Wohnen, Freizeit, Kultur und Sport. Hans-Ulrich Wehler hat in seinem Buch *Die neue Umverteilung* neben der Ungleichheit von Einkommen und Vermögen die Ungleichheit zwischen den Geschlechtern, die Ungleichheit auf dem Heiratsmarkt, die Ungleichheit in der Alltagswelt, die Ungleichheit zwischen Ost- und Westdeutschland, die Ungleichheit der Bildungschancen, die Ungleichheit bei Krankheit und Gesundheit, die Ungleichheit der Wohnbedingungen, die ethnisch-kulturelle Ungleichheit sowie die Ungleichheit zwischen den Konfessionen thematisiert.[1] Hier sollen neben Einkommen und Vermögen zwei Lebensbereiche exemplarisch behandelt werden, die heute für alle Menschen besonders wichtig sind: Bildung und Gesundheit.

4.1 Konzentration des Privatvermögens und Polarisierung der Einkommen

Wenn die Grundaxiome der Marx'schen Theorie stimmen, hängt die Klassenzugehörigkeit bzw. die gesellschaftliche Position einer Person von deren Stellung im ökonomischen Produktions- und Reproduktionsprozess ab, d. h. nicht in erster Linie vom eigenen Geldbeutel oder von dem der Eltern; dessen Bedeutung hat allerdings in jüngster Zeit deutlich zugenommen. Neben den Produk-

1 Vgl. Hans-Ulrich Wehler, Die neue Umverteilung. Soziale Ungleichheit in Deutschland, 4. Aufl. München 2013, S. 65 ff.

tionsverhältnissen, die für Architektur und Struktur der bürgerlichen Gesellschaft grundlegend bleiben, kommt den Distributionsverhältnissen im Finanzmarktkapitalismus eine wachsende Bedeutung zu: Einkommen und Vermögen bestimmen maßgeblich über das Verhältnis zwischen Klassen und Schichten, aber auch über die Lebensbedingungen innerhalb derselben sowie über die Stellung eines Menschen in der Gesellschaft mit.

Die sozioökonomischen Fragmentierungs- und Polarisierungstendenzen haben sich im Übergang zum Kapitalismus der Gegenwart, welcher von transnationalen (Versicherungs-)Konzernen, (Schatten-)Banken und Finanzinvestoren dominiert wird, deutlich verschärft.[2] Finanzmagnaten, Medienmogule, Kapitalanleger und Spekulanten häufen riesige Vermögen an, während die Mehrheit der Bevölkerung am steigenden gesellschaftlichen Reichtum nicht oder nur ungenügend partizipiert. Armut und Reichtum bilden Pendants: Letzterer verkörpert, was die Tüchtigeren und daher Erfolgreichen in des Wortes doppelter Bedeutung „verdient" haben. Der materielle Wohlstand bildet ein Lockmittel, das die „Leistungsträger" im Zusammenhang mit Prämien, Gehaltszulagen oder Lohnsteigerungen zu besonderen Anstrengungen motivieren soll. Armut dient hingegen als Drohkulisse, Druckmittel bzw. Disziplinierungsinstrument. Sie ist gleichfalls konstitutiver Bestandteil einer kapitalistischen Volkswirtschaft, zumal dann, wenn diese im Zeichen des neoliberalen „Umbau"-Projekts modernisiert wird. Gleichwohl wird in der politischen und (Fach-)Öffentlichkeit selten thematisiert, dass Armut und Reichtum zwei Seiten einer Medaille sind.[3]

4.1.1 Die zunehmende Ungleichheit der Einkommens- und Vermögensverteilung

Im finanzmarktgetriebenen und digitalisierten Plattformkapitalismus bildet der Klassengegensatz von Kapital und Arbeit zwar weiterhin die Kernstruktur der sozioökonomischen Ungleichheit. Der ihn teilweise überlagernde Widerspruch zwischen einer zunehmenden und sich verfestigenden Armut sowie einem exorbitanten Reichtum hat sich allerdings derart verschärft, dass es beinahe scheint, als existiere der Arm-reich-Gegensatz unabhängig vom Klassenantagonismus und als basiere er nicht (mehr) auf diesem. Beispielsweise trägt die sich extrem vertiefende Kluft zwischen Vorstandsgehältern und den Löhnen „nor-

---

2 Vgl. dazu: Werner Rügemer, Die Kapitalisten des 21. Jahrhunderts. Gemeinverständlicher Abriss zum Aufstieg der neuen Finanzakteure, Köln 2018

3 Vgl. als löbliche Ausnahmen: Günther Salz, Armut durch Reichtum. Soziale Brennpunkte als Erbe der Sozialen Frage: praktische Erfahrungen und theoretische Einsichten, Freiburg im Breisgau 1991; Werner Rügemer, Arm und reich, Bielefeld 2002; Steffen Stierle, Reichtum und Armut: eine Verteilungsfrage, Hamburg 2010

maler“ Arbeitnehmer/innen zur Verschärfung der Ungleichheit bei, ohne in Wirklichkeit ihre Hauptursache zu sein.

Wurden die materiell bessergestellten Stamm-, Fach- und Vorarbeiter sowie die Werkmeister bestimmter Branchen in früheren Jahrzehnten ironisch als „Arbeiteraristokratie“ bezeichnet, so befindet sich heute die Manageraristokratie – sicherlich zu Recht – im Fadenkreuz der öffentlichen Kritik. Schon zu Beginn der 1990er-Jahre war von „Nieten in Nadelstreifen“ die Rede,[4] deren Geldgier sie nach immer höheren Bonuszahlungen (Aktienoptionen) und Sonderleistungen rufen ließ. Seither sind die Managerbezüge weiter gestiegen, sodass Spitzenmanager inzwischen bis zu 15 oder 20 Millionen Euro pro Jahr, d. h. mehr als 100-mal so viel verdienen wie ihre Mitarbeiter/innen. Vorbild dafür waren und sind die Vereinigten Staaten, ohne dass hierzulande bisher US-Topgehälter erreicht wurden.

Manager nehmen im kapitalistischen Wirtschafts- und Gesellschaftssystem zweifellos eine sozialstrukturelle Zwitterstellung ein: Hinsichtlich der Kapitalbildung, des Bildungsgrades und der Haltung zu weltanschaulichen Grundsatzfragen gehören sie eher zur Kapitalseite, die ihnen gegenüber jedoch ein Abhängigkeitsverhältnis begründet und weisungsbefugt ist. Entgegen der landläufigen Annahme, die gut bezahlten Unternehmenslenker hätten die Produktionsmittel in Besitz genommen und die Kapitalisten des Industriezeitalters auf diese Weise entthront, muss festgehalten werden, dass sich durch die „Zwischenschaltung“ von Managern nichts an den für die bürgerliche Gesellschaft konstitutiven Eigentumsverhältnissen geändert hat. Häufig kommen selbst Topmanager in großen Familienunternehmen nicht über ein fürstlich entlohntes Domestikendasein hinaus.

Wenn man die Bevölkerung hinsichtlich des Einkommens und Vermögens in drei Segmente unterteilt, kann sich die Ungleichheit laut Dorothee Spannagel folgendermaßen entwickeln: Entsprechend der *Abspaltungs*these bleibt das untere Segment zurück oder das obere Segment entfernt sich von der Gesamtheit.[5] Entsprechend der *Polarisierungs*these finden die Veränderungen vornehmlich im mittleren Segment statt, dessen Umfang abnimmt. Entsprechend der *Konvergenz*these nimmt die Ungleichheit durch Positionsgewinne des mittleren Segments ab. Entsprechend der *Konstanz*these verändert sich die Aufteilung zwischen den Segmenten nicht signifikant; die Ungleichheit bleibt im Wesentlichen gleich.

Nach der Vereinigung von BRD und DDR kam es vorübergehend zu einer Konvergenzentwicklung, die aber nach kurzer Zeit endete: Die sukzessive Annäherung des ostdeutschen Einkommens- und Ungleichheitsniveaus an das

---

4 Siehe Günter Ogger, Nieten in Nadelstreifen. Deutschlands Manager im Zwielicht, München 1992

5 Vgl. dazu und zum Folgenden: Dorothee Spannagel, Reichtum in Deutschland. Empirische Analysen, Wiesbaden 2013, S. 124 f.

westdeutsche bewirkte eine Reduktion der Ungleichheit zwischen beiden Landesteilen, die „Inter-Gruppen-Ungleichheit" schwächte sich ab und das gesamtdeutsche Ungleichheitsniveau sank, bis ab Mitte der 1990er-Jahre die Angleichung nachließ, sodass die Ungleichheit in Gesamtdeutschland wieder stieg.[6] Seither hat eine „gigantische Umverteilung zugunsten der Kapitaleinkünfte" stattgefunden, wie der Gelsenkirchener Ökonom Heinz-J. Bontrup errechnete: „Hätte nämlich die Lohnquote in allen Jahren bei ihrem Höchstwert von 1993 [72,4 Prozent; *Ch.B.*] gelegen, so hätten die abhängig Beschäftigten von 1991 bis 2017 insgesamt 1.744,3 Mrd. EUR mehr an Einkommen verbuchen können. So haben realiter die Bezieher der Kapitaleinkünfte die gut 1,7 Bio. EUR erhalten."[7] Denn die Lohnquote erreichte im Jahr 2007 mit 63,6 Prozent ihren Tiefstand und erholte sich bis zum Jahr 2017 nur auf 68,5 Prozent.

Michael Hartmann beschrieb den Polarisierungseffekt so: „Die sehr Armen auf der einen und die Wohlhabenden oder Reichen auf der anderen Seite prägen die Gesamtbevölkerung so stark wie seit Jahrzehnten nicht mehr."[8] Selbst vor dem reichen Bevölkerungsteil macht die sozioökonomische Polarisierungsdynamik jedoch nicht halt. Vielmehr spaltet sich auch diese Gruppe in Reiche, noch viel Reichere und Hyperreiche. Dorothee Spannagel hat in ihrer Dissertation untersucht, ob die Anzahl der Reichen in Deutschland zugenommen oder ob sich der wachsende Reichtum bei den schon vorher Reichen zusammengeballt hat. Sie kam für den Zeitraum von 1985 und 2005 zu dem Ergebnis, dass es sowohl immer mehr Einkommensreiche wie auch mehr Reichtum für die betreffenden Personen bzw. Haushalte gab: „Für die sehr Reichen […] gilt, dass ihr Anteil zugenommen hat, vor allem in den Jahren nach 2000."[9]

Betrachtet man die Einkommens- und Vermögensverteilung in der Bundesrepublik seit dem Jahrtausendwechsel, so zeichnet sich eine Polarisierung ab, die übrigens auch im internationalen Vergleich extrem stark ausgeprägt ist. „In Deutschland sind Reichtum und Wohlstand nicht nur auf eine kleinere Bevölkerungsgruppe begrenzt als in anderen Ländern, sondern diese kleine Gruppe der Reichen hält auch einen deutlich größeren Anteil des Gesamtvermögens im Land."[10] Joachim R. Frick und Markus M. Grabka hatten auf der Basis von SOEP-Daten festgestellt, dass sich die Vermögenskonzentration in den fünf Jahren seit 2002 gestiegen war: „Rund zwei Drittel der Bevölkerung wiesen 2007 kein oder nur ein sehr geringes individuelles Nettovermögen (Geld- und Sachvermögen

6 Siehe ebd., S. 174

7 Vgl. Heinz-J. Bontrup, Wohnst du noch …? – Immobilienwirtschaft und Mieten kritisch betrachtet, Hamburg 2018, S. 127 und 129

8 Michael Hartmann, Die Abgehobenen. Wie die Eliten die Demokratie gefährden, Frankfurt am Main/New York 2018, S. 122

9 Dorothee Spannagel, Reichtum in Deutschland, a.a.O., S. 121

10 Marcel Fratzscher, Verteilungskampf. Warum Deutschland immer ungleicher wird, München 2016, S. 47

ohne Pkw und Hausrat) auf. Im Gegensatz dazu verfügten die reichsten zehn Prozent über einen Anteil am Gesamtvermögen von mehr als 60 Prozent."[11] Markus M. Grabka und Christian Westermeier betrachteten den Zeitraum bis 2012, in dem die Vermögensungleichheit anhaltend hoch blieb. Zuletzt lag das durchschnittliche Nettovermögen der Erwachsenen bei gut 83.000 Euro. Wegen der großen Differenz zum Median, welcher bei knapp 17.000 Euro lag und angibt, wie viel die mittlere Person in einer nach der Höhe ihres Nettovermögens geordneten Reihe besaß, war die Vermögensungleichheit sehr groß. „Gut ein Fünftel aller Erwachsenen verfügte über kein persönliches Vermögen – bei sieben Prozent waren die Verbindlichkeiten sogar höher als das Bruttovermögen."[12] Unter den Staaten der Eurozone wies Deutschland vor Österreich die höchste Vermögensungleichheit auf. Der nach einem italienischen Mathematiker benannte Gini-Koeffizient (ein Ungleichheitsmaß, das 0 bei Gleichverteilung und 1 bei extremer Ungleichverteilung beträgt) betrug 0,78 und war damit mehr als doppelt so hoch wie beim verfügbaren Einkommen. Sowohl beim Markteinkommen wie beim Vermögen blieb Deutschland hinsichtlich der Höhe des Gini-Koeffizienten den USA übrigens dicht auf den Fersen.

Selbst die CDU/CSU/FDP-Koalition unter Angela Merkel als Bundeskanzlerin kam nicht umhin, die steigende Ungleichverteilung des Vermögens im Vierten Armuts- und Reichtumsbericht zu dokumentieren: Verfügten die reichsten zehn Prozent der Bevölkerung danach im Jahr 1998 über 45 Prozent des privaten Nettovermögens, waren es im Jahr 2003 bereits 49 Prozent und im Jahr 2008 sogar fast 53 Prozent. Dagegen musste sich die ärmere Hälfte der Bevölkerung in den Jahren 1998 und 2003 mit drei Prozent und im Jahr 2008 mit bloß noch einem Prozent begnügen.[13] Wie im Fünften Armuts- und Reichtumsbericht der Bundesregierung erneut dokumentiert, zeigt sich die Verteilungsschieflage vornehmlich beim Vermögen, das sich zunehmend bei wenigen Hyperreichen konzentriert, die über riesiges Kapitaleigentum verfügen und meistens auch große Erbschaften machen. Während die reichsten zehn Prozent der Bevölkerung laut dem Regierungsbericht 51,9 Prozent des Nettogesamtvermögens besaßen, kam die ärmere Hälfte der Bevölkerung gerade mal auf ein Prozent.[14]

Stellt man die statistische Unsicherheit bei der Erfassung von Hochvermögenden und ihres Vermögensreichtums in Rechnung, dürfte die reale soziale Ungleichheit noch größer sein, als es solche Zahlen erkennen lassen. Jedenfalls

11 Joachim R. Frick/Markus M. Grabka, Gestiegene Vermögensungleichheit in Deutschland, in: DIW-Wochenbericht 4/2009, S. 66

12 Markus M. Grabka/Christian Westermeier, Anhaltend hohe Vermögensungleichheit in Deutschland, in: DIW-Wochenbericht 9/2014, S. 156

13 Vgl. Bundesministerium für Arbeit und Soziales (Hrsg.), Lebenslagen in Deutschland. Der Vierte Armuts- und Reichtumsbericht der Bundesregierung, Bericht, Bonn, März 2013, S. 465

14 Vgl. dass. (Hrsg.), Lebenslagen in Deutschland. Der Fünfte Armuts- und Reichtumsbericht der Bundesregierung, Bericht, Bonn, April 2017, S. 130 und 507 f.

schätzten Christian Westermeier und Markus M. Grabka, dass sich fast drei Viertel (74 Prozent) des Nettogesamtvermögens bei den reichsten zehn Prozent der Vermögensverteilung, ein Drittel (31 bis 34 Prozent) des Nettogesamtvermögens beim reichsten Prozent der Bevölkerung und zwischen 14 und 16 Prozent des Nettogesamtvermögens beim reichsten Promille der Bevölkerung konzentrierten.[15]

Weder das DIW noch die Bundesregierung berücksichtigten bei ihren Angaben die unterschiedliche Qualität der von ihnen erfassten Vermögen. Die ärmere Hälfte der Bevölkerung verfügte wahrscheinlich in erster Linie über Sparguthaben, während es sich bei Wohlhabenden, Reichen und Hyperreichen größtenteils um Kapitalvermögen und hochwertigen Immobilienbesitz gehandelt haben dürfte. Eine nicht zu unterschätzende Bedeutung hatten in diesem Zusammenhang hyperreiche Unternehmerfamilien, die zum Teil riesige Konzerne besaßen oder Mehrheitsaktionäre waren. Selbst der Internationale Währungsfonds (IWF) hat im Juli 2019 auf die Konzentration von Einkommen und Vermögen in Deutschland hingewiesen und die Führungsrolle der Familienunternehmen bei diesem Prozess hervorgehoben.[16] Über die genaue Verteilung des Produktivvermögens ist hierzulande so gut wie nichts bekannt, obwohl diese Vermögensart die Klassenstruktur der Gesellschaft entscheidend prägt. Die kapitalistischen Eigentums-, Macht- und Herrschaftsverhältnisse erschlössen sich nur, wenn mehr Informationen über die entsprechenden Vermögensbestände verfügbar wären.

Gar nicht mehr und nur prekär Beschäftigte wurden abgehängt, sozial ausgegrenzt und an den Rand der Gesellschaft gedrängt. Während einige Unternehmerfamilien den Industriesektor und hyperreiche Finanzfürsten den Bankensektor und das Kreditwesen, damit jedoch auch andere Teile der Volkswirtschaft beherrschten, besaßen 40 Prozent der Bevölkerung laut DIW-Präsident Marcel Fratzscher kein nennenswertes Vermögen, auf das sie im Alter oder im Krankheitsfall zurückgreifen konnten.[17] Demnach lebten über 32 Millionen Menschen gewissermaßen von der Hand in den Mund, waren sie doch nur eine Kündigung oder einen schweren Unfall von der Armut entfernt.

Nach den Maßstäben der Europäischen Union galten im Jahr 2017 hierzulande 13,4 Millionen Menschen als von Armut betroffen oder bedroht. Sie hatten weniger als 60 Prozent des bedarfsgewichteten mittleren Haushaltsnettoeinkommens zur Verfügung, was für Alleinstehende 999 Euro im Monat

15 Vgl. Ch. Westermeier/M.M. Grabka, Große statistische Unsicherheit beim Anteil der Top-Vermögenden in Deutschland, in: DIW-Wochenbericht 7/2015, S. 131

16 Vgl. IMF European Dept., Country Report No. 19/213 Germany: 2019 Article IV Consultation-Press Release; Staff Report, and Statement by the Executive Director for Germany (https://www.imf.org/en/Publications/CR/Issues/2019/ 07/09/Germany-2019-Article-IV-Consultation-Press-Release-Staff-Report-and-Statement-by-the-47093; 9.8.2019)

17 Vgl. Marcel Fratzscher, Verteilungskampf, a.a.O., S. 43

entsprach. Mit 15,8 Prozent erreichte die Armuts(risiko)quote einen Rekordstand im vereinten Deutschland. Die höchsten Armutsrisiken wiesen Erwerbslose (57,2 Prozent), Alleinerziehende (42,8 Prozent) und Nichtdeutsche (36,2 Prozent) auf. Kinder, Jugendliche und Heranwachsende waren ebenfalls stark betroffen, während das Armutsrisiko der Senior(inn)en seit geraumer Zeit am stärksten zunimmt. „Kinder- und Altersarmut sind in der Berliner Republik ein immer drängenderes soziales Problem."[18] Während junge Menschen manchmal jahrzehntelang im Bereich des Wohnens, der Gesundheit und der Freizeitgestaltung sowie von Bildung und Kultur benachteiligt sind, wird Senior(inn)en der Lohn für ihre Lebensleistung verweigert. Angehörige dieser Altersgruppe laufen überdies Gefahr, wegen der mehr als bescheidenen Grundsicherungsleistungen bis zu ihrem Tod sozial ausgegrenzt zu werden und isoliert zu bleiben.[19]

Unberücksichtigt blieben hier sowohl die Quellen (Kapital, Lohnarbeit und Grundeigentum) wie die Qualität der jeweiligen Einkommen, was den Bochumer Sozialwissenschaftlern Renate Dillmann und Arian Schiffer-Nasserie als wesentlicher Mangel der Einkommensstatistik erscheint: „Der ökonomische Zusammenhang zwischen der Einkommens*art* und der Einkommenshöhe ist kategorisch ausgeschlossen und der *Gegensatz* der Einkommensquellen zum quantitativen *Unterschied* vermeintlich qualitativ gleicher ‚Einkommensbezieher' verharmlost."[20] Dillmann und Schiffer-Nasserie zufolge handelt es sich auch bei einem hohen Lohn, den in kapitalistischen Unternehmen beschäftigte Arbeitnehmer/innen erhalten, *grundsätzlich* um relative Armut, weil sie wegen ihres Ausschlusses von den Produktions- und Subsistenzmitteln um den Mehrwert betrogen werden und damit Reichtum produzieren. Ausbeutung ist jedenfalls aus marxistischer Sicht keine moralische, sondern eine politökonomische Kategorie. Marx hat von den Lohnarbeiter(inne)n jedoch nur als „virtuellen Paupers" bzw. potenziell Armen gesprochen.

4.1.2 Zukunftsperspektiven der Verteilungsverhältnisse im demografischen Wandel

Die künftige Entwicklung der Einkommens- und Vermögensverteilung liegt weitgehend im Dunkeln, was sich in unterschiedlichen, wenn nicht gegensätzlichen Prognosen niederschlägt. Der Züricher Soziologe Marc Szydlik sagte be-

18 Joachim Bischoff/Bernhard Müller, Berliner Republik: eine Klassengesellschaft. Soziale Spaltungen, Wut auf das Establishment und rechte Ressentiments, Hamburg 2019, S. 54

19 Vgl. hierzu: Christoph Butterwegge, Hartz IV bis zum Tod? – Was bei Armut im Alter droht, in: Klaus Wicher (Hrsg.), Altersarmut: Schicksal ohne Ausweg? – Was auf uns zukommt, wenn nichts geändert wird, Hamburg 2017, S. 12 ff.

20 Renate Dillmann/Arian Schiffer-Nasserie, Der soziale Staat. Über nützliche Armut und ihre Verwaltung, Hamburg 2018, S. 29 (Hervorh. im Original)

reits um die Jahrtausendwende eine wachsende Konzentration des vererbten Vermögens voraus, weil die im Gefolge des demografischen Wandels zunehmende Zahl kinderloser Erblasser andere Verwandte wie Nichten und Neffen bedächten, die zusätzlich ihre Eltern beerbten. Da es immer mehr Ältere und immer weniger Junge gebe, würden diese im Durchschnitt auch immer größere Vermögen erben, wodurch sich die Kluft zwischen Arm und Reich der Tendenz nach vertiefe: „Vererbung wird zu einem immer wichtigeren Faktor sozialer Ungleichheit."[21] Dagegen skandalisierte der CDU-Politiker und frühere sächsische Ministerpräsident Kurt Biedenkopf in seinem Buch *Die Ausbeutung der Enkel* das Missverhältnis zwischen Staatseinnahmen und -ausgaben, welches sich künftig zuspitzen und zu enormen Belastungen führen werde: „Jeder nachfolgende Jahrgang wird unter den Schulden des Staates und unter seinen Zukunftsverpflichtungen schwerer zu tragen haben. Am größten wird die Last für diejenigen sein, die in den vierziger Jahren des 21. Jahrhunderts den Zenit ihrer Schaffenskraft erreicht haben werden – unsere Enkel. Für die Fähigeren unter ihnen wird die Versuchung unwiderstehlich sein, sich der Last zu entziehen. Niemand wird sie daran hindern können."[22]

Aufgrund der Niedrigzinspolitik der Europäischen Zentralbank (EZB) nach der globalen Finanz- und der europäischen Währungskrise nahmen die öffentlichen Kreditzinsen jedoch weder zu, noch dürften sie aufgrund des wahrscheinlich steigenden Reichtums *künftige* Generationen stärker belasten. „Zudem kommen aufgrund der demographischen Entwicklung auf immer mehr ältere Erblasser immer weniger junge Erben. Die geringere Geschwisterzahl aufgrund der gesunkenen Fertilität führt zu einer geringeren Erbteilung und somit zu einer größeren Erbschaftskonzentration auf wenige Erben."[23] Aber selbst wenn es so wäre, wie Biedenkopf behauptete, müsste man die Kapitalflucht weder als besondere Cleverness („fähigerer" Gesellschaftsmitglieder) bezeichnen und damit entschuldigen noch sie einfach hinnehmen, ohne politische Gegenmaßnahmen zu ergreifen.

Biedenkopf wollte das Ziel der *sozialen* durch *Generationen*gerechtigkeit ersetzen: „Was sich in der Gegenwart als soziale Gerechtigkeit und Schutz vor angeblichem sozialem Kahlschlag präsentiert, läuft [...] letztlich auf die Ausbeutung der kommenden Generation hinaus."[24] Durch das Schlagwort „Generationengerechtigkeit" wird die sozioökonomische Zerklüftung der Gesellschaft

21 Marc Szydlik, Erben in der Bundesrepublik Deutschland. Zum Verhältnis von familialer Solidarität und sozialer Ungleichheit, in: Kölner Zeitschrift für Soziologie und Sozialpsychologie 1/1999, S. 102

22 Kurt Biedenkopf, Die Ausbeutung der Enkel – Plädoyer für die Rückkehr der Vernunft, 2. Aufl. Berlin 2006, S. 23

23 Marc Szydlik, Lebenslange Solidarität? – Generationenbeziehungen zwischen erwachsenen Kindern und Eltern, Opladen 2000, S. 240

24 Kurt Biedenkopf, Die Ausbeutung der Enkel – Plädoyer für die Rückkehr der Vernunft, a.a.O., S. 174

biologisiert, auf ein Verhältnis zwischen unterschiedlichen Alterskohorten reduziert und relativiert. Das verkrampfte Bemühen um mehr Generationengerechtigkeit, der noch nie so viel Beachtung zuteil wurde wie heute, überdeckt die in *sämtlichen* Altersgruppen, der ganzen Gesellschaft und der übrigen Welt drastisch wachsende sozioökonomische Ungleichheit. „Die aktuelle Prominenz des Wortes ‚Generationengerechtigkeit' birgt zumindest die Gefahr, damit andere, womöglich entscheidendere Ungleichheitsfaktoren aus dem Blick zu verlieren."[25]

Stefan Hradil vertrat die entgegengesetzte Auffassung, wonach der demografische Wandel die sozioökonomische Ungleichheit lindert, indem er für eine Reduktion des Arbeitskraftangebots sorgt. Hradil vermutete unter Berufung auf die sog. Kuznets-These einer sektoral unterschiedlich hohen Produktivität, „dass in wenigen Jahrzehnten die Ungleichheit wieder zurückgehen wird. Wenn die überwiegende Mehrheit der Menschen nämlich in hochproduktiven Wissens- und Informationssektoren arbeitet und nur noch ein verschwindend kleiner Teil Massengüter produziert oder einfache Dienstleistungen verrichtet, dann könnte das Lohngefälle wieder flacher werden."[26]

Joseph Stiglitz befürchtete hingegen, dass sich die Kluft zwischen Arm und Reich weiter vertieft: „Wir können in Zukunft sowohl beim Human- als auch beim Finanzkapital ein noch höheres Maß an Ungleichheit erwarten."[27] Auch die neoliberalen Ökonomen Michael Hüther und Thomas Straubhaar bestritten mit Blick auf die Bundesrepublik nicht, „dass die Unterschiede und die Ungleichheiten der Gesellschaft in der Zukunft eher zu- als abnehmen werden."[28] Joachim Bischoff und Bernhard Müller machten neben dem Trend einer wachsenden Ungleichheit der Primäreinkommen die unzureichende Entwicklung der Sozialleistungen und der Alterseinkommen zur Grundlage ihrer düsteren Prognose, „dass sich wegen des demografischen Wandels die Haushaltseinkommen im Durchschnitt zu einem immer größeren Teil aus diesen Altersbezügen zusammensetzen, die in der Regel geringer sind als die Erwerbseinkommen."[29]

Tatsächlich spricht vieles für mehr sozioökonomische Ungleichheit, wenn der sich vertiefenden Kluft zwischen Arm und Reich politisch nicht energischer als bisher begegnet wird. Denn die entscheidenden Funktionsmechanismen im

---

25 Marc Szydlik, Zum Zusammenhang von Generation und Ungleichheit, in: ders. (Hrsg.), Generation und Ungleichheit, Wiesbaden 2004, S. 11

26 Siehe Stefan Hradil, Müssen wir uns an mehr Ungleichheit gewöhnen?, in: Gesellschaft – Wirtschaft – Politik 1/2012, S. 32

27 Joseph Stiglitz, Der Preis der Ungleichheit. Wie die Spaltung der Gesellschaft unsere Zukunft bedroht, 3. Aufl. München 2012, S. 118

28 Siehe Michael Hüther/Thomas Straubhaar, Die gefühlte Ungerechtigkeit. Warum wir Ungleichheit aushalten müssen, wenn wir Freiheit wollen, Berlin 2009, S. 34

29 Siehe Joachim Bischoff/Bernhard Müller, Berliner Republik: eine Klassengesellschaft, a.a.O., S. 64

Finanzmarktkapitalismus leisten einer wirtschaftlichen und sozialen Polarisierung so lange Vorschub, wie sie nicht durch eine konsequente staatliche Interventionstätigkeit außer Kraft gesetzt werden. Hans-Ulrich Wehler hat auf die Möglichkeit hingewiesen, dass die Legitimationsgrundlage des bestehenden politischen Systems erodiert: „Denn die Glaubwürdigkeit der modernen sozialstaatlichen Massendemokratie beruht vor allem darauf, dass sie eine allzu schroffe Ungleichheit der Lebenslagen erfolgreich bekämpft, die Gleichheitschancen überzeugend vermehrt statt vermindert."[30] Hieraus zog Wehler den Schluss, dass die soziale Ungleichheit den direkt oder indirekt davon Betroffenen stärker bewusst und auch den öffentlichen Diskurs stärker beeinflussen werde: „Soziale Gerechtigkeit – dieser Topos wird zum ‚Dauerbrenner' der innenpolitischen Diskussion in den kommenden Jahren aufsteigen."

4.2 Produktion, Reproduktion und/oder Legitimation der sozioökomischen Ungleichheit durch das Bildungssystem?

Bildung hat im Übergang zur sog. Wissensgesellschaft enorm an Bedeutung gewonnen und gilt vielen Kommentator(inn)en als Schlüsselressource, die über den sozioökonomischen Status, die Lebenschancen und das Sozialprestige der Gesellschaftsmitglieder entscheidet. Gudrun Quenzel und Klaus Hurrelmann halten Bildung denn auch für das mittlerweile vorherrschende Medium zur Produktion und Reproduktion sozialer Ungleichheit: „Zwar spielt die Verfügbarkeit von materiellen Gütern und Geldvermögen auch weiterhin eine zentrale Rolle, aber immaterielle Faktoren wie Wissen, Kommunikations- und Handlungskompetenzen gewinnen in komplexen Gesellschaften ein immer stärkeres Gewicht."[31] Zu fragen ist daher, ob ein oder sogar der wichtigste Grund für die sozioökonomische Polarisierung in einer parallel dazu wachsenden Bildungsungleichheit und kulturellen Defiziten der Unterschichtangehörigen liegt, anders gesagt: ob sich die Klassenspaltung der Gesellschaft tatsächlich durch mehr oder eine bessere (Schul-)Bildung für alle überwinden bzw. bewältigen lässt.

4.2.1 Bildungsungleichheit, „Bildungsarmut" und Bildungsreichtum

Auffällig ist, wie oft in der politischen, Medien- und Fachöffentlichkeit von „Bildungsbenachteiligung" oder „Bildungsarmut" und wie selten von ihren

30 Hans-Ulrich Wehler, Die Explosion der Ungleichheit. Ein Problem von Macht und Herrschaft, in: Blätter für deutsche und internationale Politik 4/2013, S. 56

31 Gudrun Quenzel/Klaus Hurrelmann, Ursachen und Folgen von Bildungsarmut, in: dies. (Hrsg.), Handbuch Bildungsarmut, Wiesbaden 2019, S. 3

terminologischen Pendants, der „Bildungsprivilegierung“ oder dem „Bildungsreichtum“, die Rede ist. Höchstens wird das Spannungsfeld zwischen „Exzellenz“ und Egalität ausgeleuchtet.[32] Obwohl es zum Thema „Bildungsungleichheit“ deutlich mehr Veröffentlichungen gibt, rücken auch sie wieder eher „Bildungsarmut“ ins Zentrum.[33] Dieser missverständliche und zumindest mehrdeutige Begriff wurde von Jutta Allmendinger kurz vor der Jahrtausendwende in die deutsche Fachdebatte eingeführt.[34] Er verweist zwar auf die soziale Determiniertheit von Bildungsdefiziten und markiert diese auch in einem bestimmten Maß als gesellschaftlich inakzeptabel,[35] trägt aber – möglicherweise ungewollt – zur Reduktion des Armutsproblems auf seine kulturelle Dimension bei, weil mit ihm suggeriert wird, dass es durch Bildungsdefizite bedingt sei. Auch weckt der Begriff „Bildungsarmut“ kaum Empathie, Mitgefühl oder Mitleid, sondern dient – ähnlich wie die Unterschichtangehörigen nachgesagte bzw. vorgeworfene „Bildungsferne“ – eher der Diffamierung einkommensschwacher Bevölkerungsgruppen.

Zwangsläufig entsteht der Eindruck, als könne eine gute Schul- oder Berufsausbildung verhindern, dass Menschen ohne einen Ausbildungs- bzw. einen Arbeitsplatz mit guten Verdienstmöglichkeiten bleiben. In der Fachöffentlichkeit wird unter „Bildungsarmut“ ein Mangel an (Abschluss-)Zertifikaten oder Kompetenzen verstanden, der absolut und relativ sein kann. Neoliberale griffen den Terminus „Bildungsarmut“ dankbar auf und setzten diese mit „Humankapitalschwäche“ gleich, in der sie weniger ein individuelles als ein Problem des „Wirtschaftsstandortes“ sahen.[36]

Zweifellos verhindern Bildungsdefizite vielfach, dass junge Menschen auf einem flexibilisierten Arbeitsmarkt sofort Fuß fassen. Auch führt die Armut von Familien häufig dazu, dass deren Kinder keine weiterführende Schule besuchen oder sie ohne Abschlusszeugnis wieder verlassen. Armut in der Herkunftsfamilie zieht bereits in der Sekundarstufe oftmals Bildungsdefizite der

32 Vgl. dazu: Heinz-Hermann Krüger u.a., Mechanismen der Elitebildung im deutschen Bildungssystem. Ausgangslage, Theoriediskurse, Forschungsstand, in: Zeitschrift für Erziehungswissenschaft 2/2012, S. 327 ff.

33 Vgl. z. B. Werner Georg (Hrsg.), Soziale Ungleichheit im Bildungssystem. Eine empirisch-theoretische Bestandsaufnahme, Konstanz 2006; Anna Brake/ Peter Buchner, Bildung und soziale Ungleichheit. Eine Einführung, Stuttgart 2012; Eiko Jürgens/Susanne Miller (Hrsg.), Ungleichheit in der Gesellschaft und Ungleichheit in der Schule. Eine interdisziplinäre Sicht auf Inklusions- und Exklusionsprozesse, Weinheim/Basel 2013

34 Siehe Jutta Allmendinger, Bildungsarmut. Zur Verschränkung von Bildungs- und Sozialpolitik, in: Soziale Welt 1/1999, S. 35 ff.

35 Vgl. Gudrun Quenzel/Klaus Hurrelmann, Ursachen und Folgen von Bildungsarmut, a.a.O., S. 4

36 Siehe z. B. Christina Anger/Axel Plünnecke/Susanne Seyda, Bildungsarmut und Humankapitalschwäche in Deutschland, Köln 2006 (IW-Analysen. Forschungsberichte aus dem Institut der deutschen Wirtschaft, Nr. 18)

davon betroffenen Kinder nach sich.[37] Der umgekehrte Effekt ist hingegen kaum signifikant: Ein schlechter oder fehlender Schulabschluss verringert zwar die Erwerbschancen und erhöht das Arbeitslosigkeitsrisiko, wirkt sich aber kaum nachteilig auf den Wohlstand einer Person aus, wenn diese vermögend ist oder Kapital besitzt. Armut macht zwar auf die Dauer dumm, Dummheit deshalb jedoch noch lange nicht arm.

Man verwechselt in der Diskussion über Bildungsarmut häufig Ursache und Wirkung, wie Gabriel Kolko schon in den 1960er-Jahren bemerkte: „Mangelhafte Bildung wird gewöhnlich als Ursache für niedriges Einkommen präsentiert, nicht als dessen Wirkung. Einmal als Ursache abgestempelt, hat sie immer wieder für die Erklärung herhalten müssen, die Einkommensverteilung basiere letzten Endes auf einer ungleichen ‚Verteilung' der Intelligenz."[38] Armut und Bildung stehen zwar in einem Wechselverhältnis zueinander, allerdings nicht in dem Sinne, dass Bildungsdefizite die zunehmende (Kinder-)Armut verursacht hätten.

Obwohl die Kinder aus ökonomisch und sozial benachteiligten Familien zu den größten Bildungsverlierer(inne)n gehören,[39] basiert ihre Armut selten auf falschen oder fehlenden Schulabschlüssen, sind Letztere doch höchstens Auslöser und Verstärker, aber nicht die eigentlichen Verursacher materieller Not. Bildungsdefizite führen allerdings oft zu einer Verfestigung der Armut, weil die Chancen eines Menschen auf dem Arbeitsmarkt und Berufskarrieren heute immer stärker an Kompetenzen gebunden sind, die man an (Hoch-)Schulen erwirbt. Armut, d. h. in einer kapitalistischen Wohlstands- und Konsumgesellschaft wie der unseren primär: Mangel an Geld, (sicherem) Einkommen und Vermögen zieht neben finanziellen Schwierigkeiten (Überschuldung) fast zwangsläufig Unterversorgungsprobleme in fast allen Lebensbereichen der davon Betroffenen nach sich, etwa im Wohnen und Wohnumfeld, im Gesundheitsbereich, im Kultur- und Freizeitbereich sowie auch und gerade im Bildungsbereich.

Nach dem „Sputnik-Schock" im Oktober 1957 forcierten die USA wie ihre westeuropäischen Verbündeten den Ausbau des Bildungswesens, um den vermeintlichen naturwissenschaftlich-technischen Rückschritt gegenüber der Sowjetunion möglichst rasch aufzuholen. Auch in der Bundesrepublik gerieten Bildung, Wissenschaft und Forschung verstärkt in den Fokus der öffentlichen Aufmerksamkeit. Der Heidelberger Religionsphilosoph und Pädagoge Georg Picht sprach gegen Mitte der 1960er-Jahre von einer „Bildungskatastrophe" und

---

37 Vgl. Anne Hacket/Josef Preißler/Wolfgang Ludwig-Mayerhofer, Am unteren Ende der Bildungsgesellschaft, in: Eva Barlösius/Wolfgang Ludwig-Mayerhofer (Hrsg.), Die Armut der Gesellschaft, Opladen 2001, S. 97 ff.

38 Gabriel Kolko, Besitz und Macht. Sozialstruktur und Einkommensverteilung in den USA, Frankfurt am Main 1967, S. 119

39 Vgl. dazu: Gudrun Quenzel/Klaus Hurrelmann (Hrsg.), Bildungsverlierer. Neue Ungleichheiten, Wiesbaden 2010

gab damit den Anstoß zu einer Reformoffensive in den Bundesländern.[40] Nunmehr sollten Hochschulabsolvent(inn)en, vor allem Techniker und Ingenieure, vermehrt aus „bildungsfernen Schichten“ rekrutiert werden, was dazu führte, dass Arbeiterkinder häufiger Abitur machten. Max Koch gelangte in seiner Untersuchung des Strukturwandels der BRD-Gesellschaft allerdings zu dem Ergebnis, dass trotz der Abnahme von Benachteiligungen solcher Menschen im Zuge der Bildungsexpansion „hohe Mauern“ zwischen den sozialen Klassen fortbestanden, die einen Übertritt von der einen in eine andere Klasse ungemein erschwerten, wenn nicht ausschlossen, während innerhalb der Klassen rege Austauschbeziehungen existierten.[41]

Mit der Bildungsexpansion veränderte sich in den 1960er- und 1970er-Jahren die westdeutsche Sozialstruktur. Man kann durchaus von einer Akademisierung der Gesellschaft sprechen, war das Hochschulstudium vorher doch fast ausschließlich jungen Männern aus dem (Bildungs-)Bürgertum vorbehalten, sollte darin aber keine Revolution, sondern eine zeitgemäße Modifikation der überkommenen Verhältnisse sehen. Schließlich wurden auch Differenzierungsprozesse ausgelöst, die sich negativ auf die weitere Entwicklung auswirkten: „Die Arbeiterklasse spaltete sich auf und spreizt sich seither weit auseinander: einerseits in die Gewinner, welche die zuvor implementierten Bildungsreformen beherzt nutzten und Aufstiegschancen besonders innerhalb des Öffentlichen Dienstes wahrnahmen; andererseits in die neuen Verlierer, welche an den Bildungsanstrengungen nicht teilnahmen oder daran scheiterten, aufgrund geringer beruflicher Qualifikation jedenfalls zunehmend weniger gebraucht wurden.“[42] Nicht bloß hinsichtlich der Stellung im Arbeits- bzw. Produktionsprozess, sondern auch in Bezug auf die gesellschaftliche Positionierung einer Person gewann der Bildungsgrad an Bedeutung. Entscheidend blieb aber die Kapitalausstattung im Marx’schen Sinne, denn schließlich bestand das Wirtschafts- und Gesellschaftssystem der Bundesrepublik ja fort.

Andreas Klocke und Klaus Hurrelmann haben früh auf die zunehmende soziale Ungleichheit und die damit verbundene „Auseinanderentwicklung der Lebensbedingungen“ innerhalb der nachwachsenden Generation hingewiesen: „Neben einer wachsenden Minderheit der Kinder und Jugendlichen, die in Armutsverhältnissen aufwachsen, lebt auf der anderen Seite des sozialen Spektrums eine ebenfalls wachsende Zahl in sehr wohlhabenden Familien.“[43] Extrem un-

40 Siehe Georg Picht, Die deutsche Bildungskatastrophe. Analyse und Dokumentation, Freiburg im Breisgau 1964

41 Siehe Max Koch, Vom Strukturwandel einer Klassengesellschaft. Theoretische Diskussion und empirische Analyse, Münster 1994, S. 188

42 Matthias Micus/Franz Walter, Vom Ende, und wie es dazu kam. Die SPD als Volkspartei, in: Elmar Wiesendahl (Hrsg.), Parteien und soziale Ungleichheit, Wiesbaden 2017, S. 66

43 Andreas Klocke/Klaus Hurrelmann, Einleitung: Kinder und Jugendliche in Armut, in: dies. (Hrsg.), Kinder und Jugendliche in Armut. Umfang, Auswirkungen und Konsequenzen, 2. Aufl. Wiesbaden 1998, S. 13

gleiche Einkommens- und Vermögensverhältnisse bildeten das Haupthindernis für die Herstellung von mehr Gerechtigkeit im Hinblick auf berufliche Aufstiegsmöglichkeiten, wie Michael Hartmann bestätigte: „Auch nach Überwindung aller Hürden im deutschen Bildungssystem haben Kinder aus der Arbeiterschaft oder den Mittelschichten erheblich geringere Chancen auf den Zugang zu Spitzenpositionen in der Wirtschaft als ihre fachlich gleich guten und gleich alten Kommilitonen aus dem Bürger- und vor allem Großbürgertum."[44]

Kurz nach der Jahrtausendwende erlitt Deutschland seinen „PISA-Schock", ausgelöst nicht etwa durch den empirischen Beleg für die soziale Selektivität des Bildungswesens, sondern durch das schlechte Abschneiden der hiesigen Schüler/innen beim größten internationalen Schulleistungsvergleich, dem von der OECD durchgeführten *Programme for International Student Assessment*. Unter dem wachsenden Einfluss des Neoliberalismus erfuhr Bildung eine neuerliche Aufwertung, ohne dass dieser Imagegewinn ihre chronische Unterfinanzierung seitens des Bundes wie der Länder allerdings beendet oder abgemildert hätte. Zugleich wurde das Soziale in Wirtschaft, Staat und Gesellschaft spürbar ab- bzw. entwertet, galt es doch im Unterschied zur Bildung nicht als Standortvorteil.

Armut wurde in der (Medien-)Öffentlichkeit fortan überwiegend auf die „Bildungsferne" oder die Bildungsbenachteiligung der von ihr Betroffenen zurückgeführt. Meistens stellte man Armut als durch einen fehlenden oder niedrigen Schulabschluss verursacht dar. Mit derselben Berechtigung wie von „Bildungsarmut" könnte man dann auch von „Wohnungsarmut", „Ernährungsarmut", „Gesundheitsarmut", „Freizeitarmut" oder „Sportarmut" sprechen, was aber niemand tut, obwohl jeder weiß, dass Armut in den betreffenden Lebenslagedimensionen ebenfalls negative Folgen zeitigt. Tatsächlich führt Armut in sämtlichen der aufgelisteten Lebensbereiche zu starken Beeinträchtigungen oder Benachteiligungen; umgekehrt können Spitzenleistungen auf einzelnen dieser Gebiete arme Kinder im Einzel- und Idealfall aus einer prekären Lebenssituation herausführen.

Problematisch ist der Begriff „Bildungsarmut" aber nicht bloß, weil er das Armutsproblem auf eine mangelnde Schul- und/oder Ausbildung verkürzt, d. h. eine wichtige, aber eben nicht ausschlaggebende Lebenslagendimension verabsolutiert und suggeriert, dass die Armut in Bildungsdefiziten der einzelnen Person begründet liegt. Einkommens- bzw. finanzschwachen Familien wird auf diese Weise das sie sozial ausgrenzende und stigmatisierende Etikett der „Bildungsferne" angeheftet. Damit vertauscht man Ursache und Wirkung, denn Armut zieht in einer zunehmend ökonomischen Imperativen gehorchenden, marktförmig bzw. kapitalistisch organisierten Gesellschaft fast zwangsläufig mangelnde bzw. mangelhafte Bildung nach sich, während eine gute (Aus-)Bil-

44 Michael Hartmann, Soziale Ungleichheit – kein Thema für die Eliten?, Frankfurt am Main/New York 2013, S. 45

dung heutzutage keineswegs mehr die Gewähr dafür bietet, außerhalb des breiten Niedriglohnsektors zu arbeiten. Bildung garantiert weder den beruflichen und sozialen Aufstieg, noch verhindert sie den wirtschaftlichen Abstieg.

Armut erschwert oder verhindert Bildung, wie Gerda Holz völlig zu Recht betont hat.[45] Umgekehrt gilt diese Feststellung keineswegs uneingeschränkt. Max Koch stellte mit Blick auf den ökonomischen Transformationsprozess und die Massenentlassungen in Ostdeutschland nach der Vereinigung von BRD und DDR sogar fest, dass die Wahrscheinlichkeit des beruflichen Abstiegs mit dem Bildungsabschluss stieg, und folgerte: „Bildung schützt also vor Arbeitslosigkeit, nicht aber vor beruflicher Abwertung."[46] Längst bewahrt selbst ein Hochschulabschluss viele Menschen nicht mehr vor dem sozialen Abstieg und absoluter Armut, wie das Campieren obdachloser Akademiker auf Straßen, öffentlichen Plätzen und Parkflächen der Bundeshauptstadt zeigt, über die der Kölner Hörfunkredakteur und Publizist Ulrich Gineiger berichtet hat.[47] Dafür spricht auch die ziemlich hohe Anzahl jener erwerbslosen oder geringfügig beschäftigten und weitgehend mittellosen Intellektuellen, welche die Sozial- und Kulturanthropologin Britta Ohm als „neues akademisches Prekariat" bezeichnet.[48] Möglicherweise tragen Digitalisierung, Computerisierung und Automatisierung insofern zur weiteren Entmythologisierung der Bildung bei, als künftig selbst ausgezeichnet qualifizierte Arbeitskräfte im Extremfall befürchten müssen, wegrationalisiert zu werden.

Höherqualifizierte verdienen zwar in der Regel mehr und sind auch seltener arbeitslos als Geringqualifizierte. Zwischen dem Bildungsgrad und dem sozioökonomischen Status einer Person besteht jedoch kein unmittelbarer Zusammenhang: Man kann geistreich und doch bettelarm, aber ebenso gut strohdumm und steinreich sein. Bildung ist also weder ein Patentrezept gegen Armut noch eine Grundvoraussetzung zur Vermögensbildung in großem Stil, denn gerade Firmenerben benötigen nicht einmal höhere Bildungsabschlüsse für die Mehrung ihres Reichtums, wie Michael Klundt anlässlich der Zeitungsnotiz zu einer UBS-Studie über „Superreiche" in Europa und weltweit süffisant anmerkte, wonach 35 Prozent davon keinen Universitätsabschluss haben.[49] Dies gilt übrigens auch für den lange Zeit reichsten Mann der Welt, Microsoft-

45 Vgl. Gerda Holz, Armut verhindert Bildung – Lebenslagen und Zukunftschancen von Kindern, in: Karin Sanders/Hans-Ulrich Weth (Hrsg.), Armut und Teilhabe. Analysen und Impulse zum Diskurs um Armut und Gerechtigkeit, Wiesbaden 2008, S. 69 ff.

46 Max Koch, Vom Strukturwandel einer Klassengesellschaft, a.a.O., S. 183

47 Vgl. Ulrich Gineiger: Dr. Obdachlos, in: Wilhelm Heitmeyer (Hrsg.), Deutsche Zustände, Folge 5, Frankfurt am Main 2007, S. 228 ff.

48 Siehe Britta Ohm, Exzellente Entqualifizierung: Das neue akademische Prekariat, in: Blätter für deutsche und internationale Politik 8/2016, S. 109 ff.

49 Vgl. Michael Klundt, Bildung und soziale Ungleichheit: Zwischen bildungsfernen Bildungs-Strukturen und Bildungsbenachteiligung, in: Emre Arslan/Kemal Bozay (Hrsg.) Symbolische Ordnung und Bildungsungleichheit in der Migrationsgesellschaft, Wiesbaden 2016, S. 337

Gründer Bill Gates. Umgekehrt lässt sich das Vorurteil, die Armen seien ungebildet, empirisch widerlegen, denn 56 Prozent von ihnen weisen ein mittleres und weitere 17,1 Prozent sogar ein hohes Qualifikationsniveau auf, was laut Ulrich Schneider bedeutet: „Bei fast drei Viertel der Armen dürfte das Bildungsniveau nicht die Ursache für die prekäre Einkommenssituation darstellen."[50]

Oliver Nachtwey relativierte die Rolle der Bildung für den sozialen Aufstieg ebenfalls stark, als er auf die Entwertung von Qualifikationstiteln im Rahmen der Bildungsexpansion abhob und sich folgender Metapher bediente: „Eine höhere Bildung garantiert nicht mehr automatisch einen gehobenen Status. Wenn alle sich auf die Zehenspitzen stellen, sieht niemand besser."[51] Noch pointierter formuliert: Wären alle Kinder und Jugendlichen, nicht bloß die mit einem familiären Migrationshintergrund, besser gebildet, was ihnen sehr zu wünschen ist, würden sie womöglich nur auf einem höheren Bildungsniveau um die immer noch zu wenigen Arbeits- bzw. Ausbildungsplätze konkurrieren. Es gäbe zwar am Ende mehr Taxifahrer mit Hochschulabschluss und mehr Putzhilfen mit Abitur, aber weiterhin Armut und sozioökonomische Ungleichheit.

Das bestehende Bildungssystem produziert die sozioökonomische Ungleichheit zwar nicht, reproduziert, legitimiert und perpetuiert sie aber. Tom B. Bottomore kam bereits vor über einem halben Jahrhundert zu einem ähnlichen Befund, der kaum als spefisches Manko *eines* Bildungssystems abzutun, sondern ein allgemeines Chaarakteristikum war: „Das Erziehungssystem der meisten westlichen Gesellschaften versteift nicht nur den Gegensatz zwischen Herrschenden und Beherrschten; es erhält auch die gesamte Ideologie der Eliteherrschaft lebendig, denn es zielt mehr auf die Auswahl außergewöhnlicher Individuen für Elitepositionen und die Belohnung schulischer Leistung durch Einkommen und Stellung ab als auf die Hebung des allgemeinen Bildungsniveaus der Gesamtgesellschaft als Voraussetzung für eine stärkere Beteiligung der Masse der Bürger an der Regierung."[52]

Offenbar reflektiert ein Bildungssystem die Ungleichheiten jener Gesellschaft, zu der es gehört. Beide weisen gemeinsame Grundlagen, Parallelstrukturen und ähnliche Funktionsmechanismen auf. Bildungssysteme perpetuieren und stabilisieren die Besitz-, Macht- und Herrschaftsverhältnisse des jeweiligen Wirtschaftssystems. Selbst in den staatssozialistischen Ländern Ost- und Mitteleuropas zementierten sie die fortbestehenden Status- und Besitzunterschiede.

---

50 Ulrich Schneider, Wer sind die Armen? – Von falschen Bildern und neuen Daten, in: Soziale Sicherheit 12/2018, S. 450

51 Oliver Nachtwey, Die Abstiegsgesellschaft. Über das Aufbegehren in der regressiven Moderne, Berlin 2016, S. 154

52 T. B. Bottomore, Elite und Gesellschaft. Eine Übersicht über die Entwicklung des Eliteproblems, München 1966, S. 127

Daraus folgt allerdings nicht, dass es keine Handlungsspielräume für bildungspolitische Akteure gibt, Partei für ökonomisch und sozial Benachteiligte zu ergreifen, das Ziel der Emanzipation zu verfolgen und nach mehr Gerechtigkeit zu streben. „In einem System mit offeneren Strukturen und fließenderen Übergängen zwischen den verschiedenen Schultypen (sowohl synchron als auch diachron), mit moderneren Inhalten, die weniger streng kontrolliert werden, sowie mit Sozialbeziehungen zwischen den verschiedenen Akteuren, die offener für Interpretationen sind, verbleiben mehr junge Menschen länger im Bildungssystem und die soziale Selektion ist (wenn auch vorhanden, so doch) geringer."[53]

Die wachsende Armut von Kindern und Jugendlichen in der Bundesrepublik wird zwar nicht im Bildungssystem erzeugt, aber aufrechterhalten und weitergegeben.[54] Auch die schrittweise vollzogene Abschaffung der Hauptschule verheißt keine Konvergenz der verbleibenden Schultypen, weil es dabei in erster Linie um die Aufrechterhaltung eines akzeptablen wohnortnahen Bildungsangebotes geht und die zweite Säule neben dem Gymnasium von der Haupt- und Realschule den Ruf als „Restschule der Bildungsverlierer" geerbt hat.[55]

Das bestehende Bildungssystem reproduziert schon aufgrund seiner Mehrgliedrigkeit die Klassenstruktur des Gegenwartskapitalismus. Nur eine tiefgreifende Strukturreform des Sekundarschulsystems kann diese Restriktion überwinden und die Chancen sozial Benachteiligter für einen individuellen Aufstieg durch Bildung erhöhen helfen.[56] Unrealistisch wäre jedoch die Vorstellung, eine Verbesserung des Bildungssystems werde zu einer allgemeinen Nivellierung der sozioökonomischen Ungleichheit in Deutschland führen.

Wer im Bildungssystem einer Klassengesellschaft auf „Chancengleichheit" oder „-gerechtigkeit" hofft, hängt einer Illusion an, wie Pierre Bourdieu und Jean-Claude Passeron am Beispiel des französischen Schulsystems gezeigt haben.[57] Auch unterteilt es die Schülerschaft automatisch in Gewinner und Verlierer/innen, nämlich solche, die ihre Aufstiegschance nutzen (können), und in solche, denen der Aufstieg – aus welchen Gründen auch immer – nicht gelingt. „Damit werden dann aber die strukturellen Komponenten von Bildungsunterschieden ausgeblendet, d. h. die *institutionellen Barrieren* im Bildungssystem

53 Susanne von Below, Bildungssysteme und soziale Ungleichheit. Das Beispiel der neuen Bundesländer, Opladen 2002, S. 191

54 Vgl. Carola Kuhlmann, Bildungsarmut und die soziale „Vererbung" von Ungleichheiten, in: Ernst-Ulrich Huster/Jürgen Boeckh/Hildegard Mogge-Grotjahn (Hrsg.), Handbuch Armut und Soziale Ausgrenzung, Wiesbaden 2008, S. 302

55 Vgl. Anke Clasen, Bildung als Statussymbol. Hauptschule und Schulstrukturen nach PISA, Weinheim/Basel 2014, S. 305 f.

56 Vgl. dazu: Rainer Geißler/Sonja Weber-Menges, Überlegungen zu einer behutsamen Perestroika des deutschen Bildungssystems, in: Gudrun Quenzel/Klaus Hurrelmann (Hrsg.), Bildungsverlierer, a.a.O., S. 557 ff.

57 Vgl. Pierre Bourdieu/Jean-Claude Passeron, Die Illusion der Chancengleichheit, Stuttgart 1971

(wie Altersgrenzen, Anwesenheitszeiten und standardisierte Zeiträume der Leistungserbringung, z. B. in Form der Definition von Klassenstufen, Semestern, Ausbildungsjahren), die eine erfolgreiche Teilnahme an organisierten (Aus-)Bildungsprozessen behindern (z. B. bei längerer Krankheit, der Geburt eines Kindes oder der Notwendigkeit einer gleichzeitigen Erwerbstätigkeit).“[58]

„Chancengleichheit“ ist ein verheißungsvoller Begriff, aber ein Widerspruch in sich, denn er basiert, wenn man dem britischen Soziologen Tom B. Bottomore folgt, auf jenen gesellschaftlichen Verhältnissen, deren Überwindung damit gerade intendiert wird: „Chancen für alle setzt nach allgemeinem Sprachgebrauch Ungleichheit voraus, denn ‚Chance‘ bedeutet ‚die Möglichkeit, in einer geschichteten Gesellschaft auf eine höhere Stufe aufzusteigen‘. Zugleich aber setzt er auch Gleichheit voraus, denn er impliziert, daß jede Generation den in dieser geschichteten Gesellschaft herrschenden Ungleichheiten entgegenarbeiten muß, damit die einzelnen wirklich ihre persönlichen Fähigkeiten entfalten können; die Untersuchungen über die Voraussetzungen der gleichen Chancen, zum Beispiel auf dem Erziehungssektor, haben aber gezeigt, wie stark sich die tief eingeprägten Klassenunterschiede auf die Lebensaussichten des einzelnen auswirken.“[59]

In einer wohlhabenden Gesellschaft, die den Anspruch erhebt, sozial, gerecht und demokratisch zu sein, müssen Armut, sofern sie nicht auf Einzelfälle beschränkt ist und man ein persönliches Versagen der davon Betroffenen unterstellen kann, wie Reichtum, der ein vernünftiges Maß übersteigt, öffentlich gerechtfertigt werden. Dies geschieht primär über das Dogma, wonach es Leistungsträgern besser geht und besser gehen soll als den weniger Leistungsfähigen oder gar den Leistungsverweigerern. Dass es sich hierbei um einen Mythos handelt, hat Michael Hartmann überzeugend nachgewiesen.[60] Seine breit angelegten Untersuchungen zeigten nicht bloß, dass sich die Leistungseliten hauptsächlich aus ihrem eigenen Herkunftsmilieu reproduzieren und eine „geschlossene Gesellschaft“ bilden. Gleichzeitig vertreten sie ihre Interessen heute auch sehr viel massiver und rücksichtsloser als in der „alten“ Bundesrepublik, weil sich seither die Kräfteverhältnisse zwischen Kapital und Arbeit spürbar zu ihren Gunsten geändert und durch den Aufstieg des Neoliberalismus ideologische Deutungsmuster an Bedeutung gewonnen haben, die ihre soziale Privilegierung legitimieren. Auch von anderen Sozialwissenschaftler(inne)n ist das Märchen von der Bezahlung nach Leistung empirisch widerlegt worden. So hat Dierk Hirschel die Bestimmungsfaktoren hoher Arbeitseinkommen untersucht, was

---

58 Heike Solga, Meritokratie – die moderne Legitimation ungleicher Bildungschancen, in: Peter A. Berger/Heike Kahlert (Hrsg.), Institutionalisierte Ungleichheiten. Wie das Bildungswesen Chancen blockiert, 3. Aufl. Weinheim/Basel 2013, S. 25 f. (Hervorh. im Original)

59 T. B. Bottomore, Elite und Gesellschaft, a.a.O., S. 153

60 Vgl. Michael Hartmann, Der Mythos von den Leistungseliten. Spitzenkarrieren und soziale Herkunft in Wirtschaft, Politik, Justiz und Wissenschaft, Frankfurt am Main/New York 2002

zu folgendem Ergebnis führte: „Hohe Arbeitseinkommen sind in der Regel keine Gratifikation für tatsächliche Leistungsunterschiede zwischen Reichen und Nicht-Reichen.“[61]

Die abgestuften Bildungschancen von Kindern unterschiedlicher sozialer Herkunft werden in einer meritokratischen Gesellschaft durch eine rein formale Gleichbehandlung sozial Ungleicher legitimiert und perpetuiert.[62] Weil die (Schul-)Bildung jedoch nicht als Menschenrecht, sondern in der neoliberalen Standortlogik bloß noch als Erzeugung von Humankapital gilt, dessen Existenz über die Konkurrenzfähigkeit des „eigenen“ Wirtschaftsstandortes auf den Weltmärkten entscheidet, ignoriert man geflissentlich strukturelle Barrieren, die Klassenschranken für Arbeiterkinder und den Nachwuchs aus Familien mit Migrationshintergrund gleichen. „Das Modell der ‚Meritokratie‘ übersieht, dass nach der Senkung materieller und institutioneller Zugangsschranken immer noch mächtige Mechanismen wirksam sind, die die Kinder nach ihrer Herkunft in das dreistufige Bildungs- und Berufssystem lenken.“[63] Vereinzelte Bildungsaufsteiger/innen aus unteren Schichten stellen die soziale Selektivität des Schulwesens nicht in Frage, sondern legitimieren es durch ihren Erfolg, den sie überwiegend der eigenen Leistung oder herausragenden individuellen Fähigkeiten zuschreiben.[64]

Mittlerweile gibt es kaum ein Wahlprogramm, eine Politikerrede und ein Diskussionspapier der etablierten Parteien, von öffentlichen Verlautbarungen der Unternehmerverbände ganz zu schweigen, die sozial Deklassierten nicht den „Aufstieg durch Bildung“ verheißen und in Letzterer den Schlüssel für beruflichen Erfolg, privaten Wohlstand und (volks)wirtschaftliches Wachstum sehen. Folglich drängt sich die Frage auf, wem der Mythos einer Bildungsmeritokratie nützt und welchen Bevölkerungsgruppen damit Sand in die Augen gestreut wird. Ideologiekritisch betrachtet, handelt es sich um eine reine Aufsteigerideologie: Arme werden motiviert, ihre (Bildungs-)Karriere durch Selbstoptimierung eigenständig und eigenverantwortlich zu organisieren, statt auf kollektive Lösungen im Rahmen einer Umverteilung des vorhandenen Reichtums von oben nach unten zu setzen. Nicht die gesellschaftlichen Verhältnisse, Machtstrukturen und Privilegien müssten demnach angetastet, sondern nur das Verhalten der einzelnen Individuen angepasst werden.

---

61 Dierk Hirschel, Einkommensreichtum und seine Ursachen. Die Bestimmungsfaktoren hoher Arbeitseinkommen, 2. Aufl. Marburg 2006, S. 373

62 Vgl. Heike Solga, Meritokratie – die moderne Legitimation ungleicher Bildungschancen, a.a.O., S. 29

63 Michael Vester, Die selektive Bildungsexpansion. Die ständische Regulierung der Bildungschancen in Deutschland, in: Peter A. Berger/Heike Kahlert (Hrsg.), Institutionalisierte Ungleichheiten, a.a.O., S. 40

64 Vgl. Aladin El-Mafaalani, BildungsaufsteigerInnen aus benachteiligten Milieus. Habitustransformation und soziale Mobilität bei Einheimischen und Türkeistämmigen, Wiesbaden 2012, S. 313 ff.

Sowenig ein ökonomistisch verkürzter Armutsbegriff das Phänomen in seiner ganzen Komplexität erfasst, sowenig Sinn macht ein kulturalistisch verkürzter Armutsbegriff. Hinsichtlich des in der öffentlichen Diskussion nicht zufällig unterbelichteten (Bildungs-)Reichtums könnte man in Abwandlung eines deutschen Sprichwortes sagen: Wo eine Villa ist, ist auch ein Weg, sei es zum Abitur, zum Studium und/oder zur beruflichen Karriere. Ohne die Berücksichtigung der Schlüsselrolle materieller Güter für die Existenz, das Ansehen und die Wertschätzung eines Menschen in unserer Gesellschaft kann das Problem nicht verstanden werden.

Hier und heute bedeutet Armut für davon betroffene Jugendliche etwa, dass sie niedrige Schulabschlüsse erreichen und im Umgang mit Sprache und Lesestoff weniger geübt sind als Gleichaltrige, die im Wohlstand leben, während sie mehr Scheu vor dem Theater oder dem Museum haben. Hinsichtlich ihrer Bildung und Ausbildung besitzen Angehörige unterprivilegierter Schichten keineswegs die gleichen Chancen wie Mitglieder der ökonomischen, politischen und wissenschaftlichen Eliten: Das Kind einer alleinerziehenden Mutter im Hartz-IV-Bezug kann schwerlich mit dem Sprössling eines Großunternehmers konkurrieren, der bei unbefriedigenden Schulleistungen kurzerhand einen Privatlehrer engagiert. Sowohl die Bildungsbeteiligung des einen wie die Bildungsbenachteiligung des anderen Kindes resultieren aus der im Finanzmarktkapitalismus strukturell angelegten Tendenz zur sozioökonomischen Polarisierung, die wiederum eine Folge der Globalisierung bzw. der neoliberalen Modernisierung darstellt.

Zu den zahlreichen Menschen, die mit ihrer Hände Arbeit so wenig verdienen, dass sie sich und ihre Familie kaum ernähren können, gehören keineswegs nur schlecht ausgebildete, ganz im Gegenteil: „Im deutschen Niedriglohnsektor sind vor allem Qualifizierte beschäftigt, die angesichts des Überangebots an Arbeitskräften auch in den einfachen Jobs die gering Qualifizierten verdrängt haben."[65]

Armut schlägt sich nicht bloß als chronisches Minus auf dem Bankkonto oder als gähnende Leere im Portemonnaie nieder. Denn sie führt im Bildungs-, Kultur- und Freizeitbereich zu vielfältigen Benachteiligungen, Beeinträchtigungen und Belastungen. Dieser Umstand hat es materiell besser gestellten Schichten immer schon erleichtert, die Armen nach dem Motto „Geld macht ohnehin nicht glücklich" regelrecht zu verhöhnen, verleitet darüber hinaus jedoch heute noch manche Kommentatoren dazu, Armut zu subjektivieren, zu individualisieren bzw. zu biografisieren, sie mithin auf Sozialisations- bzw. Kulturdefizite oder die „Bildungsferne" der Betroffenen zurückzuführen.

---

65 Gerhard Bosch/Thorsten Kalina, Niedriglöhne in Deutschland – Zahlen, Fakten, Ursachen, in: Gerhard Bosch/Claudia Weinkopf (Hrsg.), Arbeiten für wenig Geld. Niedriglohnbeschäftigung in Deutschland, Frankfurt am Main/New York 2007, S. 97

Zu vermuten ist, dass Bildung nicht zuletzt deshalb im Zentrum des neueren Ungleichheits- und Armutsdiskurses der Bundesrepublik stand, weil sie für das deutsche Kleinbürgertum seit jeher die einzige Möglichkeit bietet, sich nach oben und unten gleichzeitig abzugrenzen. Bildung fungiert nämlich als probates Mittel der Distinktion gegenüber Angehörigen subalterner Klassen und Schichten. Der Wirtschaftsjournalist und Publizist Daniel Goffart sah im „Absonderungsprozess" unterschiedlicher Bevölkerungsgruppen, welcher schon im frühen Kindesalter beginne, denn auch ein Indiz für die Erosion der Gesellschaft: „Die explosionsartige Zunahme privater Kitas, privater Schulen und privater Universitäten entwertet nicht nur den seit Jahrzehnten chronisch unterfinanzierten öffentlichen Bildungsbereich; sie führt im weiteren Lebensverlauf auch zur Herausbildung abgeschirmter Zirkel und Gesellschaftskreise, in denen die Elite und ihre Zöglinge weitgehend unter sich bleiben können."[66]

Je mehr die Bildung auch im „Land der Dichter und Denker" zu einer Handelsware herabgewürdigt und marktförmig organisiert wird, umso stärker reproduziert das Schulwesen sozioökonomische Ungleichheit und die Klassenspaltung der Gesellschaft. Besonders in Bayern und manchen ostdeutschen Bundesländern besuchen mittlerweile weit über zehn Prozent der Kinder und Jugendlichen keine öffentlichen, sondern Privatschulen. Zwar darf man die Schulen in privater Trägerschaft nicht über einen Kamm scheren, muss vielmehr zwischen Ergänzungs- und Ersatzschulen differenzieren und berücksichtigen, dass sich Letztere oft durch eine besondere pädagogische, religiöse oder weltanschauliche Prägung auszeichnen. In der Abkehr eher privilegierter Bevölkerungsgruppen vom öffentlichen Schulwesen drückt sich gleichwohl die Zerrissenheit der Republik aus. Wenngleich es sich auch bei den Gymnasien, wo der Anteil privater Bildungseinrichtungen besonders hoch ist, keineswegs immer um „Eliteschulen" oder teure Auslandsinternate handelt, verwundert dieser Boom deshalb, weil Deutschland im Unterschied zu den USA, Großbritannien und Frankreich keine jahrhundertelange Privatschultradition hat. Oft hat der Grund dafür, dass Eltern ihre Kinder auf eine solche Schule schicken, aber gar nichts mit „Bildungspanik" zu tun, die angeblich in der Mittelschicht als Motiv herrscht,[67] sondern es handelt sich um das Resultat einer staatlichen Austeritätspolitik, durch die das öffentliche Bildungswesen vielerorts in einen katastrophalen Zustand geraten ist.

66 Daniel Goffart, Das Ende der Mittelschicht. Abschied von einem deutschen Erfolgsmodell, München 2019, S. 14

67 So aber Heinz Bude, Bildungspanik. Was unsere Gesellschaft spaltet, München 2011

4.2.2 Konsequenzen für die Armutsbekämpfung: Verbesserung der Bildung und/oder Umverteilung des Reichtums?

Eine kontroverse Diskussion darüber, ob Armut zu Bildungsdefiziten oder Bildungsdefizite zu Armut führen, mag Unbeteiligten wie der Streit anmuten, was zuerst existierte: die Henne oder das Ei, ist aber von entscheidender Bedeutung für die Strategie, mit der (Kinder-)Armut bekämpft werden kann. Wer die Armut in erster Linie auf einen Mangel (der Betroffenen) an Bildung und beruflicher Qualifikation zurückführt, hält Letztere nämlich für den Schlüssel zu ihrer Verringerung oder Beseitigung, überschätzt jedoch die egalisierende Wirkung einer Bildungs- und Qualifikationsoffensive. Dies gilt etwa für Marcel Fratzscher, der in seinem Buch *Verteilungskampf*, dessen Titel eine ganz andere Strategie erwarten ließ, keine Umverteilung des privaten Reichtums, sondern die Verwirklichung von mehr Chancengleichheit durch eine Neujustierung des Bildungssystems forderte: „Es muss unser Ziel sein, den Menschen die Fähigkeit zurückzugeben, selbstständiger, unabhängiger vom Staat und selbstbestimmter agieren zu können."[68] Der französische Ökonom Thomas Piketty überschätzte die Bedeutung der (Schul-)Bildung für den sozioökonomischen Ausgleich ebenfalls, hat er doch eine „egalitäre Bildungspolitik" als Musterbeispiel „effizienter Umverteilung" bezeichnet.[69]

In dieselbe Richtung wies das Jahresgutachten 2016/17 des Sachverständigenrates zur Begutachtung der gesamtwirtschaftlichen Entwicklung, welches unter dem Titel „Zeit für Reformen" statt einer Wiedererhebung der Vermögensteuer die Einführung eines verpflichtenden Vorschuljahres empfahl: „Eine zielgerichtete Bildungspolitik kann helfen, die Verfestigungen in Einkommens- und Vermögenspositionen in der langen Frist zu reduzieren. Dabei ist der Fokus auf die Verbesserung der Chancengerechtigkeit zu legen, die zu verbesserten Bildungsmöglichkeiten und -ergebnissen führt."[70] Eine gute Bildung ist jedoch ohne materielle Umverteilung kaum realisierbar, weil Letztere die unabdingbare Voraussetzung für eine bessere Sach- und Personalausstattung der öffentlichen Schulen darstellt.

Obwohl das Volksvermögen so groß und die Kluft zwischen Arm und Reich so tief wie nie zuvor ist, gilt die Forderung nach einem Ausgleich der sozioökonomischen Gegensätze historisch als überholt und als ideologisch verstaubt. *Verteilungs*gerechtigkeit, traditionelles Ziel eines Sozialstaates, der die Armut bekämpft, wird durch *Teilhabe-*, *Beteiligungs-* oder *Chancengerechtigkeit* ersetzt. So behauptete die Bundesregierung im Zweiten Armuts- und Reichtumsbe-

68 Marcel Fratzscher, Verteilungskampf, a.a.O., S. 246

69 Siehe Thomas Piketty, Ökonomie der Ungleichheit. Eine Einführung, 2. Aufl. München 2016, S. 68

70 Sachverständigenrat zur Begutachtung der gesamtwirtschaftlichen Entwicklung/Statistisches Bundesamt, Zeit für Reformen. Jahresgutachten 2016/17, Wiesbaden, November 2016, S. 27

richt, es komme nicht so sehr auf die Umverteilung von materiellen Ressourcen, vielmehr auf die Bereitstellung von „Teilhabe- und Verwirklichungschancen“ an.[71] Man rekurrierte dabei auf den indischen Ökonomen Amartya Sen, der Armut als einen Mangel an „Verwirklichungschancen“ begriff, ohne allerdings im Geringsten zu bestreiten, dass Letzterer eng mit der Knappheit materieller Ressourcen bzw. monetärer Mittel (Einkommen und Vermögen) verbunden ist: „In einem reichen Land verhältnismäßig arm zu sein kann die Verwirklichungschancen selbst dann extrem einengen, wenn das absolute Einkommen gemessen am Weltstandard hoch ist.“[72]

Jutta Allmendinger konzedierte zwar, dass sich Menschen durch Bildung allein nicht vor sozialen Risiken schützen lassen, machte es sich aber zu einfach, als sie gleichwohl feststellte: „Mehr Bildung führt zu mehr Gleichheit. Denn sie ermöglicht mehr Menschen die Teilhabe am prallen gesellschaftlichen Leben.“[73] Vor einer solchen Pauschalaussage muss gewarnt und Bildung darf nicht auf ein quantitatives Problem reduziert werden. Richard Münch wies demgegenüber zu Recht darauf hin, dass die Fixierung der etablierten Parteien auf mehr (und bessere) Bildung zur Stärkung des Neoliberalismus, jedoch auch zu mehr sozioökonomischer Ungleichheit und stärkeren Desintegrationstendenzen führt, weil damit eine Abkehr von kollektiver Solidarität, eine Schwächung gemeinschaftlicher Anstrengungen zur Inklusion der Individuen in die Gesellschaft und die Durchsetzung eines individualistischen Aufstiegsprogramms verbunden sind.[74]

Die seit Jahrzehnten wachsende Ungleichheit von Einkommen und Vermögen erfordert Maßnahmen der Umverteilung des Reichtums, nicht bloß mehr und/oder bessere Bildung für Arme. Der britische Ökonom Anthony B. Atkinson hat in seinem 2015 erschienenen Buch *Inequality. What can be done?* mit folgender Begründung vor einer Beschränkung der Gegenmaßnahmen auf das Feld der Bildungspolitik gewarnt: „Die Ursachen steigender Ungleichheit sind sowohl auf den Kapital- als auch auf den Arbeitsmärkten zu finden; Abhilfe lässt sich nicht allein mit Bildung und Ausbildung schaffen.“[75] Bildungserfolg ist zwar *im Einzelfall* ein möglicher Weg aus der Armut, erweist sich aber immer häufiger als Sackgasse.

---

71 Siehe Bundesministerium für Arbeit und Soziales (Hrsg.) Lebenslagen in Deutschland. Der 2. Armuts- und Reichtumsbericht der Bundesregierung, Bericht, Bonn 2005, S. XVII

72 Amartya Sen, Ökonomie für den Menschen. Wege zu Gerechtigkeit und Solidarität in der Marktwirtschaft, 2. Aufl. München 2003, S. 112

73 Jutta Allmendinger, Mehr Bildung, größere Gleichheit. Bildung ist mehr als eine Magd der Wirtschaft, in: Steffen Mau/Nadine M. Schöneck (Hrsg.), (Un-) Gerechte (Un-)Gleichheiten, Berlin 2015, S. 81

74 Vgl. Richard Münch, Mehr Bildung, größere Ungleichheit. Ein Dilemma der Aktivierungspolitik, in: ebd., S. 65 und 68

75 Anthony B. Atkinson, Ungleichheit. Was wir dagegen tun können, Stuttgart 2016, S. 386

Wer die Schulbildung gleichwohl als Mittel der Armutsbekämpfung favorisiert, darf weder ihre Ökonomisierung, Privatisierung und Kommerzialisierung betreiben noch irgendwelche Bildungsbarrieren für Kinder aus sozial benachteiligten Familien errichten. Kontraproduktiv sind vor diesem Erklärungshintergrund beispielsweise die Förderung von Privatschulen, die Einschränkung bzw. Abschaffung der Lernmittelfreiheit, die Schließung von Schulbibliotheken aus Kostengründen oder die Errichtung einer Bezahlschranke im Hochschulbereich durch (Wieder-)Einführung von Studiengebühren. Schließlich schmälert alles, was die Kinder „bildungsferner" Familien von höherer Bildung abhält, ihre Chancen auf beruflichen Erfolg und ein adäquates Gehalt im weiteren Lebensverlauf. Konservative und Neoliberale, die trotzdem wie beschrieben handeln, nähren das Klischee vom heuchlerischen, hinterhältigen und machthungrigen Politiker.

Trotz unübersehbarer Korrelationen zwischen der Bildungsexpansion und der sozialen Polarisierung im Gegenwartskapitalismus ist die parallel verlaufende Spreizung von Einkommen und Vermögen einerseits sowie von Bildungsgütern andererseits nie zum Thema einer öffentlichen Debatte geworden.[76] Dabei folgt die akademische Exzellenz im Aufstieg des neoliberalen Diskurses der ökonomischen Elite und dem Geldadel. Wie Tobias Peter sehr gut belegt hat, wird die wachsende Ungleichheit im Bildungswesen mit ähnlich strukturierten Argumenten gerechtfertigt wie die sich vertiefende Kluft zwischen Arm und Reich. Man legitimiert sie durch ihren Nutzen für das Gemeinwohl, der sich durchaus in Zweifel ziehen lässt: „Dass hohe Einkommen und Vermögen für eine prosperierende Ökonomie unabdingbar sind, ist ebenso zu hinterfragen wie der Kern der Exzellenzargumentation, nach der Spitzenforscher und ‚High-Potentials' den entscheidenden Beitrag für gesellschaftlichen Fortschritt liefern."[77]

Christof Prechtl und Daniel Dettling beklagten in einem von ihnen unter dem Titel *Für eine neue Bildungsfinanzierung* herausgegebenen Sammelband, dass die Bundesrepublik sechs Mal soviel Geld für Soziales wie für Bildung aufwende, sahen sie doch in Letzterer den Schlüssel zur Bekämpfung der (Kinder-)Armut: „Da zwischen Bildungsstand und Erfolg am Arbeitsmarkt ein klarer Zusammenhang besteht, produziert das deutsche Bildungswesen heute die Sozialfälle von morgen. Politisch bedeutet dies: Die Vermeidung von Bildungs-, nicht Einkommensarmut, ist die zentrale Herausforderung."[78] Hier

---

76 Vgl. Tobias Peter, Verdiente Spitze? – Zur Rechtfertigung von Ungleichheit in Bildung und Gesellschaft, in: Meike Sophia Baader/Tatjana Freytag (Hrsg.), Bildung und Ungleichheit in Deutschland, Wiesbaden 2017, S. 55

77 Ebd., S. 69

78 Christof Prechtl/Daniel Dettling, Einleitung: „Wachstum durch Bildung – Chancen für die Zukunft nutzen!", in: dies. (Hrsg.), Für eine neue Bildungsfinanzierung. Perspektiven für Vorschule, Schule und Hochschule, Wiesbaden 2005, S. 9

unterlagen die beiden Autoren freilich einem Irrtum: Eine bessere (Aus-)Bildung erhöht die Konkurrenzfähigkeit eines Heranwachsenden auf dem Arbeitsmarkt, ohne jedoch die Erwerbslosigkeit und die (Kinder-)Armut als gesellschaftliche Phänomene zu beseitigen.

Wird die Sozialpolitik als unproduktiv bzw. rückwärtsgewandt und die Bildungspolitik als innovativ bzw. progressiv dargestellt, fällt die Gesellschaft am Ende noch stärker auseinander. Denn beide Politikfelder sind unterfinanziert und bedürfen einer Stärkung. Wer die Bildungs- gegen die Sozialpolitik ausspielt, verhindert damit schließlich, dass sie zwecks Bekämpfung der Armut ineinandergreifen und sich optimal ergänzen können. Bildungspolitik ist nicht die beste Sozialpolitik, Sozialpolitik jedoch die beste Kriminalpolitik, wie der Marburger Strafrechtslehrer Franz von Liszt bereits im 19. Jahrhundert festgestellt hat, ohne dass seine Erkenntnis heute noch auf große Resonanz stößt.[79] Stattdessen reagieren die politisch Verantwortlichen lieber mit staatlicher Repression, weil sie sonst etwas an den bestehenden Verteilungsverhältnissen ändern müssten.

Für die Bundesregierung war Bildung seit jeher der „Schlüssel für Teilhabe und Integration", weshalb es im Dritten Armuts- und Reichtumsbericht hieß: „Schulische Bildung und berufliche Qualifikation sind die Grundlage für Teilhabe am Arbeitsmarkt und der beste Schutz gegen Arbeitslosigkeit und Einkommensarmut."[80] Die damalige CDU/CSU/SPD-Koalition nutzte das Motto „Aufstieg durch Bildung", als sie eine „Nationale Qualifizierungsinitiative" ergriff, die den Fachkräftebedarf der Wirtschaft decken helfen sollte. Zwar können einzelne Personen durch die Beteiligung an (Aus-)Bildungsprozessen ihrer prekären Lebenslage entkommen, eine gesamtgesellschaftliche Lösung bietet sie allein freilich nicht.

Bildungs-, Erziehungs- und Kultureinrichtungen sind für eine gedeihliche Entwicklung und freie Entfaltung der Persönlichkeit sozial benachteiligter Kinder unentbehrlich, weshalb sie nicht – dem neoliberalen Zeitgeist entsprechend – privatisiert, sondern weiterhin öffentlich finanziert und noch ausgebaut werden sollten. Bildung ist jedoch keine politische Wunderwaffe im Kampf gegen die Kinderarmut, zumal sie immer mehr zur Ware verkommt,[81] statt als konstitutiver Bestandteil der öffentlichen Daseinsvorsorge in staatlicher Hand und damit für alle Wohnbürger/innen gleichermaßen zugänglich zu sein.

---

79 Vgl. Franz von Liszt, Strafrechtliche Aufsätze und Vorträge, Bd. 2: 1892 bis 1904, Berlin 1905, S. 246

80 Bundesministerium für Arbeit und Soziales (Hrsg.), Lebenslagen in Deutschland. Der Dritte Armuts- und Reichtumsbericht der Bundesregierung, Bonn 2008, S. 187

81 Vgl. dazu: Ingrid Lohmann/Rainer Rilling (Hrsg.), Die verkaufte Bildung. Kritik und Kontroversen zur Kommerzialisierung von Schule, Weiterbildung, Erziehung und Wissenschaft, Opladen 2002; Gisela Kubon-Gilke, Wi(e)der Elitebildung. Bildung aus ökonomischer Perspektive, Marburg 2006; Jochen Krautz, Ware Bildung. Schule und Universität unter dem Diktat der Ökonomie, Kreuzlingen/München 2007

Die ungleiche Verteilung der Güter, Einkommen und Vermögen bedingt unterschiedliche Zugangsmöglichkeiten im Hinblick auf Bildungs- und Ausbildungseinrichtungen, erst recht dann, wenn diese im Rahmen einer neoliberalen Privatisierungsoffensive von der Markt- bzw. Kaufkraft ihrer „Kunden" abhängig gemacht werden. Hieraus resultiert eine strukturelle Bildungsbenachteiligung der Armen, die so weit wie möglich aufgebrochen werden muss. Um die Armut von Kindern zu verringern, sollte man deren Bildungsbeteiligung erhöhen, und zwar unabhängig von ihrer sozialen Herkunft. Bildungsbeteiligung ist aber schon lange kein Garant für eine gesicherte materielle Existenz mehr und reicht daher zur Armutsbekämpfung nicht aus. Zwar bleibt die Verringerung von bzw. die Vermeidung neuer „Bildungsarmut" eine wichtige gesellschaftspolitische Aufgabe, durch deren Erfüllung sich das Ungleichheits- bzw. Armutsproblem freilich nicht erledigt. Denn so wenig dieses monokausal begründet ist, so wenig lässt es sich eindimensional, d. h. ausschließlich mittels der Pädagogik lösen.

So wichtig ein Abbau von Bildungsbarrieren und mehr Bildungs- bzw. Kulturangebote für Kinder aus sozial benachteiligten „Problemfamilien" wären, so wenig würde die Erweiterung der Bildungsförderungsmaßnahmen ausreichen, wenn keine inhaltliche Neugestaltung dieses Bereichs erfolgt.[82] Wie die Bedeutung der Sprache für die Integration der Migrant(inn)en maßlos überschätzt wird, so betont man auch die Bedeutung der Bildung für die soziale Inklusion von Kindern aus der Unterschicht m.E. viel zu stark. Die kulturalistische Verkürzung des Klassen- bzw. Schichtbegriffs blendet fundamentale sozioökonomische Gegebenheiten aus. Bildung ist daher auch nur ein begrenzt taugliches Mittel gegen die (Kinder-)Armut, denn sie kann zwar durch soziale Diskriminierung entstandene Partizipationsdefizite junger Menschen mildern, allerdings nicht verhindern, dass materielle Ungleichgewichte auf deren Arbeits- und Lebensbedingungen durchschlagen. Ohne eine Verbesserung der Bildungseinrichtungen und -chancen für sämtliche (Wohn-)Bürger/innen bzw. ihre Kinder ist die Armut in Deutschland nicht erfolgreich zu bekämpfen. Aber *nur* mittels eines Ausbaus im Bildungsbereich lässt sich das Problem ebenso wenig lösen. Schließlich kann Pädagogik weder eine gerechte Steuerpolitik noch eine Armut bekämpfende Sozialpolitik ersetzen.

82 Vgl. Veronika Hammer, Bildungspolitik mit dem Ziel verbesserter Partizipation von armen Kindern, in: Ronald Lutz/Veronika Hammer (Hrsg.), Wege aus der Kinderarmut. Gesellschaftspolitische Rahmenbedingungen und sozialpädagogische Handlungsansätze, Weinheim/München 2010, S. 22 ff.

4.3 Gesundheitliche Ungleichheit: Wer arm ist, muss früher sterben

Um die Jahrtausendwende mehrten sich Diskussionsbeiträge, die das Verhältnis von Gesundheit und sozialer Ungleichheit thematisierten.[83] Andreas Mielck sprach damals von „gesundheitlicher Ungleichheit", wenn ein Zusammenhang zwischen sozialer Ungleichheit und Gesundheitszustand bzw. Bildung, beruflichem Status und/oder Einkommen einerseits sowie Mortalität und Morbidität andererseits besteht.[84]

Für die Sozial- bzw. Gesundheitswissenschaftler Matthias Richter und Klaus Hurrelmann waren Bildung, Beruf und Einkommen, von ihnen als „Kerndimensionen sozialer Ungleichheit" definiert, dominante Einflussfaktoren im Hinblick auf die gesundheitliche Lage: „Personen mit einer niedrigen Bildung, beruflichen Stellung oder einem niedrigen Einkommen sterben in der Regel früher und leiden in ihrem ohnehin schon kürzeren Leben auch häufiger an gesundheitlichen Beeinträchtigungen."[85] Vor ihrem betrieblichen und gewerkschaftlichen Erfahrungshintergrund gelangten die IG-Metall-Funktionäre Horst Schmitthenner und Hans-Jürgen Urban zu demselben Ergebnis, als sie gleichfalls die (weiterhin oder wieder bestehende) Abhängigkeit des Gesundheitszustandes eines Menschen von seiner sozialen Position hervorhoben: „Der von vielen gerne ins 19. Jahrhundert verwiesene Slogan ‚Wenn du arm bist, mußt du früher sterben' beschreibt leider auch noch die gesellschaftliche Realität zu Beginn des 21. Jahrhunderts."[86]

In der digitalisierten „Arbeitswelt 4.0" nimmt die Belastung aufgrund eines höheren Arbeitstempos, wachsender Multitasking-Anforderungen, häufiger Unterbrechungen, subjektiver Arbeitsplatzunsicherheit und anderer Stressoren weiter zu.[87] Kettenverträge im Rahmen der Projektarbeit, Soloselbstständigkeit und Cloud- bzw. Crowdworking halten die Menschen in einem Gehäuse der Hörigkeit und der totalen Unsicherheit fest. Ein höherer Konkurrenz-, Effizienz- und Zeitdruck, der das heutige Arbeitsleben kennzeichnet, bedroht jedoch

83 Vgl. z. B. Uwe Helmert u.a. (Hrsg.), Müssen Arme früher sterben? – Soziale Ungleichheit und Gesundheit in Deutschland, Weinheim/München 2000

84 Siehe Andreas Mielck, Soziale Ungleichheit und Gesundheit. Empirische Ergebnisse, Erklärungsansätze, Interventionsmöglichkeiten, Bern 2000, S. 360

85 Matthias Richter/Klaus Hurrelmann, Gesundheitliche Ungleichheit: Ausgangsfragen und Herausforderungen, in: dies. (Hrsg.), Gesundheitliche Ungleichheit. Grundlagen, Probleme, Perspektiven, 2. Aufl. Wiesbaden 2009, S. 13

86 Horst Schmitthenner/Hans-Jürgen Urban, Globaler Markt und sozialer Staat – ein unauflösbarer Gegensatz?, in: Christoph Butterwegge/Martin Kutscha/Sabine Berghahn (Hrsg.), Herrschaft des Marktes – Abschied vom Staat?, Folgen neoliberaler Modernisierung für Gesellschaft, Recht und Politik, Baden-Baden 1999, S. 61

87 Vgl. Nico Dragano/Kathrin Müller-Thur/Thorsten Lunau, Digitalisierung der Arbeitswelt – Arbeit 4.0 und die Folgen für die psychosomatische Gesundheit, in: Elmar Brähler/Wolfgang Herzog (Hrsg.), Sozialpsychosomatik. Das vergessene Soziale in der Psychosomatischen Medizin, Stuttgart 2018, S. 67 ff.

nicht zwangsläufig die Gesundheit. „Auch bei steigenden Leistungsanforderungen erweisen sich ein ausreichender Sinnbezug des Arbeitsprozesses sowie Verlässlichkeit und Solidarität in Arbeitsbeziehungen gleichsam als resilienzfördernd; besonders belastend werden demgegenüber die Erfahrung mangelnder Anerkennung, Leistungsungerechtigkeit und Entfremdung erlebt."[88]

„Lieber arm und gesund als reich und krank" lautet eine volkstümliche Redewendung, die deshalb lustig klingt, weil es sich meist genau umgekehrt verhält: Wer viel besitzt, lebt gesünder als ein Armer, der häufiger krank ist und eine geringere Lebenserwartung hat. Deshalb drückt sich die sozioökonomische Ungleichheit im Gesundheitszustand verschiedener Bevölkerungsgruppen, Klassen und Schichten besonders drastisch aus. Aufgrund der übereinstimmenden Ergebnisse einer Vielzahl empirischer Untersuchungen zu diesem Problemkreis kann eigentlich kein Zweifel mehr daran bestehen, dass auch relative Armut, also die Unterversorgung mit Konsumgütern des täglichen Bedarfs, der Mangel an gesellschaftlichen Partizipationsmöglichkeiten und Erfahrungen sozialer Ausgrenzung in einem reichen Land wie der Bundesrepublik, höhere Morbiditäts- und Mortalitätsrisiken mit sich bringt. Umgekehrt gilt jedoch gerade im Hinblick auf schwere Krankheiten, die eine aufwendige medizinische Behandlung und/oder die Einnahme teurer Medikamente erfordern: Wenn du krank bist, kannst du sehr bald arm werden! Die herkömmlichen Formen der sozioökonomischen Ungleichheit hatten sich offenbar weder verflüchtigt noch verflüssigt. Manche bislang unbekannte Erscheinungsform der Armut, etwa die Verelendung von Aidskranken, rief vielmehr Erinnerungen an den Pauperismus längst vergangener Zeiten wach.

4.3.1 (Langzeit-)Arbeitslosigkeit, Armut und soziale Ausgrenzung – ein Gesundheitsrisiko

Während der ausufernde Niedriglohnsektor das Haupteinfallstor für Erwerbs- und spätere Altersarmut ist, sind eine Kündigung sowie der Tod des (Ehe-)Partners, Scheidung und Trennung die Hauptauslöser für Armut. Seit der berühmten, 1933 veröffentlichten Studie über die Arbeitslosen von Marienthal weiß man, dass Langzeiterwerbslosigkeit beinahe zwangsläufig zu Gesundheitsschäden führt. Marie Jahoda, Paul F. Lazarsfeld und Hans Zeisel konstatierten damals, dass die Verschlechterung der ökonomischen Lage von (Arbeiter-)Familien „eine im Mittel fast errechenbare Veränderung der Stimmung" nach

88 Vera King, Zeitgewinn und Selbstverlust in verdichteten Arbeits- und Lebenswelten. Oder: Wie übersetzen sich Veränderungen gesellschaftlicher Praxis in psychosoziale Belastungen?, in: Rolf Haubl/Brigitte Hausinger/G. Günter Voß (Hrsg.), Riskante Arbeitswelten. Zu den Auswirkungen moderner Beschäftigungsverhältnisse auf die psychische Gesundheit und die Arbeitsqualität, Frankfurt am Main/New York 2013, S. 140

sich ziehe: „Diese Wirkung wird noch dadurch erhöht, daß ja im Zusammenhang damit auch die Gesundheit sich verschlechtert. Es scheint ein ganz unmittelbarer Zusammenhang zwischen Einkommen und Gesundheit zu bestehen."[89] Vielfach bestätigte sich in der Folgezeit, dass lang anhaltende Erwerbs- und Perspektivlosigkeit nicht ohne Konsequenzen für das körperliche und psychische Wohlbefinden der Betroffenen wie ihrer nächsten Familienangehörigen bleibt. Dies gilt umso mehr, als der „Um-" bzw. Abbau des Sozialstaates die Situation der unmittelbar und mittelbar Betroffenen seit den 1970er-Jahren erheblich verschlechtert hat.[90]

Wirtschafts-, Finanz- und Währungskrisen, aber auch Sozialreformen wie die Hartz-Gesetze verursachen neben materiellen Einschränkungen psychosoziale und gesundheitliche Schäden. Leistungskürzungen für Bedürftige, die meist „Sparprogramme" heißen, obwohl man die Lasten nur umverteilt und den Finanzschwächsten aufbürdet, gefährden häufig deren Gesundheit noch mehr als die der Allgemeinheit.[91] Wer mit dem Hartz-IV-Regelsatz plus Erstattung der Heiz- und Mietkosten, wenn sie denn übernommen werden, auskommen muss, kann nicht selbstbestimmt am sozialen, kulturellen und politischen Leben teilnehmen. Durch spürbare Entbehrungen sind die Möglichkeiten zur Entfaltung der eigenen Persönlichkeit arg beschränkt. Hartz IV ist daher mit einer gegenüber wohlhabenden, gutsituierten Vergleichspersonen höheren Morbidität und Mortalität verbunden. Betroffene werden marginalisiert, fast in allen Lebensbereichen diskriminiert und öffentlich stigmatisiert. Karina Ossendorff erscheint die Situation der Transferleistungsbezieher/innen als permanente Schmach: „Der Alltag Hartz-IV-Betroffener ist geprägt von Diskriminierung, Ausgrenzung, Fehlen von Teilhabe, Vereinsamung, Hoffnungs- und Perspektivlosigkeit."[92]

Das von dem Jenaer Soziologen Klaus Dörre und seiner Forschungsgruppe als „Regime strenger Zumutbarkeit" charakterisierte Hartz-IV-System gleicht einem Teufelskreis aus Perspektivlosigkeit und Passivität, in dem mit Frustrationserfahrungen, zunehmenden Resignationstendenzen und sinkendem Anspruchsniveau auch die Eigenaktivität nachlässt: „Wer sich nicht mehr intensiv um sich selbst sorgt, wer permanent Abstriche nicht nur bei der Job-, sondern auch bei der Lebensqualität macht, der verliert allmählich auch den Antrieb,

89 Marie Jahoda/Paul F. Lazarsfeld/Hans Zeisel, Die Arbeitslosen von Marienthal. Ein soziographischer Versuch über die Wirkungen langandauernder Arbeitslosigkeit, Mit einem Anhang zur Geschichte der Soziographie, 4. Aufl. Frankfurt am Main 1982, S. 97

90 Vgl. hierzu: Christoph Butterwegge, Krise und Zukunft des Sozialstaates, 6. Aufl. Wiesbaden 2018, S. 113 ff.

91 Vgl. David Stuckler/Sanjay Basu, Sparprogramme töten. Die Ökonomisierung der Gesundheit, Berlin 2014, S. 15

92 Karina Ossendorff, Die Situation Hartz-IV Betroffener im Neoliberalismus, in: Burkhard Wiebel/Alisha Pilenko/Gabriele Nintemann (Hrsg.), Mechanismen psychosozialer Zerstörung. Neoliberales Herrschaftsdenken, Stressfaktoren der Prekarität, Widerstand, Hamburg 2011, S. 135

seine individuelle Erwerbs- und Lebenslage aktiv zu verändern."[93] Inge Hannemann, früher selbst Mitarbeiterin eines Jobcenters, suchte die These empirisch zu untermauern, dass der Bezug von Arbeitslosengeld II negative Auswirkungen auf die Gesundheit hat. „Insbesondere die Zunahme von psychischen Erkrankungen wie Depressionen und psychosomatischen Störungen ist auffällig."[94] Die gesundheitlichen und soziokulturellen Folgewirkungen der rot-grünen Reformpolitik für die unmittelbar oder mittelbar Betroffenen werden eher unterschätzt.

Ungefähr jeder vierte Arbeitslosengeld-II-Empfänger befindet sich zehn Jahre oder länger im Transferleistungsbezug. Offenbar verschlechtert sich durch die extrem lange Bezugsdauer der Gesundheitszustand von Bezieher(inne)n der Grundsicherung für Arbeitsuchende. Denn auch ursprünglich für Wohnungslose, von Obdachlosigkeit bedrohte Menschen oder Migrant(inn)en eingerichtete kostenfreie Ambulanzen wurden vermehrt von Hartz-IV-Empfängern, d. h. ganz überwiegend Männern in Anspruch genommen, wobei zunehmend psychische Erkrankungen, Suchterkrankungen, Herz-Kreislauf-Erkrankungen sowie Atemwegs-, Muskel- und Skeletterkrankungen zu behandeln waren.[95]

Allerdings reicht der Kreis jener, die von Hartz IV negativ betroffen sind, weit über die immer noch sechs Millionen entweder Arbeitslosengeld II (Arbeitsuchende und sog. Erwerbsaufstocker/-innen) oder Sozialgeld (nicht erwerbsfähige Mitglieder der Bedarfsgemeinschaften) beziehenden Menschen hinaus. Auch „normale" Arbeitnehmer/innen schlafen zum Teil deshalb schlecht, weil sie die gravierenden Folgen einer Kündigung fürchten. „Hartz IV macht vor allem Erwerbslose krank. Aber auch die lohnabhängig Beschäftigten leiden zunehmend unter den Veränderungen der so genannten Arbeitsmarktreformen. Verschlechterte Arbeitsbedingungen und zunehmender Druck in der Arbeitswelt bewirken auch hier einen Zuwachs psychischer Störungen."[96] Ob das bedingungslose Grundeinkommen einen Wandel zum Besseren bewirken und Angstfreiheit der Transferleistungsbezieher/innen garantieren könnte, erscheint mehr als fraglich.[97]

Für die Hartz-IV-Betroffenen gibt es keine Gesundheitsgerechtigkeit. Leistungsempfänger/innen leben oft in verkehrs-, emissions- und schadstoffreichen

---

93 Klaus Dörre u.a., Bewährungsproben für die Unterschicht? – Soziale Folgen aktivierender Arbeitsmarktpolitik, Frankfurt am Main/New York 2013, S. 366

94 Inge Hannemann, Negative psychische Auswirkungen durch Hartz IV, Norderstedt 2012, S. 20

95 Vgl. Gisela Klinkhammer, Armut und Gesundheit: Hilfe für die Schwächsten. Engagierte Ärztinnen und Ärzte sorgen für eine medizinische Basisversorgung für Wohnungslose in Hannover, in: Deutsches Ärzteblatt 23-24/2013, S. A 1142

96 Frank Jäger, Die Auswirkungen von Hartz IV auf Erwerbslose und die Rolle der Sozialberatung und der selbstorganisierten Interessenvertretung, in: Burkhard Wiebel/Alisha Pilenko/Gabriele Nintemann (Hrsg.), Mechanismen psychosozialer Zerstörung, a.a.O., S. 162

97 Vgl. hierzu: Christoph Butterwegge/Kuno Rinke (Hrsg.), Grundeinkommen kontrovers. Plädoyers für und gegen ein neues Sozialmodell, Weinheim/Basel 2018

bzw. lauten Stadtteilen und schlechten Wohnverhältnissen (z. B. sanierungsbedürftigen Alt- oder Plattenbauen). Sofern als „Aufstocker/innen" erwerbstätig, haben sie eher schadstoffbelastete oder aus anderen Gründen ungesunde Jobs, aber auch einen schlechteren Zugang zu medizinischer Versorgung als die große Mehrheit der Bevölkerung.

Umstritten bleibt, ob der Grundsicherungsbezug im Sinne eines Kausalitätseffekts krank macht oder ob Krankheit im Sinne eines Selektionseffekts bedürftig macht. Britta Herbig, Nico Dragano und Peter Angerer gingen von einer Interaktion zwischen Selektion und Kausalität aus, die sich verstärken, wenn eine chronisch kranke Person arbeitslos wird (Selektion) und die Arbeitslosigkeit dann die Krankheit verschlimmert (Kausalität), was ihre Chancen, überhaupt wieder einen Arbeitsplatz zu finden, fatalerweise noch mehr verringert.[98]

Als das Bundesverfassungsgericht am 9. Februar 2010 die Hartz-IV-Regelsätze verwarf (Az.: 1 BvL 1/09), definierte es zwar als Bestandteile eines „menschenwürdigen Existenzminimums", das der Staat den Leistungsberechtigten zu gewährleisten habe, neben ausreichender Nahrung, Kleidung, Hausrat, Unterkunft und Heizung auch Hygiene und Gesundheit. Da es im Unterschied zu einem Anspruch auf Nahrung, Kleidung oder Hausrat kein „Recht auf Gesundheit" geben könne, weil der Staat die hierfür maßgeblichen Determinanten nicht alle zu beeinflussen vermag, interpretierte der Bochumer Sozialrechtler Stefan Huster den Karlsruher Richterspruch so, „dass der Staat seinen Bürgern – insbesondere denjenigen, die dies nicht aus eigener Kraft sicherstellen können, wie das Verfassungsgericht ausdrücklich betont – die zur Erhaltung und Wiederherstellung ihrer Gesundheit notwendigen, aber trotzdem gewiss nicht immer ausreichenden materiellen Voraussetzungen gewährleisten muss."[99] Es fällt allerdings schwer zu glauben, dass man mit dem Regelsatz im Hartz-IV-Bezug gesund leben kann, da volljährigen Grundsicherungsempfänger(inne)n pro Tag weniger als fünf Euro für Nahrungsmittel, nur etwas mehr als 50 Cent für die Gesundheitspflege und überhaupt kein Geld für Heil- und Hilfsmittel bzw. Medikamente zustanden.

Zwischen (langzeit)erwerbslosen Transferleistungsbezieher(inne)n, sog. Erwerbsaufstocker(inne)n, die Hartz IV wegen eines zu niedrigen Lohns bzw. Gehalts in Anspruch nehmen müssen, und Erwerbstätigen, die kein Arbeitslosengeld II beziehen, bestehen im Hinblick auf den – von ihnen selbst eingeschätzten – Gesundheitszustand laut dem Panel „Arbeitsmarkt und soziale Sicherung" (PASS) des Instituts für Arbeitsmarkt- und Berufsforschung (IAB) der Bundesagentur für Arbeit (BA) erhebliche Unterschiede: „Aufstockern geht es

98 Vgl. Britta Herbig, Nico Dragano und Peter Angerer, Gesundheitliche Situation von langzeitarbeitslosen Menschen, in: Deutsches Ärzteblatt 23-24/2013, S. 414

99 Siehe Stefan Huster, Soziale Gesundheitsgerechtigkeit. Sparen, umverteilen, vorsorgen?, Berlin 2011, S. 11

gesundheitlich etwas besser als arbeitslosen Leistungsbeziehern, beiden geht es aber deutlich schlechter als Erwerbstätigen ohne Grundsicherungsbezug."[100] Während vor allem die körperliche Verfassung der Hartz-IV-Betroffenen häufig stark eingeschränkt war, gaben diese den IAB-Wissenschaftler(inne)n relativ selten Auskunft über psychische Störungen – vermutlich nicht zuletzt wegen des anhaltenden Stigmatisierungseffekts solcher Erkrankungen. Hier und im Bereich von Suchterkrankungen liegt nach (zwar nicht repräsentativen, aber ausgesprochen informativen) Betroffenenberichten jedoch ein Hauptgrund für die enormen Probleme von Grundsicherungsempfänger(inne)n, ihren Alltag zu bewältigen und auf dem Arbeitsmarkt (wieder) Fuß zu fassen.[101]

Hartz IV macht nicht bloß viele Menschen krank – sei es, dass sie als Grundsicherungsempfänger/innen von ihrem „persönlichen Ansprechpartner" im Jobcenter schikaniert werden, sei es, dass sie mit den dürftigen SGB-II-Regelsätzen ihren Lebensunterhalt nicht bestreiten können und überschuldet sind, sei es, dass sie unter der Stigmatisierung als „Hartzer" leiden, oder sei es, dass sie als prekär Beschäftigte nicht mehr ruhig schlafen können, weil sie Angst vor der Kündigung durch den Arbeitgeber haben. Hartz IV ermöglicht den davon Betroffenen auch keine optimale medizinische Versorgung, vor allem dann nicht, wenn sie das Jobcenter sanktioniert, d. h. mit Leistungsentzug für Pflichtverletzungen und Meldevergehen bestraft.

Langzeiterwerbslose, die nicht bloß vom Ersten Arbeitsmarkt ausgeschlossen sind, vielmehr auch als „Drückeberger", „Faulenzer" und „Sozialschmarotzer" diffamiert werden, reagieren darauf oft mit einem Rückzug ins Private und einer resignativen Grundhaltung. Ihnen fehlt es zumeist an sozialen Netzwerken, die sie auffangen könnten, ebenso wie an dem notwendigen Selbstbewusstsein, um sich einer feindlichen Umwelt gegenüber zu behaupten. Die soziale Isolation führt zusammen mit dem Mangel an finanziellen Ressourcen selbst dann leicht zu einer gespannten Familienatmosphäre, häufigen Konflikten und Stresszuständen, wenn nicht die Trennung bzw. Scheidung vom (Ehe-)Partner und/oder übermäßiger Alkoholkonsum hinzukommen. Nur in Ausnahmefällen ermöglichen Resilienz- bzw. Schutzfaktoren den Arbeitslosengeld-II-Empfänger(inne)n ein halbwegs befriedigendes Leben.

Ein geringes Selbstwertgefühl, Vereinsamung, soziale Isolation und Resignation sind die fast zwangsläufigen Folgen eines längeren oder dauerhaften Bezuges von Arbeitslosengeld II. Zukunftsängste, Angstzustände und Stimmungsschwankungen beeinträchtigen das allgemeine Wohlergehen der Be-

100 Johannes Eggs/Mark Trappmann/Stefanie Unger, ALG-II-Bezieher schätzen ihre Gesundheit schlechter ein, IAB-Kurzbericht 23/2014, S. 4

101 Vgl. dazu: Rudolph Bauer/Holdger Platta (Hrsg.), Kaltes Land. Gegen die Verrohung der Bundesrepublik – für eine humane Demokratie, Hamburg 2012; Dieter Gräbner (Hrsg.), Hartz IV ist der soziale K.o., Saarbrücken 2016; Bettina Kenter-Götte, Heart's Fear Hartz IV. Geschichten von Armut und Ausgrenzung, Essen 2018

troffenen, ihrer Lebenspartner/innen und ihrer Familien. Auch psychosomatische Beschwerden wie Kopf- und Bauchschmerzen sind für Mitglieder sog. Hartz-IV-Haushalte an der Tagesordnung, wie es unter ihnen auch vermehrt zu chronischen Krankheiten (z. B. Asthma) und einem höheren Risiko hinsichtlich Problemschwangerschaften und Säuglingssterblichkeit kommt. Kinder aus SGB-II-Bedarfsgemeinschaften leiden oft unter Minderwertigkeitskomplexen, Selbstzweifeln und Depressionen – Begleiterscheinungen eines längeren oder dauerhaften Arbeitslosengeld-II- bzw. Sozialgeldbezugs. Beengte Wohnverhältnisse und fehlende Rückzugsmöglichkeiten tragen ebenfalls dazu bei, dass arme Kinder in allen Lebenslagedimensionen benachteiligt sind.

Auch ist das Gesundheitsbewusstsein unter Hartz-IV-Betroffenen schlechter ausgebildet,[102] was sich beispielsweise in einer mangelhaften Mundhygiene und einer Vernachlässigung der Prophylaxe (Vorsorgeuntersuchungen) niederschlägt. Das ungesunde Ernährungsverhalten armer Familien tut ein Übriges, um das Krankheitsrisiko der unmittelbar oder mittelbar Hartz-IV-Betroffenen zu erhöhen. Wenn sie länger andauert oder sich verfestigt, macht Armut krank und beeinträchtigt die Lebenserwartung der davon Betroffenen und Bedrohten.

Körperlich und psychisch extrem belastend wirkten Sanktionen, die von den Jobcentern gegen Hartz-IV-Empfänger/innen verhängt wurden, wenn sie ihre Mitwirkung verweigerten, sog. Pflichtverletzungen oder Meldeversäumnisse begingen. Wann die Jobcenter welche Sanktionen verhängten und wie diese auf betroffene Leistungsbedürftige wirkten, welche Folgen solche „Strafmaßnahmen“ hatten und was für Möglichkeiten der Sanktionsabwehr existierten, dokumentierte die Berliner Kampagne gegen Hartz IV in einer Broschüre.[103] Ein besonders drastischer Fall ereignete sich in Passau, wo das Jobcenter einer 21-jährigen Frau für drei Monate die Regelleistung, das Geld für ihre Miete und die Schwangerschaftszulage sperrte, weil sie den ihr zugewiesenen 1-Euro-Job in einer Großküche wegen Blutungen nicht angetreten, es aber versäumt hatte, die Krankmeldung ihres Arztes einzureichen. Eine solche Totalsanktion, bei der Betroffene – wohlgemerkt: nur auf Antrag – Sachleistungen wie Essensgutscheine vom Jobcenter erhalten, aber nicht etwa Sozialhilfe beziehen können, traf auch manche andere Schwangere, wie das Erwerbslosenforum Deutschland der *Süddeutschen Zeitung* mitteilte.[104]

Krank sind oder werden aber nicht bloß viele Arbeitslosengeld-II-Bezieher/

102 Vgl. dazu: Matthias Schmidt, Gesundheit bei jungen Hartz-IV-Empfängern. Studie zur Veränderbarkeit von erlebter Gesundheit und gesundheitsriskantem Verhalten in Abhängigkeit vom Erwerbsstatus, Berlin 2011

103 Vgl. Claudia Daseking u.a., Wer nicht spurt, kriegt kein Geld. Sanktionen gegen Hartz-IV-Beziehende. Erfahrungen, Analysen, Schlußfolgerungen, 2. Aufl. Berlin, Juni 2009

104 Vgl. Thomas Öchsner, Sanktionen gegen Ungeborene. Mit einer Schwangerschaft beginnt für Hartz-IV-Empfängerinnen oft eine Odyssee durch den deutschen Sozialstaat, in: Süddeutsche Zeitung v. 28.1.2011

innen, sondern auch Jobcenter-Mitarbeiter/innen, die „auf der anderen Seite des Schreibtisches" sitzen und wie Inge Hannemann einen „Burn-" oder „Boreout" bekommen, weil sie das Hartz-IV-System mit seinen institutionalisierten Ungerechtigkeiten und bürokratischen Verkrustungen frustriert. Inge Hannemann beschrieb in ihrem Buch *Die Hartz-IV-Diktatur*, welche Schwierigkeiten sie als psychologisch nicht ausgebildete Jobcenter-Mitarbeiterin im Umgang mit psychisch kranken „Kunden" hatte. Da gab es sowohl Fälle, in denen Schwerstbehinderte vom Ärztlichen Dienst der Bundesagentur für Arbeit nach der Aktenlage attestiert wurde, dass sie „arbeitsfähig" waren, d. h. mindestens drei Stunden täglich unter den arbeitsmarktüblichen Bedingungen erwerbstätig sein konnten, wie auch solche, in denen hoch motivierte Erwerbslose aufgrund weniger gravierender Beeinträchtigungen abgeschrieben wurden. Viel hänge am guten Willen und am Einfühlungsvermögen der jeweilen Sachbearbeiter/innen: „War der eine der Auffassung, ein schwerbehinderter, blinder Junge könne gut und gern im Bett Schrauben sortieren, so fand ein anderer, dass ein qualifizierter und motivierter Schwerbehinderter, der ehrenamtlich durchaus in der Lage war, die Kassenbücher eines sozialen Vereins zu verwalten, nicht vermittlungswürdig war."[105]

Während die gesundheitlichen Probleme und psychosozialen Beeinträchtigungen der unmittelbar oder mittelbar Betroffenen zunahmen, fehlten oft die finanziellen Ressourcen für eine fachgerechte Behandlung. Dass ob solcher Probleme bei Unterprivilegierten die Angst vor einer Verschlechterung ihres Gesundheitszustandes oder einer schweren Erkrankung grassiert, gehört wegen des gleichzeitig wachsenden gesellschaftlichen Reichtums zu den großen Widersprüchen unserer Zeit.

4.3.2 Armut und Krankheit im Alter – eine brisante Wechselbeziehung

Der britische Wirtschaftshistoriker Richard Wilkinson und die britische Epidemiologin Kate Pickett haben anhand einer Fülle empirischer Daten belegt, dass die Mitglieder einer Gesellschaft umso gesünder sind, je gleicher deren materieller Reichtum unter ihnen verteilt ist: „Ungleichverteilung führt zu geringerer Lebenserwartung, sie führt auch zu geringerem Geburtsgewicht und höherer Säuglingssterblichkeit."[106]

Krankheiten treffen die Mitglieder der einzelnen Klassen und Schichten sowohl in unterschiedlicher Häufigkeit wie auch in unterschiedlicher Schwere.

105 Inge Hannemann, Die Hartz-IV-Diktatur. Eine Arbeitsvermittlerin klagt an, Reinbek bei Hamburg 2015, S. 114

106 Vgl. Richard Wilkinson/Kate Pickett, Gleichheit ist Glück. Warum gerechte Gesellschaften für alle besser sind, 3. Aufl. Berlin 2010, S. 101

„Nicht zufällig treten Herz-Kreislauf-Erkrankungen in den Unterschichten weitaus häufiger auf als in den Oberklassen, und psychische Erkrankungen liegen am Sockel der Sozialhierarchie um 40 Prozent über der Rate an ihrer Spitze."[107] Hans-Ulrich Wehler machte es sich jedoch zu leicht, als er die eklatanten sozialen Differenzen im Hinblick auf den Gesundheitszustand primär auf Bildungs- und Mentalitätsunterschiede zurückführte,[108] statt sie als mittelbares Resultat der Verteilungsschieflage zu begreifen.

Ob man als vermögender Rentier in einem Villenviertel oder als im Straßenbau beschäftigter Hilfsarbeiter wegen des günstigen Mietpreises an einer Schnellstraße wohnt, hat erhebliche Auswirkungen auf den Gesundheitszustand dieser beiden Menschen. Auch hängen die Heilungschancen eines Krebskranken sehr stark davon ab, ob er in einem reichen oder einem weniger wohlhabenden Gebiet der Bundesrepublik wohnt, wie eine Untersuchung des Heidelberger Krebsforschungszentrums ergab.[109]

Armut macht krank und beeinträchtigt die Lebenserwartung der davon Betroffenen oder Bedrohten. Ihre materiellen Belastungen ziehen häufiger psychosoziale und gesundheitliche Beeinträchtigungen nach sich. Finanziell nicht mithalten und sich vieles von dem nicht leisten zu können, was für andere Mitglieder der kapitalistischen Leistungs-, Konkurrenz- und Konsumgesellschaft als normal gilt, kann enormen Stress und eine gewaltige psychosoziale Belastung bedeuten.

Umgekehrt macht Krankheit auch Menschen arm, besonders im Alter. In einem höheren Lebensalter steigen die Kosten für ärztliche Behandlungen, Arznei-, Heil- und Hilfsmittel, Krankenhausaufenthalte sowie Pflegedienstleistungen in einem Gesundheitssystem, das im Zeichen des Neoliberalismus zunehmend ökonomisiert, privatisiert und kommerzialisiert wurde.[110] Gerade viele Senior(inn)en sind dadurch finanziell überfordert. Die für den Erhalt bzw. die Wiederherstellung der Gesundheit notwendigen Aufwendungen steigen, während ihre Einkommen im Ruhestand eher sinken. Dadurch sind Ältere, die in der Regel höhere Krankheits- und Pflegekosten schultern müssen, stärker armutsgefährdet. Eine schwere Krankheit, eine Behinderung oder die Pflegebedürftigkeit der Eltern führte bis zum Inkrafttreten des *Angehörigen-Entlastungsgesetzes* außerdem häufig zur Armut erwachsener Kinder.

Seit die Grundsicherung im Alter und bei Erwerbsminderung zum 1. Januar 2003 eingeführt wurde, hat sich die Zahl der älteren Menschen, die auf sie an-

107 Hans-Ulrich Wehler, Die neue Umverteilung, a.a.O., S. 125

108 Vgl. ebd., S. 127

109 Vgl. Lina Jansen u.a., Socioeconomic deprivation and cancer survival in Germany: An ecological analysis in 200 districts in Germany, in: International Journal of Cancer 134 (2014), S. 2951 ff.

110 Vgl. Hans- Ulrich Deppe, Zur sozialen Anatomie des Gesundheitssystems. Neoliberalismus und Gesundheitspolitik in Deutschland, 3. Aufl. Frankfurt am Main 2005, S. 163 ff.

gewiesen sind, trotz einer strengen Bedürftigkeitsprüfung mehr als verdoppelt. Ende 2018 waren es neben 515.000 dauerhaft voll Erwerbsgeminderten, die als Menschen mit schweren Behinderungen ein sehr hohes Armutsrisiko haben, bereits 559.000 Senior(inn)en, die Leistungen nach dem SGB XII erhielten. Laut einer Projektion, die der Wirtschaftsforscher und Politikberater Bruno Kaltenborn für das Forschungsnetzwerk Alterssicherung (FNA) der Deutschen Rentenversicherung Bund vorgenommen hat, wird die Anzahl der Empfänger/innen von Grundsicherung im Alter bis zum Jahr 2030 auf 837.000 bis 1.013.000 steigen.[111]

Es ist jedoch ein offenes Geheimnis, dass sich ältere Menschen damit schwertun, diese Transferleistung – früher hieß sie Fürsorge bzw. Sozialhilfe – überhaupt zu beantragen, weil sie den bürokratischen Aufwand scheuen oder weil sie irrtümlich den (bis zu einem Jahreseinkommen in Höhe von 100.000 Euro ausgeschlossenen) Unterhaltsrückgriff auf ihre Kinder bzw. sogar auf ihre Enkel fürchten. Berücksichtigt man die hohe Dunkelziffer, gibt es über anderthalb Millionen Menschen, die im Alter auf oder unter dem Hartz-IV-Niveau (bundesdurchschnittlich: ca. 800 Euro pro Monat) leben. Die Einkünfte von 2,8 Millionen Senior(inn)en fielen im Jahr 2017 unter die „Armutsrisikoschwelle" der Europäischen Union (für Alleinstehende: 999 Euro pro Monat). Kein Wunder also, dass es im Dezember 2018 bereits nicht weniger als 1.093.119 Ruheständler/innen gab, die einen Minijob hatten, darunter 195.513 Personen, die 75 Jahre oder älter waren!

Die negativen Auswirkungen des Sozialabbaus der vergangenen Jahrzehnte werden im Alter besonders drastisch spürbar, denn von Leistungseinschnitten existenziell Betroffene sind weniger als jüngere Menschen in der Lage, Einschränkungen ihres Lebensstandards durch Ausweitung ihrer sozialen Netzwerke zu kompensieren. Auch durch Maßnahmen des Empowerment lässt sich die gesundheitliche Ungleichheit kaum verringern, wie die Hannoveraner Sozialwissenschaftlerin Stefanie Sperlich in ihrer Doktorarbeit am Beispiel sozial benachteiligter Mütter gezeigt hat. Sperlich fand zwar empirische Belege für die Gesundheitsrelevanz von Empowerment bei sozialen und gesundheitlichen Risikogruppen, musste hinsichtlich der Grenzen solcher Strategien wie Empowerment zur Optimierung der Stressbewältigungskompetenz aber feststellen, „dass bei sozial benachteiligten Müttern Empowermentprozesse weniger erfolgreich verlaufen."[112] Aus der Genderperspektive betrachtet, verschärft sich das Problem, weil Frauen, die im Durchschnitt ein höheres Lebensalter als Männer erreichen und materiell zumeist schlechter abgesichert sind, häufiger von mul-

111 Vgl. Bruno Kaltenborn, Grundsicherung im Alter und bei Erwerbsminderung: ein statistisches Kompendium. Forschungsbericht für das Forschungsnetzwerk Alterssicherung (FNA) der Deutschen Rentenversicherung Bund, Potsdam, April 2019 (DRV-Schriften, Bd. 118), S. 262 ff.

112 Siehe Stefanie Sperlich, Verringerung gesundheitlicher Ungleichheit durch Empowerment. Empirische Analyse der Gesundheitseffekte für sozial benachteiligte Mütter, Wiesbaden 2009, S. 180

tiplen chronischen Krankheiten und psychischen Erkrankungen (Depression und Demenz) betroffen sind. „Außerdem leiden sie stärker unter Funktionseinschränkungen und haben mit höherem Alter einen stärker steigenden Bedarf an Unterstützung sowie Pflegebedarf.“[113]

Erschwerend wirkt sich aus, dass Gesundheitspolitik in der Bundesrepublik eher für Wohlhabende und Reiche als für Arme gemacht wird. Als prägnantes Beispiel dafür kann die zum 1. Juli 2004 von der rot-grünen Koalition unter Bundeskanzler Gerhard Schröder zwecks Verringerung der Arztbesuche, Senkung der Beiträge und Entlastung der Arbeitgeber von „Lohnnebenkosten“ eingeführte Praxisgebühr gelten, die besser als „Kassengebühr“ bezeichnet worden wäre, weil sie den gesetzlichen Krankenkassen zufloss.[114] Deren volljährige Mitglieder mussten fortan bei einer ambulanten Behandlung durch Ärzte, Zahnärzte oder Psychotherapeuten zehn Euro pro Quartal entrichten, was für einkommensschwache Patient(inn)en eine spürbare finanzielle Zusatzbelastung darstellte.

Als die Praxisgebühr knapp zehn Jahre später per einstimmigem – eine historische Rarität! – Bundestagsbeschluss zum 1. Januar 2013 wieder abgeschafft wurde, war zumindest auf Seiten der CDU/CSU/FDP-Koalition von ihrer verheerenden gesundheitspolitischen Wirkung, viele Menschen mit wenig Geld von einer medizinischen Behandlung ihrer Krankheiten abgeschreckt zu haben, mit keinem Wort die Rede. Denn die an sich richtige und längst überfällige Beendigung des fragwürdigen gesundheitspolitischen Experiments durch die Parlamentarier/innen entsprang nicht der Einsicht in die frühere Fehlentscheidung, sondern einem politischen Kuhhandel der Regierungsparteien: Damit die FDP das von der CSU vehement geforderte, aber höchst umstrittene und später vom Bundesverfassungsgericht für grundgesetzwidrig erklärte Betreuungsgeld akzeptierte, stimmte die gesamte Unionsfraktion schweren Herzens für die Abschaffung der Praxisgebühr, die Ärzten und Zahnärzten als einer klassischen FDP-Klientel wegen des dieser Berufsgruppe dadurch entstehenden Verwaltungsaufwandes schon länger ein Dorn im Auge war.

---

113 Antje Richter-Kornweitz, Gesundheitliche Ungleichheit im Alter – ein Armutszeugnis, in: Christoph Butterwegge/Gerd Bosbach/Matthias W. Birkwald (Hrsg.), Armut im Alter. Probleme und Perspektiven der sozialen Sicherung, Frankfurt am Main/New York 2012, S. 153

114 Vgl. Falk Illing, Gesundheitspolitik in Deutschland. Eine Chronologie der Gesundheitsreformen der Bundesrepublik, Wiesbaden 2017, S. 210 f. und 279 ff.

5 Entstehungsursachen und Entwicklungstendenzen der Ungleichheit: Prekarisierung, Pauperisierung und Polarisierung

Die sozioökonomische Ungleichheit wurzelt in den kapitalistischen Produktions-, Eigentums- und Herrschaftsverhältnissen. Es handelt sich dabei also nicht um eine gesellschaftliche Anomalie oder eine „Krankheit der Demokratie", wie Wolfgang Merkel behauptet. Diese leidet allerdings darunter, und der Berliner Politikwissenschaftler konstatierte auch zutreffend: „Der Anstieg der Ungleichheit war nicht die ‚natürliche' Folge von digitaler Revolution, Wissensökonomie und kühner schöpferischer Zerstörung. Er war vor allem eine Folge politischer Entscheidungen."[1]

Im selben Sinne äußerte sich der US-amerikanische Wirtschaftswissenschaftler Joseph E. Stiglitz: „Ein Großteil der heute bestehenden Ungleichheit ist das Ergebnis staatlicher Politik: dessen, was die Regierung tut, sowie dessen, was sie unterlässt."[2] Der sozialdemokratische Bundestagsabgeordnete Karl Lauterbach kam aufgrund seiner Erfahrungen mit dem Berliner Politikbetrieb zu ähnlichen Ergebnissen, weil in Deutschland ein „Zweiklassenstaat" bestehe, der Chancengleichheit „von der Wiege bis zur Bahre" verwehre: „Statt für einen gerechten Ausgleich zu sorgen, vergrößert der deutsche Staat die Kluft zwischen Arm und Reich."[3] Der Hauptunterschied zu den USA besteht für Lauterbach darin, dass dies hierzulande bestritten werde, während die Amerikaner solche Unterschiede größtenteils für richtig hielten.

5.1 US-Amerikanisierung der Gesellschaft als Leitmotiv des Neoliberalismus

Der schwedische Mathematiker Per Molander behauptete, dass man Ungleichheit zwischen Individuen und Gruppen gar nicht erklären müsse, weil sie das zwangsläufige Ergebnis der menschlichen Natur, d. h. der Art sei, wie Menschen ihre Umwelt erleben und wie sie Risiken begegneten, kombiniert damit,

1 Wolfgang Merkel, Ungleichheit als Krankheit der Demokratie, in: Steffen Mau/Nadine M. Schöneck (Hrsg.), (Un-)Gerechte (Un-)Gleichheiten, Berlin 2015, S. 185

2 Joseph Stiglitz, Der Preis der Ungleichheit. Wie die Spaltung der Gesellschaft unsere Zukunft bedroht, 3. Aufl. München 2012, S. 61

3 Karl Lauterbach, Der Zweiklassenstaat. Wie die Privilegierten Deutschland ruinieren, 2. Aufl. Berlin 2007, S. 9

wie Verhandlungsspiele sich unter allgemeinen Voraussetzungen zu entwickeln pflegen.[4] Selbst dann wäre aber immer noch die Frage zu beantworten, weshalb Ungleichheit hierzulande wie auch woanders seit geraumer Zeit wächst. Offenbar nähert sich die Bundesrepublik zunehmend Ländern wie den USA an, wo die sozioökonomische Ungleichheit schon deshalb immer erheblich größer war, weil ihr kapitalistisches Wirtschaftssystem weiter entwickelt, ihre (Regierungs-) Politik marktradikaler und ihre politische Kultur gegenüber Ungleichheit toleranter ist.

Um die neue Qualität der sozioökonomischen Ungleichheit erklären sowie ihre Ursachen, Erscheinungsformen und negativen Folgen für das politische und das Gesellschaftssystem der Bundesrepublik verstehen zu können, muss man sowohl die spezifischen Wesenszüge des Gegenwartskapitalismus wie auch die Auswirkungen von parlamentarischen und Regierungsentscheidungen auf die gesellschaftlichen Verteilungsverhältnisse berücksichtigen. Denn für die Primärverteilung der Einkommen sind die Produktionsverhältnisse und die Marktkräfte, für die Sekundärverteilung der Sozial- und der Steuerstaat verantwortlich, indem sie Einkommensüberschüsse durch Erhebung von Abgaben und Steuern abschöpfen, geringe Einkommen hingegen mittels staatlicher Transferleistungen aufstocken können.

Der von Marx und Engels begründete Erklärungsansatz trägt noch immer, wenn es darum geht, den Entstehungshintergrund der sozioökonomischen Ungleichheit im Gegenwartskapitalismus zu verstehen. Klassengesellschaften bilden sich Marx zufolge heraus, wenn sich eine Personengruppe aufgrund ihrer privilegierten Stellung im Prozess der materiellen Produktion das gesellschaftliche Mehrprodukt aneignet. Zumindest was die theoretischen Grundlagen seiner Analyse der Klassengesellschaft betrifft, ist Marx weder inhaltlich oder methodisch widerlegt, noch muss er überwunden werden. Nötig ist vielmehr eine Rückbesinnung auf sein Werk, dessen zeitgemäße Interpretation, verbunden mit einer Modifikation und Ergänzung der Marx'schen Schlüsselkategorien, einer Untersuchung der aktuellen Spaltungslinien und einer Fokussierung auf die Konsequenzen für das politische System wie für das soziale Klima der Bundesrepublik.

Eine kapitalistische, „marktwirtschaftlich" organisierte Gesellschaft tendiert zur sozioökonomischen Polarisierung, weil den Mitgliedern einer privilegierten Klasse, Bürgertum bzw. Bourgeoisie, die Produktionsmittel bzw. die (Industrie-) Unternehmen und digitalen Plattformen ebenso gehören wie die Rücklagen, mit denen sie Profit auf den Finanzmärkten machen, während die Mitglieder einer anderen Klasse, traditionell Proletariat genannt, ihre Arbeitskraft gegen

4 Vgl. Per Molander, Die Anatomie der Ungleichheit. Woher sie kommt und wie wir sie beherrschen können, Frankfurt am Main 2017, S. 185

ein vergleichsweise geringes Entgelt verkaufen müssen.[5] Anknüpfend an die Charakterisierung früherer Entwicklungsphasen dieser Wirtschaftsordnung als „Handels-", „Manufaktur-", „Industrie-" und „Monopolkapitalismus" sprechen manche Ökonomen heute vom „Finanzmarktkapitalismus", für den außerhalb des regulären Banksektors tätige Schattenbanken, Investment- und Hedgefonds, Private-Equity-Gesellschaften („Heuschrecken") und Spekulationsblasen unterschiedlicher Art typisch sind. Unter den Fachwissenschaftler(inne)n umstritten ist, ob die Finanzmärkte tatsächlich die Realökonomie dominieren und der Kapitalismus die „multiple" Krise nicht mehr zu beherrschen vermag oder ob treffender von einer „Finanzialisierung" die Rede wäre.[6]

Wenn man fragt, warum die sozioökonomische Ungleichheit seit der Jahrtausendwende in Ländern wie der Bundesrepublik stark zugenommen hat, kommt eine fundierte Antwort schlechterdings nicht am Neoliberalismus vorbei. Zuerst eine Wirtschaftstheorie, die in den 1930er-Jahren als Reaktion auf den Schwarzen Freitag an der New Yorker Börse und den anschließenden Zusammenbruch der Weltwirtschaft entstand,[7] entwickelte sich der Neoliberalismus später zu einer Sozialphilosophie und Weltanschauung, ja zu einer politischen Zivilreligion, die alle Poren der bürgerlichen Gesellschaft durchdrang und mit ihrer Kernforderung nach Ökonomisierung, Privatisierung und Kommerzialisierung fast aller Lebensbereiche maßgeblichen Einfluss auf die Entwicklung des Gegenwartskapitalismus ausübte. Der belgische Ökonom Norbert Nicoll betonte, dass der Neoliberalismus zwar in unterschiedliche Denkrichtungen zerfällt, Ungleichheit aber in all seinen Schattierungen zum Programm erhoben hat: „Verbindendes Ziel aller neoliberalen Ansätze und Schulen ist es, eine zeitgemäße Legitimation für eine marktwirtschaftlich dominierte Gesellschaft zu entwerfen und durchzusetzen."[8] Das erklärte Vorbild der Hauptströmung des Neoliberalismus in Deutschland war und ist der US-amerikanische Kapitalismus.

Die jüngste Zunahme der Ungleichheit war kein unsozialer Kollateralschaden der Globalisierung und auch kein politischer Betriebsunfall, sondern wurde bewusst herbeigeführt. Nicht die Globalisierung selbst, vielmehr eine vom Neoliberalismus beeinflusste Regierungspolitik war für die sich vertiefende Kluft zwischen Arm und Reich verantwortlich. Mit dem Fall der Berliner Mauer im

---

5 Vgl. hierzu: Christoph Butterwegge, Armut, 4. Aufl. Köln 2019, S. 65 ff.

6 Vgl. dazu: Paul Windolf (Hrsg.), Finanzmarkt-Kapitalismus. Analysen zum Wandel von Produktionsregimen, Wiesbaden 2005 (Kölner Zeitschrift für Soziologie und Sozialpsychologie, Sonderheft 45); kritisch: Wolfgang Krumbein u.a. (Hrsg.), Finanzmarktkapitalismus? – Zur Kritik einer gängigen Kriseninterpretation und Zeitdiagnose, Marburg 2014; Michael Faust/Jürgen Kädtler/Harald Wolf (Hrsg.), Finanzmarktkapitalismus? – Der Einfluss von Finanzialisierung auf Arbeit, Wachstum und Innovation, Frankfurt am Main/New York 2017

7 Vgl. dazu: Ralf Ptak, Grundlagen des Neoliberalismus, in: Christoph Butterwegge/Bettina Lösch/Ralf Ptak, Kritik des Neoliberalismus, 3. Aufl. Wiesbaden 2017, S. 16 ff.

8 Norbert Nicoll, Neoliberalismus. Ungleichheit als Programm, Münster 2013, S. 15

November 1989 und dem Kollaps „realsozialistischer" Systeme in Ost(mittel)europa erfasste die Herrschaft des Marktes den ganzen Planeten. Die kapitalistische Wirtschaft war zwar immer auf den Weltmarkt orientiert, ihrem Expansionsdrang und dem freien Kapitalfluss hatte der Staatssozialismus aber reale Grenzen gesetzt. Nach dessen Bankrott gab es ein politisch-ideologisches Vakuum, in das neoliberale Kräfte mit Erfolg hineinstoßen konnten.

Die trinitarische Formel des Neoliberalismus heißt absolute Marktfreiheit, möglichst unbeschränkte Konkurrenz und höchste Leistung auf der Grundlage des Privateigentums an Produktionsmitteln. Deshalb verlangen seine Protagonisten nach einer Liberalisierung der Märkte, einer Deregulierung der Wirtschaft und einer Privatisierung öffentlichen Eigentums, der öffentlichen Daseinsvorsorge und der sozialen Risiken. Staat und Gesellschaft werden von Neoliberalen als Wirtschaftsunternehmen betrachtet, die mittels geeigneter Managementtechniken zu führen sind, wobei Gewinn- an die Stelle von Gemeinwohlorientierung tritt, Egoismen und Ellenbogenmentalität das Handeln der Akteure bestimmen und das Leistungs- bzw. Konkurrenzdenken über Solidarität und soziales Verantwortungsbewusstsein triumphiert.

Aufgrund des Globalisierungsprozess, seiner Gestaltung und ideologischen Rechtfertigung durch den Neoliberalismus, die Vereinigung von DDR und BRD sowie neuere ökonomische Krisenprozesse (globale Finanzmarkt-, Weltwirtschafts- und europäische Währungskrise) hat die Ungleichheit in Deutschland seit der Jahrtausendwende stark zugenommen. Häufig wird denn auch die Globalisierung als solche für die wachsende sozioökonomische Ungleichheit verantwortlich gemacht. Deterministisch und defätistisch klang, was der frühere Erste Hamburger Bürgermeister Klaus von Dohnanyi über die in der modernen Wissens- bzw. Informationsgesellschaft zunehmende Einkommensungleichheit schrieb: „Spitzenmanager sind rar und machen für sich entsprechende Preise; durchschnittlich gute Mitarbeiter sind zwar auch nötig, aber es gibt sie zuhauf. Ihr Preis wird, wie derjenige der Manager, letztlich eben auch vom Markt gemacht."[9] Dass die Unternehmensteuern ein Standortfaktor seien, argumentierte der SPD-Politiker weiter, zwinge zu internationaler Anpassung der Steuersätze, weshalb kaum Hoffnung bestünde, das verteilungspolitische Dilemma zu lösen: „Die Superreichen werden vielleicht weniger, aber dafür noch reicher werden; die Gutverdienenden werden ihren Abstand zum Mittelmaß erweitern und die Schwachen unerreichbar hinter sich lassen. Der Wettbewerb wird dafür sorgen."[10]

In solchen Äußerungen von Politikern und Publizisten erschien die Globalisierung fälschlicherweise als ein naturwüchsiger Prozess, der alle entwickelten

9 Klaus von Dohnanyi, Im Joch des Profits? – Eine deutsche Antwort auf die Globalisierung, Stuttgart 1997, S. 176

10 Ebd.

Industrieländer zwang, ihre Lohn-, Sozial- und Umweltstandards sowie ihre (Gewinn-)Steuerquote zu senken, um als Wirtschaftsstandorte mit anderen Standorten erfolgreich auf den Weltmärkten (um Finanzinvestoren) konkurrieren zu können. Eher handelte es sich jedoch um einen von Protagonisten des Neoliberalismus gestalteten Transformationsprozess, der tiefgreifende Folgen für die Arbeitswelt, den Wohlfahrtsstaat, die Sozial- bzw. Klassenstruktur wie die Gesellschaft insgesamt hatte.

5.1.1 Das neoliberale Verständnis von Leistung, sozialer Ungleichheit und Gerechtigkeit

Innerhalb des Neoliberalismus existieren zwei Argumentationslinien zur Gerechtigkeit: Während die eine schlichtweg leugnet, dass der Markt soziale Ungleichheit schafft, rechtfertigt das die andere unter Hinweis auf dessen ihrer Überzeugung nach konkurrenzlos große volkswirtschaftliche Effizienz und erklärt soziale Gerechtigkeit kurzerhand zu einer Schimäre kommunistischer Heilslehren. Die über den Markt vermittelte Primärverteilung erscheint als gerecht und darf schon deshalb nicht durch Staatseingriffe nachträglich korrigiert bzw. konterkariert werden. Dabei orientieren sich Neoliberale an dem Gleichheitsverständnis, das in den USA seit deren Gründungsvätern vorherrscht: „Gleichheit bedeutet hier vor allem eine grundsätzliche und abstrakte – aber nicht unbedingt immer auch deutlich ausgeprägt feststellbare – Gleichheit des Zugangs der individuellen Wirtschaftssubjekte zum Markt in dessen weitester Bedeutung.“[11] Dass diese Schwundversion sozioökonomischer Gleichheit zu einer Polarisierung bei der Einkommens- und Vermögensverteilung führen würde, war absehbar, wurde aber von der übergroßen Bevölkerungsmehrheit hingenommen, weil sie mit weitreichenden Verfassungsgarantien, staatsbürgerlicher Gleichheit und der Überwindung ständischer Privilegien im politischen System der Union einherging.

Entweder ignorieren Neoliberale die extreme Ungleichheit in dem nach ihren Empfehlungen „reformierten“ Kapitalismus. Oder sie betrachten Ungerechtigkeit im Hinblick auf die Entwicklung der Gesellschaft als funktional, nehmen die wachsende Ungleichheit zwar wahr, aber wegen der vermeintlichen Vorteile des kapitalistischen Systems gegenüber sämtlichen anderen Wirtschaftsordnungen billigend in Kauf. Viele neoliberale Ökonomen beschönigen die soziale *Un*gleichheit, in der sie keine Ungerechtigkeit, sondern eine Triebkraft des menschlichen Fortschritts, das Herzstück wirtschaftlicher Dynamik und die Grundlage einer wirksamen Bekämpfung der Massenarbeitslosigkeit sehen.

11 Hans-Jürgen Puhle, Soziale Ungleichheit und Klassenstrukturen in den USA, in: Hans-Ulrich Wehler (Hrsg.), Klassen in der europäischen Sozialgeschichte, Göttingen 1979, S. 233 f.

Rainer Hank, damals Leiter der Wirtschaftsredaktion des Berliner *Tagesspiegels*, betrachtete die USA zur Jahrtausendwende als Vorbild, während der Egalitarismus einer verteilungsgerechten Gesellschaft seiner Meinung nach auf Kosten ihrer Effizienz geht: „Der Kapitalismus zu Beginn des 21. Jahrhunderts zwingt auch die Europäer dazu, über die Zumutung wachsender Ungleichheit nachzudenken."[12] Offenbar fiel Hanks antiegalitaristisches Plädoyer bei den Eliten in Wirtschaft, Politik und Verwaltung auf einen fruchtbaren Boden.

Hank bezog sich auf das sog. Pareto-Optimum, als er feststellte, dass an einer gesellschaftlichen Reform immer dann nichts auszusetzen sei, wenn sie zu irgendjemandes Vorteil ausfalle, ohne für jemand anderen einen Nachteil zu bedeuten: „Wenn sich das Einkommen einiger verbessert, dasjenige anderer aber zugleich nicht verschlechtert, entsteht zwar Spreizung und mehr Ungleichheit, die aber nur zu begrüßen, nicht zu bekämpfen ist."[13] In einem Gastkommentar für die *Welt* (v. 19.12.2002) konstatierte Hermann May, ein seinerzeit an der PH Heidelberg lehrender Wirtschaftswissenschaftler und Verfasser eines Standardwerkes für Pädagogen, dass ökonomische Ungleichheit nicht als „Fehlleistung des Marktes" kritisiert werden dürfe, sondern als „höchst erfreuliche, ja notwendige Konsequenz individuellen wirtschaftlichen Handelns" zu gelten habe.

Als einflussreichster Theoretiker des Neoliberalismus vertrat der österreichische Ökonom Friedrich August von Hayek einen äußerst rigiden Gerechtigkeitsbegriff, welcher selbst die Gewährleistung von Chancengleichheit definitiv ausschloss: „Nicht nur wegen der verschiedenen Begabungen, sondern vor allem wegen der unvermeidlichen Unterschiede des Milieus und besonders der Familien, in denen die Menschen aufwuchsen, sind ihre Zukunftsaussichten unvermeidlich verschieden. Aus diesem Grunde kann die Vorstellung, welche die meisten Liberalen nähren, nämlich daß eine Ordnung nur gerecht ist, wenn die Startchancen für alle Menschen gleich sind, in einer freien Gesellschaft nicht realisiert werden."[14]

Viktor J. Vanberg, damals Leiter des Walter Eucken Instituts, sah in der sozialen Gerechtigkeit gleichfalls eine Leerformel, die zum Missbrauch einlade, und ließ deshalb nur das Prozesskriterium der Fairness gelten: „Entweder man entschließt sich, ein Spiel nach allgemeinen Regeln zu spielen, dann muss man auch bereit sein, die im fairen Spiel zustande kommenden Spielergebnisse als gerecht zu akzeptieren. Oder man will Ergebnisse sicherstellen, die nach einem vorgegebenen Kriterium als ‚gerecht' betrachtet werden, dann bedeutet dies aber, dass man nicht bereit ist, ein Spiel nach allgemeinen Regeln zu spielen."[15]

12 Rainer Hank, Das Ende der Gleichheit oder Warum der Kapitalismus mehr Wettbewerb braucht, Frankfurt am Main 2000, S. 155

13 Ebd., S. 168

14 Friedrich A. von Hayek, Liberalismus. Vorträge und Aufsätze, Tübingen 1979, S. 33

15 Viktor J. Vanberg, Sozialstaatsreform und die soziale Gerechtigkeit, in: Politische Vierteljahresschrift 2/2004, S. 177 f.

Freilich ist der gesellschaftliche Verteilungskampf so wenig ein Spiel wie der Tauschakt auf dem Markt. Dass sich dort zwei gleichberechtigte Partner begegnen, die nach allgemein anerkannten Regeln „fair" miteinander verkehren, steht zwar in Lehrbüchern der Volkswirtschaftslehre, gehört aber ins Reich der Fabeln. Tatsächlich geht es vor allem den ökonomisch dominanten Akteuren um Geld, Macht und Herrschaft, die im Zweifelsfall auch mittels politischer Nötigung, Zwang und Gewalt errungen oder verteidigt werden.

Daniel Dettling, Gründer und Vorsitzender des Thinktanks „BerlinPolis", formulierte das gesellschaftspolitische Credo aller Neoliberalen, als er die „Bürgergesellschaft" – explizit gegen „Besitzstandswahrer" und „Herz-Jesu-Sozialpolitiker" gerichtet – als „Freiheit im Kapitalismus" definierte, womit er die „Selbstorganisation von ehemals staatlichen Aufgaben" meinte: „Die Mehrheit der Bürger hat in Deutschland ein Wohlstandsniveau erreicht, das es rechtfertigt, ihnen mehr Eigenvorsorge und die Übernahme von Risiken zuzumuten. Die meisten Bürger sind imstande, ohne umfassenden Schutz unter Wettbewerbsbedingungen zu leben. Ein höheres Maß an Ungleichheit ist somit nicht nur vertretbar, sondern auch notwendig, um die wirtschaftliche Leistungsfähigkeit zu steigern."[16]

Freiheit wurde entweder im negativen Sinn (Freiheit wovon?) oder im positiven Sinn als unternehmerische bzw. Marktfreiheit (Freiheit für wen?) verstanden. Gemeint war immer eine größere Dispositionsfreiheit für das Kapital, nie mehr Freiheit für Unterprivilegierte, die eine größere Verteilungsgerechtigkeit und mehr sozioökonomische Gleichheit, also materielle Zugeständnisse an Geringverdiener/innen und Transferleistungsbezieher/innen erfordert hätte. Neoliberale forderten hingegen Leistungskürzungen, untergruben das finanzielle Fundament des Wohlfahrtsstaates und erschwerten den von diesem abhängigen Menschen, seien es (Langzeit-)Erwerbslose, Obdachlose, Kranke, Behinderte oder Rentner/innen, immer mehr das Leben, zeigten jedoch mit dem Finger auf das geschwächte System der sozialen Sicherung, um es mit weiteren „Spar"- bzw. Kürzungsvorschlägen sturmreif zu schießen. Beispielsweise machte Rainer Hank, inzwischen zum Leiter des Wirtschaftsressorts der *Frankfurter Allgemeinen Sonntagszeitung* avanciert, den Wohlfahrtsstaat, dessen fortdauernden Abbau er stets befürwortet hatte, nunmehr für die Tatsache verantwortlich, dass Deutschland eine Klassengesellschaft sei und sich die soziale Ungleichheit in der Bundesrepublik verfestige.[17]

---

16 Daniel Dettling, Freiheit statt Kapitalismus? – Die Zukunft des deutschen Modells, in: ders./ Max von Bismarck (Hrsg.), Marke D. Das Projekt der nächsten Generation, Opladen 2003, S. 219

17 Vgl. Rainer Hank, Ausgeschlossen aus dem Ganzen. Deutschland ist eine Klassengesellschaft. Schuld daran trägt der Wohlfahrtsstaat, der die Ungleichheit verfestigt, in: Frankfurter Allgemeine Sonntagszeitung v. 22.10.2006

Die etablierten Parteien blieben von der herrschenden Ideologie des Marktradikalismus nicht unbeeinflusst. Selbst führende Sozialdemokraten hielten – dem Zeitgeist folgend – immer stärker das neoliberale Signalwort „Freiheit" statt der beiden anderen Grundwerte „Gerechtigkeit" und „Solidarität" hoch, von der Ursprungsforderung nach sozialer Gleichheit ganz zu schweigen. Der Berliner Sozialhistoriker Jürgen Kocka forderte in einem Interview des Parteiorgans *Vorwärts* mit ihm unter dem Titel „Das Wichtigste ist die Freiheit" eine Verringerung der Staatstätigkeiten. Es gehe hierbei um mehr Möglichkeiten der Selbstverwirklichung und Teilhabe: „Staatliche Fürsorge ist nicht mehr so nötig und nicht so wünschenswert wie früher."[18] Man fragte sich unwillkürlich, wo dieser Emeritus lebte, waren doch gerade in der Bundeshauptstadt besonders viele Menschen auf Sozialleistungen angewiesen – bald lebte dort jeder fünfte Erwachsene und jedes dritte Kind von Hartz IV!

Mit dem damaligen nordrhein-westfälischen Ministerpräsidenten Peer Steinbrück übernahm ein sozialdemokratischer Spitzenpolitiker kurz nach der Jahrtausendwende, als der Neoliberalismus hierzulande die Hegemonie, d. h. die öffentliche Meinungsführerschaft innehatte, dessen Gerechtigkeitsbegriff und brach mit dem Sozialstaatsgebot des *Grundgesetzes*, als er die soziale Gerechtigkeit auf die Sorge des Staates um die Leistungsträger verkürzte: „Soziale Gerechtigkeit muss künftig heißen, eine Politik für jene zu machen, die etwas für die Zukunft unseres Landes tun: die lernen und sich qualifizieren, die arbeiten, die Kinder bekommen und erziehen, die etwas unternehmen und Arbeitsplätze schaffen, kurzum, die Leistung für sich und unsere Gesellschaft erbringen. Um die – und nur um sie [sic!] – muss sich Politik kümmern."[19] Steinbrück wurde Finanzminister im ersten Kabinett Merkel, das CDU, CSU und SPD nach der Bundestagswahl am 18. September 2005 bildeten.

Am 30. November 2005 gab Angela Merkel im Bundestag ihre erste Regierungserklärung ab. Darin nannte sie als Ziel, die Rahmenbedingungen dafür zu schaffen, dass Deutschland in zehn Jahren „wieder unter den ersten Drei in Europa" zu finden sei. Ein berühmtes Wort von Willy Brandt abwandelnd, das jenseits der Mauer wie Musik geklungen habe, sagte Merkel: „Lassen Sie uns mehr Freiheit wagen! Lassen Sie uns die Wachstumsbremsen lösen! Lassen Sie uns uns selbst befreien von Bürokratie und altbackenen Verordnungen!"[20] Die damals von Merkel geführte CDU nahm eine Revision ihres Grundsatzprogramms vor, wobei sie ihre Programmdebatte unter das Motto „Neue Gerech-

18 Jürgen Kocka, „Das Wichtigste ist die Freiheit". Ein Gespräch über die Grenzen des Sozialstaats und das Spannungsverhältnis zwischen Freiheit und Gleichheit, in: Vorwärts 7-8/2003, S. 18

19 Peer Steinbrück, Etwas mehr Dynamik bitte. Soziale Gerechtigkeit heißt heute: Der Staat muss mehr Geld in Bildung und Familien investieren. Für Gesundheit, Alter und Pflege hingegen werden die Bürger stärker selbst vorsorgen müssen, in: Die Zeit v. 13.11.2003

20 Angela Merkel, Regierungserklärung der Bundeskanzlerin, in: Deutscher Bundestag, Plenarprotoll 16/4, Mittwoch, den 30. November 2005, S. 78

tigkeit durch mehr Freiheit" stellte. Der ehemalige Arbeits- und Sozialminister Norbert Blüm kritisierte diese „Marketingsprache" der Parteiführung, mit der sie Inhaltslosigkeit bzw. Vagheit überdeckte, und fragte, welche Gerechtigkeit damit eigentlich gemeint sei: „Mehr Freiheit für das Finanzkapital, das die Globalisierung beherrscht, ergibt zwar eine ‚neue', andere Gerechtigkeit, aber keine, die sich mit dem christlichen Verständnis von Gerechtigkeit harmonisieren lässt."[21] Blüm wies überdies darauf hin, dass Gerechtigkeit der Freiheit bestimmte Grenzen setzt, denn sonst wäre sie nicht mehr als die Möglichkeit zur Ausbeutung.

Statt der für Wohlfahrtsstaaten konstitutiven *Bedarfs*gerechtigkeit präferieren Neoliberale, was sie „*Leistungs*gerechtigkeit" nennen. Dabei wird unter Leistung in erster Linie wirtschaftlicher Erfolg verstanden. „Wer ein Vermögen ererbt oder erheiratet oder wem es durch andere günstige Umstände zufällt, der kann dieses am Markt gewinnbringend einsetzen und daraus ohne besondere persönliche Mühe Einkommen erzielen. Die moralische Achillesferse des Neoliberalismus besteht somit darin, daß er – abgesehen von sozialen Gesichtspunkten – nicht einmal die von seinen Protagonisten oftmals behauptete Leistungsgerechtigkeit zu gewährleisten vermag."[22] Wenn ein Hyperreicher nach Rücksprache mit seinem Anlageberater an der Börse die richtigen Aktien gekauft hatte und sie ein Jahr später zum doppelten oder dreifachen Preis verkaufte, musste er bis 2009 in Deutschland selbst einen Millionengewinn nicht versteuern. Ob darin eine Leistung bestand, die sich „lohnen" musste, erscheint mehr als fraglich. Bildete sich ein Arbeitnehmer in seiner Freizeit weiter, musste er den daraus resultierenden Mehrverdienst hingegen voll versteuern. Und auch die Bemühungen eines Menschen mit Behinderungen, seine körperlichen Einschränkungen durch unermüdliches Üben zu verringern, rechneten sich nicht. „Die Eliten suggerieren uns, daß ‚Leistung' ein ‚objektiver Maßstab' sei, über den die Chancen in unserer Gesellschaft gerecht verteilt würden. Doch wer kann schon sagen, dass die ‚Leistung' einer ManagerIn wirklich höher zu bewerten ist als die einer VerkäuferIn, ErzieherIn, LehrerIn oder eines Hausmannes?"[23] Der katholische Sozialethiker Friedhelm Hengsbach wies auf die Präformation und die inhaltliche Reduktion des Leistungsbegriffs durch das hierzulande bestehende Wirtschaftssystem hin: „Solange die wirtschaftliche Leistung durch die Kaufkraft derer definiert wird, die sich für ein bestimmtes

21 Norbert Blüm, Gerechtigkeit. Eine Kritik des Homo oeconomicus, Freiburg im Breisgau/Basel/Wien 2006, S. 70

22 Hans Jürgen Rösner, Soziale Sicherung im konzeptionellen Wandel – ein Rückblick auf grundlegende Gestaltungsprinzipien, in: Richard Hauser (Hrsg.), Alternative Konzeptionen der sozialen Sicherung, Berlin 1999, S. 44

23 Erik Weckel, Der Flaschenhals: Leistung – was ist das eigentlich?, in: Marek Neumann-Schönwetter/Alexander Renner/Ralph C. Wildner (Hrsg.), Anpassen und Untergehen. Beiträge zur Hochschulpolitik, Marburg 1999, S. 34

Angebot interessieren, ist die Vorstellung einer leistungsgerechten Entlohnung weithin ein ideologisches Konstrukt."[24]

Man fragt sich sowohl, wer eigentlich bestimmt, was als „Leistung" gilt, wie auch, ob Leistung nicht überhaupt ein missverständlicher Begriff oder ein Mythos ist. Sighard Neckel, Kai Dröge und Irene Somm zufolge nahm das Leistungsprinzip aufgrund neoliberaler Sozialreformen eine „paradoxe Gestalt" an. „Denn einerseits ist zu beobachten, dass die Organisation der Statusverteilung auf eine Weise umgestaltet wird, die sich zu den normativen Forderungen des Leistungsprinzips vielfach konträr verhält; andererseits wird aber gerade diese Umgestaltung im gesellschaftspolitischen Diskurs häufig unter Verwendung der Leistungsbegrifflichkeit legitimiert."[25] Wolfgang Maaser sprach von einer „Metaphysik des Marktes", die präventive Sozialpolitik ausschließe: „Sie blendet die permanente Ungleichheitsdynamik, die durch die Marktwirtschaft der Gesellschaft induziert wird, ab, hält sich die teils kontingenten, teils systeminduzierten sozialen Abwärtstrends nicht gegenwärtig und naturalisiert sie in ihrer Wahrnehmungslogik, indem sie diese auf individuelle, kontingente natürliche Fehlbegabungen zurückführt."[26]

Mit der besseren steuerlichen Absetzbarkeit von Kinderbetreuungskosten und dem Elterngeld bot die Familienpolitik der ersten Großen Koalition unter Angela Merkel zwei abschreckende Beispiele für den Übergang von der Bedarfs- zur Leistungsgerechtigkeit. Während sozial benachteiligte Familien, die aufgrund ihres fehlenden oder zu geringen Einkommens keine Steuern zahlten, gar nicht erst in den Genuss der ersten, bezeichnenderweise im *Gesetz zur steuerlichen Förderung von Wachstum und Beschäftigung* enthaltenen Maßnahme kamen, profitierten Besserverdienende, die sich eine Tagesmutter oder Kinderfrau leisten und zwei Drittel der Aufwendungen hierfür bis zu 4.000 Euro absetzen konnten, überdurchschnittlich davon. Das zum 1. Januar 2007 eingeführte Elterngeld wurde als Lohnersatzleistung in Höhe von 67 Prozent des vorherigen Nettoeinkommens gezahlt und erst bei 1.800 Euro pro Monat gedeckelt. Transferleistungsempfänger/innen, die Kinder erziehen, hatten dagegen Nachteile: Bisher hatten Sozialhilfebezieher/innen, Arbeitslose und Studierende das Erziehungsgeld in Höhe von 300 Euro pro Monat zwei Jahre (oder als „Budget" in Höhe von 450 Euro ein Jahr lang) erhalten; Elterngeld gab es nunmehr bloß für ein Jahr und sein Sockelbetrag, mit dem sie auskommen muss-

24 Friedhelm Hengsbach, Gerechtigkeit ist nur ein Wort, in: Christoph Butterwegge/Michael Klundt (Hrsg.), Kinderarmut und Generationengerechtigkeit. Familien- und Sozialpolitik im demografischen Wandel, 2. Aufl. Opladen 2003, S. 14

25 Sighard Neckel/Kai Dröge/Irene Somm, Welche Leistung, welche Leistungsgerechtigkeit? – Soziologische Konzepte, normative Fragen und einige empirische Befunde, in: Peter A. Berger/Volker H. Schmidt (Hrsg.), Welche Gleichheit, welche Ungleichheit? – Grundlagen der Ungleichheitsforschung, Wiesbaden 2004, S. 146

26 Wolfgang Maaser, Normative Diskurse der neuen Wohlfahrtspolitik, in: Heinz-Jürgen Dahme u.a. (Hrsg.), Soziale Arbeit für den aktivierenden Staat, Opladen 2003, S. 26

ten, lag gleichfalls bei 300 Euro (oder bei 150 Euro, wenn er zwei Jahre lang gezahlt wurde). Erwerbstätige Paare konnten das Elterngeld zwei (Partner-)Monate länger beanspruchen, wenn sie sich die Erziehungsarbeit teilten, und auch erwerbstätige Alleinerziehende kamen 14 Monate lang in dessen Genuss. Mithin erhielten Gutbetuchte auf Kosten von schlechter Gestellten mehr (Eltern-)Geld, das hoch qualifizierte, gut verdienende Frauen motivieren sollte, (häufiger) ein Kind zu bekommen und anschließend schnell wieder in den Beruf zurückzukehren.

Ursula von der Leyen, die das Elterngeld als Familienministerin der Großen Koalition seinerzeit zusammen mit Peer Steinbrück als Finanzminister ausgehandelt hatte, verantwortete es als Sozialministerin der anschließend gebildeten CDU/CSU/FDP-Koalition, dass die neue Bundesregierung den Hartz-IV-Betroffenen das Elterngeld im Rahmen eines per *Haushaltsbegleitgesetz 2011* umgesetzten „Sparpaketes" strich bzw. auf deren Transferleistung anrechnete. Da es sich bei der Grundsicherung für Arbeitsuchende um eine Lohnersatzleistung handle, sei die Gewährung des Elterngeldes analog der Regelung beim Kindergeld systemwidrig, lautete ein gängiges Argument, das allerdings vorgeschoben wirkte, nachdem mit den Unionsparteien zwei der drei Koalitionspartnerinnen das Elterngeld anstelle des – für Transferleistungsbezieher/innen noch günstigeren – Erziehungsgeldes in der ab 1. Januar 2007 geltenden Form selbst eingeführt hatten.

5.1.2 Ökonomisierung, Privatisierung und (Re-)Kommodifizierung als Instrumente der neoliberalen Politik

Der dänische Sozialwissenschaftler Gøsta Esping-Andersen hat drei Maßstäbe für Wohlfahrtsstaatlichkeit herausgearbeitet: An erster Stelle nannte Esping-Andersen die „Dekommodifizierung", womit die Befreiung der Menschen von ihrer Marktabhängigkeit und der Notwendigkeit, ihr Auskommen durch Erwerbsarbeit zu verdienen, gemeint war. Es handelte sich also um die Bereitstellung von alternativen, d. h. nichtmarktförmigen Mitteln der Wohlfahrtsproduktion: „De-Kommodifizierung kann sich entweder auf die erbrachten Dienste oder den Status einer Person beziehen, aber in jedem Fall steht sie für das Maß, in dem Verteilungsfragen vom Marktmechanismus entkoppelt sind."[27] Zweitens stellte sich für Esping-Andersen die Frage, welches Schichtungsmodell durch staatliche Sozialpolitik gefördert wurde: „Der Wohlfahrts-

27 Gøsta Esping-Andersen, Die drei Welten des Wohlfahrtskapitalismus. Zur Politischen Ökonomie des Wohlfahrtsstaates, in: Stephan Lessenich/Ilona Ostner (Hrsg.), Welten des Wohlfahrtskapitalismus. Der Sozialstaat in vergleichender Perspektive, Frankfurt am Main/New York 1998, S. 36

staat ist nicht allein ein Instrument zur Beeinflussung und gegebenenfalls Korrektur der gesellschaftlichen Ungleichheitsstruktur. Er stellt vielmehr ein eigenständiges System der Stratifizierung dar, indem er in aktiver und direkter Weise soziale Beziehungsmuster ordnet."[28] Schließlich galt Esping-Andersens Interesse dem jeweiligen „Arrangement zwischen Staat, Markt und Familie", das mit Blick auf die (Möglichkeiten zur Vermeidung von) Armut besonders wichtig sein dürfte.

Jürgen Neyer und Martin Seeleib-Kaiser verglichen Mitte der 1990er-Jahre die Arbeitsmarktpolitik der USA, Japans und Deutschlands miteinander. Als gemeinsames Kennzeichen identifizierten sie einen Trend zur „Rekommodifizierung", d. h. zur Wiederankopplung der Ware Arbeitskraft an das Marktgesetz von Angebot und Nachfrage.[29] Auch das deutsche Gesundheitswesen wurde zu jener Zeit einem Prozess der Ökonomisierung, Kommerzialisierung und (Re-)Kommodifizierung unterzogen; dominieren sollten Ware-Geld-Beziehungen und betriebswirtschaftliche Verwertungsimperative. „Es geht nicht darum, mit gegebenem Mitteleinsatz einen möglichst großen Gesundheitseffekt zu erzielen oder einen gegebenen Effekt mit möglichst geringem Ressourceneinsatz zu schaffen. Ökonomisierung meint vielmehr die der kapitalistischen Marktwirtschaft innewohnende Tendenz der gesellschaftlichen ‚Landnahme' (Burkart Lutz) durch die Prinzipien der Kapitalverwertung bzw. des Rentabilitätskalküls, selbst dort, wo kein Kapital verwertet wird."[30]

Deregulierung, Privatisierung und Kommerzialisierung fast aller Lebensbereiche setzten die Bundesregierungen ganz oben auf die Agenda, was sich mit dem Sozialstaatsgebot des *Grundgesetzes* nur schwer vereinbaren ließ. Marktstrukturen, Profitlogiken und Konkurrenzmechanismen hielten Einzug in den Wohlfahrtsstaat, der nach außen fortan die Wettbewerbsfähigkeit seines Wirtschaftsstandortes gewährleisten musste. In einem nach neoliberalen Vorstellungen umgestalteten Sozialstaat fand eine Rekommodifizierung dieses Bereichs statt, sodass der Markt und die Kaufkraft von Patient(inn)en, die nunmehr in erster Linie als „Kunden" der Ärzte, Kliniken und Apotheken firmierten, erheblich stärker als bisher über den Zugang zur medizinischen Versorgung entschieden. Unter dem wachsenden Einfluss des Neoliberalismus wurde das Soziale „vermarktet" und dem Ökonomischen trotz seines ihm laut Verfassung (Art. 20 Abs. 1 GG und Art. 28 Abs. 1 Satz 1 GG) garantierten Eigenwerts immer mehr untergeordnet. „Der deutsche Staat hat so etwas wie

---

28 Ebd., S. 39

29 Siehe Jürgen Neyer/Martin Seeleib-Kaiser, Arbeitsmarktpolitik nach dem Wohlfahrtsstaat. Konsequenzen der ökonomischen Globalisierung, in: Aus Politik und Zeitgeschichte 26/1996, S. 40

30 Hagen Kühn, Die Ökonomisierungstendenz in der medizinischen Versorgung, in: Gine Elsner/Thomas Gerlinger/Klaus Stegmüller (Hrsg.), Markt versus Solidarität. Gesundheitspolitik im deregulierten Kapitalismus, Hamburg 2004, S. 29

einen *sozialen Dienstleistungsmarkt* geschaffen, der weit über den bereits vorher existierenden Gesundheitsmarkt hinausgeht."[31] Wer über die nötigen finanziellen Ressourcen verfügt, kann sich auf dem Wohlfahrtsmarkt soziale Sicherheit kaufen; wer nicht genug Geld hat, wird der Privatwohltätigkeit und dem Wohltätigkeitsstaat überantwortet, also im Idealfall von karitativen Einrichtungen aufgefangen.

Nach der Jahrtausendwende haben Politiker/innen und etablierte Parteien die Spaltung der Gesellschaft in Arm und Reich unter dem Einfluss des Neoliberalismus durch fragwürdige Entscheidungen des Parlaments und der Regierung auf Bundesebene vorangetrieben: Arbeitsmarkt- und sozialpolitisch wurden die Weichen so gestellt, dass der Schutz und die Sicherheit benachteiligter und bedürftiger Bevölkerungsschichten auf der Strecke blieben; wirtschafts-, finanz- und steuerpolitisch wurden die Weichen hingegen so gestellt, dass Wohlhabende, Reiche und Hyperreiche weniger Verantwortung für das Gemeinwesen übernehmen mussten. Teilweise wurde sogar unter dem Vorwand, die Armut bekämpfen zu wollen, systematisch Reichtumsförderung betrieben.[32] Fasst man das Ergebnis dieser Regierungspolitik unterschiedlicher Koalitionen auf der Bundesebene zusammen, so hat sie maßgeblich dazu beigetragen, dass die Reichen reicher und die Armen zahlreicher geworden sind.

Offenbar förderten die Bundesregierungen unterschiedlicher Zusammensetzung ab den 1990er-Jahren den privaten Reichtum ohne Rücksicht auf die damit wachsende öffentliche Armut und die ebenfalls erwartbaren sozialen Verwerfungen. Dies gilt besonders für die von dem Frankfurter Sozialwissenschaftler Tim Engartner treffend als „Ausverkauf des Staates" bezeichnete Privatisierung öffentlichen Eigentums. Zwar erzielten Bund, Länder und Kommunen mit Privatisierungen hohe Einmaleinnahmen, an der strukturellen Unterfinanzierung dieser Gebietskörperschaften änderte sich dadurch aber nichts.[33] Was häufig mit einer schiefen Metapher als „Verkauf des Tafelsilbers" beschönigt wird,[34] weil Letzteres unnütz im Schrank herumsteht, während Unternehmen der öffentlichen Hand laufende Einnahmen verschaffen, bedeutete die Verramschung eines Teils des Volksvermögens.

Gleichzeitig hat die Privatisierung öffentlichen Eigentums zur Verringerung der Handlungsfähigkeit des Staates und zur sozioökonomischen Polarisierung beigetragen, indem der Reichtum jener Personengruppe vergrößert wurde, die

---

31 Renate Dillmann/Arian Schiffer-Nasserie, Der soziale Staat. Über nützliche Armut und ihre Verwaltung, Hamburg 2018, S. 253 (Hervorh. im Original)

32 Vgl. hierzu: Christoph Butterwegge, Reichtumsförderung statt Armutsbekämpfung. Eine sozial- und steuerpolitische Halbzeitbilanz der Großen Koalition, Wiesbaden 2016

33 Vgl. Tim Engartner, Staat im Ausverkauf. Privatisierung in Deutschland, Frankfurt am Main/New York 2016, S. 9 f.

34 Johan Galtung (Die andere Globalisierung. Perspektiven für eine zivilisierte Weltgesellschaft im 21. Jahrhundert, Münster 1998, S. 181) benutzte zwar den synonymen Begriff „Familiensilber", wies jedoch wenigstens auf die Singularität des Gelderlöses hin.

aufgrund ihrer finanziellen Lage fähig war, ganze Firmen oder Unternehmensanteile oft für relativ wenig Geld zu übernehmen. Hauptnutznießer der Privatisierungspolitik waren Großaktionäre und Finanzkonzerne, die sich besonders profitable Teile des früheren Staatseigentums sicherten. Es handelte sich um ein markantes Beispiel dafür, wie neoliberale Politik durch ihre Maßnahmen die sozioökonomische Ungleichheit in Deutschland erhöht, die öffentliche Armut vergrößert und die Spaltung der Gesellschaft vorangetrieben hat. Die zahlreichen Privatisierungsmaßnahmen schufen Möglichkeiten der Profiterzielung für ohnehin Bessergestellte, die eher bereit und in der Lage waren, Aktien zu erwerben, sorgten aber auch für schlechtere Arbeitsbedingungen, niedrigere Löhne und Kündigungen bei Arbeitnehmer(inne)n sowie Kostensteigerungen und Zugangsschwierigkeiten für einkommensschwache Kunden. Insofern trieb der Bund durch den Verkauf von Unternehmen und Unternehmensbeteiligungen die Verteilungsschieflage bei Einkommen und Vermögen an beiden Polen voran.

Die sog. Bahn- und die sog. Postreform illustrierten das Dilemma der (Teil-) Privatisierung von Bundesunternehmen.[35] Beschäftigten und Kunden der vormaligen Staatsunternehmen bescherte der Privatisierungsprozess vornehmlich gravierende Nachteile: (Stamm-)Belegschaften und betriebliche Sozialleistungen wurden drastisch reduziert, Gebühren und Tarife (für die Normalverbraucher/innen, nicht für industrielle Großabnehmer) teilweise spürbar erhöht, von ihrer neuen Unübersichtlichkeit im Zeitalter einer wachsenden Zahl kommerzieller Anbieter von Dienstleistungen und Leitungen im Bereich der Telekommunikation ganz zu schweigen. Briefkästen wurden seltener geleert, wenn nicht ganz abgebaut; die Portokosten und Beförderungstarife stiegen zum Teil deutlich; kleinere Postämter und Bahnhöfe wurden geschlossen, aus der Sicht des Managements „unrentable“ Bahnstrecken stillgelegt. Statt den Verkehr von der Straße auf die Schiene zu verlagern, entschloss sich die Deutsche Post AG zur billigeren, aber ökologisch schädlichen Beförderung der Brief- und Paketpost auf den Lastkraftwagen privater Spediteure.

Aus einer verschärften Konkurrenzsituation unter mehreren Anbietern können Verbraucher(inne)n theoretisch zwar Preisvorteile erwachsen, wie sie ihnen Lehrbücher der Volkswirtschaftslehre für diesen Fall auch versprechen. Wenn das Staatsmonopol allerdings durch private Monopolisierungstendenzen und eine wachsende Kapitalmacht ersetzt wird, verkehren sich Preisnachlässe schnell in Nachteile für die Kunden und die Gesellschaft. Durch die Privatisierung der Bundespost/Deutschen Post und Bundesbahn/Reichsbahn wurden

35 Vgl. dazu: Tim Engartner, Die Privatisierung der Deutschen Bahn. Über die Implementierung marktorientierter Verkehrspolitik, Wiesbaden 2008; Oliver Prausmüller/Alice Wagner (Hrsg.), Reclaim Public Services. Bilanz und Alternativen zur neoliberalen Privatisierungspolitik, Hamburg 2014; Maximilian Meyer, Die gescheiterte Bahnreform. Ursachen – Folgen – Alternativen, Marburg 2018

nicht bloß sich höchst selten bietende Chancen für eine sozialökologische Transformation vertan, sondern auch Dienstleistungen für die Bürger/innen im Grunde verteuert, wenn man die von ihnen zu tragenden Folgekosten mitrechnet. Letztere waren auch und gerade ökologischer Natur, etwa wenn zig miteinander konkurrierende Paketdienstleister durch ihre separate Kundenbelieferung die Umwelt am selben Tag gleich mehrfach schädigten.

Was verschleiernd und beschönigend „Schlankheitskur für den Staat" genannt wurde,[36] war keine „Entschlackung" der Ämter und Behörden, sondern ein Verzicht auf die Verantwortung des Gemeinwesens für Einkommensschwache und sozial Benachteiligte. Durch die Verlagerung von Kompetenzen, Regulierungsfunktionen und Kontrollbefugnissen auf den Privatbereich trugen die politisch Verantwortlichen dazu bei, die öffentliche Sphäre zu schwächen und alle Lebensbereiche prinzipiell für Markt-, Preis- bzw. Konkurrenzmechanismen zu öffnen, auch solche, die bisher dem Zugriff kommerzieller Betreiber aus guten Gründen entzogen waren.

Neoliberale halten die Erhebung von Kapital-, Ertrag- und Gewinnsteuern im Grunde für staatlichen Diebstahl und die öffentliche Daseinsvorsorge für ein illegitimes Betätigungsfeld des Staates. Privatunternehmern wollen sie mehr profitträchtige Betätigungsmöglichkeiten verschaffen, Bürger/innen in sämtlichen Lebensbereichen zu „Kund(inn)en" machen. Die neoliberale Standortlogik verlangt, dass alles der betriebswirtschaftlichen Effizienz untergeordnet, die Konkurrenz verschärft und die am ökonomischen Erfolg gemessene Leistung verabsolutiert wird. Für den Neoliberalismus war die Globalisierung ein weltweites Umverteilungsprojekt, in dem soziale Ungleichheit positiv besetzt war, weil sie eine Schlüsselrolle als Motor und Motivator spielte. In einer Marktgesellschaft, die durch Ökonomisierung, Privatisierung und Kommerzialisierung fast aller Lebensbereiche gekennzeichnet ist, gilt wirtschaftliche bzw. soziale Ungleichheit als normal. Neoliberale halten sie überwiegend sogar für nützlich und notwendig, damit die von ihnen als Wirtschaftsstandort betrachtete Volkswirtschaft erfolgreich sein kann.[37]

Heiner Flassbeck und Paul Steinhardt begreifen den Neoliberalismus als eine Regression, einen Rückschritt der Erkenntnis ins 19. Jahrhundert, weil er leugne, dass Löhne nicht bloß Kosten für die Unternehmen bedeuten, sondern auch Kaufkraft für die Volkswirtschaft darstellen.[38] Von noch größerer Bedeu-

36 Siehe Heinz Metzen, Schlankheitskur für den Staat. Lean Management in der öffentlichen Verwaltung, Frankfurt am Main/New York 1994; Dirk Bösenberg/Renate Hauser, Der schlanke Staat, Düsseldorf 1994

37 Vgl. z. B. Klaus Methfessel/Jörg M. Winterberg, Der Preis der Gleichheit. Wie Deutschland die Chancen der Globalisierung verspielt, Düsseldorf/München 1998; Friedrich Merz, Mehr Kapitalismus wagen. Wege zu einer gerechten Gesellschaft, München/Zürich 2008

38 Vgl. Heiner Flassbeck/Paul Steinhardt, Gescheiterte Globalisierung. Ungleichheit, Geld und die Renaissance des Staates, 2. Aufl. Berlin 2018, S. 144

tung ist die Frage, wie Armut und Reichtum zusammenhängen, anders gesagt, ob es strukturelle Verbindungslinien zwischen ihnen gibt. Wie es scheint, stehen Armut und Reichtum zueinander in einem dialektischen Wechselverhältnis, was sich am Beispiel der kapitalistischen „Marktwirtschaft" zeigt. Märkte sind Katalysatoren der sozioökonomischen Ungleichheit. Das gilt in besonderer Weise für die Finanzmärkte, auf denen in Sekundenbruchteilen unvorstellbar hohe Geldbeträge hin- und hergeschoben werden. „Finanzmärkte sind der Ort der Realisierung von ungeheurem Reichtum der finanzkapitalistischen Gewinner und der Vernichtung des Geldvermögens von Millionen Anlegern zugleich."[39] Wenn zahllose Geringverdiener unter dem Druck der Finanzkrise ihre Girokonten überziehen und hohe Dispozinsen zahlen müssen, werden diejenigen noch reicher, denen die Banken gehören. Und wenn noch mehr Familien aus demselben Grund beim Lebensmittel-Discounter einkaufen, werden die Eigentümer von Ketten wie Aldi Nord, Aldi Süd und Lidl, die ohnehin zu den vermögendsten Deutschen gehören, noch reicher.

5.2 US-Amerikanisierung des Arbeitsmarktes: Deregulierung, Prekarisierung der Lohn- und Liberalisierung der Leiharbeit

Neoliberale betrachten Ungleichheit weniger als Problem denn als Chance, auf die sich hierzulande mehr Menschen einlassen sollten. Der Wirtschaftsjournalist und Publizist Rainer Hank pries in diesem Zusammenhang die sehr viel günstigere Arbeitsmarktlage des US-amerikanischen Kapitalismus und formulierte ein neoliberales Drei-Punkte-Programm, um den seiner Meinung nach zu unflexiblen und daher beschäftigungspolitisch weniger erfolgreichen „Rheinischen Korporatismus" aufzubrechen: „Nötig wären die Dezentralisierung der Arbeitsmärkte, die Privatisierung der sozialen Sicherung und die Verwettbewerblichung des Föderalismus."[40]

5.2.1 Vorgeschichte, Entstehungshintergrund und Rahmenbedingungen der rot-grünen Arbeitsmarktreformen

Die beiden Soziologen Hans J. Pongratz und G. Günter Voß sagten kurz nach der Jahrtausendwende eine zunehmende Entgrenzung der Arbeitsformen voraus, wobei sie zwischen dem Typus des „verberuflichten Arbeitnehmers"

39 Dieter Klein, Milliardäre – Kassenleere. Rätselhafter Verbleib des anschwellenden Reichtums, 2. Aufl. Berlin Klein 2006, S. 159

40 Rainer Hank, Das Ende der Gleichheit oder Warum der Kapitalismus mehr Wettbewerb braucht, a.a.O., S. 198

und dem Typus des „Arbeitskraftunternehmers“ unterschieden: „Unsere Prognose ist, daß längerfristig (über die nächsten Jahrzehnte hinweg) der Arbeitskraftunternehmer den Typus des verberuflichten Arbeitnehmers als *Leittypus* der gesellschaftlichen Formung von Arbeitskraft ablösen wird.“[41] Damit ein solcher Arbeitskraftunternehmer, dem von Ulrich Bröckling diagnostizierten Leitbild des „unternehmerischen Selbst“ entsprechend,[42] beruflich flexibel und geografisch mobil, also heute in Kiel, morgen in Konstanz und einen Monat später in Kapstadt oder Kuwait tätig sein kann, brauchen er und seine Familie einen funktionierenden Sozialstaat, der ihnen ein hohes Maß an Sicherheit garantiert.

Nach der neoliberalen Heilslehre mussten die „immobilen Faktoren“ (gemeint waren vor allem gering qualifizierte Arbeitnehmer/innen) zugunsten der „wirklich Bedürftigen“ auf Teile ihres Lohns verzichten und die Sozialversicherungsbeiträge in voller Höhe entrichten, während die Arbeitgeber davon aus Gründen ihrer internationalen Wettbewerbsfähigkeit freigestellt werden sollten, waren die Einkommen stärker zu spreizen sowie die Höhe und die Dauer der Arbeitslosenunterstützung zu beschränken, was – gemäß dem Lohnabstandsgebot – wiederum eine Senkung der Sozialtransfers nach sich ziehen musste.[43]

Der US-amerikanische Wirtschaftsjournalist Steven Hill sah Indizien dafür, dass sich die Bundesrepublik auf demselben Holzweg befand wie sein Heimatland: „Deutschland ist auf dem besten Weg, zu einer Freelance-Gesellschaft zu werden, in der immer schutzlosere Arbeitnehmer spüren, wie der Boden unter ihren Füßen wankt.“[44] Freelancer genießen nur eine Scheinautonomie, die darin besteht, sich ihre (Arbeits-)Zeit vermeintlich nach den eigenen Bedürfnissen selbst einteilen zu können, was eine Illusion ist, wenn man rund um die Uhr damit beschäftigt ist, Aufträge an Land zu ziehen und pünktlich zu erfüllen. „Um ein ausreichendes Einkommen zu haben, müssen Freelancer in der Start-up-Wirtschaft sich unermüdlich abstrampeln, um die verschiedenen Kurzzeit-Gigs unter einen Hut zu bekommen, von denen einige zwei Wochen, andere zwei Tage und wieder andere nur zwei Stunden dauern.“[45]

41 Hans J Pongratz./G. Günter Voß, Arbeitskraftunternehmer. Erwerbsorientierungen in entgrenzten Arbeitsformen, Berlin 2003, S. 10

42 Siehe Ulrich Bröckling, Das unternehmerische Selbst. Soziologie einer Subjektivierungsform, Frankfurt am Main 2007

43 Siehe Otto G. Mayer, Globalisierung und wohlfahrtsstaatliche Aufgaben, in: Aus Politik und Zeitgeschichte. Beilage zur Wochenzeitung *Das Parlament* 33-34/1997, S. 36 f.

44 Steven Hill, Die Start-up-Illusion. Wie die Internet-Ökonomie unseren Sozialstaat ruiniert, München 2017, S. 83

45 Ebd., S. 43

5.2.2 Gerhard Schröders „Agenda 2010“ und die sog. Hartz-Gesetze

Der damalige Bundeskanzler Gerhard Schröder gab am 14. März 2003 eine Regierungserklärung ab, die den hochtrabenden Namen „Agenda 2010“ trug. Für die SPD und Bündnis 90/Die Grünen bestanden laut Schröder im Zeitalter der Globalisierung nur zwei Möglichkeiten: „Entweder wir modernisieren, und zwar als soziale Marktwirtschaft, oder wir werden modernisiert, und zwar von den ungebremsten Kräften des Marktes, die das Soziale beiseite drängen würden.“[46] Was Gerhard Schröder euphemistisch als „gesellschaftliche Modernisierung“ bezeichnete, weckte bei manchen Gewerkschafter(inne)n böse Erinnerungen an mittelalterliche Frondienste (Einführung der 1-Euro-Jobs) und lief auf eine Refeudalisierung der Arbeitswelt (Lockerung des Kündigungsschutzes und Liberalisierung der Leiharbeit als einer „postmodernen“ Form der Sklaverei) hinaus.

Mit den rot-grünen Arbeitsmarktreformen wurde der Kündigungsschutz gelockert, die Leiharbeit liberalisiert und die Lohnarbeit durch Einführung der Mini- und Midijobs sowie Erleichterung von Werk- und Honorarverträgen prekarisiert.[47] Terminologisch ist zwischen einer „Prekarisierung“ der Lohnarbeit als Prozess, in dem gesicherte Arbeits- und Lebensbedingungen entfallen, der „Prekarität“ als für die davon Betroffenen problematischer Soziallage und dem „Prekariat“ als einem Kunstwort zu unterscheiden, das diesen Begriff mit dem Terminus „Proletariat“ zur Kennzeichnung der betroffenen Personengruppe amalgamiert.

Die seit den 1980er-Jahren ohne Unterbrechung bestehende Massenerwerbslosigkeit bildete einen für die Durchsetzung prekärer Arbeits- und Lebensbedingungen in Deutschland günstigen Rahmen. Ohne den dadurch erzeugten Zugzwang hätten sich die Beschäftigten dem neuen Arbeitsmarktregime wahrscheinlich nicht widerstandslos unterworfen.[48] Die mit dem *Vierten Gesetz für moderne Dienstleistungen am Arbeitsmarkt* drastisch verschärften Zumutbarkeitsregelungen und drakonischen Sanktionen der Jobcenter insbesondere für Unter-25-Jährige, denen nach zwei Pflichtverletzungen (z. B. Ablehnung eines Bewerbungstrainings und Abbruch einer Weiterbildungsmaßnahme) die Geldleistung entzogen und die Miete nicht mehr bezahlt wurde, setzten auch Belegschaften, Betriebsräte und Gewerkschaften unter enormen

46 Presse- und Informationsamt der Bundesregierung (Hrsg.), Agenda 2010. Mut zum Frieden und Mut zur Veränderung. Regierungserklärung von Bundeskanzler Gerhard Schröder, 14. März 2003, Berlin 2003, S. 12

47 Vgl. hierzu: Christoph Butterwegge, Hartz IV und die Folgen. Auf dem Weg in eine andere Republik?, 3. Aufl. Weinheim/Basel 2018, S. 66 ff.

48 Vgl. Rolf Hepp, Wege der Prekarisierung: Verschiebungen, Verdichtungen, in: ders./Robert Riesinger/David Kergel (Hrsg.), Verunsicherte Gesellschaft. Prekarisierung auf dem Weg in das Zentrum, Wiesbaden 2016, S. 281

Druck. Unter dem Damoklesschwert von Hartz IV akzeptierten diese schlechtere Arbeitsbedingungen und niedrigere (Real-)Löhne, die wiederum zu höheren Profiten bei den Unternehmen bzw. ihren Eigentümern führten.

Weiter erhöht werden sollte die Konkurrenzfähigkeit des deutschen Großkapitals auf den Weltmärkten, wofür eine Verbreiterung des Niedriglohnsektors als probates Mittel galt. Dass es sich bei dem Lohndumping von Unternehmerseite nicht etwa um einen Missbrauch der Hartz-Gesetze handelte, sondern dass deren Hauptfunktion darin bestand, es zu ermöglichen, zeigt eine Rede, die Gerhard Schröder am 28. Januar 2005 auf dem Weltwirtschaftsforum in Davos hielt. Dort lobte der Bundeskanzler sich und seine Koalitionsregierung vor den versammelten Führungskräften der internationalen Wirtschafts- und Finanzeliten dafür, „einen der besten Niedriglohnsektoren" in Europa geschaffen zu haben: „Wir haben einen funktionierenden Niedriglohnsektor aufgebaut, und wir haben bei der Unterstützungszahlung Anreize dafür, Arbeit aufzunehmen, sehr stark in den Vordergrund gestellt."[49]

Ebenso wie die meisten übrigen „Agenda"-Reformen bezweckten die sog. Hartz-Gesetze eine weitreichende Deregulierung des Arbeitsmarktes, durch die das Lohnniveau gesenkt und der Wirtschaftsstandort Deutschland gestärkt werden sollte. Verteilungspolitisch lief das Reformwerk auf eine Stärkung der Machtposition des großen Kapitals (z. B. in Tarifverhandlungen), eine Förderung der Unternehmen und eine drastische Schwächung der Lohnarbeit hinaus. Es handelte sich – der Währungsreform vom 20. Juni 1948 durchaus vergleichbar – um ein gigantisches Umverteilungsprogramm, was man daran ermessen kann, dass seit dem Inkrafttreten von Hartz IV am 1. Januar 2005 ungefähr 150 Milliarden Euro an sog. Erwerbsaufstocker/innen gezahlt, präziser ausgedrückt: Unternehmen subventioniert wurden, die Hungerlöhne zahlten.

Innerhalb der Arbeiterschaft wurde die Kluft zwischen den Lohngruppen durch die Arbeitsmarktreformen vertieft und die Spaltung der abhängig Beschäftigten in Mehr- und Minderprivilegierte vorangetrieben. Durch die Liberalisierung der Leiharbeit verbreiterte sich etwa in den großen Industriebetrieben des Automobilbaus der Graben zwischen Rand- und Kernbelegschaften. Wegen der staatlicherseits legalisierten Lohnspreizung arbeiteten fortan sogar Menschen erster und zweiter Klasse am selben Band: Beschäftigte der Zeitarbeitsfirmen erhielten teilweise nur einen Bruchteil des Lohns, der Stammkräften für die gleiche Arbeit gezahlt wurde.

Die skizzierten Veränderungen der Arbeitswelt waren kein zwangsläufiges Resultat der Technikentwicklung (Automatisierung, Computerisierung und Digitalisierung) oder der wirtschaftlichen Globalisierung, sondern bewussten Entscheidungen im politischen Raum geschuldet, die einflussreiche Konzern-

49 Rede von Bundeskanzler Gerhard Schröder vor dem World Economic Forum in Davos, 28.1.2005 (http://archiv.bundesregierung.de/bpaexport/rede/91/780791/multi.htm, 15.10.2010)

stiftungen, Lobbyeinrichtungen der Wirtschaft und neoliberale Thinktanks vorbereitet hatten. Die rot-grüne Arbeitsmarktpolitik der kurzen „Schröder-Ära" war so einschneidend, dass sie die gesellschaftliche Architektur und die Klassen- und Sozialstruktur nachhaltig verändert hat. Sich bereits abzeichnende Fragmentierungs- und Polarisierungstendenzen wurden forciert und neue Spaltungsprozesse initiiert. Oliver Nachtwey war sogar der Überzeugung, „dass die Agenda-Reformen zur Herausbildung einer neuen Unterklasse in Deutschland beigetragen haben. Diese besteht aus den Empfängern von staatlichen Transferleistungen, in der Öffentlichkeit salopp ‚Hartz-IVler' genannt, und dem wachsenden Heer von Niedriglohnbeschäftigten."[50]

Kurz bevor Hartz IV zehn Jahre alt wurde, veröffentlichte der Paritätische Wohlfahrtsverband zehn Thesen zu diesem zweifelhaften Jubiläum, in denen er mit Kritik nicht sparte. Da war von einer „Amerikanisierung des Arbeitsmarktes" die Rede, weil sinkende Arbeitslosenquoten nun auch in Deutschland mit der vermehrten Armut von Niedriglohnbeschäftigten erkauft worden seien: „Mit rigiden Zumutbarkeitskriterien wurde schnelle Dequalifizierung in Kauf genommen und mangels passender Qualifizierungsangebote kann nicht ausreichend auf die Fachkräftenachfrage des Arbeitsmarktes reagiert werden. Nachhaltige Arbeitsmarktpolitik sieht anders aus."[51]

Hingegen erklärte der stellvertretende *Bild*-Chefredakteur Nikolaus Blome die Agenda 2010 im Rückblick zu einer der besten Reformen aller Zeiten: „Die Agenda 2010 hat die Regeln auf den Satz gepolt: Sozial ist, was Arbeit schafft."[52] Damit knüpfte ein Spitzenrepräsentant des größten Boulevardblatts der Bundesrepublik fast wörtlich an einen am Ende der Weimarer Republik von Alfred Hugenberg, dem damaligen Medienzar und Führer der Deutschnationalen Volkspartei (DNVP), verwendeten Wahlkampfslogan an. In einer Rundfunkansprache zur Reichstagswahl am 28. Juli 1932 hatte Hugenberg gesagt, Sozialismus sei gleichbedeutend mit Erwerbslosigkeit. Dagegen habe ein „gesunder Staat" auch „eine gesunde Wirtschaft", woraus Hugenberg schloss: „Derjenige ist wirklich und wahrhaft sozial, der Arbeit schafft."[53] Vor der letzten Reichstagswahl im März 1933 verbreitete Hitlers erster Wirtschaftsminister die Parole „Sozial ist, wer Arbeit schafft" auch in Zeitungsanzeigen seiner Partei.

Kurz nach der Jahrtausendwende fand diese Devise leicht modifiziert Verbreitung durch die von Gesamtmetall, dem Arbeitgeberverband der Metall-

50 Oliver Nachtwey, Die Abstiegsgesellschaft. Über das Aufbegehren in der regressiven Moderne, Berlin 2016, S. 162

51 Der Paritätische Gesamtverband, 10 Thesen zu 10 Jahren Hartz IV, S. 3 (www.10jahre-hartz4.de)

52 Nikolaus Blome, Agenda 2010: Jahrhundertreform oder Anfang vom Ende der Gerechtigkeit?, in: Jakob Augstein/Nikolaus Blome, Oben und Unten. Abstieg, Armut, Ausländer – was Deutschland spaltet, München 2019, S. 56

53 Alfred Hugenberg, Rundfunkansprache zur Reichstagswahl am 31. Juli 1932, gehalten am 28. Juli 1932 (www.dhm.de/lemo/html/dokumente/hugenberg; 28.8.2014)

und Elektroindustrie, gegründete „Initiative Neue Soziale Marktwirtschaft" (INSM) großen Anklang bei Spitzenpolitiker(inne)n aller etablierten Parteien der Bundesrepublik. Beispielsweise stellten der damalige CSU-Vorsitzende Edmund Stoiber und der damalige nordrhein-westfälische CDU-Vorsitzende Jürgen Rüttgers ihren Bundestags- bzw. Landtagswahlkampf unter das Motto „Sozial ist, *was* Arbeit schafft", aber auch die damalige CDU-Vorsitzende Angela Merkel und der damalige FDP-Generalsekretär Guido Westerwelle übernahmen die Losung. Vereinzelt bekannten sich auch sozialdemokratische Politiker/innen dazu. Nina Hauer, damals Parlamentarische Geschäftsführerin der SPD-Bundestagsfraktion, geißelte beispielsweise in dem Artikel *Gerecht ist, was Arbeit schafft* die „veraltete Umverteilungsideologie" und plädierte für eine Stärkung der privaten Investitionsneigung sowie Schaffung eines positiven Klimas für unternehmerische Selbstständigkeit: „Der Finanzmarkt bietet gute Instrumente, die Kreditabhängigkeit deutscher Unternehmen zu verringern und neue Wege der Unternehmensfinanzierung einzuschlagen."[54] Letztlich handelte es sich jedoch um eine Sklavenhalterideologie, die Arbeit aus ihren sozialen Bezügen herauslöste und selbst Leuteschinder für sozial oder gerecht erklärte, wenn sie Menschen zu einer unwürdigen Plackerei zwangen. Überhaupt nicht mehr gestellt wurde dabei die Frage nach den Arbeitsbedingungen und der Entlohnung, vom Anspruch der Erwerbslosen auf Berufs- und Qualifikationsschutz ganz zu schweigen. Nein, weder sozial noch gerecht ist alles, was Arbeit schafft, sondern nur, was Armut abschafft.

5.3 US-Amerikanisierung des Wohlfahrtsstaates: Abwertung, Ökonomisierung und Privatisierung des Sozialen

Durch den regen Ausbau des Bismarck'schen Sozialstaates, der kurz nach Gründung der Bundesrepublik begann,[55] signalisierten CDU/CSU und SPD der Bevölkerung, dass zumindest hinsichtlich der Massenarbeitslosigkeit, -armut und -verelendung nie wieder „Weimarer Verhältnisse" herrschen sollten, die es Hitler im Gefolge der Weltwirtschaftskrise 1929 bis 1932 erlaubt hatten, trotz bereits wieder rückläufiger Reichstagswahlergebnisse der NSDAP am 30. Januar 1933 die Regierungsführung zu übernehmen. Die äußeren Rahmenbedingungen für eine soziale und demokratische Entwicklung des westdeutschen Separatstaates waren deshalb günstig, weil die Existenz des „sozialistischen Lagers" in Ost- und Ostmitteleuropa das heimische (Groß-)Kapital gegenüber Forde-

54 Nina Hauer, Gerecht ist, was Arbeit schafft, in: Friedrich-Ebert-Stiftung (Hrsg.), Die neue SPD. Menschen stärken – Wege öffnen, Bonn 2004, S. 199

55 Vgl. hierzu und zum Folgenden: Christoph Butterwegge, Krise und Zukunft des Sozialstaates, 6. Aufl. Wiesbaden 2018, S. 63 ff.

rungen der Arbeiter- und Gewerkschaftsbewegung nach mehr Schutzrechten für die Lohnabhängigen und hohen Tariflöhnen sowie gegenüber Forderungen der Wohlfahrtsverbände nach einer großzügigen Sozialpolitik konzessions- bzw. kompromissbereiter als in der Vergangenheit machte. Der wohlfahrtsstaatliche Kapitalismus, von der SPD in Wahlkampfzeiten als „Modell Deutschland" apostrophiert, begrenzte die Ungleichheit und verhinderte selbst in den Wirtschaftskrisen der Nachkriegszeit, dass es zu größeren sozialen Verwerfungen und Massenarmut kam.

Während der Staat über das Steuersystem – beispielsweise durch Erhebung einer progressiven Einkommensteuer sowie eine starke Belastung hoher und höchster Einkommen – gewissermaßen „von oben" korrigierend und nivellierend auf die Verteilung der Primäreinkommen einwirkte, gelang es ihm später über die sozialen Sicherungssysteme – etwa durch Schaffung relativ generöser Anspruchsvoraussetzungen und großzügiger Verschonungsregelungen – gewissermaßen „von unten" das Armutsrisiko zu verringern, was auf die Einkommens- und Vermögensverteilung ebenfalls nivellierend wirkte. Die sozialen Sicherungssysteme der Bundesrepublik, beitragsfinanziert für Arbeitnehmer/innen (einschließlich des Schutzes ihrer Familien) und steuerfinanziert für Bedürftige, trugen entscheidend dazu bei, dass nur wenige Menschen ganz ohne Einkommen blieben und jedes Gesellschaftsmitglied wenigstens auf einem Minimalniveau seinen Lebensunterhalt bestreiten konnte. Auch die Bewohner/innen des gesellschaftlichen Untergeschosses blieben als Transferleistungsbezieher/innen zunächst gleichberechtigte Bürger/innen, denen normalerweise mit Respekt begegnet wurde. Insofern kann der damalige Beitrag des Sozialstaates zur Sicherung des gesellschaftlichen Zusammenhalts gar nicht hoch genug veranschlagt werden. All dies trug dazu bei, dass Helmut Schelskys frühe Charakterisierung der Bundesrepublik als „nivellierte Mittelstandsgesellschaft" tief ins Alltagsbewusstsein eindringen konnte, vielen Menschen jahrzehntelang präsent blieb und für einen Großteil der nachfolgenden Generationen bewusstseinsbildend wirkte.

Aufgrund der Weltwirtschaftskrise 1974/75 leiteten die wirtschaftlichen, politischen und wissenschaftlichen Eliten jedoch einen Strategiewechsel ein. Seither wurden die Wohlstandszuwächse nicht mehr im selben Umfang an die Beschäftigten weitergegeben, wodurch die Lohnquote sank, aber auch zahlreiche Leistungen des Sozialstaates beschnitten, Anspruchsvoraussetzungen verschärft und seine Kontrollmaßnahmen ausgeweitet wurden. Die bis zur Vereinigung von BRD und DDR wichtigste Zäsur in der Nachkriegsgeschichte des deutschen Sozialstaates fiel aber weder mit einem Umbruch des politischen Systems noch mit einem Regierungswechsel zusammen, sondern vollzog sich im kaum weniger spektakulären Austausch des damaligen Bundeskanzlers Willy Brandt durch seinen Parteigenossen Helmut Schmidt im April/Mai 1974, während die SPD/FDP-Koalition unter den spürbar veränderten wirtschaftlichen Rahmenbedingungen noch mehrere Jahre lang bestehen blieb.

Der französische Ökonom Michel Albert hat die (west)deutsche Gesellschaft zusammen mit den Niederlanden und der Schweiz (sowie den skandinavischen Staaten und Japan) als „rheinischen Kapitalismus" bezeichnet und dem angelsächsischen bzw. US-amerikanischen Wirtschaftsmodell idealtypisch gegenübergestellt. In seinem 1991 erschienenen Buch *Capitalisme contre Capitalisme* schrieb Albert, der endgültige Zusammenbruch des Kommunismus habe die Unterschiedlichkeit zwischen beiden Modellen erst richtig deutlich gemacht: „Das *neo-amerikanische* basiert auf dem individuellen Erfolg und dem schnellen finanziellen Gewinn. Das *rheinische* hat sein Zentrum in Deutschland und ist dem japanischen sehr ähnlich. Wie dieses auch favorisiert es den gemeinschaftlichen Erfolg, den Konsens und das langfristige Vorausdenken. Der Verlauf der letzten zehn Jahre zeigt, daß das rheinische Modell, das bis zu diesem Zeitpunkt seine wahre Identität noch nicht gefunden hatte, gleichzeitig gerechter und effizienter ist."[56]

Bedingt durch die Entwicklung der modernen Informations- und Kommunikationstechnologien sowie die Globalisierung der Finanzwirtschaft breite sich das ultraliberale, weniger egalitäre Modell des US-Kapitalismus über die ganze Welt aus, prognostizierte Albert. Dabei werde dessen Erfolgsbilanz in den hiesigen Medien überzeichnet, was diesen umso leichter falle, als er viel von Hollywood, Showbusiness und Abenteuerromantik habe: „Der amerikanische Kapitalismus evoziert nicht nur den wilden Charme des Dschungels und des Überlebenskampfes. Er ist auch der rosarote Traum vom leichten Geld, vom plötzlichen Reichtum, den *success stories*, die anziehender sind als der weise und geduldig erworbene Wohlstand des rheinischen Modells."[57] Aufgrund des großen Einflusses von Ronald Reagan, der sein Amt als US-Präsident im Januar 1981 angetreten und acht Jahre lang ausgeübt hatte, sowie von Margaret Thatcher, die im Mai 1979 britische Premierministerin geworden und es bis zum November 1990 geblieben war, sah Albert das kontinentaleuropäische Modell trotz dessen ökonomischer und sozialer Überlegenheit politisch auf dem Rückzug: „Lob der Gewinner, Ausklammerung des sozialen Bereichs, Gleichgültigkeit gegenüber den Ausgeschlossenen, Produktionsoptimismus, Leistungskult, das ist Europa von 1991, und das ist der Triumph des ehemaligen Cowboys aus dem Weißen Haus und dem Krieg der Sterne."[58]

Die westlichen Eliten haben dem Sozialstaat nach ihrem „Sieg über den Staatssozialismus" den Krieg erklärt. Wolfgang Schäuble, damals Vorsitzender der CDU/CSU-Bundestagsfraktion, sprach beispielsweise in seinem Buch *Und der Zukunft zugewandt* von einer „Hypertrophie des Sozialstaates", die aufgrund

---

56 Michel Albert, Kapitalismus contra Kapitalismus, Frankfurt am Main/New York 1992, S. 25 (Hervorh. im Original)

57 Ebd., S. 188 (Hervorh. im Original)

58 Ebd., S. 29

hoher Wachstumsraten der Wirtschaft lange kaum als Problem empfunden worden sei.[59] An gleicher Stelle war von „sozialer Vollkaskomentalität“, fehlendem Wagemut („Risikoscheu“) und bloßem „Besitzstandsdenken“ die Rede, denen man entgegentreten müsse. Schäuble beklagte eine „Transformation der Sozialpolitik von der individuellen Risikoabsicherung zum Krankenlager gesellschaftlicher Modernisierung“, wodurch Sozialpolitik „immer mehr zu einer Art allgemeiner Ausgleichs- und Gesellschaftspolitik mutiert [sei; *Ch.B.*], die als institutionelle Vorkehrung für die Herstellung von Gleichheit auf immer breiterer Basis kollektive Leistungen bereitstellt und zumißt.“[60] Obwohl sich das soziale Sicherungssystem der Bundesrepublik nie mehr bewährt hat als im deutschen Vereinigungsprozess,[61] wurden dessen immense Kosten teilweise als Begründung für seinen „Um-“ bzw. Abbau herangezogen. Schäuble nannte für die angestrebten Reformen jedoch nicht allein finanzielle Gründe: „Auch ohne knappe Kassen wäre es erforderlich, die vom Staat ausgeschütteten Sozialleistungen vor allem mit Blick darauf zu prüfen, wieweit sie geeignet sind, die Menschen wieder in die Lage zu versetzen, selbst für ihren Lebensunterhalt zu sorgen.“[62]

Ein anderer Konservativer, der damalige Bundespräsident Roman Herzog, benutzte in seiner am 26. April 1997 im wiedereröffneten Nobelhotel Adlon gehaltenen Berliner „Ruck“-Rede die Metapher von einem „großen, globalen Rennen“, das begonnen habe und eine „Aufholjagd“ der als schwerfällig, satt und behäbig dargestellten Deutschen nötig mache. Erforderlich war aus dieser wirtschaftsliberalen Sicht eine härtere Gangart gegenüber Leistungsverweigerern und Langzeitarbeitslosen. Herzog beklagte in Übereinstimmung mit den Mainstream-Medien einen „Reformstau“, der baldmöglichst aufgelöst werden müsse, um Deutschlands Weltmarktstellung nachhaltig zu stärken: „Uns fehlt der Schwung zur Erneuerung, die Bereitschaft, Risiken einzugehen, eingefahrene Wege zu verlassen, Neues zu wagen.“[63]

In großformatigen Zeitungsanzeigen der Initiative Neue Soziale Marktwirtschaft lamentierte Herzog seinerzeit über das „verfettete“ Gemeinwesen und verkündete larmoyant: „Wir haben so viel Sozialstaat aufgebaut, dass er unsozial geworden ist.“ Unsozial war allerdings gar nicht der Sozialstaat, vielmehr eine reiche Gesellschaft, die ihn sich finanziell nicht mehr leisten zu können glaubte. In dem wie ein Interview aufgemachten Text führte Herzog, nach einem Beispiel gefragt, die Sozialhilfe an: „Was ich jetzt sage, gilt natürlich nicht

59 Wolfgang Schäuble, Und der Zukunft zugewandt, Berlin 1994, S. 107

60 Siehe ebd., S. 122

61 Dies gilt besonders im Hinblick auf das Umlageverfahren in der Gesetzlichen Rentenversicherung, durch das Altersrenten sofort nach der Vereinigung an Ostdeutsche ausgezahlt werden konnten, ohne dass diese auch nur einen Pfennig in westdeutsche Sozialkassen eingezahlt hatten.

62 Wolfgang Schäuble, Und der Zukunft zugewandt, a.a.O., S. 107

63 Roman Herzog, Aufbruch ins 21. Jahrhundert. „Berliner Rede“ vom 26. April 1997, in: Manfred Bissinger (Hrsg.), Stimmen gegen den Stillstand. Roman Herzogs „Berliner Rede“ und 33 Antworten, 2. Aufl. Hamburg 1997, S. 15

für alle [gemeint waren Sozialhilfeempfänger/innen; *Ch.B.*]. Aber für viele ist es komfortabler, sich vom Staat aushalten zu lassen, als sich anzustrengen und etwas zu leisten. Das ist eine zum Himmel schreiende Ungerechtigkeit für alle, die arbeiten." Offenbar predigte dort jemand Wasser, der selbst Wein trank: Herzog, der nicht bloß sein hohes Gehalt als oberster Staats(ver)diener – durch Pensionsabschläge ungeschmälert – bis ans Lebensende bezog, sondern auf Kosten sehr viel weniger gut betuchter Steuerzahler/innen auch ebenso lange über ein Büro, eine Sekretärin und einen Dienstwagen mit Chauffeur verfügte, war sich keineswegs zu schade, die Ärmsten der Armen – natürlich nicht alle! – des Leistungsmissbrauchs zu bezichtigen, die Aufblähung der ihn großzügiger als jeden anderen Menschen alimentierenden Bürokratie zu geißeln und die Befreiung der angeblich vom Sozialleviathan entmündigten Wirtschaftssubjekte zu verlangen.

Die mächtigsten Triebkräfte einer umfassenden Trans- bzw. Deformation des Sozialstaates im neoliberalen Sinne waren die Unternehmerverbände, Konzernstiftungen und ihre PR-Netzwerke, mit denen Herzog übrigens eng zusammenarbeitete. Besonders deutlich wurde das Ziel der Zerstörung des Wohlfahrtsstaates, wie man ihn bis dahin kannte, in einem gemeinsamen Memorandum der Bertelsmann Stiftung, der Heinz Nixdorf Stiftung und der Ludwig-Erhard-Stiftung, das im November 2003 eine drastische Senkung der Lohnnebenkosten, die „Abschaffung der Arbeitslosenversicherung" und eine Halbierung des Sockelbetrages der Sozialhilfe forderte.[64]

Unter dem selbst mit erzeugten Druck auf den Weltmärkten und dem wachsenden Einfluss des Neoliberalismus, besonders seiner Lobbyeinrichtungen und Thinktanks wie der im Unterschied zu dem globalisierungskritischen Netzwerk *attac* gemeinnützigen und damit steuerbegünstigten Bertelsmann Stiftung oder der von Gesamtmetall großzügig alimentierten Initiative Neue Soziale Marktwirtschaft,[65] ging die rot-grüne Koalition von Bundeskanzler Gerhard Schröder um die Jahrtausendwende von einer schrittweisen Reduzierung bestimmter staatlicher Transferleistungen, wie sie die schwarz-gelbe Koalition seines Amtsvorgängers Helmut Kohl 16 Jahre lang praktiziert hatte, mehr und mehr zu einer umfassenden Revision der Leistungen des bestehenden Wohlfahrtsstaates und zu seiner Restrukturierung im Sinne eines „investiven", „aktivierenden" und „vorsorgenden Sozialstaates" über. Ähnlich wie in den

64 Siehe Bertelsmann Stiftung/Heinz Nixdorf Stiftung/Ludwig-Erhard-Stiftung (Hrsg.), Durch Halbierung der Sozialabgaben aus der Krise. Konzept für den grundlegenden Umbau der Sozialsysteme, Berlin 2003

65 Vgl. dazu: Thomas Barth (Hrsg.), Bertelsmann: Ein globales Medienimperium macht Politik. Expansion als Bildungsdienstleister und politische Einflussnahme – internationale Perspektive, Hamburg 2006; Thomas Leif/Rudolf Speth (Hrsg.), Die fünfte Gewalt. Lobbyismus in Deutschland, Wiesbaden 2006; Markus Balser/Uwe Ritzer, Lobbykratie. Wie die Wirtschaft sich Einfluss, Mehrheiten, Gesetze kauft, München 2016

USA, die während der 1990er-Jahre als Vorreiter entsprechender „Umbau"-Programme vom „welfare state" zum „workfare state" fungiert hatten, trat auch hierzulande an die Stelle des „wohltätigen Staates", der im Neokeynesianismus gipfelte, ein „aktivierender" bzw. sozial Benachteiligte disziplinierender Staat,[66] der ideologisch und politisch im Neoliberalismus wurzelte:

1. wurde die Sozialversicherung als institutioneller Kern des Bismarck'schen Sozialstaates ausgehöhlt, wovon mehrere Versicherungszweige betroffen waren. Beispiele dafür waren die Aufgabe des Prinzips der paritätischen Finanzierung durch Arbeitgeber und -nehmer/innen (Riester-Reform, Einführung von arbeitnehmerfinanzierten Zusatzbeiträgen in der Gesetzlichen Krankenversicherung – inzwischen revidiert) oder der Verzicht auf die Lebensstandardsicherung (Abschaffung der Arbeitslosenhilfe).
2. wurde der autoritäre, patriarchalische und repressive Charakter des Bismarck'schen Sozialstaates durch Einführung harter Sanktionen für Hartz-IV-Bezieher/innen gestärkt und seine disziplinierende Wirkung durch verschärfte Zumutbarkeitsregelungen hinsichtlich der Jobübernahme erhöht;
3. wurden Fürsorgeleistungen gekürzt oder im Laufe der Zeit nur unzureichend erhöht. Dazu gehörten die Einführung des Arbeitslosengeldes II, die Modalitäten der Berechnung seiner Regelsätze/Regelbedarfe und deren seither immer stärkeres Absinken unter die EU-Armuts(risiko)schwelle.
4. wurden Teilbereiche der sozialen Sicherung bzw. der öffentlichen Daseinsvorsorge privatisiert und kollektive Solidarsysteme wie die Gesetzliche Rentenversicherung durch individuelle Sicherungsmechanismen ergänzt oder ersetzt, was neoliberale Leitbegriffe wie „Eigenvorsorge" und „Selbstverantwortung" legitimierten.

Die rot-grüne Koalition verfolgte bei ihrer (Re-)Privatisierung sozialer Risiken eine Doppelstrategie: Einerseits wurden viele Menschen, bedingt durch die staatlicherseits geförderte Zunahme prekärer Beschäftigungsverhältnisse, von (Schein-)Selbständigkeit und (Zwangs-)Teilzeit, aus dem System der sozialen Sicherung hinausgedrängt oder fanden gar keine bzw. nur begrenzte Aufnahme mehr. Andererseits zwang man den verbliebenen Rest, soziale Risiken, die bisher von der Versichertengemeinschaft oder vom Staat abgedeckt wurden, selbst zu tragen, indem Leistungen gestrichen oder gekürzt, durch Verschärfung der Zugangsvoraussetzungen entzogen oder durch Einführung von Zuzahlungsverpflichtungen eingeschränkt wurden.

---

66 Vgl. z. B. Nikolaus Dimmel/Josef Schmee (Hrsg.), Die Gewalt des neoliberalen Staates, Wien 2008; Christian Brütt, Workfare als Mindestsicherung. Von der Sozialhilfe zu Hartz IV. Deutsche Sozialpolitik 1962 bis 2005, Bielefeld 2011; Roland Atzmüller, Aktivierung der Arbeit im Workfare-Staat. Arbeitsmarktpolitik und Ausbildung nach dem Fordismus, Münster 2014

5.3.1 Einführung der Riester-Rente: Altersarmut per Gesetz

Kurz nach der Jahrtausendwende wurden der Sozialstaat im Allgemeinen und die Gesetzliche Rentenversicherung im Besonderen sukzessive demontiert, wobei die Einführung der Riester-Rente und die Teilprivatisierung der Altersvorsorge den Höhepunkt in einem länger anhaltenden Reformprozess bildeten. Seinerzeit vertraten Spitzenpolitiker der regierenden SPD die Auffassung, dass der bestehende Sozialstaat durch einen „aktivierenden" bzw. „investiven" bzw. „Gewährleistungsstaat" ersetzt werden müsse, der die abhängig Beschäftigten nicht mehr „nachsorgend" gegen Standardlebensrisiken schützen, sie vielmehr „vorsorgend" zur Teilhabe am Arbeitsmarkt befähigen sollte.[67] Oliver Nachtwey sprach in diesem Zusammenhang von einem Prozess der „Transformation zur Marktsozialdemokratie", den neben der SPD auch die US-Demokraten unter Bill Clinton und Labour unter Tony Blair durchmachten.[68]

Prototypisch für eine „marktgesteuerte Alterssicherung", wie sie das gesellschaftspolitische Großprojekt des Neoliberalismus implizierte,[69] war die nach dem früheren IG-Metall-Funktionär Walter Riester benannte Rentenreform. Mit ihr war nicht bloß eine Teilprivatisierung der Altersvorsorge verbunden, wurden vielmehr auch das Prinzip der paritätischen Finanzierung des Sozialversicherungssystems und das Prinzip der Lebensstandardsicherung aufgegeben.[70] Dabei handelte es sich um einen radikalen Bruch mit der Bismarck-Tradition und den Übergang zu einem neoliberalen Sozialstaatsmodell, was in einen Fürsorge-, Almosen- und Suppenküchenstaat münden kann.

Da die Stabilisierung der gesetzlichen Personalzusatzkosten, präziser: der (die Unternehmensgewinne schmälernden) Arbeitgeberbeiträge zur Sozialversicherung, im Mittelpunkt des Reformprozesses stand, fixierte man Grenzen für den Beitragssatz. Warum dieser 22 Prozent im Jahr 2030 nicht überschreiten darf, wenn die Gesellschaft bis dahin so stark altert, wie demografische Horrorszenarien suggerierten, welche die rot-grünen „Modernisierer" lancierten, um den Druck auf Belegschaften, Betriebsräte und Gewerkschaften zu erhöhen,

67 Vgl. dazu: Irene Dingeldey, Der aktivierende Wohlfahrtsstaat. Governance der Arbeitsmarktpolitik in Dänemark, Großbritannien und Deutschland, Frankfurt am Main/New York 2011, S. 284 ff.

68 Siehe Oliver Nachtwey, Marktsozialdemokratie. Die Transformation von SPD und Labour Party, Wiesbaden 2009, S. 173 ff.; vgl. auch: Frank Unger/Andreas Wehr/Karen Schönwälder, New Democrats – New Labour – Neue Sozialdemokraten, Berlin 1998

69 Siehe dazu: Christian Christen, Marktgesteuerte Alterssicherung. Von der Entwicklung zur Implementierung eines neoliberalen Reformprojekts, in: Christoph Butterwegge/Bettina Lösch/Ralf Ptak (Hrsg.), Neoliberalismus. Analysen und Alternativen, Mit einem Vorwort von Annelie Buntenbach, Wiesbaden 2008, S. 181 ff.

70 Vgl. Winfried Schmähl, Vergangenheit, Gegenwart und Zukunft der Gesetzlichen Rentenversicherung: Verhinderung von Armut im Alter?, in: Christoph Butterwegge/Gerd Bosbach/Matthias W. Birkwald (Hrsg.), Armut im Alter. Probleme und Perspektiven der sozialen Sicherung, Frankfurt am Main/New York 2012, S. 52 ff.

gleichzeitig die Arbeitsproduktivität und das Bruttoinlandsprodukt bis dahin aber vermutlich erheblich stärker steigen, als die Bevölkerungszahl und das Erwerbstätigenpotenzial abnehmen dürften, erschließt sich nur im Rahmen der neoliberalen Standortlogik.

Mit der „Riester-Reform" war ein doppelter Paradigmenwechsel in der Sozialpolitik verbunden: Zum einen stand nicht mehr das für den Wohlfahrtsstaat nach 1945 jahrzehntelang konstitutive Ziel der Lebensstandardsicherung, sondern die angeblich über die Leistungsfähigkeit des „Wirtschaftsstandortes" und damit die Zukunft Deutschlands entscheidende Beitragssatzstabilität im Mittelpunkt der Alterssicherungspolitik. Für prekär Beschäftigte, Geringverdiener/innen, Langzeit- bzw. Mehrfacharbeitslose und Arbeitnehmer/innen mit lückenhaftem Erwerbsverlauf, die sich keine private Altersvorsorge leisten (können), ergab sich aus einem von 53 Prozent vor Steuern um die Jahrtausendwende bis zum Jahr 2030 möglicherweise auf 43 Prozent vor Steuern sinkenden Rentenniveau ein hohes Armutsrisiko im Ruhestand. Dieses wurde von den Betreibern und Befürwortern der Riester-Reform billigend in Kauf genommen, um mittels der wachsenden Angst eines Großteils der Bevölkerung davor Versicherungskonzernen, Banken und Finanzdienstleistern ein neues Geschäftsfeld zu erschließen, ihnen die Zahlung von mehr Provisionen an Vermittler zu ermöglichen und ihren Eigentümern höhere Profite zu verschaffen.

Zum anderen brach nach der Pflegeversicherung nun auch ein „klassischer" Versicherungszweig mit dem Prinzip der paritätischen Finanzierung. Da sich die Arbeitgeber nicht an den Kosten der privaten Altersvorsorge beteiligen mussten, fungierte diese in Riesters Konzept keineswegs als Ergänzung der Gesetzlichen Rentenversicherung, vielmehr als teurer Ersatz für die kollektive, sozialpartnerschaftlich organisierte Alterssicherung, der drastische Leistungskürzungen einschloss.[71] Trotz der gesetzlichen Niveausicherungsklausel, die eine Bundesregierung zum Eingreifen anhält, wenn ein Rentenniveau von 43 Prozent des Durchschnittseinkommens vor Steuern im Jahr 2030 unterschritten wird, nähert sich die Standardrente dem Fürsorgeniveau immer mehr an.

Versicherungskonzerne, Großbanken und Fondsgesellschaften machten sowohl durch Lobbyarbeit im politisch-administrativen Raum als auch durch professionelle Medienkampagnen einerseits Stimmung gegen das umlagefinanzierte Rentensystem und propagierten andererseits die kapitalfundierte Altersvorsorge als einzig mögliche Antwort auf die vermeintlich krisenhafte demografische Entwicklung.[72] Die rot-grüne Rentenreform 2001 führte denn auch zu

71 Vgl. Johannes Steffen, Der Renten-Klau. Behauptungen und Tatsachen zur rot-grünen Rentenpolitik, Hamburg 2000, S. 95 f.

72 Vgl. dazu: Diana Wehlau, Lobbyismus und Rentenreform. Der Einfluss der Finanzdienstleistungsbranche auf die Teil-Privatisierung der Alterssicherung, Wiesbaden 2009; Christian

einer weiteren Entlastung der Arbeitgeber sowie zur Einschränkung der Leistungen für die Betroffenen. Rentner/innen und Schwerstbehinderte über 18 Jahren mit zu geringen Einkommen erhielten zwar einen Anspruch auf eine gegenüber dem Regelsatz der Sozialhilfe pauschal um 15 Prozent für einmalige Leistungen aufgestockte Sicherungsleistung, ohne dass ein Unterhaltsrückgriff auf Kinder und Eltern stattfand, sofern deren Jahreseinkommen 100.000 Euro nicht überstieg. Das die Riester-Reform flankierende *Gesetz über eine bedarfsorientierte Grundsicherung im Alter und bei Erwerbsminderung* ersparte Antragsteller(inne)n aber weder eine diskriminierend wirkende Bedürftigkeitsprüfung, noch fiel die bürokratische Doppelzuständigkeit von Rentenversicherungsträger und Kommune weg. Zum 1. Januar 2005 wurde das Grundsicherungsrecht ins Sozialgesetzbuch (SGB) XII – Sozialhilfe überführt, was seine Ausgliederung aus der Gesetzlichen Rentenversicherung (GRV) noch deutlicher hervortreten ließ. Sinnvoller, zielgenauer und sozialer wäre eine Regelung *innerhalb* des lohn- und beitragsbezogenen Systems selbst gewesen.

Bei der Riester-Rente handelte es sich nicht zuletzt um eine öffentliche Anschubfinanzierung für die Börse und eine direkte Förderung der Profite auf den Finanzmärkten tätiger Unternehmen und Organisationen.[73] Es war auch kein Zufall, dass die Einführung der Riester-Rente auf dem Höhepunkt einer Hausse des Aktienmarktes, d. h. eines länger andauernden Börsenbooms erfolgte, der die Idee, das Umlageverfahren durch den Aufbau eines Kapitalstocks zu schwächen, der Öffentlichkeit plausibel und vielen GRV-Versicherten attraktiv erscheinen ließ.

Nach dem Riester-Modell gar nicht gefördert wurden jene, die einer zusätzlichen Altersvorsorge am meisten bedurft hätten: Sozialhilfebezieher/innen. Leer gingen auch Erwerbslose und Arbeitnehmer/innen aus, die zu geringe Entgeltersatzleistungen bekommen bzw. nicht genug verdienen, um die von den großen Banken, Versicherungen und Fondsgesellschaften mit erheblichem Werbeaufwand angepriesenen Produkte bezahlen zu können. Hingegen profitierten Besserverdiende davon, dass sie solche Aufwendungen für ihre Altersvorsorge bei der Einkommensteuer absetzen können. „Der steuerliche Sonderausgabenabzug begünstigt vor allem hohe Einkommensgruppen, da mit zunehmendem Einkommen auch der staatliche Förderanteil steigt (bis zu den gesetzlich festgelegten Höchstbeträgen)."[74]

Christian Christen, Tobias Michel und Werner Rätz sahen in der Abkehr vom Umlageverfahren, wie sie die Riester'sche Rentenreform darstellte, nur

---

Christen, Politische Ökonomie der Alterssicherung. Kritik der Reformdebatte um Generationengerechtigkeit, Demographie und kapitalgedeckte Finanzierung, Marburg 2011

73 Vgl. Christian Christen/Tobias Michel/Werner Rätz, Sozialstaat. Wie die Sicherungssysteme funktionieren und wer von den „Reformen" profitiert, Hamburg 2003, S. 63

74 Frank Pilz, Der Sozialstaat. Ausbau – Kontroversen – Umbau, Bonn 2009 (Schriftenreihe der Bundeszentrale für politische Bildung, Bd. 761), S. 223

Nachteile: „Kapitalgedeckte Systeme sind teurer, verteilungspolitisch ungerechter und funktionieren für die Masse der Bevölkerung nicht wie versprochen.“[75] Die private Altersvorsorge ist keineswegs „demografieresistent“, sondern unterliegt ähnlichen Risiken wie ein Umlagesystem, wird jedoch zusätzlich von Turbulenzen der Finanzmärkte getroffen.

5.3.2 Rentenkürzung und mehr Altersarmut durch Lebensarbeitszeitverlängerung

Die nach der Bundestagswahl 2005 gebildete zweite Große Koalition machte gleich zu Beginn deutlich, dass mit Rentenerhöhungen vorläufig nicht zu rechnen sei, sondern erneut fälschlicherweise als „Nullrunden“ bezeichnete Aussetzungen der jährlichen Rentenanpassung anstünden. Zwar schloss der Koalitionsvertrag (nominale) Rentenkürzungen für die ganze Legislaturperiode aus, sah aber zwecks Gewährleistung der Beitragssatzstabilität die Möglichkeit, „nicht realisierte Dämpfungen von Rentenanpassungen nachzuholen“, sowie die „schrittweise, langfristige Anhebung des gesetzlichen Renteneintrittsalters“ vor.[76] Während mit einem „Nachholfaktor“ im Rentenrecht erreicht werden sollte, dass Kürzungen, auf die zunächst verzichtet wurde, in Erhöhungsphasen letztlich doch noch – weniger spektakulär – wirksam werden, wollten CDU, CSU und SPD die Lebensarbeitszeit unter Hinweis auf den demografischen Wandel verlängern und 2007 die gesetzliche Grundlage für eine 2012 beginnende und für den ersten Jahrgang spätestens 2035 abgeschlossene Anhebung der Regelaltersgrenze von 65 auf 67 Jahre schaffen.

Einer überraschenden Initiative des damaligen Arbeits- und Sozialministers Franz Müntefering (SPD) folgend, beschloss die Bundesregierung am 1. Februar 2006, das gesetzliche Renteneintrittsalter schneller anzuheben, als es die sog. Rürup-Kommission empfohlen und die Große Koalition vereinbart hatte: Nunmehr erhöhte sich die Regelaltersgrenze im Jahr 2012 für den Geburtsjahrgang 1947 um einen und für Folgejahrgänge jedes Jahr um einen weiteren Monat, bis der Jahrgang 1958 im Alter von 66 Jahren eine abschlagsfreie Rente ab 2024 bezieht; für die Folgejahrgänge beschleunigt sich die Anhebung der Altersgrenze um jeweils zwei Monate pro Jahr, bis der Jahrgang 1964 bereits 2029 erst mit 67 Jahren in Rente gehen kann.

Die 1916, nicht etwa zufällig mitten im Ersten Weltkrieg erfolgte Senkung des gesetzlichen Rentenzugangsalters von 70 auf 65 Jahre war eine soziale und

---

75 Christian Christen/Tobias Michel/Werner Rätz, Sozialstaat, a.a.O., S. 45

76 Siehe CDU Deutschlands/CSU Landesleitung/SPD Deutschlands (Hrsg.), Gemeinsam für Deutschland. Mit Mut und Menschlichkeit. Koalitionsvertrag von CDU, CSU und SPD, Rheinbach 2005, S. 96

kulturelle Errungenschaft von historischem Rang. Dass die Regelaltersgrenze gegenwärtig wieder schrittweise auf 67 Jahre ansteigt, ist ein gravierender Rückschritt, der umso weniger plausibel ist, als der gesellschaftliche Reichtum noch nie ähnlich hoch war wie heute und in den nächsten Jahrzehnten weiter zunehmen dürfte. Fast zwangsläufig folgten der Anhebung des Rentenalters auf 67 Jahre weitere Vorstöße der Kapitalseite, es auf 70 Jahre oder mehr zu erhöhen, was für die Gewerkschaften einen Frontalangriff auf Arbeitnehmerrechte bedeutete: „Am Ende steht ein höheres Rentenalter bei niedrigerem Rentenniveau und groteskerweise dennoch höheren Beiträgen; in jedem Fall auf der Seite der Arbeitnehmer, denen neben den höheren Beitragssätzen zur gesetzlichen Rentenversicherung die Kosten für die dann notwendige zusätzliche Altersvorsorge privat aufgeladen werden. Den Schaden davon haben alle Beschäftigten, gerade auch die jüngeren, denn für sie sollen die Altersgrenzen steigen."[77]

Da selbst viele Großunternehmen höchstens auf der Vorstandsetage noch Personen über 50 beschäftigen, führte das *RV-Altersgrenzenanpassungsgesetz* zu weiteren Rentenkürzungen, zwingt sie doch mehr Arbeitnehmer/innen, vor Erreichen der Regelaltersgrenze – und das heißt: mit entsprechenden Abschlägen – in den Ruhestand zu gehen. Mit besonderer Härte trifft die Heraufsetzung der Altersgrenze (unter)durchschnittlich Verdienende: „Infolge der in Deutschland sehr unterschiedlichen Lebenserwartung der verschiedenen Einkommenskohorten, mit Differenzen von bis zu neun Jahren, sind die Rentenbezugszeiten für Einkommensschwache nur etwa halb so lang wie für die obere Einkommenskohorte."[78]

Die von der CDU/CSU/FDP-Regierung am 1. Januar 2012 eingeleitete Anhebung des gesetzlichen Rentenzugangsalters bedeutete unter dem Strich eine weitere Kürzung der Altersrenten, und zwar nicht bloß für Menschen, die vorzeitig aus dem Berufsleben ausscheiden und deshalb Abschläge bzw. höhere Abschläge als bislang hinnehmen müssen. Selbst wenn – wie im günstigsten Fall – durch die Verlängerung der Lebensarbeitszeit zwei zusätzliche Entgeltpunkte anfallen, sinkt unabhängig davon, ob es genug Stellen für ältere Arbeitnehmer/innen sowie adäquate Maßnahmen der Gesundheitsförderung und der beruflichen Weiterbildung gibt, die eine Annäherung des faktischen Renteneintrittsalters an die Regelaltersgrenze erlauben würden, mit der Rentenbezugsdauer für einen Ruheständler – auf die verbleibende Lebenszeit berechnet – die Gesamtsumme seiner Altersbezüge.

Vor allem in Verbindung mit den Hartz-Gesetzen wurde hierdurch eine Rückkehr der für weitgehend überwunden gehaltenen Altersarmut in die Mitte

---

77 Annelie Buntenbach/Markus Hofmann/Ingo Schäfer, Arbeiten bis zum Tod oder Warum die Rente mit 70 keine Option ist, in: dies. (Hrsg.), Rente mit 70. Ein Schwarzbuch, Berlin 2017, S. 7

78 Stefan Welzk, Die „Alterskatastrophe" und der Absturz der Renten, in: Blätter für deutsche und internationale Politik 6/2006, S. 714

der Gesellschaft wahrscheinlicher.[79] Nach dem Auslaufen der sog. 58er-Regelung, die dafür sorgte, dass ältere Langzeitarbeitslose dem Arbeitsmarkt nicht mehr zur Verfügung stehen mussten, um Transferleistungen beziehen zu können, wurden die Betroffenen mit 63 Jahren zwangsverrentet, was ihre dürftigen Rentenansprüche weiter verringerte. Wer von den Betroffenen eine sog. Riester-Rente abgeschlossen hatte, konnte darauf nicht zurückgreifen, weil sie auf die Grundsicherung im Alter angerechnet wurde.

CDU, CSU und SPD hielten unbeirrt an der Generallinie ihrer rot-grünen Vorgängerregierung fest, die Finanzierungsgrundlagen des Sozialversicherungssystems durch materielle Zugeständnisse gegenüber den Arbeitgebern zu untergraben, worunter schließlich seine Akzeptanz bei den Arbeitnehmer(inne)n leidet, was es wiederum „anfälliger" für Reformmaßnahmen macht. Winfried Schmähl, der fürchtete, dass die Altersrenten in ihrem Realwert wie in Relation zum allgemeinen Einkommensniveau weiter zurückbleiben, nannte in diesem Zusammenhang den Beschluss der Großen Koalition zur Beibehaltung der abgabenfreien Entgeltumwandlung. SPD und Bündnis 90/Die Grünen hatten den Versicherten zwecks Anschubfinanzierung für die finanzmarktabhängige Altersvorsorge bis zum 31. Dezember 2008 befristet das Recht eingeräumt, Teile ihres Lohns in Ansprüche auf betriebliche Altersrenten umzuwandeln, ohne dass Steuern und Sozialabgaben dafür anfielen. Davon profitierten die Arbeitgeber, während die Einnahmenbasis der Rentenversicherungsträger unterminiert und der Leistungsanspruch aller Versicherten reduziert wurde: „Nicht nur, dass für diese Entgeltbestandteile keine GRV-Ansprüche erworben werden, ein Anstieg der Entgeltumwandlung mindert zudem auch die Entwicklung der für die Rentenanpassung maßgeblichen Entgelte und reduziert damit auch den Rentenanpassungssatz (sofern es überhaupt eine Anpassung gibt). Dies trifft alle Versicherten, gegenwärtige und künftige Rentner, unabhängig davon, ob sie die Entgeltumwandlung nutzen konnten oder nicht."[80]

Holger Balodis und Dagmar Hühne, die als erfahrene Fachleute für Alterssicherung auch vernunftige Alternativvorschläge zur Demontage der Gesetzlichen Rentenversicherung unterbreiteten, wiesen zu Recht darauf hin, dass sich die später entfristete und bis heute fortbestehende Entgeltumwandlung für das gesamte Sozialversicherungssystem der Bundesrepublik zerstörerisch auswirkt: „Nicht nur der Rentenkasse gehen Milliarden an Einnahmen verloren, auch den Krankenkassen und der Agentur für Arbeit werden weniger Beiträge über-

79 Vgl. Andreas Ebert/Ernst Kistler/Thomas Staudinger, Rente mit 67 – Probleme am Arbeitsmarkt, in: Aus Politik und Zeitgeschichte 4-5/2007, S. 31

80 Winfried Schmähl, Die Gefahr steigender Altersarmut in Deutschland – Gründe und Vorschläge zur Armutsvermeidung, in: Antje Richter/Iris Bunzendahl/Thomas Altgeld (Hrsg.), Dünne Rente – dicke Probleme. Alter, Armut und Gesundheit – Neue Herausforderungen für Armutsprävention und Gesundheitsförderung, Frankfurt am Main 2008, S. 41 f.

wiesen."[81] Damit sinke auch der Schutz der Arbeitnehmer/innen, weil sie im Krankheitsfalle weniger Krankengeld und bei Arbeitslosigkeit weniger Arbeitslosengeld erhielten. Vor allem die Stärkung der Betriebsrenten und die Einführung der Riester-Rente, aber auch die Einfügung des Nachhaltigkeits- und des Nachholfaktors in die Rentenanpassungsformel waren ausgesprochen schädlich für Unterprivilegierte, die ganze Gesellschaft und deren Verteilungsverhältnisse: „Sie werden absehbar die soziale Ungleichheit erhöhen, zu mehr Altersarmut führen und die Sicherung des Lebensstandards im Alter erschweren oder unmöglich machen."[82]

5.3.3 Hartz IV – Symbol für soziale Demontage, Verarmung und Verelendung

Wer in Hartz IV nur eine Arbeitsmarktreform sieht, missversteht das Gesetzespaket gründlich, weil er dessen sozialpolitische Bedeutung ebenso verkennt oder unterschätzt wie die ambitionierten Pläne seiner Urheber zur Veränderung der Gesellschaft insgesamt. Hartz IV war die tiefste Zäsur in der Wohlfahrtsstaatsentwicklung nach 1945: Zum ersten Mal wurde damit eine Lohnersatzleistung, die im Anschluss an das zeitlich befristete Arbeitslosengeld unbefristet, d. h. im Extremfall bis zur Rente gezahlte Arbeitslosenhilfe abgeschafft und durch eine bloße Fürsorgeleistung, das Arbeitslosengeld II, ersetzt.

Während der späten 1970er- und frühen 1980er-Jahre bildete das Sozialhilferecht den Hauptkampfplatz zwischen Anhänger(inne)n und Gegnern des bestehenden Wohlfahrtsstaates: Parlamentsinitiativen christ- und freidemokratischer Politiker zur Kürzung staatlicher Transferleistungen bezogen sich in erster Linie auf die Hilfe zum Lebensunterhalt.[83] Nachdem der Sozialhilfe-Regelsatz zuerst gedeckelt und anschließend das Warenkorb- durch das noch weniger generöse Statistikmodell ersetzt worden war, rückte die im April 1956 eingeführte Arbeitslosenhilfe gegen Ende der 1980er-/Anfang der 1990er-Jahre verstärkt ins Visier des Regierungsbündnisses von CDU, CSU und FDP. Seit der DDR-„Wende" und der Vereinigung beider deutscher Staaten, die in den neuen Bundesländern zu einer bis dahin nicht gekannten Massenerwerbslosigkeit und den Sozialstaat an die Grenzen seiner Leistungsfähigkeit führte, stand hauptsächlich die Arbeitslosenhilfe im Kreuzfeuer der liberalkonservativen Sozialstaatskritik. Hilfebedürftige konnten sie anstelle des Arbeitslosengeldes

81 Holger Balodis/Dagmar Hühne, Die große Rentenlüge. Warum eine gute und bezahlbare Alterssicherung für alle möglich ist, Frankfurt am Main 2017, S. 67

82 Kai Eicker-Wolf/Patrick Schreiner, Mit Tempo in die Privatisierung. Autobahnen, Schulen, Rente – und was noch?, Köln 2017, S. 87

83 Vgl. hierzu und zum Folgenden ausführlicher: Christoph Butterwegge, Hartz IV und die Folgen, a.a.O., S. 45 ff.

erhalten, wenn sie die für dessen Bezug erforderliche Mindestbeitragszeit nicht erfüllten (originäre Arbeitslosenhilfe) oder wenn seine Bezugsdauer ausgeschöpft war (Anschluss-Arbeitslosenhilfe).

Mehrfach scheiterten Gesetzesvorstöße der Regierungsparteien, die Zahlung von Arbeitslosenhilfe ganz einzustellen, deren Höhe zu reduzieren oder ihre Bezugsdauer zu begrenzen, nur am Widerstand des Bundesrates, wo die SPD-regierten Länder seit dem 21. April 1991 über eine Mehrheit verfügten, die ihnen als Vetomacht gegenüber der Bundesregierung und der schwarz-gelben Parlamentsmajorität diente. Nicht verhindern konnten sie allerdings, dass die vorher unbegrenzte Höchstbezugsdauer der originären Arbeitslosenhilfe ab 1. Januar 1994 auf höchstens zwölf Monate limitiert wurde. Nach dem am 1. April 1996 in Kraft getretenen *Arbeitslosenhilfe-Reformgesetz* sanken mit zunehmender Dauer der Erwerbslosigkeit nicht bloß die Vermittlungschancen, sondern durch alljährliche Verringerung des Bemessungsentgelts um drei Prozent auch die Bezüge und – im eigenen Portemonnaie spürbar – der „Marktwert" von Langzeiterwerbslosen.

Mit dem *Dritten Gesetz zur Änderung des Dritten Buchs Sozialgesetzbuch* schafften SPD und Bündnisgrüne die originäre Arbeitslosenhilfe zum 1. Januar 2000 ab. Die rot-grüne Bundesregierung verfolgte mit ihrer Politik eine Doppelstrategie: Einerseits wollte man durch massiven Druck auf die und Einschüchterung der Betroffenen mehr bzw. wirksamere „Beschäftigungsanreize" schaffen. Hieran fehlte es aber gar nicht, sondern an geeigneten Arbeitsplätzen. Andererseits sollte die Abschaffung der Arbeitslosenhilfe bzw. die Abschiebung der Langzeiterwerbslosen in die Fürsorge den stark defizitären Staatshaushalt entlasten. Es ging dabei nicht bloß um Leistungskürzungen in einem Kernbereich des staatlichen Sicherungssystems, vielmehr um einen Paradigmenwechsel, anders formuliert: um eine gesellschaftliche Richtungsentscheidung von prinzipieller Bedeutung, weil sie – dies war von Anfang an klar – das Gesicht der Bundesrepublik als „Soziale Marktwirtschaft" gravierend verändern würde.

An der Wiege des rot-grünen Reformprozesses stand die Bertelsmann Stiftung als Flaggschiff neoliberaler Politikberatung in Deutschland.[84] Ohne sie wäre Hartz IV vermutlich nie zustande gekommen, so eng war die Abschaffung der Anschluss-Arbeitslosenhilfe als einer für Millionen Menschen existenziell wichtigen Transferleistung von Beginn an mit ihren dubiosen Beratungsaktivitäten verbunden. Lange bevor im Februar 2002 die nach ihrem Vorsitzenden Peter Hartz benannte Kommission „Moderne Dienstleistungen am Arbeitsmarkt" eingesetzt wurde, hatte die Stiftung das Projekt einer verharmlosend „Zusammenlegung von Arbeitslosen- und Sozialhilfe" genannten Demontage des Wohlfahrtsstaates bereits organisatorisch und ideologisch gut vorbereitet.

84 Vgl. dazu: Thomas Schuler, Bertelsmannrepublik Deutschland. Eine Stiftung macht Politik, Frankfurt am Main/New York 2010, S. 101 ff.

In der Hartz-Kommission gaben neben dem VW-Vorstand weitere Manager und Unternehmensberater den Ton an. SPD und Bündnis 90/Die Grünen setzten das im Abschlussbericht dokumentierte Kommissionsergebnis nicht etwa – wie versprochen – „eins zu eins" um, sondern verschärften es im Rahmen der Verabschiedung von vier sog. Hartz-Gesetzen noch, zumal die Opposition aus CDU/CSU und FDP im Bundesrat die Mehrheit hatte und die rot-grüne Koalition ihr aufgrund der Kritiker/innen in den eigenen Reihen weiter als nötig entgegenkam.

Mit den Hartz-Gesetzen wurden zahlreiche Verschlechterungen für Arbeitsuchende, Langzeiterwerbslose und „aufstockende" Geringverdiener/innen eingeführt, die hier nur stichwortartig rekapituliert werden sollen:

Die Höchstbezugsdauer des Arbeitslosengeldes (I) wurde auf höchstens 18 Monate verringert; die Anwartschaftszeit, während der man Beiträge in die Arbeitslosenversicherung gezahlt haben musste, um Leistungsansprüche zu erwerben, verlängert; die Rahmenfrist, in der das geschehen sein musste, von drei Jahren auf zwei Jahre verkürzt. Mehr als zwei Drittel aller Erwerbslosen befinden sich deshalb heute im Hartz-IV-Bezug und bloß noch ein knappes Drittel im Versicherungssystem. Immer mehr Erwerbslose erhalten nie mehr Arbeitslosengeld (I), sondern gleich das in aller Regel deutlich niedrigere Arbeitslosengeld II.

Gerhard Schröder hat in seiner berühmt-berüchtigten „Agenda 2010"-Rede mit der Forderung nach einer „Zusammenlegung von Arbeitslosen- und Sozialhilfe" die zentrale Legitimationsformel für Hartz IV präsentiert. Dabei wurde am 1. Januar 2005 gar nichts zusammengelegt, sondern mit der Arbeitslosenhilfe zum ersten Mal seit 1945 eine den Lebensstandard von Millionen Erwerbslosen (noch halbwegs) sichernde Lohn*ersatz*leistung abgeschafft. An deren Stelle trat mit dem Arbeitslosengeld II eine höchstens noch das soziokulturelle Existenzminimum sichernde *Fürsorge*leistung, die als Lohn*ergänzungs*leistung im Sinne eines „Kombilohns" gedacht war und eigentlich „Sozialhilfe II" hätte heißen müssen. Dies war der harte, materielle Kern von Hartz IV, dem heute öffentlich kaum noch Aufmerksamkeit geschenkt wird. Es gab im Jahr 2004 fast 2,2 Millionen Bezieher/innen von Arbeitslosenhilfe, die für Kinderlose 53 Prozent und für Arbeitslose mit unterhaltsberechtigten Kindern 57 Prozent ihres letzten Nettogehalts betrug. Dass sich die Kinderarmut seit 2004 fast verdoppelt hat, ist wesentlich auf die Abschaffung der Arbeitslosenhilfe und den Bruch mit dem Lebensstandardsicherungsprinzip des bundesrepublikanischen Sozialstaates zurückzuführen.

Mit der Einführung von Hartz IV war eine Pauschalierung der Regelsätze verbunden, die inzwischen Regelbedarfe heißen und zu niedrig sind, um in Würde leben, sich gesund ernähren und ordentlich kleiden zu können. Besonders kinderreiche Familien leiden darunter, dass mit dem Inkrafttreten von Hartz IV die wiederkehrenden einmaligen Leistungen, etwa für die Reparatur einer Waschmaschine und die Anschaffung eines Fahrrades oder eines neuen Wintermantels für schnell gewachsene Kinder, weggefallen sind.

Einen Berufs- und Qualifikationsschutz gibt es bei Hartz IV nicht mehr, weil CDU/CSU und FDP im Vermittlungsausschuss jene Teilverbesserungen, die der SPD-Bundestagsabgeordnete Ottmar Schreiner und andere linke Sozialdemokrat(inn)en Gerhard Schröder nach harten innerparteilichen Kämpfen abgerungen hatten, im Vermittlungsausschuss wieder in den Gesetzentwurf hineinverhandelt haben. Wenn das Jobcenter darauf besteht, muss eine medizinisch-technische Assistentin deshalb jetzt im Getränkemarkt und ein Betriebstechniker als Nachtwächter arbeiten, wenn sie nicht ihren Anspruch auf Unterstützung einbüßen wollen. Möglich wurde es auch, dem mehr als ein Jahr arbeitslosen Diplomingenieur einen 1-Euro-Job aufzudrängen, um seine Arbeitswilligkeit zu testen. Warum soll dieser, wenn er staatliche Transferleistungen erhält, eigentlich nicht – dem Motto „Fördern und Fordern" gemäß – einen öffentlichen Park fegen oder in einer Schule bei der Essensausgabe helfen? Nun, ganz einfach deshalb, weil das nicht seiner Ausbildung entspricht, für ihn entwürdigend ist und oft dazu führt, dass ein für die entsprechenden Tätigkeiten besser geeigneter Arbeitnehmer seine Stelle verliert.

Hartz IV ist mit verschärften Zumutbarkeitsregelungen für die Arbeitsaufnahme verbunden. Arbeitslosengeld-II-Bezieher/innen müssen jeden Job annehmen, auch wenn er weder nach Tarif noch ortsüblich entlohnt wird. Auch dies haben CDU/CSU und FDP, denen die Hartz-Gesetze nicht weit genug gingen, im Vermittlungsausschuss durchgesetzt. Von den immer noch vier Millionen erwerbsfähigen Hartz-IV-Bezieher(inne)n sind eine Million gar nicht arbeitslos, sondern „Aufstocker/innen", die so wenig verdienen, dass sie von ihrem Lohn nicht leben können.

Ein wesentlicher Bestandteil der Hartz-IV-Gesetzgebung waren harte Sanktionen, die nötig erschienen, um Zwangsmaßnahmen der Jobcenter wie die erwähnten durchsetzen zu können. Bei der ersten Pflichtverletzung, die darin bestehen kann, dass man einen (der eigenen Qualifikation nicht entsprechenden) Job ablehnt, ein (vielleicht bereits schon einmal absolviertes) Bewerbungstraining nicht antritt oder eine (ungeeignet erscheinende) Weiterbildung abbricht, wird der Regelbedarf um 30 Prozent gekürzt; bei der zweiten Pflichtverletzung um 60 Prozent; bei der dritten Pflichtverletzung droht eine Totalsanktionierung, bei der das Jobcenter die Mittel für den Lebensunterhalt streicht, aber auch die Miet- und Heizkosten nicht mehr übernimmt. Noch härter trifft es Jugendliche, Heranwachsende und junge Erwachsene unter 25 Jahren, die schon bei der zweiten Pflichtverletzung riskieren, ihre Wohnung zu verlieren. Die rigide Sanktionspraxis der Jobcenter ist ebenso fragwürdig wie die den Leistungsberechtigten oktroyierte Eingliederungsvereinbarung. Schon durch eine Sanktionsdrohung wird massiver Druck auf die Betroffenen ausgeübt, der sie teilweise in die Resignation und in die Depression treibt. Indem man junge Menschen im Extremfall zur Obdachlosigkeit verurteilt, führt man sie nicht etwa „auf den rechten Weg“ zurück, sondern veranlasst sie höchstens, sich auf ungesetzliche Weise durchs Leben zu schlagen. Die unsägliche Rohrstock-Pädagogik längst vergangener Zeiten hat in der Arbeitsmarkt- und Sozialpolitik des 21. Jahrhunderts nichts zu suchen, denn mit alttestamentarischer Strenge bewirkt man keine Verhaltensänderung im positiven Sinne, sondern oft genug das Gegenteil.

Hartz IV übernahm das wie viele andere Bestandteile dieses Gesetzespaketes aus der Weimarer Republik stammende Konstrukt der Bedarfsgemeinschaft – damals hieß es noch „Familiennotgemeinschaft“ – aus dem Fürsorgerecht. Hierdurch wurden selbst Personen, die weder mit Leistungsbedürftigen verwandt noch ihnen gegenüber unterhaltspflichtig waren, als Teil einer „Verantwortungs- und Einstehensgemeinschaft“ im Sinne einer ausgeweiteten Sippenhaft zur Kostenübernahme angehalten, um die Zahlungen der Jobcenter zu minimieren. Damit verbunden waren teilweise bis in den Intimbereich von Hartz-IV-Bezieher(inne)n hineinreichende Auskunftsersuchen, Kontrollmaßnahmen und Überwachungspraktiken von Sozialdetektiven der Jobcenter. Später erfolgte auch noch die Beweislastumkehr für zusammenwohnende Personen. Unter-25-Jährige, die einen eigenen Haushalt gründen wollten, mussten die Erlaubnis des Jobcenters einholen.

Mit den ersten Hartz-Gesetzen wurden die Hürden jener Bedürftigkeitsprüfung schrittweise erhöht, der sich alle Transferleistungsempfänger/innen unterziehen müssen. Gegenüber der ursprünglichen Regelung bei der Arbeitslosenhilfe verringerte sich das Schonvermögen. Langzeiterwerbslose mussten selbst eine der Altersvorsorge dienende Kapitallebensversicherung und/oder eine selbstgenutzte Immobilie, die sie besaßen, veräußern, bevor sie Arbeitslosengeld II erhalten konnten. Später wurde das Altersvorsorge-Schonvermögen für Arbeitslosengeld-II-Bezieher/innen von 250 Euro auf 750 Euro pro Lebensjahr verdreifacht und auch der Besitz einer selbstgenutzten Eigentumswohnung bzw. eines Eigenheims unter bestimmten Voraussetzungen ermöglicht.

Ausgerechnet im Jahr gegen Armut und soziale Ausgrenzung, das die Europäische Union 2010 beging, fassten die damaligen Regierungsparteien CDU, CSU und FDP den Entschluss, den Zuschlag zu streichen, der bis dahin beim Übergang vom Bezug des Arbeitslosengeldes (I) zum Bezug von Arbeitslosengeld II zwei Jahre lang gezahlt wurde, und für Hartz-IV-Bezieher/innen auch keine Beiträge mehr in die Gesetzliche Rentenversicherung einzuzahlen. Maßnahmen der beruflichen Weiterbildung für Erwerbslose, die bisher Pflichtleistungen waren, wurden gestrichen oder zu bloßen Ermessensleistungen der Jobcenter.

5.4 US-Amerikanisierung der Steuerpolitik: Geschenke für Gutbetuchte und Opfer für Bedürftige

Wenn eine Regierung über Jahrzehnte hinweg eine Politik der Reichtumsförderung statt der Armutsbekämpfung macht, wächst die sozioökonomische Ungleichheit. Genau dies ist in der Bundesrepublik geschehen. So gibt es hierzulande keine Kapital- und Gewinnsteuerart, die während der vergangenen Jahrzehnte beibehalten oder angehoben worden ist. Die politisch Verantwortlichen haben sie vielmehr entweder gesenkt, abgeschafft oder einfach nicht mehr erhoben. Teilweise unter dem Vorwand der Armutsbekämpfung betrieben die etablierten Parteien systematisch Reichtumsförderung, was sich vor allem für Spitzenverdiener, Firmenbesitzer, Kapitaleigner und Hochvermögende auszahlte. Von unterschiedlichen Regierungen wechselnder politischer Couleur wurde die Börsenumsatzsteuer ebenso abgeschafft wie die Gewerbekapitalsteuer, der Spitzensteuersatz bei der Einkommensteuer mehrfach gesenkt, die Vermögensteuer unter dem Vorwand, das Bundesverfassungsgericht habe sie in seinem Urteil hierzu für grundgesetzwidrig erklärt, nicht mehr erhoben, die Körperschaftsteuer für Kapitalgesellschaften zu einer Bagatellsteuer gemacht, die bloß noch einen Bruchteil des Tabaksteueraufkommens erbringt, und die betriebliche Erbschaftsteuer zu einer reinen Phantomabgabe degradiert.

5.4.1 Steuerpolitik der CDU/CSU/FDP-Koalitionen unter Konrad Adenauer und Helmut Kohl

Aufgrund des *Kontrollratsgesetzes Nr. 12 betreffend Änderung der Gesetzgebung in Bezug auf Einkommensteuer, Körperschaftssteuer und Gewinnabführung* vom 11. Februar 1946 sowie weiterer Steuerauflagen der Alliierten belastete die Bundesrepublik im Gründungsstadium gezwungenermaßen Spitzeneinkommen so hoch wie die USA in der Tradition des New Deals von Präsident Franklin Delano Roosevelt.[85] Zu Beginn der 1950er-Jahre betrug die Einkommensteuer ab 250.001 DM immer noch 186.215 DM plus 95 Pfennig auf jede weitere D-Mark.[86] Einkommensmillionäre zahlten damals also nicht weniger als 898.715 DM Einkommensteuer, was knapp 90 Prozent entsprach. Bei noch höheren Einkommen näherte sich der Steuersatz immer mehr 95 Prozent. Die bürgerlichen Koalitionsregierungen unter Bundeskanzler Konrad Adenauer setzten jedoch von Beginn an alles daran, die Steuerbelastung von Wohlhaben-

85 Vgl. dazu: Peter Bühner, Die Einkommensteuer in den drei Besatzungszonen der Westalliierten (1945-1949). Ein Beitrag zur Effizienz des Systemgedankens im Steuerrecht, Köln 1990, S. 59 ff.

86 Vgl. Verordnung vom 15. Mai 1950 betreffend Jahrestabellen für die Einkommensteuer und Lohnsteuer. Einkommensteuertabelle, gültig ab 1. Januar 1950, Anlage 1, in: Bundesgesetzblatt, Jahrgang 1950, Teil I, ausgegeben zu Bonn am 17. Mai 1950, S. 169

den, Reichen und Hyperreichen zu senken. Zunächst wurde die Bemessungsgrundlage „verschlankt“ und später der Spitzensteuersatz im Rahmen einer „kleinen“ und einer „großen“ Steuerreform, die 1953 und 1955 stattfanden, nach unten gedrückt. Am 1. Januar 1958 wurde das besonders Spitzenverdiener in einer „Hausfrauenehe“ begünstigende Ehegattensplitting eingeführt und der Spitzensteuersatz gleichzeitig auf 53 Prozent gesenkt. Die sozial-liberale Koalition unter Bundeskanzler Willy Brandt hob diesen zum 1. Januar 1975 wieder leicht auf 56 Prozent an, wo er bis zum Kanzlerwechsel von Helmut Schmidt zu Helmut Kohl verharrte.

Kaum hatten Helmut Kohl als neuer Bundeskanzler und seine Minister unter dem Motto „Leistung muss sich wieder lohnen!“ am 4. Oktober 1982 ihre Ämter angetreten, senkten CDU, CSU und FDP die Vermögensteuer, später auch die (damals noch 56 Prozent auf einbehaltene Gewinne betragende) Körperschaftsteuer und den gleich hohen Spitzensteuersatz bei der Einkommensteuer. Überhaupt sorgte die Steuerpolitik der schwarz-gelben Koalition in den 1980er- und 1990er-Jahren dafür, dass sich die Einkommensverteilung zulasten der Arbeitnehmer/innen und ihrer Familien verschob, wohingegen massiv begünstigt wurde, wer Einkünfte aus Unternehmertätigkeit und Vermögen erzielte.[87] Zu nennen sind in diesem Kontext neben den genannten Maßnahmen vor allem die Aussetzung der Vermögensteuer, von einer Vielzahl von Sonderabschreibungsregelungen für Investoren in den neuen Bundesländern ganz zu schweigen.

Nach der Vereinigung beider deutscher Staaten wurden die Kosten des Transformationsprozesses in erster Linie aus Mitteln der Sozialversicherungen finanziert. Auf diese Weise vermied man – mit Ausnahme einer zweimaligen Erhöhung der Mineralöl- und der Versicherungsteuer sowie einer Anhebung der Erdgas-, der Tabak- und der Mehrwertsteuer – Steuererhöhungen für den „Aufbau Ost“, die der als „Kanzler der Einheit“ gefeierte Helmut Kohl rigoros ausgeschlossen hatte. Abgesehen vom Solidaritätszuschlag auf die Lohn-, Einkommen- und Körperschaftsteuer handelte es sich dabei ausschließlich um indirekte, Verbrauchs- bzw. Massensteuern, die sozial Benachteiligte härter trafen als materiell Privilegierte.

Die verteilungspolitische Schieflage des liberal-konservativen Regierungskurses zeigte sich auch daran, dass die Koalition bei Erwerbslosen, Armen und sozial Bedürftigen wiederholt Leistungskürzungen vornahm, die als „Sparmaßnahmen“ deklariert wurden und auch einen Verlust an Massenkaufkraft bedeuteten, wohingegen sie unmittelbar nach ihrer Bestätigung in der Bundestags-

---

87 Empirische Belege dafür finden sich bei Claus Schäfer, Von massiven Verteilungsproblemen zu echten Wettbewerbsnachteilen? – Daten, Fakten und Argumente zur Entmythologisierung der „Standort“-Debatte, in: Christoph Butterwegge/Martin Kutscha/Sabine Berghahn (Hrsg.), Herrschaft des Marktes – Abschied vom Staat?, Folgen neoliberaler Modernisierung für Gesellschaft, Recht und Politik, Baden-Baden 1999, S. 63 ff.

wahl am 6. März 1983 eine Senkung der Vermögensteuer realisierte und diese nach einem Urteil des Bundesverfassungsgerichts vom 22. Juni 1995, das ihr mit dem sog. Halbteilungsgrundsatz, von Paul Kirchhof hineingebracht, dafür einen geeigneten Aufhänger bot,[88] seit dem Veranlagungsjahr 1997 gar nicht mehr erhob.

In der Familienförderung legte die schwarz-gelbe Koalition den Schwerpunkt auf steuerpolitische Maßnahmen, wovon jene Bevölkerungsschichten am meisten profitierten, die hohe Einkommensteuern zahlen mussten. Hatte die SPD/FDP-Koalition mit der Kindergeldreform 1975 die steuerlichen Freibeträge abgeschafft, von denen Wohlhabende besonders profitierten, und ein Kindergeld für das erste Kind in Höhe von 50 DM (25,56 Euro) eingeführt sowie das Kindergeld für ein zweites Kind auf 70 DM (35,79 Euro) und für alle weiteren Kinder auf 120 DM (61,36 Euro) erhöht, kehrte die Kohl-Regierung zum *dualen* Familienlastenausgleich (Kombination von Kindergeld und Steuerfreibetrag) zurück. Eltern, die aufgrund ihres zu geringen Einkommens die steuerlichen Freibeträge nicht (voll) ausschöpfen konnten, gewährte man einen Kindergeldzuschlag, der jedoch niedriger als der Steuervorteil für die Besserverdienenden ausfiel. Die negativen Folgewirkungen des *horizontalen* Familienlastenausgleichs in verteilungspolitischer Hinsicht nahm man bewusst in Kauf. Da kein *vertikaler* Lastenausgleich erfolgte, der vor allem die Kinder sozial Benachteiligter ins Zentrum familienpolitischer Bemühungen gerückt hätte, fand eine Umverteilung von unten nach oben statt. „Denn ein horizontal ausgerichteter Familienlastenausgleich hat zum Ergebnis, daß bestehende Einkommens- und Chancenungleichheiten nachhaltig verschärft werden."[89]

Während der letzten Amtsperiode von Helmut Kohl, die bei einer weiter steigenden Arbeitslosigkeit stärker durch Leistungskürzungen und eine Verschärfung von Anspruchsvoraussetzungen bestimmt war, ließ die Sozialpolitik von CDU/CSU und FDP gewisse Tendenzen einer Refeudalisierung, wenn nicht gar eines partiellen Rückfalls ins Mittelalter erkennen. Das sog. Dienstmädchenprivileg, als Sonderausgabenabzug im Einkommensteuerrecht verankert, wurde ausgebaut. Besserverdienende konnten die Bezahlung von Haushaltshilfen steuerlich absetzen, und zwar unabhängig davon, ob Kinder zu betreuen oder pflegebedürftige Angehörige zu versorgen waren.

88 Vgl. Hans Dietrich von Loeffelholz, Perspektiven und Optionen der Vermögensbesteuerung in Deutschland, in: Achim Truger (Hrsg.), Rot-grüne Steuerreformen in Deutschland. Eine Zwischenbilanz, Marburg 2001, S. 229

89 Peter Flieshardt/Johannes Steffen, Renaissance der Familie? – Praktische Tips und kritische Fragen zur „neuen" Steuer- und Sozialpolitik, Hamburg 1986, S. 19

5.4.2 Die rot-grünen Steuerreformen und die Privilegierung der Kapitalanleger durch die Große Koalition

Nach dem Rücktritt Oskar Lafontaines als Finanzminister der rot-grünen Bundesregierung im März 1999 und der Ernennung von Hans Eichel zu seinem Nachfolger einen Monat später fand in der Steuerpolitik eine „Wende zur Stärkung der Kapitalgesellschaften und der Aktionäre" statt.[90] Keine Bundesregierung vor ihr hat bessere Verwertungsbedingungen für das Kapital, günstigere Anlagemöglichkeiten für (Groß-)Aktionäre und niedrigere Steuersätze für Unternehmer geschaffen als die rot-grüne. Nicht zufällig löste die Bekanntgabe ihrer Steuerpläne zur Auflösung der „Deutschland AG" um Weihnachten 1999 an den Aktienmärkten ein regelrechtes Kursfeuerwerk aus. Vor allem die später wenigstens zum Teil rückgängig gemachte Steuerbefreiung der Gewinne aus dem Verkauf inländischer Kapitalbeteiligungen und die Einführung des Halbeinkünfteverfahrens im Hinblick auf Dividenden und Kursgewinne beflügelten die Börsianer, während sie tiefe Löcher in den Staatshaushalt rissen.

Ungeachtet einzelner Akzentverschiebungen führte die rot-grüne Regierungskoalition den Kurs ihrer Vorgängerinnen in der Steuerpolitik fort, welchen sie in der Opposition noch bekämpft und lange mit Erfolg blockiert hatte.[91] Dies galt für die Reform der Unternehmensteuern ebenso wie für die Reform der Einkommensteuer. Trotz höherer Grundfreibeträge und der zusätzlichen Entlastungswirkungen für Familien kann man die im Juli 2000 verabschiedete Steuerreform, bei welcher der Spitzensteuersatz um 11 Prozentpunkte (von 53% auf 42%) stärker als der Eingangssteuersatz für Kleinverdiener/innen (um 10,9 Prozentpunkte von 25,9% auf 15%) sank, kaum sozial nennen. Während die Haushalte mit einem niedrigen Einkommen im Jahr 2005 kaum mehr Geld zur Verfügung hatten als fünf Jahre zuvor, mussten ledige und kinderlose Einkommensmillionäre jetzt über 90.000 Euro pro Jahr weniger Steuern zahlen als damals. Auch prozentual stieg das Nettoeinkommen gerade bei Hocheinkommensbeziehern überproportional.[92] Mit dem privaten Reichtum, der sich aufgrund der rot-grünen Steuerpolitik noch mehr bei den finanzkräftigsten Bevölkerungsgruppen konzentrierte, wuchs auch die öffentliche Armut. Erst nach der Abwahl von SPD und Bündnisgrünen, im Jahr 2006, konnten die fünf

---

90 Siehe Arbeitsgruppe Alternative Wirtschaftspolitik, Memorandum 2000. Den Aufschwung nutzen – Politik für Arbeitsplätze, soziale Gerechtigkeit und ökologischen Umbau, Köln 2000, S. 54 f.

91 Vgl. Stefan Bach, Die Unternehmensteuerreform, in: Achim Truger (Hrsg.), Rot-grüne Steuerreformen in Deutschland, a.a.O., S. 87

92 Vgl. Kai Eicker-Wolf, (Um-)Steuern für Arbeit und soziale Gerechtigkeit. Alternativen zu leeren Kassen und zur Umverteilung von unten nach oben, in: Holger Kindler/Ada-Charlotte Regelmann/Marco Tullney (Hrsg.), Die Folgen der Agenda 2010. Alte und neue Zwänge des Sozialstaats, Hamburg 2004, S. 195

Jahre vorher wirksam gewordenen Einnahmeausfälle des Staates ausgeglichen werden und erreichten die Steuereinnahmen wieder das frühere Niveau.[93]

Dagegen trafen die sog. Ökosteuern in der Form, wie die rot-grüne Koalition sie eingeführt hatte, statt der Hauptumweltverschmutzer des produzierenden Gewerbes bzw. der Großindustrie vor allem sozial Benachteiligte (Sozialhilfeempfänger/innen, Rentner/innen, Arbeitslose, Zivildienstleistende und Studierende). Während sie die Unternehmen nahezu komplett überwälzen konnten, wirkten die Ökosteuern faktisch wie eine spezielle Verbrauchsteuer, welche die privaten Haushalte aufzubringen hatten. Dabei war die relative Belastung bei den Bezieher(inne)n von Transfereinkommen, die von der Senkung der Rentenversicherungsbeiträge gar nichts hatten, am höchsten.[94] Prononciert formuliert lässt sich also feststellen: Durch die Ökosteuern wurden die *Lohn*nebenkosten (Arbeitgeber- und Arbeitnehmerbeiträge zur Rentenversicherung) gesenkt, die *Wohn*nebenkosten von Arbeitslosen, Rentner(inne)n, Schüler(inne)n und Studierenden, die hiervon nicht oder höchstens indirekt profitierten, aber gleichzeitig erhöht.

Bundeskanzler Gerhard Schröder ging es in seiner Agenda 2010 nicht ausschließlich um den Arbeitsmarkt und die Sozialpolitik. Vielmehr war damit auch eine Reform der Einkommens- und der Unternehmensbesteuerung verbunden, die zu einer weiteren Vertiefung der Kluft zwischen Arm und Reich beitragen sollte. Hohe (Kapital-)Einkommen und Unternehmensgewinne werden seither geringer als jemals zuvor nach 1945 besteuert, während die Rot-Grün im November 2005 folgende erste Große Koalition unter Angela Merkel die Mehrwertsteuer zum 1. Januar 2007 von 16 auf 19 Prozent erhöhte, obwohl die CDU-Vorsitzende im Wahlkampf nur eine Anhebung um zwei Prozentpunkte gefordert und die SPD heftig gegen diese „Merkel-Steuer" polemisiert hatte. Man kann also von einer Steuerpolitik nach dem Matthäus-Prinzip sprechen, weil die Reichen reicher und die Armen noch ärmer gemacht wurden.

Um den „Standort D" attraktiver zu machen und mehr ausländische Investoren anzulocken, fand eine schrittweise Verlagerung von den direkten zu indirekten bzw. Verbrauchsteuern statt. Damit entschied nicht mehr ausschließlich die finanzielle Leistungsfähigkeit über die Steuerlast der Bürger/innen, sondern ihr Bedarf an Konsumgütern, welcher etwa bei kinderreichen Familien sehr hoch ist. Außerdem spielte das Argument der Unüberschaubarkeit des komplizierten Steuersystems im öffentlichen Diskurs eine wichtige Rolle. Friedrich Merz, damals stellvertretender Vorsitzender der Unionsfraktion im Bundestag, knüpfte daran seinen Plan für eine radikale Vereinfachung der Einkommensteuer, die – auf drei Tarifstufen (12, 24 und 36 Prozent) komprimiert – eine

---

93 Vgl. Norbert Walter-Borjans, Steuern. Der große Bluff, Köln 2018, S. 17

94 Vgl. Rudolf Hickel, Abschied vom Rheinischen Kapitalismus?, Zum rot-grünen Kurswechsel in der Wirtschafts- und Finanzpolitik, in: Blätter für deutsche und internationale Politik 8/1999, S. 951

Berechnung der Steuerschuld für die meisten Bürger/innen „auf einem Bierdeckel“ ermöglichen sollte.[95] Der Berliner Publizist Albrecht von Lucke wies demgegenüber darauf hin, dass Transparenz zwar eine Voraussetzung für mehr Steuergerechtigkeit darstellt, aber keine Gewähr dafür bietet, sondern Simplizität genauso gut das Einfallstor für Maßnahmen zur Vergrößerung der sozialen Ungleichheit sein kann: „Der Kern der Ungerechtigkeit des Merzschen Modells liegt bereits in der Einfachheit seiner drei Stufen, innerhalb derer keine progressiven Differenzen möglich sind. Das Dogma der Einfachheit geht hier eindeutig zu Lasten der Gerechtigkeit im Einzelfall.“[96]

Paul Kirchhof, früherer Verfassungsrichter und Vorsitzender einer Steuerreformkommission, entwarf ein nur 23 Paragrafen umfassendes einheitliches Einkommen- und Körperschaftsteuergesetz, das keine Lenkungs- bzw. Ausnahmetatbestände enthielt: „In diesem vereinfachten System, das insbesondere die Einkünfte aus Arbeit und Kapital gleich belastet, genügt eine progressive Besteuerung, die bei einem Spitzensatz von 25 Prozent endet.“[97] Bevor Kirchhof in das „Kompetenzteam“ der CDU/CSU-Kanzlerkandidatin Angela Merkel berufen wurde, war er Gastredner auf dem FDP-Parteitag vom 5. bis 7. Mai 2005 in Köln, der das liberale Steuermodell mit drei Tarifstufen (15, 25 und 35 Prozent) bestätigte, aber hervorhob, dass sie längerfristig zusammengeführt und verschmolzen werden sollten. Der damalige Kanzleramtsminister, spätere Balkan-Beauftragte der EU und WAZ-Manager Bodo Hombach war noch weiter gegangen, als er in seinem Buch „Aufbruch“ den Einheitssteuersatz (Flat Tax) von 20,5 Prozent nannte.[98] Dieser sollte gleichermaßen für Krankenschwestern wie Konzernchefs, Hausmeister wie Manager und Müllwerker wie Multimilliardäre gelten.

Mit einer Nivellierung der Einkommensteuersätze nach unten, wie sie die rot-grüne Bundesregierung und die liberal-konservative Opposition gleichermaßen betrieben, ließ sich die Spreizung von Einkommen und Geldvermögen nur verschärfen. Gehörte die linear-progressive Besteuerung der Einkommen bisher zum Kern des deutschen (und europäischen) Sozialstaatsmodells,[99] wur-

95 Vgl. Friedrich Merz, Ein modernes Einkommensteuerrecht für Deutschland. Zehn Leitsätze für eine radikale Vereinfachung und eine grundlegende Reform des deutschen Einkommensteuersystems, in: ders., Nur wer sich ändert, wird bestehen. Vom Ende der Wohlstandsillusion – Kursbestimmung für unsere Zukunft, 2. Aufl. Freiburg im Breisgau/Basel/Wien 2004, S. 206

96 Albrecht von Lucke, SPD ohne Idee, in: Blätter für deutsche und internationale Politik 12/2003, S. 1418

97 Paul Kirchhof, Durchs Kassenhäuschen der Steuer in den Garten der Freiheit. Der Entwurf für ein neues Einkommensteuerrecht ist nicht nur einfach, sondern auch gerecht, in: Stephan Hebel/Wolfgang Kessler (Hrsg.), Zukunft sozial: Wegweiser zu mehr Gerechtigkeit, Frankfurt am Main/Oberursel 2004, S. 99; vgl. ergänzend: ders., Der sanfte Verlust der Freiheit. Für ein neues Steuerrecht – klar, verständlich, gerecht, München 2004

98 Vgl. Bodo Hombach, Aufbruch. Die Politik der Neuen Mitte, Mit einem Nachwort von Gerhard Schröder, München/Düsseldorf 1998, S. 91

99 Vgl. Albrecht von Lucke, SPD ohne Idee, a.a.O., S. 1417

de sie nicht zuletzt aufgrund eines durch die kampagnenartige Öffentlichkeitsarbeit von kapitalkräftigen Stiftungen, Initiativen und Denkfabriken gezielt veränderten Gerechtigkeitsbegriffs vieler Bürger/innen immer stärker in Frage gestellt. Konsequent zu Ende gedacht, erfordert wahre Steuergerechtigkeit nach dieser Logik denselben Zahlbetrag für alle Bürger/innen, ganz unabhängig von ihrem jeweiligen Einkommen.

Hauptprofiteure der rot-grünen Steuerreformen waren die Großaktionäre der Kapitalgesellschaften. Man reduzierte den Satz der (von diesen zu entrichtenden) Körperschaftsteuer stark, ohne die Vermögensteuer wieder zu erheben oder die Erbschaftsteuer zu erhöhen. Der bündnisgrüne Außenminister Joschka Fischer behauptete in seinem Buch *Für einen neuen Gesellschaftsvertrag*, aus Gründen des internationalen Standortwettbewerbs verbiete sich eine stärkere Besteuerung von Vermögens- und Kapitaleinkommen.[100] Freilich lag die reale Steuerbelastung deutscher Unternehmen eher im unteren Mittelfeld der OECD-Länder und war noch nie so gering, die Arbeitslosigkeit hingegen noch nie so hoch wie seinerzeit. Daraus den Schluss zu ziehen, man müsse die Gewinnsteuern weiter senken, damit mehr Stellen in den Betrieben geschaffen würden, war absurd. Das Problem waren nicht zu geringe Unternehmensgewinne, sondern die Art und Weise ihrer Verwendung.[101] Hatte das Aufkommen der (von 45 bzw. 30 Prozent auf einheitlich 25 Prozent gesenkten und mit günstigeren Verrechnungsmöglichkeiten versehenen) Körperschaftsteuer im Jahr 2001 noch bei über 46 Milliarden DM (ca. 23,53 Milliarden Euro) gelegen, brach es im darauf folgenden Jahr völlig ein: Nunmehr musste der Staat ca. 800 Millionen DM (über 409 Millionen Euro) an die Unternehmen (zurück)zahlen.

Das rot-grüne Bundeskabinett entschied in seiner Klausursitzung am 28./29. Juni 2003 auf Schloss Neuhardenberg, die für 2005 vorgesehene letzte Stufe der Einkommensteuerreform um ein Jahr vorzuziehen, um damit die Binnennachfrage zu erhöhen. Finanziert werden sollte dieser Schritt, der wieder vor allem Besserverdienende begünstigte (der Spitzensteuersatz wäre sofort von 47 auf 42 Prozent, der Eingangssteuersatz hingegen nur von 17 auf 15 Prozent gegenüber dem Stand der sonst in Kraft tretenden vorletzten Stufe gestiegen), durch die Erhöhung der Nettokreditaufnahme, die Veräußerung von Bundesvermögen sowie den Abbau von Finanzhilfen und Steuervergünstigungen. Ein regelrechter Verhandlungsmarathon, an dem die damaligen Parteivorsitzenden Gerhard Schröder, Angela Merkel, Edmund Stoiber und Guido Westerwelle in einer Arbeitsgruppe des Vermittlungsausschusses beteiligt waren, brachte in der Nacht vom 14. auf den 15. Dezember 2003 den Durchbruch, welchen Bundes-

---

100 Vgl. Joschka Fischer, Für einen neuen Gesellschaftsvertrag. Eine politische Antwort auf die globale Revolution, Köln 1998, S. 256

101 Vgl. Jan Priewe/Thomas H.W. Sauer, Grüne Wirtschaftspolitik ohne Reformprojekt, in: PROKLA. Zeitschrift für kritische Sozialwissenschaft 116 (1999), S. 404

tag und Bundesrat am 19. Dezember bestätigten. Danach sanken der Eingangssteuersatz am 1. Januar 2004 von 19,9 auf 16 Prozent und der Spitzensteuersatz von 48,5 auf 45 Prozent. Gleichzeitig traten aber zahlreiche Verschlechterungen in Kraft, die hauptsächlich Arbeitnehmer/innen trafen: So wurden der Arbeitnehmer-Pauschbetrag, die Arbeitnehmersparzulage für vermögenswirksame Leistungen, die sog. Pendlerpauschale, der Sparerfreibetrag und die Eigenheimzulage verringert. Die zur Gegenfinanzierung der Steuersenkung neben einer Ausweitung der öffentlichen Kreditaufnahme vereinbarte Privatisierung von Bundeseigentum erschloss neue Gewinnquellen für Anleger, verringerte den Handlungsspielraum des Staates aber weiter.

In der Öffentlichkeit weniger beachtete Änderungen im Tarifverlauf, vor allem die Verkürzung des Progressionsbereichs, der bei 52.152 Euro (ca. 102.000 DM) statt wie früher bei 130.000 DM (ca. 66.4680 Euro) endete, trugen gleichfalls zur Vergrößerung der sozialen Schieflage bei. Nicht nur in absoluten Geldbeträgen, sondern auch prozentual wurden die Spitzenverdiener noch stärker entlastet als die Bezieher gehobener Einkommen. Vergleichbares galt im Hinblick auf die Dividendenbesteuerung: Durch die Umstellung vom Vollanrechnungs- auf das Halbeinkünfteverfahren wurden ausgerechnet jene Anleger begünstigt, deren Einkommensteuersatz 40 Prozent überstieg, Kleinaktionäre hingegen benachteiligt.[102] Unter dem Strich finanzierten die Mittelschichtangehörigen einen Großteil der Steuergeschenke an Spitzenverdiener und Konzerne.

Durch die Unternehmen- und Einkommensteuerreform der rot-grünen Bundesregierung entlastet, nutzten vor allem Gutbetuchte die ihnen durch das *Gesetz zur weiteren steuerlichen Förderung von Stiftungen* eröffneten Chancen, den Bildungs-, Wissenschafts-, Sport-, Umweltschutz-, Sozial- und Kulturbereich stärker ihren Vorstellungen bzw. materiellen Interessen entsprechend zu gestalten. So wurde die staatliche Entscheidungskompetenz noch mehr zugunsten privat(wirtschaftlich)er Verfügungsgewalt reduziert, was zu einer schrittweisen US-Amerikanisierung des sozialen Klimas und der politischen Kultur beitrug. Was der New Yorker Hochschullehrer Ferdinand Lundberg bereits 1968 für die Vereinigten Staaten feststellte, gilt nach wie vor auch hierzulande: „Stiftungen sind […] ein Mittel, um die Steuerlast zu vermindern, und insoweit sind sie ein Bestandteil jener zum allgemeinen Brauch gewordenen Überzeugung, daß man alle legalen Wege benutzen muß, um gegenüber den Steuerbehörden die Vorteile so groß wie möglich und die Nachteile so klein wie nötig zu halten."[103] In den USA unterliegen die Stiftungen jedoch einer stärkeren öffentlichen Rechenschaftspflicht und einer kritischeren Beobachtung, während hierzulande auf diesem Gebiet das Modell der bürgerlichen Elitenreproduktion

102 Vgl. Stefan Bach, Die Unternehmensteuerreform, a.a.O., S. 60 und 68

103 Ferdinand Lundberg, Die Reichen und die Superreichen. Macht und Allmacht des Geldes, Frankfurt am Main 1971, S. 136

dominiert.[104] Deshalb wäre es auch besser, würden die Spitzenverdiener und Großaktionäre wieder stärker nach ihrer finanziellen Leistungsfähigkeit besteuert. Über die Verwendung und Verteilung der möglichen Mehreinnahmen des Staates müssen demokratisch legitimierte Gremien, nicht private Mäzene entscheiden: Aus dem Volk der Dichter und Denker darf kein Volk der Stifter und Schenker werden!

Wie die rot-grüne Bundesregierung auf das Urteil des Bundesverfassungsgerichts zur Besteuerung der Familien (genauer: von Ehepaaren mit Kindern) vom 10. November 1998 reagiert hat, kann unter dem Schlüsselaspekt der sozialen Gerechtigkeit ebenso wenig befriedigen: Statt durch die Konzentration des Familienlastenausgleichs auf ein einheitliches Kindergeld oder – falls diese Lösung zu teuer war – durch einen Kinder*grund*freibetrag die krassen sozialen Unterschiede zu verringern,[105] vertiefte die Einführung eines Betreuungs-, Erziehungs- und Ausbildungsfreibetrages auch für gut verdienende Ehepaare (bei gleichzeitiger Abschmelzung des Haushaltsfreibetrages für Alleinerziehende) die Kluft zwischen Arm und Reich. Denn davon profitierten in erster Linie die *Reichen* mit Kindern, nicht die *armen* Kinderreichen, um deren Besserstellung es gehen muss.

Der damalige SPD-Vorsitzende Franz Müntefering suchte die bei der nordrhein-westfälischen Landtagswahl am 22. Mai 2005 drohende Niederlage seiner Partei durch öffentliches Klagen über ausländische Finanzinvestoren einzudämmen, die wie „Heuschreckenschwärme" über deutsche Unternehmen herfielen. Dass die rot-grüne Koalition durch die im Rahmen der rot-grünen Unternehmensteuerreform 2001 bei Veräußerungsgewinnen von Kapitalgesellschaften gewährte Steuerfreiheit und das *Investmentmodernisierungsgesetz*, welches erstmals Hedgefonds auch in der Bundesrepublik zuließ, die nunmehr kritisierten Handlungsmöglichkeiten solcher Spekulanten erweitert bzw. erst geschaffen hatte, erhöhte die Glaubwürdigkeit der wochenlang Schlagzeilen machenden „Kapitalistenschelte" ebenso wenig wie die Tatsache, dass Müntefering weder Gesellschaftskritik im Sinne einer Analyse struktureller Zusammenhänge, von Ausbeutungspraktiken und Herrschaftsmechanismen übte, noch daraus irgendwelche Konsequenzen für die Partei- und Regierungspolitik gezogen wurden. Der Münchner Politikwissenschaftler Robert Hofmann sprach denn auch von einem „antikapitalistischen Populismus", der hauptsächlich

104 Vgl. Frank Adloff, Stiftungen in Deutschland – Institutionen zur Stärkung der Zivilgesellschaft oder zur Reproduktion sozialer Ungleichheiten?, in: Jutta Allmendinger (Hrsg.), Entstaatlichung und soziale Sicherheit. Verhandlungen des 31. Kongresses der Deutschen Gesellschaft für Soziologie in Leipzig 2002, Bd. 2, Opladen 2003, S. 662

105 Vgl. dazu: Gerhard Bäcker, Armut und Unterversorgung im Kindes- und Jugendalter: Defizite der sozialen Sicherung, in: Christoph Butterwegge (Hrsg.), Kinderarmut in Deutschland. Ursachen, Erscheinungsformen und Gegenmaßnahmen, 2. Aufl. Frankfurt am Main/New York 2000, S. 264 ff.

dem verbreiteten parteiinternen Unmut über die Agenda 2010 entgegenwirken sollte.[106]

Die im November 2005 gebildete Große Koalition unter Angela Merkel realisierte weitere Steuerreformen. Ab 1. Januar 2008 sank die Körperschaftsteuer für Kapitalgesellschaften, die am Ende der Kanzlerschaft von Helmut Kohl noch 45 bzw. 30 Prozent für einbehaltene bzw. ausgeschüttete Gewinne (statt 56 bzw. 36 Prozent zu Beginn seiner Amtszeit) betragen hatte, auf 15 Prozent. Der damalige Bundesfinanzminister Peer Steinbrück plädierte für eine Abgeltungsteuer auf Kapitalerträge, die er mit dem flotten Spruch „25 Prozent Steuern auf einen Betrag von x sind besser als 42 Prozent auf gar nix" (wegen der Anlage- und Steuervermeidungsmöglichmöglichkeiten im Ausland) begründete. Später stellte sich heraus, dass es fortan 25 Prozent auf fast gar nix gab, denn natürlich holten die reichen Anleger ihr Kapital nicht wie erhofft reumütig aus den „Steueroasen" wie Luxemburg, mittelamerikanischen Bananenrepubliken oder den britischen Kanalinseln zurück nach Deutschland.

Wie die im April 2016 veröffentlichten „Panama Papers" und die im November 2017 veröffentlichten „Paradise Papers" zeigten, boomten Strategien der Steuervermeidung, Steuerumgehung und Steuerhinterziehung vielmehr weiterhin, auch und gerade durch Verschiebung von Geldern ins Ausland.[107] Nach dem von massiven Widerständen begleiteten Ankauf von Steuerdaten-CDs aus der Schweiz durch das nordrhein-westfälische Finanzministerium unter dem sozialdemokratischen Ressortchef Norbert Walter-Borjans gab es 130.000 Selbstanzeigen im gesamten Bundesgebiet.[108] Folglich handelte es sich bei diesem Delikt nicht um einen nur von wenigen „schwarzen Schafen" begangenen Gesetzesverstoß. „Während die allermeisten Bürger ihren steuerlichen Verpflichtungen nachkommen, entziehen sich große Konzerne und sehr reiche Einzelpersonen beziehungsweise Familien dem immer stärker, und das mit allen rechtlich zulässigen Tricks, teilweise aber auch mit halblegalen oder sogar illegalen Methoden."[109]

Nach der von Steinbrück initiierten Gesetzesänderung entrichteten auch die gesetzestreuen Kapitalanleger erheblich weniger Steuern als vorher, was sie für den Staat trotz der vollmundigen Ankündigung des Bundesfinanzministers zu einem milliardenschweren Verlustgeschäft machte. Dividenden, die bisher dem sog. Halbeinkünfteverfahren unterlagen, mussten ab 1. Januar 2009 voll und Kursgewinne aus Aktien- und Fondsanteilskäufen erstmals ohne Rücksicht auf

106 Siehe Robert Hofmann, Kritische Geschichte der deutschen Sozialdemokratie 1863-2014. Von der sozialistischen Zukunftshoffnung zur neoliberalen Beliebigkeit, Planegg 2015, S. 367

107 Vgl. dazu: Gabriel Zucman, Steueroasen. Wo der Wohlstand der Nationen versteckt wird, Berlin 2014; Bastian Obermayer/Frederik Obermeier, Panama Papers. Die Geschichte einer weltweiten Enthüllung, Köln 2016; Jana Wolken, Die Paradise Papers. Die Steuertricks von Riesenkonzernen und mögliche Gegenmaßnahmen, München 2018

108 Vgl. Norbert Walter-Borjans, Steuern, a.a.O., S. 90

109 Michael Hartmann, Die Abgehobenen. Wie die Eliten die Demokratie gefährden, Frankfurt am Main/New York 2018, S. 25

eine (zuletzt zwölf Monate betragende) Spekulationsfrist versteuert werden. Beide unterlagen fortan aber genauso wie Zinsen einer Abgeltungssteuer, die pauschal 25 Prozent beträgt und die Steuerprogression im Einkommensteuerrecht somit unterläuft. Davon profitierten hauptsächlich jene sehr wohlhabenden Einkommensbezieher, die den Spitzensteuersatz in Höhe von 42 bzw. 45 (sog. Reichensteuer) entrichten müssen, während sich Kleinaktionäre, die mittels entsprechender Wertpapiere privat für das Alter vorsorgen wollen, aufgrund ihres niedrigeren Steuersatzes nunmehr eher schlechter als vorher standen.

Die *duale* Einkommensteuer führte dazu, dass Kapitalerträge geringer besteuert wurden als Arbeitseinkommen. Während ein Großaktionär nur 25 Prozent Abgeltungsteuer entrichtete, wurde einem Techniker, Ingenieur oder sehr gut entlohnten Facharbeiter bei zahlreichen Überstunden nunmehr vom Finanzamt im Extremfall der Spitzensteuersatz von 42 Prozent auferlegt. Selbst die EU-Kommission attestierte der Bundesregierung später in einem Länderbericht, die sozioökonomische Polarisierung vorangetrieben zu haben: „Im Zeitraum 2008-2014 hat die deutsche Politik in hohem Maße zur Vergrößerung der Armut beigetragen, was auf die Tatsache zurückzuführen ist, dass die bedarfsabhängigen Leistungen real und im Verhältnis zur Einkommensentwicklung gesunken sind.“[110] Als für die genannten Spaltungstendenzen ursächlich erwähnte der Bericht auch den Verzicht auf die Erhebung der Vermögensteuer seit 1997, die Absenkung des Einkommensteuerspitzensatzes von 53 Prozent auf 42 Prozent und die Einführung der pauschalen Abgeltungsteuer auf Kapitalerträge. Tim Engartner hat darauf hingewiesen, „dass ein Steuersystem, das Arbeit diskriminiert und Kapital privilegiert, nicht nur die Kluft zwischen Arm und Reich vertieft, sondern auch den Privatisierungsdruck erhöht.“[111]

Dass die Kapitalertragsteuer zu einer Abgeltung- bzw. Quellensteuer umgestaltet worden ist, trägt außerdem dazu bei, dass Staat und Öffentlichkeit wenig über die Kapitaleinkünfte seiner Höchsteinkommensbezieher wissen, weil die Banken deren Steuerschuld als Pauschalbetrag ohne persönliche Veranlagung unter Wahrung der Anonymität des Steuerpflichtigen an den Fiskus abführen. Was der US-amerikanische Ökonom John Kenneth Galbraith in seinem 1958 erschienenen Weltbestseller *The Affluent Society* mit Blick auf die Vereinigten Staaten schrieb, gilt aktuell für Deutschland, das mittlerweile übrigens denselben Steuersatz hat: „Die heute geltenden Steuergesetze begünstigen [...] generell den, der bereits Vermögen hat, gegenüber dem, der sich sein Geld erst verdienen muß. Wer bereits reich ist, kann mit wenig Scharfsinn seine Einkünfte in Form von Kapitalgewinn beziehen und dadurch

110 Europäische Kommission, Länderbericht Deutschland 2017 mit eingehender Überprüfung der Vermeidung und Korrektur makroökonomischer Ungleichgewichte, Brüssel, 22.2.2017 – SWD (2017) 71 final, S. 7

111 Siehe Tim Engartner, Staat im Ausverkauf, a.a.O., S. 10

seinen Steuersatz auf 25 Prozent begrenzen. Darüber hinaus braucht er, zum Unterschied von dem Mann, der verdienen muß, kein Sparkapital zusammenzukratzen, weder für das Alter noch für die Angehörigen noch aus reinem Vergnügen, weil er ja schon eines hat. Folglich braucht er auch nicht zu sparen."[112] Galbraith irrte allerdings hinsichtlich seiner Prognose, dass sich die sozioökonomische Ungleichheit entgegen den Marx'schen Voraussagen nicht weiter verschlimmern werde: „Es ist nicht mehr wahrscheinlich, daß das Eigentum an den materiellen Reichtümern der Nation und das Verfügungsrecht über das Volkseinkommen sich in einigen wenigen Händen sammeln wird, trotz der frommen Wünsche jener Wackeren, die so gern die progressive Einkommensteuer preisgeben oder zumindest ihre vorhandenen Lücken kräftig erweitern möchten."

Die im Oktober 2009 gebildete CDU/CSU/FDP-Koalition unter Angela Merkel zeigte noch weniger Hemmungen, Wohlhabende, Reiche und Hyperreiche durch ihre steuerpolitischen Entscheidungen zu begünstigen, als ihre Vorgängerinnen. Angesichts des am 1. Januar 2010 in Kraft getretenen *Wachstumsbeschleunigungsgesetzes* dürften die Champagnerkorken in den feinsten Kreisen unserer Gesellschaft am Silvesterabend noch lauter als sonst geknallt haben, weil es Wohlhabenden, Reichen und Hyperreichen einmal mehr spürbare Steuererleichterungen bescherte. Die darin enthaltenen „Korrekturen" der Unternehmen- und Erbschaftsteuerreform boten den Vorteil, dass sie von der breiten Öffentlichkeit weniger stark wahrgenommen wurden als massive Senkungen des Spitzensteuersatzes oder die Abschaffung der Gewerbesteuer, wie sie die FDP (und später auch die AfD) forderte. Stattdessen weichte die schwarz-gelbe Koalition eher Regelungen auf oder nahm sie ganz zurück, die ein drastisches Absinken des Steueraufkommens im Unternehmensbereich durch Finanzmanipulationen verhindern sollten, etwa die während der kurzen Amtszeit von Oskar Lafontaine eingeführte „Zinsschranke", die Mindestbesteuerung der Konzerne sowie die zeitweilige Aussetzung der degressiven Abschreibung.

Während die Eltern armer Kinder sowohl im Hinblick auf die Erhöhung des Steuerfreibetrages wie auch beim Kindergeld leer ausgingen, weil dieses den Eltern im Hartz-IV-Bezug auf ihre Transferleistung angerechnet (und sofort wieder abgezogen) wird, machte die schwarz-gelbe Bundesregierung den reichsten Familien des Landes weitere Steuergeschenke in Milliardenhöhe. „Nimmt man alle steuerpolitischen Beschlüsse der Bundesregierungen zwischen 1999 und 2009 zusammen, so tragen sie einen Großteil der Verantwortung für die stark gewachsene Kluft zwischen Arm und Reich in Deutschland."[113] Bei gleichen Steuern und gleichen Steuersätzen wie in der „Kohl-Ära" wäre das jährliche Steueraufkommen heute um weit mehr als 100 Milliarden

---

112 John Kenneth Galbraith, Gesellschaft im Überfluß, München/Zürich 1970, S. 101

113 Michael Hartmann, Die Abgehobenen, a.a.O., S. 138

Euro höher, die öffentliche Armut sehr viel geringer und die sozioökonomische Ungleichheit deutlich weniger bedrückend.

Noch das geringste Finanzvolumen hatte die Herabsetzung des Mehrwertsteuersatzes für Übernachtungen von 19 auf 7 Prozent, die das bayerische Tourismusgewerbe beflügeln sollte, aber für normale Firmen bei Dienstreisen ihrer Mitarbeiter/innen wegen eines unterschiedlich hohen Vorsteuer-Abzuges bei deren Übernachtung und Frühstück mehr Verwaltungsaufwand mit sich brachte. Obwohl die CSU gleichfalls als treibende Kraft der Mehrwertsteuersenkung für Hoteliers wirkte, geriet vor allem die FDP unter Korruptionsverdacht. Dass sie Parteispenden in Höhe von 1,1 Millionen Euro der Substantia AG in Düsseldorf erhalten hatte, die wie die Mövenpick-Kette zur Firmengruppe des in der Schweiz residierenden Barons August von Finck junior gehörte,[114] trug der FDP die Bezeichnung „Mövenpick-Partei" ein. Später gehörte von Finck vermutlich zu den Hauptfinanziers der Alternative für Deutschland, die ebenfalls Steuererleichterungen für Milliardäre forderte.[115]

Auch die nach gescheiterten Verhandlungen zwischen CDU/ CSU, FDP und Bündnisgrünen über eine sog. Jamaika-Koalition erst am 14. März 2018 gebildete dritte Große Koalition während der Amtszeit von Angela Merkel folgte wieder dem Dogma der Kanzlerin, dass es keine Steuererhöhung geben dürfe, und zwar für niemanden – selbst für Großkonzerne, Reiche oder Hyperreiche nicht. Während die Schlüsselbegriffe „Digitalisierung" und „digital" in dem zwei Tage vorher unterzeichneten, 173 Seiten umfassenden Koalitionsvertrag von CDU, CSU und SPD nicht weniger als 298-mal auftauchte, wurde die Ungleichheit nur an drei Stellen erwähnt. Bezogen auf Deutschland kam dieser Begriff sogar bloß einmal vor, nämlich als „wachsende Ungleichheit zwischen Städten und Regionen", die durch ein „neues gesamtdeutsches Fördersystem für strukturschwache Regionen, Städte, Gemeinden und Kreise" verringert werden sollte.[116] Offenbar war die Ungleichheit zwischen Kapital und Arbeit, den Klassen bzw. Schichten sowie zwischen Arm und Reich in der Bundesrepublik für CDU, CSU und SPD kein Problem, obwohl sie schon im Titel ihres Koalitionsvertrages einen neuen Zusammenhalt zu schaffen versprachen.

In dem Abschnitt zur Entwicklungspolitik proklamierten die Koalitionspartner/innen: „Globalisierung muss gerecht gestaltet werden. Die Schere zwischen Arm und Reich weltweit darf nicht weiter auseinandergehen."[117]

---

114 Vgl. dazu: Christian Rickens, Ganz oben. Wie Deutschlands Millionäre wirklich leben, Köln 2011, S. 184

115 Vgl. Christoph Butterwegge/Gudrun Hentges/Gerd Wiegel, Rechtspopulisten im Parlament. Polemik, Agitation und Propaganda der AfD, 2. Aufl. Frankfurt am Main 2019, S. 135 und 137

116 Ein neuer Aufbruch für Europa, eine neue Dynamik für Deutschland, ein neuer Zusammenhalt für unser Land. Koalitionsvertrag zwischen CDU, CSU und SPD, 19. Legislaturperiode, Berlin 2018, S. 116

117 Ebd., S. 157

Bezogen auf Deutschland wurde diese gebräuchliche, aber wenig aussagekräftige und eher unglückliche Metapher aber nicht verwendet, sodass man sich unwillkürlich fragte, warum ausgerechnet die Bundesrepublik von der Forderung nach Beendigung des Wachstums der Ungleichheit ausgenommen blieb. Hierzulande sollte es keinen Ausgleich zwischen Arm und Reich geben, denn einen höheren Spitzensteuersatz sahen die Koalitionsparteien ebenso wenig vor wie eine stärkere Besteuerung großer Vermögen, Erbschaften und Schenkungen.

Symptomatisch für die fehlende Bereitschaft der Regierungsparteien zur Verringerung der sozioökonomischen Ungleichheit waren zwei Maßnahmen, welche die vorhandene Verteilungsschieflage noch verschärfen mussten: die schrittweise Abschaffung des Solidaritätszuschlages und die Einführung des Baukindergeldes. Das steuerfinanzierte Baukindergeld in Höhe von 1.200 Euro pro Kind und Jahr bekommen Familien, die eine selbstgenutzte Immobilie erwerben, über einen Zeitraum von zehn Jahren. Dies führt zu der absurden Situation, dass die 600.000 alleinerziehenden Mütter im Hartz-IV-Bezug, wenn sie Windeln oder andere Waren kaufen, auf die 19 Prozent Mehrwertsteuer erhoben werden, zur Finanzierung der Kosten des Baukindergeldes in Höhe von etwa zehn Milliarden Euro und zur Subventionierung eines vielleicht ohnehin geplanten Hauskaufs gutsituierter Mittelschichteltern beitragen.

CDU, CSU und SPD wollten den im Volksmund liebevoll „Soli" genannten Solidaritätszuschlag, der für den Bund jährliche Einnahmen in Höhe von fast 20 Milliarden Euro erbrachte, schrittweise abschaffen und 2021 mit einem ersten Schritt im Umfang von zehn Milliarden Euro beginnen. Dadurch sollten rund 90 Prozent aller „Soli"-Zahler/innen durch eine Freigrenze (mit Gleitzone) vollständig oder teilweise vom Solidaritätszuschlag befreit werden. Die von CDU, CSU und SPD geplante Abschaffung des Solidaritätszuschlages wurde mit der Entlastung von Bezieher(inne)n „unterer und mittlerer Einkommen" gerechtfertigt. Dabei mussten ihn Singles bis zu einem Monatseinkommen von 1.550 Euro und Ehepaare mit zwei Kindern bis zu einem Monatseinkommen von 4.500 Euro gar nicht zahlen. Darüber hinaus wirkt der Solidaritätszuschlag ausgesprochen progressiv, auch weil diese Ergänzungsabgabe in Höhe von 5,5 Prozent nicht bloß auf die Einkommen-, sondern auch auf die Kapitalertrag- und die Körperschaftsteuer erhoben wird. Friedrich Merz, bei der Wahl zur CDU-Vorsitzenden am 7. Dezember 2018 nur knapp gescheitert, würde als Einkommensmillionär, der sich zur „gehobenen Mittelschicht" zählt, durch die Komplettabschaffung des Solidaritätszuschlages, für die er genauso wie CSU, FDP und AfD plädierte, ca. 24.000 Euro im Jahr sparen. Da die ärmere Hälfte der Einkommensbezieher/innen nahezu keinen Solidaritätszuschlag zahlte, während das reichste Fünftel knapp 80 Prozent zum jährlichen Aufkommen beitrug, würde sich die Entlastungswirkung auf Menschen am oberen Ende der Einkommensverteilung konzentrieren.[118] Verteilungspolitisch ist die „Soli"-Abschaffung deshalb mehr als fragwürdig: Durch sie verschärfen sich auf Dauer die Einkommens- und die Vermögensungleichheit in Deutschland. Würde man den Solidaritätszuschlag beibehalten und ihn umwidmen, ließen sich die Einnahmen in Höhe von fast 20 Milliarden Euro jährlich für die Bekämpfung der Kinderarmut durch Schaffung einer dafür geeigneten sozialen, Bildungs- und Betreuungsinfrastruktur, für den Bau bezahlbarer Wohnungen oder für die Beseitigung regionaler Disparitäten verwenden.

Gleichwohl mehrten sich in der Union seit dem Frühjahr 2019 wegen des befürchteten Konjunkturabschwungs und drohender CDU-Niederlagen bei drei ostdeutschen Landtagswahlen im Herbst jene Stimmen, die – angeführt von Bundeswirtschaftsminister Peter Altmaier – eine Komplettabschaffung des Solidaritätszuschlages in drei Stufen („Abschmelzmodell") befürworteten. Typisch war das Argument, mit dem Ralph Brinkhaus, Finanzpolitiker und Vorsitzender der CDU/CSU-Bundestagsfraktion, im *Handelsblatt* (v. 31.5./ 1.6.2019) für ein „konkurrenzfähiges Steuersystem" warb: „Nicht um reiche Menschen noch reicher zu machen, sondern um die Wettbewerbsfähigkeit des Standorts Deutschland zu sichern."[119] Die neoliberale Standortlogik musste einmal mehr als Rechtfertigung für eine völlige Ignoranz gegenüber der Verteilungswirkung steuerpolitischer Maßnahmen herhalten, wiewohl Brinkhaus an gleicher Stelle vorgab, dass ihm der gesellschaftliche Zusammenhalt besonders am Herzen liege. Ob die sozioökonomische Ungleichheit, das Staatsdefizit und die öffentliche Armut durch steuerpolitische Entscheidungen erhöht werden, spielte für den CDU-Politiker überhaupt keine Rolle, wenn nur der „Wirtschaftsstandort", genauer: Kapitaleigentümer, Großanleger und Finanzinvestoren, davon profitierten.

Statt endlich Armutsbekämpfung zu betreiben, setzte die Bundesregierung jene Politik der Reichtums- bzw. Ungleichheitsförderung durch Subventionen und Steuersenkungen zugunsten Wohlhabender und Reicher, die ihre Vorgängerinnen betrieben hatten, modifiziert fort. Weil das Bundesverfassungsgericht am 10. April 2018 die auf hoffnungslos veralteten Einheitswerten beruhende Grundsteuer verworfen und eine Neuregelung bis zum 31. Dezember 2019 verlangt hatte (Az.: 1 BvL 11/14), wurde eine weitere Steuerreform nötig. Der sozialdemokratische Finanzminister Olaf Scholz setzte zwar sein Modell einer wertbezogenen Grundsteuer durch, akzeptierte aber eine von der CSU verlangte Öffnungsklausel im Gesetzentwurf der Großen Koalition, die es Bayern (und anderen Bundesländern) erlaubt, auf Landesebene eigene Konzepte wie die von dem süddeutschen Freistaat favorisierte, vom Immobilienwert abstrahierende

118 Vgl. Katja Rietzler/Achim Truger, Abschaffung des Solidaritätszuschlags: ungerecht und fiskalisch äußerst riskant, IMK Policy Brief, Juni 2018, S. 6

119 Ralph Brinkhaus, „Wir reden zu viel über Verbote", in: Handelsblatt v. 31.5./ 1.6.2019

Flächensteuer zu verwirklichen.[120] Damit einigten sich die Regierungsparteien auf ein Konzept, das besonders reiche Immobilienbesitzer, z. B. Bewohner der Villen am Starnberger See, im Vergleich zur früheren Gesetzeslage begünstigt und die Verteilungsverhältnisse einmal mehr negativ beeinflusst.

5.4.3 Demontage der Erbschaftsteuer für Firmenerben – ein verteilungspolitisches Drama in vielen Akten

Besonders negativ im Hinblick auf Gleichheit und gerechtere Verteilungsverhältnisse wirkten sich die Reformen der Erbschaftsteuer für Firmenerben aus.[121] Als sich die rot-grüne Koalition bereits im Niedergang befand, hatte Gerhard Schröder die Vorsitzenden der Unionsparteien zu einem „Beschäftigungsgipfel" am 17. März 2005 ins Kanzleramt eingeladen. Dort einigte man sich nicht bloß auf eine nochmalige Senkung der Körperschaftsteuer von 25 auf 19 Prozent, sondern auch einen Nachlass von Erbschaftsteuer auf das Betriebsvermögen bis zur Grenze von 100 Millionen Euro, wenn das Unternehmen zehn Jahre lang weitergeführt würde.

Rückwirkend zum 1. Januar 2007 erließen CDU, CSU und SPD den Firmenerben die betriebliche Erbschaftsteuer, wenn sie das Familienunternehmen zehn Jahre lang unter bestimmten Bedingungen fortführten. Begründet wurde diese Maßnahme mit der Gefahr, dass der Sohn eines Handwerksmeisters den vom Vater geerbten Betrieb aufgrund finanzieller Überforderung schließen und seine Mitarbeiter/innen entlassen müsse. Dies dürfte in der Realität kaum vorgekommen sein, weil bisher schon ein Freibetrag in Höhe von 225.000 Euro existierte, ein zusätzlicher Bewertungsabschlag von 35 Prozent des Betriebsvermögens die Steuerschuld reduzierte und das Finanzamt diese zehn Jahre lang stunden konnte. Wenigstens banden die Sozialdemokraten eine Steuerbefreiung vage an den Arbeitsplatzerhalt, was Neoliberale als bürokratische Willkür und Gängelung des freien Unternehmertums empfanden.

In seiner Entscheidung vom 7. November 2006 (Az.: 1 BvL 10/02) erklärte das Bundesverfassungsgericht die einheitlichen Steuersätze auf den Wert des Erwerbs für mit dem Grundgesetz unvereinbar, weil die Erbschaft- und Schenkungsteuer damit an Werte anknüpfe, deren Ermittlung bei wesentlichen Gruppen von Vermögensgegenständen (Betriebsvermögen, Grundvermögen, Anteilen an Kapitalgesellschaften sowie land- und forstwirtschaftlichen Betrieben) den Anforderungen des Gleichheitssatzes nicht genüge. Deshalb verpflich-

120 Vgl. Lorenz J. Jarass/Christoph Trautvetter, Grundsteuerreform – Wer gewinnt, wer verliert?, in: Betriebsberater 31/2019, S. 1751 ff.

121 Vgl. ausführlicher: Christoph Butterwegge, Krise und Zukunft des Sozialstaates, a.a.O., S. 276 f., 292 f. und 351 ff.

teten die Karlsruher Richter den Gesetzgeber, spätestens bis zum 31. Dezember 2008 eine dieser Maßgabe entsprechende Neuregelung zu treffen. Kurz vor Ablauf dieser Frist fügte die Große Koalition mit dem *Erbschaftsteuerreformgesetz* neue Regelungen ins *Erbschaftsteuer- und Schenkungsteuergesetz* ein, durch die es Firmenerben ermöglicht wurde, unter bestimmten Voraussetzungen von der betrieblichen Erbschaftsteuer befreit zu werden. Seit dem 1. Januar 2009 konnten selbst Oberhäupter der reichsten Unternehmerdynastien, die man in Russland, der Ukraine oder Griechenland als Oligarchen bezeichnen würde, mit gewissem Geschick und guten Steuerberatern ganze Firmenimperien an ihre Nachfolger übertragen, ohne dass diese dafür Erbschaft- bzw. Schenkungsteuer in nennenswerter Höhe entrichten mussten.

Der schwarz-gelben „Wunschkoalition" reichte diese Privilegierung ihrer vermögendsten Klientel nicht. Kaum im Amt, bescherte sie Wohlhabenden, Reichen und Hyperreichen kurz vor Heiligabend im Rahmen des *Wachstumsbeschleunigungsgesetzes* weitere Steuergeschenke. Rückwirkend zum 1. Januar 2009 wurden Betriebe mit bis zu 20 (statt vorher: zehn) Beschäftigten von der Pflicht zur Einhaltung der Lohnsummenregel befreit. Für über 95 Prozent aller betroffenen Unternehmen galt diese Klausel nun überhaupt nicht mehr. Außerdem lockerten CDU, CSU und FDP die gerade erst in Kraft getretenen Voraussetzungen für die Erbschaftsteuerbefreiung von Firmenerben, indem sie die Behaltensfristen von zehn auf sieben bzw. von sieben auf fünf Jahre verkürzten und die für eine Steuerbefreiung nötige Höhe der Lohnsumme von 1.000 Prozent auf 700 Prozent bzw. von 650 Prozent auf 400 Prozent des Ausgangswertes senkten.

Mit der von CDU, CSU und FDP noch großzügiger ausgestalteten Lohnsummenregelung waren selbst größere Entlassungswellen aufgrund allgemeiner Preissteigerungsraten und darauf basierender Tariflohnerhöhungen möglich, ohne dass der Erwerber von Betriebsvermögen sein Privileg gegenüber den Erwerber(inne)n anderer Sachwerte und von Geldvermögen verlor. Er konnte auch Stellen abbauen und Arbeitnehmer(inne)n kündigen, wenn er die Gehälter der Geschäftsführer in gleichem Maße erhöhte. Solche angeblich der „Beseitigung von Wachstumshemmnissen im Bereich der Erbschaft- und Schenkungsteuer" (Gesetzesbegründung) dienenden „Reformkorrekturen" boten für die Regierungsparteien den Vorteil, dass sie von der breiten Öffentlichkeit kaum wahrgenommen wurden.

Als der Bundesfinanzhof die Verschonungsregeln beim Betriebsübergang dem Bundesverfassungsgericht im September 2012 wegen eines nicht durch ausreichende Sach- und Gemeinwohlgründe gerechtfertigten „Begünstigungsüberhangs" zur höchstrichterlichen Prüfung vorlegte, wurden selbst kleinen Kindern große Unternehmen überschrieben, nur um die nach dem BVerfG-Urteil befürchtete Erhebung von Schenkung- bzw. später anfallende Erbschaftsteuer zu sparen. Allein im Jahr 2012 erreichte der Wert des steuerfrei übertragenen Betriebsvermögens 36 Milliarden Euro; das war zehnmal so viel wie 2010 und fast zehnmal so viel, wie die Bundesländer damals insgesamt an Erbschaft- bzw. Schenkungsteuer einnahmen. „Von insgesamt 144 Milliarden Euro steuerfreien Unternehmensübertragungen der Festsetzungsjahre 2011 bis 2014, für die Altersangaben vorliegen, gingen 37 Milliarden Euro an Minderjährige. 29,4 Milliarden Euro davon erhielten 90 Kinder im Alter von unter 14 Jahren, denen jeweils Vermögen von mindestens 20 Millionen Euro übertragen wurden – im Durchschnitt also 327 Millionen Euro pro Kind."[122] Wie kaum eine andere Zahl illustrieren diese offiziellen Daten der Steuerstatistik, um welchen Reichtum es bei den Lobbyaktivitäten der Unternehmerfamilien ging.

Während die Karlsruher Richter im Sommer 2014 über das *Erbschaftsteuer- und Schenkungsteuergesetz* verhandelten, übten privaten Verlegern gehörende Presseorgane massiven Druck aus, indem sie wahre Loblieder auf den Mittelstand sangen und nach Art einer steuerrechtlichen Dolchstoßlegende vor seinem Niedergang durch ein befürchtetes Negativurteil zur geltenden Begünstigung des Betriebsvermögens warnten: „Die Welt beneidet Deutschland um seinen industriellen Mittelstand. Mit hohem persönlichen und starkem finanziellen Einsatz schafft er es, internationalen Konzernen Paroli zu bieten. Dieses Schwungrad der deutschen Wirtschaft sollte keiner leichtfertig in Frage stellen."[123]

In seinem Beschluss vom 17. Dezember 2014 (Az.: 1 BvL 21/12) räumte das Bundesverfassungsgericht dem Gesetzgeber zwar das Recht ein, betriebliches Vermögen gegenüber anderen Vermögensarten zu bevorzugen, wenn gewichtige Sach- oder Gemeinwohlgründe dafür sprächen. Allerdings sprach der Erste Senat von einer „Überprivilegierung" der Firmenerben und rügte mehrere Detailregelungen im *Erbschaftsteuer- und Schenkungsteuergesetz* alter Fassung, etwa die Freistellung der allermeisten Unternehmen von der Verpflichtung, die Bruttolohnsumme einige Jahre lang halbwegs konstant zu halten, die uneingeschränkte Begünstigung sehr großer Vermögen sowie die Verwaltungsvermögensregelung: Von dem begünstigten Betriebsvermögen durften im Fall der Regelverschonung 50 Prozent bzw. im Fall der optionalen Vollverschonung 10 Prozent aus Verwaltungsvermögen bestehen. Hierzu zählten beispielsweise Dritten zur Nutzung überlassene Grundstücke und Bauten, Kunstgegenstände und Wertpapiere, aber bis zum 7. Juni 2013 neben Bargeld auch nicht sonstige Geldforderungen wie Sichteinlagen und Sparanlagen, was großzügige Gestaltungsmöglichkeiten für Steuertrickser mit der „Cash-GmbH", einem Festgeldkonto im Firmengewand, als berüchtigtem Extrembeispiel eröffnete. Als Konsequenz seiner Kritik forderte das Bundesverfassungsgericht „eine umfassende

122 Stefan Bach/Thomas Mertz, Vor der Erbschaftsteuerreform: Nutzung der Firmenprivilegien hat Minderjährige zu Multimillionären gemacht, in: DIW-Wochenbericht 36/2016, S. 812

123 Manfred Schäfers, Die Erbsteuer, in: FAZ v. 11.7.2014

Nachbesserung oder grundsätzliche Neukonzeption der Gesamtverschonungsregelung“, um den Schutz der in personaler Verantwortung geführten Betriebe und die Sicherung der Arbeitsplätze in Deutschland als zentrale Rechtfertigungsgründe für die weitgehende Steuerfreistellung betrieblichen Vermögens zu gewährleisten.[124]

Wiewohl die Richterin Susanne Baer sowie die Richter Reinhard Gaier und Johannes Masing das einstimmig ergangene Urteil des Ersten Senats mittrugen, ergänzten sie es um eine weitere Begründung, die das Sozialstaatsgebot des Art. 20 Abs. 1 GG und seine Ausrichtung auf soziale Gerechtigkeit als Leitprinzip aller staatlichen Maßnahmen hervorhob: „Die Erbschaftsteuer dient deshalb nicht nur der Erzielung von Steuereinnahmen, sondern ist zugleich ein Instrument des Sozialstaats, um zu verhindern, dass Reichtum in der Folge der Generationen in den Händen weniger kumuliert und allein aufgrund von Herkunft oder persönlicher Verbundenheit unverhältnismäßig anwächst.“[125] Die drei Genannten wiesen auf die wachsende Schieflage der Vermögensverteilung in Deutschland hin und betonten, dass „die Schaffung eines Ausgleichs sich sonst verfestigender Ungleichheiten“ in der Verantwortung, nicht aber im Belieben der Politik liege, weshalb die Erbschaftsteuer der Gefahr entgegenzuwirken habe, „dass durch eine zunehmende Ungleichverteilung von Mitteln die Chancen auf gesellschaftliche wie politische Teilhabe auseinanderdriften und sich so letztlich Einfluss und Macht zunehmend unabhängig von individueller Leistung verfestigen und an Herkunft gebunden sind.“ Aus dieser instruktiven Feststellung hätte man eigentlich die Schlussfolgerung ziehen müssen, Ausnahmen von der Besteuerung betrieblichen Vermögens deutlicher zu beschränken.

Der damalige Bundesfinanzminister Wolfgang Schäuble legte am 27. Februar 2015 ein zweiseitiges Papier mit Eckwerten zur Neuregelung der Erbschaftsteuer für Unternehmensvermögen vor, die sich nach eigener Feststellung auf „minimalinvasive Korrekturen“ beschränken sollte.[126] Statt die – laut BVerfG-Urteil unverhältnismäßig niedrige – Grenze für das Verwaltungsvermögen zu erhöhen, bis zu der das ganze Betriebsvermögen begünstigt war, nahm Schäuble eine Umdefinition des begünstigungsfähigen Vermögens vor: Nunmehr kann ausschließlich solches Vermögen von der Erbschaft- bzw. Schenkungsteuer verschont bleiben, das seinem Hauptzweck nach einer originär land- und forstwirtschaftlichen, gewerblichen oder freiberuflichen Tätigkeit dient. Waren bisher Betriebe mit 20 oder weniger Beschäftigten, d. h. die übergroße Mehr-

124 Vgl. Bundesverfassungsgericht, Urteil des Ersten Senats vom 17. Dezember 2014 – 1 BvL 21/12, S. 52 ff.

125 Bundesverfassungsgericht, Abweichende Meinung der Richter Gaier und Masing und der Richterin Baer zum Urteil des Ersten Senats vom 17. Dezember 2014 – 1 BvL 21/12, S. 55

126 Siehe dazu und zum Folgenden: Bundesministerium der Finanzen, Neuregelung der Erbschaftsteuer für Unternehmensvermögen – Eckwerte, 27.2.2015, S. 1 f. (http://taspo.de/file admin/user_upload/Eckpunkte_Erbschaftsteuer. pdf; 1.7.2015)

zahl der Unternehmen von der Lohnsummenpflicht befreit, wollte Schäuble auf die Prüfung der Lohnsumme nur bei Unternehmen mit einem Wert bis eine Million Euro verzichten. Schäubles Eckwerten zufolge sollte eine Obergrenze für die Verschonung des begünstigten Vermögens in Höhe von 20 Millionen Euro eingezogen werden, die alle zehn Jahre hätte in Anspruch genommen werden können. Wenn das geschenkte oder geerbte Vermögen diese Freigrenze übersteigt, hätte das Finanzamt den Begünstigten einer „individuellen Bedürfnisprüfung" zu unterziehen und dabei zu ermitteln, ob er persönlich in der Lage ist, die Steuerschuld aus dem mit übertragenen (nichtbetrieblichen) oder dem sonstigen, bereits vorhandenen (Privat-)Vermögen zu begleichen. Zumutbar war laut Eckwerte-Papier der Einsatz von 50 Prozent des verfügbaren Vermögens. Eine Stundung der Steuer wurde für den Fall eingeräumt, dass der Erwerber erst noch Vermögensgegenstände liquidieren musste.

Obgleich Schäuble nur eine weitere Niederlage der Exekutive in Karlsruhe verhindern und daher die vom Bundesverfassungsgericht für unverhältnismäßig gehaltenen Verschonungsregelungen etwas strenger fassen wollte, liefen Unternehmerverbände und Wirtschaftslobby, etwa der BDI, der Deutsche Industrie- und Handelskammertag (DIHK) sowie Die Familienunternehmer – ASU, regelrecht Sturm gegen seine moderaten Pläne zur Gesetzesnovellierung. Potenziell betroffene Familienunternehmer jammerten, zeterten und drohten mit dem eigenen Weggang bzw. dem Niedergang des heimischen Industriestandortes.[127] Wiewohl es ihnen weniger um diesen als um rabiate Besitzstandswahrung und den damit verbundenen Machterhalt ging, wurde die Angst vor transnationalen Konzernen bzw. den „Heuschrecken" geschürt, die zuhauf mittelständische deutsche Firmen übernehmen würden, sollten Schäubles Vorschläge Gesetzeskraft erlangen.

Mit vorgeschobenen Scheinargumenten versteckten sich die Eigentümer ganzer Firmenkonglomerate hinter dem Kleinunternehmer von nebenan, wenn sie den Mittelstand als „Rückgrat der deutschen Wirtschaft" für akut bedroht erklärten. Selbst führende Repräsentanten solcher Unternehmerfamilien meldeten sich lautstark zu Wort, die wie der Waiblinger Motorsägenhersteller Stihl ihr Schäfchen längst ins Trockene gebracht hatten. So verriet Nikolas Stihl der *Stuttgarter Zeitung*, er und seine Mitgesellschafter hätten die Übertragung der Firmenanteile an die nächste Generation „bereits zu den alten Richtlinien" vorgenommen, weshalb sie der künftigen Ausgestaltung des Erbschaftsteuerrechts „gelassen entgegensehen" könnten: „Da sind wir sicher nicht die einzigen, was sich aus der Summe der Übertragungen der Jahre 2013 und 2014 able-

127 Vgl. z. B. „Von großen Taten der Koalition sehe ich bisher überhaupt nichts". Im Gespräch: Ulrich Grillo, Präsident des Bundesverbands der Deutschen Industrie, in: FAZ v. 9.3.2015

sen lässt."[128] Tatsächlich hatten Unternehmer seit 2009 so viel Betriebsvermögen steuerfrei am Staat vorbei an ihre Nachkommen übertragen, dass dieser nach DIW-Angaben 45 Milliarden Euro mehr eingenommen hätte, wenn Firmenerben genauso stark zur Kasse gebeten worden wären wie die Erben von Immobilien, Wertpapieren und Kunstgegenständen.

Während sich führende SPD-Politiker hinter das Schäuble-Papier stellten, lehnte der Wirtschaftsflügel seiner eigenen Partei die Bagatellgrenze (eine Million Euro), den Schwellenwert für die Verschonungsbedürfnisprüfung (20 Millionen Euro) und den Rückgriff auf das Privatvermögen ab. Auch mit den 16 Ländern, welche die Erbschaft- und Schenkungsteuer vereinnahmen, eigentlich aus diesem Grund ein besonderes Interesse an deren Aufkommenssteigerung zeigen sollten und das Gesetz im Bundesrat hätten blockieren können, musste sich Schäuble abstimmen. Vor allem das CSU-regierte Bayern und das von einem bündnisgrünen Ministerpräsidenten zusammen mit der SPD regierte Baden-Württemberg plädierten jedoch für großzügigere Regelungen zugunsten der Unternehmerfamilien.

Schon bald knickte der in Verhandlungen über die „Rettungspakete" für Griechenland knallhart gebliebene Schäuble ein. Zuerst fiel die am Unternehmenswert festgemachte Bagatellgrenze, an deren Stelle die Beschränkung auf Betriebe mit höchstens drei Beschäftigten als Obergrenze für die Ausnahme von der Lohnsummenregelung trat. Für Betriebe mit vier bis zehn Beschäftigten wurden neue Verschonungserleichterungen geschaffen. So betrug die Mindestlohnsumme nur 250 Prozent, wenn das Unternehmen fünf Jahre lang fortgeführt wurde (Regelverschonung), und nur 500 Prozent, wenn es sieben Jahre lang fortgeführt wurde (Optionsverschonung).[129] Auch die Prüfschwelle für den Verschonungsbedarf erhöhte sich im Referentenentwurf des Bundesfinanzministeriums vom 1. Juni 2015 für Unternehmen, die wie Konzerne qua Gesellschaftsvertrag oder Satzung bestimmten Kapitalbindungen unterliegen, auf 40 Millionen Euro. Noch gravierender war, dass man den Erwerbern von Großvermögen oberhalb der jeweiligen Prüfschwelle ein Wahlrecht hinsichtlich der Verschonungsbedarfsprüfung einräumte und für Erwerber, die ihr Privatvermögen nicht einsetzen und/oder nicht offenlegen wollen, die Möglichkeit schuf, den Verschonungsabschlag im Rahmen eines „Abschmelzmodells" bei mit dem Unternehmenswert steigenden Einbußen trotzdem in Anspruch zu nehmen. Statt die Erbschaft- bzw. Schenkungsteuer aus ihrem sonstigen (Privat-)Ver-

128 „Ich rechne mit einer Verkaufswelle". Exklusiv-Interview mit Nikolas Stihl zur Reform der Erbschaftsteuer, in: Stuttgarter Zeitung v. 17.3.2015

129 Vgl. dazu und zum Folgenden: Referentenentwurf des Bundesministeriums der Finanzen. Entwurf eines Gesetzes zur Anpassung des Erbschaftsteuer- und Schenkungsteuergesetzes an die Rechtsprechung des Bundesverfassungsgerichts, Bearbeitungsstand: 01.06.2015, 9:46 Uhr, S. 5 f.

mögen zu entrichten, können sie den geerbten bzw. geschenkten Betrieb stärker belasten, obwohl der Gesetzgeber diesen angeblich gerade schützen will.

Auf dem von der Stiftung Familienunternehmen abgehaltenen „Tag des deutschen Familienunternehmens" machte Angela Merkel den Betroffenen am 12. Juni 2015 in Berlin noch einmal Mut. Wolfgang Schäuble, sagte die Bundeskanzlerin, habe „nach vielen Gesprächen mit Unternehmern Optionsmöglichkeiten eingebaut, womit wir nach wie vor den Kernbereich, nämlich das zu vererbende Vermögen, schützen."[130] Merkel wies die „werten Familienunternehmer" darauf hin, dass kein Gesetzentwurf unverändert aus dem Bundestag herauskomme. In den umfangreichen parlamentarischen Beratungen zur Neuregelung der Erbschaftsteuer für Firmenerben, die folgen würden, sei auch der Bundesrat mit seiner Mehrheit rot-grün regierter Länder gefragt, was man im Auge behalten müsse. „Aber wir sind uns der Sensibilität des Gegenstandes eindeutig bewusst." Abschließend beruhigte Merkel ihre Zuhörer: „Sie dürfen davon ausgehen, dass wir uns Mühe geben, Regelungen zu finden, die Ihnen helfen."[131]

Tatsächlich kamen CDU, CSU und SPD den Unternehmerfamilien in dem am 8. Juli 2015 verabschiedeten Regierungsentwurf noch weiter entgegen. So wurde die Freigrenze, bis zu der keine Verschonungsbedarfsprüfung erfolgt, auf 26 Millionen Euro für normale Familienunternehmen bzw. 52 Millionen Euro für Familienunternehmen mit Konzernstrukturen angehoben.[132] Für die Betriebe mit mehr als zehn, aber nicht mehr als 15 Beschäftigten wurde die Lohnsummenpflicht erneut aufgeweicht. So betrug die Mindestlohnsumme nun 300 Prozent, wenn ein solches Unternehmen fünf Jahre lang fortgeführt wird (Regelverschonung), und 565 Prozent, wenn es sieben Jahre lang fortgeführt wird (Optionsverschonung). Neu war auch, dass Beschäftigte im Mutterschutz, in einem Ausbildungsverhältnis und im Krankengeld- bzw. Elterngeldbezug sowohl bei der Beschäftigtenanzahl wie auch bei der Lohnsumme unberücksichtigt blieben.

Volker Kauder, seinerzeit Vorsitzender der CDU/CSU-Bundestagsfraktion, und sein damaliger Stellvertreter Ralph Brinkhaus, der maßgeblich an den Verhandlungen über den Gesetzentwurf beteiligt war, gaben in der FAZ (v. 8.7.2015) die Richtung vor, in welche sich die Union nach dem auf Finanzmi-

130 Siehe Rede von Bundeskanzlerin Merkel anlässlich des Tags des deutschen Familienunternehmens am 12. Juni 2015, S. 4 (https://www.bundesregierung.de/Content/DE/Rede/2015/06/2015-06-15-merkel-familienunter nehmen.html; 15.7.2015)

131 Ebd., S. 6

132 Vgl. Gesetzentwurf der Bundesregierung: Entwurf eines Gesetzes zur Anpassung des Erbschaftssteuer- und Schenkungsteuergesetzes an die Rechtsprechung des Bundesverfassungsgerichts, S. 8 (http://www.bundesfinanzminist erium.de/Content/DE/Downloads/Gesetze/2015-07-08-G-z-Anpassung-d-ErbStR-u-SchenkSt-a-d-Rspr-d-BVerfG.pdf?__blob=publicationFile&v=2; 15.7.2015)

nister Schäuble zurückgehenden Kabinettsbeschluss vom selben Tag bewegte: Während die CSU das Gesetzgebungsverfahren mit ihren Maximalforderungen monatelang blockierte, beugte sich die CDU dem politischen Druck aus München, indem sie nunmehr ergänzend zu den Verschonungsregeln für Firmenerben die Bewertungsregeln für Betriebsvermögen so ändern wollte, dass die Steuerlast der Erwerber durch die Hintertür noch mehr sank.

Nach zahlreichen Expertenrunden, Koalitionsgipfeln und Konsensgesprächen der Fraktionsspitzen, bei denen sich CDU, CSU und SPD nie hatten einigen können, verständigten sich Schäuble sowie die damaligen Parteivorsitzenden der anderen beiden Koalitionsparteien, Bundeswirtschaftsminister Sigmar Gabriel und Bayerns Ministerpräsident Horst Seehofer, kurz vor Ablauf der vom Bundesverfassungsgericht gesetzten Frist (30. Juni 2016) auf eine Modifizierung des Gesetzentwurfs.

Danach blieb es bei der ursprünglichen gesetzlichen Unterscheidung zwischen dem begünstigungsfähigen Betriebs- und dem nur eingeschränkt begünstigungsfähigen Verwaltungsvermögen. Waren ursprünglich Betriebe mit bis zu 20 Beschäftigten von der Pflicht befreit, die Lohnsumme halbwegs konstant zu halten, und hatte die Regierung wegen der Kritik des Bundesverfassungsgerichts an dieser Privilegierung von über 95 Prozent aller Firmenerben zuerst eine Bagatellgrenze von drei Beschäftigten eingezogen, nachdem Finanzminister Schäuble in seinen ursprünglichen Eckpunkten sogar nur bei Unternehmen mit einem Wert bis eine Million Euro auf die Prüfung der Lohnsumme verzichten wollte, stieg sie am Ende wieder auf fünf Beschäftigte.

Unternehmen wurden aufgrund einer Änderung des *Bewertungsgesetzes* auf dem Papier erheblich „billiger", was mit dem niedrigen Zinsniveau begründet wurde und die Belastung der Firmenerben durch die Erbschaftsteuer erheblich senkte. Die so Begünstigten können gewissermaßen dadurch reich werden, dass ihnen das *Gesetz zur Anpassung des Erbschaftsteuer- und Schenkungsteuergesetzes an die Rechtsprechung des Bundesverfassungsgerichts* erlaubt, sich armzurechnen.

Firmen, die wie Konzerne im Familienbesitz per Satzung oder Gesellschaftervertrag festgelegte Ausschüttungs- und Entnahmerestriktionen, Verfügungsbeschränkungen und Abfindungsregeln kennen, wurden durch einen Vorwegabschlag von 30 Prozent auf den Übertragungswert leichter steuerfrei vererboder verschenkbar. Eine vom Verband der Bayerischen Wirtschaft (VBW) vorgeschlagene und von der Union in das Gesetz „hineinverhandelte" (Re-)Investitionsklausel erlaubt es Firmenerben überdies, innerhalb von 24 Monaten durch Tätigung geplanter Investitionen Verwaltungs- bzw. Finanzvermögen in begünstigungsfähiges Betriebsvermögen umzuwandeln und der Steuer auf diese Weise zu entziehen.

Die neue Regelung war für Firmenerben in manchen Fällen sogar günstiger als die ursprüngliche, vom Bundesverfassungsgericht verworfene, weil der Unternehmenswert durch Veränderung der Berechnungsart (Verringerung des Kapitalisierungsfaktors, mit dem der Jahresgewinn multipliziert wird, von 17,86 im Jahr 2016 auf 12,5) sank. Selbst in Beispielrechnungen, die das Institut der deutschen Wirtschaft anstellte, wurde nicht verhehlt, dass der Erbe eines Familienunternehmens im Wert von über 50 Millionen Euro nach den neuen Verschonungsregeln erheblich weniger Steuern zu entrichten hat als nach dem alten Recht.[133]

Allerdings ließ die rot-grün dominierte Länderkammer das vom Bundestag am 24. Juni 2016 verabschiedete Gesetz nicht passieren, sondern rief den Vermittlungsausschuss an. Wer gehofft hatte, dieser würde das zweifelhafte Gesetzeswerk stoppen oder im Sinne des Bundesverfassungsgerichtsurteils gründlich überarbeiten, sah sich jedoch getäuscht: Nach dem in der Nacht vom 21. auf den 22. September 2016 ausgehandelten Kompromiss zwischen CDU, CSU, SPD und Landes(regierungs)grünen – die von der LINKEN mitregierten Bundesländer Brandenburg und Thüringen hatten ihm ebenso wenig zugestimmt wie die Bundestagsgrünen – fielen die Verschonungsregeln noch komplizierter aus. Sie eigneten sich als Beschäftigungsprogramm für Steuer- und Anlageberater, ohne verfassungskonformer geworden zu sein. Faul war der gefundene Kompromiss insofern, als die CSU an ihren extrem unternehmerfreundlichen Positionen festgehalten und nur unbedeutende Zugeständnisse gemacht hatte. Neben dem baden-württembergischen Ministerpräsidenten Winfried Kretschmann (Bündnis 90/Die Grünen) ließ sich jedoch auch der damalige nordrhein-westfälische Finanzminister Norbert Walter-Borjans einbinden, ohne nennenswerte Verbesserungen durchgesetzt zu haben. Dass der Kapitalisierungsfaktor für die Wertermittlung von Betriebsvermögen wieder ein wenig auf 13,75 angehoben wurde, war noch sein größter Verhandlungserfolg im Auftrag der sozialdemokratisch geführten Bundesländer. Außerdem wurden die Stundungsmöglichkeiten wieder stärker eingeschränkt: Nur im Erb-, also nicht im Schenkungsfall, kann dem Erwerber die Steuer auf Antrag bis zu sieben Jahre gestundet werden, aber nur im ersten Jahr ist dies noch zinslos möglich.

Dass im Gesetzestext nunmehr „Kunstgegenstände, Kunstsammlungen, wissenschaftliche Sammlungen, Bibliotheken und Archive, Münzen, Edelmetalle und Edelsteine, Briefmarkensammlungen, Oldtimer, Yachten, Segelflugzeuge sowie sonstige typischerweise der privaten Lebensführung dienende Gegenstände" explizit als nicht begünstigungsfähig aufgezählt werden, sofern „der Handel mit diesen Gegenständen, deren Herstellung oder Verarbeitung oder die entgeltliche Nutzungsüberlassung an Dritte nicht der Hauptzweck des Betriebs ist", hat Manfred Schäfers in einem Kommentar „Die privilegierten Erben" der FAZ (v. 23.9.2016) sarkastisch als „eine Sache für die Galerie" bezeich-

133 Vgl. Erben schwer gemacht: Die neue Erbschaftssteuer. Beispielrechnungen für Unternehmenserben ohne Freibeträge, in: iwd 24 (2016), S. 7

net und war für das Parlament ausgesprochen peinlich. Wieso muss man, fragte sich der normale Bürger, ins Gesetz hineinschreiben, dass bestimmte Luxusartikel von diese als Statussymbole benutzenden Multimillionären nicht steuerfrei auf deren Nachfolger übertragbar sind, wenn es doch vermeintlich nur um den Erhalt „mittelständischer" Betriebe und die Sicherung ihrer Arbeitsplätze ging?

Bei den Änderungen, die der Vermittlungsausschuss zu nächtlicher Stunde beschloss, handelte es sich höchstens um kosmetische Korrekturen an einem Gesetz, das zumindest dem Geist des zitierten Verfassungsgerichtsurteils widersprach. Diesem war zu entnehmen, dass Firmenerben zwar gegenüber Erben anderer Vermögensarten bevorzugt werden dürfen, aber nur zum Zwecke des Erhalts ihrer Betriebe und der Arbeitsplätze. Dass im Gesetzgebungsverfahren nach der Karlsruher Entscheidung neue Privilegien für besonders vermögende Firmenerben geschaffen wurden, wie etwa der Vorwegabschlag für Unternehmerfamilien, ließ sich damit nicht rechtfertigen.

Die vom Bundestag verabschiedete Fassung blieb in der Substanz erhalten, wie schon die Tatsache zeigt, dass bei einem Gesamtvolumen der Erbschaft- und Schenkungsteuer von zuletzt 6,2 Milliarden Euro wegen der vom Vermittlungsausschuss empfohlenen Änderungen des Gesetzestextes nur ein jährliches Steuermehraufkommen von 30 Millionen Euro prognostiziert wurde. Nach dem *Gesetz zur Anpassung des Erbschaftsteuer- und Schenkungsteuergesetzes an die Rechtsprechung des Bundesverfassungsgerichts* kann man weiterhin einen ganzen Konzern übertragen bekommen, ohne dafür auch nur einen Cent betriebliche Erbschaft- bzw. Schenkungsteuer zahlen zu müssen.

Nur beim Abschmelzmodell, das reiche Erben wählen können, um ihre Vermögensverhältnisse nicht offenlegen zu müssen, und ihnen trotzdem einen mit steigendem Unternehmenswert allerdings stufenartig sinkenden Steuernachlass gewährt, hat die SPD eine Verschonungsobergrenze in Höhe von 90 Millionen Euro durchgesetzt. Da die restriktiveren Bestimmungen des Gesetzes nicht rückwirkend, sondern erst vom Tag seiner Verkündung an gelten sollten, obwohl das Bundesverfassungsgericht ausdrücklich auf die Möglichkeit der Bindung vom Tag der Urteilsverkündung hingewiesen hatte,[134] blieb den Unternehmerfamilien noch Zeit, um die alten, bis dahin trotz der höchstrichterlichen Monita fortbestehenden Vergünstigungen für ihre Nachkommen auszunutzen.

Auch nach dem Inkrafttreten der Novelle gibt es genug Schlupflöcher, um Riesenvermögen weiterzugeben, ohne dass die Begünstigten vom Finanzamt zur Kasse gebeten werden können. So bietet sich eine Unternehmensübergabe an die Kinder bereits zu einem Zeitpunkt an, an dem diese noch nicht über ein nennenswertes Vermögen verfügen und deshalb trotz der neu eingeführten

134 Vgl. Bundesverfassungsgericht, Urteil des Ersten Senats vom 17. Dezember 2014 – 1 BvL 21/12, a.a.O., S. 54

Verschonungsbedarfsprüfung nach wie vor steuerfrei in den Besitz eines Konzerns gelangen können, ohne Erbschaft- oder Schenkungsteuer entrichten zu müssen. Selbst wenn das Unternehmen milliardenschwer und der Begünstigte sehr vermögend, aber nicht willens ist, seine Besitzverhältnisse offenzulegen, muss er nach siebenjähriger Fortführung der Firma und Einhaltung der Lohnsummenregel höchstens 19,5 Prozent Erbschaft- bzw. Schenkungssteuer entrichten. Und das bei einem ihm völlig leistungslos zufallenden Vermögen, wohingegen der Gesetzgeber selbst durchschnittlich verdienenden Arbeitnehmer(inne)n einen höheren Steuersatz bei der Einkommensteuer zumutet.

Substanziell hat die zweite Große Koalition unter Angela Merkel am *Erbschaftsteuer- und Schenkungsteuergesetz* wenig geändert, die steuerrechtliche Privilegierung der Unternehmerfamilien aber modifiziert festgeschrieben, weshalb sich die hierzulande bestehende Kluft zwischen Arm und Reich künftig noch vertiefen dürfte. Die von CDU, CSU, FDP, SPD und Teilen der Bündnisgrünen vorgenommenen Neuregelungen fördern die Konzentration des Kapitals, die Kumulation der Vermögen und die soziale Polarisation. Damit wurde die in der Bundesrepublik seit geraumer Zeit deutlicher hervorstechende Spaltung in Arm und Reich nicht bloß zementiert, sondern tendenziell noch verschärft. Auch die Chance, der öffentlichen Armut (von Ländern und Kommunen) entgegenzuwirken, wurde leichtfertig vertan.

In kaum einem westlichen Industriestaat ist die Erbschaftsteuer so niedrig und ihr Finanzvolumen so gering wie hierzulande (mit etwa fünf bis sechs Milliarden Euro pro Jahr erbringt sie deutlich weniger als ein Prozent des Gesamtsteueraufkommens). Unternehmerdynastien wurden in einer Weise begünstigt, die angesichts des Vermögens in mehrfacher Billionenhöhe, das während dieses und des nächsten Jahrzehnts vererbt wird, eine Refeudalisierung im Finanzmarktkapitalismus bewirken dürfte.

Die steuerpolitisch induzierte Umverteilung von unten nach oben lässt nur den Schluss zu, dass die jüngste Polarisierung von Einkommen und Vermögen bewusst vorangetrieben wurde. Bundesregierung, Parlamentarier und Verfassungsrichter haben sich jahrzehntelang schützend vor die reichsten und mächtigsten Familien im Land gestellt. Während die Kinderarmut und die Zahl der in landläufig „Hartz-IV-Haushalten" genannten SGB-II-Bedarfsgemeinschaften lebenden Menschen unter 18 Jahren zunahmen, wurden ausgerechnet die Erben der Burdas, Quandts und Oetkers, also die reichsten Kinder im Land, mit Steuergeschenken in mehrstelliger Milliardenhöhe überhäuft.

Joseph Stiglitz hat mit Blick auf die USA vor Erbdynastien gewarnt: „Wenn eine Generation ihr Vermögen ungeschmälert an die nachfolgende Generation vermachen kann, beeinträchtigt dies die Gleichheit der Lebenschancen."[135] Deutschland hat durch die von CDU, CSU, FDP und SPD in unterschiedlichen

135 Joseph Stiglitz, Der Preis der Ungleichheit, a.a.O., S. 113

Koalitionsregierungen gesetzlich fixierten Verschonungsregelungen bei der Erbschaft- und Schenkungsteuer große Schritte auf dem Weg zu einer „patrimonialen Gesellschaft" gemacht. So nannte Thomas Piketty ein Land, in dem die Höhe des „väterlichen Erbes" darüber entscheidet, wer arm und wer reich ist.[136] Jens Beckert, Direktor des Max-Planck-Instituts für Gesellschaftsforschung in Köln, knüpfte daran die Forderung nach einer Besteuerung von Erbschaften mit dem persönlichen Einkommensteuersatz, ohne dass er die Freibeträge für niedrige Vermögenswerte abschaffen wollte: „Die Reduzierung der Vermögensungleichheit kann nur bei der kleinen Gruppe der eigentlichen Vermögensbesitzer ansetzen, dem obersten einen Prozent der Bevölkerung."[137]

Umgekehrt fordern Neoliberale und – nebenbei bemerkt – sonst nur die in der AfD organisierten Rechtspopulisten, der Staat solle ganz auf die Erbschaftsteuer verzichten. Andernfalls bleibe das Recht des Erblassers auf der Strecke, über sein Privatvermögen auch über den Tod hinaus zu verfügen, was ein Frontalangriff auf die bürgerliche Gesellschaft sei, argumentierte etwa der Hamburger Ökonom Thomas Straubhaar: „Wer Erbschaften besteuert, enteignet Eigentum. Wer Eigentum enteignet, zerrüttet die Fundamente einer kapitalistischen Wirtschaftsordnung."[138] Schließlich handle es sich um eine Substanzsteuer, bei der nicht Finanzströme, sondern -bestände erfasst würden: „Mit der Erbschaftssteuer werden Einkommen und Erträge früherer Perioden erneut und damit mehrfach besteuert, was, in aller Kürze zusammengefasst, die Anreize mindert, Einkommen und Erträge zu generieren."[139] Ähnlich äußerte sich Stefan Quandt, BMW-Hauptaktionär, im ersten gemeinsamen Interview mit seiner Schwester Susanne Klatten, die auch nicht viel weniger Aktien an dem Münchner Konzern besitzt: „Ich frage mich immer, warum ein Todeszeitpunkt ein Moment sein sollte, in dem der Staat auf bereits versteuertes Einkommen noch einmal zugreift."[140] Abgesehen davon, dass Normalverdiener/innen tatsächlich zweimal besteuert werden, wenn sie aus ihrem bereits versteuerten Einkommen eine Ware im Laden kaufen, auf die Mehrwertsteuer anfällt, ohne dass dies weder Straubhaar, der sogar für eine stärkere Besteuerung des Konsums wirbt, noch Quandt störte, irrten der Volkswirt und der Konzernerbe hier gewaltig: Da nicht der Erblasser – zum zweiten Mal –, sondern der Erbe – zum ersten Mal – besteuert wird, muss die Erbschaftsteuer keineswegs aus versteuerten Einkommen oder Kapitalerträgen entrichtet werden. Die deutsche Erbschaftsteuer ist schließlich keine Nachlass-, sondern eine Erbanfallsteuer, die in gewisser Hinsicht der Einkommensteuer ähnelt.

---

136 Vgl. Thomas Piketty, Das Kapital im 21. Jahrhundert, 6. Aufl. München 2015, S. 501 ff.

137 Jens Beckert, Besteuert die Erben!, in: Steffen Mau/Nadine M. Schöneck (Hrsg.), (Un-)Gerechte (Un-)Gleichheiten, a.a.O., S. 152

138 Thomas Straubhaar, Hände weg vom Erbe!, in: ebd., S. 160

139 Ebd., S. 155

140 Stefan Quandt, „Wer würde denn mit uns tauschen wollen?", in: manager magazin 7/2019, S. 32

Noch kurioser wirkte jener Einwand, der bei Quandt anklang und den Christian Lindner weiter zuspitzte, um die Erbschaftsteuer in Verruf zu bringen: „Die Besteuerung des Todes ist inhuman."[141] Beide Herren übersahen oder unterschlugen nämlich, dass nicht der Tod des Erblassers besteuert wird, was in der Tat pietätlos wäre, sondern nur ein dem Erben bzw. der Erbin durch seinen Tod leistungslos zugefallenes Vermögen. Es wäre unfair gegenüber Millionen anderen, mehr oder weniger besitzlosen Erben, die genauso um ihre verstorbenen Angehörigen trauern, würde der Staat bei Witwen und Waisen von Unternehmern *nicht* im Interesse aller Bürger/innen an einer gesicherten Finanzierung des Gemeinwesens auf einen Teil des Erbes zugreifen. Außerdem geht es häufig gar nicht um die Bezahlung von Erbschaft-, sondern von Schenkungsteuer, weil Unternehmerfamilien den Vermögensübergang häufig nicht erst „im Moment des Todes" regeln, wie Quandt auch selbst andeutete, als er an gleicher Stelle sagte: „Wir treffen alle möglichen Vorkehrungen, dass wir dann nicht an die Substanz gehen müssen. Täten wir das nicht, könnten plötzlich weite Teile von BMW den Chinesen oder arabischen Scheichs gehören." Da wurden in dem Bemühen, um Verständnis für Maßnahmen der eigenen Steuergestaltung zu werben, von einem Multimilliardär sogar nationalistische, wenn nicht rassistische Ressentiments der Leser/innen des *manager magazins* bedient.

Paradoxerweise hatte Lindners Vorvorgänger als FDP-Vorsitzender, der damalige Außenminister und Vizekanzler Guido Westerwelle, übrigens mit Blick auf die Hartz-IV-Bezieher/innen, also nicht etwa im Hinblick auf die von seiner Regierung großzügig bedachten Firmenerben, von „anstrengungslosem Wohlstand" gesprochen.[142] Westerwelles neoliberale Devise lautete: „Leistung soll sich lohnen!" Es ist aber keine Leistung, der Sohn oder die Tochter eines Milliardärs zu sein. Trotzdem scheute sich die FAZ im Rahmen ihrer umfangreichen Berichterstattung über die Neuregelung der Erbschaftsteuer für Firmenerben nicht, die Verschonungsbedarfsprüfung mit zynischem Unterton als „Hartz IV für Reiche" zu bezeichnen.[143] Wie wohltuend sich die Bedarfsprüfung für um Steuerverschonung nachsuchende Firmenerben durch ein Finanzamt von der Bedürftigkeitsprüfung für Arbeitslosengeld-II-Antragsteller/innen durch ein Jobcenter unterscheidet, lässt sich gut daran erkennen, dass Letzteren selbst eine kleinere Erbzahlung in voller Höhe als Einkommen angerechnet und die Transferleistung daher verweigert bzw. gekürzt wird. Dies gilt auch dann, wenn damit Schulden abbezahlt werden, entschied das Bundessozialgericht in Kassel am 29. April 2015 (Az.: B 14 AS 10/14 R).

---

141 Christian Lindner, Freiheit und Fairness, in: Philipp Rösler/Christian Lindner (Hrsg.), Freiheit: gefühlt – gedacht – gelebt. Liberale Beiträge zu einer Wertediskussion, Wiesbaden 2009, S. 25

142 Siehe Guido Westerwelle, Hartz IV und die Frage, wer das alles zahlt: Vergesst die Mitte nicht!, in: Die Welt v. 11.2.2010

143 Siehe Hartz IV für Erben und andere Hürden, in FAZ v. 7.7.2015

5.5 Verschärfung der Ungleichheit durch die globale Banken-, Finanz- und Wirtschaftskrise?

Mit dem Bankrott der US-amerikanischen Investmentbank Lehman Brothers am 15. September 2008 wurde die letztlich durch Subprime-Kredite am dortigen Immobilienmarkt und die im großen Stil betriebene Spekulation mit verbrieften Hypotheken ausgelöste Finanzkrise für alle Welt sichtbar. Instinktiv war vielen Menschen auch klar, dass die Liberalisierung der Märkte, die Deregulierung des Bankwesens und die Privatisierung öffentlichen Eigentums das Desaster verursacht, zumindest aber vergrößert hatten. Erneut standen eine Finanz- und Wirtschaftskrise, Banken- und Börsenzusammenbrüche sowie gesellschaftliche Umbrüche am Ende einer Geschichtsperiode, in der die sozioökonomische Ungleichheit ein halbwegs erträgliches Maß überschritten hatte.

Ursächlich für die schwerste Banken-, Wirtschafts-, Währungs- und Finanzkrise seit dem Zweiten Weltkrieg waren nicht bloß der Kapitalismus als solcher und die ihm eigene Tendenz zur Überakkumulation bzw. Überproduktion im Rahmen „normaler“ Konjunkturzyklen, sondern auch seine jüngsten Strukturveränderungen. Unabhängig von der wirtschaftswissenschaftlichen Streitfrage, ob man heute vom Finanzmarktkapitalismus sprechen sollte oder nicht, lässt sich konstatieren, dass die Banken- und Finanzkrise 2007/08 zusammen mit den ihr folgenden Krisenerscheinungen, der Weltwirtschaftskrise 2008/09 und der europäischen Währungskrise 2010 ff., hierzulande (wie in anderen Staaten) bis heute maßgeblichen Einfluss auf die Gesellschaftsentwicklung hatte. Dies gilt auch und gerade für die Kluft zwischen Arm und Reich. Zwischen der sozioökonomischen Ungleichheit und der Banken-, Finanz- bzw. Wirtschaftskrise besteht offenbar ein Kausalzusammenhang, der sich als klassische Wechselbeziehung darstellt: Einerseits hat die wachsende Ungleichheit das Krisenfiasko mit herbeigeführt, andererseits die Finanz-, Wirtschafts- und Währungskrise eine Verschärfung der Ungleichheit zwischen den wie innerhalb der einzelnen Staaten bewirkt. Ohne die Ungleichheit wäre das Krisenrisiko geringer gewesen, ohne die Krise die Chance gestiegen, der Ungleichheit zu begegnen.

Weder die orthodoxe Mainstream-Ökonomie noch die etablierte Wirtschaftspublizistik lieferten eine überzeugende Erklärung für das Krisenfiasko,[144] sondern höchstens Entschuldigungen für die maßgeblichen Akteure. So blieben die meisten Debattenbeiträge an der erscheinenden Oberfläche, statt bis zu den Wurzeln der globalen Finanz- und Weltwirtschaftskrise vorzustoßen. Wenn diese nicht in ihrer zentralen Bedeutung für das gesellschaftliche Leben relati-

144 Vgl. Hans-Jürgen Arlt/Wolfgang Storz, Wirtschaftsjournalismus in der Krise. Zum massenmedialen Umgang mit Finanzmarktpolitik, Eine Studie der Otto Brenner Stiftung (OBS-Arbeitsheft 63), Frankfurt am Main, März 2010; Helge Peukert, Die große Finanzmarktkrise. Eine staatswissenschaftlich-finanzsoziologische Untersuchung, Marburg 2010, S. 89 ff.

viert wurde, begriff man sie entweder als eine Art Naturkatastrophe, die wie eine Sturmflut über die Weltwirtschaft hinweggefegt ist, oder als Folge des Versagens einzelner Personen, die ihren eigenen Ansprüchen nicht gerecht geworden, sondern der „Verlockung des Geldes“ erlegen waren. In diesem Zusammenhang wurden vor allem der Größenwahn des Topmanagements, die Gier der Investmentbanker und der Börsenspekulanten sowie der Geiz von Großinvestoren für die Misere verantwortlich gemacht.

Der Berliner Sozialforscher Dieter Rucht hat auf der Grundlage von ihm gesichteter Zeitungsartikel über die Finanzkrise 2007/08 fünf Deutungsmuster herausgearbeitet. Von der Naturalisierung („Finanz-Tsunami“) und Moralisierung („Größenwahn und Gier“) des Geschehens über die mangelnde bzw. mangelhafte Regulierung der Banken reichten die (Fehl-)Interpretationen bis zur These des Missmanagements von „Nieten in Nadelstreifen“ und eines heilsamen Schocks für den (lernfähigen) Kapitalismus. Ruchts Prognose hat sich bisher bestätigt und dürfte weiterhin zutreffen: „Die diskursiven Koordinaten werden sich deutlich, die regulativen Koordinaten nur leicht zu Lasten der Neoliberalen verschieben, während sich ‚die Politik‘ für eine Weile als Retter in der Krise feiern lässt.“[145]

Häufig erschien die Finanzmarktkrise als separates Geschehen, völlig losgelöst von den Krisenerscheinungen in anderen Wirtschaftsbereichen. „In vielen Analysen der Finanzkrise wird der Zusammenhang mit der Entwicklung und Restrukturierung der Realwirtschaft der vergangenen Jahre außer Betracht gelassen, also die Ausrichtung auf Wettbewerbsfähigkeit, Standortpolitik und Shareholder-Value – so als hätte die mit diesen Ausdrücken verbundene neoliberale Strategie gar nichts mit der Krise zu tun.“[146] Daher kritisierte der Wiener Hochschullehrer Ulrich Brand, dass die strukturelle Krise des Finanzmarktkapitalismus im Nachhinein als bloße konjunkturelle Delle verharmlost und die enge Verzahnung unterschiedlicher Krisenerscheinungen im Sinne einer „multiplen Krise“ (Elmar Altvater) selten zur Kenntnis genommen wurde: „In den dominanten Deutungen kommt kaum vor (bzw. es wird mit dem Begriff der ‚Globalisierung‘ verschleiert), dass die aktuelle Krise sich vor dem Hintergrund eines seit drei Jahrzehnten andauernden Umbaus des Kapitalismus unter neoliberalen und imperialen Vorzeichen vollzieht.“[147] Aufgrund der Erschöpfung natürlicher Ressourcen stünden wir möglicherweise vor einem „Zivilisationsbruch“, meinte Brand und verlangte nach einer „alternativen Krisendeutung“,

---

145 Dieter Rucht, Tsunami oder innere Reinigung. Es gibt verschiedene Deutungsmuster der Finanzkrise, in: Frankfurter Rundschau v. 18.11.2008

146 Alex Demirović, Kehrt der Staat zurück? – Wirtschaftskrise und Demokratie, in: PROKLA 4/2009, S. 596

147 Ulrich Brand, Post-Neoliberalismus?, Aktuelle Konflikte, gegen-hegemoniale Strategien, Hamburg 2011, S. 28

die auch im linken sowie im Gewerkschaftslager bislang höchstens in Ansätzen vorhanden sei.

Höchst umstritten ist die „Henne-Ei-Frage", ob Ungleichheit zu Wirtschafts- und Finanzkrisen führt oder ob es sich genau umgekehrt verhält und solche Krisenphänomene die Ungleichheit erhöhen. Heiner Flassbeck und Paul Steinhardt suchten beide Positionen miteinander zu verbinden, als sie konstatierten: „Die zunehmende Ungleichheit zwischen Arbeit und Kapital sowie die zunehmende Ungleichverteilung innerhalb der Gruppe der Lohnbezieher ist [...] nicht der ursprüngliche Grund für die Wachstumsschwäche, sondern ihre Folge. Die Ungleichverteilung zementiert ihrerseits die schlechte gesamtwirtschaftliche Entwicklung, wenn die Wirtschaftspolitik nicht mit aller Macht dagegenhält und unter anderem mit Vollbeschäftigungspolitik dafür sorgt, dass Arbeitskräfte wirklich knapp werden, so dass ihre Verhandlungsmacht steigt."[148]

Übermäßiger (Kapital-)Reichtum ist nicht bloß ein gravierendes moralisches Problem, wie schon Platon wusste und erst jüngst wieder von dem Philosophen Christian Neuhäuser und dem Psychoanalytiker Martin Schürz dargelegt wurde,[149] sondern auch ein massives ökonomisches Problem. Wenn sich der Reichtum in wenigen Händen konzentriert, fehlt den ärmeren Bevölkerungsschichten das Geld, um ihre Grundbedürfnisse zu befriedigen und sich darüber hinausreichende, die Wirtschaft beflügelnde Konsumwünsche zu erfüllen, weil die Massenkaufkraft darunter zwangsläufig leidet. Denn die Reichen, vor allem jedoch die Hyperreichen sparen und spekulieren mehr, als das Personen tun, die wenig Geld zur Verfügung haben. Die wegen der neoliberalen Reformpolitik des Staates gestiegene Ungleichheit in der Einkommens- und Vermögensverteilung, wie sie Claus Schäfer für das Wirtschafts- und Sozialwissenschaftliche Institut der Hans-Böckler-Stiftung (WSI) theoretisch und empirisch belegt hat,[150] war eine zentrale Ursache für die globale Finanz- und Wirtschaftskrise 2008/09. Ohne die tiefe Kluft zwischen Arm und Reich bzw. den daraus resultierenden Überschuss an vagabundierendem, fieberhaft nach Verwertungsmöglichkeiten suchendem Geldkapital wäre die Banken- und Finanzkrise kaum möglich gewesen.[151]

Da die Fähigkeit, finanzielle Ressourcen nicht für die private Lebensführung verausgaben zu müssen, genauso wie die Sparneigung mit der Höhe des Einkommens und Vermögens einer Person tendenziell zunimmt, entzieht die Ka-

148 Heiner Flassbeck/Paul Steinhardt, Gescheiterte Globalisierung, a.a.O., S. 204 f.

149 Vgl. Christian Neuhäuser, Reichtum als moralisches Problem, 2. Aufl. Berlin 2018; Martin Schürz, Überreichtum, Frankfurt am Main/New York 2019

150 Vgl. Claus Schäfer, Aus der Krise in die Krise? – WSI-Verteilungsbericht 2009, in: WSI-Mitteilungen 12/2009, S. 683 ff.

151 Vgl. dazu: Hermannus Pfeiffer, Der profitable Irrsinn. Was auf den Finanzmärkten geschieht und wer dabei gewinnt, Berlin 2012

pitalkonzentration (Monopolisierung) der Volkswirtschaft die zur Ankurbelung der Binnenkonjunktur und damit zur Bewältigung von Wirtschaftskrisen nach keynesianischem Muster nötigen Mittel und lähmt so die Wachstumskräfte, wodurch die Krisenhaftigkeit des Systems steigt und der zunehmende private Reichtum wiederum mehr Armut schafft.[152] Anders formuliert: Ungleichheit rechnet sich nicht, sondern belastet die Wirtschaft, den Staat und die Gesellschaft. Die ökonomischen Effekte der Ungleichheit waren und sind verheerend: Ungleichheit erweist sich immer wieder als Wachstumsbremse und hemmt die wirtschaftliche Leistungsfähigkeit,[153] wie sie auch die gesellschaftliche Stabilität als Grundlage ökonomischen Handelns gefährdet. „Abgesehen von ihren Kosten in puncto sozialer Gerechtigkeit, kann eine zu ungleiche Verteilung von Chancen und ökonomischen Erträgen negative Auswirkungen auf den Umfang der Wirtschaftstätigkeit und den durchschnittlichen materiellen Wohlstand einer Gesellschaft haben."[154]

Durch die seit den 1980er-Jahren erfolgte Deregulierung der Finanzmärkte, die rechtliche Ermöglichung bzw. Erleichterung des Derivatehandels sowie die Lockerung von Sicherungsmechanismen im Bankenbereich hat das internationale Währungs- und Finanzsystem erheblich an Stabilität verloren. Die ausschlaggebenden Entscheidungen der neoliberal regierten Staaten basierten auf den Interessen mächtiger Finanzmarktakteure, denen es um die Befreiung von ihren „gesetzlichen Fesseln" ging. „Der Finanzsektor machte seinen politischen Einfluss geltend, um dafür zu sorgen, dass das Marktversagen *nicht* korrigiert wurde und die privaten Belohnungen des Sektors kontinuierlich weit über seinem Beitrag zur gesamtgesellschaftlichen Wohlfahrt lagen – einer der Faktoren, die zu dem aufgeblähten Finanzsektor und zur hohen Vermögenskonzentration an der Spitze beitrugen."[155]

Üblicherweise verringert sich die sozioökonomische Ungleichheit durch einen schweren Konjunkturrückgang, weil Kursstürze oder Börsenzusammenbrüche große Vermögen und Insolvenzen eines Teil des fungierenden Kapitals vernichten, wodurch seine Eigentümer einen massiven Reichtumseinbruch erleiden, während die Mittelschicht von der Wirtschaftskrise zunächst weniger stark betroffen ist und die Unterprivilegierten, „Abgehängten" und Marginalisierten ohnehin wenig zu verlieren haben. Wie der britische Entwicklungssoziologe Guy Standing feststellte, wich die globale Banken-, Finanz- und Wirtschaftskrise 2008 ff. insofern von diesem Muster ab, als sich die Einkommens-

152 Vgl. dazu: Karl Georg Zinn, Wie Reichtum Armut schafft. Verschwendung, Arbeitslosigkeit und Mangel, 4. Aufl. Köln 2006

153 Vgl. Karl Brenke/Gert G. Wagner, Ungleiche Verteilung der Einkommen bremst das Wirtschaftswachstum, in: Wirtschaftsdienst 2/2013, S. 110 ff.

154 François Bourguignon, Die Globalisierung der Ungleichheit, Hamburg 2013, S. 91

155 Joseph Stiglitz, Der Preis der Ungleichheit, a.a.O., S. 68 (Hervorh. im Original)

schere in bestimmten Branchen weiter öffnete.[156] Ohnehin hatte das Prekariat die Hauptlast der Krise zu tragen, weil man sich der Leih- und Werkarbeiter/innen wie der befristet Beschäftigten sofort entledigte, indem man ihre Verträge auslaufen ließ. Dagegen schützten die Vermögenden ihr Einkommen und ihren Status, nicht zuletzt durch Personalabbau, Lohnkürzungen und Flexibilisierungsmaßnahmen.

Während die Konten viele Kleinsparer/innen von der Niedrigzinspolitik der Europäischen Zentralbank „kalt erwischt" wurden, profitierten Großaktionäre, Finanzinvestoren und Kapitalanleger von den staatlichen „Rettungspaketen" für Griechenland bzw. die einheimischen Banken. Dadurch verringerte sich die sozioökonomische Ungleichheit in Deutschland nur geringfügig, stieg aber nach dem Konjunktureinbruch im Jahr 2009, als das Bruttoinlandsprodukt preisbereinigt um 5,6 Prozent sank, bald wieder an. Auch die beiden Konjunkturpakete waren keineswegs sozial ausgewogen – von der „Abwrackprämie" für zwischen dem 14. Januar 2009 und dem 30. Juni 2010 verschrottete Pkw profitierten die Großaktionäre der Automobilindustrie am meisten, wohingegen sie Hartz-IV-Bezieher(inne)n auf ihre Transferleistung angerechnet, also wieder entzogen wurde. Durch die enormen Kosten der Staatsintervention stieg die öffentliche Armut (Staatsverschuldung) und durch die im Zuge der Wirtschafts- und Finanzkrise wachsende Erwerbslosigkeit die private Armut.

Obwohl es nach Kurseinbrüchen an den internationalen Aktienmärkten zu immensen Wertverlusten kam, die auch Großaktionäre trafen, hatten Hyperreiche sehr viel bessere Chancen als weniger Wohlhabende, mit einem blauen Auge davonzukommen oder ihren Reichtum sogar zu steigern. Denn sie konnten höhere Risiken eingehen, professionelle Hilfe (Anlageberatung, Family Offices, Vermögensverwaltung) in Anspruch nehmen und (z. B. durch eine Fondsbeteiligung mit hohen Mindesteinlagen) höhere Renditen erzielen. Schneeballeffekte führten zu einer forcierten Vermögenskonzentration, sodass Kapitalanleger, Finanzjongleure und Spekulanten bald wieder Oberwasser hatten, während Angehörige der Mittelschicht fürchteten, im gesellschaftlichen Untergeschoss zu landen.

Selbst in Fachkreisen der Wirtschaftswissenschaft gab es aber eine Diskussion über die vom Neoliberalismus bewirkte und anschließend gerechtfertigte bzw. verharmloste sozioökonomische Ungleichheit. Ein wichtiger Auslöser war Thomas Pikettys Weltbestseller, der vor allem in den USA eine riesige Publikumsresonanz und kontroverse Debatten auslöste, obwohl sein Autor nur unter Rückgriff auf eine Fülle nationaler Steuerstatistiken empirisch bestätigte, was Kritiker/innen der neoliberalen Regierungspolitik seit Jahrzehnten zur Konzentration des Reichtums und zum Wachsen der Ungleichheit festgestellt hatten. Von einer Zeitenwende des wirtschaftswissenschaftlichen Denkens, die

156 Vgl. Guy Standing, Prekariat. Die neue explosive Klasse, Münster 2015, S. 77 ff.

Gustav A. Horn als Gründungsdirektor des Instituts für Makroökonomie und Konjunkturforschung (IMK) der gewerkschaftsnahen Hans-Böckler-Stiftung schon nach der globalen Finanzkrise erhofft hatte, war allerdings wieder nichts zu spüren: „Noch immer gilt hier vor allem derjenige als ökonomisch vernünftig, der die Beute des Reichtums zu erhöhen verspricht – nicht aber derjenige, der es sich zum Ziel setzt, Armut zu bekämpfen und eine breite Teilhabe am wirtschaftlichen Leistungszuwachs zu erreichen."[157]

Da die seit der Jahrtausendwende deutlich gesunkene Lohnquote nach Ausbruch der Krise wieder etwas anstieg und die Gewinne und Aktienkurse vieler Unternehmen sowie die Kapital- und Vermögenserträge vorübergehend einbrachen, sprach Klaus Zimmermann, seinerzeit DIW-Präsident, allen Ernstes von einem sozialen Egalisierungseffekt der (Finanz-)Krise, obwohl sich am Ende die Kluft zwischen Arm und Reich nicht zuletzt wegen der vielen Krisengewinnler vertieft haben dürfte. Entscheidend ist schließlich, wer die Zeche zahlt: Während die das Krisendebakel wesentlich mit verursachenden Hasardeure und Spekulanten mittels des beim Bund angesiedelten „Sonderfonds Finanzmarktstabilisierung" (SoFFin) aufgefangen wurden, litten die untere Mittelschicht, Erwerbslose und Arme unter den Kosten, welche die Maßnahmen zur Bankenrettung dem Staat verursachten und ihn an einer großzügigeren Sozialpolitik ebenso hinderten wie an öffentlichen Investitionen, die größtenteils den Unterprivilegierten zugute gekommen wären.

Trotz der globalen Banken-, Finanz-, Wirtschafts- und Währungskrise hat sich die Kluft zwischen Arm und Reich hierzulande eher noch vertieft. Reich(er) geworden ist, wer mit dubiosen Finanzprodukten (Derivaten, Zertifikaten usw.) gehandelt, auf den internationalen Kapitalmärkten mit hohem Kursrisiko investiert und erfolgreich an den Börsen spekuliert hat. Dagegen gehörten Millionen (Langzeit-)Erwerbslose, prekär Beschäftigte, Alleinerziehende, kinderreiche Familien, Senior(inn)en und Migrant(inn)en zu den Krisenverlier(inne)n.

157 Gustav A. Horn, Des Reichtums fette Beute. Wie die Ungleichheit unser Land ruiniert, Frankfurt am Main/New York 2011, S. 13

6 Konturen und Perspektiven einer zerrissenen Republik

Aufgrund der US-Amerikanisierung des Arbeitsmarktes (Deregulierung der Leiharbeit und Prekarisierung von Beschäftigungsverhältnissen), des Wohlfahrtsstaates (Entwicklung vom *welfare* zum *workfare state*) sowie des Steuersystems (Übergang von einer hohen direkten Besteuerung der Reichen zur stärkeren indirekten Besteuerung der Armen) ist es zu einer US-Amerikanisierung der Sozialstruktur (Arm-reich-Polarisierung) und der Stadtentwicklung (Zerfall der Großstädte in Luxus- und Elendsquartiere), aber auch des sozialen Klimas und der politischen Kultur (Entsolidarisierung, Entpolitisierung und Entdemokratisierung) gekommen.

Die neoliberale Spielart der Globalisierung hat als „soziales Scheidewasser" gewirkt, das die Bevölkerung der Bundesrepublik in Gewinner und Verlierer/innen, diese jedoch noch einmal in völlig Deprivierte, Dauererwerbslose und Langzeitarme einerseits sowie in prekär Beschäftigte, Geringverdiener/innen und Kurzzeitarme andererseits spaltete. Während die Marginalisierten den „sozialen Bodensatz" bildeten, waren die zugewanderten Niedriglohnempfänger/innen eher das „ökonomische Treibgut" des Globalisierungsprozesses.[1] Einerseits reicht das Armutsrisiko bis in die Mittelschicht hinein, was sich in der Überschuldung von Existenzgründer(inne)n und Selbstständigen genauso manifestiert wie in den prekären Lebenslagen jener Menschen, die von einer Kündigung getroffen werden. Andererseits führt die finanzmarktgetriebene Form der Kapitalakkumulation zu einer Vermögenskonzentration bei wenigen Hyperreichen, die fatal an feudale Zustände erinnert.

6.1 US-Amerikanisierung der Sozialstruktur

Die sozioökonomische Ungleichheit ist aufgrund des hauptsächlich bei Unternehmern, (Groß-)Aktionären und Finanzinvestoren konzentrierten Privateigentums an Produktionsmitteln sowie der weitgehenden Mittellosigkeit vieler „Arbeitskraftbesitzer" für hoch entwickelte kapitalistische Industriegesellschaften konstitutiv. Marx hat gezeigt, dass die Art der Verteilung von Einkommen und Vermögen durch die Produktionsverhältnisse bestimmt wird: „Die sogenannten Verteilungsverhältnisse entsprechen […] und entspringen aus histo-

1 Vgl. hierzu: Christoph Butterwegge/Gudrun Hentges (Hrsg.), Zuwanderung im Zeichen der Globalisierung. Migrations-, Integrations- und Minderheitenpolitik, 4. Aufl. Wiesbaden 2009

risch bestimmten, spezifisch gesellschaftlichen Formen des Produktionsprozesses und der Verhältnisse, welche die Menschen im Reproduktionsprozeß ihres Lebens untereinander eingehn. Der historische Charakter dieser Verteilungsverhältnisse ist der historische Charakter der Produktionsverhältnisse, wovon sie nur eine Seite ausdrücken."[2] Seit dem Übergang zum Finanzmarktkapitalismus mit seiner Prädominanz der Börsen scheint es allerdings so, als überlagerten und überlappten sich Produktions- und Distributionsverhältnisse, wenn sich Letztere nicht sogar von Ersteren abgekoppelt haben. Zwar bleibt der Klassengegensatz (von Kapital und Arbeit) bestimmend, der Arm-reich-Gegensatz hat aber zuletzt enorm an Bedeutung gewonnen.

An den fundamentalen Ungleichheitsstrukturen der bürgerlichen Gesellschaft hat die Entwicklung zum digitalen Finanzmarktkapitalismus nichts geändert. Der fortbestehende Gegensatz zwischen Kapital und Arbeit wird allerdings vom Gegensatz zwischen Arm und Reich noch verstärkt. Die für den Kapitalismus typischen Klassenverhältnisse sind durch neue Geschäftsmodelle im Unternehmensbereich, die „Rückkehr des Rentiers" und riesige Spekulationsgewinne an den Finanzmärkten sehr viel komplexer, differenzierter und subtiler geworden. Nach wie vor wurzelt der Gewinn – gesamtwirtschaftlich betrachtet – nicht im Tausch, sondern in der materiellen Produktion: „Dass manche systematisch Gewinne erzielen, indem sie günstig einkaufen und teuer verkaufen, ist nur möglich, wenn irgendwo in der Wirtschaft ein Güterüberschuss produziert wird."[3]

Wenngleich es nach wie vor bürgerliche, proletarische und proletaroide Klassenlagen gibt, behauptet heute niemand mehr, dass es nur die beiden traditionalen Gesellschaftsklassen der Bourgeoisie und des Proletariats gebe. Vielmehr überzeugt die These des niederländischen Historikers Marcel van der Linden, „dass es im Kapitalismus eine fast unendlich große Bandbreite an Produzent_innen gibt und dass die Übergänge zwischen den Kategorien eher fließend sind, als dass sie sich scharf voneinander abgrenzen ließen."[4] Einerseits haben sich die Beziehungen zwischen den Gesellschaftsklassen verkompliziert, andererseits die Lebensbedingungen innerhalb der einzelnen Klassen – besonders jener der Lohnabhängigen – ausdifferenziert. Ein fest angestellter Lufthansa-Pilot ist kein Prolet, weder hinsichtlich seines hohen Gehalts noch im Lebensstil. Gleichzeitig gibt es Piloten bei Billigfluglinien, die prekär beschäftigt sind, viel weniger verdienen als der Kollege und ihre Arbeitskraft genauso verkaufen müssen wie das erheblich schlechter bezahlte Bodenpersonal.

---

2 Karl Marx, Das Kapital. Kritik der politischen Ökonomie, Bd. 3, in: MEW, Bd. 25, Berlin (DDR) 1964, S. 890

3 Andrew Sayer, Warum wir uns die Reichen nicht leisten können, München 2017, S. 101

4 Siehe Marcel van der Linden, Wer sind die Arbeiter_innen?, in: Tine Haubner/Tilman Reitz (Hrsg.), Marxismus und Soziologie. Klassenherrschaft, Ideologie und kapitalistische Krisendynamik, Weinheim/Basel 2018, S. 20

Obwohl die Ungleichheit der Arbeitseinkommen in den vergangenen Jahrzehnten stark zugenommen hat und ein Topmanager mehr als 100-mal so viel verdient wie einer seiner „Mitarbeiter", bleibt der Gegensatz von Kapital und Arbeit für die (Fehl-)Entwicklung der Gesellschaft zentral. In jüngster Zeit hat sich die Einkommens-, vor allem jedoch die Vermögensverteilung noch stärker zugunsten der reichsten Bevölkerungskreise – Kapitalmagnaten, Finanzinvestoren und Börsenspekulanten – verschoben. Zwar gibt es immer noch den sog. Buddenbrooks-Effekt des Niedergangs einer sehr reichen Familie, wie ihn Thomas Mann in seinem gleichnamigen Roman am Beispiel einer Lübecker Kaufmannsdynastie geschildert hat, die umgekehrte Entwicklung der Anhäufung eines unvorstellbar großen, breit gestreuten und sich über alle Kontinente erstreckenden Vermögens eines Familienclans ist aber sehr viel wahrscheinlicher. Auch ohne illegale Machenschaften sowie ihre Begünstigung durch staatliche Untätigkeit wie bei den „Cum-Ex"- und den dubiosen „Cum-Cum"-Geschäften, die manche Großaktionäre auf Kosten der übrigen Steuerzahler/innen tätigten, wurden die Reichen im Finanzmarktkapitalismus immer reicher. Aufgrund neuer Schließungsmechanismen, die für eine Abschottung der herrschenden Kreise gegenüber potenziellen Aufsteiger(inne)n sorgten, weitete sich die für das bestehende Wirtschaftssystem typische Kluft zwischen Arm und Reich zu einer Schlucht aus.

Man muss kein Marxist sein, um zu erkennen, dass die Bundesrepublik eine kapitalistische Gesellschaft mit wachsender sozioökonomischer Ungleichheit ist. Die engagierte Journalistin Julia Friedrichs konstatierte denn auch treffend: „Selbst wenn wir uns als modern, tolerant, individualistisch empfinden, leben wir noch immer in einer Gesellschaft, die mit dem altmodischen Wort ‚Klassengesellschaft' gut beschrieben ist."[5] Deutschland ist also nicht bloß, wie Jakob Augstein feststellte, auf dem Weg dorthin, weshalb der *Freitag*-Herausgeber mit diesen Folgesätzen auch ins Schwarze traf: „Wir sollten uns an den Begriff wieder gewöhnen. Die Zeiten, in denen ein sozialpolitisch eingehegter Kapitalismus ‚Wohlstand für alle' (Ludwig Erhard) zumindest möglich erscheinen ließ, sind vorbei. Die Ära der Sozialen Marktwirtschaft ist beendet."[6] Feuilletonistisch ausgedrückt, hat ein Wandel vom „rheinischen" zum schweinischen Kapitalismus stattgefunden, verbunden mit erheblich größerer Ungleichheit. „Von der sozialen ‚Symmetrie' des Rheinischen Kapitalismus ist wenig geblieben."[7]

5 Julia Friedrichs, Deutschland, eine Klassengesellschaft, in: Jochen Dahm/Thomas Hartmann/Max Ostermayer (Hrsg.), Gleichheit! – Wirtschaftlich richtig, politisch notwendig, sozial gerecht, Bonn 2017, S. 40

6 Jakob Augstein, Agenda 2010: Jahrhundertreform oder Anfang vom Ende der Gerechtigkeit?, in: Jakob Augstein/Nikolaus Blome, Oben und Unten. Abstieg, Armut, Ausländer – was Deutschland spaltet, München 2019, S. 57

7 Bernhard Müller, Erosion der gesellschaftlichen Mitte. Mythen über die Mittelschicht, Zerklüftung der Lohnarbeit, Prekarisierung und Armut, Abstiegsängste, Hamburg 2013, S. 47

6.1.1 Das Prekariat: Unterschicht, digitales Proletariat oder neue Klasse?

In der „alten" Bundesrepublik waren Niedriglöhne, von denen man selbst bei Vollzeiterwerbstätigkeit nicht leben konnte, außer für Beschäftigte auf „typischen Frauenarbeitsplätzen" und die sog. Gastarbeiter, deren mühseliges Leben Günter Wallraff aus eigener Anschauung in Gestalt des Türken „Ali" geschildert hat,[8] eher die Ausnahme. Sprach man in Westdeutschland noch von den „armen Arbeitslosen", so gab es bald nach der Vereinigung mehr arbeitende Arme. Vor allem seit dem Jahrtausendwechsel hat sich auch in Deutschland ein breiter Niedriglohnsektor herausgebildet, der mittlerweile fast ein Viertel aller Beschäftigten umfasst. Seinem zahlenmäßigen Umfang nach wird der Niedriglohnbereich hierzulande oft unterschätzt, obwohl er mittlerweile beinahe US-amerikanische Dimensionen erreicht hat.[9]

Ähnlich wie Wallraff hat die US-amerikanische Publizistin Barbara Ehrenreich nach einer zweijährigen „Experimentierphase", während der sie als Zimmermädchen einer Hotelkette, als Putzfrau bei einer Reinigungsfirma, als Serviererin in einem Fastfood-Restaurant, als Pflegekraft im Seniorenheim und als Verkäuferin bei Wal-Mart tätig war, ein Buch über das Leben von Niedriglöhner(inne)n im „Land der unbegrenzten Möglichkeiten" um die Jahrtausendwende geschrieben. Mieten und Löhne waren vermeintlich „marktabhängig", entwickelten sich aber nicht im Gleichklang, sondern gegenläufig: Wenn der Wohnraum knapp war, stiegen die Mieten, Löhne jedoch selbst dann nur mäßig, wenn Arbeitskräfte fehlten, zumal für prekär Beschäftigte. Ehrenreich wies zu Recht darauf hin, dass *working poor*, die nicht in Palästen leben, sondern in Hütten, Billighotels, Miniwohnwagen und Zelten hausen, aufgrund der Machtverhältnisse auf den Wohnungs- und Immobilienmärkten von allen Bevölkerungsgruppen den höchsten Anteil ihres Einkommen für die Bleibe aufwenden müssen: „Wenn die Reichen und die Armen auf dem offenen Markt um Häuser und Wohnungen konkurrieren, haben die Armen keine Chance. Die Reichen können sie immer ausstechen, sie können ihre Mietwohnungen und Trailerparks jederzeit aufkaufen und durch Eigentumswohnungen, Villensiedlungen und Golfplätze ersetzen. Und da die Zahl der Reichen – vor allem dank steigender Aktienkurse und Managergehälter – deutlich zugenommen hat, sind die Armen zwangsläufig auf Häuser oder Wohnungen verwiesen, die teurer oder qualitativ schlechter sind oder zu weit von ihren Arbeitsplätzen entfernt liegen."[10]

---

8 Vgl. Günter Wallraff, Ganz unten, Köln 1985

9 Vgl. Markus M. Grabka/Carsten Schröder, Der Niedriglohnsektor in Deutschland ist größer als bislang angenommen, in: DIW-Wochenbericht 14/2019, S. 250 ff.

10 Barbara Ehrenreich, Arbeit poor. Unterwegs in der Dienstleistungsgesellschaft, Mit einem Nachwort von Horst Afheldt, München 2001, S. 205 f.

Nirgends sonst drängen sich Parallelen zwischen Deutschland und den USA so unmittelbar auf wie bei den Niedriglöhner(inne)n, was sich auch in transatlantischen Vergleichsstudien der Fachwissenschaft niederschlug.[11] Während man in den Vereinigten Staaten von „working poor" spricht – ein Begriff, der im Deutschen ebenso heimisch werden dürfte wie Job, Jobcenter und Freelancer – stammt der Begriff „Prekarität" (prekarité) aus dem Französischen. Pierre Bourdieu, einer der prominentesten Wissenschaftler unseres Nachbarlandes, hat ihn weit darüber hinaus bekannt gemacht, als er in einem Vortrag unter dem Titel *Prekarität ist überall* die These vertrat, Prekarität gehöre zu einer neuartigen Herrschaftsform, die auf der Errichtung einer zum Dauerzustand gemachten Unsicherheit fuße und die Arbeitnehmer/innen zur Unterwerfung, d. h. zur willfährigen Hinnahme ihrer Ausbeutung zwingen wolle.[12] Von einer allgemeinen sozialen Entgrenzung der Prekarität könne man jedoch deshalb nicht sprechen, widersprach Klaus Kraemer, weil sich die Prekarisierungsrisiken in bestimmten Berufs- und Bildungsgruppen, erwerbsbiografischen Phasen und Alterskohorten häuften.[13]

Gleichwohl schlug der Düsseldorfer Soziologe Oliver Marchart den Begriff „Prekarisierungsgesellschaft" vor, um damit auszudrücken, dass es sich bei der Prekarisierung nicht (mehr) um ein marginales oder partikulares Phänomen handle: „In der Prekarisierungsgesellschaft sind alle – bis auf eine schmale Schicht von finanziell Superabgesicherten – existenzieller Verunsicherung ausgesetzt, und das schon allein deshalb, weil die sozialen Sicherungssysteme an Erwerbsarbeit gekoppelt sind und deren Status zunehmend prekär wird."[14] Zwar franst die Mittelschicht derzeit nach unten aus, ihr wohlständiger Kern besteht aber trotz solcher Unkenrufe fort, ist auch deutlich größer als das Prekariat i.e.S. und bildet weiterhin das Gravitationszentrum der bürgerlichen Gesellschaft. Das saturierte Besitzbürgertum muss auf absehbare Zeit nicht fürchten, im Status der Prekarität zu enden. Wer die unbestreitbare Tendenz zur Prekarisierung von wachsenden Teilen der Lohnarbeit verabsolutiert bzw. hypostasiert, verliert leicht die sozioökonomische Polarisierung als Phänomen aus dem Blick, das Aufwärts- und Abwärtsmobilität beinhaltet.

---

11 Vgl. z.B. Gerd Nollmann, Working Poor. Eine vergleichende Längsschnittstudie für Deutschland und die USA, in: Kölner Zeitschrift für Soziologie und Sozialpsychologie 1/2009, S. 33 ff.; Thomas Rhein, „Working poor" in Deutschland und den USA. Arbeit und Armut im transatlantischen Vergleich, IAB-Kurzbericht 1/2009

12 Vgl. Pierre Bourdieu, Prekarität ist überall, in: ders., Gegenfeuer. Wortmeldungen im Dienste des Widerstands gegen die neoliberale Invasion, Konstanz 1998, S. 100

13 Vgl. Klaus Kraemer, Ist Prekarität überall?, in: Claudio Altenhain u.a. (Hrsg.), Von „Neuer Unterschicht" und Prekariat. Gesellschaftliche Verhältnisse und Kategorien im Umbruch. Kritische Perspektiven auf aktuelle Debatten, Bielefeld 2008, S. 139 ff.

14 Oliver Marchart, Die Prekarisierungsgesellschaft. Prekäre Proteste – Politik und Ökonomie im Zeichen der Prekarisierung, Bielefeld 2013, S. 7

Der französische Soziologe Robert Castel unterschied mit Blick auf die „neue soziale Frage“ bzw. die Prekarisierung vieler Arbeitsverhältnisse im gegenwärtigen Kapitalismus zwischen einer „Zone der Integration“, einer wachsenden „Zone der Verwundbarkeit“, einer „Zone der Fürsorge“ und einer „Zone der Exklusion“, die er auch als „Zone der Entkopplung“ bezeichnete.[15] Ungeklärt blieb jedoch, in welchem Verhältnis diese Zonen zu den Soziallagen einzelner Klassen und Gesellschaftsschichten stehen, anders formuliert, ob es sich um damit verbundene oder davon losgelöste Risiken handelt. Klaus Dörre, der sich die Begrifflichkeit seines im März 2013 verstorbenen Pariser Kollegen zu eigen machte, weist auf die Wiederkehr der sozialen Unsicherheit, das Wachsen der Existenzängste auch im Kernbereich der industriellen Stammbelegschaften und die mentalen Auswirkungen solcher Erosionsprozesse hin: „Einem Bumerangeffekt gleich sorgt die Konkurrenz der Prekarier dafür, dass die Stammbelegschaften ihre Festanstellung als Privileg empfinden, das es mit Zähnen und Klauen zu verteidigen gilt. Auch die Mobilisierung von Ressentiments gegen Andere, weniger Leistungsfähige, Arbeitslose und Arme kann dafür ein Mittel sein.“[16]

Die entfremdete Arbeit zieht drastische Ermüdungs- und Erschöpfungszustände der prekär Beschäftigten nach sich, von denen auch enge Bezugspersonen wie (Ehe-)Partner/innen und Kinder nicht unberührt bleiben. Ronald Lutz sprach in diesem Zusammenhang von „sozialer Verwundbarkeit“ und „erschöpften Familien“, die Schwierigkeiten haben, ihren Alltag zu organisieren, weil sich Unsicherheit und wachsende Ungleichheit mitsamt ihren individuellen und alltagskulturellen Folgen unmittelbar in den (Liebes-)Beziehungen, Verhaltensmustern und Handlungen von Menschen niederschlagen.[17] Denn zwischen prekären Arbeits- und entsprechenden Lebensbedingungen besteht eine Wechselwirkung: Mobbing-Erfahrungen, Überforderung im Job und Angst vor Entlassung beeinträchtigen das Privat-, Familien- und Eheleben, so wie dieses seinerseits auf die Leistungsmotivation im Berufsleben zurückwirkt.

Durch die Deregulierung des Arbeitsmarktes ist der Niedriglohnsektor enorm gewachsen und zum Haupteinfallstor für Erwerbs-, Familien- bzw. Kinder- und spätere Altersarmut geworden. Der im Januar 2015 auf Drängen der SPD von Angela Merkels zweiter Großer Koalition eingeführte Mindestlohn in Höhe von 8,50 brutto pro Stunde hat daran kaum etwas geändert, weil er zwar ein Fortschritt und zur Armutsbekämpfung geeignet, aber viel zu niedrig war. Da die Reallöhne vor allem im unteren Einkommensbereich zum Teil drastisch

15 Siehe Robert Castel, Die Metamorphosen der sozialen Frage. Eine Chronik der Lohnarbeit, Konstanz 2000, S. 360 f.

16 Klaus Dörre, Armut, Abstieg, Unsicherheit: Die soziale Frage am Beginn des 21. Jahrhunderts, in: Aus Politik und Zeitgeschichte. Beilage zur Wochenzeitung *Das Parlament* 33-34/2008, S. 5

17 Siehe Ronald Lutz, Soziale Erschöpfung – erschöpfte Familien, in: ders. (Hrsg.), Erschöpfte Familien, Wiesbaden 2012, S. 11

gesunken sind und die Lohnquote gefallen ist, können sich immer mehr Gesellschaftsmitglieder immer weniger von dem leisten, was für andere in einem so reichen Land als normal gilt. Dies trifft vor allem Kinder und Jugendliche, die von Klassenkamerad(inn)en, Freund(inn)en oder Angehörigen ihrer Clique geschnitten, ausgegrenzt oder ausgelacht werden, falls sie nicht „mithalten" können.[18]

Zusammen mit den Cloud- bzw. Clickworkern der digitalen Plattformökonomie bilden Multijobber/innen, Paketbot(inn)en, Fahrradkuriere und Callcenter-Beschäftigte ein Prekariat, dessen Mitglieder, einem modernen Subproletariat vergleichbar, oft genug von der Hand in den Mund und trotz Vollzeittätigkeit und vielen Überstunden am Rande der Armut leben. Insofern haben manche Beobachter/innen den Eindruck, das Prekariat löse das Proletariat als unterste Schicht ab. Da es den Prekarier(inne)n oder Prekarisierten jedoch viel schwerer als den Proletarier(inne)n im „klassischen" Industriekapitalismus fällt, sich als Kollektiv mit gemeinsamen Interessen zu begreifen, ein gesellschaftskritisches Bewusstsein zu entwickeln und sich zu organisieren, gelingt es ihnen bisher trotz gewerkschaftlicher Unterstützung höchstens ansatzweise, basale Arbeitnehmerrechte, Tarifverträge, Sozialstandards, bessere Arbeitsbedingungen und einen höheren Lohn durchzusetzen, zumal die Rückendeckung durch Parlamente, Regierungen und Verwaltungen weitgehend fehlt.

Prekarität meint im Grunde eine Art sozialen Schwebezustand zwischen Armut und Wohlstand, den Klaus Kraemer als „transitorische Zwischenlage" gekennzeichnet hat.[19] Weil den prekär Beschäftigten die Möglichkeit einer verlässlichen Lebensplanung fehlt und der soziale Abstand zur eigentlichen Wunschposition neben existenzieller Unsicherheit eine Mixtur aus Scham, Verzweiflung und Wut erzeugt, sprach Klaus Dörre in diesem Zusammenhang von einer permanenten Gratwanderung: „Beständig gilt es, alle Energien zu mobilisieren, um den Sprung in eine bessere Position doch noch zu schaffen; lässt man in seinen Anstrengungen nach, droht die Gefahr eines dauerhaften Ausschlusses von regulärer Erwerbsarbeit."[20]

Berthold Vogel, damals Projektleiter am Hamburger Institut für Sozialforschung, hat Prekarität und Prekariat als „Signalwörter neuer sozialer Ungleichheiten" bezeichnet, die geeignet seien, sich grundlegend verändernde gesellschaft-

18 Vgl. dazu: Antje Richter, Wie erleben und bewältigen Kinder Armut? – Eine qualitative Studie über die Belastungen aus Unterversorgungslagen und ihre Bewältigung aus subjektiver Sicht von Grundschulkindern einer ländlichen Region, Aachen 2000; Karl August Chassé/Margherita Zander/Konstanze Rasch, Meine Familie ist arm. Wie Kinder im Grundschulalter Armut erleben und bewältigen, 4. Aufl. Wiesbaden 2010

19 Siehe Klaus Kraemer, Ist Prekarität überall?, a.a.O., S. 147

20 Klaus Dörre, Prekarität im Finanzmarkt-Kapitalismus, in: Robert Castel/Klaus Dörre (Hrsg.), Prekarität, Abstieg, Ausgrenzung. Die soziale Frage am Beginn des 21. Jahrhunderts, Frankfurt am Main/New York 2009, S. 53

liche Rahmenbedingungen für Armut und Unterversorgung zu kennzeichnen, zumal damit der Einfluss von Regierungshandeln auf deren Reproduktion markiert werde: „Das Prekariat – die Grenzgänger des Arbeitsmarktes – sind wesentlich ein Produkt politischer Entscheidungen. Die Neujustierung der Arbeitsmarktpolitik (‚Hartz-Gesetze'), die ein wesentlicher Teil der Geschichte der Prekarität ist, hat zu einer partiellen (nicht generellen) Aufweichung arbeitsrechtlicher Begrenzungen geführt, sie hat die Vervielfältigung von Beschäftigungs- und Statusformen vorangetrieben, und sie hat sich von der Leitlinie verabschiedet, den erreichten Qualifikations- und Sozialstatus derer zu schützen, die ihre alte Arbeit verloren haben und auf der Suche nach neuer sind."[21]

Nadine Jukschat hat qualitative Interviews mit sog. Erwerbsaufstocker(inne)n im Hartz-IV-Bezug geführt und das subjektive Erleben von Menschen erforscht, die Armut trotz Arbeit erleben. Für sie ist das Leben als *working poor* durch ein „fragiles Gleichgewicht" gekennzeichnet, in dem Erwerbsarbeit eine ambivalente Rolle spielt: „Auf der einen Seite sichert sie, und sei sie noch so prekär, eine gewisse Autonomie und gibt den Befragten das Gefühl, selbstbestimmt zu leben und ein anerkanntes Mitglied der Gesellschaft zu sein. Auf der anderen Seite bewegen sich die Working Poor durch die Arbeitssituation bedingt immer am Rande eines gesellschaftlichen Abstiegs."[22] Jedes unvorhergesehene Ereignis wie ein Defekt am eigenen Auto oder die Notwendigkeit zum Neukauf einer Waschmaschine bedrohe sie existenziell.

Erheblich zu denken geben muss, dass sich unter den (relativ) Armen hierzulande inzwischen mehr prekär Beschäftigte als Erwerbslose befinden.[23] Prekarität ist jedoch nicht mit Armut gleichzusetzen, bezeichnet vielmehr eine ambivalente Soziallage, die zwischen Auf- und Abstieg oszilliert. „Prekarität ist wesentlich durch soziale Gefährdung gekennzeichnet, die sich durch viele Parameter auszeichnet, von denen einige je individuell in den Vordergrund treten können, als zentrale Determinante des subjektiven Bewusstseins oder autoimaginärer Verarbeitung prekären Eingebettetseins in soziale Zusammenhänge: Geflecht aus Unsicherheiten bestehend aus verschiedenen Fäden und Strängen: beruflich, familial, bezogen auf soziale Beziehungen wie Freundes- und Bekanntenkreise, Ortsbindungen, Mobilitätskonfigurationen, Ernährungssicherheit …"[24]

---

21 Berthold Vogel, Prekarität und Prekariat – Signalwörter neuer sozialer Ungleichheiten, in: Aus Politik und Zeitgeschichte 33-34/2008, S. 17

22 Nadine Jukschat, „Tja, darf eben nischt dazwischenkommen". Formen des Umgangs mit Armut trotz Arbeit, in: Kornelia Sammet/Frank Bauer/Franz Erhard (Hrsg.), Lebenslagen am Rande der Erwerbsgesellschaft, Weinheim/Basel 2016, S. 248

23 Vgl. Ulrich Schneider, Wer sind die Armen? – Von falschen Bildern und neuen Daten, in: Soziale Sicherheit 12/2018, S. 449 f.

24 Robert F. Riesinger, Prekarisierung und Prekarität. Zur Differenzierung zentraler Begriffe, in: Rolf Hepp/Robert Riesinger/David Kergel (Hrsg.), Verunsicherte Gesellschaft. Prekarisierung auf dem Weg in das Zentrum, Wiesbaden 2016, S. 235

Prekäre und/oder atypische Beschäftigungsverhältnisse, unter denen Mini- bzw. Midijobs, Leih- bzw. Zeitarbeit, (Zwangs-)Teilzeit, Scheinselbstständigkeit sowie befristete, Werk- und Honorarverträge dominieren, sind längst keine Randerscheinung in Deutschland mehr, wo sich das bisherige Normalarbeitsverhältnis auf dem Rückzug befindet. Bad Jobs bzw. McJobs sind an die Stelle tariflich entgoltener, sozialversicherungspflichtiger Vollzeitstellen getreten. Darüber hinaus ist eine wachsende Lohnungleichheit festzustellen, die mit höherer Beanspruchung durch Schicht-, Nacht- und Sonntagsarbeit vornehmlich im unteren (Dienstleistungs-)Segment des Arbeitsmarktes einhergeht. (Zwangs-)Teilzeit, von der insbesondere Frauen betroffen sind, hat ebenfalls stark zugenommen. Gleichzeitig weitete sich jener Sektor aus, in dem totale Perspektivlosigkeit, Not und Verelendung die Lebenslagen der Menschen bestimmen. Bemerkenswert ist also nicht, dass es in der Bundesrepublik eine Unterschicht gibt, sondern dass sich die soziale Polarisierung seit 1989/90 im Sinne einer doppelten Spaltung quantitativ wie qualitativ erheblich deutlicher ausgeprägt hat.

In einer Arbeitswelt, die durch massiven Druck auf die Beschäftigten gekennzeichnet ist, wird Prekarität immer mehr zur Normalität. Stefanie Hürtgen hat denn auch darauf hingewiesen, dass heute kaum noch ein Stammbeschäftigter sicher sein kann, dass sein Unternehmen, sein Betrieb, seine Abteilung und/oder sein Arbeitsbereich längerfristig bestehen bleibt: „Wenn Prekarisierung als Verunsicherung der sozialen Kohäsion begriffen wird (und dazu gehört die Möglichkeit, die individuelle und familiäre Existenz planen und gestalten zu können, nicht zuletzt um politisch tätig zu werden), dann macht es keinen Sinn mehr, ‚normal' Beschäftigte den prekären gegenüberzustellen, weil auf diese Weise die systematische, reale Verunsicherung auch der Stammbeschäftigten ausgeblendet bzw. auf die ‚prekär' Beschäftigten reduziert wird.“[25]

Unter dem anhaltenden Trend zur Prekarisierung von Arbeits- und Lebensbedingungen litt zwangsläufig der gesellschaftliche Zusammenhalt. Millionen Menschen haben kein sozialversicherungspflichtiges Arbeitsverhältnis mehr, das ihnen Schutz vor elementaren Lebensrisiken bietet. Wenn dieser halbwegs gegeben ist, leisten sie vielfach Leiharbeit oder (Zwangs-)Teilzeit. Zwar hat sich die offiziell registrierte Arbeitslosigkeit seit dem Krisenjahr 2005 halbiert, was *fälschlicherweise* auf die „Agenda“-Politik und die Hartz-Gesetzgebung zurückgeführt wurde.[26] Rechnet man die Zahl der „Unterbeschäftigten“ und die „Stille Reserve“-Armee des Arbeitsmarktes mit, erscheint seine Ent-

25 Stefanie Hürtgen, Prekarität als Normalität. Von der Festanstellung zur permanenten Erwerbsunsicherheit, in: Blätter für deutsche und internationale Politik 4/2008, S. 118

26 Vgl. Gerhard Bosch, Neuordnung des deutschen Arbeitsmarkts, in: Klaus Dörre/Kerstin Jürgens/Ingo Matuschek (Hrsg.), Arbeit in Europa. Marktfundamentalismus als Zerreißprobe, Frankfurt am Main/New York 2014, S. 97

wicklung nach einer fast zehn Jahre währenden Hochkonjunktur allerdings in einem weniger rosigen Licht.

Guy Standing betrachtete das Prekariat „in der Marx'schen Bedeutung des Wortes" als eine neue Klasse, die zwar noch „auf dem Wege der Entstehung" sei, aber durchaus zu einer Gefahr für die Herrschenden werden könne.[27] *Klassen*eigenschaften bescheinigte Standing dem Prekariat aus mehreren Gründen: „Es besteht aus Menschen, die ein minimales Vertrauensverhältnis zu Kapital und Staat haben, was einen großen Unterschied zu den Angestellten darstellt. Zudem verfügt es, im Gegensatz zum Proletariat, nicht über einen Gesellschaftsvertrag, welcher Beschäftigungssicherheit im Austausch für Unterordnung und bedingte Loyalität bot. Ohne Vertrauen und Sicherheit im Austausch für Unterordnung ist das Prekariat in Klassenfragen etwas Eigenes."[28]

Dagegen hielt der französische Soziologe Loïc Wacquant das Prekariat für ein „gescheitertes Kollektiv", das schon deshalb politisch nie voll zur Geltung komme, weil ihm sowohl die für eine stabile Lebensweise wie auch die zur Hervorbringung eigener Repräsentationen erforderlichen Mittel vorenthalten würden: „Es hat weder eine gemeinsame Sprache noch einen sozialen Kompass. Es ist in sich gespalten und in einem weitaus stärkeren Maße, als es sich zusammentut, um Parteien aus dem äußersten rechten Spektrum zu unterstützen, zerstreut es sich und fällt aus den Vorgängen rund um das Wählen und aus anderen Formen staatsbürgerlicher Partizipation vollständig heraus."[29]

6.1.2 Von der vermehrten Fluchtmigration zur ethnischen Unterschichtung der Gesellschaft?

Mit der neoliberalen Globalisierung waren Polarisierungsprozesse in fast allen Bereichen von Wirtschaft, Gesellschaft und Staat verbunden. Dies gilt auch und gerade für Wanderungsbewegungen und ihre Folgen.[30] Genannt seien hier nur vier Entwicklungstendenzen:

1. die sozioökonomische Polarisierung zwischen Zentrum und Peripherie, d. h. Metropolen und Entwicklungsländern, wie innerhalb jeder einzelnen Gesellschaft;

---

27 Siehe Guy Standing, Prekariat. Die neue explosive Klasse, Münster 2015, S. 18

28 Ebd., S. 20

29 Loïc Wacquant, Die Verdammten der Stadt. Eine vergleichende Soziologie fortgeschrittener Marginalität, Wiesbaden 2018, S. XXII

30 Vgl. hierzu ausführlicher: Christoph Butterwegge, Globalisierung als Spaltpilz und sozialer Sprengsatz. Weltmarktdynamik und „Zuwanderungsdramatik" im postmodernen Wohlfahrtsstaat, in: ders./Gudrun Hentges (Hrsg.), Zuwanderung im Zeichen der Globalisierung, a.a.O., S. 63 ff.

2. die Dualisierung des Prozesses transkontinentaler Wanderungen in Experten- und Elitenmigration einerseits sowie Elendsmigration andererseits;
3. die Ausdifferenzierung der Migrationspolitik in positive Anreize für Erstere sowie Restriktionen und negative Sanktionen für Letztere;
4. die Spaltung der Städte, bedingt durch die soziale Marginalisierung und sozialräumliche Segregation von (ethnischen) Minderheiten.

Je mehr die sog. Dritte bzw. Vierte Welt im Globalisierungsprozess von der allgemeinen Wirtschafts- bzw. Wohlstandsentwicklung abgekoppelt wurde, umso stärker wuchs der Migrationsdruck, welcher Menschen veranlasste, ihrer Heimat den Rücken zu kehren und gezielt nach Möglichkeiten der Existenzsicherung in ferneren Weltregionen zu suchen, was wiederum verschärfend auf die sozioökonomische Ungleichheit innerhalb der Aufnahmegesellschaften zurückwirkte. Gleichzeitig wurden soziale Beziehungsgefüge labiler und die Menschen gezwungenermaßen sowohl beruflich flexibler wie auch geografisch mobiler, d.h. teilweise aus ihren Lebenszusammenhängen herausgerissen.

Wenn man so will, ist ein duales und selektives Migrationsregime entstanden: Die „guten" – sprich: jungen und möglichst hoch qualifizierten – Zuwanderer werden angeworben bzw. willkommen geheißen, die „schlechten" – sprich: älteren und niedrig qualifizierten – Zuwanderer systematisch abgeschreckt. „Zuckerbrot" und „Peitsche" dienen als Instrumente einer Migrationspolitik, die ökonomischen bzw. demografischen Interessen folgt, wiewohl die Menschenrechte in Sonntagsreden zur obersten Richtschnur des Handelns erklärt werden. Während man gut ausgebildete Fach- bzw. Führungskräfte aus aller Herren Länder zu gewinnen sucht, gilt unerwünschte Armutsmigration bzw. Flucht als „Standortnachteil", den man tunlichst zu vermeiden oder wenigstens zu minimieren sucht. Zu- bzw. Einwanderung wird fast ausschließlich unter dem Gesichtspunkt ihres volkswirtschaftlichen Nutzens für das in erster Linie als „Wirtschaftsstandort" begriffene Aufnahmeland bewertet.

Flüchtlingsarmut wird von den Massenmedien zwar häufig als individuelles oder ethnisches Problem dargestellt, ist aber strukturell bedingt. Migrant(inn)en, die heute ihr Land verlassen und im Zuge der Globalisierung nach einer neuen Heimat suchen, sind nicht bloß mehrheitlich weniger betucht, sondern hierzulande auch selten in der Lage, sozial aufzusteigen. Denn ihnen drohen zumeist Stigmatisierung, Marginalisierung und Kriminalisierung. Zuwanderer gehören nur in wenigen Ausnahmefällen zu den Gewinner(inne)n eines Spaltungsprozesses, der längst die ganze Gesellschaft erfasst hat.

In der politischen Öffentlichkeit erfüllen Flüchtlinge eine Feigenblatt-, Ablenkungs- und Sündenbockfunktion: Statt die Kluft zwischen Arm und Reich in einer sozioökonomisch zerrissenen Republik zu skandalisieren, konstruieren insbesondere die Boulevardmedien lieber ethnische, religiöse und kulturelle Abgründe zwischen „uns" sowie „den Fremden". Einheimische und Zuwanderer werden gegeneinander ausgespielt, die Letzteren für gesellschaftliche Fehlentwicklungen verantwortlich gemacht. Durch die Erfindung einer durch „Flüchtlingskrisen" und „illegale Masseneinwanderung" bedrohten Republik werden die gesellschaftlichen Frontlinien verwischt,[31] die wahren Gefahren für die Demokratie unter den Teppich gekehrt und Einheimische aufgehetzt, bis sie glauben, dass sich die Deutschen gegen die Invasoren wehren müssen, nicht die Arbeitenden gegen die Investoren.

Obwohl die Armutsbekämpfung zu den zentralen Staatsaufgaben gehört, wenn man das Sozialstaatsgebot des Grundgesetzes ernst nimmt, haben sich alle bisherigen Bundesregierungen eher auf Reichtumsförderung durch eine unsoziale Steuerpolitik konzentriert. Auch die Migrations-, Asyl- und Integrationspolitik war keineswegs darauf gerichtet, der Not und dem Elend von Flüchtlingen in Deutschland wirksam zu begegnen, sondern hat die Armut vermehrt. Hierfür spricht beispielsweise die Tatsache, dass nach Angaben der Tafelbetreiber/innen ein Jahr nach dem Sommer 2015 ca. 250.000 Geflüchtete zu den „Kunden" ihrer Lebensmitteltafeln gehörten und damit ein Viertel aller regelmäßig Versorgten stellten.

Wer als deutscher Geringverdiener, Kleinstrentner oder Transferleistungsbezieher nur schwer über die Runden kam, konnte angesichts einer geradezu monothematischen Dauerbehandlung der „Flüchtlingskrise" durch Massenmedien, etablierte Parteien und Politiker/innen leicht den Eindruck gewinnen, dass seine materiellen Nöte in der Öffentlichkeit keine Aufmerksamkeit (mehr) fanden, weil Zuwanderer im Mittelpunkt des öffentlichen Interesses standen und die Schlagzeilen füllten. Um den Irrglauben zu zerstreuen, dass „uns" Massen zerlumpter Migranten die Butter vom Brot nehmen und hiesige Arme finanzielle Opfer für die Aufnahme, Unterbringung und Verpflegung von Flüchtlingen bringen müssen, wäre eine sozialpolitische Großoffensive der Bundesregierung erforderlich gewesen, die dafür hätte sorgen müssen, dass Einheimische mit geringem Einkommen künftig schneller eine Wohnung finden, weniger Schikanen der Sozialbehörden ausgesetzt sind und ihnen häufiger eine Maßnahme der beruflichen Weiterbildung bewilligt wird als vor dem „Flüchtlingssommer" 2015. Bei der Verdopplung und späteren Verdreifachung der Mittel für den sozialen Wohnungsbau hat die Große Koalition den richtigen Weg eingeschlagen, auch wenn der von ihr unternommene Schritt viel zu zögerlich war. Der in den (Un-)Sozialen Medien und Netzwerken genährte Verdacht, dass man deutschen Unterschichtangehörigen bezahlbare Wohnungen, Arbeitsplätze und Transferleistungen vorenthielt, um sie Flüchtlingen zu geben, hätte durch eine großzügigere Sozialpolitik widerlegt werden müssen, um zu verhindern, dass rechtspopulistische Demagogen der AfD und/oder

31 Vgl. dazu: David Goeßmann, Die Erfindung der bedrohten Republik. Wie Flüchtlinge und Demokratie entsorgt werden, Berlin 2019

rassistische Gruppierungen wie PEGIDA mehr Einfluss auf das Alltagsbewusstsein von Millionen Menschen gewannen.

Da es sich bei der Bundesrepublik Deutschland um einen Sozial*versicherungs*staat in der Bismarck'schen Tradition handelt, hängt die gesellschaftliche Inklusion der Flüchtlinge entscheidend von deren Arbeitsmarktintegration ab.[32] Um diese zu fördern und möglichst zu beschleunigen, müssten die von der Bundesagentur für Arbeit seit den „Agenda“-Reformen zurückgefahrenen Maßnahmen der beruflichen Weiterbildung und andere Eingliederungsleistungen wieder einen größeren Stellenwert erhalten. Sonst droht die Zahl der Arbeitslosen und der Hartz-IV-Bezieher/innen erneut stark zu steigen, nachdem man sie im Konjunkturaufschwung nicht zuletzt mittels statistischer „Dämpfungsmaßnahmen“ erheblich gesenkt hatte.[33]

Nennenswerten Mehrbelastungen waren im Gefolge der „Flüchtlingskrise“ nicht die Sozialversicherungen ausgesetzt, deren Einnahmenseite durch (sozialversicherungspflichtig beschäftigte) Zuwanderer sogar gestärkt wurde, sondern nur das steuerfinanzierte Fürsorgesystem, dessen höhere Ausgaben die Unternehmen, Kapitaleigner und Aktionäre tragen müssten, weil sie von der Migration entweder durch eine bessere Versorgung mit Arbeitskräften und/oder durch bessere Absatzchancen für die eigenen Produkte auf dem Binnenmarkt profitieren.

Als die Zahl der Zugewanderten im Spätherbst 2015 so stark anstieg, dass die Mainstream-Medien fortan nicht mehr die „deutsche Willkommenskultur“ feierten, sondern unter dem Schlagwort „Flüchtlingskrise“ überwiegend einer rigideren Fremdenabwehr das Wort redeten, forderten Wirtschaftslobbyisten und Neoliberale eine Abschaffung bzw. Aufweichung des Mindestlohns. Hans-Werner Sinn, damals Präsident des ifo Instituts für Wirtschaftsforschung an der Universität München, schlug beispielsweise mehrfach vor, die seit dem Jahresbeginn gültige Lohnuntergrenze zu senken oder ganz aufzugeben, der CDU-Wirtschaftsrat verlangte eine befristete Ausnahmeregelung sowie niedrigere Einstiegslöhne für Flüchtlinge, und auch der Sachverständigenrat zur Begutachtung der gesamtwirtschaftlichen Entwicklung wollte Flüchtlinge auf der Suche nach einem Arbeitsplatz wie Langzeitarbeitslose behandeln und ihnen zwölf Monate lang den Mindestlohn vorenthalten. Außerdem sollte dieser nach Meinung der „fünf Weisen“ vorerst nicht erhöht werden.

Ein solcher Maßnahmenkatalog hätte nicht bloß die Armut der betroffenen Flüchtlinge vergrößert und das allgemeine Lohnniveau noch weiter nach unten

---

32 Vgl. Winfried Schmähl, Migration und soziale Sicherung. Über die Notwendigkeit einer differenzierten Betrachtung: das Beispiel der gesetzlichen Kranken- und Rentenversicherung, in: Hamburger Jahrbuch für Wirtschafts- und Gesellschaftspolitik 40, Tübingen 1995, S. 251

33 Vgl. Christoph Butterwegge, Hartz IV und die Folgen. Auf dem Weg in eine andere Republik?, 3. Aufl. Weinheim/Basel 2018, S. 207 ff.

gezogen, sondern auch die Zahl der Hartz-IV-Bezieher/innen („Aufstocker/innen") erhöht, also den Staatshaushalt zusätzlich belastet, die Massenkaufkraft verringert und damit die trotz vieler Unkenrufe von neoliberalen Ökonomen und Publizisten durch den gesetzlichen Mindestlohn angekurbelte Binnenkonjunktur abgewürgt. Außerdem hätte er Wasser auf die Propagandamühlen der Rechtspopulisten geleitet, die vom sozialen Abstieg bedrohten Angehörigen der unteren Mittelschicht einzureden suchten, dass ihnen Zuwanderer die Jobs „wegschnappten".

Auch die Forderung nach völliger Aufhebung des Verbots der Leiharbeit für Geflüchtete, das im *Asylverfahrensbeschleunigungsgesetz* bereits für Fachkräfte nach drei Monaten außer Kraft gesetzt wurde, zeigte deutlich, dass interessierte Kreise in der Mehrheitsbevölkerung die Akzeptanz für Lohndumping erhöhen wollten. Da in Medien und politischer Öffentlichkeit nicht zuletzt durch die penetrante und monothematische Behandlung der „Flüchtlingskrise" fortwährend Sozialneid nach unten geschürt wurde, nahmen die Entwicklungsrisiken für den Wohlfahrtsstaat und die rechte, rassistisch motivierte Gewalt (Angriffe auf Geflüchtete sowie Brandanschläge auf Wohnungen und Gemeinschaftsunterkünfte) gleichermaßen zu. Umgekehrt hätte im Zeichen einer Zuwanderungsdebatte, die sich primär um die – angebliche oder wirkliche – Mehrbelastung des Staatshaushalts durch „massenhafte Flüchtlingsströme" drehte,[34] jedoch die allgemeine Verteilungsschieflage in Deutschland skandalisiert werden müssen. Ein triftigeres Argument für die Notwendigkeit der Verwirklichung größerer Steuergerechtigkeit als den Hinweis, dass Gering- und Normalverdiener/innen keinesfalls für hilfebedürftige Flüchtlinge zahlen dürfen, Wohlhabende und Reiche aber viel stärker in die Pflicht für das sonst weiter auseinanderdriftende Gemeinwesen genommen werden müssten, gibt es nämlich nicht.

Längerfristig bleibt die Zu- bzw. Einwanderung überwiegend mittelloser Flüchtlinge nicht ohne gravierende Auswirkungen auf die Entwicklung von Armut und sozioökonomischer Ungleichheit in Deutschland. Wenn nicht alles täuscht, vertieft sich die Kluft zwischen Arm und Reich dadurch zusätzlich. Bei unveränderten Macht- und Mehrheitsverhältnissen besteht sogar die Gefahr einer dauerhaften Unterschichtung unserer Gesellschaft durch Zuwanderer. Wenn die Dominanz rassistischer Ressentiments innerhalb der Mehrheitsgesellschaft dazu führt, dass die Geflüchteten arm bleiben und sozialer Ausgrenzung unterliegen, ist ethnische Unterschichtung eine mögliche Folge.

Eingeführt wurde der Begriff „Unterschichtung" von Hans-Joachim Hoff-

34 Es gibt kaum ein Thema, bei dem AfD-Parlamentarier den Mangel an finanziellen Mitteln für von ihnen verlangte Maßnahmen des Staates (etwa zur Armutsbekämpfung oder zur materiellen Besserstellung der Familien) nicht auf die „Masseneinwanderung" zurückführen. Vgl. z.B. Christoph Butterwegge/Gudrun Hentges/Gerd Wiegel, Rechtspopulisten im Parlament, Polemik, Agitation und Propaganda der AfD, 2. Aufl. Frankfurt am Main 2019, S. 138 ff. und 163 f.

mann-Nowotny, einem seinerzeit in Zürich lehrenden Migrationssoziologen. Unterschichtet war eine Gesellschaft für ihn nicht schon dann, wenn Ausländer/innen niedrige Berufs-, Einkommens- und Schichtpositionen einnahmen. Vielmehr mussten Zuwanderer entweder bisher von Einheimischen besetzte (unterste) Positionen oder im Kellergeschoss des Schichtsystems für sie neu geschaffene Positionen übernehmen: „Wir nennen eine Einwanderung unterschichtend, wenn die Einwanderer zum überwiegenden Teil in die untersten Positionen des sozialen Schichtsystems eintreten und eine neue soziale Schicht unter der Schichtstruktur des Einwanderungskontextes bilden."[35]

Entgegen den in westlichen Aufnahmegesellschaften um sich greifenden, von rassistischen Organisationen und rechten Parteien kräftig geschürten Befürchtung, dass Immigrant(inn)en den Einheimischen „die Arbeitsplätze wegnehmen" und sie damit von ihren Einkommensquellen verdrängen, kam Hoffmann-Nowotny in seiner empirischen Studie zu dem Ergebnis, dass die Unterschichtung durch Einwanderer zu einer Verbesserung der Mobilitätschancen großer Teile der Schweizer Bevölkerung geführt habe: „Einheimische Bevölkerungsteile, die ursprünglich in Berufen der sozialen Grundschicht beschäftigt waren oder – einen langsamen Wandel vorausgesetzt – z. T. in diese hätten eintreten müssen, wurden durch den Druck von unten gleichsam sozial nach oben geschoben."[36]

Da ein sozialer Aufstieg der während der 1950er-, 1960er- und 1970er-Jahre in die Bundesrepublik gekommenen „Gastarbeiter" durch institutionalisierte Hemmnisse und rassistische Diskriminierungspraktiken erschwert wurde, reproduzierte sich hierzulande für Hoffmann-Nowotny die Schichtung der Weltgesellschaft: „Dies bezieht sich nicht nur auf die Unterschichtung der einheimischen Gesellschaft durch Einwanderer, sondern findet seinen Niederschlag auch in der dem Entwicklungsgefälle entsprechenden Schichtung der Einwanderer verschiedener nationaler Herkunft."[37] Der Bamberger Migrationssoziologe Friedrich Heckmann vertrat hingegen die These, dass die Lage der sog. Gastarbeiter und ihrer Familien der Lage des Frühproletariats glich, und schlug vor, diese Arbeitsimmigranten als eine „zentrifugale Schicht" innerhalb der Arbeiterklasse zu bezeichnen.[38] Heckmann wies sowohl die Bezeichnungen

35 Hans-Joachim Hoffmann-Nowotny, Soziologie des Fremdarbeiterproblems. Eine theoretische und empirische Analyse am Beispiel der Schweiz, Mit einem Vorwort von Peter Heintz, Stuttgart 1973, S. 52

36 Ebd., S. 57

37 Hans-Joachim Hoffmann-Nowotny, Gastarbeiterwanderungen und soziale Spannungen, in: Helga Reimann/Horst Reimann (Hrsg.), Gastarbeiter. Analyse und Perspektiven eines sozialen Problems, 2. Aufl. Opladen 1987, S. 48 f.

38 Siehe Friedrich Heckmann, Einwanderung und die Struktur sozialer Ungleichheit in der Bundesrepublik, in: Reinhard Kreckel (Hrsg.), Soziale Ungleichheiten, Göttingen 1983 (Soziale Welt, Sonderband 2), S. 386

„underclass" (John Rex/Sheila Tomlinson) und „ethclass" (Milton M. Gordon) als auch den Begriff „Unterschichtung" für die Gastarbeiterbevölkerung zurück. Letzterer gehe zwar von der Stellung einer Gruppe im Arbeits- und Produktionsprozess als zweifellos wichtigster Dimension der Schichtungs- bzw. Ungleichheitsverhältnisse aus, treffe aber deshalb nicht zu, weil die Zuwanderer nur Positionen auf dem hiesigen Arbeitsmarkt besetzt hätten, die von einheimischen Erwerbstätigen freigemacht worden seien, für die sich also keine Arbeitskräfte mehr finden ließen; aber keine Positionen, die neu entstanden oder gewissermaßen unter die vorhandenen geschoben worden seien. Auch erfasse das Konzept der Unterschichtung bloß Teilaspekte der Schichtverhältnisse, führe zu Missverständnissen und verwische letztlich die Gemeinsamkeiten zwischen deutschen und ausländischen Arbeitern im Rahmen des Lohnarbeitsverhältnisses.[39]

Nadia Granato kam in ihrer 2003 veröffentlichten Dissertation zu dem Ergebnis, „dass auf dem deutschen Arbeitsmarkt ethnische Ungleichheit insofern festzustellen ist, als Migranten aus den ehemaligen Anwerbeländern eine hohe Konzentration in den Segmenten mit niedrigem Arbeitsmarkterfolg und eine niedrige Konzentration in den Segmenten mit hohem Arbeitsmarkterfolg aufweisen. Ähnliches gilt für Arbeitskräfte aus Osteuropa. Im Gegensatz dazu sind Migranten aus den mittel- und nordeuropäischen Ländern und den USA sogar etwas erfolgreicher als die deutsche Vergleichsgruppe."[40] Olaf Groh-Samberg (2009, S. 236) identifizierte die Arbeiter aufgrund seiner umfangreichen empirischen Daten als eindeutig dominante Kerngruppe der Armutsbetroffenen: „Sie stellen noch immer den Löwenanteil von etwa drei Viertel aller extrem armen Personen in Deutschland, und die Klassenzugehörigkeit erweist sich, auch in multivariater Perspektive, als die erklärungskräftigste Determinante (unter den hier betrachteten Merkmalen) für das Armutsrisiko."[41] Arbeiterfamilien mit Migrationshintergrund, die mehrere Kinder zu versorgen hatten, lebten fast überwiegend in existenzieller Armut, wie Groh-Samberg bemerkte. Zugleich widersprach er den individualisierungstheoretisch argumentierenden Ansätzen der Sozialforschung, die Tendenzen zur Verfestigung und Verhärtung der Armut schlichtweg leugnen, und betonte die verteilungspolitische Dimension des Armutsproblems.

Um die Gefahr der ethnischen Unterschichtung Deutschlands zu bannen und einer Ghettoisierung von Flüchtlingen vorzubeugen, wäre eine inklusive Sozial-, Bildungs-, Gesundheits-, Stadtentwicklungs- und Wohnungsbaupolitik

---

39 Vgl. ebd., S. 372 f.

40 Nadia Granato, Ethnische Ungleichheit auf dem deutschen Arbeitsmarkt, Opladen 2003, S. 126 f.

41 Olaf Groh-Samberg, Armut, soziale Ausgrenzung und Klassenstruktur. Zur Integration multidimensionaler und längsschnittlicher Perspektiven, Wiesbaden 2009, S. 236

von Bund, Ländern und Kommunen ebenso notwendig wie eine progressivere Steuerpolitik, mit der Kapitaleigentümer, Vermögende und Spitzenverdiener stärker zur Bekämpfung des „Dritte-Welt-Elends" herangezogen werden müssten. Auch die öffentliche Armut, unter der die Handlungsfähigkeit des Staates im Bereich von Migration und Integration spürbar leidet, wenn den Bundesländern nicht genug Erstaufnahmekapazitäten zur Verfügung stehen und hoch verschuldete Kommunen unter den Mehrkosten der Flüchtlingsunterbringung stöhnen, könnte durch eine höhere Steuerbelastung der Wohlhabenden und Reichen beseitigt werden. Entweder ist der Staat bereit, erheblich mehr Geld auszugeben – was bei Verzicht auf Steuererhöhungen ein Ende sowohl der Schwarzen Null wie sämtlicher „Schuldenbremsen" in Bund und Ländern bedeuten würde –, oder die Kluft zwischen Arm und Reich kann sich noch weiter vertiefen.

In der (Medien-)Öffentlichkeit könnten bei einer z.B. wegen der Klimawandels vermehrten Fluchtmigration außerdem Bestrebungen zunehmen, relative Armut noch stärker als bisher zu verharmlosen und bloß noch absolute Armut, d.h. Not und Elend als „wirkliche" Armut anzuerkennen. Eines Tages könnte dann als arm nur gelten, wer – überspitzt gesagt – nicht mehr hat als das, was er am Leibe trägt. Flüchtlingselend darf aber nicht zur Messlatte für Armut in einem reichen Land gemacht werden. Umgekehrt gilt vielmehr: Je entwickelter und wohlhabender eine Gesellschaft ist, desto weiter sollte ihr Armutsverständnis sein, fördert ein hoher Lebensstandard doch die soziale Ausgrenzung von Menschen, deren Einkommen nicht hinreicht, um in prestigeträchtigen Konsumbereichen „mitzuhalten" und sich gleichberechtigt am sozialen, kulturellen und politischen Leben zu beteiligen.

Verschärft wird das Problem der Benachteiligung von Migrant(inn)en beim Einkommen durch die ungleiche Entlohnung von Männern und Frauen. Im Jahr 2018 betrug der allgemeine Verdienstunterschied zwischen Frauen und Männern (gender pay gap) laut der Verdienststrukturerhebung des Statistischen Bundesamtes 21 Prozent. Frauen hatten einen durchschnittlichen Bruttostundenverdienst von 17,09 Euro, während dieser bei den Männern 21,60 Euro betrug. In der Bundesrepublik sind die Lohnunterschiede zwischen den Geschlechtern auch im internationalen Vergleich enorm hoch. Gleichen Lohn für gleichwertige Arbeit gibt es in den meisten Branchen nicht. Frauen stellen auch den mit Abstand größten Teil der über sieben Millionen Minijobber/innen. Für die allermeisten von ihnen ist der Minijob kein bloßer Nebenverdienst zusätzlich zu einer sozialversicherungspflichtigen Beschäftigung, sondern eine wichtige Einkommensquelle. Frauen sind deshalb auch besonders stark von Altersarmut betroffen.

6.1.3 Globalisierung der Ungleichheit: Herausbildung einer transnationalen Super- und/oder Unterklasse?

Aufgrund der neoliberalen Globalisierung haben nationalstaatliche Grenzen in Bezug auf die Wertschöpfungsketten, die Produktion und den Handel, aber auch in Bezug auf Reichtum, Macht und Einfluss während der vergangenen Jahrzehnte an Bedeutung verloren. Ralf Dahrendorf, der ein besonderes Sensorium für solche Entwicklungen hatte, sprach denn auch zur Jahrtausendwende von einer „globalen Klasse", die im Entstehen begriffen sei und im Rahmen einer „politische(n) Ökonomie des Neoliberalismus" eine „neue Ungleichheit" begründe. Was die Struktur und die personelle Zusammensetzung der von ihm beschriebenen Klasse betraf, blieben Dahrendorfs Angaben jedoch ziemlich vage: „Zur globalen Klasse gehören Medienmacher und sogar einige Professoren. Sie schließt Stars in allen dafür anfälligen Lebensbereichen ein, im Sport und in der populären Musik, in der nobelpreisverdächtigen Forschung, und nicht zuletzt dort, wo Lotteriegewinner, Bestsellerautoren, Helden der öffentlichen Meinung kraft guter oder böser Taten unerwartet zu Stars avancieren."[42]

Mit der globalen Klasse sah Dahrendorf eine Renaissance der Meritokratie heraufziehen: „Meritokratie, also die Verfügbarkeit von Chancen für alle, die sie suchen und verdienen, ist ein Teil des globalen Klassenbewußtseins."[43] Dahrendorf nahm die von Ulrich Beck popularisierte Fahrstuhl-Metapher auf, modifizierte sie jedoch, um damit die Realität zweier Welten zu kennzeichnen, einer „Welt der Chancen" und einer „des Ausschlusses", wie er sie nannte: „Die im Wolkenkratzer der Möglichkeiten Angekommenen mögen es nicht bis zur Spitze schaffen; die Spitze ist heutzutage weit weg für die Mehrheit, die realistischerweise nicht erwarten kann, in den Club der Dollar-Milliardäre zu gelangen; aber während manche Fahrstühle nur bis zum 10. Stock fahren und andere erst im 50. beginnen, gibt es doch für alle eine Fahrt nach oben. Dann aber sind da diejenigen, die nicht einmal das Erdgeschoß des Hochhauses der Möglichkeiten erreichen. Sie bleiben draußen auf der Straße, wo sie Obdachlosenmagazine an den Mann zu bringen versuchen oder Passanten berauben, um für ihre Drogen zu zahlen. Andere sind weniger sichtbar in den neuen Ghettos, den Favelas der globalisierten Welt."[44]

Ein paar Jahre später untersuchten die Soziologen Sighard Neckel, Lukas Hofstätter und Marco Hohmann Klassenbildungsprozesse im empirischen Bezugsrahmen zweier Bankmetropolen, Frankfurt am Main und dem australischen Sydney. Dabei gelangten sie zu der Überzeugung, dass sich auf den Finanzmärkten eine „globale Klasse" herausgebildet habe, die nicht mehr in ei-

42 Ralf Dahrendorf, Die globale Klasse und die neue Ungleichheit, in: Merkur 11/2000, S. 1059

43 Ebd., S. 1061

44 Ebd., S. 1063

nem nationalstaatlichen Handlungskorsett stecke. Mit den Bourdieu'schen Schlüsselkategorien erklärten die genannten Autoren, dass die neuen Finanzakteure aufgrund ihnen gemeinsamer Formen ökonomischen, kulturellen und sozialen Kapitals typische Habitusformen entwickelt hätten, was eine andere, spezifische Art der Distinktion begründe: „Typisch ist neben den üblichen Statussymbolen ein demonstrativer Gestus von kultureller Offenheit, Diversität, Weltläufigkeit und Toleranz, in dem sich eine kosmopolitische Selbstdarstellung mit dem ökonomischen Interesse an der finanziellen In-Wert-Setzung möglichst vieler Lebensbereiche verbindet. Expansive Geschäftspraktiken und kulturelle Vereinnahmung stehen in einem engen Zusammenhang. Darin wird ein Modus sozialer Grenzziehung sichtbar, der nicht wenig paradox erscheint: Exklusivität durch Einschluss, Abschottung durch Öffnung."[45]

David Rothkopf, unter dem US-Präsidenten Bill Clinton Staatssekretär im Handelsministerium der Vereinigten Staaten, glaubte kurz danach sogar, eine „globale Superklasse" erkennen zu können, die nur wenige tausend, durch ihre Sonderstellung im Bereich der Weltwirtschaft, der Finanzwelt, der Politik, des Militärs, der Religion oder der Wissenschaft über internationalen Einfluss verfügende Mitglieder umfasst: „Was diese Personen in besonderer Weise auszeichnet, ist ihre Macht – eine Macht, die Millionen oder Milliarden Menschen berührt, nicht nur innerhalb eines Landes, sondern über Grenzen hinweg. Sie beschäftigen Menschen, bringen Märkte in Bewegung, beginnen Angriffskriege, entfachen Leidenschaften oder verändern tief verwurzelte Glaubenshaltungen."[46]

Zu einem ähnlichen Ergebnis gelangte Chrystia Freeland in ihrem Buch *Plutocrats: The Rise of the New Global Super-Rich and the Fall of Everyone Else*, das 2012 erschienen ist. Sie beschrieb darin die kosmopolitische Lebensweise von Multimilliardären und vertrat die Auffassung, dass während der vergangenen Jahre eine „globale Geldelite" entstanden sei und sich auf dem Weg zur Weltherrschaft befinde.[47] In den USA ist das politische System tatsächlich längst von Hyperreichen zu einer Plutokratie umfunktioniert geworden, die ihren Kapitalverwertungs- und Machtinteressen dient.

Auch von einer „transnationale(n) Klasse des Kapitals" war in der Fachliteratur schon die Rede.[48] In seinem Buch *Die Kapitalisten des 21. Jahrhunderts*

45 Sighard Neckel/Lukas Hofstätter/Marco Hohmann, Die globale Finanzklasse. Business, Karriere, Kultur in Frankfurt und Sydney, Frankfurt am Main/New York 2018, S. 232

46 David Rothkopf, Die Super-Klasse. Die Welt der internationalen Machtelite, München 2008, S. 66

47 Vgl. Chrystia Freeland, Die Superreichen. Aufstieg und Herrschaft einer neuen globalen Geldelite, 2. Aufl. Frankfurt am Main 2013

48 Siehe Leslie Sklair, Die transnationale Klasse des Kapitals, in: Ulrich Beck/Angelika Poferl (Hrsg.), Große Armut, großer Reichtum. Zur Transnationalisierung sozialer Ungleichheit, Berlin 2010, S. 263 ff.

sprach der Kölner Publizist und interventionistische Philosoph Werner Rügemer präziser von einer „transnationalen kapitalistischen Rentiersklasse“, die über eine „hochbezahlte Privatarmee“ von Managern, Beratern und Kreditgebern verfüge.[49] Hans Jürgen Krysmanski wiederum sah einen „Geldmachtapparat“ am Werk, der es unterschiedlichen Gruppen von Super- bzw. Hyperreichen ermögliche, ein neuartiges Regime zu errichten: „Unter dem Banner des Neoliberalismus ist ein Geldmachtapparat entstanden, welcher unternehmerische Eigentumsoperationen, die Generierung von Einkommen aus allen möglichen Quellen (insbesondere den Finanzmärkten), die Vererbung und auch den Raub in einen abgestimmten und vermachteten, netzwerkartigen Zusammenhang bringt.“[50]

Cornelia Koppetsch stellte einer „globale(n) Oberschicht“ und einer „kosmopolitischen Mittelschicht“ ein „globales Dienstleistungsproletariat“ als „transnationales Unten“ gegenüber, das die traditionelle Arbeiterklasse abgelöst habe und weitaus heterogener als diese sei, weil es sich aus einfachen Dienstleister(inne)n, industriellen Randbelegschaften, Erwerbslosen und anderen Transferleistungsempfänger(inne)n zusammensetze: „Transnationalisierung ist somit nicht mit Migration identisch – die Verflechtung mit konkurrierenden Arbeitnehmern anderer Weltregionen hat gerade auch dort stattgefunden, wo sich die Einzelnen *gar nicht bewegt haben*. Transnational ist diese Klasse, weil sie faktisch nicht mehr unter dem Dach der nationalen Volkswirtschaft angesiedelt ist, auch wenn ein Teil ihrer Mitglieder alle Rechte der Staatsbürgerschaft genießt.“[51]

Michael Hartmann hat die These, dass sich eine globale Wirtschaftselite herausgebildet habe, empirisch widerlegt und als Legende bezeichnet.[52] Denn – so lautete seine mit Vergleichszahlen gesättigte Argumentation – im Unterschied zu den Profis der nationalen Fußballligen waren Ausländer in den Vorstandsetagen von Unternehmen, Banken und Versicherungen selten zu finden. Um dort Karriere zu machen, waren nicht einmal längere Auslandsaufenthalte nötig. Vielmehr dominierten hierzulande weiterhin deutsche oder zumindest deutschsprachige Geschäftsführer, Spitzenmanager und Banker. „Global ist nicht die Klasse der Kapitalisten, sondern das System des Kapitalismus“,[53]

49 Siehe Werner Rügemer, Die Kapitalisten des 21. Jahrhunderts. Gemeinverständlicher Abriss zum Aufstieg der neuen Finanzakteure, Köln 2018, S. 113

50 Hans Jürgen Krysmanski, 0,1 Prozent. Das Imperium der Milliardäre, Frankfurt am Main 2015, S. 59

51 Cornelia Koppetsch, Die Gesellschaft des Zorns. Rechtspopulismus im globalen Zeitalter, Bielefeld 2019, S. 19 (Hervorh. im Original)

52 Vgl. Michael Hartmann, Die globale Wirtschaftselite. Eine Legende, Frankfurt am Main/New York 2016, passim; ders., Die Abgehobenen. Wie die Eliten die Demokratie gefährden, Frankfurt am Main/New York 2018, S. 90 ff.

53 Boike Rehbein/Jessé Souza, Ungleichheit in kapitalistischen Gesellschaften, Weinheim/Basel 2014, S. 123

schlussfolgerten Boike Rehbein und Jessé Souza, wobei sich der Berliner und der brasilianische Soziologe auf eigene internationale Vergleichsstudien zur Sozialstrukturentwicklung stützten. Sie hielten es allerdings für möglich, dass längerfristig eine globale Klassenherrschaft entsteht, wiewohl es ihres Erachtens schwierig werden dürfte, unterschiedliche nationale Kulturelemente zu vereinigen oder gar zu vereinheitlichen. Insofern könnten sich höchstens längerfristig Strukturen einer transnationalen Ungleichheit herausbilden, wie sie bereits mehrere Autor(inn)en diagnostiziert haben.[54]

6.2 US-Amerikanisierung der Raum-, Regional- und Stadtentwicklung

Die sozioökonomische Ungleichheit spiegelt sich nicht bloß in der Klassen- und Schichtstruktur wider, sondern schlägt sich auch in der Stadt-, Regional- und Raumstruktur einer Gesellschaft nieder, wiewohl von lokalen Traditionen und manchen Besonderheiten gebrochen und durch andere Einflussfaktoren modifiziert. Denn die sozioökomische bzw. Klassenlage eines Menschen manifestiert sich auch in der Art seines Wohnens wie seines Wohnumfeldes. Sie entscheidet nicht bloß über seinen Lebensstandard, seine Konsummöglichkeiten sowie seine geografische Mobilität und berufliche Flexibilität, weil Einkommen und Vermögen dafür ausschlaggebend sind, was er sich leisten kann; das Quartier, in dem er wohnt, determiniert umgekehrt vielmehr auch seine Aufstiegschancen. Der Hamburger Stadtsoziologe Jens S. Dangschat und sein Kollege Ben Diettrich haben schon vor der Jahrtausendwende in einem gemeinsamen Artikel auf die steigende Bedeutung des Raumes für die Reproduktion der sozioökonomischen Ungleichheit hingewiesen.[55]

Durch die Bundesrepublik verläuft ein Riss, der sie in Arm und Reich, aber auch sozialräumlich in wohlhabende und abgehängte Regionen, Kommunen und Stadtviertel teilt. Zu beobachten ist eine sozioökonomische Sezessionsbewegung: Während die Einkommensschwachen, Geringverdiener/innen und Transferleistungsbezieher/innen in die Hochhausviertel am Rand der Großstädte abgedrängt werden, ziehen die materiell Bessergestellten in gute oder in geschlossene Wohnviertel (gates communities). Hier entsteht eine Parallelwelt der Privilegierten und dort eine Parallelwelt der Unterprivilegierten, worunter der gesellschaftliche Zusammenhalt stark leidet. Natürlich ist räumliche Seg-

54 Vgl. Peter A Berger/Anja Weiß (Hrsg.), Transnationalisierung sozialer Ungleichheit, Wiesbaden 2008; Michael Bayer u.a. (Hrsg.), Transnationale Ungleichheitsforschung. Eine neue Herausforderung für die Soziologie, Frankfurt am Main/New York 2008; François Bourguignon, Die Globalisierung der Ungleichheit, Hamburg 2013

55 Vgl. Jens S.Dangschat/Ben Diettrich, Regulation, Nach-Fordismus und „global cities“ – Ursachen der Armut, in: Jens S. Dangschat (Hrsg.), Modernisierte Stadt – gespaltene Gesellschaft. Ursachen von Armut und sozialer Ausgrenzung, Opladen 1999, S. 98

mentierung als solche unproblematisch; schließlich praktizieren Vermögende sie in Luxusquartieren seit jeher. Entscheidend dürfte letztlich sein, ob es sich um *freiwillige* oder *erzwungene* Zusammenschlüsse von weniger Betuchten handelt. „Nicht […] das sozialräumliche Phänomen der Segregation ist das Problem, sondern die Art und Weise seines Zustandekommens."[56]

Eine neoliberale Standortpolitik, die der Kapitallogik folgt, schafft auf der einen Seite glamouröse Schaufenster des Konsums („Räume der Sieger") und auf der anderen Seite vernachlässigte Wohnquartiere („Räume der Verlierer"), die kaum noch etwas miteinander zu tun haben. Von ernsthaften Anstrengungen zur „Herstellung gleichwertiger Lebensverhältnisse" (Art. 72 Abs. 2 GG), die seit der Vereinigung einen Verfassungsauftrag bildet, nachdem vorher gar die „Einheitlichkeit der Lebensverhältnisse" gewahrt werden sollte, kann hierzulande keine Rede sein. Ausgeglichene ökonomische, soziale, ökologische, infrastrukturelle und kulturelle Verhältnisse gibt es im digitalen Finanzmarktkapitalismus nicht. Vielmehr halten und häufen sich in der sozialstrukturell fragmentierten und mehrfach zerrissenen Republik seit geraumer Zeit die regionalen Disparitäten. Ost- und Westdeutschland, Süd- und Norddeutschland, Stadt und Land sowie die Großstädte selbst driften in einer für die Wohlstandsentwicklung und die Demokratie schädlichen Weise auseinander. Wenn die Infrastruktur vieler Dörfer verfällt, junge Menschen von dort in die Städte ziehen und Alte kaum noch Arztpraxen, Läden und Buslinien vorfinden, während die Metropolen boomen, so hat auch diese Form der wachsenden Ungleichheit mit den Produktions- und Verteilungsverhältnissen zu tun. Denn sofern Betriebe an der Peripherie geschlossen werden, weil Großinvestoren die von ihnen erwirtschaftete Rendite nicht reicht, schwindet die Kaufkraft im regionalen Rahmen ebenso wie aufgrund sinkender Reallöhne, geringer als früher ausfallender Zugangsrenten oder fehlender öffentlicher Investitionen, was die beschriebenen Folgen zeitigt.

Ein undifferenzierter Vergleich mit den USA, wo das von Millionen Amerikaner(inne)n empfundene Gefühl des Abgehängtseins im „Rostgürtel" (Rust Belt) den Wahlerfolg Donald Trumps bei der Präsidentschaftswahl am 8. November 2016 erheblich begünstigt haben dürfte, verbietet sich an dieser Stelle jedoch. In der Bundesrepublik bestehen hinsichtlich der Regionalentwicklung ganz andere Rahmenbedingungen als in den Vereinigten Staaten, wie Stephan Leibfried und Florian Tennstedt bereits um die Mitte der 1980er-Jahre konstatierten: „Die große räumliche und soziale Dichte und mangelnde Ausweichmöglichkeiten lassen es nicht ohne massive gesellschaftliche Auseinanderset-

56 Walter Siebel, Die Stadt und die Zuwanderer, in: Hartmut Häußermann/Ingrid Oswald (Hrsg.), Zuwanderung und Stadtentwicklung (Leviathan-Sonderheft 17), Opladen/Wiesbaden 1997, S. 40

zungen zu, ganze Städte oder Landstriche ähnlich Detroit oder Michigan veröden zu lassen."[57]

Der Berliner Stadtforscher Hartmut Häußermann und der Oldenburger Soziologe Walter Siebel nannten um die Mitte der 1990er-Jahre darüber hinaus das System des föderalen Finanzausgleichs, die sozialen Sicherungssysteme, Verwandtschafts- und Nachbarschaftsnetze, den öffentlich geförderten Wohnungsbau und die Mechanismen des Wohnungsmarktes als institutionelle bzw. informelle Barrieren gegenüber einer US-Amerikanisierung des Raumes, von denen allerdings mittlerweile einige abgeschwächt oder abgeschafft wurden. Häußermann und Siebel prognostizierten in ihrem Buch *Dienstleistungsgesellschaften* seinerzeit, dass sich eine „dreigeteilte Stadt" als urbanes Zukunftsmodell der Bundesrepublik herauskristallisieren werde. Während der schwedische Weg in eine „homogene Mittelschichtstadt" und der US-amerikanische Weg in eine bipolare, *divided* oder *dual city* mit hartem Nebeneinander von Oben und Unten führe, bestehe die dreigeteilte Metropole aus einer „Stadt der international wettbewerbsfähigen Unternehmen und ihrer hochqualifizierten Beschäftigten", einer „Stadt der oberzentralen Funktionen und der integrierten deutschen Mittelschicht" sowie einer „Stadt der aus dem Arbeitsmarkt und damit zunehmend auch aus anderen sozialen Zusammenhängen Ausgegrenzten, der Arbeitslosen, der Armen, der Asylbewerber und in Zukunft vermehrt der sich illegal in der Bundesrepublik aufhaltenden Ausländer."[58]

6.2.1 Zerfall der Großstädte in Elends- und Luxusquartiere: Wohnungsnot und Mietenexplosion

Auf zwei territorialen Ebenen hat eine Polarisierung stattgefunden: zwischen den Städten einerseits und (zwischen Quartieren) innerhalb der Städte andererseits.[59] Die innerstädtische Ungleichheit ist besonders stark ausgeprägt. Sie spiegelt sich in den Großstädten und den wenigen Metropolen der Bundesrepublik brennglasartig wider, wodurch diese zu Schauplätzen der sozialen Gegensätze, aber auch zu Austragungsorten wichtiger gesellschaftlicher Konflikte avancieren. „Ungleichheiten der Klassenlage und Einkommen, des Geschlechts,

57 Stephan Leibfried/Florian Tennstedt, Armenpolitik und Arbeiterpolitik. Zur Entwicklung und Krise der traditionellen Sozialpolitik der Verteilungsformen, in: dies. (Hrsg.), Politik der Armut und die Spaltung des Sozialstaats, Frankfurt am Main 1985, S. 90

58 Siehe Hartmut Häußermann/Walter Siebel, Dienstleistungsgesellschaften, Frankfurt am Main 1995, S. 107 f.

59 Vgl. Markus Ottersbach, Die Marginalisierung städtischer Quartiere in der metropolitanen Gesellschaft unter besonderer Berücksichtigung der Migration, in: ders./Erol Yildiz (Hrsg.), Migration in der metropolitanen Gesellschaft. Zwischen Ethnisierung und globaler Neuorientierung, Münster 2004, S. 107

der Lebensstile und Lebensphasen manifestieren sich in den Sozialräumen der Städte, ihrer Ausstattung mit Infrastruktur und Wohnraum, der Zugänglichkeit und Nutzbarkeit ihrer öffentlichen Plätze."[60]

Der Erfurter Hochschullehrer Marcel Helbig und die WZB-Mitarbeiterin Stefanie Jähnen untersuchten die Entwicklung der sozialen Segregation in deutschen Städten und stellten dabei fest, dass sich diese zuletzt deutlich verstärkt hat. „Ähnlich wie in den USA ist die soziale Spaltung der Städte bei Kindern bzw. Familien mit Kindern stärker ausgeprägt als bei der Gesamtbevölkerung."[61] Besonders ungleich verteilten sich die in Haushalten mit SGB-II-Bezug aufwachsenden Kinder. Quartiere, in denen über 50 Prozent aller Kinder von Sozialgeld lebten, fanden Helbig und Jähnen in 36 der Städte, die sie für ihre Studie ausgewählt hatten. In einigen ostdeutschen Städten bewegt sich das Niveau der sozialen Segregation von SGB-II-Bezieher(inne)n laut Helbig und Jähnen mittlerweile auf der Höhe der Armutssegregation in amerikanischen Metropolregionen.[62] Gemessen wurde nur die soziale Segregation von Armen, doch haben Helbig und Jähnen auch gewisse Anzeichen dafür gefunden, dass sich Reiche wie in US-amerikanischen Städten deutlich ungleicher verteilen als Arme.

Loïc Wacquant, der die Ghettos US-amerikanischer Städte und die Arbeiterviertel an der Peripherie westeuropäischer Städte miteinander verglichen hat, warnte eindringlich vor einer Dramatisierung der hiesigen Situation und konstatierte, dass die Zurückdrängung ins schwarze Ghetto der Vereinigten Staaten von der ethnischen Zugehörigkeit bestimmt, von der Klassenlage nur beeinflusst und vom Staat gefördert worden sei, während die Verbannung an die städtische Peripherie in Westeuropa von der Klassenlage bestimmt, durch die ethnisch-nationale Zugehörigkeit beeinflusst und durch staatliche Strukturen bzw. politische Maßnahmen eher gemildert worden sei: „Sie erzeugt keine ‚Immigrantenstädte innerhalb der Stadt' mit umfassender Arbeitsteilung und eigenen, durch die Zwangslage einer ethnischen Gruppe entstandenen Parallelinstitutionen, die ihre Wirkung über alle Klassenunterschiede hinweg gleichmäßig entfalten."[63]

Obwohl Wacquant der „transatlantischen Konvergenzthese" widersprach, wonach sich die europäische Stadt der US-amerikanischen Stadt angeglichen hat oder angleicht, sind die Unterschiede zwischen beiden heute geringer als im vorigen Jahrhundert. Der spanische Soziologe Manuel Castells hatte seinerzeit

60 Martin Kronauer/Walter Siebel, Einleitung: Die Aktualität der Polarisierungsthese für die Stadtforschung, in: dies. (Hrsg.), Polarisierte Städte. Soziale Ungleichheit als Herausforderung für die Stadtpolitik, Frankfurt am Main/New York 2013, S. 9

61 Marcel Helbig/Stefanie Jähnen, Wie brüchig ist die soziale Architektur unserer Städte? – Trends und Analysen der Segregation in 74 deutschen Städten, Discussion Paper P 2018–001 Wissenschaftszentrum Berlin für Sozialforschung (2018), S. I

62 Vgl. ebd., S. 58 und 113 f.

63 Loïc Wacquant, Die Verdammten der Stadt, a.a.O., S. XIV

die Stadtentwicklung in Nord- und Südamerika sowie in Europa miteinander verglichen.[64] Obwohl es in Deutschland bis heute (noch) keine „zweigeteilte", strikt in Arm und Reich gespaltene Stadt gibt, weist der Trend in diese Richtung. „US-Amerikanisierung" im hier gemeinten Wortsinn heißt schließlich nicht, dass sich Deutschland den Vereinigten Staaten auf einem bestimmten Gebiet völlig angeglichen und seine eigene Identität preisgegeben hat, sondern bezeichnet einen Prozess, in dessen Verlauf sich Tendenzen stärker ausprägen, die am Ende einer länger dauernden Entwicklung zu einer Wesensänderung führen könnten. Wacquant vertrat demgegenüber eine „Emergenzthese", wonach die in Westeuropa dominierende Form einer fortgeschrittenen städtischen Marginalität „fest in der Tiefenstruktur des Finanzkapitalismus verwurzelt" ist, weil die Fragmentierung von Lohnarbeit (Ausbreitung unsicherer, kurzfristiger, gering entlohnter und perspektivloser Beschäftigungsverhältnisse) das zentrale Charakteristikum dieses neuen Regimes bilde.[65]

Noch weniger sind die Hochhausviertel deutscher Städte mit den Slums der sog. Dritten und Vierten Welt vergleichbar. Trotzdem weisen sie Verwahrlosungs- und Verfallstendenzen in einem solchen Maß auf, dass umfassende Sanierungsmaßnahmen und der Abriss von heruntergekommenen Plattenbauten nötig waren. Wie es scheint, ist die Miet- und Wohnungsfrage zum hervorstechendsten sozialen Problem der Bundesrepublik avanciert. In den Ballungszentren greifen vermehrt Wohnungsnot und Mietwucher um sich, weshalb es zumindest in den meisten Groß- und Universitätsstädten selbst Normalverdiener(inne)n schwerfällt, eine bezahlbare Wohnung zu finden. Verschärft wird das Problem durch die äußerst niedrige Wohneigentumsquote der Bundesrepublik. Mit einem Anteil von unter 50 Prozent, den die Großstädte und vor allem Berlin noch unterbieten, ist das private Wohneigentum hierzulande im Vergleich zu anderen EU-Staaten wenig verbreitet.

Hendrik Lebuhn, Andrej Holm, Stephan Junker und Kevin Neitzel haben für die Hans-Böckler-Stiftung auf der Grundlage von Mikrozensusdaten die Wohnverhältnisse in den 77 deutschen Großstädten untersucht und dabei vor allem die Situation verschiedener Einkommensgruppen berücksichtigt. Wie sich herausstellte, lebten Haushalte mit geringen Einkommen nicht bloß auf kleinerer Fläche pro Mitglied und in Wohnungen schlechterer Qualität, sondern hatten auch eine deutlich höhere Mietbelastung zu tragen: „Einkommensungleichheiten werden so in den Wohnverhältnissen nicht nur reproduziert, sondern sogar noch verstärkt."[66] Die das Wohnen als einen zentralen

---

64 Siehe Manuel Castells, Die zweigeteilte Stadt – Arm und Reich in den Städten Lateinamerikas, der USA und Europa, in: Tilo Schabert (Hrsg.), Die Welt der Stadt, München/Zürich 1991, S. 199 ff.

65 Siehe Loïc Wacquant, Die Verdammten der Stadt, a.a.O., S. XVII f.

66 Henrik Lebuhn u.a., Wohnverhältnisse in Deutschland – eine Analyse der sozialen Lage in 77 Großstädten. Bericht aus dem Forschungsprojekt „Sozialer Wohnversorgungsbedarf", Berlin/Düsseldorf, September 2017 (Hans-Böckler-Stiftung), S. 80

Indikator der sozialen Lage und als einen Gradmesser der Ungleichheit begreifenden Verfasser der Studie sprachen von einer „gravierende(n) Polarisierung der Mietbelastungsquoten", weil die zehn Prozent der Haushalte mit der günstigsten Mietkostenbelastung nur 13,6 Prozent ihres Haushaltsnettoeinkommens für die Bruttokaltmiete ausgaben, während es von den zehn Prozent mit den höchsten Mietbelastungen über 47,8 Prozent des Einkommens waren.[67] Die Mietkostenbelastung dieser Gruppe betrug das Dreieinhalbfache der Haushalte mit der günstigsten Mietbelastung. Ungefähr 1,3 Millionen Haushalte verfügten nach der Zahlung ihrer Miete über Resteinkommen unterhalb des Niveaus der Regelbedarfe sozialer Transferleistungen. In den Wohnbedingungen spiegelte sich also nicht bloß die Einkommensungleichheit wider, sondern sie trugen wegen der überproportionalen Mietkostenbelastung von Geringverdiener/innen-Haushalten zur wachsenden Ungleichheit bei.

Seit geraumer Zeit wird Arbeit (für die Unternehmer) immer billiger, Wohnraum (für die Niedriglöhner/innen) aber immer teurer. Während die Reallöhne mehr als ein Jahrzehnt lang sanken, stiegen die Immobilienpreise und die Mieten – jedenfalls in den Ballungszentren, bevorzugten Stadtlagen und Boomtowns der Bundesrepublik. Besonders in prosperierenden Zentren verband sich der Mangel an finanziellen Ressourcen, wie ihn Transferleistungsbezieher/innen aufgrund der „Sparpolitik" des Staates und Niedriglöhner/innen wegen ihrer miserabel entlohnten Arbeitsplätze verzeichneten, mit einer prekären Situation auf dem Wohnungsmarkt: „Bezahlbar ist, wenn überhaupt, nur schlecht ausgestatteter Wohnraum, welcher sich zudem in infrastrukturell defizitären Quartieren befindet."[68] Trotzdem müssen manche Haushalte fast die Hälfte ihres Einkommens für Mietzahlungen aufwenden, was ihnen nur einen geringen Spielraum für Anschaffungen und andere notwendige Ausgaben lässt.

In der Nachkriegszeit galt der Soziale Wohnungsbau lange als Königsweg, um dem Modell der Sozialen Marktwirtschaft entsprechend für Arme wie für Angehörige der Mittelschicht bezahlbaren Wohnraum zu schaffen. „Das ganze deutsche Wohnmodell fußte auf der Idee, dass der Staat günstige Rahmenbedingungen für Bauherrn schafft und im Gegenzug über einen stabilen Mietmarkt für alle verfügt."[69] Die gegenwärtige Wohnungsmisere und der „Mietenwahnsinn" sind ebenso wenig vom Himmel gefallen wie prekäre Beschäftigung und Niedriglöhne, vielmehr durch politische Entscheidungen zugunsten von Kapitaleigentümern, Immobilienkonzernen und Großinvestoren erzeugt wor-

67 Siehe ebd., S. 78

68 Gábor M. Hahn, Sozialstruktur und Armut in der nach-fordistischen Gesellschaft. Ökonomische Polarisierung und kulturelle Pluralisierung als Aspekte struktureller Marginalisierungsprozesse, in: Jens Dangschat (Hrsg.), Modernisierte Stadt – gespaltene Gesellschaft. Ursachen von Armut und sozialer Ausgrenzung, Opladen 1999, S. 204

69 Uta Seidenspinner, Wohnwahnsinn. Warum Mieten immer teurer und Eigentum unbezahlbar wird, München 2018, S. 96

den. So schafften CDU, CSU und FDP zum 1. Januar 1990 das *Wohngemeinnützigkeitsgesetz* ab. Damit hatte der Staat z. B. genossenschaftlichen Wohnungsbaugenossenschaften bis Ende der 1980er-Jahre bestimmte Steuervorteile (Befreiungen von der Körperschaft-, Grunderwerbs-, Gewerbe- und Vermögensteuer sowie Ermäßigungen bei der Grundsteuer) gewährt, sie dafür jedoch zur Beschränkung auf eine Kostenmiete und zur Begrenzung von Gewinnausschüttungen verpflichtet. Vorher preisgebundene Wohnungsbestände gelangten daraufhin auf den Immobilienmarkt, wo es primär um hohe Renditen ging. „Mit dem Fortfall der Gemeinnützigkeit wurden die öffentlichen Wohnungsgesellschaften zum Beutegut von kapitalistischen Immobilienunternehmen, die als sogenannte Heuschrecken die Wohnungsbestände aufkauften."[70]

Die rot-grüne Koalition befreite Gewinne von Kapitalgesellschaften, die aus dem Verkauf von Tochterfirmen und Aktienpaketen anderer Kapitalgesellschaften resultierten, kurz nach der Jahrtausendwende von der Körperschaftsteuer – eines der größten Steuergeschenke an die Unternehmen überhaupt. In diesem Zusammenhang wies die Münchner Fernsehjournalistin Uta Seidenspinner darauf hin, dass sich Konzerne wie der 1999 durch die Fusion der Friedrich Krupp AG Hoesch-Krupp mit der Thyssen AG entstandene Stahlriese ThyssenKrupp aufgrund dieser Entscheidung steuerfrei aller seiner Werkswohnungen entledigen konnte.[71]

Parallel dazu wurde das Mietrecht mehrfach liberalisiert und der in Deutschland für Vermieter traditionell relativ strenge Kündigungsschutz gelockert. Andrej Holm, Sozialwissenschaftler und kurzzeitig Staatssekretär in der Berliner Senatsverwaltung für Stadtentwicklung und Wohnen, wertete diese Entwicklung als Rollback für eine soziale Wohnungspolitik, das die Marktförmigkeit der Wohnungsversorgung gestärkt habe. „Die Wohnungspolitik kann seit den 1980er Jahren als schrittweiser Rückzug des Staates angesehen werden."[72]

Die rot-grüne und die erste Große Koalition unter Angela Merkel schufen die rechtlichen Voraussetzungen für neue Geschäftsmodelle, welche im Immobilienbereich zu „Mietmonopoly" und zum Klassenkampf auf dem Wohnungsmarkt führten. Seit dem 1. Januar 2004 sind auch in Deutschland die in den USA kurz nach dem Zweiten Weltkrieg entstandenen Hedgefonds, seit dem 1. Januar 2007 auch die sog. REITs (Real Estate Investment Trusts) gesetzlich zugelassen, welche in den USA bereits 1960 eingeführt wurden. Dabei handelte es sich um steuerbegünstigte Immobilien-Aktiengesellschaften, durch

70 Stephan Krüger, Soziale Ungleichheit. Private Vermögensbildung, sozialstaatliche Umverteilung und Klassenstruktur, Hamburg 2017, S. 225

71 Vgl. Uta Seidenspinner, Wohnwahnsinn, a.a.O., S. 113

72 Andrej Holm, Mietenwahnsinn. Warum Wohnen immer teurer wird und wer davon profitiert, München 2014, S. 101

deren Geschäftsmodell sich der Privatisierungsdruck auf öffentliche Wohnungsbestände weiter erhöhte. Erleichtert wurden fragwürdige Immobiliengeschäfte auch durch die Möglichkeit der Share Deals, bei denen pro forma gar keine Wohnungen, sondern Unternehmensanteile verkauft werden, sodass für die neuen Eigentümer keine Grunderwerbssteuer anfällt.

Großstädte wie Dresden haben, dem neoliberalen Zeitgeist gehorchend, teilweise ihren gesamten kommunalen Wohnungsbestand – häufig zu Schleuderpreisen – an US-amerikanische Investmentgesellschaften, internationale Finanzinvestoren und börsennotierte Immobilienkonzerne verkauft, die – wenn sie überhaupt lange gehalten wurden und noch in ihrem Bestand sind – heute damit hohe Profite machen. Seit 2015 gehört der von Deutsche Annington in Vonovia umbenannte Immobilienriese zu den 30 wertvollsten Konzernen, die sich im Deutschen Aktienindex (Dax) befinden. Seine exorbitanten Profite erwirtschaftete das Unternehmen durch Luxussanierungen und Wertsteigerungen seines wachsenden Immobilienbestandes, rüde Methoden der „Entmietung" und gesetzlich erlaubte Mieterhöhungen von bis zu 11 bzw. 8 Prozent nach Modernisierungsmaßnahmen. Heinz-J. Bontrup hat errechnet, dass jede/r Vonovia-Beschäftigte/r im Zeitraum zwischen 2012 und 2017 einen Gewinn in Höhe von 311.703 Euro für den Konzern erwirtschaftete, wobei die Lohnquote im Unternehmen durchschnittlich nur 10,7 Prozent betrug.[73]

Zentrum der kommunalen Verkäufe war Berlin, wo insgesamt rund 164.000 Wohneinheiten verkauft und mit 90.000 Wohneinheiten die weitaus meisten kommunalen Wohnungen an private Investoren veräußert wurden.[74] Auf diese Weise beraubten sich die Städte selbst der Möglichkeit, eine zielgerichtete Stadtentwicklungspolitik zu machen und vor allem die Wohnungsversorgung einkommensschwacher Bevölkerungsgruppen zu sichern. Dresden hat aus den negativen Erfahrungen mit der Privatisierung seines Wohnungsbestandes im September 2017 übrigens die Konsequenz gezogen, eine neue städtische Wohnungsgesellschaft zu gründen, welche bauen und die entstehenden Wohnungen an Menschen vermieten soll, die aufgrund ihres niedrigen Einkommens einen Wohnberechtigungsschein besitzen. Letzteres gilt in deutschen Großstädten zum Teil für rund die Hälfte der Einwohner/innen, ohne dass auch nur annähernd gleich viele mietpreisgebundene Wohnungen zur Verfügung stünden.

Da zahlreiche Kapitalanleger nach der globalen Finanz-, Weltwirtschafts- und europäischen Währungskrise weitere Bankpleiten und Börsenzusammenbrüche fürchteten, wurde „Betongold" immer beliebter. Dadurch stiegen in bevorzugten Stadtlagen fast automatisch die Immobilienpreise und in deren

---

73 Vgl. Heinz-J. Bontrup, Wohnst du noch …? – Immobilienwirtschaft und Mieten kritisch betrachtet, Hamburg 2018, S. 85

74 Vgl. Tobias Held, Verkäufe kommunaler Wohnungsbestände – Ausmaß und aktuelle Entwicklungen, in: Informationen zur Raumentwicklung 12/2011, S. 679

Gefolge die Mieten. Vermögensverwalter und Finanzkonzerne wie BlackRock & Co. haben als Eigentümer und Vermieter großer Wohnungskomplexe ebenfalls zur Mietenexplosion in deutschen Städten beigetragen.[75] Nicht die Wohnungsmärkte sind also implodiert, sondern Konzerne – durch politische Weichenstellungen dazu ermuntert – auf diesen lukrativen Wirtschaftssektor expandiert. Finanzinvestoren haben fortan besonders gern mit Immobilien spekuliert und diesen für die ganze Bevölkerung existenzwichtigen Lebensbereich noch stärker ihrer Profitlogik unterworfen.

Seit geraumer Zeit boomt die profitorientierte Immobilienbranche in Deutschland wie nie zuvor. Dagegen leidet der Soziale Wohnungsbau unter einer politisch herbeigeführten Schwindsucht: Mit der am 1. September 2006 in Kraft getretenen Föderalismusreform hat sich der Bund aus diesem Bereich zurückgezogen. Zwar hat er die den Ländern für eine Übergangszeit zugesagten Kompensationsmittel im Gefolge der „Flüchtlingskrise" 2015/16 schrittweise mehr als verdoppelt, dadurch aber nicht verhindert, dass erheblich mehr Wohnungen aus der Belegbindung herausfielen, als neu hinzukamen.

Mit einer halbherzigen „Mietpreisbremse" für Teilwohnungsmärkte, wie sie die zweite Große Koalition unter Angela Merkel zum 1. Juni 2016 eingeführt hat, war das Problem des Wohnungsmangels für Einkommensschwache nicht zu lösen. Es resultiert aus dem heutigen Finanzmarktkapitalismus, dessen Hauptakteure das Immobiliengeschäft erobert haben, als man fast überall städtische Wohnungsbaugesellschaften privatisierte und an so berüchtigte „Heuschrecken" wie die US-amerikanischen Private-Equity-Firmen bzw. Hedgefonds Blackstone, Cerberus oder Fortress riesige kommunale Wohnungsbestände verkaufte, die für sie attraktive Spekulationsobjekte darstellten. Vormals preisgünstige Mietwohnungen wurden teilweise systematisch heruntergewirtschaftet, saniert und zu teuren Eigentumswohnungen gemacht, die „Ureinwohner/innen" in geeigneten Vierteln der Metropolen ohne Rücksicht auf soziale Belange verdrängt.

Eine überraschende Betriebsschließung, die Kündigung des Arbeitsverhältnisses sowie Beziehungskrisen, Ehekonflikte und Suchterkrankungen sind zwar Auslöser, nicht jedoch Ursachen der zunehmenden Wohnungslosigkeit, die in den bestehenden Gesellschaftsstrukturen, den herrschenden Eigentumsverhältnissen und sich häufenden sozioökonomischen Krisenerscheinungen gesucht werden müssen. Wenn die Wohnungen ebenso wie Würstchen, Wandteppiche und Wegwerftaschentücher als Waren be- und gehandelt werden, können sich Menschen ohne bzw. mit geringem Einkommen auf dem entsprechenden Markt nicht behaupten.

Mittlerweile ist der Wohlfahrtsstaat hierzulande so weit demontiert, dass er auch selbst Wohnungslosigkeit produziert. Genannt seien im Rahmen von

75 Vgl. Werner Rügemer, Die Kapitalisten des 21. Jahrhunderts, a.a.O., S. 46

Hartz IV das Aus- und Umzugsverbot für Unter-25-Jährige, die rigide Sanktionspraxis für diese Personengruppe (völlige Streichung des Arbeitslosengeldes II einschließlich der Aufwendungen für Unterkunft und Heizung nach der zweiten Pflichtverletzung) sowie die Zulassung einer „Gesamtangemessenheitsgrenze" für die Kosten der Unterkunft und Heizung im *Neunten SGB-II-Änderungsgesetz*, das am 1. August 2016 in Kraft getreten ist. Heizkosten eignen sich nur bedingt und Unterkunftskosten gar nicht für eine solche Pauschalierung, die Hartz-IV-Bezieher/innen zwingen kann, ihre bisher vom zuständigen Grundsicherungsträger bezahlte Wohnung in einem gutbürgerlichen Stadtviertel aufzugeben und dorthin zu ziehen, wo die Bruttowarmmieten niedriger sind. Dadurch leistet man einer Ghettoisierung bzw. einer sozialräumlichen Segregation der Armutspopulation, die sich in Großstädten ansatzweise bereits erkennen lässt, tendenziell Vorschub.

Nach einem deutlichen Rückgang ihrer Anzahl während der 1990er-Jahre gab es 2017 laut Schätzungen der Bundesarbeitsgemeinschaft Wohnungslosenhilfe in Deutschland wieder 650.000 Wohnungslose, darunter 375.000 anerkannte Flüchtlinge; 48.000 Menschen, darunter in manchen Großstädten fast die Hälfte osteuropäische EU-Bürger/innen, lebten dem Dachverband der Wohnungslosenhilfe zufolge auf der Straße.[76] Auch unter den einheimischen Betroffenen befinden sich immer weniger Berber oder Trebegänger, wie die „klassischen" Obdachlosen genannt wurden. Stattdessen teilen immer mehr gestrandete Arbeitsmigrant(inn)en und Geflüchtete ihr Schicksal, ungeschützt der Witterung und wehrlos den Angriffen rechter Schläger und alkoholisierter Jugendlicher ausgesetzt zu sein. Seit der Vereinigung von BRD und DDR sind allein mehr als 300 Obdachlose der Kälte zum Opfer gefallen, ohne dass die hiesige (Medien-)Öffentlichkeit mehr als nur sporadisch Notiz von den Tragödien genommen hätte, die sich auf unseren Straßen abspielen. Auch steigt die Zahl der Mittelschichtangehörigen, von Freiberufler(inne)n, (Solo-)Selbstständigen und gescheiterten Existenzgründer(inne)n, die „in die Gosse" abrutschen.

Die gesellschaftlichen Ursachen für viele Erscheinungsformen von Armut und manche Folgen, die sie zeitigt, sind uralt. So gibt es nach wie vor, was man als Hauptmann-von-Köpenick-Dilemma bezeichnen kann: Wer keinen Arbeitsplatz hat, bekommt keine Wohnung, und wer keine Wohnung hat, bekommt keinen Arbeitsplatz. Eher traditionell erscheinen auch andere Folgen der Armut: Ernährungsmängel und Unterernährung etwa gehören immer noch zu den typischen Begleiterscheinungen von Armutslagen.[77] Obdachlose werden

---

76 Vgl. BAG Wohnungslosenhilfe: 650.000 Menschen in 2017 ohne Wohnung. Verbessertes Schätzmodell erlaubt genauere Schätzung der Wohnungslosenzahlen, Pressemitteilung der Bundesarbeitsgemeinschaft Wohnungslosenhilfe v. 30.7.2019, S. 1 f.

77 Vgl. dazu: Sabine Pfeiffer, Die verdrängte Realität: Ernährungsarmut in Deutschland. Hunger in der Überflussgesellschaft, Wiesbaden 2014; Gunther Hirschfelder/Sarah Thanner (Hrsg.), Prekäre Lebenswelten im Prisma der Ernährung, Münster 2019

in vielen Städten aus dem öffentlichen Raum verdrängt, stören sie doch das lokale Wohlstandsidyll. Bei ihnen handelt es sich um die „marktfernsten" Mitglieder der Gesellschaft, denen aus diesem Grund im Zeichen der neoliberalen Globalisierung bzw. Modernisierung nur sehr geringe Ressourcen und wenige Unterstützungsmaßnahmen wie Notunterkünfte, Nachtasyle und Kältebusse zur Verfügung stehen. Für auf der Straße lebende Menschen, Mitglieder der Drogenszene, Trinker/innen und Bettler/innen gilt zudem ein besonders rigides Armutsregime: Polizeirazzien, Platzverweise, Aufenthaltsverbote und Schikanen privater Sicherheitsdienste, durch die sozial Benachteiligte aus den Innenstädten vertrieben werden, sind typisch dafür.[78]

6.2.2 Zuwanderung, ethnische Segregation und soziale Exklusion

Seit jeher massiert sich die sozioökonomische Ungleichheit in den urbanen Zentren, und zwar hauptsächlich in Form einer residenziellen Segregation, wie sie ethnische Gruppen aufweisen.[79] Vor allem viele Migrant(inn)en leben in benachteiligten Wohngebieten, die als „soziale Brennpunkte" diskreditiert, mit einer überhöhten „Ausländerkriminalität" assoziiert oder euphemistisch als „Stadtteile mit besonderem Entwicklungs-" bzw. „Erneuerungsbedarf" tituliert werden. Der sozialen Diskriminierung und der räumlichen Segmentierung von Migrant(inn)en folgt die Marginalisierung jener Stadtteile auf dem Fuß, die sie bewohnen.

Bisher ist es in Deutschland aber nur ansatzweise zur Ghetto- oder Slumbildung gekommen, weil Sozialtransfers, wohlfahrtsstaatliche Traditionen sowie integrationsfördernde Wohnungsbau- und Stadtentwicklungsprogramme eine massenhafte Verelendung ebenso verhindert haben wie größere Verwerfungen vor Ort. Aufgrund der neoliberalen Modernisierung spitzten sich Ab- und Ausgrenzungsprozesse zu, von denen insbesondere Migrant(inn)en und ihre Nachkommen betroffen sind, was zu einer sozialräumlichen Spaltung der Großstädte geführt hat. Man spricht in diesem Zusammenhang auch von

78 Vgl. dazu: Titus Simon, Wem gehört der öffentliche Raum? – Zum Umgang mit Armen und Randgruppen in Deutschlands Städten. Gesellschaftspolitische Entwicklungen, rechtliche Grundlagen und empirische Befunde, Opladen 2001; Susanne Paula Leiterer, „Zero Tolerance" gegen soziale Randgruppen? – Hoheitliche Maßnahmen gegen Mitglieder der Drogenszene, Wohnungslose, Trinker und Bettler in New York City und Deutschland, Berlin 2007; Jan Wehrheim, Die überwachte Stadt. Sicherheit, Segregation und Ausgrenzung, 3. Aufl. Opladen/Berlin/Toronto 2012

79 Jürgen Friedrichs, Ethnische Segregation im Kontext allgemeiner Segregationsprozesse in der Stadt, in: Annette Harth/Gitta Scheller/Wulf Tessin (Hrsg.), Stadt und soziale Ungleichheit, Opladen 2000, S. 174

„ethnischer Segregation“, die sich seit geraumer Zeit verfestigt.[80] Eine mögliche Folge der Entwicklung ist die Zusammenballung sozial marginalisierter, diskriminierter und stigmatisierter Minderheiten am Rande der Metropolen, wie sie in den USA und Ländern der sog. Dritten bzw. Vierten Welt seit Langem stattfindet.

Jenseits des Atlantiks ist die siedlungsräumliche Trennung von Bevölkerungsgruppen mitsamt ihren verheerenden Folgen für den Zusammenhalt der Gesellschaft hinsichtlich einer hohen (Gewalt-)Kriminalität, des massenhaften Drogenmissbrauchs und einer Verwahrlosung der öffentlichen Infrastruktur sehr viel stärker ausgeprägt. Statt des „wohltätigen“ bzw. Sozialstaates hat sich dort mehr und mehr der „strafende“, Kriminal- bzw. Polizeistaat durchgesetzt.[81] Die unter Präsident Bill Clinton im *Personal Responsibility and Work Opportunity Reconciliation Act* kodifizierte Reform der Sozialhilfe substituierte das soziale Netz durch disziplinierende und diskriminierende Maßnahmen mit dem Ziel, die Staatsausgaben im Wohlfahrtsbereich weiter zu senken, die Armen in die untersten Bereiche des Arbeitsmarktes zu drängen und solche, die noch immer Unterstützungsansprüche stellen, streng zu bevormunden.

Die französischen Soziologen François Dubet und Didier Lapeyronnie haben mit Blick auf die Banlieues beschrieben, wie der gesellschaftliche Zusammenhalt schwand: „Die großstädtischen Trabantensiedlungen sind nur ein ‚unnützer‘ Rand, der sich allein durch die von ihm ausgehende Gewalt und die Angst in Erinnerung zu bringen vermag, die er bei der extremen Rechten des politischen Spektrums auslöst. Dadurch entsteht das Bild einer Zweiteilung der Gesellschaft.“[82] Seit der nächtlichen Randale bzw. Unruhen, die Frankreich im Oktober/November 2005 erschütterten, hat die Frage auch hierzulande an Bedeutung gewonnen, ob die Integration der dritten Generation von Migranten gelungen oder eine Ausweitung und Eskalation dieser Form der Jugendgewalt zu befürchten sei.

Was seit geraumer Zeit unter dem (Tot-)Schlagwort „Globalisierung“ mehr mythologisiert als entmystifiziert wird, verstärkte den Trend zum Einwanderungsland und schaffte neue Konfliktlinien innerhalb der Aufnahmegesellschaft. Denn durch das neoliberale Konzept der „Standortsicherung“ als seiner Haupttriebkraft spitzten sich nicht nur die Verteilungskämpfe zwischen Einheimischen und Ausländer(inne)n, wie man die Migrant(inn)en in der Bundesrepublik paradoxerweise immer noch nennt, sondern auch die im traditionellen

80 Vgl. Carsten Keller, Armut in der Stadt. Zur Segregation benachteiligter Gruppen in Deutschland, Opladen/Wiesbaden 1999, S. 47 ff.; Peter Bremer, Ausgrenzungsprozesse und die Spaltung der Städte. Zur Lebenssituation von Migranten, Opladen 2000, S. 173 ff.

81 Vgl. Loïc Wacquant, Bestrafen der Armen. Zur neoliberalen Regierung der sozialen Unsicherheit, 2. Aufl. Opladen/Berlin/Toronto 2013

82 François Dubet/Didier Lapeyronnie, Im Aus der Vorstädte. Der Zerfall der demokratischen Gesellschaft, Stuttgart 1994, S. 220

Wohlfahrtsstaat sozial abgefederten Interessengegensätze zwischen gut oder besser situierten und subalternen Bevölkerungsschichten zu.

Zugewanderte haben ein deutlich größeres Armutsrisiko als Einheimische, zumindest dann, wenn ihr Aufenthaltsstatus unsicher ist. Zwar stellt der Migrationshintergrund ein zusätzliches Armutsrisiko dar, entscheidend dafür, ob jemand von Einkommensarmut betroffen ist, sind aber sein Aufenthaltsstatus und seine Aufenthaltsdauer. Da die staatsbürgerliche Rechtsstellung vom Aufenthaltsstatus bestimmt wird, entscheidet Letzterer auch über die politischen Partizipationschancen der migrierten Person. Immigranten müssen hohe Hürden überwinden, wenn sie politisch Einfluss nehmen wollen. Dies gelingt ihnen unter prekären Arbeits- bzw. Armutsbedingungen noch weniger als Einheimischen in der gleichen Lebenssituation. Dazu tragen Beschränkungen des Staatsbürgerschafts- und Aufenthaltsrechts ebenso bei wie Benachteiligungen innerhalb des hierarchisch gegliederten Bildungssystems der Bundesrepublik, unter dem Kinder mit Migrationshintergrund noch mehr zu leiden haben als ihre einheimischen Altersgenoss(inn)en.[83]

Armutsflüchtlinge unterliegen diversen Einschränkungen der politischen Handlungsfähigkeit: Erstens fehlt ihnen die deutsche Staatsbürgerschaft und somit das für Demokratien konstitutive Wahlrecht. Zweitens haben sie nach dem *Asyl-* und dem *Asylbewerberleistungsgesetz* weder das Recht, sich frei zu bewegen (dreimonatige Residenzpflicht sowie Wohnsitzauflage für Asylbewerber/innen und Geduldete ohne gesicherten Lebensunterhalt), noch die hierfür benötigten Finanzmittel. Geografische Mobilität ist für sie genauso ein Fremdwort wie soziale Aufwärtsmobilität, politisches Engagement zwar nicht generell verboten, aber rigiden gesetzlichen Beschränkungen unterworfen und schlicht zu teuer. Drittens existieren subjektive Barrieren, darunter Bildungsdefizite, Sprachschwierigkeiten und bürokratische Hemmschwellen.

Idealtypisch voneinander zu unterscheiden, wenngleich eng miteinander verwoben sind institutionalisierte, institutionelle, informationelle und informelle Diskriminierung. Bei der *institutionalisierten* Diskriminierung handelt es sich um Gesetze, Verordnungen und staatliche Bestimmungen, die Arme bzw. „Fremde" von politischen Entscheidungsprozessen ausschließen oder ihre Entscheidungsmacht mindern (z. B. das Zensuswahlrecht, Rassengesetze oder die Apartheid). Unter „*institutioneller* Diskriminierung" verstanden Mechtild Gomolla und Frank-Olaf Radtke eine Benachteiligung von (ethnischen) Minderheiten durch die Struktur und das Setting von Institutionen, etwa einem mehrgliedrigen, monolingual orientierten Schulsystem wie in der Bundesrepublik Deutschland, welches Praxen sozialer Selektivität impliziert, ohne dass

83 Vgl. dazu: Carolin Butterwegge, Armut von Kindern mit Migrationshintergrund. Ausmaß, Erscheinungsformen und Ursachen, Wiesbaden 2010, S. 36 ff.

diese eigens postuliert würde.[84] Eine *informationelle* Diskriminierung liegt vor, wenn Armen und/oder „Fremden" für politische Entscheidungen relevante Informationen vorenthalten bleiben, z. B. dadurch, dass sie die politische Bildung mit ihren Qualifizierungsmaßnahmen gar nicht erreicht. Bei der *informellen* Diskriminierung schließlich geht es um auch als „sozialer Rassismus" bezeichnete Ressentiments gegenüber Armen, die ihr Selbstwertgefühl beeinträchtigen und sie von der Wahrnehmung politischer Partizipationsmöglichkeiten abhalten können.

Aus zwei Gründen erscheint der Begriff „*Sozial*rassismus" allerdings missverständlich bzw. mehrdeutig: Einerseits bezieht sich „Rassismus" auf eine Diskriminierung von Menschen, die sich äußerlich oder ihrer ethnischen Herkunft, Kultur bzw. Religion nach von der Mehrheitsgesellschaft unterscheiden, und man sollte dies nicht mit anderen Formen persönlicher Benachteiligung oder Erniedrigung gleichsetzen. Andererseits hat *jeder* Rassismus eine sozialstrukturelle Komponente, denn bei den Diskriminierten handelt es sich in aller Regel um Menschen, die nicht bloß „fremd" anmuten, vielmehr auch (langzeit)arbeitslos und arm, keinesfalls jedoch vermögend und aufgrund ihrer gesellschaftlichen Stellung hoch angesehen sind. Ist ein Prinz des saudischen Königshauses oder ein Scheich unvorstellbar reich, nimmt ihm kaum jemand seine Hautfarbe übel, was auch für Anshu Jain gegolten haben dürfte, einen Briten indischer Herkunft, der 2012 bis 2015 Vorstandssprecher der größten deutschen Bank war.

Die sozialräumliche Polarisierung in den Großstädten hat während der vergangenen Jahre zugenommen, wohingegen die ethnische Segregation wieder etwas zurückgegangen ist. Der im Februar 2019 verstorbene Kölner Stadtsoziologe Jürgen Friedrichs lieferte dafür eine überzeugende Erklärung: „Die armen deutschen Haushalte ziehen in Wohngebiete mit armen Bewohnern und einem hohen Anteil von Migranten, wodurch die Armut größer und die ethnische Segregation geringer wird."[85]

Wenn sich eine moderne Gesellschaft spaltet oder präziser: von neoliberalen Umverteilungsstrategien im digitalen Finanzmarktkapitalismus gespalten wird, zerfallen ihre Großstädte zunehmend in Elends- und Luxusquartiere. In den Letzteren verschanzen sich Reiche hinter hohen Mauern oder lassen sich und ihren Grundbesitz von privaten Sicherheitsdiensten bewachen. Durch eine Politik der Gentrifizierung flankiert, verdrängen Wohlhabende, Reiche und Hyperreiche die Armen sowie die untere Mittelschicht aus ihren angestammten Quar-

84 Mechtild Gomolla/Frank-Olaf Radtke, Institutionelle Diskriminierung. Die Herstellung ethnischer Differenz in der Schule, 3. Aufl. Wiesbaden 2009

85 Jürgen Friedrichs, Armut und räumliche Polarisierung: Bremen und Köln, in: Peter A. Berger u.a. (Hrsg.), Urbane Ungleichheiten. Neue Entwicklungen zwischen Zentrum und Peripherie, Wiesbaden 2014, S. 62

tieren, sofern es deren Lage erlaubt, damit hohe Profite zu machen. Was der im Oktober 2011 verstorbene Berliner Stadt- und Regionalsoziologe Hartmut Häußermann als „Krise der sozialen Stadt" bezeichnet hat,[86] kann harte Konflikte nach sich ziehen, die – nationalistisch und rassistisch aufgeladen – das friedliche Zusammenleben zwischen Menschen unterschiedlicher ethnischer Herkunft, Kultur und Religion erschweren, wenn nicht gar unmöglich machen.

6.2.3 Vor einer sozialen Wende in der Wohnungspolitik?

Kapitalverwertungsinteressen von Finanzinvestoren und Wohnbedürfnisse von Mieter(inne)n sind nur schwer vereinbar. Nirgendwo versagt das kapitalistische Wirtschaftssystem so eklatant wie bei der Wohnungsversorgung. Da sich der Markt als unfähig erwiesen hat, eine adäquate Wohnungsversorgung für alle Bevölkerungsschichten sicherzustellen, muss sie als öffentliche Aufgabe begriffen und vom Staat aus Gründen der sozialen Verantwortung für seine Bürger/innen gewährleistet werden, dass niemand wegen seines geringen Vermögens und seines zu niedrigen Einkommens auf der Strecke bleibt.

Ohne eine grundlegende Kurskorrektur in der Raumordnungs-, Stadtentwicklungs- und Wohnungspolitik wird die Ungleichheit auf diesem Gebiet weiter zunehmen. Da sich die Hartz-IV-Bezieher/innen in den sog. Problemgebieten der Bundesrepublik konzentrieren, könnten deutlich erhöhte Regelbedarfe im SGB II als Stabilisatoren der dortigen Wirtschaftsstruktur fungieren.[87] Kaufkraftverluste der regionalen Wirtschaft würden dadurch zielgenau und ohne zeitliche Verzögerungen kompensiert, wie Rudolf Martens, früher Leiter der Forschungsstelle des Paritätischen Gesamtverbandes, überzeugend dargelegt hat.

Die teilweise geradezu skandalösen Zustände auf dem Mietwohnungsmarkt sollten Anlass sein, über eine soziale Wende in der Wohnungspolitik nachzudenken. Da sich Räumungsklagen, Zwangsräumungen und Wohnungsnotfälle mehren, ist die Verankerung eines „Grundrechts auf Wohnraum" in unserer Verfassung überfällig, für das der spätere Außenminister und Bundespräsident Frank-Walter Steinmeier zu Beginn der 1990er-Jahre in seiner juristischen Dissertation *Das polizeiliche Regime in den Randzonen sozialer Sicherung. Eine rechtswissenschaftliche Untersuchung über Tradition und Perspektiven zur Verhinderung und Beseitigung von Obdachlosigkeit* plädiert hat. Staat und Behörden müssten, forderte Steinmeier damals, per Grundgesetzauftrag „zum Bau und

86 Siehe Hartmut Häußermann, Die Krise der „sozialen Stadt", in: Aus Politik und Zeitgeschichte 10-11/2000, S. 13 ff.

87 Vgl. Rudolf Martens, Sozialstaatliche Mindestsicherungsleistungen. Gesamtwirtschaftliche und regionalwirtschaftliche Wirkungen, in: Ralf-M. Marquardt/Peter Pulte (Hrsg.), Mythos Soziale Marktwirtschaft. Arbeit, Soziales und Kapital, Köln 2019, S. 260 ff.

Erhalt preisgünstigen Wohnraums für breite Bevölkerungskreise" verpflichtet werden, und es dürfe, so Steinmeier weiter, keine Wohnung z.B. wegen aufgelaufener Mietschulden geräumt werden, bevor nicht „zumutbarer Ersatzwohnraum" zur Verfügung stehe.[88]

Wohngeld hilft als Maßnahme der „Subjektförderung" letztlich weniger bedürftigen Familien als den Eigentümern jener Häuser, in denen sie zur Miete leben, und ist daher eine staatliche Fehlsubvention. Dass sich die Bundesregierung von einer Erhöhung des Wohngeldes, einer Anhebung der Miethöchstgrenzen und der Freibeträge ab 1. Januar 2020 sowie seiner Dynamisierung zum 1. Januar 2022 eine spürbare Verringerung der Armut verspricht, dokumentiert ihre Unfähigkeit, das Problem an der Wurzel zu fassen, also seine strukturellen Ursachen zu bekämpfen. Wirkungsvoller wäre jedenfalls die sog. Objektförderung: Der soziale Mietwohnungsbau, seit den 1980er-Jahren immer stärker eingeschränkt, müsste im großen Stil wieder aufgenommen und zügig vorangetrieben werden, um Geringverdiener(inne)n, Alleinerziehenden und großen Familien eine angemessene Bleibe zu bieten.

Steuerungsinstrumente zur Eindämmung von Bodenspekulation und Mietenexplosion gibt es genug: Sie reichen von einer Bodenwertzuwachssteuer, in der SPD schon vor einem halben Jahrhundert diskutiert, über Milieuschutzsatzungen, die dem Ziel dienen, eine soziale Durchmischung der Stadtviertel aufrechtzuerhalten, bis zu einer kommunalen Bodenbevorratungspolitik, wie sie die Stadt Ulm seit mehr als 100 Jahren betreibt. Nötig wären eine Wiederbelebung des öffentlichen Wohnungsbaus und eine Wiederherstellung der Wohnungsgemeinnützigkeit, womit die Aktivitäten genossenschaftlicher und kommunaler Wohnungsbaugesellschaften stimuliert würden. Verhängnisvoll wären dagegen am Substandard orientierte Mietobergrenzen sowie eine bundesweite Pauschalierung der Wohn- und/oder Heizkosten im Hartz-IV-Bezug.

Das im *Baugesetzbuch* verankerte Politikfeld der „sozialen Stadtentwicklung" gewinnt zunehmend an Bedeutung, weil die sich immer deutlicher in Elends- und Luxusquartiere spaltenden Großstädte der Bundesrepublik den gesellschaftlichen Polarisierungsprozess zeitnah widerspiegeln. „Soziale Stadtentwicklung knüpft an die These an, dass Städte nur eine Chance haben, die Auswirkungen ökonomischer Umstrukturierung sozialverträglich zu beantworten, wenn sie einen sozialen Ausgleich anstreben."[89] Mit dem Bund-Länder-Programm „Soziale Stadt" wurde seit der Jahrtausendwende versucht, die sozia-

---

88 Siehe Frank-Walter Steinmeier, Bürger ohne Obdach – Zwischen Pflicht zur Unterkunft und Recht auf Wohnraum. Tradition und Perspektiven staatlicher Intervention zur Verhinderung und Beseitigung von Obdachlosigkeit, Bielefeld 1992, S. 394 f.

89 Monika Alisch, Der Einfluss von Stadtentwicklungs- und Wohnungspolitik auf Armut, in: Ronald Lutz/Veronika Hammer (Hrsg.), Wege aus der Kinderarmut. Gesellschaftspolitische Rahmenbedingungen und sozialpädagogische Handlungsansätze, Weinheim/München 2010, S. 52

le Polarisierung der Metropolen und die Marginalisierung benachteiligter Quartiere abzufedern oder zu kompensieren. In einigen „sozialen Brennpunkten“ verzeichneten die Modellprojekte durchaus Teilerfolge, wenngleich sie den Teufelskreis zwischen der Armut und der Unterversorgung von Familien mit Wohnraum letztlich nicht aufbrechen konnten. Das „Soziale Stadt“-Programm vermittelt den Bewohner(inne)n stigmatisierter Quartiere, dass der Staat sie nicht im Stich lässt und abgeschrieben hat, vielmehr bemüht ist, sie in den Ersten Arbeitsmarkt zu (re)integrieren. Trotz seiner Orientierung am Konzept des „aktivierenden Sozialstaates“ und technokratischer Züge der Umsetzung trug das Bund-Länder-Programm in vielen Kommunen zur Integration von marginalisierten Bevölkerungsgruppen (Drogenabhängigen, jugendlichen Subkulturen, Obdachlosen usw.) bei.

Stadtentwicklungspolitik darf nicht an den Kapitalverwertungsinteressen von (Groß-)Investoren, muss vielmehr an den Bedürfnissen der (potenziellen) Bewohner/innen von Stadtteilen orientiert sein. Selbst das Programm „Soziale Stadt“ förderte allerdings unternehmerische Geschäftspraktiken, weil private Planungsbüros als Träger der Quartiersentwicklung etabliert wurden, während die Bürgerbeteiligung inszeniert wirkte und sich die Ungleichheitslogik neoliberaler Stadtentwicklungsmodelle reproduzierte: „Die selektive Privilegierung von Inhalten im Instrument ‚Quartiersmanagement‘ kann deshalb maximal für ein begrenztes Gebiet und einen begrenzten Zeitraum die schlimmsten Fehler der ‚normalen‘ Stadtentwicklungspolitik abmildern. Die ‚Soziale Stadt‘ ist aber weder Allheilmittel noch sollte sie als Substitut für eine kohärente, strategische und mit ausreichenden Ressourcen ausgestattete Stadtentwicklungspolitik aufgefasst werden.“[90]

6.3 US-Amerikanisierung des sozialen Klimas und der politischen Kultur

Die neoliberale Hegemonie hat in der Gesellschaft bisher allgemein verbindliche Gleichheits- und Gerechtigkeitsvorstellungen auf den Kopf gestellt. Galt früher der soziale Ausgleich zwischen gesellschaftlichen Klassen und Schichten als Ziel staatlicher Politik, so steht heute den Siegertypen alles, den „Leistungsunfähigen“ bzw. „-unwilligen“ nach offizieller Lesart hingegen nichts zu. In einer „Winner-take-all“-Gesellschaft (Robert H. Frank/Philip J. Cook) zählt nur der ökonomische, sich möglichst in klingender Münze auszahlende Erfolg.

90 Matthias Bernt/Miriam Fritsche, Von Programmen zu Projekten: Die ambivalenten Innovationen des Quartiersmanagements, in: Sylvia Greiffenhagen/Katja Neller (Hrsg.), Praxis ohne Theorie?, Wissenschaftliche Diskurse zum Bund-Länder-Programm „Stadtteile mit besonderem Entwicklungsbedarf – die Soziale Stadt“, Wiesbaden 2005, S. 217

Gleichzeitig hat Deutschland besonders unter jungen Menschen eine „Winner-loser-Kultur" (Oliver James) nach angloamerikanischem Muster ausgebildet, die Klassen- und Schichtgrenzen zementiert und Solidarisierungsprozesse erschwert oder verhindert.

6.3.1 Entsolidarisierung als Folge der gesellschaftlichen Polarisierung

Je nachdem, ob die politische Kultur eines Landes wie der USA das Reichsein weniger Familien und das Armsein vieler anderer Bürger/innen durch ein meritokratisches Gerechtigkeitsverständnis legitimiert oder ob sie wie in den meisten kontinentaleuropäischen Ländern stärker für die Bedrohung des gesellschaftlichen Zusammenhalts wie für die Untergrabung der Demokratie durch sozioökonomische Polarisierungstendenzen sensibilisiert ist, werden die Legitimitätsgrenzen für Ungleichheit anders gezogen.

Angesichts der Boni für „raffgierige" Investmentbanker und der hohen Abfindungen für unfähige Manager, die Firmenpleiten herbeigeführt hatten, erkannten zwar immer mehr Menschen, dass es sich bei dem meritokratischen Dogma um einen Mythos handelt. Kapitalkräftige „Leistungseliten" oder Gruppen, die sich für eine solche hielten, vertraten ihre Eigeninteressen jedoch sehr viel rücksichtsloser als in der „alten" Bundesrepublik, weil sich die Kräfteverhältnisse zwischen Kapital und Arbeit seither zu ihren Gunsten geändert und durch den Aufstieg des Neoliberalismus ideologische Deutungsmuster an Bedeutung gewonnen hatten, die ihre Privilegien legitimieren. Daher muss Ungleichheit hierzulande seit geraumer Zeit kaum mehr gerechtfertigt werden, obwohl es laut Heiner Flassbeck und Paul Steinhardt immer weniger triftige Gründe für große Lohn- und Gehaltsunterschiede gibt, weil heute niemand mehr Leistungen autonom erbringt, sondern bloß noch als Bestandteil einer sich immer stärker arbeitsteilig organisierenden Gesellschaft, d.h. im Zusammenwirken mit zahlreichen anderen Individuen: „Mit zunehmender Arbeitsteilung vermindert sich folglich das ‚Recht' des Einzelnen, eine bestimmte soziale Stellung oder ein bestimmtes Einkommen sein ‚Eigen' zu nennen und gegen umverteilende Zugriffe des Staates mit Zähnen und Klauen zu verteidigen."[91]

Trotzdem ist unter den Angehörigen der Wirtschaftselite noch immer, ja vielleicht mehr denn je das Bewusstsein verbreitet, dass ihr Reichtum legitim, weil von ihnen „schwer erarbeitet" sei: „Selbst Milliardenvermögen werden als Resultat eigener Leistung begriffen", stellte Michael Hartmann bei seiner Befragung von Mitgliedern der Wirtschaftselite fest.[92] Dazu dürfte die Vorherrschaft

---

91 Heiner Flassbeck/Paul Steinhardt, Gescheiterte Globalisierung. Ungleichheit, Geld und die Renaissance des Staates, 2. Aufl. Berlin 2018, S. 170

92 Michael Hartmann, Die Abgehobenen, a.a.O., S. 180

des Neoliberalismus mit seiner Vergötterung der persönlichen Leistung und des in ökonomischen Kennziffern messbaren Erfolgs entscheidend beigetragen haben. „Wer je daran zweifelt, welche Macht eine Idee entfalten kann, sollte den erstaunlichen, ohne Blutvergießen errungenen Sieg des neoliberalen Denkens und seine konkreten Auswirkungen auf die Welt in den letzten beiden Jahrzehnten des 20. Jahrhunderts betrachten.“[93]

Wie der Reichtum in einem vom Neoliberalismus beeinflussten Land als angemessene Belohnung für eine Leistung betrachtet wird, selbst wenn diese im Falle einer Börsenspekulation auch ganz schlicht darin bestehen kann, den guten Tipp eines Anlageberaters zu befolgen, wird Armut umgekehrt nicht als gesellschaftliches Problem, vielmehr als selbst verschuldetes Schicksal begriffen, das eine gerechte Strafe für den fehlenden Willen oder die Unfähigkeit darstellt, sich bzw. seine Arbeitskraft auf dem Markt mit ausreichendem Erlös zu verkaufen. Durchaus folgerichtig werden Transferleistungen beanspruchende Langzeit- und Dauererwerbslose heute stärker als „Sozialschmarotzer/innen“ etikettiert, stigmatisiert und diskriminiert als vor der neoliberalen Wende.

Wo die Toleranzgrenze für sozioökonomische Ungleichheit genau liegt, ist schwer zu bestimmen und hängt von den parlamentarischen Machtkonstellationen, dem gesellschaftlichen Klima und der politischen Kultur bzw. den sie beherrschenden geistigen, weltanschaulichen und religiösen Traditionslinien eines Landes ab. Die politische Gretchenfrage „Wie viel Ungleichheit (v)erträgt die Demokratie?“ lässt also unterschiedliche Antworten zu. Je nachdem, ob die politische Kultur eines Landes wie jene der USA das Reichsein weniger Bürger und das Armsein vieler anderer Bürger/innen durch ein meritokratisches Gerechtigkeitsverständnis legitimiert oder ob sie wie in den meisten kontinentaleuropäischen Ländern stärker für die aus einer sozialen Zerklüftung erwachsende Bedrohung des Zusammenhalts der Gesellschaft wie der Demokratie sensibilisiert ist, werden die Legitimitätsgrenzen für Ungleichheit anders gezogen. Die beiden Amerikanisten Winfried Fluck und Welf Werner haben festgestellt, dass Ungleichheit in den Vereinigten Staaten primär als bürgerrechtliches, in Deutschland hingegen als ein Problem der mangelnden Verteilungsgerechtigkeit gilt: „Offensichtlich wird Reichtum in den USA als Symbol für die Möglichkeiten individueller Selbstentfaltung angesehen. Die wachsende Kluft in der Einkommens- und Vermögensverteilung mit staatlichen Mitteln bekämpfen zu wollen, würde dann auch heißen, diese Möglichkeiten der Selbstverwirklichung zu bekämpfen – und damit ein kulturell zentrales Symbol zu zerstören.“[94]

93 Chrystia Freeland, Die Superreichen, a.a.O., S. 223

94 Winfried Fluck/Welf Werner, Einführung, in: dies. (Hrsg.), Wie viel Ungleichheit verträgt die Demokratie? – Armut und Reichtum in den USA, Frankfurt am Main/New York 2003, S. 19

Ein ideengeschichtlicher Vergleich mit den USA erschließt die besonderen Merkmale der hiesigen Sozialstaatstradition. Ausschlaggebend für die spezifischen Unterschiede beider Modelle war der Einfluss von zwei Grundrichtungen des Protestantismus: Während der lutherische Pietismus im Glauben an die allgemeine Gnade Gottes das Ideal der Gleichheit vertrat, predigte die calvinistische Prädestinationslehre des Puritanismus ein Ideal der Ungleichheit.[95] Zusammen mit dem Pietismus begründete das preußisch-patriarchalische Moment der Hohenzollernherrschaft die eher autoritäre Sozialstaatstradition in Deutschland. Umgekehrt wirkte der Sozialstaat auf die politische Kultur des Landes verstärkend zurück: „Als in den 1880er Jahren Bismarck – selbst dem Pietismus aufs engste verbunden – das Sozialversicherungssystem in Deutschland einführte, wurde damit auch ein Teil des wohlfahrtsstaatlich-patrimonialen und preußisch-pietistischen Denkens institutionalisiert."[96] Hinsichtlich ihrer sozialpolitischen bzw. Wohlfahrtskultur hat der Frankfurter Politikwissenschaftler Kurt L. Shell für die Vereinigten Staaten den entscheidenden Unterschied zu Deutschland benannt: „Vom Staat und (von; *Ch.B.*) der Gesellschaft wird weniger Solidarität und vom Individuum mehr Eigenverantwortung erwartet."[97]

Vergleicht man die Bewertung der sozialen Ungleichheit im öffentlichen und Mediendiskurs der Bundesrepublik einerseits sowie der USA andererseits, fallen deutliche Unterschiede zwischen beiden Ländern ins Auge. Das gilt auch für einzelne Bevölkerungsgruppen, deren Einstellung wiederum vom gesellschaftlichen Mainstream abweichen. Die folgenden Überlegungen Bernd Wegeners boten für beide – sich bei oberflächlicher Betrachtung widersprechende – Sachverhalte eine plausible Erklärung: Zunächst differenzierte er zwischen primären und sekundären Gerechtigkeitsideologien.[98] Erstere werden von den Mitgliedern einer Gesellschaft mehrheitlich vertreten, Letztere nur von bestimmten Gruppen, teilweise zusammen mit einer primären Gerechtigkeitsvorstellung. Inhaltlich unterschied Wegener zwei Gerechtigkeitsvorstellungen, die sich konträr gegenüberstehen: Die eine ist egalitaristisch, die andere indivi-

---

95 Vgl. Stefan Liebig/Bernd Wegener, Primäre und sekundäre Ideologien. Ein Vergleich von Gerechtigkeitsvorstellungen in Deutschland und den USA, in: Hans-Peter Müller/Bernd Wegener (Hrsg.), Soziale Ungleichheit und soziale Gerechtigkeit, Opladen 1995, S. 271

96 Ebd., S. 274

97 Kurt L. Shell, Amerikanische Einstellungen zur Armut und sozialen Ungleichheit, in: Diether Döring/Richard Hauser (Hrsg.), Politische Kultur und Sozialpolitik. Ein Vergleich der Vereinigten Staaten und der Bundesrepublik Deutschland unter besonderer Berücksichtigung des Armutsproblems, Frankfurt am Main/New York 1989, S. 23

98 Vgl. dazu und zum Folgenden: Bernd Wegener, Soziale Gerechtigkeit in Amerika. In den Vereinigten Staaten wird soziale Ungleichheit anders beurteilt als in Deutschland, in: Hermann Strasser/Gerd Nollmann (Hrsg.), Endstation Amerika?, Sozialwissenschaftliche Innen- und Außenansichten, Wiesbaden 2005, S. 118 ff.

dualistisch. Bei der Ersteren kommt dem Staat (als Umverteilungsinstanz), bei der Letzteren dem Markt eine zentrale Rolle zu.

Unter dem wachsenden Einfluss des Neoliberalismus und des angloamerikanischen Sozialmodells hat sich die primäre Gerechtigkeitsideologie Deutschlands zuletzt offenbar jener der USA angenähert. Maßgeblich geprägt wird sie von den wirtschaftlichen, politischen, medialen und wissenschaftlichen Eliten, also jenen Bevölkerungsgruppen, die aufgrund ihrer gesellschaftlichen Machtposition größeren Einfluss auf öffentliche, mediale und Fachdiskurse, aber auch das Alltagsbewusstsein nehmen können. Michael Hartmann erkannte bei den von ihm befragten Elitenmitgliedern deutliche Einstellungsveränderungen, die man als US-Amerikanisierung ihrer Haltung zu verteilungs-, steuer- und sozialpolitischen Grundsatzfragen bezeichnen könnte. So fand zwar die Steuerprogression, also das Prinzip, nach dem Personen mit hohen Einkommen auch höhere Steuersätze auferlegt werden, noch eine Mehrheit; nicht einmal jeder fünfte Befragte war jedoch für eine Umverteilung mittels höherer Steuerbelastungen für Reiche, und bloß jeder achte befürwortete die Reduktion der Unterschiede zwischen hohen und geringen Einkommen durch die Regierung, während die Zustimmung in der Vergleichsgruppe in beiden Fällen mehr als dreimal so hoch war: „Je reicher die Befragten sind, umso weiter entfernt sind ihre Ansichten von denen der Gesamtbevölkerung.“[99]

6.3.2 Verhöhnung der sozial Benachteiligten in der Hartz-IV-Gesellschaft

Mit der „Agenda“-Politik war ein sozialer Klimawandel verbunden, der Arme zum Objekt von Erniedrigung, Demütigung und Ausgrenzung machte. Die rotgrünen, durch spätere Bundesregierungen noch verschärften Reformen haben den Wohlfahrtsstaat und Deutschland insgesamt so tiefgreifend verändert, dass man ohne Übertreibung von einer „Hartz-Gesellschaft“, einem „Hartz-Kapitalismus“ oder einer „Hartz-IV-Republik“ sprechen kann.[100] Durch die Agenda 2010 und die Hartz-Gesetze haben sich der Sozialstaat, wie man ihn bis dahin kannte, und die deutsche Gesellschaft insgesamt merklich verändert. Gleichwohl ist sie für den damit verbundenen Wertewandel und den massenhaften Verlust an Lebensqualität für sämtliche Bevölkerungsschichten kaum sensibel: Erwerbslose, Arme und ethnische Minderheiten stoßen auf noch größere

99 Michael Hartmann, Die Abgehobenen, a.a.O., S. 200

100 Siehe Klaus Dörre, Hartz-Kapitalismus. Das „Gesetz für moderne Dienstleistungen am Arbeitsmarkt“ und seine sozialen Folgen, in: Wilhelm Heitmeyer (Hrsg.), Deutsche Zustände, Folge 3, Frankfurt am Main 2005, S. 252 ff.; Martin Staiger, Die Hartz-IV-Republik, in: Blätter für deutsche und internationale Politik 10/2007, S. 1199 ff.; Christoph Butterwegge, Hartz-Gesellschaft und Sozialstaat, in: Johannes Rehm/Hans G. Ulrich (Hrsg.), Menschenrecht auf Arbeit? – Sozialethische Perspektiven, Stuttgart 2009, S. 69 ff.

Ressentiments, wohingegen Markt, Leistung und Konkurrenz zentrale Bezugspunkte der Gesellschaftsentwicklung geworden sind. Heute findet die Maxime „Wenn jeder für sich selbst sorgt, ist für alle gesorgt" erheblich mehr Widerhall als zu einer Zeit, da man die SPD mit der sozialen Gerechtigkeit und der Solidarität als traditionellen Grundwerten im parteipolitischen Raum noch für die berufene Interessenvertreterin der „kleinen Leute" hielt.

Dass der Hartz-IV-Bezug eine große Reichweite hat, also bis in die Mittelschicht ausgreift, zeigen die folgenden Zahlen: Nachdem das *Vierte Gesetz für moderne Dienstleistungen am Arbeitsmarkt* getreten war, lebten zeitweilig fast 7,5 Millionen Personen, darunter etwa 5,5 Millionen Arbeitslosengeld-II-Bezieher/innen und rund zwei Millionen Sozialgeldempfänger/innen – meistenteils Kinder unter 15 Jahren – in über vier Millionen Bedarfsgemeinschaften. Das waren mehr als ein Zehntel der Gesamtbevölkerung unter 65 Jahren. Erst nach einem Aufschwung der Weltkonjunktur und Gesetzesverschärfungen bei Hartz IV nahm die Anzahl der SGB-II-Bedarfsgemeinschaften ab Juni 2006 deutlich ab, was auch für die Anzahl der unmittelbar von Hartz IV betroffenen Personen gilt, die jedoch im Gefolge der Banken-, Finanz- und Wirtschaftskrise erneut anstieg. Gegenüber dem statistischen Gipfel im Mai 2006 ist die Anzahl der Grundsicherungsempfänger/innen zwar um ca. 20 Prozent auf knapp sechs Millionen gesunken, dafür mittlerweile allerdings fast jeder zweite von ihnen im Dauerbezug. Außerdem nimmt die Anzahl der Kinder und Jugendlichen, die in einem sog. Hartz-IV-Haushalt aufwächst, nur zögernd ab. Von den 13,538 Millionen Kindern und Jugendlichen im Alter von unter 18 Jahren, die im Dezember 2017 hierzulande lebten, bezogen 2,028 Millionen Leistungen nach dem SGB II; im Dezember 2018 waren es noch immer 1,953 Millionen von 13,597 Millionen Kindern und Jugendlichen.

Zum Vergleich: Um die Mitte der 1960er-Jahre gab es zusammen weniger als eine Million Bezieher/innen von Arbeitslosengeld, Arbeitslosenhilfe und Sozialhilfe in der Bundesrepublik. Damals lebte nur jedes 75. Kind in einer Hilfe zum Lebensunterhalt (HLU) empfangenden Familie. Bei einem Vergleich der Anzahl von Transferleistungsbezieher(inne)n einst mit der Anzahl von Leistungsempfänger(inne)n jetzt bestätigt sich die Binsenweisheit, dass Quantität an einem bestimmten Punkt in Qualität umschlägt: Heute sind nicht bloß viel mehr Personen als vor einem halben Jahrhundert hilfebedürftig, sondern durch die erheblich höhere Quote der von Sozialtransfers abhängigen Personen hat sich auch das Verhältnis von Staat und Leistungsberechtigten sowie von Bürger(inne)n zu Leistungsbezieher(inne)n gewandelt. Mehr noch: Die Hartz-Gesetzgebung hat Deutschland mitsamt seinem Wohlfahrtsstaat, seiner (sozial)politischen Kultur und seinem jahrzehntelang auf Konsens orientierten gesellschaftlichen Klima viel stärker verändert als die meisten parlamentarischen Weichenstellungen der Nachkriegszeit.

Aufgrund der hohen personellen Fluktuation innerhalb des SGB II-Systems haben inzwischen 20 Millionen Personen einmal oder wiederholt die deprimierende Erfahrung von Hartz-IV-Abhängigkeit gemacht. Dass die Gesamtzahl der Transferleistungsempfänger/innen zuletzt ebenso abgenommen hat wie die relative Höhe der Zahlbeträge, liegt nicht etwa an einem Rückgang der materiellen Bedürftigkeit von Leistungsberechtigten, sondern primär an den durch die Hartz-Reformen drastisch verschärften Anspruchsvoraussetzungen, Kontrollmechanismen und Repressalien der für die Leistungsgewährung zuständigen Jobcenter und Sozial- bzw. Grundsicherungsämter. Jährlich werden ungefähr eine Million Sanktionen verhängt, die weit über 400.000 Arbeitslosengeld-II-Bezieher/innen und ihre Familien treffen.

Wie das Bremer Institut für Arbeitsmarktforschung und Jugendberufshilfe (BIAJ) errechnete, wurden Hartz-IV-Bezieher/innen in den vergangenen Jahren immer mehr von der allgemeinen Einkommensentwicklung abgekoppelt. Sowohl absolut wie relativ hat sich der Abstand zwischen dem Regelbedarf (ohne Miet- und Heizkosten) und der Armutsgefährdungsschwelle, die laut einer EU-Konvention bei 60 Prozent des mittleren Einkommens liegt, seit Einführung von Hartz IV erheblich vergrößert. Betrug er 2006 noch 401 Euro (absolut) und 53,8 Prozent (relativ), so stieg er bis 2018 auf 619 Euro bzw. 59,8 Prozent.[101] Man kann also von einer zunehmenden Verarmung der Betroffenen sprechen.

Totalitär ist das Hartz-IV-System insofern, als es sämtliche Poren der Gesellschaft durchdringt und die Betroffenen nicht mehr loslässt, ihren Alltag völlig beherrscht und sie zwingt, ihr gesamtes Verhalten danach auszurichten. „Arbeitslosigkeit“ wurde laut Matthias Bohlender als Problem eines unzulänglichen, mangelhaften Subjekts begriffen, das aufgrund eines psychosozialen Defekts in seinem Zustand verharrt, weshalb ein psychopolitischer Raum des Eingreifens, Veränderns und Aktivierens geschaffen werden müsse: „Damit wird nicht nur der Umbau ganzer Verwaltungsmaschinerien gerechtfertigt (vom Arbeitsamt zur Arbeitsagentur, Zusammenlegung von Sozial- und Arbeitslosenhilfe etc.), sondern es wird ein umfassendes politisches Interventionsfeld erzeugt, auf dem Technologien eingesetzt werden, die in die intimsten Verhältnisse, die sozialen Beziehungen, die Wohnbedingungen, die Tagesabläufe, die Nahrungsgewohnheiten – kurz: in die gesamte Lebensführung von Individuen, Familien, Partnerschaften etc. eingreifen.“[102]

---

101 Vgl. Bremer Institut für Arbeitsmarktforschung und Jugendberufshilfe, BIAJ-Materialien: Absolute und relative Lücke zwischen Regelbedarf (Hartz IV) und Armutsgefährdungsschwelle 2006-2018 (http://biaj.de/archiv-materialien/1262-absolute-und-relative-luecke-zwischen-regelbedarf-hartz-iv-und-armutsgefaehrdungsschwelle-2006-2018.html; 20.8.2019)

102 Matthias Bohlender, Von „Marienthal“ zu „Hartz IV“. Zur Geschichte und Gegenwart des Regierens von „Langzeitarbeitslosen“, in: Mathias Lindenau/Marcel Meier Kressig (Hrsg.), Zwischen Sicherheitserwartung und Risikoerfahrung. Vom Umgang mit einem gesellschaftlichen Paradoxon in der Sozialen Arbeit, Bielefeld 2012, S. 163 f.

Der Jenaer Politikwissenschaftler Klaus Dörre warf den Reformern daher vor, eine tiefgreifende Transformation des bestehenden Wirtschafts- und Gesellschaftssystems in Richtung eines rabiaten „Hartz-Kapitalismus" erreicht zu haben. Ohne die Abschreckungswirkung der Hartz-Gesetze wäre die rasche Ausweitung des Niedriglohnsektors und irregulärer Beschäftigungsformen nach Dörres Meinung nicht möglich gewesen: „Sie disziplinieren für eine Produktionsweise, in der unternehmerische Flexibilität auf Kosten der Sicherheit und der Lebensqualität nicht nur, aber vor allem der prekär Beschäftigten und Arbeitslosen garantiert wird."[103] Dörre betonte, dass Hartz IV „einen gesellschaftlichen Status unterhalb einer Schwelle der Respektabilität geschaffen" habe.[104] Tatsächlich bezeichnete Hartz IV die Grenze eines akzeptierten Lebensstandards und der bürgerlichen Seriösität in einem sozial gleichermaßen polarisierten wie fragmentierten Land. Jenseits davon begann eine Zone der Verachtung gegenüber Transferleistungsbezieher(inne)n, mit denen die „Leistungsträger" der Gesellschaft nichts mehr zu tun haben wollten, wie sich die „Hartzer/innen" umgekehrt immer dezidierter von den „besseren Kreisen" absetzten.

Der ehemalige IG-Medien-Vorsitzende Detlef Hensche betonte, dass mit der Entrechtung auch eine Verhöhnung von Hartz-IV-Betroffenen einherging: „Langzeitarbeitslose, neuerdings als ‚Kunden' angesprochen und gleichsam veralbert, sind bei Strafe des Leistungsentzugs gezwungen, jede Arbeit anzunehmen, auch in Gestalt so genannter Ein-Euro-Jobs; die Freiheit der Wahl von Arbeitsplatz und Beruf ist ihnen damit genommen."[105] Einerseits zogen die Arbeitsmarkt- und Sozialreformen für Millionen Langzeiterwerbslose und ihre Familien finanzielle Einschnitte und vielfältige Entbehrungen nach sich. Andererseits bewirkten sie eine Verschlechterung des sozialen Klimas, die der Esslinger Publizist Martin Staiger dadurch gekennzeichnet sah, dass der im Artikel 1 des *Grundgesetzes* fixierte Konsens, wonach jedem Menschen unabhängig von dem, was er zu leisten vermag, eine unveräußerliche Würde zukommt, aufgekündigt worden sei: „Eine kaum mehr gehemmte Wut auf langzeitarbeitslose Menschen und ihre Familien bricht sich Bahn, es grassiert der Sozialneid ausgerechnet gegenüber denjenigen, die zu einem großen Teil unter dem Existenzminimum leben."[106]

103 Klaus Dörre, Hartz-Kapitalismus. Vom erfolgreichen Scheitern der jüngsten Arbeitsmarktreformen, in: Wilhelm Heitmeyer (Hrsg.), Deutsche Zustände, Folge 9, Berlin 2010, S. 302

104 Siehe Klaus Dörre, Hartz-Kapitalismus. Vom erfolgreichen Scheitern der jüngsten Arbeitsmarktreformen, a.a.O., S. 300

105 Detlef Hensche, Arm, aber frei? – Vom freiheitlichen Gehalt des Sozialstaatsgebots, in: Blätter für deutsche und internationale Politik 4/2005, S. 449

106 Martin Staiger, Hartz IV oder Sozialneid nach unten, in: Blätter für deutsche und internationale Politik 7/2006, S. 782

In einer sozioökonomisch zerrissenen Republik nimmt die Gleichgültigkeit gegenüber Benachteiligten, Bedürftigen und Behinderten, aber auch deren Diskriminierung zu. Sozial abgewertet bzw. ausgegrenzt wurden und werden besonders fünf mit A beginnende Gruppen: Arbeitslose, Arme, Alleinerziehende, Alte und Ausländer/innen. Die von 2002 bis 2004 dauernde Hartz-Gesetzgebung und die sich anschließende stärkere Stigmatisierung von Transferleistungsbezieher(inne)n hingen insofern miteinander zusammen, als materielles Recht soziale Wirklichkeit und gesellschaftliches Bewusstsein schafft: „Mittels solcher Gesetze und politischer Maßnahmen wird der Druck erhöht, auf dem ‚Jedermann-Arbeitsmarkt' zur Verfügung zu stehen und auch Beschäftigungsverhältnisse einzugehen, für die man eigentlich überqualifiziert ist. Mit der Diskriminierung wird den Betroffenen signalisiert, sie sollten ihre Ansprüche an die Erwerbsarbeit zurücknehmen."[107]

Wilhelm Heitmeyer, damals Leiter des Instituts für interdisziplinäre Konflikt- und Gewaltforschung der Universität Bielefeld (IKG), nannte die Einführung von Hartz IV neben den Terroranschlägen vom 11. September 2001 sowie der globalen Finanz-, Weltwirtschafts- und Fiskalkrise als weiteres „Signalereignis", mit dem sich für unterschiedliche Bevölkerungsgruppen ein zeitweiliger bzw. dauerhafter Statusverlust oder eine Statusbedrohung verband.[108] Hartz IV hat demnach in erheblichem Ausmaß zur sozialen Entrechtung, Entsicherung und Entwertung eines wachsenden Bevölkerungsteils beigetragen, der besonders in einer wirtschaftlichen Krisensituation als „unproduktiv" und „unnütz" galt. Dass diesem Empathie und Solidarität entzogen wurde, führte Heitmeyer im Wesentlichen auf die Ökonomisierung des Sozialen zurück.

Verschiedentlich als ein „Gesetz der Angst" bezeichnet, bildete Hartz IV den sozialrechtlichen Humus einer Gesellschaft der Angst und machte die Bundesrepublik gleichzeitig zu einem Land, in welchem Teile der Mittelschicht durch Verachtung gegenüber sog. Randgruppen, sozialen Absteiger(inne)n und beruflichen Verlierer(inne)n ihre Furcht vor dem gleichen Schicksal zu bewältigen suchten. Wilhelm Heitmeyer und sein Forschungsteam, die von 2002 bis 2011 eine Langzeituntersuchung zur „Gruppenbezogenen Menschenfeindlichkeit" durchgeführt haben, sprachen gar von einer „neuen Verhöhnung", die seit den „Agenda"-Reformen in weiten Bevölkerungskreisen um sich begriffen habe, woraus der Journalist Bruno Schrep folgerte, dass die Solidargemeinschaft der Bundesbürger/innen auseinandergebrochen sei: „Viele Arbeitsplatzbesitzer, viele Nichtbetroffene haben einen stillschweigenden Pakt geschlossen: Sie gren-

107 Wilhelm Heitmeyer/Kirsten Endrikat, Die Ökonomisierung des Sozialen. Folgen für „Überflüssige" und „Nutzlose", in: ders. (Hrsg.), Deutsche Zustände, Folge 6, Frankfurt am Main 2008, S. 67

108 Siehe Wilhelm Heitmeyer, Gruppenbezogene Menschenfeindlichkeit (GMF) in einem entsicherten Jahrzehnt, in: ders. (Hrsg.), Deutsche Zustände, Folge 10, Berlin 2012, S. 19

zen sich von den Hartz-IV-Empfängern ab, reißen Witze über sie, vermeiden Kontakte, brechen Freundschaften ab. Dahinter steckt die pure Angst, womöglich schon bald selbst betroffen zu sein."[109]

Hatte man Bezieher/innen der Arbeitslosenhilfe vorwiegend als Sozialversicherte und ehemalige Beitragszahler/innen wahrgenommen, wurden Langzeiterwerbslose nach dem Inkrafttreten von Hartz IV und Medienberichten über die zeitweilig steigende Belastung des Bundeshaushalts durch das Arbeitslosengeld II, das Sozialgeld und die Übernahme eines Teils der Unterkunftskosten häufiger als faule Müßig- bzw. teure Kostgänger des Steuerstaates empfunden, was sich im Gefolge der globalen Banken-, Finanz- und Weltwirtschaftskrise 2008 ff. noch verstärkte. Michael Hartmann deckte jedoch die wahren Hintergründe für die damals rapide zunehmende Staatsverschuldung auf: „Wer angesichts der horrenden öffentlichen Verschuldung mit dem Finger auf die Hartz-IV-Empfänger zeigt, lenkt von den wirklichen Verursachern ab. Die staatlichen Unterstützungsmaßnahmen für den Finanzsektor, die sich weltweit auf mehrere Billionen Euro summieren und die sich allein in Deutschland auf mehrere hundert Milliarden Euro belaufen (ein wesentlicher Grund für die enorme Zunahme der Staatsverschuldung), sind in erster Linie denen zugute gekommen, die bereits über nennenswerte Geldvermögen verfügten und/oder mit Finanzspekulationen Gewinne erzielt haben und weiter erzielen."[110]

Eva Gross, Julia Gundlach und Wilhelm Heitmeyer fanden die Abwertung von Langzeiterwerbslosen hauptsächlich bei Menschen, die sich der Oberschicht zurechnen,[111] was sich mit der Dominanz neoliberaler Überzeugungen erklären lässt. Heitmeyer sprach in diesem Zusammenhang von „rohe(r) Bürgerlichkeit", die einen Rückzug aus der Solidargemeinschaft einschließt: „Die Entkultivierung des Bürgertums offenbart sich im Auftreten seiner Angehörigen und in der Art und Weise, wie sie versuchen, eigene Ziele mit rabiaten Mitteln durchzusetzen. Das zeigt sich nicht zuletzt in der Abwertung schwacher Gruppen."[112]

Neben den materiellen Einbußen, die sowohl (Langzeit-)Erwerbslose wie auch in den Niedriglohnsektor abgedrängte Beschäftigte durch Hartz IV erlitten, übersieht oder unterschätzt man oft die mentalen Verletzungen, die ihnen zugefügt wurden. Hartz IV markierte die Grenze eines akzeptierten Lebens-

109 Bruno Schrep, Die neue Verhöhnung: „Bierdosen sind Hartz-IV-Stelzen", in: Wilhelm Heitmeyer (Hrsg.), Deutsche Zustände, Folge 6, a.a.O., S. 222

110 Michael Hartmann, Klassenkampf von oben. Die gezielte soziale Desintegration, in: Wilhelm Heitmeyer (Hrsg.), Deutsche Zustände, Folge 9, a.a.O., S. 274

111 Vgl. Eva Gross/Julia Gundlach/Wilhelm Heitmeyer, Die Ökonomisierung der Gesellschaft. Ein Nährboden für Menschenfeindlichkeit in oberen Status- und Einkommensgruppen, in: ebd., S. 145 ff.

112 Wilhelm Heitmeyer, Gruppenbezogene Menschenfeindlichkeit (GMF) in einem entsicherten Jahrzehnt, a.a.O., S. 35

standards und der bürgerlichen Seriosität in einem sozial fragmentierten und zunehmend politisch-ideologisch polarisierten Land. Jenseits davon beginnt eine Zone der Verachtung gegenüber Bezieher(inne)n von Transferleistungen, mit denen die „Leistungsträger" der Gesellschaft nichts mehr zu tun haben wollen, wie sich die „Hartzer/innen" umgekehrt immer prononcierter von den „besseren Kreisen" absetzten. Bald gab es, was man die „Hartz-IV-Welt" nennen kann und eine Armutsökonomie sowie eine ausgeprägte Subkultur im Bereich der nach Millionen zählenden Arbeitslosengeld-II-Empfänger/innen samt ihren Familien bildete, die von Hartz-IV-Kochbüchern bis zu Hartz-IV-Kneipen reichte, wo Leistungsbedürftige unter sich blieben und ihr Bier zu Niedrigpreisen tranken.

Dort besuchen die „Abgehängten" jene Suppenküchen, die sich heute nobel „Lebensmitteltafeln" nennen, erhalten Wäsche in Kleiderkammern der Wohlfahrtsverbände, holen sich Einrichtungsgegenstände aus Möbellagern und beschaffen sich vieles, was sie darüber hinaus zum Leben benötigen, in Sozialkaufhäusern. „Besonders nach dem Inkrafttreten der Hartz-Gesetze 2005 stieg die Zahl der Tafeln rapide an."[113] Inzwischen gibt es fast 1.000 Tafeln, die teilweise mehrere Ausgabestellen haben, der Armut jedoch schon deshalb nicht Herr werden können, weil sie oft gerade in den Regionen fehlen, wo man Hilfe am dringendsten braucht, sich aber weniger Sponsoren, Großspender/innen und Ehrenamtler/innen finden. „Der Versorgungsgrad ist gerade dort am schlechtesten, wo die Armut am größten ist, in weiten Teilen Ostdeutschlands etwa."

Es soll nicht selten vorkommen, dass Arbeitslosengeld-II-Bezieher/innen, die sich im Jobcenter über Geldmangel aufgrund der Verweigerung ihnen eigentlich zustehender Leistungen beklagen, von den Sachbearbeiter(inne)n zur Lebensmitteltafel des betreffenden Ortes geschickt werden. Hier zeigt sich die ganze Ambivalenz der Tafelbewegung, die im Einzelfall sinnvolle Hilfe leisten mag, das Problem der sich ausbreitenden Armut aber nicht lösen kann, sondern es möglicherweise ungewollt zementiert.[114] Ebenso wie Hartz IV trägt sie dazu bei, dass der Sozialversicherungsstaat à la Bismarck allmählich zu einem Fürsorge-, Almosen- und Suppenküchenstaat verkommt, in dem Wohlhabende, Reiche und Hyperreiche darüber entscheiden, ob, welchen und wie Bedürftigen geholfen wird, aber damit auch, wohin sich unsere Gesellschaft entwickelt.

Die Sozialwissenschaftlerin Anne Ames hat im Auftrag des Zentrums Gesellschaftliche Verantwortung der Evangelischen Kirche in Hessen und Nassau

---

113 Stefan Selke, Schamland. Die Armut mitten unter uns, Berlin 2013, S. 231

114 Vgl. dazu: Stephan Lorenz (Hrsg.), TafelGesellschaft. Zum neuen Umgang mit Überfluss und Ausgrenzung, Bielefeld 2010, Stefan Selke (Hrsg.), Kritik der Tafeln in Deutschland. Standortbestimmungen zu einem ambivalenten sozialen Phänomen, Wiesbaden 2010; Stephan Lorenz, Tafeln im flexiblen Überfluss. Ambivalenzen sozialen und ökologischen Engagements, Bielefeld 2012

untersucht, welche Erfahrungen die Betroffenen mit der Umsetzung und den Auswirkungen des SGB II gemacht haben. Selbst wenn man den Hilfebedürftigen das ihnen zustehende Geld rechtzeitig und in rechtmäßiger Höhe bewilligt, was nach Auffassung der meisten Betroffenen, die sich „verarmt, verunsichert, ausgegrenzt und ohne Perspektive" fühlen, sowie der Anlaufstellen, die ihnen mit Rat und Tat zur Seite stehen, immer noch viel zu selten geschieht, bietet Hartz IV keine hinreichende materielle Grundsicherung: „Die Regelleistung ist zu niedrig, um soziale Kontakte pflegen und am gesellschaftlichen Leben teilnehmen zu können, zu niedrig, um ein Leben zu führen, das nicht von ständigen Geldsorgen und fortwährender Angst vor selbst geringfügigen Missgeschicken überschattet ist."[115] Wer nachvollziehen möchte, wie viel menschliches Leid in der Hartz-IV-Welt bis hin zu Hunger, Dunkelheit und Kälte (Strom- bzw. Gassperren) sowie Depressionen und Suiziden aus purer Verzweiflung existiert, sei auf diese umfangreiche Dokumentation verwiesen.

6.4 Sozioökonomische führt zu politischer Ungleichheit: Demokratie in der Krise?

Während ökonomische Ungleichheit mit sozialer Ungleichheit einhergeht, zieht sozioökomische Ungleichheit politische Ungleichheit nach sich. Die zunehmende Fragmentierung, Ausdifferenzierung und Polarisierung der Gesellschaft fördert Tendenzen zur Entsolidarisierung, Entpolitisierung und Entdemokratisierung. Daher ist die ausgeprägte Ungleichheit sowohl Gift für den Zusammenhalt von Gesellschaften wie für die Demokratie. Pierre Rosanvallon, der von einer „Krise der Gleichheit" ausging, hat sie mit der Gefahr einer „Zerstörung des demokratischen Gedankens" in Verbindung gebracht.[116]

Zwar führt die sich vertiefende Kluft zwischen Arm und Reich nicht automatisch zu einer Krise des parlamentarischen Repräsentativsystems. Ursächlich dafür sind vielmehr Formen der Entpolitisierung, durch welche die etablierten Parteien sowohl Frustrationserlebnisse wie auch Abwehrreaktionen der Bürger/innen hervorrufen. Sowohl das Ideal der politischen Gleichheit aller Staatsbürger/innen wie auch die Legitimationsbasis der Demokratie leiden unter wachsender Ungleichheit, weil diese mit einer schwindenden Partizipationsbereitschaft der Armen ebenso verbunden ist wie mit einer politischen Überrepräsentation der Wohlhabenden, Reichen und Hyperreichen. Zusammenfassend lässt sich feststellen: Armut hält von der politischen Einflussnahme (im Wahl-

---

115 Anne Ames, „Ich hab's mir nicht ausgesucht ..." – Die Erfahrungen der Betroffenen mit der Umsetzung und den Auswirkungen des SGB II. Eine Studie im Auftrag des Zentrums Gesellschaftliche Verantwortung der Evangelischen Kirche in Hessen und Nassau, Mainz 2007, S. 107

116 Siehe Pierre Rosanvallon, Die Gesellschaft der Gleichen, Hamburg 2013, S. 16

akt) ab, Reichtum beeinflusst Wahlen. „Geldreichtum kann einen direkten Einfluss auf politische Wahlen haben und die Chancen einiger Kandidaten gegenüber den Chancen anderer Kandidatinnen auf illegitime Weise vergrößern. Reiche Akteure können aufgrund ihres Reichtums zudem einen direkten und privilegierten Zugang zu Amtsträgern besitzen und so erheblichen Einfluss auf demokratische Entscheidungen nehmen."[117]

Die ökonomische und soziale Zerrissenheit der Bundesrepublik drückt sich auch in einer politischen Zerrissenheit aus: Das parlamentarisch-demokratische Repräsentativsystem befindet sich in einer tiefen Krise, das wegen seiner Stabilität gerühmte Modell der „Volksparteien" franst aus, die Wahlbeteiligung sozial Deprivierter ist gesunken und Teile der unteren Mittelschicht sind für die rechtspopulistische Demagogie (der AfD) ebenso anfällig wie für die rassistische bzw. nationalistische Ideologie, mit der sie nur Sündenböcke für von ihnen beklagte Fehlentwicklungen finden, aber nicht die wahren Verursacher der gesellschaftlichen Spaltung haftbar machen.

6.4.1 Resignation, politischer Rückzug und geringe Repräsentation der Armen

Mitglieder jener Gesellschaften, die ein hohes Maß an sozioökonomischer Ungleichheit aufweisen, sind nicht bloß weniger glücklich, gesund und zufrieden. Zu viel Ungleichheit gefährdet darüber hinaus die Demokratie.[118] Armin Schäfer hat in einer 17 westeuropäische Länder miteinander vergleichenden Studie gezeigt, dass die Demokratiezufriedenheit und das Institutionenvertrauen mit dem Wohlstandsgefälle sinken.[119]

Für Julian Bank und Till van Treeck stellt die Ungleichheit in Deutschland hauptsächlich deshalb „ein Problem dar, weil sie eine ungleiche Verteilung von Freiheit und politischen Einflusschancen mit sich bringt, zu makroökonomischer Instabilität beiträgt und Teilhabechancen untergräbt. Somit ist die Ungleichheit gleich mit drei Krisen verwoben, die nicht getrennt voneinander betrachtet werden können: einer Krise der Demokratie, der sozialen Teilhabe und der ökonomischen Stabilität – eine Melange mit Sprengkraft, wie am wachsenden Erfolg demokratie- und menschenverachtender Ideologien deutlich wird."[120] Die soziale Ungleichheit fördert mithin Tendenzen der gesellschaftli-

---

117 Christian Neuhäuser, Reichtum als moralisches Problem, 2. Aufl. Berlin 2018, S. 162

118 Vgl. Richard Wilkinson/Kate Pickett, Gleichheit ist Glück. Warum gerechte Gesellschaften für alle besser sind, 3. Aufl. Berlin 2010, S. 331

119 Vgl. Armin Schäfer, Die Folgen sozialer Ungleichheit für die Demokratie in Westeuropa, in: Zeitschrift für Vergleichende Politikwissenschaft 1/2010, S. 131 ff.

120 Julian Bank/Till van Treeck, „Unten" betrifft alle: Ungleichheit als Gefahr für Demokratie, Teilhabe und Stabilität, in: Aus Politik und Zeitgeschichte 10/2015, S. 46

chen Desintegration, der wirtschaftlichen Depression und der politischen Desorientierung.

Arme unterliegen in unserer Gesellschaft einer dreifachen Ausgrenzung: Ökonomisch bedingt, mangelt es ihnen häufig an den langlebigen Konsumgütern und personenbezogenen Dienstleistungen, die für materiell Bessergestellte als normal gelten; ihre sozialen Beziehungen leiden unter den in der Mehrheitsbevölkerung verbreiteten Ressentiments gegenüber „Drückebergern", „Faulenzern" und „Hartzern"; politisch können sie ihre Interessen nicht durchsetzen und bleibt der Einfluss auf wichtige Entscheidungen trotz ihrer wachsenden Anzahl begrenzt.

Der britische Sozialwissenschaftler Colin Crouch suchte in seinem 2004 erschienenen Buch *Post-Democracy* zu zeigen, „daß die wichtigste Ursache für den Niedergang der Demokratie heute in dem Ungleichgewicht zwischen der Rolle der Interessen der Unternehmen und denen aller übrigen Gruppen der Gesellschaft besteht. Zusammen mit der unvermeidlichen Entropie der Demokratie führt dies zu einer Form der Politik, die wieder zu einer Angelegenheit geschlossener Eliten wird – so wie es in vordemokratischen Zeiten der Fall war."[121]

Schon in den frühen 1990er-Jahren war häufig von einer „Politikverdrossenheit" die Rede. Dabei handelt es sich um einen ausgesprochen vagen, mehrdeutigen und irreführenden Begriff,[122] der die Schuld den angeblich davon Befallenen zuweist, statt sie im Verantwortungsbereich des politischen Systems, seiner Strukturen und handelnden Personen zu suchen. Mangels besser geeigneter Indikatoren ist die Wahlbeteiligung ein aussagekräftiges Maß für die politische Partizipationsfähigkeit bzw. -bereitschaft der Bürger/innen eines Landes. Trotz gewisser Schwankungen ist sie in der Bundesrepublik seit mehreren Jahrzehnten rückläufig. Zwar gibt es Wissenschaftler/innen, die den langfristigen Trend als „Normalisierung" gegenüber westlichen Demokratien interpretierten, in denen es nie so hohe Beteiligungsquoten wie bei Bundestagswahlen gab.[123] Eine solche Deutung übersah jedoch die Schichtspezifik der Entwicklung, welche als Krisensymptom des politischen Systems gelten kann. Das im gesellschaftlichen Durchschnitt rückläufige Vertrauen der Bürger/innen zu den etablierten Parteien und Politikern hängt nämlich stark von ihrer Klassen- bzw. Schichtzugehörigkeit ab.

Vor allem bei Kommunal- und Landtagswahlen verzichten oft über die Hälfte der Wahlberechtigten auf die Abgabe ihrer Stimme, was zahlreiche

---

121 Colin Crouch, Postdemokratie, Frankfurt am Main 2008, S. 133

122 Vgl. dazu: Helmut Herles/Friedrich W. Husemann (Hrsg.), Politikverdrossenheit. Schlagwort oder Zeichen der Krise?, München/Landsberg am Lech 1993

123 Vgl. z. B. Dieter Roth, Sinkende Wahlbeteiligung – eher Normalisierung als Krisensymptom, in: Karl Starzacher/Konrad Schacht/Bernd Friedrich (Hrsg.), Protestwähler und Wahlverweigerer. Krise der Demokratie?, Köln 1992, S. 58 ff.

Gründe hat, deren wichtigste jedoch die scheinbare Alternativlosigkeit hinsichtlich der politischen Macht- und der parlamentarischen Mehrheitsverhältnisse sowie das Gefühl vieler Bürger/innen sein dürften, mit ihrer Stimmabgabe wenig bewirken und nichts bewegen zu können. Bei der Herausbildung dieser Form der „Zuschauerdemokratie" handelt es sich um eine politische Repräsentationskrise, wie daraus hervorgeht, dass sich die zunehmende Wahlabstinenz keineswegs gleichmäßig über alle Gesellschaftsschichten erstreckt.

Wenn die soziale Verzerrung von Wahlergebnissen eine Repräsentation aller Stimmbürger/innen kaum noch ermöglicht, wird das Ideal der politischen Gleichheit ad absurdum geführt. Zu diesem Ergebnis ist auch die Bertelsmann Stiftung in einer gemeinsam mit dem Institut für Demoskopie Allensbach vorgelegten Partizipationsstudie *Gespaltene Demokratie* gelangt,[124] deren Verfasser die Ursachen für den Rückzug sozial Benachteiligter von Parlamentswahlen aber teilweise verkannten und daher falsche Schlussfolgerungen zogen. Was die Stiftung des Konzerngründers Reinhard Mohn schamhaft verschwieg, war der Umstand, dass sie selbst mit Forderungen nach einer „schmerzhaften Reformpolitik" maßgeblich zu dem beklagten Dilemma beigetragen hat. Schon vor der Jahrtausendwende hatten neoliberale Denkfabriken wie sie der Regierung Schröder/Fischer empfohlen, mit den „Agenda"-Reformen nicht mehr Verteilungs-, sondern „Teilhabegerechtigkeit" anzustreben und mit den Arbeitsmarktreformen (Hartz-Gesetze) weniger die Alimentierung als eine „Aktivierung" der Erwerbslosen zu betreiben.

Seitdem ist die Teilhabe eben dieser Betroffenengruppe an politischen Willensbildungs- und Entscheidungsprozessen auf einen historischen Tiefpunkt gesunken, was hauptsächlich der neoliberalen Reformpolitik bzw. ihren unsozialen Folgen für die Betroffenen zu verdanken sein dürfte. Statt diesen Kausalzusammenhang in den Blick zu nehmen und wegen ihrer fatalen Ratschläge rückblickend Selbstkritik zu üben, vergoss die Bertelsmann Stiftung im *Einwurf*, der neuhochdeutsch als *Policy Brief* bezeichneten Diskussionsplattform ihres Programms *Zukunft der Demokratie*, jedoch Krokodilstränen und plädierte einmal mehr für die „Aktivierung", insbesondere „sozial Schwacher" und Jüngerer, unter denen sie einen Großteil der „unpolitischen Nichtwähler" bzw. der „politisch gleichgültigen Menschen" vermutete, wie auch „prekärer Stadtteile", wobei sie den etablierten Parteien eine Schlüsselrolle zuwies.[125] Von oben, nämlich durch mehr Wahlkampfstände der Bundestagsparteien in „sozialen Brennpunkten und Problemvierteln vieler Großstädte" und noch so gut beworbene

124 Vgl. Thomas Petersen u.a., Gespaltene Demokratie. Politische Partizipation und Demokratiezufriedenheit vor der Bundestagswahl 2013, Gütersloh 2013 (Bertelsmann Stiftung)

125 Siehe Robert Vehrkamp/Dominik Hierlemann, Ziemlich unpolitische Freunde – wer in Deutschland warum nicht mehr wählt, in: Einwurf – Policy Brief der Bertelsmann Stiftung 1/2013, S. 7 f.

Diskussionsveranstaltungen mit Politikern lässt sich der beklagte Zustand aber nicht ändern, sondern nur, wenn diese bereit wären, an den sozioökonomischen Rahmenbedingungen zu rütteln, die Verteilungsverhältnisse gerechter zu gestalten und die Reformen der marktradikalen „Agenda"-Epoche rückabzuwickeln.

Obwohl es vermutlich noch bei keiner Parlamentswahl zuvor ähnlich viele gutgemeinte Werbekampagnen und Mobilisierungsaktionen mit dem Ziel einer Steigerung der Wahlbeteiligung gegeben hat und im Vorfeld außerdem ein knappes Rennen zwischen den politischen Lagern absehbar war, wurde der Negativrekord von 70,8 Prozent bei der Bundestagswahl am 27. September 2009 vier Jahre später mit 71,5 Prozent nur wenig und keineswegs durchgängig übertroffen. Betrug die Wahlbeteiligung bei der Bundestagswahl 2009 etwa in Köln-Chorweiler, einer Trabantenstadt mit ganz wenigen Einfamilienhäusern, noch 43 Prozent, wurden dort am 22. September 2013 nicht einmal mehr 42,5 Prozent erreicht. Dagegen stieg die Wahlbeteiligung in Köln-Hahnwald, einem noblen Villenviertel, sogar von immerhin schon 87 Prozent (2009) auf fast 89 Prozent. Bei der Bundestagswahl am 24. September 2017 lag die Beteiligung in einer Hochhaussiedlung am Kölnberg (Stadtteil Meschenich) bei mickrigen 24,3 Prozent, während in Hahnwald knapp 88,5 Prozent der Wahlberechtigten ihre Stimme abgaben.

Dass die Wahlbeteiligung in einzelnen Stadtteilen derselben Großstadt äußerst unterschiedlich ausfällt, liegt nicht zuletzt an der sich vertiefenden Kluft zwischen Arm und Reich, die mit einem sozialräumlichen Zerfall einhergeht. Wie es scheint, ist Wahlabstinenz häufig die politische Konsequenz einer prekären Existenz. Arme werden nicht bloß ökonomisch benachteiligt und sozial ausgegrenzt, sondern auch politisch ins Abseits gedrängt. „Während Bessergestellte weiterhin mit hoher Wahrscheinlichkeit wählen, bleiben viele Arme zu Hause."[126] Der Osnabrücker Politikwissenschaftler Armin Schäfer hat durch Auswertung von ALLBUS-Daten und zahlreichen Umfragen zu Landtagswahlen zwischen 1978 und 2011 gezeigt, dass sowohl die Teilnahme an einer Parlamentswahl wie auch die Wahlentscheidung für eine bestimmte Partei in Deutschland keineswegs zufällig, vielmehr entlang von Klassengrenzen erfolgen, wobei sein Begriff der Gesellschaftsklasse eher an Max Weber als an Karl Marx orientiert war: „*Wie* man wählt, hängt weniger eng mit der Klassenlage als in der Vergangenheit zusammen, aber *ob* man wählt dafür umso stärker."[127]

126 Armin Schäfer, Der Nichtwähler als Durchschnittsbürger: Ist die sinkende Wahlbeteiligung eine Gefahr für die Demokratie?, in: Evelyn Bytzek/Sigrid Roßteutscher (Hrsg.), Der unbekannte Wähler? – Mythen und Fakten über das Wahlverhalten der Deutschen. Frankfurt am Main/New York 2011, S. 139

127 Armin Schäfer, Der Verlust politischer Gleichheit. Warum die sinkende Wahlbeteiligung der Demokratie schadet, Frankfurt am Main/New York 2015, S. 123 (Hervorh. im Original)

6.4.2 Finanzmarktkapitalismus und Krise der Repräsentation als Gefahren für die Demokratie

Zusammenhänge zwischen der sozioökonomischen Ungleichheit, der Prekarisierung von Lebenslagen und Tendenzen der Entpolitisierung sind nicht zu übersehen, aber bisher nur ansatzweise erforscht. Lea Elsässer hat sich jedoch in ihrer Dissertation eingehend mit der Frage befasst, wie sich die wachsende sozioökonomische Ungleichheit auf die politische Repräsentation in Deutschland auswirkt. Sie gelangte dabei zu dem Ergebnis, dass sich wirtschaftliche und soziale Ungleichheit in politische Ungleichheit übersetzt, weil Angehörige der unteren Einkommens- oder Berufsgruppen (ungelernte und Facharbeiter/innen sowie einfache Angestellte) eine geringere Chance haben, dass ihre berechtigten Anliegen in staatliches Handeln münden, als Mitglieder der oberen (höhere Angestellte, Beamte und Selbstständige): „Der Krankenpfleger, die Erzieherin, der Fensterreiniger oder die Verkäuferin erleben deutlich seltener als beispielsweise der Besitzer einer Anwaltskanzlei oder die Hochschulprofessorin, dass die politischen Entscheidungsträgerinnen und Entscheidungsträger in ihrem Sinne entscheiden.“[128]

Elsässer hat analysiert, in welchem Ausmaß sich die Forderungen unterschiedlicher Bevölkerungsgruppen in Gesetzen niederschlagen, und auf diese Weise ein „Muster ungleicher Responsivität“ ermittelt, das vornehmlich in der Wirtschafts- und Sozialpolitik zum Tragen komme, wo es um die Verteilung bzw. Umverteilung von materiellen Ressourcen und die Regulierung bzw. Deregulierung von Märkten geht. Während ein positiver Zusammenhang zwischen den Präferenzen der höheren Berufs- und Einkommensgruppen und parlamentarischen Entscheidungen bestehe, sei ein solcher für die unteren sozialen Klassen empirisch nicht nachweisbar, stellte Elsässer fest: „Der Bundestag berücksichtigt in seinen Entscheidungen systematisch die Forderungen der ökonomisch und sozial Bessergestellten, vernachlässigt aber die der Schlechtergestellten.“[129]

Auf der Grundlage dieser Forschungsergebnisse kann man regelrecht von einem die Spaltung der Gesellschaft fördernden Teufelskreis sprechen: Die sozioökonomische Ungleichheit führt zur politischen Ungleichheit (in der Repräsentation), die aufgrund des von den Repräsentanten eingeschlagenen Kurses wiederum eine Verschärfung der sozioökonomischen Ungleichheit nach sich zieht. Wirtschaftlich und sozial benachteiligte Bevölkerungsgruppen ziehen sich aufgrund einer Regierungspolitik, die ihre materiellen Interessen seit Jahrzehnten sträflich vernachlässigt, resigniert aus den politischen Willensbildungs-

128 Lea Elsässer, Wessen Stimme zählt? – Soziale und politische Ungleichheit in Deutschland, Frankfurt am Main/New York 2018, S. 131

129 Ebd., S. 120

und Entscheidungsprozessen zurück, was die etablierten Parteien ihrerseits veranlasst, fortan noch weniger Rücksicht auf die Unterprivilegierten zu nehmen. Politisch in dieser Hinsicht diskriminiert, zeigen sich Ärmere eher desinteressiert an der Politik, was noch stärker dazu führt, dass sie und ihre materiellen Interessen von den Entscheidungsträgern ignoriert werden.

Da die Ungleichheit in der politischen Repräsentation gerade bei die Verteilung von Einkommen und Vermögen betreffenden Entscheidungen besonders ausgeprägt ist,[130] verstärkt sich der ohnehin vorhandene Trend zur Vertiefung der Kluft zwischen Arm und Reich. Das eigentliche Problem ist nicht die Überrepräsentation von Mittelschichtangehörigen bei Wahlen oder in den Parlamenten und den Regierungen, wie Wolfgang Merkel fälschlicherweise annimmt,[131] sondern das für Unterprivilegierte offenbar entmutigend wirkende Durchsetzungsvermögen der ökonomisch mächtigsten Gruppen auch im politischen Raum.

Hieraus folgt, dass die Legitimationsbasis der repräsentativen Demokratie oder gar diese selbst bedroht ist. Die politische Machtlosigkeit der Armen und die Übermacht der Reichen sind kaum zu übersehen. Ärmere beteiligen sich immer weniger an Wahlen, wodurch es zu einer Krise der politischen Repräsentation kommt: Extreme sozioökonomische Ungleichheit führt die politische Gleichheit, Grundlage und Inbegriff der westlichen Demokratie, letztlich ad absurdum. Von einer angemessenen politischen Repräsentation der Armen kann in diesem System kaum die Rede sein, wohingegen die Interessen der Reichen und Hyperreichen, bedingt durch Lobbying und andere Möglichkeiten der Einflussnahme (z. B. verdeckte Parteispenden und Bestechung von Amtsträgern) signifikant überrepräsentiert sind.[132]

Der finanzmarktgetriebene Kapitalismus ist eine Gefahr für die Demokratie, weil er parlamentarische Entscheidungsmechanismen außer Kraft setzt sowie das Gemeinwohl und den Mehrheitswillen missachtet. Armin Schäfer wies auf die soziale Verzerrung von Wahlergebnissen durch eine niedrige Beteiligung der Stimmbürger/innen hin, die sich nicht gleichmäßig über alle Gesellschaftsschichten erstreckt: „Bei einer niedrigen Wahlbeteiligung wählen vorwiegend sozial Bessergestellte, während jene zu Hause bleiben, die mangels individueller Ressourcen auf kollektives Handeln angewiesen sind, um ihre Lebensumstände zu ändern. Lernen Politiker, dass bestimmte Gruppen ohnehin nicht wählen, richten sie ihr Augenmerk auf wahlrelevante Milieus. Durch die soziale Un-

130 Vgl. ebd., S. 19

131 Vgl. Wolfgang Merkel, Ungleichheit als Krankheit der Demokratie, in: Steffen Mau/Nadine M. Schöneck (Hrsg.), (Un-)Gerechte (Un-)Gleichheiten, Berlin 2015, S. 190

132 Vgl. dazu: Thomas Leif/Rudolf Speth (Hrsg.) Die fünfte Gewalt. Lobbyismus in Deutschland, Wiesbaden 2006; Ralf Kleinfeld/Annette Zimmer/Ulrich Willems (Hrsg.), Lobbying. Strukturen. Akteure. Strategien, Wiesbaden 2007; Markus Balser/Uwe Ritzer, Lobbykratie. Wie die Wirtschaft sich Einfluss, Mehrheiten, Gesetze kauft, München 2016

gleichheit der Nichtwahl wird die politische Kommunikation zwischen Wählern und Volksvertretern zulasten der sozial Schwachen verzerrt."[133]

Bei der offenbar seit geraumer Zeit zunehmenden „Politikverdrossenheit" sozial Benachteiligter handelt es sich eher um die Folge einer sich als Repräsentationskrise manifestierenden Ungerechtigkeit im Hinblick auf die Verteilung von materiellen Ressourcen, Finanzmitteln und begehrten Gütern. Wenn der Sozialstaat zerstört und eine Reformpolitik nach dem Matthäus-Prinzip gemacht wird, schwindet bei den Verlierern das Vertrauen in die Institutionen des parlamentarisch-demokratischen Repräsentativsystems. Die daraus resultierende Neigung, sich nicht mehr (regelmäßig) an Wahlen und Abstimmungen zu beteiligen, stärkt wiederum jene politischen Kräfte, die um eine Sicherung der Privilegien mächtiger Interessengruppen bemüht sind. So entsteht ein Teufelskreis sich wechselseitig verstärkender Wahlabstinenz sozial Benachteiligter und einer deren Interessen vernachlässigenden oder konterkarierenden Regierungspraxis. Wer einmal in einer Hartz-IV-Initiative die Wut vieler Betroffener auf „die da Oben" erlebt hat, kann ermessen, wie groß ihre Distanz zu den politischen Eliten mittlerweile ist.

Arme sind – wenn man so will – die Hauptleidtragenden der sozioökonomischen Ungleichheit und fühlen sich häufig als Fremde im eigenen Land. Wie den meisten Zuwanderern bleibt ihnen eine politische Repräsentation, die den Namen verdient, verwehrt. Auch fehlt es ihnen aufgrund des Ressourcenmangels an wirksamen Partizipationsmöglichkeiten. Zwar gewährt man den Armen heute – anders als im Wilhelminischen Kaiserreich, wo sie noch das preußische Dreiklassenwahlrecht benachteiligte und der Bezug staatlicher Fürsorgeleistungen mit dem Wahlrechtsentzug verbunden war, die vollen Staatsbürgerrechte, enthält ihnen aber die für deren Wahrnehmung erforderlichen finanziellen Mittel vor.

Gerhard Schröders Agenda 2010, die rot-grüne Reformpolitik und die Hartz-Gesetze haben den Armen nicht bloß zusätzliche materielle Probleme beschert und den auf ihnen lastenden Druck hinsichtlich verschärfter Kontrollmechanismen und Sanktionsdrohungen erhöht, sie vielmehr auch soziokulturell gedemütigt und politisch weitgehend entmündigt. Unabhängig davon, ob die regelmäßige Beteiligung an einer bald meist zum Ritual erstarrten lokalen Montagsdemonstration als sinnvolle Artikulation ihrer Interessen gelten kann, wurde sogar diese speziell für (Langzeit-)Erwerbslose entwickelte Form

133 Armin Schäfer, Alles halb so schlimm? – Warum eine sinkende Wahlbeteiligung der Demokratie schadet, in: Max-Planck-Institut für Gesellschaftsforschung (Hrsg.), MPIfG Jahrbuch 2009-2010, Köln 2009, S. 7. Von „sozial Schwachen" sollte man allerdings nicht sprechen, weil der Begriff die Armen diffamiert und gerade Einkommens- bzw. Finanzschwache häufig ausgesprochen starke Persönlichkeiten sind. Vgl. dazu: Magda von Garrel, „Sozial Schwache". Inhalte und Funktionen eines fragwürdigen Begriffs, in: Forum Wissenschaft 4/2015, S. 50 ff.

der politischen Partizipation von ihnen nur selten wahrgenommen.[134] Vor allem unter den Hartz-IV-Betroffenen dürfte sich der Eindruck mangelnder politischer Repräsentation seither noch verstärkt haben.[135]

Arme müssen in der Regel hohe Zugangshürden für die Beteiligung an politischen Willensbildungs- und Entscheidungsprozessen überwinden. In milieubedingten Bildungs- und Informationsdefiziten kann man eine Überforderung der Armen sehen. Michael Vester machte für den Ausschluss der Armen von politischen Willensbildungs- und Entscheidungsprozessen sowohl ihre Unterausstattung mit „Ressourcen der Selbstvertretung in den Diskursen und Einflussnahmen der großen Politik" wie auch ihren mangelnden „Zugang zu den Kanälen der lokal- und betriebspolitischen Beziehungsnetze der Repräsentation in der kleinen Politik" verantwortlich.[136]

Demokratie ist mehr als ein Regelwerk, das es Staatsbürger(inne)n erlaubt, alle vier oder fünf Jahre ihre Stimme abzugeben. Demokratie bedeutet, dass alle Wohnbürger/innen eines Landes über dessen Entwicklung mitbestimmen (können), indem sie an den politischen Willensbildungs- und Entscheidungsprozessen teilnehmen. Hierzu müssen sie über die materiellen Mittel verfügen, um auch politische und Bildungsveranstaltungen in ferner gelegenen Orten zu besuchen sowie sich an Aktionen, Kundgebungen und Demonstrationen zu beteiligen. Wie aber soll dies eine alleinerziehende Mutter im Hartz-IV-Bezug, die nicht weiß, ob sie am 20. des Monats noch eine warme Mahlzeit auf den Tisch bringt, oder eine Kleinstrentnerin tun, die befürchten muss, dass ihr der Strom und/oder das Gas nach Mahnungen des Energieerzeugers abgestellt werden?

Je weniger Chancen die Armen haben, sich gleichberechtigt an demokratischen Willensbildungs- und Entscheidungsprozessen zu beteiligen, umso stärker empfinden sie die Informations-, Partizipations- und Emanzipationsdefizite eines Parlamentarismus, dem „Politiker-" bzw. „Parteienverdrossenheit" entgegenschlägt. Arme sind nicht nur sozial benachteiligt, vielmehr in aller Regel auch politisch weniger aktiv, skeptischer gegenüber der parlamentarischen Demokratie, die sie häufig für ihre prekäre Lage (mit)verantwortlich machen, und seltener bereit, wählen zu gehen.

Umgekehrt bietet großer Reichtum seinen Nutznießern die Möglichkeit, politische Macht auszuüben. Sowohl massenhafte Armut wie auch unermesslicher Reichtum sind Totengräber der Demokratie, weil sie die materiellen

---

134 Vgl. Dieter Rucht/Mundo Yang, Wer demonstrierte gegen Hartz IV?, in: Forschungsjournal Neue Soziale Bewegungen 4/2004, S. 21 ff.

135 Vgl. Markus Linden/Winfried Thaa, Einleitung: Eine Krise der Repräsentation von Fremden und Armen?, in: dies. (Hrsg.), Die politische Repräsentation von Fremden und Armen, Baden-Baden 2009, S. 11

136 Siehe Michael Vester, Soziale Milieus und die Schieflagen politischer Repräsentation, in: ebd., S. 44

Grundlagen für eine gleichberechtigte Teilnahme aller Bürger/innen an politischen Willensbildungs- bzw. Entscheidungsprozessen unterminieren. Wenn die soziale Ungerechtigkeit im Land seit Jahrzehnten wächst, nimmt das Ideal der politischen Gleichheit zwangsläufig Schaden.

Der Trierer Politikwissenschaftler Winfried Thaa interpretierte die zunehmende Wahlabstinenz und die verbreitete Enttäuschung vieler Bürger/innen über die sog. Volksparteien als Ergebnis des Versagens der politischen Eliten im Hinblick auf die Formulierung demokratisch entscheidbarer Handlungsalternativen.[137] Vor allem die SPD habe es unter ihrem damaligen Bundeskanzler Gerhard Schröder versäumt, die klassische Industriearbeiterschaft als ihre vom Niedergang bedrohte Klientel durch Modifikation der überkommenen Konfliktlinien politisch zu integrieren, und stattdessen die Anpassung der Gesellschaft an vermeintliche ökonomische Sachzwänge postuliert.

Durch ihre Hinwendung zur „Agenda"-Politik neoliberaler Reformen des Arbeitsmarktes wie des Wohlfahrtsstaates hat sich die SPD kurz nach der Jahrtausendwende von ihrer proletarischen, im Arbeiter- bzw. Gewerkschaftsmilieu sozialisierten und teilweise prekarisierten Stammwählerschaft abgewandt, wenn nicht ihre eigene sozialstrukturelle Basis zerstört sowie ihre Selbstausschaltung als parlamentarische und gouvernementale Interessenrepräsentanz der Lohnabhängigen betrieben, damit aber zugleich ihren Niedergang als „Volkspartei" selbst verschuldet.

Mittlerweile dominieren Wohlhabendere und Wirtschaftseliten die staatlichen Entscheidungen noch mehr, während die Angehörigen der Unterschicht offenbar zunehmend abseits stehen, resignieren und in Passivität verfallen. Arme steigen ohnehin selten auf die Barrikaden, zumal sie die Bewältigung des Alltags so viel Zeit, Kraft und Energie kostet, dass für politisches Engagement, Protest und Widerstand wenig übrig bleibt. Da die Betroffenen selbst für ihre soziale Misere verantwortlich gemacht werden und diese Fremdzuschreibung teilweise übernehmen, ziehen sie sich häufig voller Scham aus dem öffentlichen Raum zurück, was die Gefahr ihrer sozialen Isolation, Vereinsamung und Ausgrenzung verstärkt. „Nicht Protest und Engagement, sondern Resignation und Apathie gehen mit prekären Lebenslagen einher, wenn diese dem individualisierten Zeitgeist entsprechend als Schicksalsschläge persönlich verantwortet werden und immer weniger einer gesellschaftlichen und politischen Gestaltung zugänglich erscheinen"[138]

Petra Böhnke sprach von einem „Repräsentationsdefizit benachteiligter Le-

---

137 Vgl. Winfried Thaa, Die Krise politischer Repräsentation – eine Folge der Auflösung gesellschaftlicher Großgruppen und sozio-kultureller Milieus?, in: Markus Linden/Winfried Thaa (Hrsg.), Krise und Reform politischer Repräsentation, Baden-Baden 2011, S. 145

138 Petra Böhnke, Ungleiche Verteilung politischer und zivilgesellschaftlicher Partizipation, in: Aus Politik und Zeitgeschichte 1-2/2011, S. 21

benslagen",[139] weil Personen, die sich in einer prekären Situation befinden, oft auf die Abgabe ihrer Stimme bei Wahlen verzichten. Während relativ kurze Phasen der Armut im Lebensverlauf eines Menschen seine Partizipationsbereitschaft und -fähigkeit kaum tangieren, treten bei längerer Dauer solcher Perioden spürbare Veränderungen im Partizipationsverhalten auf.[140] Besonders demotivierend wirkt die Angst vor einem sozialen Absturz bzw. einem drastischen Statusverlust, wie sie manche Angehörige der Mittelschicht ergreift, die fürchten, zwischen Oben und Unten zerrieben zu werden.

6.5 Rechtspopulismus oder Wie der Zorn die Republik zerreißt

In einem gespaltenen Land wachsen die Angst vor der Zukunft,[141] die persönliche Wut und der politische Frust vieler Menschen. Ob es sich bei der Bundesrepublik allerdings um eine „Gesellschaft des Zorns" handelt, in der es zu einem „Aufstand der Etablierten" kommt, die ihre als gefährdet wahrgenommenen Vorrechte verteidigen, wie Cornelia Koppetsch meint,[142] erscheint auch mit Blick auf die hier als eine Form der neoliberalen Modernisierung begriffene Globalisierung mehr als fraglich. Eher kann man von einer irrationalen Rebellion verunsicherter Kleinbürger sprechen, die sich nicht gegen die Verursacher der sozioökonomischen Polarisierungstendenzen – also nach oben –, sondern primär gegen Zuwanderer – also nach ganz unten – richtet.

Häufig treten erklärte Feinde der Demokratie, Rechtsextremisten und Rassisten als „Wutbürger" (Dirk Kurbjuweit) auf, die ihr wahres Gesicht zu verbergen suchen. Die heutige Stärke des Rechtspopulismus liegt weniger in Globalisierungs- als in sozioökonomischen, soziokulturellen und politischen Spaltungsprozessen begründet. Die neoliberale Modernisierung bereitete einer Rechtsentwicklung und Radikalisierung in Teilen der Gesellschaft den Boden, ohne dass „Globalisierungsverlierer" der Unterschicht die Träger des Rechtspopulismus wären und das Gros seiner Wähler stellen würden. Vielmehr breitet sich in der vom sozialen Abstieg und vom weiteren Schwund bedrohten Mittelschicht eine Stimmung aus, die rechtspopulistische, rassistische und völkisch-nationalistische Kräfte für ihre Zwecke auszunutzen verstehen.

---

139 Siehe dies., Am Rande der Gesellschaft – Risiken sozialer Ausgrenzung, Opladen 2006, S. 157

140 Vgl. Petra Böhnke, Ungleiche Verteilung politischer und zivilgesellschaftlicher Partizipation, a.a.O., S. 24

141 Kritisch zum Topos einer Gesellschaft der bzw. in Angst: Judith Eckert, Gesellschaft in Angst?, Zur theoretisch-empirischen Kritik einer populären Zeitdiagnose, Bielefeld 2019; Christiane Lübke/Jan Delhey (Hrsg.), Diagnose Angstgesellschaft? – Was wir wirklich über die Gefühlslage der Menschen wissen, Bielefeld 2019

142 Siehe Cornelia Koppetsch, Die Gesellschaft des Zorns, a.a.O., S. 121

6.5.1 Verlustängste, Abstiegssorgen und Panikreaktionen der Mittelschicht

Mit der zunehmenden Ungleichheit und der wachsenden Ungerechtigkeit haben sich die sozialen Probleme seit der Jahrtausendwende in Deutschland vermehrt, das soziale Verantwortungsbewusstsein und der soziale Zusammenhalt jedoch in demselben Maße abgenommen. In der Bundesrepublik galt jahrzehntelang das soziale Aufstiegsversprechen, dem sie auch ihren wirtschaftlichen Erfolg verdankte: „Wer sich anstrengt, fleißig ist und etwas leistet, wird mit lebenslangem Wohlstand belohnt." Aufgrund der neoliberalen Modernisierung und Globalisierung ist es seit den 1990er-Jahren der Furcht vieler Mittelschichtangehöriger gewichen, trotz guter beruflicher Qualifikation und harter Arbeit nicht mehr aufsteigen zu können, sondern auf einem absteigenden Ast zu sitzen. Zuerst hat Barbara Ehrenreich mit ihrem 1989 erschienenen Buch *Fear of Falling. The Inner Life of the Middle Class* auf die Probleme des „Downsizing" und die wachsende Furcht im Beruf erfolgreicher Angehöriger der Mittelschicht aufmerksam gemacht, sich auf Seiten der Verlierer/innen wiederzufinden.[143]

Während die Gruppen mit den höchsten und mit den niedrigsten Einkommen in Deutschland seit geraumer Zeit quantitativ stärker werden, schwächelt die Mitte der Gesellschaft. Sowohl die Wandlungsprozesse im Bereich der Arbeitswelt wie auch der „Um-" bzw. Abbau des Wohlfahrtsstaates setzten besonders der Mittelschicht zu, war sie es doch, die primär von der Expansion des Sozial- und Gesundheitssektors profitiert hatte. Berthold Vogel sprach angesichts des staatlichen Teilrückzugs aus der Daseinsvorsorge und der unübersehbaren Prekarisierungstendenzen von einer „Verminijobbung der öffentlichen Dienste" und prognostizierte, dass sich die Zentralkonflikte der Gesellschaftsentwicklung zukünftig vermehrt an Statusfragen und Wohlstandschancen entzünden würden: „Der Konfliktort ist die Mitte, die Kontrahenten sind die, die ihren Wohlstand festigen bzw. vermehren können, und die, die um seinen Bestand mehr und mehr kämpfen müssen."[144]

Cornelia Koppetsch machte in der Mittelschicht eine „Wagenburgmentalität" aus, die zur Entsolidarisierung und zur deutlicheren Abgrenzung gegenüber Leiharbeiter(inne)n wie Arbeitslosen führe.[145] Ähnliches galt ihrer Erfahrung nach auch für die gehobene Mittelschicht, der sie einen Mentalitätswandel von links-alternativen zu (spieß)bürgerlich-konservativen Einstellungen attes-

143 Vgl. Barbara Ehrenreich, Angst vor dem Absturz. Das Dilemma der Mittelklasse, München 1992

144 Berthold Vogel, Wohlstandskonflikte. Soziale Fragen, die aus der Mitte kommen, Hamburg 2009, S. 310

145 Vgl. Cornelia Koppetsch, Die Wiederkehr der Konformität. Streifzüge durch die gefährdete Mitte, Frankfurt am Main/New York 2013, S. 172

tierte: „So siedelte sich in Großstadtbezirken mit ‚Flair' eine neue, flexible Dienstleistungsklasse an, die für steigende Mieten sorgt."[146] Nun sind es allerdings nicht die Mieter/innen, die durch ihre Vorliebe für citynahe Quartiere das Mietniveau nach oben treiben, sondern vor allem Großvermieter und institutionelle Anleger, die eine steigende Nachfrage auf dem innerstädtischen Wohnungsmarkt ausnutzen, um den Preisdruck und ihre Profite zu erhöhen. Die gesellschaftliche Spaltung – so Koppetsch weiter – habe auch die Linken erfasst, zumal die Wohlhabenden unter ihnen „längst ins bürgerliche Lager" übergewechselt seien, wodurch sich ein „Schauplatz neuer Kulturkämpfe um die richtigen Lebensentwürfe" eröffne: „Linke Aufsteiger mit Geld und gutem Gewissen stehen linken Aussteigern gegenüber, die an dem Modell festhalten wollen, aktuell jedoch aus ihren urbanen Lebensräumen verdrängt werden."

Was für kleine urbane Räume und „Wohlstandsinseln" der Metropolen zutreffen mag, ist für das flache Land untypisch. Dort hat die um sich greifende Verunsicherung aus der Gesellschaft einen schwankenden Boden gemacht. Mittelschichtangehörige spüren oftmals andere und mehr Ängste als Unterschichtangehörige, die aufgrund ihrer Position am gesellschaftlichen Rand gar nicht mehr „tiefer fallen" können – sei es vor dem sozialen Abstieg, dem Verlust ihres Wohlstandes oder dem Verlust ihrer kulturellen Identität. Sie sind wegen ihrer „größeren Fallhöhe" besonders anfällig für eine Agitation und Propaganda, die ihnen simple Lösungen zur Wiederherstellung einer „heilen Welt" vorgaukelt. Rechtsparteien wie die Alternative für Deutschland profitieren überdies vom Glaubwürdigkeitsverlust der Etablierten und von der mangelnden sozialen Sensibilität der Eliten.[147]

Mittlerweile sind Tendenzen der Entsolidarisierung, Entpolitisierung und Entdemokratisierung unübersehbar. Dabei paaren sich ökonomischer Kontrollverlust, kulturelle Verlustängste und Abstiegssorgen mit dem Gefühl, keinen Einfluss mehr auf die politischen Entscheidungen zu haben, was Apathie, Frustration und ohnmächtige Wut erzeugt, aber auch die Agitation rechtspopulistischer Parteien wie der AfD erleichtert. Es ist kein Zufall, dass rechte Demagogen in ökonomischen Krisenphasen und gesellschaftlichen Umbruchsituationen an Einfluss gewinnen, besonders dann, wenn ihre Parteien, „Bürgerbewegungen" und Organisationen vermeintlich die einzige Alternative zum politischen Establishment darstellen. So inszeniert sich die AfD gegenüber Erwerbslosen, Arbeitern und Angestellten als Sprachrohr der sozial Benachteiligten, obwohl sie ausweislich ihrer dunklen Finanzierungsquellen und zahlungskräftigen Gönner ebenso wie ihrer unsozialen Programmatik eine Partei

---

146 Ebd., S. 173

147 Vgl. dazu: Michael Hartmann, Soziale Ungleichheit – kein Thema für die Eliten?, Frankfurt am Main/New York 2013

der Privilegierten ist.[148] Sie will denn auch nicht etwa Hartz IV, seine Kontrollmechanismen und Sanktionen, sondern die Vermögen- und die Erbschaftsteuer wie auch den Solidaritätszuschlag abschaffen. Dabei handelt es sich um Steuerarten bzw. um eine Ergänzungsabgabe zur Einkommen-, Körperschaft- und Kapitalertragsteuer, die fast ausschließlich Wohlhabende, Reiche und Hyperreiche treffen. Wer die ökonomische Ungleichheit verringern und zugleich verhindern will, dass sich Deutschland sozial noch tiefer als bisher spaltet, muss jedoch den Reichtum antasten, weil Armutsbekämpfung viel Geld kostet und beide Phänomene strukturell miteinander verbunden sind.

Wenn sich Cornelia Koppetsch gegen eine „sozialpolitische Deutung" des rechtspopulistischen Aufschwungs – gemeint ist wohl eine Analyse der ökonomischen Entwicklung und der Klassenverhältnisse – wendet und in diesem Zusammenhang von einem „unscharfen Ansatz" spricht,[149] trifft sie nicht den entscheidenden Punkt. Natürlich spielen kulturelle Aspekte, rassistische Ressentiments und (standort)nationalistische Ideologeme eine wichtige Rolle beim Erstarken des Rechtspopulismus, aber grundlegend dafür bleiben die ökonomische Verfasstheit und unsoziale Funktionsweise des Finanzmarktkapitalismus. Aufgrund der sozioökonomischen Polarisierung schwindet nicht bloß der gesellschaftliche Zusammenhalt. Vielmehr geht ein politischer Riss durch die Mittelschicht, deren vom sozialen Abstieg bedrohter oder sich bedroht fühlender Teil für reaktionäre Ideologien anfällig wird. In schweren ökonomischen Krisen und gesellschaftlichen Umbruchperioden wendet sich das Kleinbürgertum in Deutschland erfahrungsgemäß nach rechts und hofft auf die Lösung seiner Existenzprobleme durch einen „starken Mann" bzw. eine autoritäre Führung. Dies gilt für die Weltwirtschaftskrise 1929/32, als die NSDAP zur Massenpartei aufstieg und das Ende der Weimarer Republik besiegelte, genauso wie für die Rezession 1966/67 und die anschließenden Wahlerfolge der NPD in sieben Bundesländern, aber auch für den Aufstieg der AfD.

Wer panische Angst vor einem sozialen Absturz hat, sich nicht mehr selbst zu helfen weiß und auch dem parlamentarischen Repräsentativsystem bzw. seinen Institutionen misstraut, das keine Lösungen bereithält, sitzt eher rechten Demagogen auf, die es von Grund auf zu reinigen oder gar radikal zu beseitigen versprechen. In einer schweren Wirtschaftskrise könnten die Eliten wieder zu autoritären Herrschaftsformen neigen und zu härteren Repressionsmaßnahmen greifen. Ambros Waibel hat davor gewarnt, die destruktive Gewalt des Finanzmarktkapitalismus zu unterschätzen. Der taz-Redakteur hält in einer solchen Ausnahmesituation „gewaltsame Umverteilungen" durch Plünderungen von Lebensmittelgeschäften für möglich, die von einem für „Aufstandsbe-

148 Vgl. Christoph Butterwegge/Gudrun Hentges/Gerd Wiegel, Rechtspopulisten im Parlament, a.a.O., S. 137

149 Siehe Cornelia Koppetsch, Die Gesellschaft des Zorns, a.a.O., S. 100

kämpfung" gerüsteten Staatsapparat mit Präventivhaft beantwortet würden.[150] Tatsächlich existiert mit dem völkischen Nationalismus sowohl eine für die Rechtsentwicklung taugliche Ausgrenzungsideologie des „Deutsche zuerst!" wie auch mit der AfD bereits eine parteipolitische Formation, die als treibende Kraft einer Faschisierung fungieren könnte.

6.5.2 Wohlstandschauvinismus, Standortnationalismus und Sozialdarwinismus als ideologischer Nährboden des Rechtspopulismus

Die sozioökonomische Polarisierung bildet einen idealen Nährboden für rechtspopulistische Ideologien, Bestrebungen und Parteien. Je härter die Konkurrenz auf dem Arbeits- und dem Wohnungsmarkt wurde, umso leichter ließ sich die ethnische Differenz politisch aufladen. Davon profitieren rechtspopulistische Parteien wie die AfD und rassistische Gruppierungen wie PEGIDA, denen Arbeitsmigrant(inn)en, Geflüchtete und Muslime als Projektionsfläche für die Unzufriedenheit mit der Ungleichheitsdynamik dienen. Solche politischen Kräfte profitierten von der zunehmenden Verteilungsschieflage, die ihre demagogische Propaganda als Ergebnis der Machenschaften einer korrupten Elite und einer Welle der Zuwanderung in die deutschen Sozialsysteme deutet.

Ebenso wenig, wie die Globalisierung „naturwüchsig" Arbeitslosigkeit und Armut erzeugt, zieht die materielle Deprivation von Menschen automatisch deren soziale Ausgrenzung nach sich. Dafür ist vielmehr die Tatsache verantwortlich, dass sich mit dem Neoliberalismus eine moderne Spielart des Sozialdarwinismus etabliert hat, der die Gesellschaft in mehr und weniger Leistungsstarke bzw. Gewinner und Verlierer/innen unterteilt. Ausgegrenzt wird, wer dem „eigenen" Wirtschaftsstandort wenig nützt und ökonomisch schwer verwertbar ist. (Dauer-)Arbeitslose, Grundsicherungsbezieher/innen, Menschen mit Behinderungen, Geflüchtete, Obdachlose und Bettler/innen sehen sich immer häufiger dem Vorwurf ausgesetzt, „Sozialschmarotzer" zu sein, sich „nicht zu rechnen" und der „Standortgemeinschaft" auf der Tasche zu liegen. Für dieses zentrale ideologische Bindeglied zwischen Neoliberalismus und Rechtsextremismus habe ich seinerzeit den Begriff „Standortnationalismus" eingeführt.[151] Die jüngste Rechtsentwicklung und die Radikalisierung der AfD-

150 Vgl. Ambros Waibel, Der rechte Moment. Zehn Jahre lang war Deutschland Wirtschaftswunderland, nun ist es offiziell: Der Boom ist vorbei. Für die zu erwartenden Verwerfungen liegen die Instrumente schon bereit, in: taz v. 15.8.2019

151 Siehe Christoph Butterwegge, Marktradikalismus, Standortnationalismus und Wohlstandschauvinismus – die Sinnkrise des Sozialen als Nährboden der extremen Rechten, in: ders./ Rudolf Hickel/Ralf Ptak, Sozialstaat und neoliberale Hegemonie. Standortnationalismus als Gefahr für die Demokratie, Berlin 1998, S. 121 ff.

Mitgliedschaft hat neben dem Standortnationalismus auch den völkischen Nationalismus gestärkt. Sofern beide Ideologeme miteinander amalgamiert auftreten, kann man von einem hybriden Nationalismus sprechen, analog dazu, dass Thilo Sarrazin mit seinen Publikationen einen hybriden Rassismus salonfähig gemacht hat, der eine Symbiose von kulturalistischem und biologistischem Rassismus darstellt.[152]

Dass sich unter dem Einfluss der „Agenda"-Politik und der Hartz-Gesetze sozialdarwinistische Stimmungen ausbreiteten, hatte auch unter demokratietheoretischen Gesichtspunkten negative Auswirkungen, was nicht bloß die Hartz-IV-Bezieher/innen zu spüren bekamen. Wie die *Bild*-Zeitung am 23. Mai 2008 auf ihrer Titelseite berichtete, hatte Gottfried Ludewig, damals Bundesvorsitzender des CDU-nahen „Rings Christlich-Demokratischer Studenten" (RCDS), kurz zuvor ein *Drei Thesen zur Stärkung der Leistungsträger* überschriebenes Diskussionspapier an sämtliche Gliederungen seiner Partei verschickt, das ohne Rücksicht auf die Verfassung und demokratische Grundrechte eine staatsbürgerrechtliche Privilegierung dieser Personengruppe ins Gespräch brachte, um durch eine Neuauflage des Mehrklassenwahlrechts zu verhindern, dass (Langzeit-)Erwerbslose und Rentner/innen weiter gleiche Mitentscheidungsmöglichkeiten haben: „Diejenigen, die den deutschen Wohlfahrtsstaat finanzieren und stützen, müssen in diesem Land wieder mehr Einfluss bekommen. Die Lösung könnte ein doppeltes Wahl- und Stimmrecht sein."[153] Der damalige FDP-Vorsitzende Guido Westerwelle wies in der ARD-Talkshow *Anne Will* am 25. Mai 2008 zwar zu Recht darauf hin, dass auch das Stimmrecht der Studierenden nach den RCDS-Plänen zu halbieren gewesen wäre – „Das wäre aber dumm gelaufen", sagte er, zu Ludewig gewandt –, hatte aber seinerseits durch Tiraden gegen Arbeitslosengeld-II-Empfänger/innen das soziale Klima mit erzeugt, in dem solche Ideen gedeihen konnten.

Wie stark ökonomischer Utilitarismus, verbunden mit Biologismus, Wohlstandschauvinismus und Sozialdarwinismus, beispielsweise unter wirtschaftsliberalen und nationalkonservativen Akademikern um sich griff, zeigte ein damals viel beachteter FAZ-Artikel von Gunnar Heinsohn. Unter dem Titel „Hartz IV und die Politische Ökonomie" wies der frühere Bremer Hochschullehrer auf demografische Trends hin, die ihn eine übermäßige Vermehrung der „Bildungsfernen" und eine Überforderung Deutschlands befürchten ließen: „So besteht im Februar 2010 die Hartz-IV-Bevölkerung [sic!] von 6,53 Millionen

152 Vgl. hierzu: Christoph Butterwegge, Sarrazins hybrider Rassismus – Vorbote eines neuen Rechtspopulismus?, in: Mechtild Gomolla u.a. (Hrsg.), Bildung, Pluralität und Demokratie. Erfahrungen, Analysen und Interventionen in der Einwanderungsgesellschaft, Hamburg 2012, S. 77 ff.

153 Zit. nach: Jung-Politiker (CDU) fordert: Doppeltes Wahlrecht für alle, die arbeiten!, in: Bild v. 23.5.2008; Absurder Vorstoß: CDU-Verbands-Chef will Rentner zu Wählern zweiter Klasse degradieren, in: Spiegel Online v. 23.5.2008

Menschen zu 26 Prozent aus Kindern unter 15 Jahren (1,7 Millionen). Im leistenden Bevölkerungsteil [sic!] von 58 Millionen Bürgern unter 65 Jahren dagegen gibt es nur 16 Prozent Kinder (9,5 Millionen).“[154] Doch selbst dieser hohe Kinderanteil in Hartz IV werde noch wachsen und daher weit mehr als ein Viertel der Bevölkerung nicht in die Hightech-Gesellschaft der Zukunft passen. Heinsohn erinnerte an die Sozialhilfereform von US-Präsident Bill Clinton und forderte analog zu ihr, Arbeitslosengeld-II-Empfänger(inne)n nach einer Gesamtbezugszeit von fünf Jahren jegliche Transferleistung zu entziehen. Was aus den Betroffenen ohne jede staatliche Unterstützung werden sollte, ließ Heinsohn im Dunkeln, wie er auch übersah, dass hierzulande – anders als in den Vereinigten Staaten von Amerika – das Sozialstaatsgebot des *Grundgesetzes* gilt. Mit der Verfassung war Heinsohns an die Eugenik unseligen Angedenkens erinnernde Vision jedenfalls unvereinbar.

Ähnlich krude Vorstellungen wie Heinsohn entwickelte René Zeyer, der Journalist und vor allem im Finanzbereich als selbstständiger Kommunikationsberater tätig war. In seinem 2013 erschienenen Buch *Armut ist Diebstahl* plädierte Zeyer für die Beendigung der staatlichen Armutsbekämpfung: „Die meisten Formen von Sozialhilfe, insbesondere im Bereich der Armut, sollten ersatzlos gestrichen werden.“[155] Zeyer versprach sich davon gigantische Einsparungen, wollte er statt der gesetzlichen Leistungsansprüche doch bloß noch „Nothilfe in tatsächlich lebensbedrohenden Situationen“ gewähren sowie Ausnahmen nur für „bedürftige Alte“, Kranke, Behinderte, Kinder und „Unmündige“ zulassen. Dabei ruinieren „uns“ keineswegs die Armen, wie Zeyer im Untertitel seines Buches allen Ernstes behauptete, sondern viel eher können „wir“ uns die Reichen nicht mehr leisten.[156]

Bei der heutigen AfD handelt es sich um eine Scheinalternative für Deutschland, die zwar als „Partei der kleinen Leute“ (Alexander Gauland) firmiert, mit ihren Forderungen nach Abschaffung der Vermögen- und Erbschaftsteuer sowie nach einem völligen Sofortverzicht auf den Solidaritätszuschlag jedoch noch mehr als FDP und CDU/CSU eine Partei des großen Geldes ist. Sie steht für mehr sozioökonomische Ungleichheit und würde die Spaltung des Landes in Regierungsfunktionen weiter vorantreiben. „Die AfD vertritt in neoliberaler Manier das Konzept eines (sozial) schlanken, aber (sicherheitspolitisch) starken Staates, setzt sich bedingungslos für Marktwirtschaft und Wettbewerb als aus-

154 Gunnar Heinsohn, Hartz IV und die Politische Ökonomie. Mit viel Geld hat der Sozialstaat nicht verhindert, dass die Unterschicht wächst. Die Zahl der Sozialhilfemütter steigt. Amerika hat vorgemacht, welche Reform hilft, in: FAZ v. 15.3.2010

155 René Zeyer, Armut ist Diebstahl. Warum die Armen uns ruinieren, Frankfurt am Main/New York 2013, S. 153

156 Vgl. Andrew Sayer, Warum wir uns die Reichen nicht leisten können, a.a.O.

schließlichen Koordinierungsmechanismus der Ökonomie ein und verteidigt offensiv das Konzept der deutschen Exportüberschüsse."[157]

Nach der globalen Finanzkrise 2007/08 sowie der sich ihr anschließenden europäischen Währungs- bzw. Weltwirtschaftskrise 2008/09 profilierte sich der organisierte Rechtspopulismus verstärkt als Interessenvertretung der sozial Benachteiligten, als Schutzmacht der „Abgehängten" und als Retter des Wohlfahrtsstaates. Geschickt verbanden Rechtspopulisten unter Hinweis auf negative Folgen der Globalisierung die soziale mit der „Ausländerfrage", wodurch sie an das Wohlfahrtsstaatsbewusstsein der Menschen anknüpfen und gleichzeitig rassistische Ressentiments bedienen konnten.[158]

Über den Standortnationalismus ist der Rechtspopulismus geistig-politisch mit dem Neoliberalismus verwandt; durch den völkischen Nationalismus als rassistischer Ausgrenzungsideologie tendiert er gleichwohl zum Rechtsextremismus. Neoliberale hatten durch ihre Verabsolutierung der Standortlogik und ihren nationalen Wettbewerbswahn den Innen-außen-Gegensatz über den Oben-unten-Gegensatz erhoben, was es der AfD erleichterte, die Migrant(inn)en angesichts der „Flüchtlingskrise" 2015/16 als gesellschaftliches Feindbild und als Sündenbock zu präsentieren, denen unterstellt wird, in „unsere Sozialsysteme" einzuwandern. Zwar macht die AfD als eine Partei der Privilegierten keine Politik für die einheimischen Armen, Menschen aus der Mittelschicht aber offenbar Hoffnung, nicht ins Bodenlose zu fallen. Angehörige der (unteren) Mittelschicht orientieren sich häufig nach oben, glauben sie doch, ihren Abstieg durch Anbiederung bei den gehobenen Schichten verhindern zu können. Sich gegen die Mächtigen oder Reichen zu wenden und sich mit denen zu solidarisieren, die schon ganz unten gelandet sind, erscheint ihnen als weniger sinnvoll, weil es nicht so erfolgversprechend ist und sie nur an das eigene Absturzrisiko erinnert.

Dass der Rechtspopulismus als reaktionäre *Mittelschichts*ideologie eine Zwangslage fleißiger (Klein-)Bürger zwischen „korrupten Eliten" und „faulen Unterschichten" konstruiert,[159] ist geschickt und erscheint einem Teil der angesprochenen Kleinbürger plausibel. Viele sich zumindest perspektivisch vom sozialen Abstieg bedroht fühlende Mittelschichtangehörige, denen die etablier-

157 Ralf Ptak, Der Neoliberalismus entlässt seine Kinder: Krise(n) und Rechtspopulismus, in: Christoph Butterwegge/Gudrun Hentges/Bettina Lösch (Hrsg.), Auf dem Weg in eine andere Republik? – Neoliberalismus, Standortnationalismus und Rechtspopulismus, Weinheim/Basel 2018, S. 72

158 Vgl. Christina Kaindl, Neoliberalismus und Rechtsextremismus im Wandel, in: Peter Bathke/Anke Hoffstadt (Hrsg.), Die neuen Rechten in Europa. Zwischen Neoliberalismus und Rassismus, Köln 2013, S. 28

159 Vgl. Christoph Butterwegge, Definitionen, Einfallstore und Handlungsfelder des Rechtspopulismus, in: ders./Gudrun Hentges (Hrsg.), Rechtspopulismus, Arbeitswelt und Armut. Befunde aus Deutschland, Österreich und der Schweiz, Opladen/Farmington Hills 2008, S. 39 ff.

ten Parteien keinen Schutz vor Deklassierung bieten, weil sie eher soziale Demontage betreiben, erkennen ihr Weltbild in dem rechtspopulistischen Narrativ wieder, dass sie als die eigentlichen Leistungsträger der Gesellschaft von „korrupten Bonzen" ebenso wie von „Arbeitsscheuen", „Schnorrern" und „Wirtschaftsasylanten" nach Strich und Faden ausgeplündert werden. Was die tiefe Verachtung der Unterschicht und die Abqualifizierung von Transferleistungsbezieher(inne)n als „Drückeberger", „Faulenzer" und „Sozialschmarotzer" betrifft, lehnt sich der Rechtspopulismus an öffentliche, politische und mediale Debatten an, in denen sich teilweise sogar eine Verknüpfung beider Diskurselemente (Verteufelung der „Unter-" wie der „Oberschicht" als parasitär) findet.[160] Die zunehmende Korruption bestätigt der oberflächliche Augenschein ebenso wie die vermehrte Fluchtmigration den Eindruck von „Überfremdung" oder „Umvolkung", welche die sog. Neue Rechte seit geraumer Zeit beschwört, denn als „zentrale Systemeigenschaft des Finanzkapitals" zählt sie Hans Jürgen Krysmanski zu den Alltagsphänomenen.[161] Insofern wird die rechtspopulistische Denkweise durch eine reale Entwicklung der Gesellschaft gestützt und gefördert. Tatsächlich ist Korruption im Finanzmarktkapitalismus strukturell angelegt, die sie betreibende Elite aber gar nicht das eigentliche Problem, sondern das kapitalistische Wirtschafts- und Gesellschaftssystem selbst.

Wenn die Politik der sozioökonomischen Spaltung von ihren neoliberalen Protagonisten dann auch noch für „alternativlos" erklärt wird, ohne dass demokratische Kräfte und starke Linke dem Sachzwangargument der Regierenden mit aller Macht entgegentreten, kann sich eine rechtspopulistische Partei leicht als einzige Alternative inszenieren. „In einem Kontext, in dem der herrschende Diskurs verkündet, es gebe keine Alternative zur heutigen neoliberalen Form der Globalisierung, weshalb wir ihre Diktate akzeptieren sollten, überrascht es nicht, wenn eine wachsende Zahl von Menschen jenen Gehör schenkt, die eben doch Alternativen ankündigen und den Menschen vorgaukeln, ihnen Entscheidungsmacht zurückzuerstatten."[162] Der von den Rechtspopulisten gewählte Parteiname „Alternative für Deutschland" war in dieser Beziehung optimal, wenn nicht zumindest in demagogischer Hinsicht genial. Das bewiesen die zahlreichen Wahlerfolge der AfD, deren Ursache gewiss nicht im überzeugenden Auftreten ihrer Kandidaten und Abgeordneten zu suchen ist.

---

160 Vgl. Frank Oschmiansky/Silke Kull/Günter Schmid, Faule Arbeitslose? – Politische Konjunkturen einer Debatte, Berlin 2001; Matthias Kaufmann, Kein Recht auf Faulheit. Das Bild von Erwerbslosen in der Debatte um die Hartz-Reformen, Mit einem Geleitwort von Friedhelm Hengsbach, Wiesbaden 2013; Walter Wüllenweber, Die Asozialen. Wie Ober- und Unterschicht unser Land ruinieren – und wer davon profitiert, München 2012

161 Siehe Hans Jürgen Krysmanski, 0,1 Prozent, a.a.O., S. 160

162 Chantal Mouffe, Über das Politische. Wider die kosmopolitische Illusion, Frankfurt am Main 2007, S. 93

6.6 Zukunftsaussichten einer zerrissenen Republik: Alternativen zur wachsenden Ungleichheit

Deutschland steht vor einer sozialen Zerreißprobe, und in fast allen Gesellschaftsbereichen wächst die Unruhe, ohne dass in der Öffentlichkeit die Gründe dafür erkannt und von den politisch Verantwortlichen die nötigen Gegenmaßnahmen ergriffen würden. Es ist beinahe zum Verzweifeln: Sprach man im 18. Jahrhundert von der Ungleichheit und suchte ihren Ursprung bzw. ihren tieferen Sinn zu ergründen, so war im 19. Jahrhundert von Klassen und Klassenkämpfen die Rede, während im ausgehenden 20. Jahrhundert bloß noch über sozialkulturelle Milieus, Konsummuster und Lebensstile diskutiert wurde,[163] ohne dass sich an dem zugrunde liegenden Problem im 21. Jahrhundert etwas Wesentliches geändert hätte oder eine Lösung dafür gefunden worden wäre. Umso notwendiger erscheint die Reflexion über Alternativen zur sozioökonomischen Polarisierung im digitalen Finanzmarktkapitalismus.

Der Soziologe Patrick Sachweh hat im Rahmen seiner Dissertation mittels einer Analyse alltagsweltlicher Erklärungsversuche drei miteinander konkurrierende Deutungsmuster herausgearbeitet, die benutzt werden, um die wachsende Ungleichheit zu erklären. Sie reichen von der Unvermeidbarkeit über die Herkunftsbedingtheit bis zur Systembedingtheit sozialer Ungleichheit. „Einzig das Deutungsmuster der *Systembedingtheit sozialer Ungleichheit* impliziert eindeutig ungleichheitskritische Haltungen. Aufgrund seiner stärkeren Bindung an benachteiligte Gruppen ist es aber in seiner Reichweite eingeschränkt und zudem meist auf die Erklärung der Existenz gesellschaftlicher Benachteiligungen bezogen."[164] Sachweh hielt das in den von ihm rekonstruierten Interpretationsmustern enthaltene Potenzial der Ungleichheitskritik für geringer als die von ihnen ausgehende Legitimationswirkung. Dafür dürften nicht zuletzt Medieneinflüsse verantwortlich sein, denn in den Massenmedien vorherrschende Darstellungen des Problems sind oft ereignisbezogen, bleiben überwiegend auf der Erscheinungsebene und verweisen höchst selten auf seine strukturellen Hintergründe.

Trotzdem gibt es auch gewisse Lichtblicke: Wie es scheint, ist die Bevölkerung der sozioökonomischen Ungleichheit hierzulande gegenüber zuletzt sensibler geworden und weist dem Staat heute vermehrt die Aufgabe zu, Einkommens- und Vermögensunterschiede zu begrenzen. „Ganz offenbar begegnen die Bürgerinnen und Bürger der steigenden Ungleichheit und der damit verbunde-

163 Vgl. Ralf Dahrendorf, Über den Ursprung der Ungleichheit unter den Menschen, in: ders., Pfade aus Utopia. Arbeiten zur Theorie und Methode der Soziologie, München 1974, S. 354

164 Patrick Sachweh, Deutungsmuster sozialer Ungleichheit. Wahrnehmung und Legitimation gesellschaftlicher Privilegierung und Benachteiligung, Frankfurt am Main/New York 2010, S. 285 (Hervorh. im Original)

nen Debatte um soziale Gerechtigkeit mit zunehmenden Forderungen nach staatlichen Aktivitäten zur Reduktion der Einkommensunterschiede."[165] Erforderlich sind allerdings noch mehr öffentliche Aufmerksamkeit für Prekarisierungs-, Marginalisierungs- bzw. Pauperisierungsprozesse sowie eine höhere Sozialmoral, die aufgrund der Wohnungsnot und des Mietwuchers in Großstädten wie Ballungsgebieten allmählich bis in die Mittelschicht reichende Desintegrations-, Exklusions- und Deprivationstendenzen als Gefahr für den gesellschaftlichen Zusammenhalt begreift.

Deshalb müssen baldmöglichst überzeugende Alternativen zur sozioökonomischen Spaltung, zur strukturellen Fragmentierung und zur autoritären Formierung der Gesellschaft entwickelt und anschließend entsprechende Reformmaßnahmen für die Mehrheit der Bevölkerung verwirklicht werden. Vordringlich ist die Beantwortung der Verteilungsfrage im Sinne größerer sozialer Gerechtigkeit, womit ein Glaubwürdigkeitstest für Parteien einhergeht, die behaupten, den gesellschaftlichen Zusammenhalt wahren sowie Armut und Ausgrenzung von Minderheiten wirkungsvoll bekämpfen zu wollen.[166] Hoffnung macht die Möglichkeit staatlicher Eingriffe zugunsten eines sozialen Ausgleichs. So belegte Hartmut Kaelble in seiner Studie über die Entwicklung der sozialen Ungleichheit in Europa vom 20. Jahrhundert bis zur Gegenwart anhand zahlreicher historischer Beispielfälle, „dass soziale Ungleichheit im Kapitalismus nicht primär durch Kriege und Krisen, sondern eher durch die Interventionen von Regierungen abgemildert werden konnte und kann."[167]

Auf den ersten Blick scheint es vielleicht so, als sei es vordringlicher, die ökologischen Probleme zu lösen, als eine sozialökonomische Transformation und eine Überwindung des Kapitalismus in Angriff zu nehmen, anders gesagt: als ginge die Gattungsfrage (Sicherung der Existenzgrundlagen durch Abwendung der Klimakatastrophe) der Klassenfrage (Aufhebung der kapitalistischen Ausbeutung und Beseitigung der sozioökonomischen Ungleichheit) voran. Schaut man jedoch genauer hin, wird schnell deutlich, dass nichts ökologische Nachhaltigkeit mehr verhindert als sozioökonomische Ungleichheit. Letztlich beschwört die für den Kapitalismus konstitutive Ungleichheit die ökologische Katastrophe geradezu herauf, weshalb dieses Wirtschafts- und Gesellschafts-

---

165 Dieter Fuchs/Edeltraud Roller, Einstellungen zu Demokratie und Sozialstaat, in: Bundeszentrale für politische Bildung/Statistisches Bundesamt (Destatis)/Wissenschaftszentrum Berlin für Sozialforschung (WZB) (Hrsg.), Datenreport 2018. Ein Sozialbericht für die Bundesrepublik Deutschland, Bonn 2018, S. 364

166 Vgl. Ulrich Schneider, Umsonst gibt es gar nichts: Umverteilen tut not, in: Christoph Butterwegge/Gudrun Hentges/Bettina Lösch (Hrsg.), Auf dem Weg in eine andere Republik?, a.a.O., S. 12

167 Siehe Hartmut Kaelble, Mehr Reichtum, mehr Armut. Soziale Ungleichheit in Europa vom 20. Jahrhundert bis zur Gegenwart, Frankfurt am Main/New York 2017, S. 50

system baldmöglichst überwunden werden muss, damit die Menschheit überleben kann.

Solange der Neoliberalismus in den mächtigsten Staaten der Welt die Wirtschaft ebenso dominiert wie die übrige Gesellschaft, wird es keine ökologische Nachhaltigkeit geben. Anders formuliert: Ohne mehr sozioökonomische Gleichheit kann es weder Gerechtigkeit noch Frieden mit der Natur geben. „In einem Kontext des Wettbewerbes und der sozialen Ungleichheit ist es wahrscheinlicher, dass ökologische Probleme nicht entschärft werden, sondern früher oder später zu einem Kollaps führen."[168] Ein „sozialliberales Wirtschaftsprogramm", wie es Christian Neuhäuser auf der Grundlage seiner Reichtumskritik formuliert,[169] reicht jedenfalls gerade angesichts des Klimawandels nicht aus. Nötig ist vielmehr eine umfassende System-, also Fundamentalkritik, welche die destruktiven Folgen kapitalistischen Wirtschaftens anprangert und Alternativen benennt, die über das bestehende Gesellschaftssystem hinausweisen. „Sozialer" bzw. „Rheinischer Kapitalismus", wie ihn Paul Collier bzw. Franz Meurer, Jochen Ott und Peter Sprong als Ziel bestimmen,[170] ist ebenfalls weder eine Alternative zum Finanzmarktkapitalismus noch eine Lösung für dessen Kardinalproblem, die sozioökonomische Ungleichheit im eigenen Land und weltweit.

Mehr sozioökonomische Gleichheit ist wirtschaftlich sinnvoll, ökologisch notwendig, moralisch geboten, verteilungsgerecht und politisch möglich. Natürlich müssen nicht alle Menschen gleich viel haben, wie der US-amerikanische Philosoph Harry Gordon Frankfurt mit wenig stichhaltigen Argumenten untermauert.[171] Das hat aber auch nie jemand, der ernsthaft über eine konkrete Utopie der Gleichheit nachdenkt, behauptet. Nur darf die sozioökonomische Ungleichheit nicht so groß werden, dass sie den gesellschaftlichen Zusammenhalt gefährdet und es die Republik zerreißt. Genau das ist aber zuletzt nach dem schlechten Vorbild der Vereinigten Staaten hierzulande geschehen und muss dringend rückgängig gemacht werden. Ein spitzfindiger Antiegalitarismus, der im philosophischen Gewand des Besserwissens auftritt, ist dabei keine Hilfe, sondern neben den Partikularinteressen von materiell Privilegierten, Bessersituierten und Besitzenden, die alle politischen Ideale einer gerechten Ordnung durch lobbyistische Einflussnahme zu verdrängen oder zu unterdrücken suchen, der größte Hemmschuh.

---

168 Davide Brocchi, Nachhaltigkeit und soziale Ungleichheit. Warum es keine Nachhaltigkeit ohne soziale Gerechtigkeit geben kann, Wiesbaden 2019, S. 52

169 Siehe Christian Neuhäuser, Reichtum als moralisches Problem, a.a.O., S. 252

170 Vgl. Franz Meurer/Jochen Ott/Peter Sprong, Rheinischer Kapitalismus. Eine Streitschrift für mehr Gerechtigkeit, Köln 2014; Paul Collier, Sozialer Kapitalismus! – Mein Manifest gegen den Zerfall unserer Gesellschaft, München 2019

171 Vgl. Harry G. Frankfurt, Ungleichheit. Warum nicht alle gleich viel haben müssen, Berlin 2016

6.6.1 Abschottung gegen Armut: Entwicklung des Mindestlohns zu einem Lebenslohn

Aus dem Umstand, dass die Armut nicht mehr nur Erwerbslose trifft, sondern in Teilbereiche der Lohnarbeit vorgedrungen ist, haben CDU, CSU und SPD nach langer Anlaufzeit die Konsequenz eines gesetzlichen Mindestlohns gezogen. Genau zehn Jahre nach Hartz IV trat am 1. Januar 2015 das *Tarifautonomiestärkungsgesetz* in Kraft, dessen Artikel 1 das *Gesetz zur Regelung eines allgemeinen Mindestlohns* (Mindestlohngesetz – MiLoG) bildet. Fortan galt ein allgemeiner gesetzlicher Mindestlohn, der nach zwei Jahren erstmals erhöht wurde und am 1. Januar 2019 auf 9,19 Euro brutto pro Stunde und am 1. Januar 2020 auf 9,35 Euro brutto pro Stunde stieg. Die untersten Einkommensgruppen haben vom Mindestlohn am meisten profitiert und nach dessen Einführung deutlich zugelegt, obwohl selbst laut einer konservativen DIW-Schätzung ca. 1,3 Millionen anspruchsberechtigte Personen im Rahmen einer Hauptbeschäftigung im Jahr 2017 unterhalb des seinerzeit gültigen Satzes von 8,84 Euro brutto pro Stunde verdienten.[172]

Zwar hat der Mindestlohn die Massenkaufkraft gestärkt und die Binnenkonjunktur belebt, weniger erfolgreich war er allerdings bei der Armutsbekämpfung, einem wichtigen Ziel verbindlicher Lohnuntergrenzen. Die größte Schwachstelle des Mindestlohns liegt vermutlich darin, dass er nicht politisch, sondern auf der Grundlage des Votums einer paritätisch von Arbeitgebern und Gewerkschaften, einem „neutralen" Vorsitzenden sowie zwei nicht stimmberechtigten Wissenschaftler(inne)n besetzten Kommission festgelegt wird, die sich dabei nachlaufend an der Tariflohnentwicklung orientiert. Schließlich ist ein gesetzlicher Mindestlohn in Deutschland hauptsächlich deshalb nötig, weil die Gewerkschaften in vielen Branchen inzwischen zu schwach sind, um ausreichend hohe Tariflohnsteigerungen durchzusetzen.

War das Arbeitslosengeld II nach dem „Kombilohn"-Muster so konstruiert, dass seine Bezieher/innen zusätzlich erwerbstätig sein müssen, um menschenwürdig leben zu können, ist der großkoalitionäre Mindestlohn analog so konstruiert, dass ergänzend Arbeitslosengeld II bezogen werden muss, weil seine Höhe kaum zur Deckung des Lebensunterhalts ausreicht. Schließlich muss man über den Lohn sowohl Miete wie Heizkosten erwirtschaften, die bislang das Jobcenter bezahlt hat; zweitens die Differenz zwischen dem Kindergeld und dem Hartz-IV-Regelsatz für Kinder. Außerdem entfällt das Bildungs- und Teilhabepaket (BuT) mit seinen ergänzenden Leistungen, die von A (Ausflugsfinanzierung) bis Z (Zuschuss zum gemeinschaftlichen Mittagessen) reichen.

172 Vgl. Alexandra Fedorets/Markus M. Grabka/Carsten Schröder, Mindestlohn: Nach wie vor erhalten ihn viele anspruchsberechtigte Beschäftigte nicht, in: DIW-Wochenbericht 28/2019, S. 486 und 484

Folglich sind die Hürden ziemlich hoch – mit dem Mindestlohn allein ist das kaum zu schaffen, höchstens mit Hilfe von Wohngeld und Kinderzuschlag. Schon gar nicht war der Mindestlohn so hoch, dass es Arbeitnehmer(inne)n bei einer 40-Stunden-Woche gelingen konnte, die Niedriglohnschwelle von zwei Dritteln des Medianverdienstes, d.h. des mittleren Monatseinkommens aller Beschäftigten (ca. 1.800 Euro brutto) zu überwinden.

Nach der Einführung des Mindestlohns ging die Anzahl der „Erwerbsaufstocker/innen“ nur wenig zurück, und Geringverdiener/innen mit Kindern, die in einer Großstadt mit den heute üblichen hohen Mieten wohnen, hatten praktisch keine Chance, der Hartz-IV-Abhängigkeit durch Anhebung ihres Lohns auf die gesetzlich vorgeschriebene Mindesthöhe zu entkommen. Sie müssen nach wie vor die Grundsicherung für Arbeitsuchende in Anspruch nehmen und den entwürdigenden Gang zum örtlichen Jobcenter antreten. Der geltende Mindestlohn reicht weder aus, um die Erwerbs-, Familien- und Kinderarmut in Deutschland einzudämmen, noch hat er der Grundsicherung für Arbeitsuchende die Giftzähne gezogen: Sowohl rigide Zumutbarkeitsregeln wie auch drakonische Sanktionen, die den Niedriglohnsektor boomen lassen, blieben nämlich bestehen.

Durch den großkoalitionären Mindestlohn wurde höchstens eine weitere Lohnspreizung verhindert und der Niedriglohnsektor zwar nach unten abgedichtet, aber nicht eingedämmt oder gar abgeschafft, was jedoch nötig wäre, um Armut und soziale Ausgrenzung wirksam zu bekämpfen. Nur durch einen Mindestlohn in existenzsichernder Höhe, die Streichung sämtlicher (besonders vulnerable Gruppen wie Langzeitarbeitslose, Jugendliche ohne Berufsabschluss und Kurzzeitpraktikanten treffender) Ausnahmen sowie eine flächendeckende Überwachung durch die zuständige Finanzkontrolle Schwarzarbeit des Zolls könnten bewirken, dass der Mindestlohn überall ankommt. „Gleichzeitig müssen die Möglichkeiten von Beschäftigten, ihre Mindestlohnansprüche gegenüber den Unternehmen durchzusetzen, gestärkt werden.“[173] Thorsten Schulten, Referent für Arbeits- und Tarifpolitik in Europa am Wirtschafts- und Sozialwissenschaftlichen Institut der Hans-Böckler-Stiftung, und Claudia Weinkopf, die der Mindestlohnkommission als von den Gewerkschaften benannte Wissenschaftlerin angehört, dachten hierbei an ein Verbandsklagerecht und eine Kontrollinstitution nach britischem Vorbild. Außerdem ist eine bedarfsgerechte, armutsfeste und repressionsfreie Grundsicherung nötig, wenn die Würde der Arbeit wiederhergestellt und Armut verhindert werden soll.

Damit der Mindestlohn seine Wirkung als Instrument zur Armutsbekämpfung entfalten und zur Verringerung der sozioökonomischen Ungleichheit

173 Thorsten Schulten/Claudia Weinkopf, Die Einführung des gesetzlichen Mindestlohns – eine erste Zwischenbilanz, in: Stefan Körzell/Claudia Falk (Hrsg.), Kommt der Mindestlohn überall an? – Eine Zwischenbilanz, Hamburg 2015, S. 90

beitragen kann, sollte er zu einem „Lebenslohn" (living wage) fortentwickelt werden, der nicht bloß die Existenz, sondern auch die Teilnahme am gesellschaftlichen Leben ermöglicht. Thorsten Schulten schlug dafür als Untergrenze die in der Europäischen Union geltende Armutsgefährdungsschwelle von 60 Prozent des Medianeinkommens vor.[174] Dies hieße für Deutschland, dass der Mindestlohn in nächster Zeit auf über 12 Euro steigen müsste. Wenn jemand 45 Jahre lang mit 38,5 Arbeitsstunden pro Woche vollzeitbeschäftigt ist, muss er nach Auskunft der Bundesregierung sogar einen Bruttostundenlohn in Höhe von 12,63 Euro verdienen, um nach Beendigung seines Erwerbslebens nicht auf die Grundsicherung im Alter angewiesen zu sein. Statt die enorme Differenz zwischen der Höhe des geltenden Mindestlohns und dem zwecks Vermeidung von Altersarmut notwendigen Soll-Betrag zu kommentieren, fügte die Parlamentarische Staatssekretärin im Arbeits- und Sozialministerium an ihre oben wiedergegebene Antwort auf eine Kleine Anfrage groteskerweise folgenden Satz an: „Diese Betrachtung vernachlässigt allerdings die zusätzliche Altersvorsorge, mit der eine deutlich höhere Gesamtversorgung erzielt werden kann."[175] Als ob ein zum Mindestlohn beschäftigter Arbeitnehmer im Regelfall von seinem Gehalt noch private, finanzmarktabhängige Altersvorsorge betreiben würde, zumal ihm deren Ertrag (mit Ausnahme eines kleinen Freibetrages) auf die Grundsicherung angerechnet würde!

Der Berliner Arbeitsmarktforscher Günther Schmid wies überdies darauf hin, dass mehr als ein höherer Mindestlohn nötig ist, damit Familien in materieller Sicherheit und Würde leben können: „Nur in Verbindung mit einer bedarfsgerechten öffentlichen Infrastruktur, einer Begrenzung armutsgefährdender Beschäftigungsverhältnisse (vor allem unfreiwilliger Teilzeitarbeit oder Solo-[Schein-]Selbstständigkeit) und einer die individuellen Lebensschicksale ausgleichenden Umverteilung wird der Mindestlohn sein Gerechtigkeitspotenzial entfalten können."[176]

Armutsverschärfend wirkt gegenwärtig, „dass in Deutschland kein flächendeckendes Netz von tariflichen Mindeststandards zur Einkommensfestsetzung mehr existiert, auch wenn sich ein Teil der nicht an Tarifverträge gebundenen Arbeitgeber an den bestehenden Branchentarifverträgen orientiert."[177] Ohne in

---

174 Thorsten Schulten, „Living Wages" oder Armutslöhne? – Ziele einer europäischen Mindestlohnpolitik, in: WSI-Mitteilungen 1/2016, S. 72

175 Antwort der Parlamentarischen Staatssekretärin Annette Kramme vom 7. Mai 2018 auf eine Kleine Anfrage der Abgeordneten Susanne Ferschl (DIE LINKE), in: BT-Drs. 19/2083, S. 54

176 Günter Schmid, Mindestlohn – ein gerechter Lohn?, Plädoyer für einen Autonomie stärkenden Mindestlohn, in: Abteilung Wirtschafts- und Sozialpolitik der Friedrich-Ebert-Stiftung (Hrsg.), WISO Diskurs 18, Bonn 2018, S. 24

177 Siehe Reinhard Bispinck/Claus Schäfer, Niedriglöhne und Mindesteinkommen: Daten und Diskussionen in Deutschland, in: Thorsten Schulten/Reinhard Bispinck/Claus Schäfer (Hrsg.), Mindestlöhne in Europa, Hamburg 2006, S. 271

der Summe als weitgespanntes Sicherungsnetz für die Beschäftigten fungierende Flächentarife nähert sich die Bezahlung selbst qualifizierter Arbeitskräfte durch Arbeitgeber, die Lohndumping betreiben, leicht dem Mindestlohn an: „Denn Mindestlöhne setzen nur Untergrenzen, während die einkommenspolitische Mitte nur über Tarifverträge stabilisiert werden kann."[178]

Für den LINKEN-Vorsitzenden Bernd Riexinger ist der „Kampf für eine grundlegende Veränderung der Arbeitswelt" das Herzstück einer „neuen verbindenden Klassenpolitik", die sich für eine „neue Regulierungsform" und ein „neues Normalarbeitsverhältnis" einsetzt. Als wichtiges Etappenziel nennt Riexinger „sichere, planbare und unbefristete, tariflich bezahlte, sozial abgesicherte, selbstbestimmtere und demokratisch mitgestaltete Arbeit für alle."[179] Da die Aushöhlung bzw. Erosion des Normalarbeitsverhältnisses maßgeblich zur Verbreitung von Armut beigetragen hat, ist die Festigung des Flächentarifvertrages, der vornehmlich in Ostdeutschland kaum noch Breitenwirkung entfaltet, ein weiteres Element ihrer wirkungsvollen und nachhaltigen Bekämpfung. Tarifverträge müssen durch Erleichterung der Allgemeinverbindlichkeitserklärung wieder ihre gesellschaftliche Normsetzungswirkung entfalten, Minijobs in sozialversicherungspflichtige Beschäftigungsverhältnisse umgewandelt, alle sachgrundlosen Befristungen beseitigt und Leiharbeitsverhältnisse entweder ganz verboten oder stärker reguliert werden.

6.6.2 Solidarische Bürgerversicherung und soziale Mindestsicherung für einen inklusiven Sozialstaat

Wenn man Inklusion nicht bloß als systemtheoretischen Schlüsselbegriff und (sozial)pädagogisches Prinzip, sondern auch – in sehr viel umfassenderem Sinne – als gesellschaftspolitisches Kernparadigma begreift, muss ein inklusiver Wohlfahrtsstaat, der eine gleichberechtigte Partizipation aller Wohnbürger/innen am gesellschaftlichen Reichtum wie am sozialen, politischen und kulturellen Leben ermöglicht, das Ziel sein. Statt eines „Um-" bzw. Ab- oder Rückbaus des Wohlfahrtsstaates wäre ein Ausbau des bestehenden Systems zu einer Sozialversicherung für alle Bewohner/innen nötig. Dabei geht es im Unterschied zu einem bedingungslosen Grundeinkommen, das die sozioökonomische Ungleichheit nicht abschaffen, sondern zementieren und womöglich ver-

178 Gerhard Bosch, Neuordnung des deutschen Arbeitsmarkts, in: Klaus Dörre/Kerstin Jürgens/Ingo Matuschek (Hrsg.), Arbeit in Europa. Marktfundamentalismus als Zerreißprobe, Frankfurt am Main/New York 2014, S. 104

179 Siehe Bernd Riexinger, Neue Klassenpolitik. Solidarität der Vielen statt Herrschaft der Wenigen, 3. Aufl. Hamburg 2019, S. 128 und 130

schärfen würde,[180] nicht um einen Systemwechsel, sondern um eine durchdachte Weiterentwicklung des bestehenden Sozialsystems, verbunden mit innovativen Lösungen für Problemlagen, die aus den sich stark wandelnden Arbeits- und Lebensbedingungen resultieren.

An die Stelle der bisherigen Arbeitnehmer- muss eine *allgemeine*, *einheitliche* und *solidarische* Bürgerversicherung treten. *Allgemein* zu sein heißt, dass sie im Sinne einer Bürger*sozial*versicherung sämtliche dafür geeigneten Versicherungszweige übergreift: Kranken-, Pflege- und Rentenversicherung müssten gemeinsam und nach denselben Organisationsprinzipien restrukturiert werden. Selbst aus rein taktischen Erwägungen ist es nicht sinnvoll, die öffentliche Debatte über eine Bürgerversicherung auf *einen* Versicherungszweig zu beschränken, wie es viele Befürworter/innen dieser Reformoption tun. Hingegen stellt die Gesetzliche Unfallversicherung insofern einen Sonderfall dar, als sie sich nur aus Beiträgen der Arbeitgeber (und staatlichen Zuschüssen) speist.

Einheitlich zu sein heißt in diesem Zusammenhang, dass neben der gesetzlichen Bürgerversicherung keine mit ihr konkurrierenden Versicherungssysteme existieren. Private Versicherungsunternehmen müssten sich auf die Abwicklung bestehender Verträge (Bestandsschutz), mögliche Ergänzungsleistungen und Zusatzangebote beschränken. Damit bliebe auch nach der Gesundheitsreform neuen Typs ein weites Betätigungsfeld für die Privatassekuranz erhalten; ihre Existenz wäre also nicht gefährdet.

Solidarisch zu sein heißt, dass die Bürgerversicherung zwischen den ökonomisch unterschiedlich Leistungsfähigen einen sozialen Ausgleich herstellt. Nicht bloß auf Löhne und Gehälter, sondern auf sämtliche Einkunftsarten (Zinsen, Dividenden, Tantiemen sowie Miet- und Pachterlöse) wären Beiträge zu erheben. Entgegen einem verbreiteten Missverständnis bedeutet dies nicht, dass Arbeitgeberbeiträge entfallen würden.

Nach oben darf es im Grunde weder eine Versicherungspflichtgrenze noch Beitragsbemessungsgrenzen geben, die es privilegierten Personengruppen erlauben, in exklusive Sicherungssysteme auszuweichen und sich ihrer Verantwortung für sozial Benachteiligte (ganz oder teilweise) zu entziehen. Hinsichtlich der Beitragsbemessungsgrenzen stünde zumindest eine deutliche Erhöhung an. Umgekehrt müssen jene Personen finanziell aufgefangen werden, die den nach der Einkommenshöhe gestaffelten Beitrag nicht entrichten können. Vorbild dafür könnte die Gesetzliche Unfallversicherung sein. Dort dient der Staat quasi als Ausfallbürge für Landwirte, Unfall-, Zivilschutz- und Katastrophen-

180 Vgl. hierzu ausführlicher: Christoph Butterwegge, Weder gerecht noch sozial. Das bedingungslose Grundeinkommen schafft mehr Probleme, als es löst, in: ders./Kuno Rinke (Hrsg.), Grundeinkommen kontrovers. Plädoyers für und gegen ein neues Sozialmodell, Weinheim/Basel 2018, S. 202 ff.

helfer/innen sowie Blut- und Organspender/innen, aber auch für Kinder in Tagesbetreuung, Schüler/innen und Studierende.[181]

*Bürger*versicherung heißt, dass alle Personen aufgenommen werden, und zwar unabhängig davon, ob sie erwerbstätig sind oder nicht. Da sämtliche Wohnbürger/innen in das System einbezogen wären, blieben weder Selbstständige, Freiberufler/innen, Beamte, Abgeordnete und Minister noch Ausländer/innen mit Daueraufenthalt in der Bundesrepublik außen vor. Einerseits geht es darum, die Finanzierungsbasis des bestehenden Sozialsystems zu verbreitern, andererseits darum, den Kreis seiner Mitglieder zu erweitern. Denn ihre wichtigste Rechtfertigung erfährt die Bürgerversicherung dadurch, dass sie den längst fälligen Übergang zu einem die gesamte Wohnbevölkerung einbeziehenden, Solidarität im umfassendsten Sinn garantierenden Sicherungssystem verwirklicht.

Bürger*versicherung* zu sein bedeutet schließlich, dass es sich um eine *Versicherungs*lösung handelt, also gewährleistet sein muss, dass ihre Mitglieder, soweit sie dazu finanziell in der Lage sind, Beiträge entrichten und entsprechend geschützte Ansprüche erwerben. Natürlich muss sich der Staat mit Steuergeldern am Auf- und Ausbau einer Bürgerversicherung beteiligen. Auf die öffentlichen Haushalte kämen dadurch erhebliche finanzielle Belastungen zu, die mit Hilfe einer sozial gerechteren, sich stärker an der ökonomischen Leistungsfähigkeit der Bürger/innen orientierenden Steuer- und Finanzpolitik leichter zu tragen wären. Dies gilt auch im Hinblick auf Sozialversicherungsbeiträge, wie sie vor allem die Bundesländer für ihre Beamt(inn)en zu zahlen hätten, wenn diese in eine Bürgerversicherung einbezogen würden.

Die skizzierte „Bürgerversicherung" würde zum Einfallstor für einen Modell- bzw. Paradigmenwechsel der Sozialpolitik, wäre sie nicht nach dem Versicherungsprinzip konstruiert, sondern ausschließlich oder überwiegend steuerfinanziert. Eine solidarische Bürgerversicherung bedeutet keinen Systemwechsel. Vielmehr verschwände der Widerspruch, dass sich fast nur abhängig Beschäftigte im sozialen Sicherungssystem befinden und auch nur bis zu einem Monatseinkommen von höchstens 6.700 Euro in West- und 6.150 Euro in Ostdeutschland (2019). Über diese Bemessungsgrenze hinaus entrichten Versicherte (und ihre Arbeitgeber) überhaupt keine Beiträge zur Renten- und Arbeitslosenversicherung. Die Gesetzliche Kranken- und die Soziale Pflegeversicherung können sie bei Überschreiten der Versicherungspflicht- bzw. -fluchtgrenze von 5062,50 Euro (2019) sogar verlassen.

Mit dieser systemwidrigen Begrenzung der Solidarität auf Normal- und Schlechterverdienende muss die Bürgerversicherung brechen. Wohl das schlagendste Argument für die Bürgerversicherung liefert ihr hohes Maß an Gerech-

181 Vgl. dazu: Tobias Schlaeger/Myra Linder, Unfallversicherung für Kinder in Tagesbetreuung, Schüler und Studierende, Baden-Baden 2011

tigkeit und sozialem Ausgleich. Durch die Berücksichtigung anderer Einkunftsarten würde der Tatsache endlich Rechnung getragen, dass *Arbeits*einkommen für einen Großteil der Bevölkerung nicht mehr die einzige und häufig nicht mehr die wichtigste Lebensgrundlage bilden. Daraus ergibt sich die Frage, warum der riesige private Reichtum nicht stärker an der Finanzierung des sozialen Sicherungssystems beteiligt werden sollte.

Mittels der allgemeinen, einheitlichen und solidarischen Bürgerversicherung würden die Nachteile des deutschen Sozial(versicherungs)staates kompensiert, ohne dass seine spezifischen Vorzüge liquidiert werden müssten. Basieren könnte sie auf dem von Thomas Humphrey Marshall kurz nach dem Zweiten Weltkrieg entwickelten Konzept sozialer Staatsbürgerrechte.[182] Eine soziale Bürgergesellschaft bindet die Teilhabe ihrer Mitglieder an soziokulturelle und materielle Mindeststandards, deren Gewährleistung dem Wohlfahrtsstaat obliegt. Auf diese Weise würden soziale Sicherheit und Verteilungsgerechtigkeit gleichermaßen zum konstitutiven Bestandteil einer Form der Demokratie, die mehr beinhaltet als den regelmäßigen Gang zur Wahlurne, das leidliche Funktionieren des Parlaments und die Existenz einer unabhängigen Justiz. Es geht um die „sozialstaatliche Universalisierung der Bürgerrechte“, wie es Jürgen Habermas treffend formuliert hat.[183]

Walter Hanesch, Peter Krause, Gerhard Bäcker, Michael Maschke und Birgit Otto betrachteten die Einführung einer bedarfsorientierten Grundsicherung im zweiten Armutsbericht, den die Hans-Böckler-Stiftung, der DGB und der Paritätische Wohlfahrtsverband gegen Ende der 1990er-Jahre in Auftrag gegeben hatten, als Zwischenschritt auf dem Weg zu einer Volks- bzw. Bürgerversicherung: „Aufgabe eines solchen Systems wäre es, die versicherungsförmigen Leistungen bei den Standardrisiken Alter, Invalidität, Arbeitslosigkeit oder Krankheit durch steuerfinanzierte Bedarfsleistungen zu ergänzen, um Armut nicht länger institutionell auszugrenzen, sondern innerhalb der Institutionen zu bekämpfen, die bei dem betreffenden Risiko bzw. Lebenstatbestand für die Sicherung zuständig sind.“[184] Gleichzeitig betonten die Verfasser und die Verfasserin des Armutsberichts jedoch, „dass eine Grundsicherung, auch wenn sie gegenüber der bisherigen Sozialhilfe bessere Bedingungen aufweist, nur die zweitbeste Lösung gegenüber ausreichenden und eigenständigen Versicherungsleistungen wäre.“[185]

182 Vgl. Thomas H. Marshall, Bürgerrechte und soziale Klassen. Zur Soziologie des Wohlfahrtsstaates, Frankfurt am Main/New York 1992

183 Siehe Jürgen Habermas, Die nachholende Revolution, Frankfurt am Main 1990, S. 192

184 Walter Hanesch u. a., Armut und Ungleichheit in Deutschland. Der neue Armutsbericht der Hans-Böckler-Stiftung, des DGB und des Paritätischen Wohlfahrtsverbands, Reinbek bei Hamburg 2000, S. 569

185 Ebd., S. 571

Die allgemeine, einheitliche und solidarische Bürgerversicherung schließt eine bedarfsorientierte Mindestsicherung für sämtliche Wohnbürger/innen, die ausnahmslos Mitglieder des neuen, erweiterten Sicherungssystems sein sollten, ein. Sie muss deutlich über dem Niveau der heutigen Grundsicherung liegen und eine weder durch Existenzangst bestimmte noch von Ausgrenzung bedrohte Teilhabe am gesellschaftlichen und kulturellen Leben ermöglichen.

Damit die Bürgerversicherung auf der Finanzierungsseite wirken kann, muss eine Mindestsicherungsregelung auf der Leistungsseite das Risiko von Armut, Unterversorgung und sozialer Ausgrenzung angehen. Nur durch eine bedarfsgerechte, armutsfeste und repressionsfreie Grundsicherung, die ohne Sanktionen auskommt und den Namen im Unterschied zu Hartz IV wirklich verdient, lässt sich die Würde sozial Benachteiligter wiederherstellen. Denn eine soziale Bürgergesellschaft bindet die Teilhabe ihrer Mitglieder an hohe soziokulturelle und materielle Standards, deren Gewährleistung dem Wohlfahrtsstaat obliegt. Auf diese Weise würde soziale Sicherheit bzw. Verteilungsgerechtigkeit zum konstitutiven Bestandteil einer neuen Form der Demokratie, die mehr beinhaltet als den regelmäßigen Gang zur Wahlurne, das Funktionieren der Parlamente und die Existenz einer unabhängigen Justiz.

6.6.3 Abschöpfung des Reichtums: Vergesellschaftung und/oder Umverteilung von oben nach unten?

Der britische Universalhistoriker Eric Hobsbawm hat gegen Ende seines 1994 erschienenen Werkes *Age of Extremes* über die Weltgeschichte des 20. Jahrhunderts angemerkt, dass es den entwickelten Industrieländern nicht mehr wie zu Zeiten von Adam Smith primär um die Mehrung des Wohlstandes der Nationen gehen dürfe, sondern dass es heute darum gehen müsse, wie man ihn zum Wohle aller Bürger/innen umverteile, und im Glauben an die menschliche Vernunft prophezeit: „Soziale Umverteilung und nicht so sehr Wachstum wird die Politik des neuen Jahrtausends bestimmen. Die marktunabhängige Zuteilung von Ressourcen, oder zumindest eine scharfe Beschränkung der marktwirtschaftlichen Verteilung, wird unumgänglich sein, um der drohenden ökologischen Krise die Spitze zu nehmen. Und auf die eine oder andere Weise wird das Schicksal der Menschheit im neuen Jahrtausend vom Wiederaufbau der öffentlichen Institutionen abhängig sein."[186] Schon damals war Hobsbawm also klar, dass die sozioökonomische Ungleichheit zur globalen Umweltkatastrophe führen muss und dass die zur Rettung der menschlichen Existenzgrundlagen nötige Klimawende sowohl eine Abkehr vom Neoliberalismus wie auch einen

186 Eric Hobsbawm, Das Zeitalter der Extreme. Weltgeschichte des 20. Jahrhunderts, München/Wien 1995, S. 711

verteilungspolitischen Kurswechsel und eine umfassende Wiederherstellung der öffentlichen Daseinsvorsorge erfordert.

Ob sich die Ungleichheit in Zukunft weiter verschärft oder abschwächt, hängt maßgeblich davon ab, ob und was dagegen auf unterschiedlichen Politikfeldern unternommen wird. Irene Becker konstatierte denn auch, dass ohne Gegensteuern im politischen Raum „mit keiner Richtungsumkehr in der Verteilungsentwicklung, bei künftigen wirtschaftlichen Problemen sogar mit erneuter Verschärfung des Verteilungsproblems zu rechnen" sei.[187] Seit geraumer Zeit mehren sich jedoch die Ratschläge, wie der sozioökonomischen Ungleichheit begegnet und der gesellschaftliche Zusammenhalt gestärkt werden kann. Wenn die zunehmende Ungleichheit primär eine Folge der neoliberalen Modernisierung unserer Gesellschaft ist, kann sie nur durch die Beseitigung oder die Milderung der Folgen dieses Prozesses mit Erfolg bekämpft werden. Gegen die „Globalisierung der Unsicherheit", welche der im Mai 2018 verstorbene Berliner Politikwissenschaftler Elmar Altvater gemeinsam mit seiner Lebensgefährtin und Ökonomin Birgit Mahnkopf kurz nach der Jahrtausendwende diagnostiziert haben,[188] muss die Forderung nach einer anderen, nicht von Verwertungs- und Machtinteressen bestimmten Variante der Globalisierung, zumindest aber nach deren sozialer Abfederung gesetzt werden.

Kurzfristig geht es vor allem darum, die Umverteilung von unten nach oben, wie sie die Regierungsparteien in der Bundesrepublik seit 1974/75 betrieben haben, zu stoppen. „Gerade weil es ohnehin Ungleichheit gibt, sollte zusätzliche von der Politik und durch einseitige Machtverhältnisse am Arbeitsmarkt geförderte Ungleichheit strikt vermieden werden."[189] Um dem Zerfall unserer Gesellschaft wirksam Einhalt zu gebieten, muss alles vermieden werden, was die sozioökonomische Ungleichheit erhöht und die Klassenspaltung zementiert, in denen sich diese materialisiert. Der britische Ökonom Paul Collier lehnte in diesem Zusammenhang jede Ideologie ab,[190] merkte aber gar nicht, dass er damit selbst eine Ideologie – nämlich jene der (eigenen) Ideologielosigkeit – vertrat, die nur denjenigen in die Hände spielt, deren privilegierte Stellung mit dem Interesse an einer Bewahrung des gesellschaftlichen Status quo korreliert. Auch hat der von ihm propagierte Pragmatismus noch immer dazu geführt, dass sich die „moderate" Sozialdemokratie anpasste und das bestehende Wirtschafts- und Gesellschaftssystem nicht antastete.

---

187 Siehe Irene Becker, Zur Entwicklung der personellen Einkommens- und Vermögensverteilung in Deutschland, in: Kai Eicker-Wolf/Achim Truger (Hrsg.), Ungleichheit in Deutschland – ein „gehyptes Problem"?, Über die Verteilungsrealität und Möglichkeiten ihrer Gestaltung, Marburg 2017, S. 107

188 Siehe Elmar Altvater/Birgit Mahnkopf, Globalisierung der Unsicherheit. Arbeit im Schatten, schmutziges Geld und informelle Politik, Münster 2002

189 Heiner Flassbeck/Paul Steinhardt, Gescheiterte Globalisierung, a.a.O., S. 179

190 Vgl. Paul Collier, Sozialer Kapitalismus!, a.a.O., S. 18 ff.

Um beispielsweise durch einen verstärkten kommunalen Mietwohnungsbau nach dem Vorbild der traditionsreichen Gemeindebauten in Wien für mehr bezahlbare Wohnungen sorgen zu können, benötigt der Staat erheblich mehr Steuereinnahmen. Statt die bestehenden Steuerschlupflöcher zu Scheunentoren zu erweitern, wie dies bei der Erbschaft- und Schenkungsteuer geschah, müssten Parlament und Regierung auch mittels steuerpolitischer Entscheidungen eine Umverteilung von oben nach unten realisieren. Wer den gesellschaftlichen Zusammenhalt stärken will, muss die sozioökonomische Ungleichheit verringern und mehr Steuergerechtigkeit verwirklichen. Dazu sind die Wiedererhebung der Vermögensteuer, eine höhere Körperschaftsteuer, eine vor allem große Betriebsvermögen stärker zur Finanzierung des Gemeinwesens heranziehende Erbschaftsteuer, ein progressiver verlaufender Einkommensteuertarif mit einem höheren Spitzensteuersatz und eine auf dem persönlichen Steuersatz basierende Kapitalertragsteuer (Abschaffung der Abgeltungsteuer) nötig.

Armut kann im Rahmen der bestehenden Gesellschaftsordnung nicht durch zunehmenden Reichtum beseitigt werden, da beide systembedingt und integrale Bestandteile des Finanzmarktkapitalismus, aber auch zwei Seiten einer Medaille sind. Reichtum entsteht schließlich nicht *trotz* der Existenz von Armut, vielmehr gerade durch deren Erzeugung. Korrekturen der Sekundärverteilung durch eine Anhebung des Spitzensteuersatzes der Einkommensteuer oder die Einführung einer Millionärsteuer reichen allerdings längst nicht mehr aus, um die Kluft zwischen Arm und Reich zu schließen. Vielmehr sind auch tiefgreifende Strukturveränderungen nötig, was bisher selten thematisiert wird und nur in der öffentlichen Kontroverse über das genannte *Zeit*-Interview mit Kevin Kühnert breit diskutiert wurde.

Soll eine innerlich zerrissene Republik wieder zusammenfinden, muss vordringlich die sozioökonomische Ungleichheit verringert werden. Oskar Negt hob hervor, welch lange Tradition die Verteilungsgerechtigkeit als wesentliches Element eines Konsenses zur Erhaltung der Gesellschaft hat: „Die großen politischen Philosophen der griechischen und römischen Antike waren sich bewußt, daß für den Zusammenhalt des Gemeinwesens vor allem die extremen Ausschläge von Reichtum und Armut bekämpft werden müssen."[191]

Der gesellschaftliche Zusammenhalt kann nur durch gezielte Umverteilung von oben nach unten gestärkt werden, was harte Auseinandersetzungen zwischen mächtigen Interessengruppen, die früher als Klassenkämpfe bezeichnet worden wären, nicht ausschließt, sondern zur Voraussetzung hat. Man sollte sich auch nicht von Scheinalternativen, die (pseudo)linke Theoretiker/innen bisweilen zu erkennen glauben, täuschen lassen: Klassen- und Identitätspolitik sind ebenso wenig unvereinbare Gegensätze wie die Anerkennung kultureller Verschiedenheit, welche der Frankfurter Sozialphilosoph Axel Honneth in den

191 Oskar Negt, Arbeit und menschliche Würde, 2. Aufl. Göttingen 2002, S. 228

Mittelpunkt stellte, und die Umverteilung des materiellen Reichtums, der die US-amerikanische Philosophin Nancy Fraser das Wort redete.[192]

Per Molander vertrat die These, dass nicht die Ungleichheit erklärungsbedürftig sei, sondern die Gleichheit, und fragte: „Wie gelingt es manchen Gesellschaften, trotz der natürlichen Tendenz jeder Gesellschaft zur Ungleichheit, ein angemessenes Maß an Gleichheit beizubehalten?“[193] Die soziale Ungleichheit sei kein unabwendbares Schicksal, argumentierte der schwedische Mathematiker und Politikberater, sondern durch politische Entscheidungen beeinflussbar: „Ein Blick auf den Gini-Index für Einkommen und Vermögen von OECD-Ländern, die einander wirtschaftlich und sozial ähneln, weist auf große Unterschiede zwischen den Ländern hin – Unterschiede, die politischen Ursprungs sind.“[194]

Joseph Stiglitz hat darauf hingewiesen, dass der Kampf gegen die sozioökonomische Ungleichheit mehrdimensional sein, d. h. an unterschiedlichen Stellen ansetzen muss, und empfahl eine dreifach abgestufte, auf verschiedene Zielgruppen gemünzte Strategie: „Wir müssen die Exzesse an der Spitze zügeln, die Mitte stärken und den Unterprivilegierten helfen.“[195] Wenn man die beiden zuletzt genannten Teilziele verfolgt, ohne das kapitalistische System selbst in Frage zu stellen, zementiert man es allerdings. Überzeugender wirken daher manche der 15 Vorschläge zur Milderung der sozioökonomischen Ungleichheit, die Anthony B. Atkinson in seinem Standardwerk zu diesem Thema unterbreitet hat.[196] Entscheidend für die Realisierung einer sozialen Bürger- bzw. Zivilgesellschaft ist, ob es in Zukunft gelingt, das gesellschaftliche Klima im Rahmen einer politischen (Gegen-)Mobilisierung zu verbessern und eine neue Kultur der Solidarität zu entwickeln, die Zuwanderer und ethnische Minderheiten genauso selbstverständlich umfasst wie einheimische (Langzeit-)Arbeitslose und Arme. Kooperation statt Konfrontation, Inklusion statt Exklusion, Öffnung statt Schließung nach außen lauten die Leitlinien einer Gesellschaftspolitik, die den Globalisierungsprozess nicht ohnmächtig begleitet, sondern eigene Impulse setzt, um das wohlfahrtsstaatliche Arrangement von den nationalstaatlichen Beschränkungen zu befreien.

---

192 Vgl. Nancy Fraser/Axel Honneth, Umverteilung oder Anerkennung?, Eine politisch-philosophische Kontroverse, Frankfurt am Main 2003

193 Per Molander, Die Anatomie der Ungleichheit. Woher sie kommt und wie wir sie beherrschen können, Frankfurt am Main 2017, S. 185

194 Ebd., S. 186

195 Joseph Stiglitz, Der Preis der Ungleichheit. Wie die Spaltung der Gesellschaft unsere Zukunft bedroht, 3. Aufl. München 2012, S. 62

196 Vgl. Anthony B. Atkinson, Ungleichheit. Was wir dagegen tun können, Stuttgart 2016, S. 149 ff.

Literaturauswahl

Einführungs-, Grundlagen- und Überblicksliteratur

Barlösius, Eva: Kämpfe um soziale Ungleichheit. Machttheoretische Perspektiven, Wiesbaden 2004

Berger, Johannes: Wirtschaftliche Ungleichheit. Zwölf Vorlesungen, Wiesbaden 2019

Berger, Peter A./Schmidt, Volker H. (Hrsg.): Welche Gleichheit, welche Ungleichheit? – Grundlagen der Ungleichheitsforschung, Wiesbaden 2004

Bieling, Hans-Jürgen: Dynamiken sozialer Spaltung und Ausgrenzung. Gesellschaftstheorien und Zeitdiagnosen, Münster 2000

Bude, Heinz/Staab, Philipp (Hrsg.): Kapitalismus und Ungleichheit. Die neuen Verwerfungen, Frankfurt am Main/New York 2016

Burzan, Nicole: Soziale Ungleichheit. Eine Einführung in die zentralen Theorien, 4. Aufl. Wiesbaden 2011

Diezinger, Angelika/Mayr-Kleffel, Verena: Soziale Ungleichheit. Eine Einführung für soziale Berufe, Freiburg im Breisgau 1999

Fratzscher, Marcel: Verteilungskampf. Warum Deutschland immer ungleicher wird, München 2016

Geißler, Rainer: Die Sozialstruktur Deutschlands. Zur gesellschaftlichen Entwicklung mit einer Bilanz zur Vereinigung, 7. Aufl. Wiesbaden 2014

Giesen, Bernhard/Haferkamp, Hans (Hrsg.): Soziologie der sozialen Ungleichheit, Opladen 1987

Groß, Martin: Klassen, Schichten, Mobilität. Eine Einführung, 2. Aufl. Wiesbaden 2015

Horn, Gustav A.: Des Reichtums fette Beute. Wie die Ungleichheit unser Land ruiniert, Frankfurt am Main/New York 2011

Hradil, Stefan: Soziale Ungleichheit in Deutschland, 8. Aufl. Opladen 2001

Kreckel, Reinhard: Politische Soziologie der sozialen Ungleichheit, 3. Aufl. Frankfurt am Main/New York 2004

Kreckel, Reinhard (Hrsg.): Soziale Ungleichheiten (Soziale Welt, Sonderband 2), Göttingen 1983

Krüger, Stephan: Soziale Ungleichheit. Private Vermögensbildung, sozialstaatliche Umverteilung und Klassenstruktur, Hamburg 2017

Müller, Hans-Peter/Schmid, Michael (Hrsg.): Hauptwerke der Ungleichheitsforschung, Wiesbaden 2003

Piketty, Thomas: Ökonomie der Ungleichheit. Eine Einführung, 2. Aufl. München 2016

Rehbein, Boike (u.a.): Reproduktion sozialer Ungleichheit in Deutschland, Köln 2015

Rousseau, Jean-Jacques: Diskurs über die Ungleichheit/Discours sur l'inégalité. Kritische Ausgabe des integralen Textes, 7. Aufl. Paderborn 2019

Schwinn, Thomas: Soziale Ungleichheit, Bielefeld 2007

Solga, Heike/Powell, Justin/Berger, Peter A. (Hrsg.): Soziale Ungleichheit. Klassische Texte zur Sozialstrukturanalyse, Frankfurt am Main/New York 2009

Wehler, Hans-Ulrich: Die neue Umverteilung. Soziale Ungleichheit in Deutschland, 4. Aufl. München 2013

Geschichte, Entstehungsursachen und Erscheinungsformen der Ungleichheit

Beck, Ulrich: Die Neuvermessung der Ungleichheit unter den Menschen: Soziologische Aufklärung im 21. Jahrhundert. Eröffnungsvortrag zum Soziologentag „Unsichere Zeiten" am 6. Oktober 2008 in Jena, Frankfurt am Main 2008

Berger, Peter A./Vester, Michael (Hrsg.): Alte Ungleichheiten – neue Spaltungen, Opladen 1998

Elsässer, Lea: Wessen Stimme zählt? – Soziale und politische Ungleichheit in Deutschland, Frankfurt am Main/New York 2018

Fluck, Winfried/Werner, Welf (Hrsg.): Wie viel Ungleichheit verträgt die Demokratie? – Armut und Reichtum in den USA, Frankfurt am Main/New York 2003

Hagelüken, Alexander: Das gespaltene Land. Wie Ungleichheit unsere Gesellschaft zerstört – und was die Politik ändern muss, München 2017

Hank, Rainer: Das Ende der Gleichheit oder Warum der Kapitalismus mehr Wettbewerb braucht, Frankfurt am Main 2000

Herkommer, Sebastian (Hrsg.): Soziale Ausgrenzungen. Gesichter des neuen Kapitalismus, Hamburg 1999

Kaelble, Hartmut: Industrialisierung und soziale Ungleichheit, Göttingen 1983
Kaelble, Hartmut: Mehr Reichtum, mehr Armut. Soziale Ungleichheit in Europa vom 20. Jahrhundert bis zur Gegenwart, Frankfurt am Main/New York 2017
Ludwig-Mayerhofer, Wolfgang (Hrsg.): Soziale Ungleichheit, Kriminalität und Kriminalisierung, Opladen 2000
Lutz, Ronald: Soziale Erschöpfung. Kulturelle Kontexte sozialer Ungleichheit, Weinheim/Basel 2014
Methfessel, Klaus/Winterberg, Jörg M.: Der Preis der Gleichheit. Wie Deutschland die Chancen der Globalisierung verspielt, Düsseldorf/München 1998
Müller, Walter (Hrsg.): Soziale Ungleichheit. Neue Befunde zu Strukturen, Bewußtsein und Politik, Opladen 1996
Nicoll, Norbert: Neoliberalismus. Ungleichheit als Programm, Münster 2013
Piketty, Thomas: Das Kapital im 21. Jahrhundert, 6. Aufl. München 2015
Pollak, Reinhard: Kaum Bewegung, viel Ungleichheit. Eine Studie zu sozialem Auf- und Abstieg in Deutschland, Berlin 2010 (Heinrich-Böll-Stiftung)
Rothenbacher, Franz: Soziale Ungleichheit im Modernisierungsprozeß des 19. und 20. Jahrhunderts, Frankfurt am Main/New York 1989
Schäfer, Armin: Der Verlust politischer Gleichheit. Warum die sinkende Wahlbeteiligung der Demokratie schadet, Frankfurt am Main/New York 2015
Schäfer, Arne/Witte, Matthias D./Sander, Uwe (Hrsg.): Kulturen jugendlichen Aufbegehrens. Jugendprotest und soziale Ungleichheit, Weinheim/München 2011
Sopp, Peter M.: Abspaltung oder Polarisierung? – Einkommensungleichheit und Einkommensmobilität in Deutschland 1984-2000, Berlin 2005
Stiglitz, Joseph: Der Preis der Ungleichheit. Wie die Spaltung der Gesellschaft unsere Zukunft bedroht, 3. Aufl. München 2012
Stiglitz, Joseph E.: Reich und Arm. Die wachsende Ungleichheit in unserer Gesellschaft, München 2015
Stötzel, Regina (Hrsg.): Ungleichheit als Projekt. Globalisierung – Standort – Neoliberalismus, Marburg 1998
Strasser, Hermann/Goldthorpe, John H. (Hrsg.): Die Analyse sozialer Ungleichheit. Kontinuität, Erneuerung, Innovation, Opladen 1985

Ungleichheit interdisziplinär, intersektional und international (global)

Alvaredo, Facundo (u.a., Hrsg.): Die weltweite Ungleichheit. Der World Inequality Report 2018, München 2018
Bayer, Michael (u.a., Hrsg.): Transnationale Ungleichheitsforschung. Eine neue Herausforderung für die Soziologie, Frankfurt am Main/New York 2008
Beck, Ulrich/Poferl, Angelika (Hrsg.): Große Armut, großer Reichtum. Zur Transnationalisierung sozialer Ungleichheit, Frankfurt am Main 2010
Berger, Peter A./Weiß, Anja (Hrsg.): Transnationalisierung sozialer Ungleichheit, Wiesbaden 2008
Bourguignon, François: Die Globalisierung der Ungleichheit, Hamburg 2013
Brocchi, Davide: Nachhaltigkeit und soziale Ungleichheit. Warum es keine Nachhaltigkeit ohne soziale Gerechtigkeit geben kann, Wiesbaden 2019
Castro Varela, María do Mar/Dhawan, Nikita (Hrsg.): Soziale (Un-)Gerechtigkeit. Kritische Perspektiven auf Diversity, Intersektionalität und Antidiskriminierung, Berlin 2011
Cyba, Eva: Geschlecht und soziale Ungleichheit. Konstellationen der Frauenbenachteiligung, Opladen 2000
Diettrich, Ben: Klassenfragmentierung im Postfordismus. Geschlechter, Arbeit, Rassismus, Marginalisierung, Hamburg/Münster 1999
Emmerich, Marcus/Hormel, Ulrike: Heterogenität – Diversity – Intersektionalität. Zur Logik sozialer Unterscheidungen in pädagogischen Semantiken der Differenz, Wiesbaden 2013
Flassbeck, Heiner/Steinhardt, Paul: Gescheiterte Globalisierung. Ungleichheit, Geld und die Renaissance des Staates, 2. Aufl. Berlin 2018
Gottschall, Karin: Soziale Ungleichheit und Geschlecht. Kontinuitäten und Brüche, Sackgassen und Erkenntnispotentiale im deutschen soziologischen Diskurs, Opladen 2000
Heidenreich, Martin (Hrsg.): Die Europäisierung sozialer Ungleichheit. Zur transnationalen Klassen- und Sozialstrukturanalyse, Frankfurt am Main/New York 2006

Klinger, Cornelia/Knapp, Gudrun-Axeli/Sauer, Birgit (Hrsg.): Achsen der Ungleichheit. Zum Verhältnis von Klasse, Geschlecht und Ethnizität, Frankfurt am Main/New York 2007

Lutz, Helma/Herrera Vivar, María Teresa/Supik, Linda (Hrsg.): Fokus Intersektionalität. Bewegungen und Verortungen eines vielschichtigen Konzeptes, 2. Aufl. Wiesbaden 2013

Meyer, Katrin: Theorien der Intersektionalität zur Einführung, Hamburg 2017

Milanović, Branko: Die ungleiche Welt. Migration, das Eine Prozent und die Zukunft der Mittelschicht, Berlin 2016

Scherr, Albert: Diskriminierung und soziale Ungleichheiten. Erfordernisse und Perspektiven einer ungleichheitsanalytischen Fundierung von Diskriminierungsforschung und Antidiskriminierungsstrategien, Wiesbaden 2014

Tjaden-Steinhauer, Margarete/Tjaden, Karl Hermann: Gesellschaft von Rom bis Ffm. Ungleichheitsverhältnisse in West-Europa und die iberischen Eigenwege, Kassel 2001

Weiß, Anja: Soziologie globaler Ungleichheiten, Berlin 2017

Winker, Gabriele/Degele, Nina: Intersektionalität. Zur Analyse sozialer Ungleichheiten, 2. Aufl. Bielefeld 2010

Bildungsungleichheit, gesundheitliche Ungleichheit, geschlechts- und generationenspezifische Ungleichheit sowie regionale Disparitäten

Ahlheim, Klaus: Ungleichheit und Anpassung. Zur Kritik der aktuellen Bildungsdebatte, Hannover 2007

Arslan, Emre/Bozay, Kemal (Hrsg.): Symbolische Ordnung und Bildungsungleichheit in der Migrationsgesellschaft, Wiesbaden 2016

Becker, Rolf/Lauterbach, Wolfgang (Hrsg.): Bildung als Privileg. Erklärungen und Befunde zu den Ursachen der Bildungsungleichheiten, 4. Aufl. Wiesbaden 2010

Berger, Peter A./Kahlert, Heike (Hrsg.): Institutionalisierte Ungleichheiten. Wie das Bildungswesen Chancen blockiert, 3. Aufl. Weinheim/Basel 2013

Berger, Peter A./Keller, Carsten/Klärner, Andreas/Neef, Rainer (Hrsg.): Urbane Ungleichheiten. Neue Entwicklungen zwischen Zentrum und Peripherie, Wiesbaden 2014

Betz, Tanja: Ungleiche Kindheiten. Theoretische und empirische Analysen zur Sozialberichterstattung über Kinder, Weinheim/München 2008

Beyer, Beate: Soziale Ungleichheit im Kindergarten. Orientierungs- und Handlungsmuster pädagogischer Fachkrafte, Wiesbaden 2013

Bourdieu, Pierre/Passeron, Jean-Claude: Die Illusion der Chancengleichheit. Untersuchungen zur Soziologie des Bildungswesens am Beispiel Frankreichs, Stuttgart 1971

Brake, Anna/Buchner, Peter: Bildung und soziale Ungleichheit. Eine Einführung, Stuttgart 2012

Cyba, Eva: Geschlecht und soziale Ungleichheit. Konstellationen der Frauenbenachteiligung, Opladen 2000

Friedrichs, Jürgen/Triemer, Sascha: Gespaltene Städte. Soziale und ethnische Segregation in deutschen Großstädten, 2. Aufl. Wiesbaden 2009

Georg, Werner (Hrsg.): Soziale Ungleichheit im Bildungssystem. Eine empirisch-theoretische Bestandsaufnahme, Konstanz 2006

Granato, Nadia: Ethnische Ungleichheit auf dem deutschen Arbeitsmarkt, Opladen 2003

Hadjar, Andreas: Meritokratie als Legitimationsprinzip. Die Entwicklung der Akzeptanz sozialer Ungleichheit im Zuge der Bildungsexpansion, Wiesbaden 2008

Harth, Annette/Scheller, Gitta/Tessin, Wulf (Hrsg.): Stadt und soziale Ungleichheit, Opladen 2000

Helmert, Uwe: Soziale Ungleichheit und Krankheitsrisiken, Augsburg 2003

Helmert, Uwe (u.a., Hrsg.): Müssen Arme früher sterben? – Soziale Ungleichheit und Gesundheit in Deutschland, Weinheim/München 2000

Hopf, Wulf: Freiheit – Leistung – Ungleichheit. Bildung und soziale Herkunft in Deutschland, Weinheim/München 2010

Jürgens, Eiko/Miller, Susanne (Hrsg.): Ungleichheit in der Gesellschaft und Ungleichheit in der Schule. Eine interdisziplinäre Sicht auf Inklusions- und Exklusionsprozesse, Weinheim/Basel 2013

Kronauer, Martin/Siebel, Walter (Hrsg.): Polarisierte Städte. Soziale Ungleichheit als Herausforderung für die Stadtpolitik, Frankfurt am Main/New 2013

Lange-Vester, Andrea/Sander, Tobias (Hrsg.): Soziale Ungleichheiten, Milieus und Habitus im Hochschulstudium, Weinheim/Basel 2016

Mielck, Andreas (Hrsg.): Krankheit und soziale Ungleichheit. Sozialepidemiologische Forschungen in Deutschland, Opladen 1994
Mielck, Andreas: Soziale Ungleichheit und Gesundheit. Empirische Ergebnisse, Erklärungsansätze, Interventionsmöglichkeiten, Bern 2000
Müller, Hans-Peter/Reitz, Tilman (Hrsg.): Bildung und Klassenbildung. Kritische Perspektiven auf eine Leitinstitution der Gegenwart, Weinheim/Basel 2015
Richter, Matthias/Hurrelmann, Klaus (Hrsg.): Gesundheitliche Ungleichheit. Grundlagen, Probleme, Perspektiven, 2. Aufl. Wiesbaden 2009
Skrobanek, Jan: Ethnisierung von Ungleichheiten. Disparitäten, Benachteiligungswahrnehmung und Selbstethnisierungsprozesse im Übergang Schule – Ausbildung, Weinheim/Basel 2015
Sperlich, Stefanie: Verringerung gesundheitlicher Ungleichheit durch Empowerment. Empirische Analyse der Gesundheitseffekte für sozial benachteiligte Mütter, Wiesbaden 2009
Szydlik, Marc (Hrsg.): Generation und Ungleichheit, Wiesbaden 2004

(Un-)Gleichheit und soziale (Un-)Gerechtigkeit

Becker, Irene/Hauser, Richard: Soziale Gerechtigkeit – eine Standortbestimmung. Zieldimensionen und empirische Befunde, Berlin 2004
Becker, Irene/Hauser, Richard: Soziale Gerechtigkeit – ein magisches Viereck. Zieldimensionen, Politikanalysen und empirische Befunde, Berlin 2009
Cremer, Georg: Deutschland ist gerechter, als wir meinen. Eine Bestandsaufnahme, München 2018
Dahme, Heinz-Jürgen/Wohlfahrt, Norbert: Ungleich gerecht? – Kritik moderner Gerechtigkeitsdiskurse und ihrer theoretischen Grundlagen, Hamburg 2012
Dworkin, Ronald: Was ist Gleichheit?, Frankfurt am Main 2011
Ebert, Thomas: Soziale Gerechtigkeit. Ideen – Geschichte – Kontroversen, 2. Aufl. Bonn 2015 (Schriftenreihe der Bundeszentrale für politische Bildung, Bd. 1571)
Ebert, Thomas: Soziale Gerechtigkeit in der Krise, Bonn 2012 (Schriftenreihe der Bundeszentrale für politische Bildung, Bd. 1291)
Felixberger, Peter: Wie gerecht ist die Gerechtigkeit?, Hamburg
Frankfurt, Harry G.: Ungleichheit. Warum nicht alle gleich viel haben müssen, Berlin 2016
Giddens, Anthony: Die Frage der sozialen Ungleichheit, Frankfurt am Main 2001
Gosepath, Stefan: Gleiche Gerechtigkeit. Grundlagen eines liberalen Egalitarismus, Frankfurt am Main 2004
Grasse, Alexander/Ludwig, Carmen/Dietz, Berthold (Hrsg.): Soziale Gerechtigkeit. Reformpolitik am Scheideweg. Festschrift für Dieter Eißel zum 65. Geburtstag, Wiesbaden 2006
Hahn, Henning: Globale Gerechtigkeit. Eine philosophische Einführung, Frankfurt am Main/New York 2009
Hinsch, Wilfried: Gerechtfertigte Ungleichheiten. Grundsätze sozialer Gerechtigkeit, Berlin/New York 2002
Hüther, Michael/Straubhaar, Thomas: Die gefühlte Ungerechtigkeit. Warum wir Ungleichheit aushalten müssen, wenn wir Freiheit wollen, Berlin 2009
Jäger, Pia: Soziale Gerechtigkeit im Wandel. Ein idealistisches Konstrukt und/oder ein Mittel zur politischen Akzeptanzsicherung?, Baden-Baden 2017
Kersting, Wolfgang: Theorien der sozialen Gerechtigkeit, Stuttgart/Weimar 2000
Krebs, Angelika (Hrsg.): Gleichheit oder Gerechtigkeit. Texte der neuen Egalitarismuskritik, 5. Aufl. Frankfurt am Main 2000
Liebig, Stefan/Lengfeld, Holger/Mau, Steffen (Hrsg.): Verteilungsprobleme und Gerechtigkeit in modernen Gesellschaften, Frankfurt am Main/New York 2004
Linden, Markus/Thaa, Winfried (Hrsg.): Ungleichheit und politische Repräsentation, Baden-Baden 2014
Mau, Steffen/Schöneck, Nadine M. (Hrsg.): (Un-)Gerechte (Un-)Gleichheiten, Berlin 2015
Müller, Hans-Peter/Wegener, Bernd (Hrsg.): Soziale Ungleichheit und soziale Gerechtigkeit, Opladen 1995
Ritsert, Jürgen: Gerechtigkeit und Gleichheit, Münster 1997
Schreiner, Ottmar: Die Gerechtigkeitslücke. Wie die Politik die Gesellschaft spaltet, Berlin 2008
Wilkinson, Richard/Pickett, Kate: Gleichheit ist Glück. Warum gerechte Gesellschaften für alle besser sind, 3. Aufl. Berlin 2010

Theorie und Empirie der Sozialstrukturanalyse: Klassen – Schichten – Milieus – Lebensstile

Berger, Peter A.: Entstrukturierte Klassengesellschaft? – Klassenbildung und Strukturen sozialer Ungleichheit im historischen Wandel, Opladen 1986

Berger, Peter A./Hradil, Stefan (Hrsg.): Lebenslagen, Lebensläufe, Lebensstile, Göttingen 1990 (Soziale Welt, Sonderband 7)

Bischoff, Joachim/Herkommer, Sebastian/Hüning, Hasko: Unsere Klassengesellschaft. Verdeckte und offene Strukturen sozialer Ungleichheit, Hamburg 2002

Bischoff, Joachim/Krüger, Stephan/Lieber, Christoph: Die Anatomie und Zukunft der bürgerlichen Gesellschaft. Wertschöpfung, Mystifizierung und die Klassenverhältnisse im modernen Kapitalismus, Hamburg 2018

Bischoff, Joachim/Müller, Bernhard: Berliner Republik: eine Klassengesellschaft. Soziale Spaltungen, Wut auf das Establishment und rechte Ressentiments, Hamburg 2019

Bremer, Helmut/Lange-Vester, Andrea (Hrsg.): Soziale Milieus und Wandel der Sozialstruktur. Die gesellschaftlichen Herausforderungen und die Strategien der sozialen Gruppen, 2. Aufl. Wiesbaden 2014

Erlinghagen, Marcel/Hank, Karsten: Neue Sozialstrukturanalyse. Ein Kompass für Studienanfänger, München 2013

Giddens, Anthony: Die Klassenstruktur fortgeschrittener Gesellschaften, Frankfurt am Main 1984

Haubner, Tine/Reitz, Tilman (Hrsg.): Marxismus und Soziologie. Klassenherrschaft, Ideologie und kapitalistische Krisendynamik, Weinheim/Basel 2018

Hradil, Stefan: Die Sozialstruktur Deutschlands im internationalen Vergleich, Wiesbaden 2004

Hradil, Stefan: Sozialstrukturanalyse in einer fortgeschrittenen Gesellschaft, Opladen 1987

Itschert, Adrian: Jenseits des Leistungsprinzips. Soziale Ungleichheit in der funktional differenzierten Gesellschaft, Bielefeld 2013

Huinink, Johannes/Schröder, Torsten: Sozialstruktur Deutschlands, 3. Aufl. München 2019

Kemper, Andreas/Weinbach, Heike: Klassismus. Eine Einführung, 2. Aufl. Münster 2009

Klein, Thomas: Sozialstrukturanalyse. Eine Einführung, 2. Aufl. Weinheim/Basel 2016

Koch, Max: Vom Strukturwandel einer Klassengesellschaft. Theoretische Diskussion und empirische Analyse, Münster 1994

Konietzka, Dirk: Lebensstile im sozialstrukturellen Kontext. Ein theoretischer und empirischer Beitrag zur Analyse soziokultureller Ungleichheiten, Opladen 1995

Lessenich, Stephan/Nullmeier, Frank (Hrsg.): Deutschland – eine gespaltene Gesellschaft, Frankfurt am Main/New York 2006

Lieberam, Ekkehard: Die Wiederentdeckung der Klassengesellschaft. Klassenohnmacht, Klassenmobilisierung und Klassenkampf von oben, Bergkamen 2014

Lüdtke, Hartmut: Expressive Ungleichheit. Zur Soziologie der Lebensstile, Opladen 1989

Marshall, Thomas H.: Bürgerrechte und soziale Klassen. Zur Soziologie des Wohlfahrtsstaates, Frankfurt am Main/New York 1992

Mauke, Michael: Die Klassentheorie von Marx und Engels, 4. Aufl. Frankfurt am Main 1973

Mittelbach, Hans: Lohn- und Kapitaleinkommen in Deutschland 1990 bis 2010. Zur Kritik neoklassischer und neoliberaler Modelle, Köln 2013

Molander, Per: Die Anatomie der Ungleichheit. Woher sie kommt und wie wir sie beherrschen können, Frankfurt am Main 2017

Müller, Hans-Peter: Sozialstruktur und Lebensstile. Der neuere theoretische Diskurs über soziale Ungleichheit, Frankfurt am Main 1992

Nollmann, Gerd (Hrsg.): Sozialstruktur und Gesellschaftsanalyse. Sozialwissenschaftliche Forschung zwischen Daten, Methoden und Begriffen, Wiesbaden 2007

Otte, Gunnar: Sozialstrukturanalysen mit Lebensstilen. Eine Studie zur theoretischen und methodischen Neuorientierung der Lebensstilforschung, 2. Aufl. Wiesbaden 2008

Rehbein, Boike/Souza, Jessé: Ungleichheit in kapitalistischen Gesellschaften, Weinheim/Basel 2014

Ritsert, Jürgen: Soziale Klassen, Münster 1998

Röcke, Anja/Keil, Maria/Alleweldt, Erika (Hrsg.): Soziale Ungleichheit der Lebensführung, Weinheim/Basel 2019

Rössel, Jörg: Plurale Sozialstrukturanalyse. Eine handlungstheoretische Rekonstruktion der Grundbegriffe der Sozialstrukturanalyse, Wiesbaden 2005

Rössel, Jörg: Sozialstrukturanalyse. Eine kompakte Einführung, Wiesbaden 2009
Rössel, Jörg/Otte, Gunnar (Hrsg.): Lebensstilforschung, Wiesbaden 2011 (Kölner Zeitschrift für Soziologie und Sozialpsychologie, Sonderheft 51)
Stichweh, Rudolf/Windolf, Paul (Hrsg.): Inklusion und Exklusion. Analysen zur Sozialstruktur und sozialen Ungleichheit, Wiesbaden 2009
Thien, Hans-Günter (Hrsg.): Klassen im Postfordismus, 2. Aufl. Münster 2011
Vester, Michael (u.a.): Soziale Milieus im gesellschaftlichen Strukturwandel. Zwischen Integration und Ausgrenzung, 2. Aufl. Frankfurt am Main 2001
Wehler, Hans-Ulrich (Hrsg.): Klassen in der europäischen Sozialgeschichte, Göttingen 1979
Weischer, Christoph: Sozialstrukturanalyse. Grundlagen und Modelle, Wiesbaden 2011

Unterschicht, Proletariat und Prekariat

Bude, Heinz: Die Ausgeschlossenen. Das Ende vom Traum einer gerechten Gesellschaft, München 2008
Bude, Heinz/Willisch, Andreas (Hrsg.): Das Problem der Exklusion. Ausgegrenzte, Entbehrliche, Überflüssige, Hamburg 2006
Bude, Heinz/Willisch, Andreas (Hrsg.): Exklusion. Die Debatte über die „Überflüssigen", Frankfurt am Main 2008
Castel, Robert/Dörre, Klaus (Hrsg.): Prekarität, Abstieg, Ausgrenzung. Die soziale Frage am Beginn des 21. Jahrhunderts, Frankfurt am Main/New York 2009
Hepp, Rolf/Riesinger, Robert/Kergel, David (Hrsg.): Verunsicherte Gesellschaft. Prekarisierung auf dem Weg in das Zentrum, Wiesbaden 2016
Giesecke, *Johannes*: Arbeitsmarktflexibilisierung und soziale Ungleichheit. Sozio-ökonomische Konsequenzen befristeter Beschäftigungsverhältnisse in Deutschland und Großbritannien, Wiesbaden 2006
Hörning, Karl H. (Hrsg.): Der „neue" Arbeiter. Zum Wandel sozialer Schichtstrukturen, Frankfurt am Main 1971
Marchart, Oliver: Die Prekarisierungsgesellschaft. Prekäre Proteste – Politik und Ökonomie im Zeichen der Prekarisierung, Bielefeld 2013
Schirrmacher, Thomas: Die neue Unterschicht. Armut in Deutschland?, Holzgerlingen 2007
Standing, Guy: Prekariat. Die neue explosive Klasse, Münster 2015
Thien, Hans-Günter: Die verlorene Klasse. ArbeiterInnen in Deutschland, 2. Aufl. Münster 2018

Kleinbürgertum am Ende – Mittelschicht unter Druck?

Barthold, Hartwig: Stirbt die Demokratie? – Die Auflösung der Mittelschicht und ihre Konsequenzen, Frankfurt am Main 2009
Beise, Marc: Die Ausplünderung der Mittelschicht. Alternativen zur aktuellen Politik, München 2009
Bertelsmann Stiftung (Hrsg.): Mittelschicht unter Druck?, Gütersloh 2013
Burzan, Nicole/Kohrs, Silke/Küsters, Ivonne: Die Mitte der Gesellschaft: sicherer als erwartet?, Weinheim/Basel 2014
Goffart, Daniel: Das Ende der Mittelschicht. Abschied von einem deutschen Erfolgsmodell, München 2019
Heinze, Rolf G.: Die erschöpfte Mitte. Zwischen marktbestimmten Soziallagen, politischer Stagnation und der Chance auf Gestaltung, Weinheim/Basel 2011
Hörhan, Gerald: Der stille Raub. Wie das Internet die Mittelschicht zerstört und was Gewinner der digitalen Revolution anders machen, Wien 2017
Kadritzke, Ulf: Mythos „Mitte". Oder: Die Entsorgung der Klassenfrage, Berlin 2017
Koppetsch, Cornelia: Die Wiederkehr der Konformität. Streifzüge durch die gefährdete Mitte, Frankfurt am Main/New York 2013
Kuhn, Helmut: Arm, reich – und dazwischen nichts?, Streifzüge durch eine veränderte Gesellschaft, Bergisch Gladbach 2007
Leppert-Fögen, Annette: Die deklassierte Klasse. Studien zur Geschichte und Ideologie des Kleinbürgertums, Frankfurt am Main 1974
Mau, Steffen: Lebenschancen. Wohin driftet die Mittelschicht?, Berlin 2012

Müller, Bernhard: Erosion der gesellschaftlichen Mitte. Mythen über die Mittelschicht, Zerklüftung der Lohnarbeit, Prekarisierung und Armut, Abstiegsängste, Hamburg 2013
Sauga, Michael: Wer arbeitet, ist der Dumme. Die Ausbeutung der Mittelschicht, München 2007
Schimank, Uwe/Mau, Steffen/Groh-Samberg, Olaf: Statusarbeit unter Druck? – Zur Lebensführung der Mittelschichten, Weinheim/Basel 2014
Vogel, Berthold: Wohlstandskonflikte. Soziale Fragen, die aus der Mitte kommen, Hamburg 2009

Bourgeoisie, Oberschicht und Eliten

Böwing-Schmalenbrock, Melanie: Wege zum Reichtum. Die Bedeutung von Erbschaften, Erwerbstätigkeit und Persönlichkeit für die Entstehung von Reichtum, Wiesbaden 2012
Freeland, Chrystia: Die Superreichen. Aufstieg und Herrschaft einer neuen globalen Geldelite, 2. Aufl. Frankfurt am Main 2013
Hartmann, Michael: Der Mythos von den Leistungseliten. Spitzenkarrieren und soziale Herkunft in Wirtschaft, Politik, Justiz und Wissenschaft, Frankfurt am Main/New York 2002
Hartmann, Michael: Die Abgehobenen. Wie die Eliten die Demokratie gefährden, Frankfurt am Main/New York 2018
Hartmann, Michael: Die globale Wirtschaftselite. Eine Legende, Frankfurt am Main/New York 2016
Hartmann, Michael: Soziale Ungleichheit. Kein Thema für die Eliten?, Frankfurt am Main/New York 2013
Hradil, Stefan/Imbusch, Peter (Hrsg.): Oberschichten – Eliten – herrschende Klassen, Opladen 2003
Krysmanski, Hans Jürgen: Hirten & Wölfe. Wie Geld- und Machteliten sich die Welt aneignen, 3. Aufl. Münster 2011
Krysmanski, Hans Jürgen: 0,1%. Das Imperium der Milliardäre, Frankfurt am Main 2015
Meck, Georg/Weiguny, Bettina: Der Eliten Report, Reinbek bei Hamburg 2018
Mills, C. Wright: Die Machtelite. Das Standardwerk der kritischen Elitenforschung, Frankfurt am Main 2019
Neckel, Sighard/Hofstätter, Lukas/Hohmann, Marco: Die globale Finanzklasse. Business, Karriere, Kultur in Frankfurt und Sydney, Frankfurt am Main/New York 2018
Rickens, Christian: Ganz oben. Wie Deutschlands Millionäre wirklich leben, Köln 2011
Rothkopf, David: Die Super-Klasse. Die Welt der internationalen Machtelite, München 2008
Rügemer, Werner: Die Kapitalisten des 21. Jahrhunderts. Gemeinverständlicher Abriss zum Aufstieg der neuen Finanzakteure, Köln 2018

Armut in einem reichen Land

Barlösius, Eva/Ludwig-Mayerhofer, Wolfgang (Hrsg.): Die Armut der Gesellschaft, Opladen 2001
Beck, Dorothee/Meine, Hartmut: Armut im Überfluss. Nachrichten aus einer gespaltenen Gesellschaft, Göttingen 2007
Becker, Irene/Hauser, Richard (Hrsg.): Einkommensverteilung und Armut. Deutschland auf dem Weg zur Vierfünftel-Gesellschaft?, Frankfurt am Main/New York 1997
Becker, Irene/Hauser, Richard: Verteilungseffekte der Hartz-IV-Reform. Ergebnisse von Simulationsanalysen, Berlin 2006
Beisenherz, H. Gerhard: Kinderarmut in der Wohlfahrtsgesellschaft. Das Kainsmal der Globalisierung, Opladen 2002
Böhnke, Petra/Dittmann, Jörg/Goebel, Jan (Hrsg.): Handbuch Armut, Opladen/Toronto 2018
Butterwegge, Christoph: Armut, 4. Aufl. Köln 2019
Butterwegge, Christoph: Hartz IV und die Folgen. Auf dem Weg in eine andere Republik?, 3. Aufl. Weinheim/Basel 2018
Butterwegge, Christoph (Hrsg.): Kinderarmut in Deutschland. Ursachen, Erscheinungsformen und Gegenmaßnahmen, 2. Aufl. Frankfurt am Main/New York 2000
Butterwegge, Christoph/Bosbach, Gerd/Birkwald, Matthias W. (Hrsg.): Armut im Alter. Probleme und Perspektiven der sozialen Sicherung, Frankfurt am Main/New York 2012
Butterwegge, Christoph/Klundt, Michael/Belke-Zeng, Matthias: Kinderarmut in Ost- und Westdeutschland, 2. Aufl. Wiesbaden 2008
Deaton, Angus: Der große Ausbruch. Von Armut und Wohlstand der Nationen, Stuttgart 2017

Groh-Samberg, Olaf: Armut, soziale Ausgrenzung und Klassenstruktur. Zur Integration multidimensionaler und längsschnittlicher Perspektiven, Wiesbaden 2009
Huster, Ernst-Ulrich/Boeckh, Jürgen/Mogge-Grotjahn, Hildegard (Hrsg.): Handbuch Armut und Soziale Ausgrenzung, 3. Aufl. Wiesbaden 2018
Lepenies, Philipp: Armut. Ursachen, Formen, Auswege, München 2017
Rock, Joachim: Störfaktor Armut. Ausgrenzung und Ungleichheit im „neuen Sozialstaat", Mit einem Geleitwort von Ulrich Schneider, Hamburg 2017
Rügemer, Werner: Arm und reich, Bielefeld 2002
Salz, Günther: Armut durch Reichtum. Soziale Brennpunkte als Erbe der Sozialen Frage: praktische Erfahrungen und theoretische Einsichten, Freiburg im Breisgau 1991
Schäfer, Gerhard K./Montag, Barbara/Deterding, Joachim (Hrsg.): „Arme habt ihr immer bei euch". Armut und soziale Ausgrenzung wahrnehmen, reduzieren, überwinden, Göttingen 2018
Schneider, Ulrich: Armes Deutschland. Neue Perspektiven für einen anderen Wohlstand, Frankfurt am Main 2010
Schneider, Ulrich: Kein Wohlstand für alle!? – Wie sich Deutschland selber zerlegt und was wir dagegen tun können, Frankfurt am Main 2017
Sonntag, Karlheinz (Hrsg.): Arm und Reich, Heidelberg 2014
Volkert, Jürgen (Hrsg.): Armut und Reichtum an Verwirklichungschancen. Amartya Sens Capability-Konzept als Grundlage der Armuts- und Reichtumsberichterstattung, Wiesbaden 2005
Wagenknecht, Sahra (Hrsg.): Armut und Reichtum heute, Berlin 2007
Zinn, Karl Georg: Wie Reichtum Armut schafft. Verschwendung, Arbeitslosigkeit und Mangel, 4. Aufl. Köln 2006

Reichtum und der Umgang damit

Deutschmann, Christoph: Die Verheißung des absoluten Reichtums. Zur religiösen Natur des Kapitalismus, 2. Aufl. Frankfurt am Main/New York 2001
Diamond, Jared: Arm und Reich. Die Schicksale menschlicher Gesellschaften, 6. Aufl. Frankfurt am Main 2005
Druyen, Thomas: Goldkinder. Die Welt des Vermögens, 2. Aufl. Hamburg 2007
Druyen, Thomas (Hrsg.): Vermögenskultur. Verantwortung im 21. Jahrhundert, Wiesbaden 2011
Druyen, Thomas/Lauterbach, Wolfgang/Grundmann, Matthias (Hrsg.): Reichtum und Vermögen. Zur gesellschaftlichen Bedeutung der Reichtums- und Vermögensforschung, Wiesbaden 2009
Fiehler, Fritz: Die Gesellschaft der Vermögensbesitzer. Über Geld, Chicago und Milton Friedman, Hamburg 2000
Frick, Joachim R./Grabka, Markus M./Hauser, Richard: Die Verteilung der Vermögen in Deutschland. Empirische Analysen für Personen und Haushalte, Berlin 2010
Glatzer, Wolfgang (u.a.): Reichtum im Urteil der Bevölkerung. Akzeptanzprobleme und Spannungspotenzial in Deutschland, Opladen/Farmington Hills 2009
Herrmann, Ulrike: Der Sieg des Kapitals. Wie der Reichtum in die Welt kam: Die Geschichte von Wachstum, Geld und Krisen, Frankfurt am Main 2013
Hirschel, Dierk: Einkommensreichtum und seine Ursachen. Die Bestimmungsfaktoren hoher Arbeitseinkommen, 2. Aufl. Marburg 2006
Huster, Ernst-Ulrich: Neuer Reichtum und alte Armut, Düsseldorf 1993
Huster, Ernst-Ulrich: Reichtum in Deutschland. Die Gewinner der sozialen Polarisierung, 2. Aufl. Frankfurt am Main/New York 1997
Huster, Ernst-Ulrich/Volz, Fritz Rüdiger (Hrsg.): Theorien des Reichtums, Münster 2002
Klein, Dieter: Milliardäre – Kassenleere. Rätselhafter Verbleib des anschwellenden Reichtums, 2. Aufl. Berlin 2006
Neuhäuser, Christian: Reichtum als moralisches Problem, 2. Aufl. Berlin 2018
Sayer, Andrew: Warum wir uns die Reichen nicht leisten können, München 2017
Schürz, Martin: Überreichtum, Frankfurt am Main/New York 2019
Schui, Herbert/Spoo, Eckart (Hrsg.): Geld ist genug da. Reichtum in Deutschland, 3. Aufl. Heilbronn 2000
Spannagel, Dorothee: Reichtum in Deutschland. Empirische Analysen, Wiesbaden 2013
Stadlinger, Jörg (Hrsg.): Reichtum heute. Diskussion eines kontroversen Sachverhalts, Münster 2001
Stierle, Steffen: Reichtum und Armut: eine Verteilungsfrage, Hamburg 2010

Ungleichheitsdiskurse: Armut und Reichtum im Zerrspiegel der politischen, Fach- und Medienöffentlichkeit

Augstein, Jakob/Blome, Nikolaus: Oben und Unten. Abstieg, Armut, Ausländer – was Deutschland spaltet, Müchen 2019

Beck, Dorothee/Meine, Hartmut: Wasserprediger und Weintrinker. Wie Reichtum vertuscht und Armut verdrängt wird, 4. Aufl. Göttingen 1998

Bofinger, Peter (u.a., Hrsg.): Thomas Piketty und die Verteilungsfrage. Analysen, Bewertungen und wirtschaftspolitische Implikationen für Deutschland, Berlin 2015

Butterwegge, Christoph: Armut in einem reichen Land. Wie das Problem verharmlost und verdrängt wird, 4. Aufl. Frankfurt am Main/New York 2016

Chassé, Karl August: Unterschichten in Deutschland. Materialien zu einer kritischen Debatte, Wiesbaden 2010

Cremer, Georg: Armut in Deutschland. Wer ist arm? Was läuft schief? Wie können wir handeln?, München 2016

Eicker-Wolf, Kai/Truger, Achim (Hrsg.): Ungleichheit in Deutschland – ein „gehyptes Problem"?, Über die Verteilungsrealität und Möglichkeiten ihrer Gestaltung, Marburg 2017

Gajek, Eva Maria/Lorke, Christoph (Hrsg.): Soziale Ungleichheit im Visier. Wahrnehmung und Deutung von Armut und Reichtum seit 1945, Frankfurt am Main/New York 2016

Kaufmann, Matthias: Kein Recht auf Faulheit. Das Bild von Erwerbslosen in der Debatte um die Hartz-Reformen, Mit einem Geleitwort von Friedhelm Hengsbach, Wiesbaden 2013

Klundt, Michael: Von der sozialen zur Generationengerechtigkeit? – Polarisierte Lebenslagen und ihre Deutung in Wissenschaft, Politik und Medien, Mit einem Vorwort von Christoph Butterwegge, Wiesbaden 2008

Lindner, Rolf/Musner, Lutz (Hrsg.): Unterschicht. Kulturwissenschaftliche Erkundigungen der „Armen" in Geschichte und Gegenwart, Freiburg im Breisgau/Berlin/Wien 2008

Lorke, Christoph: Armut im geteilten Deutschland. Die Wahrnehmung sozialer Randlagen in der Bundesrepublik und der DDR, Frankfurt am Main/New York 2015

Sachweh, Patrick: Deutungsmuster sozialer Ungleichheit. Wahrnehmung und Legitimation gesellschaftlicher Privilegierung und Benachteiligung, Frankfurt am Main/New York 2010

Schneider, Ulrich (Hrsg.): Kampf um die Armut. Von echten Nöten und neoliberalen Mythen, Frankfurt am Main 2015

Volkmann, Ute: Legitime Ungleichheiten. Journalistische Deutungen vom „sozialdemokratischen Konsensus" zum „Neoliberalismus", Wiesbaden 2006

Wiesendahl, Elmar (Hrsg.): Parteien und soziale Ungleichheit, Wiesbaden 2017

Gegenstrategien: Wie die Ungleichheit bekämpft werden kann

Andreß, Hans-Jürgen/Krüger, Anne: Ausstiege aus dem unteren Einkommensbereich. Institutionelle Hilfeangebote, individuelle Aktivitäten und soziale Netzwerke, Berlin 2006

Atkinson, Anthony B.: Ungleichheit. Was wir dagegen tun können, Stuttgart 2016

Beck, Valentin: Eine Theorie der globalen Verantwortung. Was wir Menschen in extremer Armut schulden, Berlin 2016

Bleisch, Barbara/Schaber, Peter (Hrsg.): Weltarmut und Ethik, 3. Aufl. Paderborn 2017

Böhning, Björn/Dörre, Klaus/Nahles, Andrea (Hrsg.): Unterschichten? Prekariat? Klassen? – Moderne Politik gegen soziale Ausgrenzung, Dortmund 2006

Broszies, Christoph/Hahn, Henning (Hrsg.): Globale Gerechtigkeit. Schlüsseltexte zur Debatte zwischen Partikularismus und Kosmopolitismus, Berlin 2010

Dahm, Jochen/Hartmann, Thomas/Ostermayer, Max (Hrsg.): Gleichheit! – Wirtschaftlich richtig, politisch notwendig, sozial gerecht, Bonn 2017

Goes, Thomas E.: Klassen im Kampf. Vorschläge für eine populare Linke, Köln 2019

Herbermann, Marc/Steinmetz, Bernd (Hrsg.): „... und arm bist du!" – Die wachsende Polarisierung zwischen Armut und Reichtum in der Wohlstandsgesellschaft und Gegenkonzepte, Weimar 2001

Hickel, Jason: Die Tyrannei des Wachstums. Wie globale Ungleichheit die Welt spaltet und was dagegen zu tun ist, München 2018

Pogge, Thomas: Weltarmut und Menschenrechte. Kosmopolitische Verantwortung und Reformen, Berlin/New York 2011
Riexinger, Bernd: Neue Klassenpolitik. Solidarität der Vielen statt Herrschaft der Wenigen, 3. Aufl. Hamburg 2019
Rosanvallon, Pierre: Die Gesellschaft der Gleichen, Hamburg 2013
Sachs, Jeffrey D.: Das Ende der Armut. Ein ökonomisches Programm für eine gerechtere Welt, München 2005
Sennett, Richard: Respekt im Zeitalter der Ungleichheit, Berlin 2004
Sennett, Richard: Zusammenarbeit. Was unsere Gesellschaft zusammenhält, Berlin 2012
Ziegler, Jean: Das Imperium der Schande. Der Kampf gegen Armut und Unterdrückung, München 2007